宏观经济学原理

（第 12 版）

[美] 卡尔·凯斯　雷·费尔　莎伦·奥斯特　著
李洋　戴玉雯　孙健美　李一杭　译

PRINCIPLES OF MACRO-ECONOMICS

(Twelfth Edition)

CASE · FAIR · OSTER

东方出版中心

图书在版编目（CIP）数据

宏观经济学原理：第12版 /（美）卡尔·凯斯，
（美）雷·费尔，（美）莎伦·奥斯特著；李洋等译. —上海：
东方出版中心，2022.8

书名原文：Principles of Macroeconomics (Twelfth Edition)

ISBN 978-7-5473-1965-9

Ⅰ.①宏… Ⅱ.①卡… ②雷… ③莎… ④李… Ⅲ.①宏观经
济学 Ⅳ.①F015

中国版本图书馆CIP数据核字（2022）第028526号

上海市版权局著作权合同登记：图字 09-2021-0237

宏观经济学原理：第12版

著　　者　[美] 卡尔·凯斯　等
策　　划　刘　鑫　刘　军
责任编辑　程　静　刘　军
封面设计　Lika

出版发行　东方出版中心有限公司
地　　址　上海市仙霞路345号
邮政编码　200336
电　　话　021-62417400
印刷　者　山东临沂新华印刷物流集团有限责任公司

开　　本　787mm×1092mm 1/16
印　　张　35.5
字　　数　861千字
版　　次　2022年8月第1版
印　　次　2022年8月第1次印刷
定　　价　118.00元

关于作者

卡尔·凯斯（Karl E. Case）是美国韦尔斯利学院的经济学荣誉教授，在该学院从事教学工作已有 34 年，曾担任过多个部门的主席。凯斯教授是哈佛大学住房研究联合中心（Joint Center for Housing Studies at Harvard University）的高级研究员，也是 Fiserv Case Shiller Weiss 房地产研究公司的联合创始人之一，该公司提供标准普尔 Case-Shiller 房价指数。他是标准普尔指数咨询委员会的成员，并与雷·费尔教授一起在波士顿联邦储备银行的学术顾问委员会任职。

在来韦尔斯利前，凯斯教授曾任哈佛大学经济学学科"教学主管"（Head Tutor，指导本科生学习），其间获得阿林·杨格教学奖。凯斯教授是 AEA 经济学教育委员会成员，曾任《经济学观察》和《经济学教育》的副编辑（Associate Editor）。

1968 年，凯斯教授在迈阿密大学获得学士学位，并服过三年兵役。1976 年获得哈佛大学经济学博士学位。

凯斯教授的研究领域包括房地产、住房以及公共财政等，且先后写过（包括与他人合著）五本书——《经济学原理》（Principles of Economics），《经济学与税收政策》（Economics and Tax Policy），《产权税：改革的需要》（Property Taxation: The Need for Reform）等，并在专业期刊上发表过大量论文。

在过去的 25 年里，他的研究主要集中在房地产市场和价格上。他撰写了大量的专业文章，其中许多文章试图找出繁荣与萧条周期的因果及其与地区和国家经济表现的关系。

雷·费尔（Ray C. Fair）是美国耶鲁大学的经济学教授。他是耶鲁考尔斯基金会的成员，也是世界计量经济学会的成员。费尔教授于 1964 年在弗雷斯诺州立大学获得经济学学士学位，1968 年在麻省理工学院获得经济学博士学位。1968 年至 1974 年，费尔教授在普林斯顿大学任教，1974 年之后来到耶鲁大学。

费尔教授的主要研究领域是宏观经济学和计量经济学，尤其是宏观计量经济模型的建立问题。另外，费尔教授还涉足金融、投票行为学、体育运动的演进等领域。他发表过的作品包括《宏观计量经济模型的确立、估计和分析》（Specification, Estimation, and Analysis of Macroeconometric Models，哈佛出版社，1984 年），《宏观计量经济模型的检验》（Testing Macroeconometric Models，哈佛出版社，1994 年），《宏观经济是如何运行的》（Estimating How the Macroeconomy Works，哈佛出版社，2004 年）以及《预测总统选举和其他事件》（Predicting Presidential Elections and Other Things，斯坦福大学出版社，2012 年）。

费尔教授在耶鲁大学讲授初级和中级宏观经济学，并为研究生教授宏观经济理论以及宏观计量经济学。

费尔教授的美国及多国模型可以在网上免费获得。网址为 http://fairmodel.econ.yale.edu。许多教师都认为，让学生使用互联网上的国别模型，即使对于初级宏观经济学课程来说也是非常有益的。

莎伦·奥斯特（Sharon M. Oster）是美国耶鲁大学的经济学与管理学教授，耶鲁大学管理学院前院长。奥斯特教授曾与凯斯教授、费尔教授共同编著了本书的第 9 版。奥斯特教授拥有霍夫斯特拉大学经济学学士学位和哈佛大学经济学博士学位。

奥斯特教授的研究领域是产业组织。她致力于诸多不同行业的创新扩散问题、法规对商业的影响以及竞争战略。她在这些领域发表了大量文章并撰写了好几本书，包括《现代竞争分析》（Modern Competitive Analysis）和《非营利组织的战略管理》（The Strategic Management of Nonprofits）。

在加入耶鲁大学管理学院之前，奥斯特教授曾在耶鲁大学经济学院任教多年。在此期间，奥斯特教授负责本科生初级和中级宏观经济学的课程以及几个关于产业组织的研究生课程。自 1982 年，奥斯特教授主要在管理学院为 MBA 学生讲授核心的微观经济学课程，并开设有关竞争战略的课程。奥斯特教授还为商业组织和非营利组织提供广泛咨询，并曾在多家上市公司和非营利组织的董事会任职。

简明目录

vii

目　录

前　言

从本书首版发行到现在的第 12 版，我们的目标始终如一，那就是让学生对经济的运行以及经济学的力量和广度着迷。不论哪个版本，总是这样开头："对经济学的研究应当从一种'好奇的感觉'开始。"我们希望读者在阅读完本书之后可以对各市场经济体的运行有一个大致的了解，并且知道它们的成功之处以及它们存在的缺陷。我们也希望读者可以感受到经济思维的艺术性和科学性，并开始以一种不同的方式看待一些政策甚至个人决策。

本版新增

- 在第 12 版中，我们依旧对前几个版本中就已出现的"实践中的经济学"一栏做出调整。在这些栏目里，我们努力去引起专业学生对经济学思考方式的关注。例如我们选取的案例很多都是最新研究，并且其中大多是年轻学者在做的研究。本书中该栏出现的新变化包括：
  - ▷ 第 3 章中从行为经济学的角度来探究经常晴天是否会增加敞篷车的购买量。
  - ▷ 第 7 章中，我们将研究经济衰退导致失业的个人如何支配自己的时间。与其他活动相比，有多少新的时间用于求职？
  - ▷ 第 14 章中，我们描述了关于如何预测衰退的最新研究。
  - ▷ 第 20 章中我们引用了一份用儿童的身高来审视印度饥饿与性别不平等问题的研究。
  - ▷ 第 21 章是一个全新的章节，其中包含三个案例，"搬向机遇"计划，出生时体重与婴儿死亡率的关系，以及最低工资的影响。

  在其他案例中，我们通过最近的事件和生活中的情景来展示经济学模型的魅力：
  - ▷ 第 10 章中，我们通过描述两部电影和怀亚特·厄普传奇中的银行挤兑来说明银行在创造货币方面的作用。

  我们希望学生可以看到经济学作为工具在生活中的广泛应用，以及在这一领域的很多新研究是多么有趣。在每一个案例之后，我们都增设了问题以让学生从案例本身回到教材所讲的分析方法的运用，从而加强对基本经济学原理的理解。
- 正如前一版，我们已经对一些章节做出调整，使其更加精简和更具有可读性。在此版中，第 20 章也进行了一定修订，纳入了更多能促进当代经济发展的方法，如对"千年挑战"的讨论。

● 上一版宏观经济学的一个重大变化是用美联储利率规则来取代 LM 曲线，在这一规则中，货币供给量在分析中的作用更小。继续本着这种精神，在这一版中，我们将货币供给和货币需求两章合并为一章，即第 10 章。这简化了分析，并删除了不再重要的材料。

● 我们增加了一个全新的章节——第 21 章"对研究的批评性思考"，对这一章我们也非常期待。或许在一本初级经济学的课本中还是第一次出现这样的章节。该章包含了经济学的研究方法论，其中我们强调了实证经济学的一些关键问题：选择问题、因果关系、统计显著性和回归分析。最近，方法论已经成为经济学的关键部分，我们也努力尝试让初学者了解什么是经济学方法论。

● 所有的宏观经济数据都已更新。就像第 11 版一样，2008—2009 年经济衰退的缓慢复苏在这些数据中仍然很明显。这让学生们对他们高中毕业后的经济状况有了一个很好的了解。

● 在各个章节最后还新增了许多新的问题和习题。

基础

第 12 版《宏观经济学原理》的主题和前面 11 版是一样的。本书的目的在于介绍经济学原理，并对经济的运行提供一个基本的理解。这需要综合经济学理论、制度以及其在现实世界的应用。在本书的每一个章节我们都尽量保持这些要素的平衡。

以下是本书的三个独特之处：

1. 对关键概念的三层次解读（故事—图形—方程式）；
2. 清晰直观的组织结构；
3. 全球化的视野。

概念的三层次解读：故事—图形—方程式

教授经济学原理的老师面对的是整个教室的学生，他们的能力、背景和学习风格都有很大差异。对有些学生而言，无论如何表达，分析性的内容总是很难；而对另外一些人，图形和方程式会显得很自然。老师和教材作者面临的问题是，如何将核心概念教授给尽可能多的学生而又不使某些高水平的同学感到厌烦。我们的解决办法就是用以下三种方式来表达绝大部分核心概念：

首先，在一个简单直观的**故事**或是伴有表格说明的文字示例的背景中，讲述一个概念。其次，用**图形**来呈现上述故事或例子。最后，在合适的地方用上数学**方程式**。

宏观经济结构

我们仍然坚持这样的观点，即在讲述一本经济学原理的书的前几章中，简单地把 AD（总需求）和 AS（总供给）曲线扔给学生是错误的。为了理解 AS 和 AD 曲线，学生需要了解商品市场和货币市场的功能。如果将简单需求曲线背后的逻辑应用于总需求与价格水平之间的关系时，它是错误的。同样，如果将简单供给曲线背后的逻辑应用于总供给与价格水平之间的关系时，它也是错误的。因此，我们逐渐地建立了 AS/AD 模型。

第 8 章和第 9 章讨论了商品市场（IS 曲线）。而货币市场将在第 10 章（美联储规则背后的内容）中讨论。第 11 章会把所有的东西都放在一起，得出了 AD 和 AS 曲线，并确定了总产出的均衡值、价格水平和利率。这是核心章节，也是美联储规则发挥重要作用的地方。第 12 章将运用第 11 章的模型分析政策效果和成本冲击。第 13 章则会引入劳动力市场。下图Ⅲ.1（即第 174 页上的图Ⅲ.1）向你概述了这个结构。

组织宏观经济材料的一个重大问题是，在确定国民收入和反周期政策的短期章节之前是否应该教授长期增长问题。在过去的四个版本中，我们将关于增长的重要讨论转移到第 7 章"失业、通货膨胀和长期增长"，并强调了这一点。然而，我们写了第 16 章，这个关于长期增长的主要章节，它能够在短期章节之前或之后教授，不过我们仍然相信，学生一旦掌握了短期经济周期、通货膨胀和失业的逻辑和争议，他们就更加容易理解增长问题。

第 8—9 章
商品和服务市场
●计划总支出
　消费（C）
　计划投资（I）
　政府（G）
●总产出（收入）（Y）

第 11 章
充分均衡：总供给 / 总需求模型
●总供给曲线
●美联储规则
●总需求曲线
　均衡利率（r*）
　均衡产出（收入）（Y*）
　均衡价格水平（P*）

第 13 章
劳动力市场
●劳动供给
●劳动需求
●就业与失业

第 10 章
货币市场
●货币供给
●货币需求
●利率（r）

第 12 章
总供给 / 总需求模型中的政策和成本效应

▲ **图Ⅲ.1 宏观经济理论的核心**

全球化视野

与以前的各版本一样，我们仍然将一些国际性的案例与应用整合进相关章节。以封闭经济的思维编写初级经济学教材的时代早已一去不返，这一点是毋庸置疑的。

学习工具

作为教材的作者，同时又是老师，我们理解，经济学原理这门课程极具挑战性。本书在编写和设计方面的特色，就是通过现实生活中的例子与应用来展现并加深学生对关键经济学概念的理解。

实践中的经济学

如前所述，"实践中的经济学"一栏着眼于最新的研究或事件，这些研究或事件跟该章中的一个关键概念相对应，从而帮助学生思考经济学在其日常生活及其周围世界里广泛又有趣的应用。每一栏后都有 1 至 2 个问题，这些问题将学生正在学习的内容与其实际生活联系起来。

图形

阅读和理解图形对于掌握经济学概念至关重要。第 1 章后的附录"如何读懂图形"向读者介绍了如何才能更好地理解本书中 200 多幅图形。我们使用不同的曲线来表明生产者行为和消费者行为，并用不同的阴影来表示曲线的变化。

▶ **图 3.9 需求过剩或短缺**

当价格为每蒲式耳 1.75 美元时，需求量超过了供给量。当存在需求过剩时，价格有上涨的倾向。当需求量等于供给量时，需求过剩消除，市场达到均衡状态。这里的均衡价格是 2.00 美元，均衡数量是 40 000 蒲式耳。

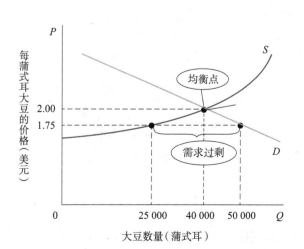

习题与答案

每一章以及每个附录的最后都会有一组习题，通过这些习题学生可以回顾并运用他们在该章所学的知识。这些习题并不是简单的记忆问答题，而是要求学生们用图形或是其他经济学方法去分析现实问题和做政策决定。带星号的题目会稍微难一些。很多题目已经进行了更新。

谢辞

xxvi

我们衷心地感谢所有帮助我们编写本书第 12 版的人员。感谢编辑戴维·亚历山大（David Alexander）和项目负责人林赛·斯隆（Lindsey Sloan）的帮助和热情付出。

感谢项目经理罗伯塔·谢尔曼（Roberta Sherman）和项目管理团队负责人杰弗里·霍尔科姆（Jeffrey Holcomb）确保本书出版的顺利进行。除此之外，我们还要感谢 Integra 软件服务公司的斯蒂芬妮·拉加（Stephanie Raga），协助我们按时完成了计划。感谢杰内尔·福施勒（Jenell Forschler）负责调研了本书中出现的很多图片。

特别感谢帕齐·巴林（Patsy Balin）、米里耶勒·道迪（Murielle Dawdy）和特雷西·沃尔德曼（Tracy Waldman）协助我们调研。

最后我们要感谢所有校对和审读人员，他们确保了本书第 12 版的准确性。感谢他们在我们筹备本书第 12 版时提供的宝贵意见。

第 12 版的审稿人

Bahram Adrangi, University of Portland
Anthony Andrews, Governors State University
J Jeffrey Blais, Rhode Island College
Paula M. Cole, University of Denver
Karen Fitzner, DePaul University
James Frederick, UNC at Pembroke
Richard Gearhart, California State University, Bakersfield
Wayne Hickenbottom, University of Texas at Austin
Janet Koscianski, Shippensburg University
Tim Kwock, University of Hawaii West Oahu
Sangjoon Lee, Alfred University
David Lehmkuhl, Lakeland College
Benjamin Liebman, St. Joseph's University
Basel Mansour, New Jersey City University
Chris Phillips, Somerset Community College
Sarah Quintanar, University of Arkansas at Little Rock
Daniel Sichel, Wellesley College
John Solow, University of Iowa
Jadrian Wooten, Penn State University
Linus Yamane, Pitzer College

之前各版的审稿人

以下人士大力协助，在不同阶段审读了本书此前各版本以及教学 / 学习包：

Cynthia Abadie, Southwest Tennessee Community College
Shawn Abbott, College of the Siskiyous
Fatma Abdel-Raouf, Goldey-Beacom College
Lew Abernathy, University of North Texas
Rebecca Abraham, Nova Southeastern University
Basil Adams, Notre Dame de Namur University
Jack Adams, University of Maryland
Douglas K. Adie, Ohio University
Douglas Agbetsiafa, Indiana University, South Bend
Sheri Aggarwal, University of Virginia
Carlos Aguilar, El Paso Community College
Ehsan Ahmed, James Madison University
Ferhat Akbas, Texas A&M University
Sam Alapati, Rutgers University
Terence Alexander, Iowa State University
John W. Allen, Texas A&M University
Polly Allen, University of Connecticut

Stuart Allen, University of North Carolina at Greensboro
Hassan Aly, Ohio State University
Alex Anas, University at Buffalo, The State University of New York
David Anderson, Centre College
Joan Anderssen, Arapahoe Community College
Jim Angresano, Hampton-Sydney College
Kenneth S. Arakelian, University of Rhode Island
Harvey Arnold, Indian River Community College
Nick Apergis, Fordham University
Bevin Ashenmiller, Occidental College
Richard Ashley, Virginia Technical University
Birjees Ashraf, Houston Community College Southwest
Kidane Asmeron, Pennsylvania State University
Musa Ayar, University of Texas, Austin
James Aylesworth, Lakeland Community College
Moshen Bahmani, University of Wisconsin—Milwaukee
Asatar Bair, City College of San Francisco
Diana Bajrami, College of Alameda
Mohammad Bajwa, Northampton Community College
Rita Balaban, University of North Carolina, Chapel Hill
A. Paul Ballantyne, University of Colorado, Colorado Springs
Richard J. Ballman, Jr., Augustana College
King Banaian, St. Cloud State University
Nick Barcia, Baruch College
Henry Barker, Tiffin University
Robin Bartlett, Denison University
Laurie Bates, Bryant University
Kari Battaglia, University of North Texas
Leon Battista, Bronx Community College
Amanda Bayer, Swarthmore College
Klaus Becker, Texas Tech University
Richard Beil, Auburn University
Clive Belfield, Queens College
Willie J. Belton, Jr., Georgia Institute of Technology
Daniel K. Benjamin, Clemson University
Charles A. Bennett, Gannon University
Emil Berendt, Siena Heights University
Daniel Berkowitz, University of Pittsburgh
Kurt Beron, University of Texas, Dallas
Derek Berry, Calhoun Community College
Tibor Besedes, Georgia Institute of Technology
Thomas Beveridge, Durham Technical Community College

Anoop Bhargava, Finger Lakes CC

Eugenie Bietry, Pace University

Kelly Blanchard, Purdue University

Mannie Bloemen, Houston Community College

Mark Bock, Loyola College in Maryland

Howard Bodenhorn, Lafayette College

Bruce Bolnick, Northeastern University

Frank Bonello, University of Notre Dame

Jeffrey Bookwalter, University of Montana

Antonio Bos, Tusculum College

Maristella Botticini, Boston University

George Bowling, St. Charles Community College

G. E. Breger, University of South Carolina

Charles Callahan, III, State University of New York at Brockport

Dennis Brennan, William Rainey Harper Junior College

Anne E. Bresnock, California State Polytechnic University, Pomona, and the University of California, Los Angeles

Barry Brown, Murray State University

Bruce Brown, California State Polytechnic University, Pomona

Jennifer Brown, Eastern Connecticut State University

David Brownstone, University of California, Irvine

Don Brunner, Spokane Falls Community College

Jeff Bruns, Bacone College

David Bunting, Eastern Washington University

Barbara Burnell, College of Wooster

Alison Butler, Willamette University

Fred Campano, Fordham University

Douglas Campbell, University of Memphis

Beth Cantrell, Central Baptist College

Kevin Carlson, University of Massachusetts, Boston

Leonard Carlson, Emory University

Arthur Schiller Casimir, Western New England College

Lindsay Caulkins, John Carroll University

Atreya Chakraborty, Boston College

Suparna Chakraborty, Baruch College of the City University of New York

Winston W. Chang, University at Buffalo, The State University of New York

Janie Chermak, University of New Mexico

David Ching, University of Hawaii – Honolulu

Harold Christensen, Centenary College

Daniel Christiansen, Albion College

Susan Christoffersen, Philadelphia University

Samuel Kim-Liang Chuah, Walla Walla College

Dmitriy Chulkov, Indiana University, Kokomo

David Colander, Middlebury College

Daniel Condon, University of Illinois at Chicago; Moraine Valley Community College

Karen Conway, University of New Hampshire

Cesar Corredor, Texas A&M University

David Cowen, University of Texas, Austin

Tyler Cowen, George Mason University

Amy Cramer, Pima Community College, West Campus

Peggy Crane, Southwestern College

Barbara Craig, Oberlin College

Jerry Crawford, Arkansas State University

James Cunningham, Chapman University

Scott Cunningham, Baylor University

Elisabeth Curtis, Dartmouth

James D'Angelo, University of Cincinnati

David Dahl, University of St. Thomas

Sheryll Dahlke, Lees-McRae College

Joseph Dahms, Hood College

Sonia Dalmia, Grand Valley State University

Rosa Lea Danielson, College of DuPage

David Danning, University of Massachusetts, Boston

Minh Quang Dao, Eastern Illinois University

Amlan Datta, Cisco Junior College

David Davenport, McLennan Community College

Stephen Davis, Southwest Minnesota State University

Dale DeBoer, Colorado University, Colorado Springs

Dennis Debrecht, Carroll College

Juan J. DelaCruz, Fashion Institute of Technology and Lehman College

Greg Delemeester, Marietta College

Yanan Di, State University of New York, Stony Brook

Amy Diduch, Mary Baldwin College

Timothy Diette, Washington and Lee University

Vernon J. Dixon, Haverford College

Alan Dobrowolksi, Manchester Community College

Eric Dodge, Hanover College

Carol Dole, Jacksonville University

Michael Donihue, Colby College

Leslie Doss, University of Texas San Antonio

Shahpour Dowlatshahi, Fayetteville Technical Community College

Joanne M. Doyle, James Madison University

Robert Driskill, Ohio State University

James Dulgeroff, San Bernardino Valley College

Kevin Duncan, Colorado State University

Yvonne Durham, Western Washington University

Debra Sabatini Dwyer, State University of New York, Stony Brook
Gary Dymski, University of Southern California
David Eaton, Murray State University
Jay Egger, Towson State University
Erwin Ehrhardt, University of Cincinnati
Ann Eike, University of Kentucky
Eugene Elander, Plymouth State University
Ronald D. Elkins, Central Washington University
Tisha Emerson, Baylor University
Michael Enz, Western New England College
Erwin Erhardt III, University of Cincinnati
William Even, Miami University
Ali Faegh, Houston Community College
Noel J. J. Farley, Bryn Mawr College
Mosin Farminesh, Temple University
Dan Feaster, Miami University of Ohio
Susan Feiner, Virginia Commonwealth University
Getachew Felleke, Albright College
Lois Fenske, South Puget Sound Community College
William Field, DePauw University
Deborah Figart, Richard Stockton College
Barbara Fischer, Cardinal Stritch University
Mary Flannery, Santa Clara University
Bill Foeller, State University of New York, Fredonia
Fred Foldvary, Santa Clara University
Roger Nils Folsom, San Jose State University
Mathew Forstater, University of Missouri-Kansas City
Kevin Foster, The City College of New York
Richard Fowles, University of Utah
Sean Fraley, College of Mount Saint Joseph
Johanna Francis, Fordham University
Roger Frantz, San Diego State University
Mark Frascatore, Clarkson University
Amanda Freeman, Kansas State University
Morris Frommer, Owens Community College
Brandon Fuller, University of Montana
David Fuller, University of Iowa
Mark Funk, University of Arkansas, Little Rock
Alejandro Gallegos, Winona State University
Craig Gallet, California State University, Sacramento
N. Galloro, Chabot College
Bill Galose, Drake University
William Ganley, Buffalo State, SUNY
Martin A. Garrett, Jr., College of William and Mary
Tom Gausman, Northern Illinois University
Shirley J. Gedeon, University of Vermont
Jeff Gerlach, Sungkyunkwan Graduate School of Business
Lisa Giddings, University of Wisconsin, La Crosse
Gary Gigliotti, Rutgers University
Lynn Gillette, Spalding University
Donna Ginther, University of Kansas
James N. Giordano, Villanova University
Amy Glass, Texas A&M University
Sarah L. Glavin, Boston College
Roy Gobin, Loyola University, Chicago
Bill Godair, Landmark College
Bill Goffe, University of Mississippi
Devra Golbe, Hunter College
Roger Goldberg, Ohio Northern University
Joshua Goodman, New York University
Ophelia Goma, DePauw University
John Gonzales, University of San Francisco
David Gordon, Illinois Valley College
Richard Gosselin, Houston Community College
Eugene Gotwalt, Sweet Briar College
John W. Graham, Rutgers University
Douglas Greenley, Morehead State University
Thomas A. Gresik, University of Notre Dame
Lisa M. Grobar, California State University, Long Beach
Wayne A. Grove, Le Moyne College
Daryl Gruver, Mount Vernon Nazarene University
Osman Gulseven, North Carolina State University
Mike Gumpper, Millersville University
Benjamin Gutierrez, Indiana University, Bloomington
A. R. Gutowsky, California State University, Sacramento
Anthony Gyapong, Penn State University, Abington
David R. Hakes, University of Missouri, St. Louis
Bradley Hansen, University of Mary Washington
Stephen Happel, Arizona State University
Mehdi Haririan, Bloomsburg University of Pennsylvania
David Harris, Benedictine College
David Harris, San Diego State University
James Hartley, Mount Holyoke College
Bruce Hartman, California Maritime Academy of California State University
Mitchell Harwitz, University at Buffalo, The State University of New York
Dewey Heinsma, Mt. San Jacinto College
Sara Helms, University of Alabama, Birmingham
Brian Hill, Salisbury University
David Hoaas, Centenary College
Arleen Hoag, Owens Community College
Carol Hogan, University of Michigan, Dearborn

Harry Holzer, Michigan State University

Ward Hooker, Orangeburg-Calhoun Technical College

Bobbie Horn, University of Tulsa

John Horowitz, Ball State University

Ali Faegh, Houston Community College

Daniel Horton, Cleveland State University

Ying Huang, Manhattan College

Janet Hunt, University of Georgia

E. Bruce Hutchinson, University of Tennessee, Chattanooga

Creed Hyatt, Lehigh Carbon Community College

Ana Ichim, Louisiana State University

Aaron Iffland, Rocky Mountain College

Fred Inaba, Washington State University

Richard Inman, Boston College

Aaron Jackson, Bentley College

Brian Jacobsen, Wisconsin Lutheran College

Rus Janis, University of Massachusetts

Jonatan Jelen, The City College of New York

Eric Jensen, The College of William & Mary

Aaron Johnson, Missouri State University

Donn Johnson, Quinnipiac University

Paul Johnson, University of Alaska, Anchorage

Shirley Johnson, Vassar College

Farhoud Kafi, Babson College

R. Kallen, Roosevelt University

Arthur E. Kartman, San Diego State University

Hirshel Kasper, Oberlin College

Brett Katzman, Kennesaw State University

Bruce Kaufman, Georgia State University

Dennis Kaufman, University of Wisconsin, Parkside

Pavel Kapinos, Carleton College

Russell Kashian, University of Wisconsin, Whitewater

Amoz Kats, Virginia Technical University

David Kaun, University of California, Santa Cruz

Brett Katzman, Kennesaw State University

Fred Keast, Portland State University

Stephanie Kelton, University of Missouri, Kansas City

Deborah Kelly, Palomar College

Erasmus Kersting, Texas A&M University

Randall Kesselring, Arkansas State University

Alan Kessler, Providence College

Dominique Khactu, The University of North Dakota

Gary Kikuchi, University of Hawaii, Manoa

Hwagyun Kim, State University of New York, Buffalo

Keon-Ho Kim, University of Utah

Kil-Joong Kim, Austin Peay State University

Sang W. Kim, Hood College

Phillip King, San Francisco State University

Barbara Kneeshaw, Wayne County Community College

Inderjit Kohli, Santa Clara University

Heather Kohls, Marquette University

Janet Koscianski, Shippensburg University

Vani Kotcherlakota, University of Nebraska, Kearney

Barry Kotlove, Edmonds Community College

Kate Krause, University of New Mexico

David Kraybill, University of Georgia

David Kroeker, Tabor College

Stephan Kroll, California State University, Sacramento

Joseph Kubec, Park University

Jacob Kurien, Helzberg School of Management

Rosung Kwak, University of Texas at Austin

Sally Kwak, University of Hawaii-Manoa

Steven Kyle, Cornell University

Anil K. Lal, Pittsburg State University

Melissa Lam, Wellesley College

David Lang, California State University, Sacramento

Gary Langer, Roosevelt University

Anthony Laramie, Merrimack College

Leonard Lardaro, University of Rhode Island

Ross LaRoe, Denison University

Michael Lawlor, Wake Forest University

Pareena Lawrence, University of Minnesota, Morris

Daniel Lawson, Drew University

Mary Rose Leacy, Wagner College

Margaret D. Ledyard, University of Texas, Austin

Jim Lee, Fort Hays State University

Judy Lee, Leeward Community College

Sang H. Lee, Southeastern Louisiana University

Don Leet, California State University, Fresno

Robert J. Lemke, Lake Forest College

Gary Lemon, DePauw University

Alan Leonard, Wilson Technical Community College

Mary Lesser, Iona College

Ding Li, Northern State University

Zhe Li, Stony Brook University

Larry Lichtenstein, Canisius College

Benjamin Liebman, Saint Joseph's University

Jesse Liebman, Kennesaw State University

George Lieu, Tuskegee University

Stephen E. Lile, Western Kentucky University

Jane Lillydahl, University of Colorado at Boulder

Tony Lima, California State University, East Bay

Melissa Lind, University of Texas, Arlington

Al Link, University of North Carolina Greensboro

Charles R. Link, University of Delaware
Robert Litro, U.S. Air Force Academy
Samuel Liu, West Valley College
Jeffrey Livingston, Bentley College
Ming Chien Lo, St. Cloud State University
Burl F. Long, University of Florida
Alina Luca, Drexel University
Adrienne Lucas, Wellesley College
Nancy Lutz, Virginia Technical University
Kristina Lybecker, Colorado College
Gerald Lynch, Purdue University
Karla Lynch, University of North Texas
Ann E. Lyon, University of Alaska, Anchorage
Bruce Madariaga, Montgomery College
Michael Magura, University of Toledo
Marvin S. Margolis, Millersville University of Pennsylvania
Tim Mason, Eastern Illinois University
Don Mathews, Coastal Georgia Community College
Don Maxwell, Central State University
Nan Maxwell, California State University at Hayward
Roberto Mazzoleni, Hofstra University
Cynthia S. McCarty, Jacksonville State University
J. Harold McClure, Jr., Villanova University
Patrick McEwan, Wellesley College
Ronnie McGinness, University of Mississippi
Todd McFall, Wake Forest University
Rick McIntyre, University of Rhode Island
James J. McLain, University of New Orleans
Dawn McLaren, Mesa Community College
B. Starr McMullen, Oregon State University
K. Mehtaboin, College of St. Rose
Martin Melkonian, Hofstra University
Alice Melkumian, Western Illinois University
William Mertens, University of Colorado, Boulder
Randy Methenitis, Richland College
Art Meyer, Lincoln Land Community College
Carrie Meyer, George Mason University
Meghan Millea, Mississippi State University
Jenny Minier, University of Miami
Ida Mirzaie, The Ohio State University
David Mitchell, Missouri State University
Bijan Moeinian, Osceola Campus
Robert Mohr, University of New Hampshire
Shahruz Mohtadi, Suffolk University
Amyaz Moledina, College of Wooster
Gary Mongiovi, St. John's University
Terry D. Monson, Michigan Technological University
Barbara A. Moore, University of Central Florida
Joe L. Moore, Arkansas Technical University

Myra Moore, University of Georgia
Robert Moore, Occidental College
Norma C. Morgan, Curry College
W. Douglas Morgan, University of California, Santa Barbara
David Murphy, Boston College
John Murphy, North Shore Community College, Massachusetts
Ellen Mutari, Richard Stockton College of New Jersey
Steven C. Myers, University of Akron
Veena Nayak, University at Buffalo, The State University of New York
Ron Necoechea, Robert Wesleyan College
Doug Nelson, Spokane Community College
Randy Nelson, Colby College
David Nickerson, University of British Columbia
Sung No, Southern University and A&M College
Rachel Nugent, Pacific Lutheran University
Akorlie A. Nyatepe-Coo, University of Wisconsin LaCrosse
Norman P. Obst, Michigan State University
William C. O'Connor, Western Montana College
Constantin Ogloblin, Georgia Southern University
David O'Hara, Metropolitan State University
Albert Okunade, University of Memphis
Ronald Olive, University of Massachusetts, Lowell
Martha L. Olney, University of California, Berkeley
Kent Olson, Oklahoma State University
Jaime Ortiz, Florida Atlantic University
Theresa Osborne, Hunter College
Donald J. Oswald, California State University, Bakersfield
Mete Ozcan, Brooklyn College
Alexandre Padilla, Metropolitan State College of Denver
Aaron Pankratz, Fresno City College
Niki Papadopoulou, University of Cyprus
Walter Park, American University
Carl Parker, Fort Hays State University
Spiro Patton, Rasmussen College
Andrew Pearlman, Bard College
Charlie Pearson, Southern Maine Community College
Richard Peck, University of Illinois at Chicago
Don Peppard, Connecticut College
Elizabeth Perry, Randolph College
Nathan Perry, University of Utah
Joe Petry, University of Illinois-Urbana-Champaign
Joseph A. Petry, University of Illinois

Mary Ann Pevas, Winona State University
Chris Phillips, Somerset Community College
Jeff Phillips, Morrisville Community College
Frankie Pircher, University of Missouri, Kansas City
Tony Pizelo, Spokane Community College
Dennis Placone, Clemson University
Mike Pogodzinski, San Jose State University
Linnea Polgreen, University of Iowa
Elizabeth Porter, University of North Florida
Bob Potter, University of Central Florida
Ed Price, Oklahoma State University
Abe Qastin, Lakeland College
Kevin Quinn, St. Norbert College
Ramkishen S. Rajan, George Mason University
James Rakowski, University of Notre Dame
Amy Ramirez-Gay, Eastern Michigan University
Paul Rappoport, Temple University
Artatrana Ratha, St. Cloud State University
Michael Rendich, Westchester Community College
Lynn Rittenoure, University of Tulsa
Travis Roach, Texas Tech University
Brian Roberson, Miami University
Michael Robinson, Mount Holyoke College
Juliette Roddy, University of Michigan, Dearborn
Michael Rolleigh, University of Minnesota
Belinda Roman, Palo Alto College
S. Scanlon Romer, Delta College
Brian Rosario, University of California, Davis
Paul Roscelli, Canada College
David C. Rose, University of Missouri-St. Louis
Greg Rose, Sacramento City College
Richard Rosenberg, Pennsylvania State University
Robert Rosenman, Washington State University
Robert Rosenthal, Stonehill College
Howard Ross, Baruch College
Paul Rothstein, Washington University
Charles Roussel, Louisiana State University
Jeff Rubin, Rutgers University
Mark Rush, University of Florida
Dereka Rushbrook, Ripon College
Jerard Russo, University of Hawaii
Luz A. Saavedra, University of St. Thomas
William Samuelson, Boston University School of Management
Allen Sanderson, University of Chicago
David Saner, Springfield College – Benedictine University
Ahmad Saranjam, Bridgewater State College
David L. Schaffer, Haverford College
Eric Schansberg, Indiana University – Southeast

Robert Schenk, Saint Joseph's College
Ramon Schreffler, Houston Community College System (retired)
Adina Schwartz, Lakeland College
Jerry Schwartz, Broward Community College
Amy Scott, DeSales University
Gary Sellers, University of Akron
Atindra Sen, Miami University
Chad Settle, University of Tulsa
Jean Shackleford, Bucknell University
Ronald Shadbegian, University of Massachusetts, Dartmouth
Linda Shaffer, California State University, Fresno
Dennis Shannon, Southwestern Illinois College
Stephen L. Shapiro, University of North Florida
Paul Shea, University of Oregon
Geoff Shepherd, University of Massachusetts Amherst
Bih-Hay Sheu, University of Texas at Austin
David Shideler, Murray State University
Alden Shiers, California Polytechnic State University
Gerald Shilling, Eastfield College
Dongsoo Shin, Santa Clara University
Elias Shukralla, St. Louis Community College, Meramec
Anne Shugars, Harford Community College
Richard Sicotte, University of Vermont
William Simeone, Providence College
Scott Simkins, North Carolina Agricultural and Technical State University
Larry Singell, University of Oregon
Priyanka Singh, University of Texas, Dallas
Sue Skeath, Wellesley College
Edward Skelton, Southern Methodist University
Ken Slaysman, York College
John Smith, New York University
Paula Smith, Central State University, Oklahoma
Donald Snyder, Utah State University
Marcia Snyder, College of Charleston
David Sobiechowski, Wayne State University
John Solow, University of Iowa
Angela Sparkman, Itawamba Community College
Martin Spechler, Indiana University
David Spigelman, University of Miami
Arun Srinivasa, Indiana University, Southeast
David J. St. Clair, California State University at Hayward
Sarah Stafford, College of William & Mary
Richard Stahl, Louisiana State University
Rebecca Stein, University of Pennsylvania
Mary Stevenson, University of Massachusetts,

Boston

Susan Stojanovic, Washington University, St. Louis

Courtenay Stone, Ball State University

Ernst W. Stromsdorfer, Washington State University

Edward Stuart, Northeastern Illinois University

Chris Stufflebean, Southwestern Oklahoma State University

Chuck Stull, Kalamazoo College

Kenneth Slaysman, York College of Pennsylvania

Della Sue, Marist College

Abdulhamid Sukar, Cameron University

Christopher Surfield, Saginaw Valley State University

Rodney B. Swanson, University of California, Los Angeles

James Swofford, University of Alabama

Bernica Tackett, Pulaski Technical College

Michael Taussig, Rutgers University

Samia Tavares, Rochester Institute of Technology

Timothy Taylor, Stanford University

William Taylor, New Mexico Highlands University

Sister Beth Anne Tercek, SND, Notre Dame College of Ohio

Henry Terrell, University of Maryland

Jennifer Thacher, University of New Mexico

Donna Thompson, Brookdale Community College

Robert Tokle, Idaho State University

David Tolman, Boise State University

Susanne Toney, Hampton University

Karen M. Travis, Pacific Lutheran University

Jack Trierweler, Northern State University

Brian M. Trinque, University of Texas at Austin

HuiKuan Tseng, University of North Carolina at Charlotte

Boone Turchi, University of North Carolina

Kristin Van Gaasbeck, California State University, Sacramento

Amy Vander Laan, Hastings College

Ann Velenchik, Wellesley College

Lawrence Waldman, University of New Mexico

Chris Waller, Indiana University, Bloomington

William Walsh, University of St. Thomas

Chunbei Wang, University of St. Thomas

John Watkins, Westminster

Janice Weaver, Drake University

Bruce Webb, Gordon College

Ross Weiner, The City College of New York

Elaine Wendt, Milwaukee Area Technical College

Walter Wessels, North Carolina State University

Christopher Westley, Jacksonville State University

Joan Whalen-Ayyappan, DeVry Institute of Technology

Robert Whaples, Wake Forest University

Leonard A. White, University of Arkansas

Alex Wilson, Rhode Island College

Wayne Winegarden, Marymount University

Jennifer Wissink, Cornell University

Arthur Woolf, University of Vermont

Paula Worthington, Northwestern University

Bill Yang, Georgia Southern University

Ben Young, University of Missouri, Kansas City

Darrel Young, University of Texas

Michael Youngblood, Rock Valley College

Jay Zagorsky, Boston University

Alexander Zampieron, Bentley College

Sourushe Zandvakili, University of Cincinnati

Walter J. Zeiler, University of Michigan

Abera Zeyege, Ball State University

James Ziliak, Indiana University, Bloomington

Jason Zimmerman, South Dakota State University

我们欢迎对第 12 版提出批评。请致信 David Alexander，Executive Editor，Pearson Economics，501 Boylston Street，Boston，MA 02116，他会转交我们。

卡尔·凯斯

雷·费尔

莎伦·奥斯特

第一部分
经济学概述

第1章
经济学的研究范围和方法

对经济学的研究应当从一种"好奇的感觉"开始。在这里我们先停一下，想想你一天的生活。可能是从当地面包店制作的面包圈开始，面粉是在美国明尼苏达州磨成的，而磨面粉用的小麦是在堪萨斯种植的。放学以后你和一位朋友开车通过州际高速公路，这条高速公路是耗时20年和花费了数十亿美元才建起来的公路系统的一部分。你在加油站停车加油，汽油是在路易斯安那加工的，而原油则是从沙特阿拉伯运来的。然后，你用笔记本电脑给你在墨西哥城的兄弟打网络电话，计算机是在印度尼西亚组装的，但它的零部件是在中国生产的。你每天使用和消费着数以万计的东西。有人把工人和原料组织起来生产这些产品，然后进行分配。为了圆满完成这一过程，人们需要做出数以千计的决策。最终这一切呈现到了你的面前。

在美国，占总人口几乎一半的大约1.5亿人在数十万种不同的工作岗位上工作，每年生产价值近18万亿美元的商品和服务。有些人找不到工作，同时也有些人选择不工作。美国每年进口价值超过3 000亿美元的汽车和零部件以及价值超过3 500亿美元的石油和石油产品；同时它出口价值约1 400亿美元的农产品，包括食品。在现代经济中，消费者的选择范围，包括对商品的选择范围遍布全球。

经济学是研究个人和社会如何决策使用自然和先辈提供的稀缺资源的学科。这个定义中的关键词是决策。经济学是一种行为科学或社会科学。在很大程度上，它是研究人们如何做出选择的学科。人们做出的选择加总起来就得到了社会的选择。

1

2

经济学： 研究个人和社会如何决策使用由自然和前几代人提供的稀缺资源。

本章和第 2 章的目的是详细阐述这一定义，并介绍经济学的主题。生产什么？是如何产生的？谁得到了它？为什么？结果好还是坏？可以改进吗？

1.1 学习目标

确定研究经济学的三个主要原因。想想你生活中的例子，理解机会成本或有效市场的原则可以对你的决策产生影响。

1.1 为什么要学习经济学？

学习经济学有三个主要原因：学习一种思维方式，理解社会，做一个明智的决策者。

1.1.1 学习一种思维方式

学习经济学的最重要原因也许就是学习一种思维方式。经济学的三个最基本的概念是：机会成本、边际主义和有效市场的运作。

机会成本　经济中发生的事情是成千上万个个体选择的共同结果。人们必须决定如何在市场所提供的所有商品和服务中分配他们的收入。人们必须决定自己是不是要工作，是不是要上学，存多少钱等。厂商必须决定生产什么，生产多少，产品的价格，以及工厂的选址等。经济学的分析为这些类型的决策提供了一种结构化的方法。

几乎所有的决策都包括取舍。在分析决策制定过程时反复出现的一个核心概念是"机会成本"。在做出某个特定决策时，其全部"成本"包括由于没有采用其他决策而放弃的东西。当做出一个决策时，我们不得不放弃的所有决策中最好的一个叫作这个决策的**机会成本**。

机会成本： 当我们做选择或做决定时，我们放弃的最佳替代选项。

当被问到一场电影的花费时，大部分人会提到电影票的价格。对于一位经济学家来说，这仅是答案的一部分：去看一场电影不仅要花钱买票还要花费时间。去看电影的机会成本是你用同样的金钱和时间可以做的其他事情的价值。如果你决定在工作日请假，你得到的闲暇的机会成本就是如果你工作的话可以得到的收入。大学教育的一部分成本是全职工作所能带来的收入。

稀缺的： 有限的。

之所以提出机会成本这一概念是因为资源是稀缺的。**稀缺**就是"有限"的意思。考虑一下我们最重要的资源之一——时间。每天只有 24 个小时，我们只能生活在这种限制下面。巴西农村的农民必须决定是继续在家乡种地还是到城市里去找一份工作。一个美国佛蒙特大学的曲棍球运动员必须决定她是继续待在校队还是用更多的时间来提高学业。

边际主义： 分析决策或决定产生的额外或增量成本或收益的过程。

边际主义　在分析决策的时候，第二个关键的概念是**边际主义**。在权衡一个决策的成本和收益时，只需考虑仅仅由这个选择所带来的成本和收益。比如你住在美国新奥尔良，正在考虑去艾奥瓦州看望你妈妈这一行为的成本和收益。如果你正因为公事要到堪萨斯城出差，那么去看望妈妈的成本就只是从堪萨斯城到艾奥瓦州的额外的（或者说边际的）时间和费用成本了。

　　边际成本的概念在许多例子里都很有用处。如果一个将要起飞的飞机上还有空座位，那么增加一个额外乘客的边际成本基本上是零。也就是说增加了这一个乘客，这次飞行的总成本几乎没有变化。因此，通过 www.priceline.com 或其他网站预留几个可以大幅折扣出售的座位，将这些座位以很大的折扣出售也是有利可图的，即使这些座位的票价远远低于这次飞行摊在每个座位上的平均成本。只要航空厂商将依然空着的座位售出，就可以增加利润。

有效市场——没有免费午餐　设想你要在暴风雨来临之前从一家忙碌的杂货店结账离开，那里一共有 7 台收款机，每一台前面都有几个人在排队等候。你应该选择排哪一队？显然，你应该去最短的那一队！但如果每个人都这么想——就像通常那样——随着人们到处移动，所有的队伍将变得一样长。经济学家经常不是很严谨地把"好买卖"或是无风险的投机活动也叫作"盈利机会"。如果一个收款台前的队伍比其他队伍都要短，我们就说这里存在一个"盈利机会"，尽管这种用法不很严谨。通常这种"盈利机会"很稀少。因为在任何时间都有很多人在寻找着这种机会，因此这种机会就变得很少。像这种任何"盈利机会"都几乎稍纵即逝的市场叫作**有效市场**（市场是指消费者和销售者互动并从事交易的机构，我们将在第 2 章对市场进行详细讨论）。

有效市场： 一种获利机会稍纵即逝的市场。

　　用于说明有效市场这一概念的通俗说法是"没有免费的午餐"。当一个股票经纪人打电话告诉你一个股市的内幕消息时，你会作何反应呢？你要加以怀疑。股市上每天有成千上万的人在寻找内幕消息。如果关于某只股票将会升值的内部消息是真的话，马上就会有很多人去买这只股票，那么该股票的价格也就会迅速上升。当然，经济学家的这种几乎不存在"盈利机会"的观点会被过度使用。一个故事很好地说明了这一点。两个人一块走路，其中一个人是经济学家，另一个不是。那个不是经济学家的人看到路边有一张 20 美元的钞票，就说："地上有一张 20 美元的钞票。"而那个经济学家回答道："这是不可能的，如果有钞票的话，一定早有人把它捡走了。"

　　显然"盈利机会"有时还是存在的。总会有一个人最先知道这个消息，总是有某些人比其他人的洞察力更敏锐。然而，信息的传递速度毕竟是很快的，而且很多人都具有敏锐的洞察力。所以巨型盈利机会十分罕见这一被普遍接受的观点是非常正确的，并且对于决策也具有十分重要的意义。

　　经济学研究教会我们的是帮助我们做出决策的一种思考方式。

1.1.2 理解社会

学习经济学的另外一个原因是为了更好地理解这个社会。过去的和现在的经济决策对社会生活的特征都有着巨大的影响。目前的物质环境和人们的物质生活水准以及工作机会的种类和数量等都是经济系统的产物。

工业革命： 英国在18世纪末和19世纪初期间，新的制造技术和改善的交通运输引起了现代工厂系统和人口从农村到城市的大规模迁移。

经济变革对社会的影响从未像18世纪末和19世纪初期的英格兰那样明显，我们现在称之为**工业革命**。农业生产率的增加、新的制造技术的出现和更有效率的运输方式的发展，引发了英国人口由农村向城市的大规模迁移。在18世纪初，大约2/3的英国人口从事农业。到了1812年，只有1/3的人口仍然从事农业；到了1900年，这一数字就不到1/10了。人们涌进过分拥挤的城市，在工厂里长时间地工作。在两个世纪的时间里英格兰人的生活完全改变了。然而在历史的长河中，这只不过是弹指一挥间。

因此，经济学这门学科在这个时期开始成型并不奇怪。社会评论家和哲学家看到这些社会变化后，意识到他们应该扩充自己的理论以解释这些变化了。亚当·斯密的《国富论》完成于1776年。之后又出现了大卫·李嘉图、卡尔·马克思、托马斯·马尔萨斯等人的著作。每个人都想解释究竟发生了什么事情。谁在建立工厂？为什么建立？什么决定了工人的工资水平和食物的价格？未来会发生什么事情？未来应该发生什么？提出这些问题的人们就是最初的经济学家。

社会变革往往是由经济学驱动的。考虑一下万维网早期的发展。人们彼此之间以及与世界其他地方沟通的方式的变化，主要是由逐利的个人厂商所创造的，它影响了我们生活的方方面面，从我们与朋友和家人的互动方式，到我们所拥有的工作以及城市和政府的组织方式。

> 经济学是社会科学的一个重要组成部分。

1.1.3 做一个明智的决策者

经济学知识是一个明智的决策者所不可或缺的。在2008年至2013年间，世界上大部分地区都面临着严重的经济衰退和缓慢的复苏，全球数百万人失业。一个明智的决策者必须了解经济衰退中发生的事情，以及政府在帮助经济复苏上能够和不能够做到什么。

经济学对于理解地方和联邦层面的一系列其他日常政府决策也至关重要。政府为什么要为公立学校和公路付费，而不是为手机付费？美国总统贝拉克·奥巴马领导的联邦政府试图为美国公民提供全民医疗服务。这项政策的利弊是什么？在某些州，球赛的倒票是非法的。这是一个好政策吗？每天，在全球范围内，人们围绕这些问题参与政治决策，这些问题都取决于对经济学的理解。

> 要成为一位明智的决策者，需要对经济学有基本的了解。

1.2 经济学的研究范围

大部分第一次选修经济学课程的学生都会惊奇地发现，他们要学的内容十分广泛。一些学生原来以为经济学要教他们股票市场的知识或者如何理财，另外一些则以为经济学只研究通货膨胀、失业这样的问题。实际上，上面提出的这些问题都在经济学的研究范围内，但它们不过是经济学研究的问题中很小的一部分。经济学家运用工具研究更广泛的主题。

要了解你将要学习的内容的深度和广度，最简单的方法莫过于简要探究一下经济学有着怎样的架构。首先，经济学有两个主要的分支：微观经济学和宏观经济学。

1.2.1 微观经济学与宏观经济学

微观经济学主要研究单个行业的运行和厂商及家庭的个体经济决策行为。厂商关于生产什么和如何定价的选择及家庭关于购买什么和购买多少的选择，帮助解释了为什么经济的产出是现在这个样子的。

微观经济学研究的另一个大问题是谁得到了生产出来的商品和服务。决定产出分配方式的因素属于微观经济学研究的范畴。微观经济学帮助我们理解资源如何在家庭间分配。什么决定了谁是富人谁是穷人？

宏观经济学把经济看作一个整体。它不试图解释什么因素决定了单个厂商或单个行业的产出以及单个家庭或一些家庭的消费模式，而是研究决定国民产出或国民生产的因素。微观经济学关注家庭收入，宏观经济学研究国民收入。

微观经济学的关注焦点在于个别产品的价格和产品之间的相关价格，而宏观经济学研究经济的整体价格水平和价格水平的上涨（或下跌）速度。微观经济学研究一年里在某个特定的行业或地区会有多少人被雇用（或解雇），以及什么原因决定了一家厂商或一个行业雇用的劳动力的数量。宏观经济学则研究总的就业和失业的问题：经济作为一个整体有多少就业机会，有多少愿意工作的人无法找到工作。

微观经济学： 经济学的一个分支，研究个体产业的运作和个体决策单位，即厂商和家庭的行为。

宏观经济学： 经济学的一个分支，研究全国范围内的整体——收入、就业、产出等——的经济行为。

5

实践中的经济学

iPod 和世界

如果不首先了解经济跨境联系的方式，就不可能理解经济的运作方式。2014 年，美国每年进口商品和服务超过 2.8 万亿美元，出口额每年超过 2.3 万亿美元。

几百年来，自由贸易的优势一直是激烈辩论的主题。反对者认为购买国外生产的商品会使美国人失去工作并损害美国生产商的利益。支持者认为可以从贸易中得到好处——所有国家都可以从专业化生产它们的最佳商品和服务中获益。

在现代世界中，追踪产品的制作地点并不总是很容易。贴上"中国制造"的标签往往会产生误导。最近对两个标志性的美国产品 iPod（多媒体数字播放器）和芭比娃娃的研究，使这种复杂性变得清晰。

芭比娃娃是美泰（Mattel）公司最畅销和最长销的产品之一。芭比娃娃是在美国设计的。它由中国台湾的塑料塑造，这种塑料最初来自中东的石油。芭比的头发来自日本，而她的衣服布料大多来自中国内地。芭比娃娃的大部分组装也在中国内地完成，正如我们所看到的那样，使用来自全球各地的部件。在美国以 10 美元的价格出售的洋娃娃，在离开中国香港时具有 2 美元出口价值，其中只有 35 美分是付给劳动力的，其余大部分用于覆盖运输和原材料成本。因为芭比娃娃是从中国内地组装通过中国香港运到美国来的，所以有些人认为它是在中国内地生产的。然而，对于这款芭比娃娃来说，10 美元零售价中的 8 美元是美国拿到的！[1]

iPod 的例子也是如此。三位经济学

家格雷格·林登（Greg Linden）、肯尼思·克雷默（Kenneth Kraemer）和贾森·戴德里克（Jason Dedrick）最近的一项研究发现，一旦包括苹果公司支付其知识产权、分销成本和部分组件生产成本的开支，iPod 零售价格的 80% 都被美国获取。[2] 此外，对于 iPod 的其他一些部件，很难确切地说出它们的产地。硬盘驱动器是一种相对昂贵的组件，由在日本的东芝公司生产，但该硬盘驱动器的一些组件实际上是在亚洲其他地方生产的。事实上，对于由许多小部件组成的 iPod 来说，如果不拆解它的话几乎不可能准确地说出每件产品是在哪里制造的。

所以，下次当你看到一个标有"中国制造"的标签时，请记住，从经济学的角度来看，人们经常需要深入挖掘才能看到事情的真相。

思考

1. 你认为 iPod 和芭比娃娃零件生产地的决策依据是什么？

[1] 有关芭比娃娃的讨论，参见 Robert Feenstra, "Integration of Trade and Disintegration of Production in the Global Economy," *Journal of Economic Perspectives*, Fall 1998: 31-50。
[2] Greg Linden, Kenneth Kraemer, and Jason Dedrick, "Who Profits from Innovation in Global Value Chains?" *Industrial and Corporate Change*, 2010: 81-116.

　　总而言之，微观经济学研究的是个体：家庭、厂商、行业，它看到并且探讨"树木"。宏观经济学研究的是整体，它看到并且分析"森林"。

　　表 1.1 总结了经济学的这两个分支以及它们所研究的一些问题。

1.2.2 经济学的不同领域

　　个别经济学家将研究重点放在许多不同领域。表 1.2 列出了经济学的各子领域，以及该子领域的经济学家可能考察的样本研究或政策问题。

表 1.1　微观经济问题和宏观经济问题的例子

经济学分支	生产	价格	收入	雇佣关系
微观经济学	单个行业和厂商的产品 / 产出	单个商品和服务的价格	收入和财富的分配	单个厂商和行业的就业
	生产多少钢材 有多少办公空间 有多少辆车	医疗服务的价格 汽油的价格 食品的价格 公寓的租金	汽车行业的工资 最低工资 管理层工资 贫穷	钢铁行业的工作机会 一个厂商的职员数量 财务人员的数量
宏观经济学	国民产品 / 产出	总价格水平	国民收入	经济中的就业和失业
	工业总产值 国内生产总值 产出的增长	消费者价格 生产者价格 通货膨胀率	工资和薪水总额 厂商利润总额	总的工作机会 失业率

表 1.2　经济学的各领域

行为经济学	当我们自动将人们纳入储蓄计划并允许他们退出而不是要求他们注册时，家庭储蓄总量会增加吗？
比较经济体系	资源分配过程在市场体制与命令和控制体制之间有何不同？
计量经济学	基于条件矩不等式我们可以做出什么推论？
经济发展	增加发展中国家女孩的就业机会能提高她们的受教育程度吗？
经济史	铁路的增长和交通运输的改善如何更普遍地改变了 19 世纪的美国银行系统？
环境经济学	碳税对排放有什么影响？税收是比管制更好还是更差？
金融	高频交易对社会有益吗？
健康经济学	患者的共同支付是否会改变被保险患者对药物的决策和使用？

6

续表

经济思想史	亚里士多德如何看待公平价格？
工业组织	我们如何解释航空业的价格战？
国际经济学	自由贸易的好处和成本是什么？关注环境会改变我们对自由贸易的看法吗？
劳动经济学	增加最低工资会减少就业机会吗？
法律和经济学	目前的美国专利法会提高还是降低创新率？
公共经济学	为什么腐败在某些国家比在其他国家更普遍？
城市和区域经济学	经济开发区是否改善了中心城市的就业机会？

1.3 学习目标

设想一个由于错误的因果推测而做出错误决策的例子，确定经济政策的四个主要目标。

实证经济学： 经济学的一种方法，旨在理解行为和系统的运作而不做出决断。它描述了存在的内容以及它的工作原理。

规范经济学： 经济学的一种方法，分析经济行为的结果，评估其好坏，并可能规定行动方针，也被称为政策经济学。

1.3 经济学的研究方法

经济学提出并试图回答两类问题：实证类问题和规范类问题。**实证经济学**只是要理解经济行为和经济系统的运作，而不判断这种运作结果的好坏。它力图描述已经存在的经济现象并解释它们是如何运作的。比如，不熟练工人的工资率是如何决定的？废除公司所得税将发生什么？这些问题的答案都属于实证经济学的研究范畴。

与此相对应，**规范经济学**关注的是经济行为的结果，以及结果的好坏和它能否改善。规范经济学包括对各种行为方式的判断和开出行为的处方。政府应该资助高等教育还是管制高等教育的收费？美国政府是否应该允许进口商出售那些会与本国产品形成竞争的外国产品？是否应该减少或是取消遗产税？规范经济学又常常被称为政策经济学。

当然，很多规范的问题也包括了实证的问题。要知道政府是否应该采取某种措施，首先必须要知道政府是不是有采取这种措施的能力，其次要弄清楚采取这种措施后可能产生的结果。

1.3.1 理论和模型

在物理学、化学、气象学、政治学和经济学等许多学科中，理论家们建立了正规的表现模型。**模型**是理论的一种正规表述，它通常是对两个或多个变量之间关系假说的数学陈述。

变量是一种可以随着时间或观测点的变化而变化的量度。收入是一个变量，因为不同的人收入不同，而且同一个人在不同的时间的收入也不同。一夸脱牛奶的价格是一个变量，在不同的商店和不同的时间有不同的价格，还有数不清的诸如此类的例子。

因为所有模型都是通过剥离现实的某些部分使得现实简化而得到的，所以模型是抽象概念。经济学的批评者通常将抽象视为一种弱点。然而，大多数经济学家认为抽象是一种很有效的工具。

模型： 理论的一种正式表述，它通常是对两个或多个变量之间关系假说的数学表述。

变量： 一种随着观测点或时间的变化而变化的量度。

理解这种抽象是如何帮助我们研究现实问题的最简单办法，就是想一想地图的作用。地图是现实的简化和抽象。一个城市或者一个省级行政单位在地图上以一系列线条和颜色出现。可以剥离多少现实而不至于失去关键部分，取决于地图的用途。如果你想开车从圣路易斯去菲尼克斯，你仅仅需要知道沿途的主要州际公路和街道。但是如果你想在菲尼克斯到处转转，就需要知道每一条街道和小巷的位置。

像地图一样，经济模型是抽象概念，它剥离了细节而只保留对解决问题有重要作用的那些方面。将不相干细节删除的原则叫作**奥卡姆剃刀原则**，以 14 世纪的经院哲学家奥卡姆的威廉命名。

奥卡姆剃刀原则：一种主张无关细节应该被删减的原则。

但我们要小心：虽然抽象是揭示和分析行为的特定方面的有力工具，但它很有可能将现实过于简单化。经济模型为了得到某些基本概念，经常剥离大量的社会和政治条件。但当一种经济理论被用于制定实际的政府或机构的政策时，为了确保政策有可能有效，必须重新引入那些政治和社会的条件。

这里的关键在于根据模型的用途来确定简化和抽象的程度。让我们回到地图的例子中：你不会想用为汽车司机设计的地图来指导自己徒步穿越旧金山——因为这里有很多陡峭山坡。

其他所有条件相同 通常情况下，任何你想用模型来解释的东西都不只依赖于一个因素。比如你想解释美国拥有汽车的人驾驶的总千米数。显然有很多因素会影响到驾驶总千米数。首先是有多少人在驾驶，而这一数量又受到驾龄的变化、人口的增长以及州法律变化的影响。其他因素还包括汽油的价格、家庭的收入、家庭里孩子的数量和年龄、从住所到工作单位的距离、购物区的位置以及公共交通设施的数量和质量。当这些变量中的任何一个发生变化时，家庭成员驾驶的千米数也将随之变化。如果任何一个变量的变化影响到全国的很多家庭，那么总驾驶千米数就会发生变化。

8

通常，我们需要分离这些因素。比如，假设我们想要了解汽油征税税率的提高对驾驶的影响。这一提高的税收会抬高加油站汽油的价格，导致驾驶行为减少。

为了分离某一单独因素的影响，我们用**其他所有条件相同，或其他所有条件不变**的办法。我们问：其他所有条件不变的情况下，汽油价格的变化对驾驶行为有什么影响？假定没有其他任何变化发生，即收入、孩子的数量、人口和法律等都保持不变的情况下，如果汽油价格上涨 10个百分点，人们驾驶的千米数将减少多少。使用其他所有条件不变的方法是抽象过程的一部分。在研究经济理论时，这个概念有助于我们简化现实，专注于我们感兴趣的关系。

其他所有条件相同，或其他所有条件不变：令其他变量的值保持不变时，分析两个变量之间的关系。

用文字、图形和方程式表达模型 思考以下陈述：较低的机票价格会导致人们更频繁地飞行。汽油价格上涨导致人们减少开车并购买更多节能型汽车。这些观察结果本身让人感兴趣。但厂商、政府或个人要做出正确决策，往往需要了解更多。价格上涨时驾驶会下降多少？定量分析也是经济学的重要组成部分。在本书中，我们将使用图形和方程式来捕捉经济观察和预测的定量方面。本章的附录回顾了一些绘图技术。

应注意的问题和容易犯的错误　在建立理论和模型的时候，把相关性和因果关系分开尤其重要。

什么是真正的因果？　在经济学的许多方面，我们都会对原因和结果感兴趣。但因果常常很难区分。最近，很多美国人开始担心苏打水的消费和肥胖有因果关系。一些地区已经开始对苏打水征税，试图提高价格，以减少人们的饮用量。这管用吗？回答这个问题很难。假设我们看到一个城市提高了税收，并且差不多同时，苏打水消耗量下降。增加的税收和价格是否确实导致了行为的全部或大部分变化？或许投票给苏打水增税的城市比其邻近城市更注重健康意识，而恰恰是该市的健康意识本身解释了增税政策的制定以及苏打水消费量的减少。在这种情况下，提高邻近城镇的税收并不一定会减少苏打水消费。从相关性中排除因果关系并不总是容易的，特别是当人们想要对问题进行定量回答时。

在我们的日常生活中，我们经常混淆因果关系。当两个事件发生在一个序列中时，我们很自然地会认为 A 是引起 B 的原因。我走在梯子下面，然后弄伤了我的脚趾。是梯子导致我运气不好吗？大多数人都会嘲笑这个判断。但每天我们都听到股市分析师也会出现类似的因果关系判断。"由于以色列和叙利亚之间的谈判取得进展，今天道琼斯工业平均指数上涨了 100 点。"他们怎么知道是这么回事？投资者在任何一天都会对许多新闻事件做出回应。弄清楚哪一个（如果有的话）导致股市上涨并不容易。从连续发生的两件事中推断因果关系的错误被称作**后此谬误**（"在此之后，因而由此造成"）。"实践中的经济学"栏目讲了在观察同等结果时因果关系的混淆。

检验理论和模型：实证经济学　在自然科学中，如果一个理论不能解释人们所观察到的现象，或者有另一个理论可以更好地解释这一现象，那么这个理论就被人们否定。收集和应用数据来检验经济理论，被称为**实证经济学**。

有许多大型数据库可用来辅助经济研究。比如研究劳动力市场的经济学家现在可以依据随机抽取的成千上万个工人的实际工作经历来验证行为理论的正确性，这些工人从 20 世纪 60 年代起连续不断地接受经济学家们的调查。宏观经济学家不间断地监测和研究国家的经济行为，借助互联网分析由政府机构和私人厂商收集到的成千上万项数据。谷歌、优步（Uber）和亚马逊等厂商拥有大量有关个人消费者的数据，它们在有博士学位的经济学家的帮助下分析这些数据，以了解消费者的购买行为并提高其业务的赢利能力。在进行此分析时，经济学家已经知道了对

后此谬误：字面意思是，"在此之后，因而由此造成"。在思考因果关系时容易犯这类错误：如果A事件发生在B事件之前，并不一定是A事件导致了B事件的发生。

实证经济学：收集和使用数据来检验经济理论。

实践中的经济学

你的室友会严重影响你的成绩吗？

大多数父母都关心他们孩子交什么样的朋友。他们常常担心，如果其中一个孩子有一个行为不端的朋友，他们自己的孩子就会误入歧途。事实上，在生活的许多方面，有强烈的迹象表明同伴效应很重要。如果一个孩子的朋友肥胖、难以融入校园生活或从事犯罪活动，那么这个孩子有较大可能存在相同的问题。然而，在研究同伴效应时，不难看出我们在正文中描述的因果关系的问题。一定程度上，孩子决定自己交什么样的朋友。当一位父亲担心他儿子的朋友会对他儿子产生不良影响的时候，也许应该同样担心他儿子对朋友的选择说明了他儿子的什么倾向。究竟是这些朋友导致了自己儿子的不良行为，还是自己儿子的不良倾向导致他这样选择朋友？

考虑到伙伴群体的选择通常只是部分能由自己决定的问题，确定同伴效应的因果关系很困难。但最近几项关于室友对大学成绩影响的经济学研究，很好地解决了因果关系难题。与许多其他学校一样，达特茅斯学院对新生的室友进行了随机分配。在这种情况下，学生伙伴群体——他或她的室友——的部分问题不是一个选择问题，而是一个机缘问题。达特茅斯学院教授布鲁斯·萨塞尔多特（Bruce Sacerdote）利用新生学业和社会表现的数据，结合他们的背景资料，测试了不同类型室友的同伴效应。[1]萨

塞尔多特发现，考虑许多背景特征之后，同伴效应对学生的平均成绩、学习努力程度和学生会成员的影响仍然强烈。

当然，室友只是伙伴群体的一部分。在美国空军学院，学生被分配到30人的中队，与他们一起吃饭、学习、生活和做校内运动。同样，这些群体被随机分配，因此人们没有同样的相互选择的问题。斯科特·卡雷尔（Scott Carrell）、理查德·富勒顿（Richard Fullerton）和詹姆斯·韦斯特（James West）发现，对于这个激烈的同龄人群体，学术努力和表现会产生强烈的同伴效应。[2]底线：明智地选择你的朋友！

思考

1. 你认为自主选择室友的大四学生与被随机分配室友的大一新生相比，其学业水平会更高还是更低？为什么？

[1] Bruce Sacerdote, "Peer Effects with Random Assignment: Results for Dartmouth Roommates," *Quarterly Journal of Economics*, 2001: 681-704.
[2] Scott E. Carrell, Richard L. Fullerton, and James E. West, "Does Your Cohort Matter? Measuring Peer Effects in College Achievement," *Journal of Labor Economics*, 2009: 439-464.

因果关系问题要特别小心。

在自然科学中，通常在实验室中进行的对照实验是测试理论的标准方法。近年来，在田野调查与实验室研究中使用实验作为工具来验证经济理论越来越普遍。一位经济学家，芝加哥的约翰·李斯特（John List），测试了改变在贸易展览中由体育纪念品经销商运营的拍卖方式对于其价格的影响。（该实验使用了一张标准的棒球明星卡尔·里普金［Cal Ripkin Jr］卡。）另一位经济学家，UCLA 的基思·陈（Keith Chen），他利用猴子实验来研究人类决策的更深层次的生物学根源。

1.3.2 经济政策

经济理论帮助我们理解世界是如何运作的，但经济政策的制定需要第二步。我们必须有目标。我们想改变什么？为什么？系统运行方式有什么好处和坏处？我们可以做得更好吗？

这些问题要求我们必须明确给出判断一种产出优于另一种的依据。变得更好的含义是什么？做这个判断通常应用 4 个标准。

衡量经济成果的标准：

1. 效率
2. 平等
3. 增长
4. 稳定

效率　在物理学中，"效率"是指一个系统输出的能量与其输入的能量之比。比如说一个有效率的汽车发动机，是指在某一给定功率下每英里（1 英里 ≈ 1.61 千米）消耗燃料少的发动机。

效率： 在经济学中，"效率"意味着"分配效率"。一个有效率的经济是以尽可能低的成本生产人们想要的东西的经济。

在经济学中，**效率**指的是分配的有效性。一个有效率的经济是以尽可能低的成本生产人们想要的东西的经济。如果一个经济系统把资源分配到没有人需要的商品和服务的生产上去，它就是低效率的。如果某个社会中的所有成员都是素食者，而社会的一半资源却用来生产肉类，这个结果就是低效率的。

有效改进的最典型例子是自愿交换。如果我和你都想要对方拥有的某种东西并且同意交换，那么我们的情况都变好了，而没有人受到损失。如果一个厂商重新组织生产或者采用新的技术，使得在保持原有质量不变的情况下用较少的资源就能生产出更多的产品，那么这就是一个有效改进。至少节约的资源有可能用于生产更多其他东西。

在很多情况下都会出现低效率。有时候政府管制或者税收法律造成的经济决策扭曲就会导致低效率。假定俄亥俄州的土地最适合生产玉米，而堪萨斯州的土地最适合生产小麦，一项规定堪萨斯州只能生产玉米和俄亥俄州只能生产小麦的法令就是低效率的。如果没有法律规定造成环境污染的厂商必须对其行为负责，那么厂商就缺乏使污染最小化的动力，其结果也是低效率的。

平等　效率有一个相当精确的定义，应用起来也有严格的尺度，然而
平等（公平）的标准却往往掌握在评判者的手中。对很多人来说，公平
意味着收入和财富的更平均分配。对于其他人来说，公平涉及给人们
应得的收入。2013 年，法国经济学家托马斯·皮凯蒂在受欢迎的新书
《21 世纪资本论》中，引起了我们对西方世界不平等程度的新的历史数
据的关注。

平等：此处指公平。

增长　随着技术的进步、新机械的发明以及新知识的获取，社会不断创
造出新的商品和服务并改进原有的事物。在美国经济发展初期，几乎有
一半的人口从事农业生产以满足人们对食品的需求。现在全美国只有不
足 2% 的人口还在从事农业生产。

　　当我们发明了新的、更好的方法来生产我们已有的商品和服务，或
者开发新的商品和服务时，经济的总产出增加了。**经济增长**就是一个经
济体的总产出增加。如果产出比人口增加得更快，人均产出和人们的生
活水平就会得到提高。农村和农业型的社会转变为现代工业社会就是经
济增长和人均产出增加的结果。

经济增长：一个经济
体的总产出增加。

　　一些政策鼓励经济增长，而另一些却阻碍经济增长。比如税收法律
可以设计成鼓励新生产技术的开发和应用。在某些社会中，研究和开发
是由政府资助的。在发展中国家修建铁路、公路、桥梁和运输系统可以
促进经济增长。如果企业和富裕的人们把财富投资到其他国家而不是自
己国家，本国的经济增长就会减缓。

稳定　经济稳定是指一国的总产出在低通货膨胀率和资源得到充分利用
的条件下保持稳定或增长。20 世纪五六十年代，美国经济在一个长时期
增长相对平稳，价格相对稳定并且失业率较低。然而，20 世纪七八十
年代的经济就不是很稳定，美国经历了两次快速价格膨胀（超过 10 个
百分点）和两次严重失业。比如在 1982 年，有 1200 万人口（总劳动力
的 10.8%）在寻找工作。20 世纪 90 年代初是另一次不稳定，1990 年到
1991 年美国发生了一次经济衰退。2008 年至 2009 年，包括美国在内的
世界大部分地区的经济进入了衰退期，产出大幅下降、失业率提高，其
影响一直持续到 2013 年。这显然是一个不稳定的时期。

稳定：一种国家产出
稳步增长、低通货膨
胀和资源充分利用的
状况。

　　经济不稳定的原因和政府应该采取什么措施来稳定经济，是宏观经
济学的研究课题。

1.4 一个起点

　　这一章是为我们后面的学习所做的准备。本章的第一部分把你带入

11

了一个探讨重要事件和问题的激动人心的学科。如果你对经济史和经济系统一无所知的话，你就无法理解社会是如何运行的。

本章的第二部分介绍了经济学的推理方法以及经济学用到的一些工具。我们相信学会运用这种强有力的方法进行思考将有助于你更好地理解世界。

当我们进一步学习的时候，不断地回顾前面章节的内容是很重要的。这本书计划性很强，步步为营，每一章、每一节都以其前面的部分为基础。在读每一章以前，请先看看它的目录、浏览一下它的内容，以便了解它在全书中的地位，这对你的学习将会很有帮助。

总结

1. 经济学研究个人和社会如何决策使用自然和前几代人提供的稀缺资源。

1.1 为什么要学习经济学？　页 4

2. 研究经济学有很多理由，包括（a）学习思维方式，（b）理解社会，（c）成为知情的公民。

3. 我们做出选择或决定时放弃的最佳决策是该决定的机会成本。

1.2 经济学的研究范围　页 7

4. 微观经济学处理的是单个市场和以个体决策行为为单位的行业的运作问题：商业厂商和家庭。

5. 宏观经济学着眼于整个经济。它涉及整体的经济行为——国民产出、国民收入、总体价格水平和一般通货膨胀率。

6. 经济学是一门广泛而多样化的学科，有许多特殊的研究领域。这些包括经济史、国际经济学和城市经济学。

1.3 经济学的研究方法　页 10

7. 经济学提出并试图回答两种问题：实证的和规范的。实证经济学试图了解经济体的行为和运作，而不会判断结果是好还是坏。规范经济学着眼于经济行为的结果，询问它们是好还是坏，以及它们是否可以改进。

8. 经济模型是经济理论的正式陈述。模型是从现实中简化和抽象而来。

9. 保持"其他一切不变"对确认一个变量对另一个变量的影响是非常有用的，这就是所谓的"其他所有条件相同"的方法。

10. 模型和理论可以用很多方式表达。最常见的方式是文字、图形和方程式。

11. 在经济学中找出因果关系通常很困难。因为一个事件发生在另一个事件之前，第二个事件也不一定是由于第一个事件发生的。假设"之后"意味着"因为"，这是犯了后此谬误。

12. 实证经济学涉及收集和使用数据来检验经济理论。原则上，最好的模型是产生最准确预测的模型。

13. 制定政策时，必须谨慎地指定做判断的标准。经济学中使用了四个特定标准：效率、公平、增长和稳定性。

术语和概念回顾

其他所有条件相同，或其
　他所有条件不变，页 11
经济增长，页 15
经济学，页 4
效率，页 14
有效市场，页 5
实证经济学，页 12
平等，页 15

工业革命，页 6
宏观经济学，页 7
边际主义，页 4
微观经济学，页 7
模型，页 10
规范经济学，页 10
奥卡姆剃刀原则，页 11

机会成本，页 4
实证经济学，页 10
后此谬误，页 12
稀缺性，页 4
稳定性，页 15
变量，页 10

习题

1.1 为什么要学习经济学

学习目标： 确定研究经济学的三个主要原因。想想你生活中的例子，理解机会成本或有效市场原则可以对你的决策产生影响。

1.1 限制我们行为的稀缺资源之一就是时间。我们每个人一天只有 24 小时。给定一个日期，你如何在各个相互冲突的方案中分配时间？你如何权衡所有选择？一旦你选择了最重要的使用时间的方式，你为什么不把所有的时间花在它上面呢？在你的答案中使用机会成本的概念。

1.2 每周五晚上，古斯塔沃在拉斯维加斯 M 度假村的无限量海鲜自助餐中只需 39.99 美元就可以吃到蟹腿。平均而言，他每周五消耗 28 条蟹腿。对古斯塔沃而言，每条蟹腿的平均成本是多少？额外增加一条蟹腿的边际成本是多少？

1.3 对于以下每种情况，确定所涉及的全部成本（包含机会成本）：

　a. 莫妮克辞去了她每年 50 000 美元的会计职位，成为一名女性庇护所的全职志愿者。

　b. 阿格瑞宗厂商投资 1 200 万美元建立新的库存跟踪系统。

　c. 泰勒过生日时从他的祖母那里收到 500 美元，并将它们全部用来购买哈雷·戴维森厂商的股票。

　d. 赫克托决定从杜兰大学毕业后在欧洲做暑期背包旅行。

　e. 在获得硕士学位后，莫莉决定攻读得克萨斯大学行为科学博士。

　f. 桑贾伊决定利用他的休假时间来装饰他家的外墙。

　g. 唱了一夜的卡拉 OK，蒂法尼忘记了设闹钟，在微积分期末考试期间睡过头了。

1.4 在福布斯 2015 年世界亿万富翁榜单中，比尔·盖茨排名第一，净资产为 792 亿美元。这个"世界上最富有的人"是否面临稀缺，或稀缺性只会影响那些收入有限且净资产较低的人？

　　　资料来源："The World's Billionaires," *Forbes*, *March 2*, 2015。

1.2 经济学的研究范围

学习目标： 描述微观经济学、宏观经济学和经济学的各个领域。

2.1 **[与页 8"实践中的经济学"相关]** 登录 www.census.gov/foreign-trade/statistics/state/。在"商品和国家贸易"部分中，单击"出口和进口"，然后单击你所在州的"出口"。在那里，你将找到你所在州生产的前 25 种商品清单，这些商品出口到世界各地。在查看该列表时，有无使你感到惊讶的信息？你知道生产这些产品的厂商吗？搜索互联网，找到一家厂商。做一些研究并写一篇关于这家厂商的简报：它生产了什么，雇用了多少人，以及你获得的其他关于这家厂商的信息。你甚至可以致电该厂商获取信息。

2.2 解释以下各项是宏观经济问题还是微观经济问题的例子。

 a. 美国联邦航空管理局（FAA）正在考虑增加罗纳德·里根华盛顿国家机场的起飞和降落时段。

 b. 总统提议增加年收入超过 275 000 美元的人的边际税率，并降低收入低于 275 000 美元的人的边际税率。

 c. 沃尔玛宣布，到 2016 年 2 月，它将把员工的起薪增加到每小时 10 美元。

 d. 美国国会将失业救济金的最长期限从 26 周延长至 52 周。

1.3 经济学的研究方法

学习目标： 设想一个由于错误的因果推测而做出错误决策的例子，确定经济政策的四个主要目标。

3.1 2007 年夏天，美国住房市场和抵押贷款市场均出现下滑。大多数美国城市的房价在 2006 年年中开始下降。随着价格下跌和未售出房屋的库存增加，新房的产量从 2005 年的 230 万套下降到 2007 年的 150 万套左右。随着新建工程的急剧下降，预计建筑就业将下降，这一点将有可能减缓国民经济的增长并增加一般失业率。访问 www.bls.gov 并查看最近的就业总量和建筑行业就业数据。是否在 2007 年 8 月上升或下降？失业率发生了什么变化？请访问 www.fhfa.gov 并查看房价指数。房价自 2007 年 8 月以来上涨还是下跌？最后，请访问 www.bea.gov 查看最新的 GDP 发布。查看过去两年住房和非住房投资（表 1.1.5）。你是否看到一个固定的模式？它是否解释了就业数字？解释你的答案。

3.2 以下哪些陈述是实证经济分析？哪些是规范分析？

 a. 美元贬值将增加美国的出口。

 b. 提高联邦汽油税将导致美国的运输成本增加。

 c. 佛罗里达州应将其州彩票的所有收入用于改善公共教育。

 d. 消除与古巴的贸易禁运将增加美国现有的古巴雪茄数量。

 e. 作为一项公共安全措施，得克萨斯州不应通过立法，允许拥有隐藏手枪许可证的人在大学校园内携带隐藏武器。

3.3 2012 年，科罗拉多州和华盛顿州成为第一批将大麻合法化用于娱乐用途的州，此后又加入了俄勒冈州、阿拉斯加州和华盛顿特区。据报道，2014 年，科罗拉多州来自休闲用大麻的税收收入超过 5 000 万美元，其中大部分被安排用于学校建设。税收增加的潜力和这些收入可以带来的好处使得其他许多州正在考虑将休闲用大麻合法化。

 a. 回想一下，效率意味着以最低的成本生产人们想要的东西。你能否提出有利于允许休闲用大麻的州的效率论据？

 b. 大麻使用合法化可能与非货币成本有关？这些成本是否会影响你在 a 部分中提出的效率论点？

 c. 使用公平的概念，争论或反对休闲用大麻的合法化。

 d. 如果全部 50 个州将大麻合法化，你认为流向州政府的税收收入会怎样？

3.4 **[与页 13 "实践中的经济学"相关]** 大多数大学生目前或曾经有室友。想想你与一个或多个学生分享生活空间的时候，并描述这个人（或这些人）对你大学经历的影响，比如你的学习习惯，你上过的课程，你的平均成绩，以及你度过课外时间的方式。现在描述你认为你对你的室友的影响。这些室友是你选择住在一起的人，还是随机分配的？如果你认为这会对你或他们的行为产生影响，请说明一下。

3.5 解释以下陈述中的缺陷。

　　a. 定期吃羽衣甘蓝的人比不吃羽衣甘蓝的人
　　　更有可能每天锻炼。因此，每天锻炼会
　　　导致人们吃羽衣甘蓝。

　　b. 每当芝加哥小熊队在第八局中落后两分
　　　的时候，只要自称是小熊队狂热粉丝的
　　　卡桑德拉决定和她的宠物雪貂波波一起
　　　看比赛，小熊队就会赢。昨晚小熊队在
　　　第八局落后两分的情况下，卡桑德拉冲

过去抓住波波，正如她所料，小熊队赢
得了比赛。显然，小熊队获胜是因为卡
桑德拉和波波一起看了比赛。

　　c. 一家大型零售家具店的经理发现，将他生
　　　产效率最低的销售人员送到为期一周的
　　　激励培训研讨会，导致这些员工的销售额
　　　增加了 15%。基于这一成功，经理决定
　　　花钱将他其他所有的销售人员送到这个
　　　研讨会，这样每个人的销售额都会增加。

第1章附录：如何读懂图形

14

学习目标

了解如何以图形方式表示数据。

经济学是社会科学中应用定量分析最多的学科。如果你草草地翻阅这本书或者其他的任何一本经济学教材，你都会看到数不清的表格和曲线图。这些表格和曲线图有很多作用。首先，它们说明了很多重要的经济关系；其次，它们使复杂的问题变得容易理解和分析；最后，一些难以用单一数据列表表示的模式和规律，通常可以比较清楚地在一个图形中表示出来。

图形：一组数字或数据的二维表示。

图形就是对一系列数字或数据的二维表示。用图形表示数字的方法有很多种。

时间序列图

时间序列图：描述一个变量随着时间变化的图形。

查看单个常量或变量如何随时间变化通常很有用。呈现此信息的一种方法是在图形上绘制变量的值，每个值对应于不同的时间段。这种图形称为**时间序列图**。在时间序列图上，时间沿水平刻度测量，绘制的变量沿垂直刻度测量，图 1A.1 是时间序列图，显示 1975 年至 2014 年间美国经济中的每年个人可支配收入总额 [1]。该图基于表 1A.1 中的数据。通过图形显示的这些数据，我们可以看到，除了 2009 年的小幅下滑之外，1975 年至 2014 年间每年的可支配收入总额有所增加。

▶ **图 1A.1　美国个人可支配收入总额：1975—2014年（以十亿美元计）**

资料来源：见表 1A.1。

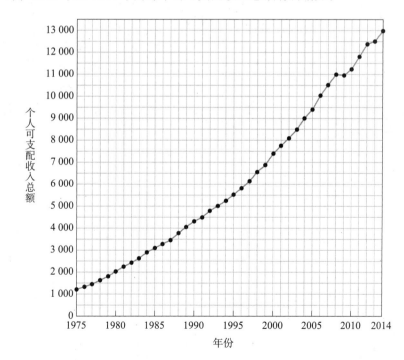

---

① 表 1A.1 和图 1A.1 中所示的收入计量是可支配的个人收入（单位是十亿美元）。这是美国所有家庭的个人收入总额减去他们支付的税额。

表 1A.1　美国的个人可支配收入总额：1975—2014 年（以十亿美元计）

年份	个人可支配收入总额	年份	个人可支配收入总额
1975	1 219	1995	5 533
1976	1 326	1996	5 830
1977	1 457	1997	6 149
1978	1 630	1998	6 561
1979	1 809	1999	6 876
1980	2 018	2000	7 401
1981	2 251	2001	7 752
1982	2 425	2002	8 099
1983	2 617	2003	8 486
1984	2 904	2004	9 002
1985	3 099	2005	9 401
1986	3 288	2006	10 037
1987	3 466	2007	10 507
1988	3 770	2008	10 994
1989	4 052	2009	10 943
1990	4 312	2010	11 238
1991	4 485	2011	11 801
1992	4 800	2012	12 384
1993	5 000	2013	12 505
1994	5 244	2014	12 981

资料来源：美国商务部经济分析局。

绘制两个变量

比单个变量的简单图形更重要的是同时包含两个变量信息的图形。绘制两个变量的最常用方法是通过绘制两条垂直线构建的图形：水平线或 *X* 轴，以及垂直线或 *Y* 轴。轴包含在 0（零）处相交的测量刻度。这一点被称为原点。在垂直刻度上，正数位于水平轴上方（即原点上方），负数位于水平轴下方。在水平刻度上，正数位于垂直轴的右侧（原点的右侧），负数位于其左侧。图形与 *Y* 轴相交的点称为 **Y 轴截距**。图形与 *X* 轴相交的点称为 **X 轴截距**。当在一个图上绘制两个变量时，每个点代表一对数字。第一个数字在 *X* 轴上测量，第二个数字在 *Y* 轴上测量。

X 轴： 变量的水平线。

Y 轴： 变量的垂直线。

原点： 水平轴和垂直轴相交的点。

Y 轴截距： 图形与 *Y* 轴相交的点。

X 轴截距： 图形与 *X* 轴相交的点。

绘制家庭收入和消费数据

表 1A.2 列出了 2012 年美国劳工统计局（BLS）的数据。该表显示美国按收入排序的家庭平均收入和平均支出。例如，2012 年排前五分之一（20%）家庭的平均收入为 167 010 美元。前 20% 的平均支出为 99 368 美元。

图 1A.2 以图形方式显示了表 1A.2 中的数字。沿着水平刻度，X 轴，我们测量平均收入。沿着垂直刻度，Y 轴，我们测量平均消费支出，表中的五对数字中的每一对都由图形上的一个点表示。因为所有数字都是正数，所以我们只需要显示坐标系的右上象限。

16

表 1A.2　2012 年消费支出和收入

	税前平均收入	平均消费支出
收入最低的 1/5 家庭	9 988 美元	22 154 美元
收入第四高的 1/5 家庭	27 585 美元	32 632 美元
收入第三高的 1/5 家庭	47 265 美元	43 004 美元
收入第二高的 1/5 家庭	75 952 美元	59 980 美元
收入最高的 1/5 家庭	167 010 美元	99 368 美元

资料来源：《2012 年消费者支出》，美国劳工统计局。

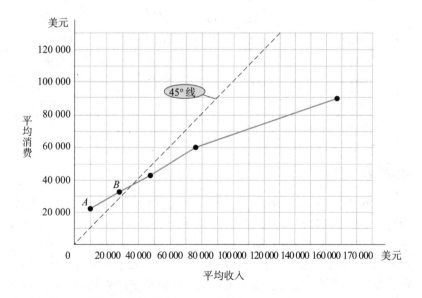

▲ 图 1A.2　家庭消费和收入

图是数据的简单二维几何表示。该图显示表 1A.2 中的数据。沿着水平刻度（X 轴），我们衡量家庭收入。沿着垂直刻度（Y 轴），我们衡量家庭消费。

注意：在 A 点，消费等于 22 154 美元，收入等于 9 988 美元。在 B 点，消费等于 32 632 美元，收入等于 27 585 美元。

资料来源：见表 1A.2。

为了帮助你阅读此图，我们绘制了一条虚线，连接消费和收入相等的所有点。这个 45 度线不代表任何数据，而是表示 X 轴上的所有变量与 Y 轴上的变量完全对应的线，例如（10 000，10 000），（20 000，20 000）和（37 000，37 000）。粗线追踪数据，虚线的目的是帮助你阅读图形。

阅读图形时需要注意几点。你应该注意的第一件事是当你从左向右移动时，线条是向上还是向下倾斜。图 1A.2 中的粗线向上倾斜，表明收入和支出之间似乎存在**正相关关系**：家庭收入越高，倾向于消费越多。如果我们绘制了沿 Y 轴接受福利金支付的每个群体的百分比，该线可能会向下倾斜，表明福利金在较高的收入水平下较低。因此，收入水平和福利支付是**负相关关系**。

斜率

线条或曲线的**斜率**表示变量之间的关系是正还是负，以及当 X（水平轴上的变量）变动时，Y（垂直轴上的变量）相应有多少变化。两点之间的直线的斜率是在 Y 轴上测量的量的变化除以在 X 轴上测量的量的变化。我们通常会使用 Δ（希腊字母 *delta*）来表示变量的变化。在图 1A.3 中，点 A 和 B 连线的斜率是 ΔY 除以 ΔX。有时很容易记住斜率为"运行中的上升"，即表示水平变化基础上的垂直变化。

确切地说，图形上两点之间的 ΔX 是简单地 X_2 减去 X_1，其中 X_2 是第二点的 X 值，X_1 是第一点的 X 值。类似地，ΔY 定义为 Y_2 减去 Y_1，其中 Y_2 是第二点的 Y 值，Y_1 是第一点的 Y 值。斜率等于

$$\frac{\Delta Y}{\Delta X} = \frac{Y_2 - Y_1}{X_2 - X_1}$$

当我们在图 1A.3（a）中从 A 点移动到 B 点时，X 和 Y 都增加了，因此斜率是正数。但是，我们在图 1A.3（b）中从 A 点移动到 B 点时，

正相关： 两个变量 X 和 Y 之间的一种关系，其中 X 的减少与 Y 的减少相关，并且 X 的增加与 Y 的增加相关。

负相关： 两个变量 X 和 Y 之间的一种关系，其中 X 的减少与 Y 的增加相关，并且 X 的增加与 Y 的减少相关。

斜率： 一种测量变量间关系的正负以及 Y（垂直轴表示的变量）随 X（水平轴表示的变量）变化程度的工具。

17

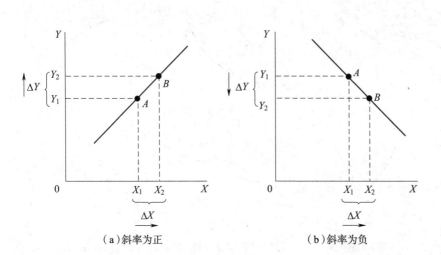

（a）斜率为正　　　　　（b）斜率为负

◀ 图 1A.3 有 (a)正斜率和(b)负斜率的曲线

正斜率表示 X 的增加与 Y 的增加有关，而 X 的减少与 Y 的减少有关。负斜率表示相反情况——当 X 增加时，Y 减小；当 X 减小时，Y 增加。

X 增加了 [(X_2-X_1) 是一个正数], Y 却减小了 [(Y_2-Y_1) 是一个负数]。所以图 1A.3（b）中的斜率就是负数，因为一个负数除以一个正数的商是一个负数。

为了计算图 1A.2 中 A、B 两点间的斜率，我们要计算 ΔY 和 ΔX。由于 Y 轴表示消费，因此 ΔY 是 10 478 [(Y_2-Y_1) = (32 632-22 154)]。由于 X 轴表示收入，因此 ΔX 是 17 597 [(X_2-X_1) = (27 585-9 988)]。A、B 两点间的斜率等于

$$\Delta Y/\Delta X=10\ 478/17\ 597=+0.60$$

在图 1A.2 中另一个值得指出的现象是所有的点几乎都在一条直线上（但是如果非常仔细地观察，就会发现从左向右两点间的斜率逐渐减小，也就是线段逐渐变得平缓了）。一条直线的斜率是固定的，也就是说在直线上任取两点并计算斜率，结果都是一样的。水平线的斜率为 0（$\Delta Y=0$），垂直线的斜率无穷大，因为 ΔY 大得无法测量。

和直线的斜率不同，曲线的斜率是不断变化的。以图 1A.4 中的曲线为例。图 1A.4（a）中的曲线斜率为正，但是从左向右移动时，斜率逐渐减小。判断斜率是增大还是减小的最简单方法，是设想你沿着一座小山从左向右走。如果山比较陡峭，就像图 1A.4（a）中曲线的开始部分一样，你在 X 方向的每一步都会带来 Y 方向的更大幅升高；如果山不是很陡，就像图 1A.4（a）中曲线的后面部分一样，你在 X 方向的每一步带来的 Y 方向的升高幅度减小了。因此，山陡峭时的斜率（$\Delta Y/\Delta X$）比山平缓时要大。图 1A.4（b）中曲线的斜率也是正的，而且从左向右斜率逐渐增大。

斜率为负时的分析与此类似。图 1A.4（c）中曲线的斜率为负，从左向右移动时，斜率（绝对值）逐渐增大。这次设想沿着一座山下滑。

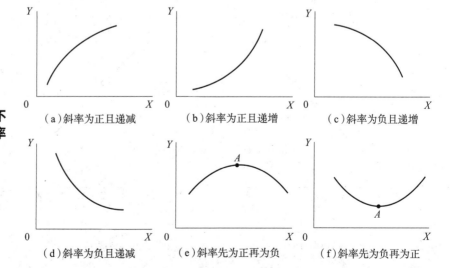

▶ **图 1A.4 不同曲线的斜率变化**

（a）斜率为正且递减   （b）斜率为正且递增   （c）斜率为负且递增

（d）斜率为负且递减   （e）斜率先为正再为负   （f）斜率先为负再为正

开始时在图 1A.4（c）上的下降很平缓（斜率小），但是随着你沿坡逐渐下降（向右侧前进），你的下降速度越来越快（斜率大）。图 1A.4（d）中的曲线斜率为负，从左向右移动时，斜率（绝对值）逐渐减小。

在图 1A.4（e）中，随着 X 的增加，斜率由正变负。在图 1A.4（f）中，斜率由负变正。在两个图中的 A 点，斜率都为 0（记住，斜率的定义是 $\Delta Y / \Delta X$，在 A 点，Y 没有变化［$\Delta Y=0$］，因此，A 点的斜率为 0）。

注意事项

当你分析一个图时，非常重要的一点就是仔细考虑坐标轴中的点代表的经济含义。表 1A.3 和图 1A.5 都是关于消费和收入的曲线，但是含义同表 1A.2 和图 1A.2 截然不同。首先，图 1A.5 中的每个点代表一个不同年份，而图 1A.2 中的每个点代表同一时间点（2012 年）上的不同家庭组。其次，图 1A.5 中的点代表全国总的消费和收入，单位是十亿美元；而图 1A.2 中，各个点代表平均的家庭收入和支出，单位是美元。

比较这两个图很有意思。图 1A.5 中总消费曲线的所有点均位于 45 度线以下，这意味着总消费总是小于总收入。然而，图 1A.2 中的平均家庭收入和消费图跨越了 45 度线，这意味着对于一些家庭来说，消费大于收入。

19

表 1A.3　1930—2014 年美国的个人可支配收入总额和总消费（以十亿美元计）

	个人可支配收入总额	总消费
1930	75	70
1940	78	71
1950	215	192
1960	377	332
1970	762	648
1980	2 018	1 755
1990	4 312	3 826
2000	7 401	6 792
2010	11 238	10 202
2011	11 801	10 689
2012	12 384	11 083
2013	12 505	11 484
2014	12 981	11 928

资料来源：美国商务部经济分析局。

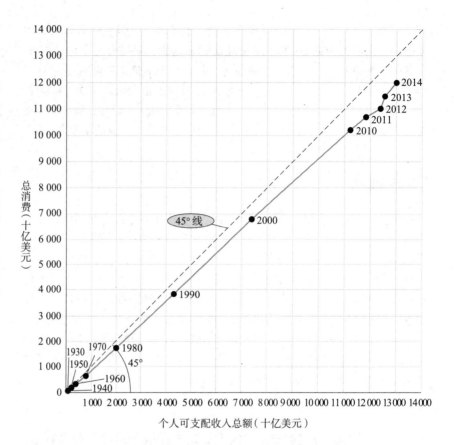

▶ **图 1A.5　个人可支配收入和消费**

仔细考虑图中由坐标轴定义的空间中的点所代表的内容非常重要。在这张图中，我们绘制了消费收入图，如图 1A.2 所示。但这里每个观察点都是不同年份的国民收入和总消费，以十亿美元计算。

资料来源：见表 1A.3。

─── **附录总结** ───

1. 图形是一组数字或数据的二维表示。时间序列图说明了单个变量如何随时间变化而变化。

2. 两个变量的图包括 X（水平）轴和 Y（垂直）轴。两个轴相交的点称为原点。图形与 Y 轴相交的点称为 Y 轴截距。图形与 X 轴相交的点称为 X 轴截距。

3. 直线或曲线的斜率表示当 X（水平轴上的变量）变化时，绘制的两个变量之间的关系是正还是负，以及 Y（垂直轴上的变量）相应有多少变化。两点之间连线的斜率是在 Y 轴上测量的量的变化除以在 X 轴上测量的量的变化。

─── **附录：术语和概念回顾** ───

附录习题

第 1 章附录：如何读懂图形

学习目标：了解如何以图形方式表示数据。

1A.1 将以下每组数字用曲线图表示，画一条连接各个点的线并计算每条线的斜率。

1		2		3		4		5		6	
X	Y	X	Y	X	Y	X	Y	X	Y	X	Y
1	5	1	25	0	0	0	40	0	0	0.1	100
2	10	2	20	10	20	10	30	10	10	0.2	75
3	15	3	15	20	20	20	20	20	20	0.3	50
4	20	4	10	30	30	30	10	30	30	0.4	25
5	25	5	5	40	40	40	0	40	0	0.5	0

1A.2 在图形中绘制下表中的收入和消费数据，收入在 X 轴上。数据是否表明收入与消费之间存在正相关关系？

按百分比计算的家庭数量	税前平均收入	平均消费支出
最后 20%	$5 500	$16 000
60%–80%	12 000	22 500
40%–60%	37 800	35 000
20%–40%	59 000	46 800
前 20%	95 000	72 500

1A.3 对于图 1 中的每个图，确定曲线是正斜率还是负斜率。给出每条曲线斜率情况的直观解释。

21

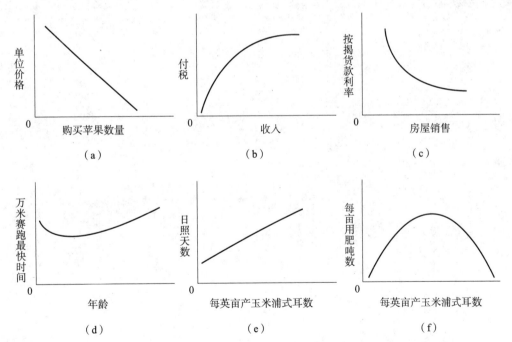

▲ 图 1

1A.4 下表显示了有机火鸡的价格与戈弗雷自由放养的雄火鸡的出售数量之间的关系。

　　a. 火鸡的价格和戈弗雷自由放养的雄火鸡的出售数量之间是正相关关系还是负相关关系？请说明。

　　b. 将表中的数据绘制成图，绘制一条连接各个点的线，并计算线的斜率。

每只火鸡的价格	火鸡的数量	月份
$16	70	9 月
20	80	10 月
52	160	11 月
36	120	12 月
8	50	1 月

1A.5 计算下图中 A 点和 B 点的需求曲线斜率。

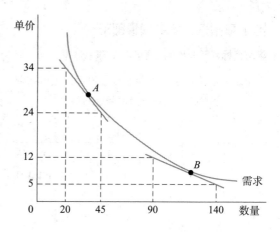

第2章
经济问题：稀缺性和决策

在上一章中，我们向你提供了一些经济学家提出的问题以及他们解决问题所使用的一般方法。当你阅读上一章时，你们中的一些人可能对经济学涵盖的主题范围感到惊讶。观察一下教授你们经济学的老师们的研究范围，你会发现经济学的研究领域极其广泛。你的老师们有的研究苹果公司和三星公司如何在智能手机领域竞争。有的则会关注劳动力市场的歧视现象。还有一些人可能正在探索印度小额信贷的影响。从表面上看，这些问题似乎彼此不同。但是，每个问题的根本关注点在于如何在一个资源稀缺的世界中进行决策。经济学探讨了个人如何在稀缺资源的世界中做出选择，以及这些个人选择如何共同决定整体社会的三个关键特征：

- 生产什么？
- 如何生产？
- 分配给谁？

这一章将深入研究这些问题。从某种意义上来说，本章的全部内容就是为经济学下一个完整的定义。本章将提出经济学要研究的中心问题并提供一个框架来指导你学习本书的其他部分。一个基础假设就是人们的欲望是无限的，但是资源是有限的。有限的（或者说稀缺的）资源使得个体和社会不得不在使用资源（不同的商品和服务组合）时，在家庭生产的最终分配方案中进行决策。

这些问题是实证的，或者描述性的。在我们问出"这个系统运作的结果是好还是坏？能够进行改进么？"这类问题之前，我们必须首先理解系统是如何运作的。

经济学家在一个资源稀缺的世界研究选择问题。我们说的资源是什么？如果你看下图2.1，你会发现资源的含义非常广泛。资源包括自然的产

22

23

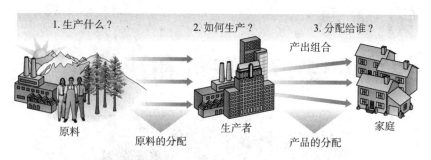

▲ 图 2.1　三个基本问题

每个社会都有一些系统或过程将其稀缺资源转化为有用的商品和服务。在这样做时，它必须决定生产什么、如何生产以及分配给谁。必须分配的主要资源是土地、劳动力和资本。

物，如矿产和木材，还包括前人生产出来的产品，比如房屋和设备。人力资本（人们的时间和才能）也是资源的一个重要部分。

生产出来然后被投入其他商品和服务的生产中的东西被称为资本资源，或者简单地称为**资本**。楼房、设备、桌椅、软件、公路、桥梁和高速路都是一个国家资本的一部分。

社会可以动用的基本资源通常被称为**生产要素**，或者简单地称为**要素**。生产的三大要素是土地、劳动和资本。把稀缺的资源转换成有用的商品和服务的过程被称为**生产**。在很多社会中，商品和服务的生产多由私有厂商完成。美国的私有航空厂商使用土地（跑道）、劳动力（飞行员和机械师）还有资本（飞机）来提供交通服务。然而，在所有社会，某些生产都是由公共部门或政府完成的。举例来说，政府生产或提供的商品和服务包括国防、公共教育、警察和消防等。

生产的资源或要素是生产过程中的**投入**；对于家庭有价值的商品和服务是生产过程中的**产出**。

2.1 稀缺性、选择和机会成本

在本章的后半部分，我们将讨论全球经济格局。在你能够了解不同类型的经济系统之前，熟练掌握稀缺性、决策和机会成本这些基本经济学概念非常重要。

2.1.1 单人经济体中的稀缺性与选择

最简单的经济是一个人独自生活在一座岛屿上。设想一下一次空难的唯一幸存者比尔发现自己被冲到了这样一个孤岛上。在这里，个体和社会是一体，社会和私人之间没有分别。但是在这里所要做出的基本经济决策与在复杂的经济环境下几乎相同。也就是说，虽然比尔可以得到他生产的所有产品，他仍然必须决定如何分配岛上的资源、生产什么、

资本：被生产出来然后用于生产其他商品和服务的东西。

生产要素（或要素）：生产过程的投入品。资源的另一种说法。

生产：将稀缺资源转化为有用的商品和服务的过程。

投入或资源：自然或前几代提供的任何可以直接或间接用于满足人类需求的东西。

产出：对家庭有价值的商品和服务。

2.1 学习目标
理解为什么在一个社会中一个人即使所有工作都比第二个人做得更好，对于这两个人来说，分工和交换仍然是有益的。

如何生产和什么时候生产等问题。

首先，比尔必须决定他想生产什么。请注意我们没有用需求一词。需求是指绝对的必需品，但是除了足够的水、基本的营养和可以遮风遮雨的安身之所以外，什么是绝对的必需品是很难定义的。在任何情况下，比尔都要把他需要的东西按优先权排序以做出某种选择。

然后，他必须要考虑到可能性。给定这个小岛上的有限条件，他可以做些什么来满足自己的需要呢？无论在多么简单还是多么复杂的社会里，人们可以做到的事情都是受到限制的。在这个单人社会里，比尔受限于时间、他的身体状况、他的知识、他的技能，以及岛上的资源和气候。

在资源有限的条件下，比尔必须决定如何最好地利用它们以满足他不同层次的需要。食物应该是他的首要需要。他应该把时间花在采集水果和浆果上面？抑或他应该整理出一块土地并开始耕种？这些问题的答案取决于这个岛的特征、它的气候、岛上的动植物（有没有水果和浆果）、比尔的技能和知识（他懂得耕种吗？），以及他的偏好（他也许是一个素食者）。

机会成本　受限制情况下的决策和稀缺性是经济学的两个核心概念。无论是讨论像比尔这样的个体行为还是分析复杂社会中各种群体的行为，都会用到这两个概念。

由于时间和资源的稀缺，如果比尔选择打猎，他采集的水果和浆果就会减少。在肉与水果之间，他需要做出取舍。在食物和住处之间存在同样的取舍。正如我们在第 1 章提到过的那样，当做出一个决策时不得不放弃的其他决策中最好的那一个，就是这个决策的**机会成本**。

比尔偶尔也会决定休息，躺在沙滩上享受阳光。从某种意义上说，这些享受是没有代价的——他不用为这些行为付费。但是实际上这样做是有机会成本的。这些闲暇的实际成本是比尔在这段时间里本来可以生产的其他东西的价值。

在这种社会中所做的取舍经常生动地在真实的电视节目中展现，这些电视节目显示在一些荒岛上竞争的陌生人群体，每个人都在选择是捕鱼、采集浆果、建造一座小屋更好，还是建立一个联盟更好。做出这些选择之一涉及放弃实行另一个选择的机会，在许多节目中我们可以看到做出这些选择所带来的后果。

机会成本： 当我们做选择或决策时，我们放弃的最佳替代决策。

2.1.2 两人或多人经济体中的稀缺性与选择

现在设想一下空难的另一个幸存者科琳也出现在岛上了。既然比尔不再孤独了，事情也变得复杂起来，他必须做出一些新的决定。比尔和科琳关于生产什么的偏好很可能是不一致的，他们的知识和技能也很可能不同。也许科琳非常擅长追踪猎物，而比尔对建筑很有研究。他们在需要做的工作中如何进行分工？东西生产出来以后，这两个幸存者还必须决定如何在两个人之间分配它们。他们的产品应该怎样被分配呢?

只有比尔一个人在岛上的时候,回答这些基本问题的原则很清楚。他自己的计划就是"中心计划",他只需要决定想要什么以及怎么去做就可以了。但是当其他人出现在岛上的一刹那,他们就有必要做出一些新的决策了。也许两个人中的某一个做了首领,全权处理两个人的事情。也许两个人决定合作,他们处在平等的地位,做出共同的计划,或者凡事都一起处理,一起生产。也许最后他们决定各自单独住在岛屿的一端。即使他们分开住,也会通过分工和交换从彼此的存在中受益。

现代工业社会也必须回答科琳和比尔面临的这些问题,但是对于更大范围的经济,其机制自然就更为复杂。与只有两个人生活不同,美国有超过 3 亿的人口。所要做的决策仍然是这些:生产什么,如何生产,分配给谁。

分工、交换和比较优势　如果每个社会成员都从事自己最擅长的工作,那么整个社会都能从中受益,这一观点由来已久,而且也是经济学中最重要、最有力量的思想之一。19 世纪,英国著名经济学家大卫·李嘉图精确地表述了这一观点。按照李嘉图的**比较优势理论**,社会分工和自由交换可以使所有交换方受益,即使某些交换方在生产的各个方面都比另一些更有效率。李嘉图的基本观点在科琳和比尔的小社会以及其他社会中同样成立。

比较优势理论:李嘉图的理论认为,专业化和自由交换将使所有交换方受益,即便是那些可能"绝对"更有效率的生产者。

为了使问题简化,假定科琳和比尔每周只有两项工作要做:采集食物果腹和砍伐原木取暖。如果科琳一天的伐木数量比比尔多,而比尔一天采集的坚果和浆果比科琳多,分工显然可以带来更多的总产出。如果科琳只伐木而比尔只采集坚果和浆果,只要可以交换,他们两个人都会受益。

相反,假定不论是砍伐原木还是采集食物,科琳都比比尔做得好。特别是科琳每天可以采集 10 蒲式耳的食物,而比尔只可以采集 8 蒲式耳;而且科琳每天可以砍 10 根原木,而比尔只可以砍 4 根。从这个意义上来说,我们可以说科琳在两种活动中相对于比尔有**绝对优势**。

绝对优势:如果一个生产者能够使用更少的资源生产该产品(每单位的绝对成本更低),那么就说其在生产商品或服务方面具有绝对优势。

想想这种情况并把关注点放在生产率水平上,你可能会得出结论,让科琳搬到小岛的另一边,自己一个人生活,对她有好处。因为她在砍伐原木和采集食物方面生产效率都更高,让她自己过活不是更好么?她怎么会从与比尔一起分享他们的产出中受益呢?李嘉图对经济学的持久贡献之一就是他对这种情况的分析。他的分析如图 2.2 所示,显示了科琳和比尔应如何划分岛屿的工作以及他们将从专业化和交换中获得多少收益,即使在这个例子中,一方在所有领域都比另一方更好。

实践中的经济学

冷冻食品和机会成本

2012 年，价值 440 亿美元的冷冻食品在美国食品杂货店销售，其中四分之一以冷冻正餐和主菜的形式出售。在 20 世纪 50 年代中期，冷冻食品的销售额仅为 10 亿美元，占整个食品杂货店销售额的很小一部分。一个行业观察者将这种增长归因于冷冻食品的味道比过去好得多。你能想到其他可能发生的事吗？

过去 50 年中冷冻正餐主菜市场的增长可以很好地说明机会成本在我们生活中扮演的角色。在此期间，美国经济中最重要的社会变化之一是妇女在劳动力中占的比例增加。1950 年，只有 24% 的已婚妇女工作；到 2013 年，这一比例已上升至 58%。制作一餐需要两个基本要素：食物和时间。当丈夫和妻子一起工作时，家务劳动的时间的机会成本——包括做饭——都会增加。这告诉我们，在过去的 50 年里，在家里做饭的成本变得更高了。一个自然的结果是让人们转向省力的方式来做饭。冷冻食品是机会成本增加问题的明显解决方案。

另一个更微妙的基于机会成本的解释是，在职会刺激冷冻食品的消费。1960 年，第一台微波炉被推出。这种设备被迅速推广到美国人的厨房中。微波被证明是一种快速解冻和烹饪冷冻主菜的方法。因此，这项技术降低了制作冷冻正餐的机会成本，增强了这些膳食相对于家常饭菜的优势。一旦考虑到机会成本，微波炉使得烹饪冷冻食品更便宜，而家常饭菜则变得更加昂贵。

你们中间的企业家们也可能认识到，我们所描述的家庭烹饪餐的机会成本的上升，部分归因于微波的传播，从而形成了一个强化循环。事实上，许多企业家发现经济学的简单工具——就像机会成本的概念一样——可以帮助他们预测将来生产哪些产品会有利可图。双职工家庭的增长刺激了许多企业家为家务劳动寻找节省劳动的解决方案。

你们中的公共政策专业学生可能有兴趣知道，一些研究人员将美国肥胖增长的部分原因，归结为冷冻食品和微波炉市场增长导致做饭的机会成本下降。（参见 David M. Cutler, Edward L. Glaeser, and Jesse M. Shapiro, "Why Have Americans Become More Obese？" *Journal of Economic Perspectives*, Summer 2003：93-118。）

思考

1. 许多人认为苏打水消费也会导致肥胖增加。许多学校已经禁止在自动售货机上销售苏打水。利用机会成本的概念来解释为什么有些人认为这些禁令会减少消费。你同意吗？

比较优势: 如果一个生产者能够以较低的机会成本生产该产品,那么就说其在生产商品或服务时具有比较优势。

问题的关键在于科琳的时间是有限的:这个限制会产生机会成本。尽管比尔在所有任务上的能力都不如科琳,但让他花时间做一些东西可以释放出科琳的时间,这是有价值的,比尔的时间价值体现在他的比较优势上。如果一个生产者能以更少的机会成本生产商品和服务,这个生产者对于另一个生产者就有**比较优势**。首先考虑比尔,他每天可以采集 8 蒲式耳食物或砍伐 4 根原木,为了多得到 8 蒲式耳食物,他必须放弃砍伐 4 根原木。因此,比尔生产 8 蒲式耳食物的机会成本是 4 根原木。再考虑科琳,她每天可以生产 10 蒲式耳的食物,或者她可以砍伐 10 根原木。也就是说,为了多得到 1 蒲式耳食物,她要放弃砍伐 1 根原木;所以对科琳来说,8 蒲式耳食物的机会成本就是 8 根原木。在采集食物方面,比尔相对于科琳有比较优势,因为他为了得到 8 蒲式耳食物仅需放弃 4 根原木,而科琳需要放弃 8 根。

现在想想科琳为了得到 10 根原木而必须放弃的东西。为了砍伐 10 根原木,她不得不工作一整天。如果她花一天时间砍伐 10 根原木,她就放弃了一天能采集到的 10 蒲式耳食物。因此,对于科琳来说,10 根原木的机会成本是 10 蒲式耳食物。比尔为了 10 根原木又要放弃什么呢?为了砍伐 4 根原木,他不得不工作一整天。如果他花一天时间砍伐原木,他就放弃了 8 蒲式耳食物。他因此为每根原木放弃了 2 蒲式耳食物。也就是说,对于比尔来说,10 根原木的机会成本是 20 蒲式耳食物。在砍伐原木方面,科琳相对于比尔有比较优势,因为她为了得到 10 根原木仅须放弃 10 蒲式耳食物,而比尔需要放弃 20 蒲式耳。

李嘉图认为,双方都可以从专业化和贸易中受益,即使其中一方在生产两种产品方面都具有绝对优势。让我们看看它在当前示例中的工作原理。

假设科琳和比尔都想得到同等数量的原木和食物。如果科琳仅靠自己的话,每一种都平均分配时间,一天中,她能够生产 5 根原木和 5 蒲式耳食物。而比尔若想生产出同等数量的原木和食物,考虑到他的技能,他将不得不花更多的时间在木头上而不是食物上。通过花费三分之一的时间在采集食物上,花费三分之二的时间在砍伐原木上,他每一种都可以生产 $2\frac{2}{3}$ 个单位。总而言之,单独行动时,我们这对幸存者共生产了 $7\frac{2}{3}$ 单位的原木和食物,其中大部分是由科琳生产的。显然科琳是比比尔更好的生产者。她为什么要与笨拙、慢吞吞的比尔联手呢?

答案在于专业化带来的收益,如图 2.2 所示。在方块 a 中,我们展示了让比尔和科琳各自独自砍伐原木和采集食物的结果:$7\frac{2}{3}$ 根原木和相同数量的食物。现在,回想一下我们的计算结果,表明科琳在砍柴方面具有比较优势,让我们看看如果我们将木材任务分配给科琳并让比尔花一整天时间采集食物会发生什么。该系统在图 2.2 的方框 b 中描述。在一天结束时,两人最终得到 10 根原木(全部由科琳完成),8 蒲式耳的食物(全部由比尔生产)。通过联手和专业化,两者增加了两种产品的生产。这种产量的增加为科琳和比尔合作提供了动力。联合起来,每

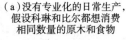

（a）没有专业化的日常生产，
假设科琳和比尔都想消费
相同数量的原木和食物

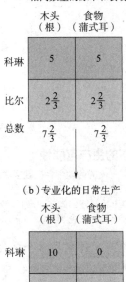

	木头（根）	食物（蒲式耳）
科琳	5	5
比尔	$2\frac{2}{3}$	$2\frac{2}{3}$
总数	$7\frac{2}{3}$	$7\frac{2}{3}$

（b）专业化的日常生产

	木头（根）	食物（蒲式耳）
科琳	10	0
比尔	0	8
总数	10	8

◀图 2.2 比较优势与分工的好处

图板（a）显示了科琳和比尔基于各自的才能尽最大的努力劳动，并假设他们每个人都希望消费等量的食物和木材所得到的产出。注意科琳是将白天时间在两者间平均分配，而比尔如果希望平衡两种商品的产量，他必须将三分之二的时间用于木材砍伐。图板（b）显示双方专业化分工时会发生什么。请注意，每种商品都能产出更多单位。

个人都可以获得比他或她单独生产更多的收益。这个收益——$2\frac{1}{3}$ 根额外的原木和 $\frac{1}{3}$ 蒲式耳的食物——代表了专业化分工的好处。当然，如果比尔和科琳真的都赞成两种商品的等量生产，他们可以调整工作时间来达到这个目的；这里的要点是总产量随着专业化程度的增加而增加。

比尔和科琳的简单例子应该开始让你了解为什么大部分经济学家认可自由贸易的价值。即使一个国家在制造一切产品方面绝对比另一个国家好，我们的例子也表明，从专业化和贸易中会有所收获。

生产可能性和分工收益的图像表达 我们可以用图来说明科琳和比尔可能的生产情况，以及他们从分工和交换中获得的好处。

图 2.3（a）展示了在技能和岛上条件的限制下，科琳一个人能够生产的食物和木材的所有可能组合。图板（b）是对比尔的分析。如果科琳把她所有的时间都花在生产木材上，她最多可以生产 10 根原木，即 ACB 线与垂直轴相交点。同样地，ACB 线与水平轴相交点是 10 蒲式耳食物，这是科琳把全部时间都花在生产食物上所得到的。我们也在图上标注了可能的 C 点，在这一点，她平均分配她的时间，生产 5 蒲式耳食物和 5 根原木。

图板（b）中的比尔可以通过将自己的全部时间用于木材或食物生产来获得多达 4 根原木或 8 蒲式耳食物。同样，我们在他的图上标记了一个 F 点，他在这个点生产 $2\frac{2}{3}$ 蒲式耳食物和 $2\frac{2}{3}$ 根原木。请注意，比

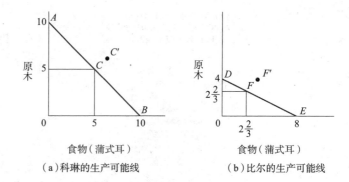

▲ **图2.3 有无交换情况下的生产可能性**

图形同样表明了科琳和比尔可以在一天的劳动中各自独立生产的食物和木材的组合。科琳可以沿着 ACB 线独立地获得任何点，而比尔可以沿着 DFE 线生产任何食物和木材的组合。专业化和交换将允许比尔和科琳将原始线向右移动，转移到像 C' 和 F' 这样的点。换句话说，分工和交换比单独行动能获得更多收益。

尔的生产线比科琳的低。生产线越靠右，个体就越有生产力；也就是说，他或她可以生产的两种商品越多。还要注意两条线的斜率不一样。科琳为一根原木放弃 1 蒲式耳的食物，而比尔为 1 根原木放弃了 2 蒲式耳的食物。不同的斜率显示出科琳和比尔面临的不同机会成本。他们还开辟了专业化分工带来收益的可能性。接下来将尝试通过斜率相同的一个例子来证明不同斜率的重要性。

当合作的可能性出现，两人分别专注于木材或食物的生产时会发生什么？在图 2.2 中，我们已经看到专业化将允许这两个人从生产 $7\frac{2}{3}$ 根原木和相同数量的食物到生产 10 根原木和 8 蒲式耳的食物。科琳和比尔可以分配 $2\frac{1}{3}$ 根额外的原木和 $\frac{1}{3}$ 蒲式耳额外的食物，例如图 2.3 中的 C' 和 F' 点，而这些没有合作就无法实现。在这个案例中，我们不知道比尔和科琳将如何分配他们创造的剩余食物和木材。但是有剩余意味着他们两个都可以比单独做得更好。

权衡当前和未来预期的成本和收益 在很多时候我们都会发现，自己在今天可以得到的收益和明天可以得到的收益之间进行权衡。在这里应用机会成本的概念也是很有帮助的。

独自住在岛上的时候，比尔不得不在自己耕种跟采集野生坚果和浆果之间选择。采集野生坚果和浆果可以提供目前需要的食物；而如果一切顺利的话，采集种子并整理出一块地来耕种可以提供将来需要的食物。如果用现在的时间进行耕种可以使比尔在未来获得的食物比不耕种时有所增加，那么现在的这些努力就是值得的。通过耕种，比尔用当前的价值换来了未来的价值。

用现期收益来交换未来收益的一个最简单例子就是储蓄行为。当你把今天挣的钱存起来留在以后用时，你放弃了本来可以在今天就拥有的

28

某些商品，用它们来交换明天会拥有的某些商品。因为明天的商品都是不确定的，一定要对未来事件和预期价值做出判断。十年后你的收入会是多少？你可能会活多少年？

我们无时无刻不在细小的方面做着这种现期收益和未来收益的取舍。如果你决定不参加宿舍的聚会而是复习功课，你就是在用现在的乐趣交换未来预期的较高成绩。如果你决定在一个非常寒冷的日子里走出家门跑上 5 千米，你就是在用现在的不舒适交换未来更好的身材。

资本品和消费品 如果一个社会把它的一部分资源投入研究和开发或者作为资本投入，这个社会就是在用当前利益交换预期的未来收益。像我们在这一章的前半部分提到的那样，广义地说，资本就是已经被生产出来的，并将被用于生产未来的其他有价值的商品或服务的东西。

创造资本就意味着用当前的收益交换未来收益。比尔和科琳也许会为了在未来修一所漂亮的房子而去伐木，这就放弃了采集浆果或者躺在沙滩享受阳光的可能。在现代社会里，用来生产资本品的资源本来是可以用来生产**消费品**的，也就是用于当前消费的产品。大型工业设备不能直接满足人们的需要，但是用来生产它们的资源本来是可以用来生产直接满足人们需要的产品的，如食品、服装、玩具或者高尔夫球杆。

资本无处不在。公路属于资本，一旦建成，就可以在未来的很多年里在上面驾驶汽车或者运输货物。房屋也属于资本，一个新的制造业厂商在成立以前必须在适当的地方投入一些资本。它的厂房、设备和存货等都属于资本。由于资本参与生产过程中，随着时间的流逝，它就产生了有价值的服务。

资本不一定是有形的。当你花时间和精力提高自己的技能或者接受教育的时候，你就是在进行人力资本投资——你自己的人力资本。这些资本在未来的日子里将一直存在，并给你带来收益。由软件厂商制作并可在线获得的计算机程序可能在发布时没有花费任何费用，但其真正的无形价值来自程序本身所体现的构思。它也是资本。

用资源生产新的资本品叫作**投资**（在日常用语中，投资这个词通常指购买股票或债券的行为，比如"我投资在一些国库券上了"。然而在经济学中，投资总是指资本的创造，如建筑、设备、公路和房屋等的购买或投入使用）。一项明智的资本投资可以在未来带来比今天花费的成本更大的收益。比如，当你投资于一栋房子的时候，你一定会考虑它在未来会带来多少收益。也就是说，你希望住在里面得到的收益会比你在今天用同样的钱购买其他东西而得到的收益要高。因为资源是稀缺的，每一项资本投资的机会成本就是放弃的现在的消费。

2.1.3 生产可能性边界

生产可能性边界（production possibility frontier）是一个简单的图

消费品： 为当前消费生产的产品。

投资： 利用资源产生新资本的过程。

生产可能性边界 (ppf)： 一张显示在有效使用所有社会资源的情况下可以生产的所有商品和服务组合的图形。

29

形工具，它说明了受限制决策的原理、机会成本和稀缺性经济。生产可能性边界展示了当社会的所有资源都得到有效利用时，可以生产的商品和服务的所有组合。图 2.4 是一个假想经济的生产可能性边界。在查看图 2.3 中科琳和比尔的选择时，我们已经看到了生产可能性边界的简化版本。这里我们将更详细地介绍生产可能性边界。

Y 轴表示资本品的数量，X 轴表示消费品的数量。曲线下方和左侧的所有点（图中的阴影部分）表示社会在有限的资源和当前的技术条件下可以实现的资本品和消费品的组合。曲线上方和右侧的点，比如点 G，表示目前无法实现的组合。你可以回忆一下我们的科琳和比尔的例子，新的交换和专业化分工的可能性使他们能够扩大他们的集体生产可能性并移动到像 G 这样的点。如果一个经济体处在图中的 A 点，它就完全不生产消费品，所有的资源都用来生产资本品。如果一个经济体处在图中的 B 点，它就把所有的资源都用来生产消费品，完全不生产资本品。

虽然所有的经济体都生产各种产品，但是不同的经济体有不同的侧重点。2012 年，美国总产出的 13% 是新增资本。在日本，历史上这一比例高得多，而在刚果，只有 7%。日本在它的生产可能性曲线上更接近 A 点，刚果更接近 B 点，而美国处于两者之间的某个位置。

生产可能性曲线上的点表示资源被全部利用以及生产是有效率的（回想一下第 1 章中提到的，一个有效率的经济是以尽可能低的成本生产人们想要的东西的经济。生产效率是指以最低成本生产给定的产出组合的状态）。没有未使用的资源，也没有浪费。在阴影区域中，不包括边界上的点，表示资源没有得到充分利用，或者表示生产是低效率的。例如，一个处于图 2.4 中 D 点的经济体可以生产出更多的资本品和消费品，比如移动到 E 点。这种移动是可以实现的，因为在 D 点资源没有被全部利用或者没有被有效利用。

负斜率和机会成本　正如我们看到的科琳和比尔的例子那样，生产可能性边界的斜率是负的。因为一个社会的选择受到可用资源和现有技术

▶**图 2.4　生产可能性边界**

生产可能性边界描述了一系列的经济学概念。最重要的之一就是机会成本。生产更多的资本品的机会成本，就是更少的消费品。从 E 点到 F 点，资本品的数量从 550 增加到 800，但消费品的数量从 1 300 降低到 1 100。

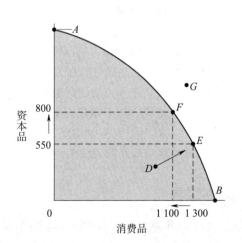

条件的限制，当资源被全部地且有效率地使用时，要生产更多的资本品就一定要减少消费品的生产。新增资本品的机会成本就是为此而放弃的消费品的产量。

资源的稀缺性可以由生产可能性边界的负斜率来说明（如果你需要回顾一下斜率的概念，参考第 1 章的附录）。在图 2.4 中，从 E 点移动到 F 点，资本的生产增加了 250（800–550）单位（正向变化），但是资本品生产的增加只能通过把资源从消费品生产中转移出来才能实现。因此，从 E 点移动到 F 点时，消费品的生产减少了 200（1 300–1 100）单位（负向变化）。曲线的斜率，也就是资本品变化与消费品变化的比值是负的。

一个社会的生产可能性边界的斜率叫作**边际转换率**（MRT）。在图 2.4 中，点 E 和点 F 之间的边际转换率就是资本品变化（一个正的数值）与消费品变化（一个负的数值）的比值。它告诉我们要想得到 1 单位的其他产出，不得不放弃 1 单位的某种产出。

边际转换率（MRT）： 生产可能性边界（ppf）的斜率。

机会成本递增法则 生产可能性边界的负斜率表明一个社会面临着在两种产品之间的"取舍"。在科琳和比尔的例子中，我们将生产可能性边界显示为一条直线。这里的生产可能性边界是什么意思？

在我们简单的例子中，比尔为他生产的每一块原木放弃了两蒲式耳食物。比尔每小时收获木材或生产食物的能力并不取决于他花在这项活动上的时间。同样，无论科琳生产多少，她都面临着同样的食物与木材的交换。在我们刚才介绍的语言中，比尔和科琳的边际转换率是不变的；因此生产可能性边界是一条直线。但事实并非总是如此。也许第一蒲式耳的食物很容易生产，例如低悬的水果。也许得到第一根木头比第二根木头容易，因为第二棵树木更远。基于生产可能性边界，社会上越多人试图增加一种商品的生产而不是另一种商品的生产，这种商品的生产就越难。在图 2.4 的例子中，随着我们将越来越多的资源用于生产资本品，使用社会资源来制造资本品而不是消费品的机会成本增加。为什么会这样？一个常见的解释是，当社会试图只生产少量某种产品时，它可以使用最适合这些商品的资源——人、土地等。由于社会将大部分资源用于一种商品而不是其他商品，因此获得更多这种商品的生产往往变得越来越困难。

让我们看一下美国俄亥俄州和堪萨斯州生产的玉米和小麦之间的"取舍"。近年来，俄亥俄州和堪萨斯州一共生产了 5.1 亿蒲式耳玉米和 3.8 亿蒲式耳小麦。表 2.1 列出了这两个数字跟俄亥俄州和堪萨斯州假定可能存在的其他一些玉米和小麦生产的组合。图 2.5 是根据表 2.1 中的数据绘制出来的。

假如社会对玉米的需求突然大幅度增加，农民会把原来种植小麦的一些土地改种玉米。这一变化在图 2.5 中用从 C 点（玉米 =510，小麦 =380）沿生产可能性边界向左上移动到 A 点和 B 点表示。这时，增加玉米的产出变得越来越困难。最适宜种植玉米的土地一定已经种植玉米了，最适宜种植小麦的土地也一定种上了小麦。当试图生产更多的玉米

▶ 图 2.5 俄亥俄州和堪萨斯州的玉米和小麦生产

生产可能性边界表明，当把资源从生产小麦转向生产玉米时，玉米的机会成本就增加了。从 E 点向 D 点移动时，5 000 万蒲式耳的小麦就可以换来 1 亿蒲式耳的玉米。从 B 点向 A 点移动时，1 亿蒲式耳的小麦只能换来 5 000 万蒲式耳的玉米。每蒲式耳玉米的成本（用减少的小麦产量来衡量）增加了。

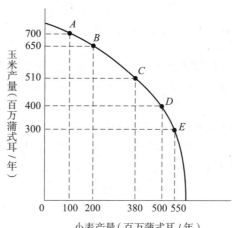

时，用到的土地一定是越来越不适合玉米生产的。当从小麦生产中拿出更多的土地来种植玉米时，这些土地也一定是更加适合小麦的生产。换句话说，生产更多玉米的机会成本（用以往的小麦产量来衡量）是增加的。

从 E 点向 D 点移动时，表 2.1 中的数据表明，可以在只损失 5 000 万（5.5 亿–5 亿）蒲式耳小麦的情况下得到 1 亿（4 亿–3 亿）蒲式耳的玉米。也就是说，1 蒲式耳小麦可以换来 2 蒲式耳的玉米。然而，当已经用尽种植玉米的土地能力以后，生产更多的玉米变得越来越困难，机会成本也越来越大。从 B 点向 A 点移动时，用 1 亿（2 亿–1 亿）蒲式耳的小麦只能换来 5 000 万（7 亿–6.5 亿）蒲式耳的玉米。这时 1 蒲式耳小麦只能换来 0.5 蒲式耳的玉米了。如果对小麦的需求增加了，就会沿着可能性边界向右下移动，生产小麦就会变得越来越困难，用以往的玉米产量来衡量小麦的机会成本会增加。这就是机会成本递增法则。

失业 在 20 世纪 30 年代的"大萧条"时期，美国经历了一次长时间的失业，数百万的工人失去了工作。在 1933 年，有 25% 的城市工人失业，直到 1940 年，这一数字一直都在 14% 以上。1944 年，美国政府增加的国防开支创造了几百万个工作机会，才使失业率逐渐降低。最近，在 2007 年底到 2010 年之间，美国失去了 800 多万个就业岗位，失业人数超过了 1 500 万。

表 2.1 俄亥俄州和堪萨斯州总的玉米和小麦生产的生产可能性安排

生产可能性曲线上的点	玉米总产量（百万蒲式耳 / 年）	小麦总产量（百万蒲式耳 / 年）
A	700	100
B	650	200
C	510	380
D	400	500
E	300	550

除了失业本身带来的艰难处境以外，工人的失业也意味着资本"失业"。在经济衰退时期，工厂的总生产能力一般都得不到完全利用。当劳动力和资本存在"失业"时，我们没有生产出我们有能力生产的全部产品。

存在失业的经济对应着生产可能性曲线内部的点，比如图 2.4 中的 D 点。从类似 D 点的点移动到边界上意味着实现了资源的完全利用。

低效率　即使是土地、劳动力、资本资源得到完全利用的经济也可能是运行在它的生产可能性边界之内的（就像图 2.4 中的 D 点一样）。这表示它对资源的使用是低效率的。

浪费和管理不善是导致厂商低效率运营的结果。如果你是一家面包店的老板，而你忘记订购面粉，那么你的工人和烤箱会在你弄清楚该怎么做之前被闲置。

有时候低效率来自整个经济的管理不善，而不是单个私人厂商的管理不善。假设俄亥俄州的土地和气候最适宜生产玉米，而堪萨斯州的土地和气候最适宜生产小麦。如果美国国会通过法案，强迫俄亥俄州的农民用 50% 的土地种植小麦，堪萨斯州的农民用 50% 的土地种植玉米，那么小麦和玉米的生产都达不到潜在的生产水平。这时的经济就处在类似图 2.6 中 A 点的位置——在生产可能性边界之内。允许每个州专门生产其最适宜耕种的作物可以同时增加两种作物的产量，使经济到达类似图 2.6 中 B 点的位置。

产出的有效组合　为了做到高效率，一个经济体应该生产人们需要的东西。也就是说，除了应该做到在生产可能性边界上运行之外，经济还应该力图在生产可能性边界上适当的点运行。这被称为产出效率，与生产效率相对。假定一个社会把它全部的资源都投入牛肉的生产上，并且牛肉加工工业应用了最新的技术，其运行是高效率的。但如果这个社会中的每个人都是素食主义者并且没有交换，其结果就是资源的完全浪费。

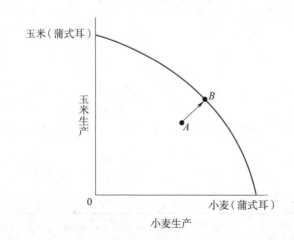

◀ **图 2.6　农业土地分配不当造成的低效率**

效率低下总是导致生产的组合由生产可能性边界内的点显示，比如点 A。提高效率将使生产可能性移动到生产可能性边界上的一点，例如 B 点。

32

重要的是要记住，生产可能性边界代表了当前农业技术条件下可用的选项。从长远来看，随着技术改善的情况发生，总产出就会增长。

经济增长：经济总产出增加。当一个社会获得新资源或学习使用现有资源生产更多产品时，就会出现增长。

经济增长　**经济增长**的特征是经济中总产出的增加。当社会得到新的资源或者掌握了用现有资源生产更多产品的方法时，就实现了经济增长。新的资源可能是劳动力或者资本存量的增加：新机器和设备（资本）的生产和使用可以提高工人的劳动生产率（给一个人一把铁锹，他可以挖一个更大的坑；给他一个挖土机，他可以挖的坑就大得惊人）。劳动生产率的提高还可以来自技术进步和革新——新的、效率更高的生产技术的发明和应用。

在过去的几十年里，美国的农业生产率有显著的提高。根据美国农业部统计的数据（如表 2.2 所示），从 20 世纪 30 年代后半期开始，每英亩玉米产量增加了 6 倍，生产需要的劳动也大幅度减少了。小麦的生产率也有所提高，只是增长率略低：每英亩的产出增长了 2 倍多，劳动需求降低了近 90%。这些增长是应用更高效的种植技术、更多更好的资本品（拖拉机、联合收割机等设备），科学知识的进步以及工艺的变革（杂交种子、化肥等）联合作用的结果。像在图 2.7 中可以看到的那样，这些变化使生产可能性边界向右上移。

33

表 2.2　1935—2009 年美国玉米和小麦产量的增加情况

	玉米		小麦	
	每英亩产量 （蒲式耳）	每百蒲式耳 所需工时	每英亩产量 （蒲式耳）	每百蒲式耳 所需工时
1935—1939	26.1	108	13.2	67
1945—1949	36.1	53	16.9	34
1955—1959	48.7	20	22.3	17
1965—1969	78.5	7	27.5	11
1975—1979	95.3	4	31.3	9
1981—1985	107.2	3	36.9	7
1985—1990	112.8		38.0	
1990—1995	120.6		38.1	
1998	134.4		43.2	
2001	138.2		43.5	
2006	145.6		42.3	
2007	152.8		40.6	
2008	153.9		44.9	
2009	164.9		44.3	

来源：U. S. Department of Agriculture, Economic Research Service, Agricultural Statistics, Crop Summary.

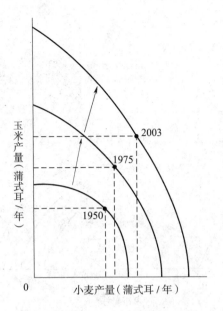

▲图 2.7 经济增长使生产可能性边界向上和向右移动

生产率的提高增强了美国生产玉米和小麦的能力。如表 2.2 所示，玉米的生产率增长比小麦更为显著。因此，生产可能性边界的变化并不平行。

增长的源泉和贫穷国家的困境 经济增长可能由很多原因引起。长期经济增长的两个最重要的原因是资本积累和技术进步。对于比较贫困的国家来说，资本是必不可少的；它们必须修建起发展高效运行的工业所必需的通信网络工程和交通运输系统。它们还需要资本品来发展农业部门。

我们曾介绍过，资本品的生产是以牺牲消费品的生产为代价的，对于技术进步来说同样如此。技术进步需要的研发也是消耗资源的，也是有代价的。用来生产资本品（道路、拖拉机、重工业工厂）和发展新技术的资源本来是可以用来生产消费品的。

当一个国家的大部分人口都非常贫困时，从消费品（比如食品和服装）生产中拿出一些资源是非常困难的。而且在一些国家里，那些足够富有的可以投资于国内工业的人们宁愿在国外投资以避免国内的政治骚乱。这就造成了在比较贫困的国家里，往往需要政府从税收收入中拿出一部分来进行资本品生产和技术研究。

所有这些因素都造成了贫困国家和富裕国家之间差距的扩大。图 2.8 用生产可能性边界描述了这一现象。在左下的图中富裕国家资本品生产的比例较高，而在左上的图中贫困国家生产的绝大部分产品都是消费品。在右侧两个图中，可以看到这样的结果：富裕国家的生产可能性边界向右上移动的程度和速度都比较大。

罗伯特·詹森（Robert Jensen）对印度南部工业的研究充分说明了资本品和技术发展对欠发达国家工人地位的重要性。传统的电话需要在电线和塔架上进行大量投资，因此许多欠发达地区没有固定电话。另一方面，移动电话只需要较低的投资；因此，在许多地区，人们从没有电话直接升级到手机。詹森发现，在小型渔村，手机的出现使渔民能够决定某一天在哪里出售自己钓上来的鱼，导致鱼类浪费大量减少并增加了捕捞利润。新型通信技术助力发展是我们这个时代令

34

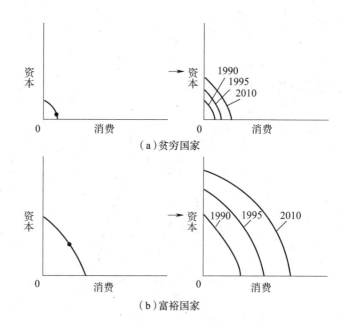

▶ 图2.8　贫穷
国家和富裕国家
的资本品和增长
富裕国家比贫穷国家
更容易将资源用于资
本生产，流入资本生
产的资源越多，经济
增长的速度就越快。
因此，贫穷国家和
富裕国家之间的差距
随着时间的推移而
增长。

人兴奋的特征之一。（参见 Robert Jensen，"The Digital Provide：Information
Technology，Market Performance，and Welfare in the South Indian Fisheries
Sector，"*Quarterly Journal of Economics*，2007：879–924。）

虽然生产可能性边界只是作为一种抽象存在，但它说明了我们将在
本书其余部分使用的一些重要概念：稀缺性、失业、低效率、机会成
本、机会成本递增法则、经济增长，以及贸易收益。

2.1.4 经济问题

回想一下所有经济系统面临的三个基本问题：（1）生产什么？（2）如
何生产？（3）分配给谁？

当比尔一个人在岛上的时候，回答这些问题的机制很简单：他只需
要考虑自己的需要和偏好、岛上资源的限制以及自己的技能和时间，然
后就可以做出决定了。在开始工作的时候，他分配岛上可用资源的问题
很简单——其实或多或少就是分配他自己的时间。这里就并不存在产品
分配的问题了，因为比尔就是社会，他应该得到全部产品。

只要在这个简单的经济中再引入一个人（在这里是科琳）就会改变
所有这些机制。合作与协调可以得到各自单干时无法实现的额外收益。
当一个社会由很多很多人组成时，协调和合作的问题就更加庞大复杂
了，社会总体可以增加的潜力也就更大了。在更大的、更复杂的经济体
中，分工可能是异常细致的。一个现代工业社会可以提供的产品的多样
性是100年前任何人都想象不到的，职业的多样性也是如此，分工在其
中扮演了重要角色。

现代工业社会中协调合作的程度也是难以想象的。即使间或出现了
低效率，也会有某种东西推进经济系统朝生产人们所需要的产品的方向

实践中的经济学

富人和穷人之间的权衡取舍

对所有社会的所有个体而言，资源相对于人们的需求都是有限的。然而，在富裕国家与贫穷国家之间，个人面临的权衡取舍存在很大差异。

1990 年，世界银行将世界极端贫困人口定义为每天收入低于 1 美元的人。在发展经济学家和决策者中，这个数字可以作为一个粗略的经验法则。在近些年的一项调查中，麻省理工学院的两位经济学家阿比吉特·班纳吉（Abhijit Banerjee）和埃丝特·迪弗洛（Esther Duflo）对全世界 13 个国家生活在这一水平线的人们进行了调查。[1] 他们通过对比这些人与美国的消费者所面临的消费取舍，发现了什么呢？

以下结论应该不会让你感到惊讶，对于极端贫困的人来说，食物是预算中的一个更大的组成部分。平均来讲，在 13 个国家中，消费的 56% 至 78% 用于食品。在美国，平均预算的不到 10% 用于食品。然而，即使是最贫穷的消费者，生理需求并非都是决定因素。班纳吉和迪弗洛的研究发现，在印度的乌代布尔，几乎 10% 的典型食品预算用于糖和加工食品，而不是更有营养价值的谷物。因此即使在这

些低收入水平下，仍有一些决策余地。更有趣的也许是，接受调查的人中有近 10% 的预算用于举办婚礼、葬礼和其他节日活动。在娱乐场所很少的社会中，班纳吉和迪弗洛认为我们可能会看到更多的对于节日的需求，这表明即使在极端贫困的社会中，家庭决策也起着重要作用。

思考

1. 为什么我们可以看到贫穷国家对节日的需求大于富裕国家对节日的需求？可用的选择会对这一现象产生怎样的影响？

[1] Abhijit Banerjee and Esther Duflo, "The Economic Lives of the Poor," *Journal of Economic Perspective*, Winter 2007: 141-167.

发展。在资源稀缺的条件下，大而复杂的经济系统将如何回答那三个基本经济问题呢？这就是经济问题，也就是这里要讨论的问题。

2.2 经济系统和政府的角色

到目前为止，我们已经描述了经济系统必须回答的问题。现在我们转向系统的机制。政府在决定生产什么和如何生产方面发挥了什么作用？在许多情况下，政府可能能够改善市场的运作。

2.2 学习目标
理解计划经济和市场经济决定生产什么时的核心差异。

2.2.1 计划经济

计划经济： 一种中央政府直接或间接设定产出目标、收入和价格的经济体制。

在纯粹的**计划经济**中，基本的经济问题由中央政府来回答。通过政府对国有厂商的所有权和中央计划的组合，政府直接或间接地设定了产出目标、收入和价格。

目前，对于世界上大多数国家而言，私营厂商在生产决策中至少起着一定的作用。而今天的争论在于政府在经济中应该扮演怎样的角色并介入到什么程度。理论上，政府的介入会提高国家资源分配的效率和公平。与此同时，一个运作不良的政府可能会破坏激励机制，导致腐败，并导致浪费社会资源。

2.2.2 自由放任经济：自由市场

自由放任经济： 字面意思来自法语："允许（他们）这样做。"指一种个人和厂商在没有任何政府指导或监管的情况下追求自身利益的经济体制。

市场： 买卖双方互动和参与交易的机构。

和计划经济相反的另一极是**自由放任经济**。自由放任这个词是按照字面意思从法语直译过来的，它的意思是"允许（他们）这样做"，这意味着经济中完全没有政府的干预。在这种经济里，个人和厂商在追求自己的利益时完全没有中央指导或管制，无数个个体的决策加总起来就决定了最终所有的基本经济结果。在自由放任的经济系统中回答这些基本经济问题的核心机构是**市场**，在经济学中市场是指购买者和销售者互相打交道并从事交换的机构。简言之：

> 有一些市场很简单，有一些市场很复杂，但是它们都包括参与交易的购买者和销售者。在自由放任经济中，购买者和销售者的行为决定着生产什么、如何生产以及分配给谁这三个问题。

在以后的章节中将深入研究市场体系，然而在这里不妨先进行一个简单的"预习"。

消费者主权： 消费者通过选择购买什么（以及不购买什么）来最终决定生产什么（或不生产什么）。

消费者主权　在自由的、没有管制的市场中，只有当供给者可以赢利的时候才会进行商品和服务的生产与销售。简单地说，可以赢利就意味着厂商可以以高于生产成本的价格出售商品和服务。除非有人需要你销售的产品，否则你就不会赢利。这样的逻辑就引出了**消费者主权**的概念：任何自由市场中的产出组合最终都是由消费者的品味和偏好决定的，消费者通过购买或不购买来进行"投票"。厂商的兴衰是对消费者需求做出反应的结果。在这里，中央指令或计划都是没有必要的。

个体生产决策：自由厂商　在自由市场体系下，个体生产者还必须确定如何组织和协调其商品或服务的实际生产。在自由市场经济下，生产者可大可小。一个计算机发烧友可以开一个设计网站的公司。从更大的范围上来说，一群家具设计师可以把大量的设计草图汇集在一起，筹集几百万美元建立一个比较大的企业。诸如微软、三菱、苹果、英特尔这样的巨型厂商每年都可以销售价值几百亿美元的产品。然而无论厂商大小，市场经济中的产出决策都是由单个的私人组织依据各自的利益做出的。

自由市场体制的拥护者认为，市场的利用可以使产品的生产更有效率，并更好地适应不同的且不断变化着的消费者偏好。如果某个生产者的生产是低效率的，就会有其他竞争者跟上来，和其争夺市场份额，并最终取代该生产者的地位。因此，在自由市场经济中，竞争使生产者不得不在生产中应用更有效率的技术，并且生产消费者需要的商品。

产品的分配　在自由市场的体系下，产品的分配——谁得到什么——也是以一种分散管理的方式来决定。由于收入的来源是通过工作而挣来的工资，因此它至少部分地是个体决策的结果。只有当市场提供的工资（以及这些工资可以购买的商品和服务）足够补偿你由于工作而放弃的东西时，你才会为了这些工资而工作，你可能会发现通过接受更多教育或培训可以增加收入。

价格理论　自由市场体系中的基本调节机制是价格。价格是每单位产品售出的金额，它反映了社会愿意支付的数额。投入品（劳动、土地和资本）的价格决定了生产一种产品的成本。不同种类劳动的价格或说工资率决定了在不同的工作岗位和不同的职业工作的报酬。由于市场经济中的很多独立决策都包含对价格和成本的比较，因此很多经济理论聚焦于影响和决定价格的因素就毫不奇怪了。这就是微观经济理论常常被简称为价格理论的原因。总而言之：

> 在自由市场体系中，基本经济问题的解答不需要中央政府的计划或指导。这就是自由市场中“自由”的含义——这个系统是独立运行的，不受外部的干预。为了自己的利益，个人会开办企业并生产人们需要的商品和服务。人们会决定是否学习技能，是否工作，是否购买、销售、投资或将他们赚取的收入储蓄起来。这里的基本协调机制是价格。

2.2.3 混合系统、市场和政府

纯粹的计划经济和自由放任经济之间的差异十分巨大，但是世界上并不存在这样的纯粹形式，所有的真实系统在一定意义上都是“混合”的。也就是说，即使是在政府主导的经济中，私营厂商和独立决策也是存在的。

相反，市场经济中也一定有政府的干预和管制。美国从本质上说是自由市场经济，但是 2014 年总产出中政府采购占了 18% 还多一点。美国政府（地方政府、州政府、联邦政府）直接雇用的劳动者大约占劳动者总数的 14%（包括现役军人的话这一比例会达到 15%）。政府还通过税收和社会福利支出对收入进行了重新分配，并且对很多经济活动进行管制。

这本书研究的主要问题之一，实际上也是经济中的一个重要问题，就是自由且没有管制的市场的优势与政府干预的必要性之间的交锋。认识到市场在哪些方面起作用，在哪里有可能失灵，并发掘政府在处理市场失灵时的作用，这是政策经济学的主要课题。在这本书里会反复回到这个争论上来。

38

2.3 前瞻

这一章从一个很广阔的范围描述了经济问题，概括了所有经济系统都必须回答的问题，还宽泛地讨论了两种经济系统。在第 3 章里，我们将分析市场体系的运行方式。

--- 总结 ---

1. 每个社会都有一些把自然和前人提供的资源转化为某种有用形式的系统或者机制。经济学就是研究这一过程和其结果的学科。

2. 生产者拥有资源并将其转化为可使用的产品或产出。私人厂商、家庭和政府都会生产一些东西。

2.1 稀缺性、选择和机会成本　页 30

3. 所有的社会都要回答三个基本问题：生产什么？如何生产？分配给谁？这三个问题就组成了经济学要研究的问题。

4. 一个人独自在孤岛上同样要做出复杂社会必须做出的那些基本决策。当社会由不止一个人组成时，分配问题、合作问题和分工问题就都产生了。

5. 因为在所有的社会中，资源相对于人类的需要都是稀缺的，所以用资源去生产一种商品或服务就意味着不能用它们去生产其他商品和服务。这就是机会成本的概念，它对理解经济学起着关键作用。

6. 用资源生产会在将来带来收益的资本品就意味着不能用它们生产当前使用的消费品。

7. 即使一个人或一个国家在生产上比另一个人或另一个国家绝对更有效率，如果人们专门生产他们具有比较优势的产品，大家也都会受益。

8. 生产可能性边界是这样一条曲线，它显示了当所有社会资源都得到有效运用时，可以实现的所有商品和服务组合。它还说明了一些重要的经济学概念：稀缺性、失业、低效率、机会成本递增和经济增长。

9. 如果一个社会生产出更多的产品——通过获取更多的资源，或者学会利用现有资源生产更多的产品，经济增长就产生了。生产率提高可能来自增加的资本，也可能来自新的、更高效的生产技术的发现和运用。

2.2 经济系统和政府的角色 页 45

10. 在一些现代社会中，政府在回答三个基本问题方面发挥着重要作用。在纯粹的计划经济中，中央机构直接或间接地设定产出目标、收入和价格。

11. 自由放任经济中，个人独立追求自身利益并最终决定所有基本经济成果，而没有任何中央机构指导或监管。

12. 市场是买卖双方互动和从事交易的机构。一些市场只涉及简单的面对面交易；另一些则包括一系列复杂交易，通常是远距离或者通过电子手段进行的。

13. 现实中没有纯粹的计划经济和纯粹的自由放任经济，所有的经济系统都是混合的。中央计划经济中也存在私人厂商、独立决策和相对自由的市场；政府在市场经济中也起着重要的作用，比如美国。

14. 经济学中的一个重要争论围绕的就是自由的、无管制市场的优势，跟政府干预经济的必要性之间的比较。自由市场生产人们需要的东西，竞争迫使厂商采用高效的生产技术。政府需要干预经济的原因是自由市场会产生低效率和收入分配不公平的问题，而且会经历周期性通货膨胀和失业。

术语和概念回顾

绝对优势，页 32
资本，页 30
计划经济，页 46
比较优势，页 34
消费品，页 37
消费者主权，页 46
经济增长，页 42

生产要素（或要素），页 30
投入或资源，页 30
投资，页 37
自由放任经济，页 46
边际转换率（MRT），页 39
市场，页 46
机会成本，页 31

产出，页 30
生产，页 30
生产可能性边界（ppf），页 37
比较优势理论，页 32

习题

2.1 稀缺性、选择和机会成本

学习目标： 理解为什么在一个社会中一个人即使所有工作都比第二个人做得更好，对于这两个人来说，分工和交换仍然是有益的。

1.1 对于以下各项，描述一些潜在的机会成本：

　　a. 回家过感恩节假期

　　b. 每天骑自行车 20 英里

　　c. 美国联邦政府使用税收收入在佛罗里达州购买 10 000 英亩土地用作鸟类保护区

　　d. 外国政府补贴其国家航空厂商以降低机票价格

　　e. 在地中海游轮旅行中将客舱升级为阳台套房

　　f. 熬夜观看《权力的游戏》第 5 季

1.2 "只要所有的资源都得到充分利用，而且经济系统中的每个厂商都以现有的最好技术生产其产品，那么经济运行的结果就是有效的。"你是否同意这句话？请说明理由。

1.3 你是宾夕法尼亚州默斯伯格一家小城报馆主编的实习生。你的老板（主编）让你为这周的报纸起草社论初稿。你的任务是描述新建一座横跨市中心铁轨的桥梁的成本与收益。目前，住在这座小城的大多数人必须开车两千米通过堵塞的交通抵达现有的桥梁，再去主要的购物和上班中心。这座新桥将以未来20年征收所得税的方式花掉默斯伯格居民2 500万美元。修建这座桥的机会成本是多少？如果这座桥建起来，居民们可能得到的收益是什么？还有什么因素需要你在撰写这篇社论时考虑？

1.4 亚历克西和托尼拥有一辆食品卡车，只提供两种物品，街头炸的玉米饼和古巴三明治。如表中所示，亚历克西每小时可制作80个街头炸玉米饼，但只能制作20个古巴三明治。托尼速度快一些，可以在一小时内制作100个街头炸玉米饼或30个古巴三明治。亚历克西和托尼可以出售他们能够生产的所有街头炸玉米饼和古巴三明治。

每小时产出

	街头炸玉米饼	古巴三明治
亚历克西	80	20
托尼	100	30

a. 对于亚历克西和托尼来说，街头炸玉米饼的机会成本是多少？谁在街头炸玉米饼的生产方面具有比较优势？请说明理由。

b. 谁在古巴三明治的生产中具有比较优势？为什么？

c. 假设亚历克西每周工作20小时。假设亚历克西独自开展业务，请绘制他可以在一周内生产的街头炸玉米饼和古巴三明治的可能组合。托尼也一样吗？

d. 如果亚历克西将他的一半时间（20小时中的10小时）用于制作街头炸玉米饼，而将另一半用于制作古巴三明治，那么他每周会各生产多少个？如果托尼采取同样的做法，他会各生产多少个？他们两人一共将生产多少街头炸玉米饼和古巴三明治？

e. 假设亚历克西花了20个小时的时间在街头炸玉米饼上，托尼在古巴三明治上花了17个小时，在街头炸玉米饼上花了3个小时。每一种商品会生产多少件？

f. 假设亚历克西和托尼可以每个2美元出售

他们所有的街头炸玉米饼，以每个7.25美元出售他们所有的古巴三明治。如果他们每个人每周工作20个小时，他们应该如何在生产街头炸玉米饼和古巴三明治之间分配时间？他们的最大合计收入是多少？

1.5 简要描述下面每个决策中包含的取舍。要列出和每个决策有关的一些机会成本，尤其注意当前消费和未来消费之间的取舍。

a. 紧张的高三生活结束以后，史瑞斯决定暑假好好休息而不是在进入大学之前打工。

b. 弗兰克体重超重了，他决定每天开始锻炼并节食。

c. 梅非常认真地对她的车进行日常保养，即便每年4次保养共要花费她2个小时的时间和100美元。

d. 吉姆为了赶时间而在上班的路上闯了红灯。

*1.6 猎户国和天蝎国的国家地貌以丘陵为主。两者都生产花岗岩和蓝莓。每个国家的劳动力为800人。下表列出了每个国家每个工人每月的生产量。假设每个国家的每个工人生产率是恒定的并且都相同。

	花岗岩的数量（吨）	蓝莓的数量（蒲式耳）
猎户国工人	6	18
天蝎国工人	3	12

一个工人每月的生产能力

a. 哪个国家在花岗岩生产方面具有绝对优势？在蓝莓生产方面呢？

b. 哪个国家在花岗岩生产方面具有比较优势？在蓝莓生产方面呢？

c. 画出每个国家的生产可能性边界。

d. 假设两个国家之间不存在贸易，如果两个国家都希望拥有相同数量的花岗岩和蓝莓，那么它们如何将工人分配给这两个部门呢？

e. 请说明专业化和贸易可能使两个国家都超出它们的生产可能性边界。

*1.7 把下面的描述和图1中的每个图形结合起

40

---

* 注意，全书带此符号的习题更具有挑战性。

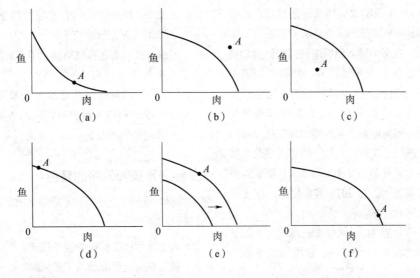

▲ 图1

来。假定经济运行或者试图运行在 A 点，社会中的大部分成员喜欢吃肉类而不喜欢吃鱼。注意：某些描述适用于不止一个图，某些图存在不止一个描述。

a. 肉类和鱼类的生产低效率。

b. 生产高效率。

c. 低效率的产出组合。

d. 肉类和鱼类生产的技术进步。

e. 机会成本递增法则。

f. 不可能实现的组合。

1.8 一个资源数量固定的国家可以生产下表中任何一种地毯和地毯织机的组合：

地毯码数（百万）	地毯织机台数（千）
0	45
12	42
24	36
36	27
48	15
60	0

这些数字是在假定原来生产的织机现在仍然可以用于制造地毯的情况下得出的。

a. 应用表中数据画出生产可能性边界（地毯在垂直轴表示）。

b. 这个国家是否符合"机会成本递增"法则？简要解释。（提示：地毯生产增加的时候，地毯的机会成本［用织机数量衡量］如何变化？）

c. 如果这个国家选择同时生产地毯和地毯织机，那么随着时间的推移，生产可能性边界会如何变化？为什么？

现在假设发现了一种新技术，允许每个现有织机可以生产额外 50% 的地毯码数。

d. 在你原来画出的图上说明新技术对生产可能性曲线的影响。

e. 假设在新技术引入之前，该国生产了 1.5 万台织机。引入新技术以后，该国生产了 2.7 万台织机。新技术对地毯生产有何影响？（计算出变化前后地毯的码数）

1.9 **[与页 33 "实践中的经济学"相关]** 围绕马克·阿吉亚尔（Mark Aguiar）和埃里克·赫斯特（Erik Hurst）对消费者食品采购进行的大规模调查的分析表明，退休人员在同一市场购买食物的费用低于在职人员。使用机会成本的概念来解释这个事实。

*1.10 贝蒂·洛乌有洗车和汽车美容业务。她花 20 美元洗车，这个过程花了她 20 分钟，不需要任何帮助或材料。对于需要 1 小时的汽车美容，她除了材料费，另收取 50 美元。同样，不需要任何帮助。贝蒂·洛乌的定价模式有什么让人不解之处吗？请说明理由。

1.11 在 2014 年美国国家橄榄球联盟常规赛结束时，路易斯安那州彩票允许客户在最后的第二次机会抽奖中输入他们未获奖的新奥尔良圣徒队刮刮彩票游戏门票，并有机会赢得 2015 年圣徒队赛季奖套餐体验。这个套餐包括 4 张赛德兰广场门票和 2015 年圣徒队主场比赛的场地通行证、赛季停车证和每场主场比赛的过夜住宿。假设你进入了这个第二次机会，并赢得了圣徒队 2015 赛季的赛季奖套餐体验。在 2015 赛季期间出席圣徒队的比赛会有成本吗？

1.12 在得克萨斯州西部，高中橄榄球比在美国其他任何地区都更受欢迎。在橄榄球赛季期间，小型城镇在周五晚上就像关闭了一样，因为当地的球场宛如战场，接下来的一周，比赛的结果就是每个城镇人们的谈话内容。考虑到这些城镇中有许多距离任何中型或大型城市 100 英里或更远，这些得克萨斯州西部小城镇的高中橄榄球极度普及，可能有什么经济上的原因？

1.13 比拉蓬国能够以下表中的数据表示的组合生产冲浪板和皮划艇。每个数字的单位为"千个"。将这些数据绘制在生产可能性图上，并解释数据显示比拉蓬国机会成本增加的原因。

	A	B	C	D	E
冲浪板	0	20	40	60	80
皮艇	28	24	18	10	0

1.14 解释以下每种情况如何影响一个国家的生产可能性曲线。

a. 通过了一项法律，使所有美国公民免费攻读社区大学。

b. 意外暖和的春天导致佛罗里达州和加利福尼亚州的柑橘类水果丰收。

c. 移民法规的变化大大增加了进入美国的移民工作者的人数。

d. 在经济衰退期间，失业工人可以领取失业保险的时间从 26 周增加到 96 周，导致工人失业时间拉长。

e. 脱盐技术的创新使得盐水更有效地转化为淡水。

f. 核电厂的辐射泄漏导致 10 000 平方英里区域长期的人员撤离，这大大降低了该国的生产能力。

2.2 经济系统和政府的角色

学习目标： 理解计划经济和市场经济决定生产什么时的核心差异。

2.1 描述计划经济和自由放任经济。世界上任何经济系统是否都反映了最纯粹的指令或自由放任的经济形式？请说明。

2.2 假设一个简单的社会经济只有一种资源，劳动力。劳动力只可以用来生产两种商品——必需品 X（食品），奢侈品 Y（音乐和欢乐）。假设劳动力由 100 名工人组成。一个劳动者每月可以生产 5 个单位必需品（通过狩猎和采集）或每月生产 10 个单位奢侈品（通过写歌、弹吉他、跳舞等）。

a. 在图上，绘制生产可能性边界。生产可能性边界在哪里与 Y 轴相交？在哪里与 X 轴相交？这些点有什么含义？

b. 假设经济生产在生产可能性边界内部的一个点上。给出至少两个可能发生这种情况的原因。如何才能将经济推向生产可能性边界上的点？

c. 假设你成功地将经济提升到了生产可能性边界上的点。你会选择什么样的点？你的小社会如何决定它想要的点？

d. 一旦你选择了生产可能性边界上的一个点，你仍然需要决定你的社会生产将如何划分。如果你是独裁者，你会如何决策？如果你将产品分销到自由市场，会发生什么？

第3章
需求、供给与市场均衡

第1章和第2章介绍了经济学的基本规律、研究方法和研究对象。现在我们有了新的任务：分析市场经济是如何运行的。本章和下一章会对单一市场的运作方式作基本的阐述，并介绍一些在微观经济学和宏观经济学中会用到的术语和概念。

第2章讨论的简单的岛屿社会中，比尔和科琳直接解决了经济问题。他们分配自己的时间，利用岛上的资源来满足自己的需要。这种交换方式是相对简单的。在大型的社会中，人们之间通常保持着一定的距离，因此交换方式会更加复杂。市场就是进行交换的场所。

从这一章开始，我们将探讨市场机制中发挥作用的一些基本要素。讨论的目的是解释在没有任何中央计划或指导的情况下，家庭和厂商如何进行个体决策，并回答三个基本问题：生产什么？ 如何生产？产品分配给谁？下面我们从一些定义开始讲解。

42

43

3.1 学习目标

理解厂商、企业家和家庭在市场中的角色。

厂商： 将资源（投入）转化为产品（产出）的组织。厂商是市场经济中的主要生产单位。

企业家： 组织、管理和承担厂商风险，实践新想法或制造新产品并将其转变为成功事业的人。

家庭： 经济中的消费单位。

3.1 厂商和家庭：基本的决策单位

在本书中，我们围绕两个基本决策单位的行为展开讨论和分析：厂商是经济中基本的生产单位，家庭是经济中的消费单位。两者都是由从事不同工作、扮演不同角色的人组成的。因此经济学关注的是人的行为和人与人之间的互动。

当一个人或一群人决定通过把投入（即广义上的资源）转化为产出，即在市场上销售的产品时，**厂商**就产生了。有一些厂商生产商品，另一些厂商提供服务；有一些厂商规模很大，很多厂商规模很小，还有一些厂商的规模介于它们之间。所有厂商的存在都是为了将资源转化为人们所需要的商品和服务。科罗拉多交响乐团吸收劳动力、土地、建筑、音乐人才、乐器等投入，并将它们结合起来，举办音乐会演出。这一生产过程可能十分复杂。例如，乐团中的首席长笛手结合了训练、天赋、从前的演奏经验、乐谱、乐器、指挥的诠释以及个人对音乐的感受，从而为整个演奏贡献了他的力量。

大多数厂商之所以存在是为了给它们的所有者带来利润，但也有一些不是。例如，哥伦比亚大学符合对一家厂商的描述：它以劳动力、土地、技能、书籍和建筑的形式吸收投入，并提供一种我们称为教育的服务。尽管大学以一定的价格出售这项服务，但它的存在并不是为了赢利；相反，它的存在是为了提供尽可能高质量的教育和研究。

尽管如此，大多数厂商的存在都是为了赢利。它们从事生产是因为它们能以高于生产成本的价格销售它们的产品。对厂商行为的分析是建立在这样的假设之上的：厂商的决策是为了实现利润最大化。有时厂商遭受损失而不是赢利。当厂商遭受损失时，我们会假设它们采取行动将损失降到最低。

企业家是组织、管理和承担厂商风险的人。当创建一家新厂商时，必须有人负责组织，安排融资，雇佣员工，并承担风险。这个人就是**企业家**。有时现有的厂商会推出新产品，有时新厂商会在旧的想法上发展或改进，但所有这些的根本推动力是企业家精神。

在一个经济体中，消费单位是**家庭**。一个家庭可以由任何数量的人组成：一个单身的人，一对有 4 个孩子的已婚夫妇，或者合住一所房子的 15 个不相关的人。家庭的决定是基于个人的品味和偏好。家庭购买成员们想要的并且负担得起的东西。在美国这样一个庞大、多元、开放的社会里，市场上的消费者有着截然不同的偏好。在曼哈顿的任何一条街上，向任何方向走 6 个街区，或者从芝加哥环线南行到伊利诺伊州的乡村，都足以让任何人相信，想要概括出人们喜欢什么、不喜欢什么是一件困难的事。

尽管家庭之间的偏好悬殊，但也有一些共同点。所有家庭——即使是非常富有的家庭——最终的收入都是有限的，所有人都必须以某种方式为他们购买的商品和服务付费。虽然家庭可能对他们的收入有一定的限制——他们可以选择工作更多或更少时间，但是他们也受到现有工作岗位、当前薪资、自身能力以及他们积累和继承的财富（或缺少的资金）的限制。

3.2 投入市场和产出市场：循环流动

家庭和厂商在两种基本市场上相互作用：产品市场（或者说产出市场）和投入市场（或者说要素市场）。供家庭使用的商品和服务是在**产品或产出市场**上交易。在产出市场上，厂商是供给者，家庭是需求者。

为了生产商品和服务，厂商必须在**投入或要素市场**上购买资源。厂商从提供这些生产要素的家庭购买投入品。当一家厂商决定在产出市场中生产（提供）一定量的产品时，它必须同时决定生产某种产品所需的各项生产要素的需求量。为了生产智能手机，三星和苹果需要投入许多生产要素，包括硬件和软件以及各种类型的劳动，既包括熟练的也包括不熟练的。

图 3.1 显示了在简单市场经济中进行的经济活动的循环流动。需要注意的是，该流动反映了在投入和产出市场上商品和服务流动的方向。例如，真实的商品和服务通过产品市场从厂商流向家庭。劳动服务通过投入市场从家庭流向厂商。货物和服务的付费（通常以货币形式呈现）向相反的方向流动。

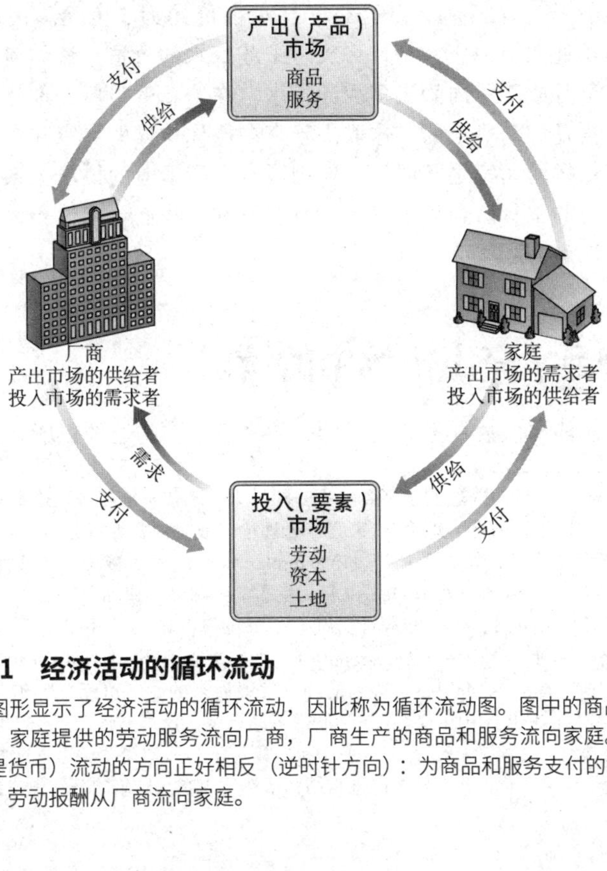

3.2 学习目标
理解家庭作为厂商供给者和产品购买者的作用。

产品或产出市场： 商品和服务交换的市场。

投入或要素市场： 用于生产商品和服务的资源交换的市场。

44

▲ **图 3.1 经济活动的循环流动**

像这样的图形显示了经济活动的循环流动，因此称为循环流动图。图中的商品和服务顺时针流动：家庭提供的劳动服务流向厂商，厂商生产的商品和服务流向家庭。支付的钱款（通常是货币）流动的方向正好相反（逆时针方向）：为商品和服务支付的钱款从家庭流向厂商，劳动报酬从厂商流向家庭。

劳动力市场： 一种投入或要素市场，在这个市场中，家庭为用人单位提供劳动以获取报酬。

资本市场： 一种投入或要素市场，在这个市场中，家庭为了获取利息或未来利润的索取权，将存款提供给需要资金来购买资本品的厂商。

土地市场： 一种投入或要素市场，在这个市场中，家庭提供土地或其他不动产以换取租金。

生产要素： 生产过程的投入。土地、劳动和资本是生产的三大要素。

在生产要素市场中，家庭提供资源。大多数家庭通过工作赚取收入——在**劳动力市场**上向用人单位提供劳动，花费时间和技能赚取薪资。家庭也可以将累积或继承的储蓄贷款给厂商以获取利息，或者用储蓄来换取未来的利润，就像家庭购买厂商股票一样。在**资本市场**中，家庭提供厂商用于购买资本品的资金。家庭也可以提供土地或其他不动产以获取**土地市场**上的租金。

生产过程中的投入也被称为**生产要素**。土地、劳动和资本是生产的三个关键因素。在本章中，我们会交替使用投入和生产要素两个术语。因此，投入市场和要素市场是同一回事。

生产要素的供给及其价格最终决定了家庭收入。因此，一个家庭的收入来源取决于它所选择提供的生产要素的类型。是否留在学校，获得多少和什么样的培训，是否开办自己的企业，工作多少小时，是否参加工作，以及如何对储蓄进行投资都是能够影响收入水平的家庭决策。[①]

正如你所看到的：

> 投入和产出市场通过厂商和家庭的行为联系在了一起。厂商决定其产品的数量和特性，以及所需投入生产要素的类型和数量。家庭决定其所需产品的类型和数量，以及所提供生产要素的数量和类型。

在 2015 年，12 包 12 盎司的苏打水售价约为 5 美元。很多人都会在寝室的某处放上一瓶。是什么决定了苏打水的价格？该如何解释你在特定的某个月或某年内购买多少苏打水？在本章的最后，你将看到产品的市场价格是如何决定的。这取决于众多像你这样的买家和众多像苏打水制造商那样的卖家之间的相互作用。本章所涵盖的供求关系模型是经济学最有力的工具。当你读完这一章的时候，我们希望你会以一种不同的方式看待购物。

3.3 产品 / 产出市场中的需求

3.3 学习目标
理解决定需求曲线位置和形状的因素，理解使需求曲线上的点沿曲线移动的因素，以及使需求曲线移动的因素。

每周你都要做数百个关于买什么的决定。你的选择可能与你的朋友

[①] 我们对市场的描述始于厂商和家庭的行为。现代正统经济理论本质上是两种截然不同但密切相关的行为理论。"家庭行为理论"或"消费者行为学"起源于 19 世纪功利主义者的作品，如杰里米·边沁（Jeremy Bentham）、威廉·杰文斯（William Javons）、卡尔·门格尔（Carl Menger）、莱昂·瓦尔拉（Leon Walras）、维尔弗雷多·帕累托（Vilfredo Pareto）和埃奇沃思（F.Y.Edgeworth）。"厂商理论"是从早期古典政治经济学家亚当·斯密（Adam Smith）、大卫·李嘉图（David Ricardo）和托马斯·马尔萨斯（Thomas Malthus）等人的理论发展而来的。1890 年，阿尔弗雷德·马歇尔（Alfred Marshall）出版了《经济学原理》第一版，这本书将古典经济学家和功利主义者的主要观点综合在一起，引入了"新古典经济学"的概念。尽管这些年来经济学理论发生了许多变化，我们建立的基本结构依然可以在马歇尔的著作中找到。

或父母不同。然而，对于你们所有人来说，决定买什么、买多少取决于六个因素：

- 所提到的产品的价格。
- 家庭可支配收入。
- 家庭积累财富的数量。
- 家庭可获得的其他产品的价格。
- 家庭的品味和偏好。
- 家庭对未来收入、财富和价格的预期。

需求量是指一个家庭在一定时期内愿意购买的某种产品的数量，条件是在现有的市场价格下，它能买到它想要的所有东西。当然，家庭最终购买的产品数量取决于市场上实际可以买到的产品数量。条件是它能买到它想要的所有东西这个表达式对于需求量的定义很重要，因为它考虑到供给量和需求量不相等的可能。

需求量：一个家庭在一定时期内，愿意并且能够在当前市场价格下购买的某种产品的数量。

3.3.1 需求量的变化与需求的变化

在影响产品需求量的因素中，产品的价格是第一位的。这并非偶然。在单个市场中，最重要的关系是市场价格和需求量之间的关系。这就是我们工作的起点。基于这个事实，我们来看看当仅有产品的价格变化时，一个典型的个体需求量会发生什么变化。经济学家将这种方法称为其他所有条件相同，或"其他所有条件不变"。当一种商品的价格发生变化时，我们将研究个人或家庭的需求量的变化，保持收入、财富、其他产品的价格、家庭的偏好和预期收入不变。如果那 12 瓶苏打水的价格减半，在一周内你还会再买多少箱（一箱等于 12 瓶）？

在考虑这个问题时，重点关注产品价格的变化，并保持其他所有条件不变的假设是很重要的。如果下一周你突然发现自己有比预期更多的钱（或许是一位阿姨给的奖励），你可能会另外购买 12 瓶苏打水，即使价格没有发生变化。为了确保我们清楚地区分价格变化和其他影响需求的变化，在本章的剩下部分，我们将准确地解释相应的术语。具体来说：

46

> 产品价格的变化会影响每个时期的需求量。任何其他因素（如收入或偏好）的变化都会影响需求。因此，我们说可口可乐价格上涨可能会导致可口可乐需求量减少。但是，我们说收入的增加可能会导致对大多数商品的需求增加。

3.3.2 价格和需求量：需求法则

需求计划显示一个人或家庭在每个时间段（每周或每月）愿意以不同价格购买多少产品。很明显，决策取决于许多相互作用的因素。

需求计划：显示在给定的时间段内，一个家庭愿意以不同的价格购买多少给定的产品。

以亚历克斯为例，她刚从大学毕业，在当地一家银行有一份基层的工作。大四的时候，亚历克斯得到了一笔汽车贷款，买了一辆二手迷你库柏（Mini Cooper）。迷你车用一加仑汽油能跑 25 英里。亚历克斯和几个朋友住在离工作地点 10 英里的房子里，并且喜欢去 50 英里外探望她的父母。

亚历克斯决定自己开车去上班、参加聚会、探望家人，甚至去兜风的频率，这些取决于很多因素，包括她的收入和她是否喜欢开车。但汽油的价格也是重要的影响因素，在需求法则中我们关注的正是这种价格与需求数量的关系。当汽油价格为每加仑 3 美元，亚历克斯可能决定每天开车上班，每周去看望父母一次，每周再开车 50 英里参加其他活动。这种驾驶模式一周可行驶 250 英里，而她的迷你车需要耗费 10 加仑汽油。因此，表 3.1 中的需求计划显示，以每加仑 3 美元的价格，亚历克斯愿意购买 10 加仑汽油。我们可以看到这个需求计划反映了很多关于亚历克斯的信息，包括她在哪里生活和工作，以及她在业余时间喜欢做什么。

现在假设中东地区的一场国际危机导致加油站的汽油价格上升到每加仑 5 美元。假设其他一切都保持不变，这会如何影响亚历克斯对汽油的需求？现在开车更贵了，如果亚历克斯决定早上乘公共汽车或和朋友一起拼车，也是在我们意料之中的。她也可能不经常去看望父母了。根据表 3.1 中给出的需求计划表，当价格达到 5 美元时，亚历克斯将汽油的预期消耗量减少了一半，到只有 5 加仑。相反，汽油价格大幅下跌，亚历克斯可能会花更多的时间开车，事实上，这正如我们在表中看到的。相同的信息以图像的方式呈现称为 **需求曲线**。亚历克斯的需求曲线如图 3.2 所示。在图 3.2 中我们注意到水平轴表示商品数量（q），垂直轴表示商品价格（P），这是我们在本书中遵循的惯例。

需求曲线： 一种说明一个家庭愿意以不同的价格购买多少给定的产品的图形。

向下倾斜的需求曲线　表 3.1 中的数据显示，在较低的价格下，亚历克斯购买的汽油更多；在较高的价格下，她购买的更少。因此，需求量和价格之间存在负相关或反相关关系。价格上涨，需求量下降；价

表 3.1　亚历克斯的汽车需求计划

价格 （美元 / 加仑）	需求量 （加仑 / 周）	价格 （美元 / 加仑）	需求量 （加仑 / 周）
$ 8.00	0	3.00	10
7.00	2	2.00	14
6.00	3	1.00	20
5.00	5	0.00	26
4.00	7		

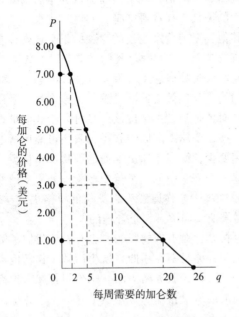

P

每加仑的价格（美元）

8.00
7.00
6.00
5.00
4.00
3.00
2.00
1.00

0 2 5 10 20 26 q

每周需要的加仑数

47

◀ 图 3.2 亚历克斯的需求曲线

表示价格（P）和需求量（q）之间的关系的图像称为需求曲线。需求曲线呈负斜率，表明价格下降导致需求量增加。注意，产品市场的需求是由家庭选择决定的。

格下跌，需求量上升。因此，需求曲线总是向下倾斜。价格和需求量之间的负相关关系通常被称为**需求定律**，经济学家阿尔弗雷德·马歇尔在1890 年的教科书中首次使用这个术语。

　　或许有的人会觉得需求曲线太抽象，难以理解。当然我们很少能完美地画出自己对各种产品的需求曲线。在想要购买商品时，我们面临的只有一个价格，其他的价格与本次购买无关。但是需求曲线可以帮助分析者理解，家庭面临较高或较低的价格时很可能采取的行动。比如，我们知道，如果某种商品的价格升到足够高，市场对它的需求量最终会降到零。因此需求曲线是一种有用的工具，它可以帮助我们解释经济行为，预测人们对可能出现的价格变化会有什么反应。

　　马歇尔对社会"法则"的定义很好地表达了这一思想：

　　　"法则"这个词不过是对趋势的一般性表述或说明，它也许不那么肯定，不那么明确……**社会法则**就是对社会趋势的说明。也就是说，一个社会团体中的成员在某种情况下可能会采取的一系列行动。[2]

　　消费者们在价格较低时购买较多的产品，在价格较高时购买较少的产品，这似乎是合理的。家庭必须将收入分配给各种各样的商品和服务。在每加仑 3 美元、每加仑 25 英里的情况下，亚历克斯往返工作 20 英里花费 2.40 美元。相比坐公共汽车来说，这可能是一个很好的选择。在每加仑 5 美元的情况下，往返工作现在花费 4 美元。随着价格的上

需求定律：价格与需求量之间是负相关关系：其他所有条件相同时，随着价格的上涨，需求量在一定时间内减少；随着价格的下跌，需求量在一定时间内增加，其他一切都保持不变。

***

[2] Alfred Marshall, *Principles of Economics*, 8th ed.（New York：Macmillan，1948），p.33.（第一版于 1890 年出版）

涨，如果亚历克斯开车的话，她可能需要放弃早餐的拿铁，这对她来说可能是一个巨大的牺牲。现在看来坐公共汽车更加划算了。随着汽油价格的上涨，以其他类型消费来衡量的驾驶的机会成本也在上升，这就是为什么亚历克斯最终会减少驾驶。我们在消费时会货比三家。

48

经济学家使用效用的概念来解释需求曲线的斜率。我们购买商品和服务是因为它们给予我们效用或满足感。在给定的时间段内，我们消耗越来越多的产品时，每消费 1 单位该产品可以给我们带来的额外满足感越来越少。你从第二个冰淇淋筒中获得的效用可能比从吃第一个冰淇淋筒中获得的效用要少，第三个冰淇淋筒的效用甚至更少。以此类推，边际效用递减规律是经济学中的一个重要概念。如果多消费 1 单位某种商品对你的价值越来越少，你愿意为它支付的价格也就越来越低。因此，预期该商品的需求曲线向下倾斜是合理的。

思考一下价格变化对人们的影响，也有助于我们了解需求法则背后的东西。举个例子：路易斯在墨西哥城生活和工作。他年迈的母亲住在智利的圣地亚哥。去年，服务南美的航空公司打起了价格战，墨西哥城和圣地亚哥之间的航班价格从 2 万比索下降到 1 万比索。路易斯的行为会怎样改变？

首先，他比较富裕。去年他飞回智利三次，总共花费了 6 万比索。今年他也可以飞回智利三次，购买与去年完全相同的商品和服务的组合，却可以省下 3 万比索。因为他比较富裕，他的收入可以买到更多，他也许会更加频繁地回家。其次，乘飞机回家的机会成本发生了变化。在价格战之前，路易斯每次飞往智利都要失去获取价值 2 万比索的其他商品和服务的机会。在价格战之后，他每次只失去获取价值 1 万比索的其他商品和服务的机会。这种取舍已经改变了。这两种效应都有可能导致价格下降时需求量的增加。

总而言之：

> 在其他所有条件相同的情况下，当价格上涨时，预计需求量通常会下降；当价格下跌时，预计需求量通常会上升。需求曲线的斜率为负值。

需求曲线的其他性质　对于亚历克斯的需求曲线还有两点值得注意。首先，它与 y 轴（也就是价格轴）相交。这意味着存在一个很高的价格，在该价格下她不会购买汽油。在这种情况下，当油价达到每加仑 8 美元时，亚历克斯就会停止开车。只要家庭收入和财富有限，所有需求曲线都将与价格轴相交。对于任何商品，总有一个价格高于一个家庭所能承受的最高价格。即使商品或服务很重要，所有家庭最终都会受收入和财富的限制。

其次，亚历克斯的需求曲线与 x 轴（也就是数量轴）相交。即使是在零价格的情况下，她开车的次数也有上限。如果汽油是免费的，她会用 26 加仑，但不会更多。需求曲线与数量轴相交是一个常识问题。即使在价格为零的情况下，一段时间内的需求也是有限的，哪怕只是受制于时间。

总结一下我们对需求曲线形状的认识：

    1. 它们的斜率为负。价格上涨可能导致需求量减少，而价格下跌又可能导致需求量增加。

    2. 它们与数量（x）轴相交，这是时间限制和边际效用递减的结果。

    3. 它们与价格（y）轴相交，这是收入和财富有限的结果。

这就是我们所能说的，不能进一步概括。个体家庭需求曲线的实际形状——无论是陡峭还是平坦，无论是凸起还是凹陷——都取决于家庭的独特品味和偏好以及其他因素。一些家庭可能对价格变化很敏感，其他家庭可能对价格变化反应甚微。在某些情况下，有大量的替代品可以使用，而在其他情况下则没有。因此，为了充分了解需求曲线的形状和位置，我们必须依赖于家庭需求的其他决定因素。

3.3.3 家庭需求的其他决定因素

49

在影响家庭对某种产品需求的众多可能因素中，我们只考虑了产品本身的价格。其他因素还包括家庭收入和财富、其他商品和服务的价格、品味和偏好以及预期收入。

收入和财富　在进行下一步研究之前，先要定义两个容易混淆的概念：收入和财富。一个家庭的**收入**是指一段特定时间内，家庭成员得到的所有工资、薪水、分红、利息、租金以及其他形式收入的总和。因此收入是一个流量：我们必须为它规定一段时间——月收入或年收入。你在任何时间段内的花费都可以高于或低于你的收入。如果你的花费比收入少，就能够进行储蓄。如果你想在某一段时间里的消费比收入高，就必须借钱或者利用之前积累的储蓄。

财富是一个家庭拥有的资产减去它的负债后的总价值。财富的另一种说法是净资产——一个家庭变卖全部财产并还清全部债务后剩下的总价值。财富是一个存量：它是在一个时间点的观测值。如果在一段时间内你的消费小于收入，你进行了储蓄，你节省下来的金额就会被计入你的财富。储蓄是影响财富存量的一个流量。当你的消费比收入高时，你在负储蓄——你减少了自己的财富。

收入比较高的家庭和有较多积蓄或继承了大量财产的家庭可以买更多的商品和服务。通常较高的收入/财富水平会带来较高的需求，较低的收入/财富水平会带来较低的需求。如果一种商品的需求在人们收入增加的时候增加，在人们收入减少的时候也减少，这种商品就叫**正常品**。例如，电影票、餐馆膳食和衬衫等都是正常品。

收入：给定时间内家庭的全部薪水、工资、利润、利息、租金和其他形式的收入的总和。这是一种流量式度量的方式。

财富或**净资产**：家庭的总资产减去总负债。这是一种存量式度量的方式。

正常品：当收入较高时需求上升，而当收入较低时需求下降的商品。

然而在经济学中进行随意的推广可能会出现问题。有时候对某种商品的需求在家庭收入增加时反而降低。当一个家庭的收入增加时，它很可能会增加对高质量肉类的购买量——它对牛排的需求增加了，但是它对低质量肉类，比如（动物）颈部至肩部肉的需求很可能就减少了。在收入较高时，人们支付得起乘飞机的费用，所以在长途旅行的时候，坐得起飞机的人就不愿意坐公共汽车了。因此，较高的收入会导致某人乘坐公共汽车的次数减少。如果一种商品的需求在人们收入增加时倾向于减少，这种商品就叫作**劣等品**。

劣等品：收入增加时需求趋于下降的商品。

其他商品和服务的价格　没有一个消费者是孤立地看待某种商品并决定对它的购买数量的。相反，每个决策都是一系列同时做出的更大的决策的一部分。家庭必须将收入分配到许多不同的商品和服务上。因此，任何一种商品的价格都可以而且确实会影响家庭对其他商品的需求。最明显的情况出现在当商品之间可以相互替代时。对亚历克斯来说，乘坐公共汽车是她在汽油涨价时的另一种选择。

当一种商品价格的上涨导致对另一种商品的需求增加（正向关系）时，我们就说这两种商品是**替代品**。一种商品价格的下跌导致对其替代品的需求下降。替代品是指可以互相代替使用的商品。

替代品：可以彼此替代的商品；当一方的价格上涨时，对另一方的需求就会增加。

作为替代品，两种产品不一定是完全相同的。完全相同的产品被称为**完全替代品**。日本车和美国车不是相同的。尽管如此，所有的汽车都有四个轮子，都能够载人，都以汽油为燃料。因此，一个国家生产的汽车价格的显著变化，可能会影响对其他国家的汽车的需求。餐馆的饭菜是在家里吃的饭菜的替代品，坐飞机从纽约到华盛顿特区去是坐火车去的替代品。我们在"实践中的经济学"部分对教科书市场的替代品进行了描述。

完全替代品：完全相同的产品。

如果两种产品通常必须"结合在一起使用"，也就是说——它们之间是互相补充的。培根和鸡蛋是**互补品**，汽车和汽油也是。当两种商品互为互补品时，一种商品的价格下降会导致对另一种商品的需求增加，反之亦然。例如，对于 iPad 和 Kindle，低价格的电子书能够刺激对这些设备的需求。

互补品：需要一起使用的商品；一种商品的价格下降导致对另一种商品的需求增加，反之亦然。

品味和偏好　收入、财富和商品价格是决定一个家庭能够购买的商品和服务组合的三个因素。如果你的月收入仅为 400 美元，你就租不起月租金为 1 200 美元的公寓。但在这些限制的范围内，你或多或少有选择购买什么的自由。你最终的选择取决于你个人的口味和偏好。

偏好的变化可以并且确实在市场行为中得以展现。30 年前，主要大城市的马拉松赛只吸引了几百人参加。现在已经有数万人参加。对跑鞋、运动服、秒表等以及其他与跑步相关产品的需求量也都大幅增加了。

在价格和收入的限制下，偏好塑造了需求曲线的形状，但我们很难对品味和偏好进行概括。首先，它们是不稳定的：5 年前，吸烟的人比现在多，拥有智能手机的人比现在少。其次，偏好是独特的：有些人喜

实践中的经济学

你买了这本教科书吗？

众所周知，大学教科书很贵。而且，一开始，似乎很少有替代品可供现金短缺的本科生使用。毕竟，如果你的教授把史密斯的《生物学原理》布置给你，你就不能去看看琼斯的《化学原理》是否更便宜而买它。事实证明，正如朱迪·希瓦利埃（Judy Chevalier）和奥斯坦·古尔斯比（Austan Goolsbee）最近的一项研究[1]所发现的，即使教师需要特定的课本，当价格很高时，学生也会找到替代品。即使在教科书市场，学生的需求也在下降！

希瓦利埃和古尔斯比收集了1997—2001年1 600多所大学的教科书数据，以进行他们的研究。在那个时期，大学书店出售了大部分新的和二手的大学教科书。接下来，他们研究了大学主要专业经济学、生物学和心理学的课程注册情况。在每门课程中，他们都能得知分配了哪本教科书。一开始，人们可能会认为新的和二手的教科书总数应该与课程注册人数相匹配。毕竟，教材是必需的。事实上，他们发现教科书的价格越高，教科书销量就越低于班级入学人数。

那么，学生们找到了什么样的替代品来代替所需的课本呢？虽然这篇论文没

有确凿的证据，但学生们给了他们很多建议。许多人决定与室友分享书籍。其他人更多地使用图书馆。这些解决方案并不完美，但当价格足够高时，学生发现去图书馆是值得的。

思考

1. 如果要在课程中为所需教材构建需求曲线，那么需求曲线将在何处与水平轴相交？
2. 更难回答的问题是：在一本新的课本出版的前一年，许多大学书店不会购买旧版。考虑到这一事实，你认为在一本新版本的教材预期出版之前的一年里，课程注册人数同新的和二手的教材销售量之间的差距会发生什么变化？

[1] Judith Chevalier and Austan Goolsbee, "Are Durable Goods Consumers Forward Looking? Evidence From College Textbooks," *Quarterly Journal of Ecomomics*, 2009: 1853-1884.

欢写信，而另一些人仍然喜欢使用电子邮件；有些人喜欢狗，而另一些人则喜欢猫。个人需求的多样性几乎是无限的。

经济学中一个有趣的问题是，为什么在一些市场上，消费者品味的偏差会导致多种多样的产品，而在另一些市场上，尽管消费者品味似乎有着不同，但产品的区别却很有限。在美国，所有的人行道都是类似的灰色，但是房屋被漆成了彩虹色。然而，从表面上看，人们并不喜欢在人行道上的多样性，而喜欢在房屋上的多样性。为了回答这类问题，我们需要超越需求曲线。而我们将在下一章中重新讨论这个问题。

51

实践中的经济学

人们在阳光明媚的日子购买敞篷车！

汽车是耐用品。大多数买新车的人都希望能使用多年。汽车也有许多不同的功能，包括尺寸、动力和样式。这些特点反过来又影响着消费者对某一种或另一种汽车的需求。作为经济学家，我们期望人们选择他们购买的汽车类型，并考虑将在未来几年享受这些汽车的哪些功能。如果我预计未来几个月或几年内会有大量降雪，那么四轮驱动汽车可能会更具吸引力。如果我所在的地区大部分时候天气晴朗，阳光充足，敞篷车会很有趣。

另一方面，考虑到汽车的耐用性，如果某一天的天气影响了购车，我们会感到惊讶。如果一个潜在的购车者在 11 月的一个异常温暖和阳光明媚的日子醒来，我们可能会惊讶于他或她突然决定买一辆敞篷车。阳光明媚的日子适合远足，但不适合买一辆经久耐用的好东西，比如一辆敞篷车，因为敞篷车的乐趣取决于一系列阳光明媚的日子。然而，在近年的研究中，美国西北大学的经济学家梅根·比斯（Meghan Busse）和她的合著者在调查了 4 000 多万宗汽车交易后发现，购车者在选择汽车时，受到购车时临时天气波动的严重影响。[1]一场暴风雪使人们在下周购买四轮驱动汽车的可能性增加了 6%，即使该地区的平均降雪量保持不变。秋季或春季一天的温度比正常水平高出 10 度，敞篷车的购买量就增加了近 3%。

研究这个案例的行为经济学家会说，雪或太阳是汽车的一个特征——它的四轮驱动或软顶——对消费者的购买决定更加显著或重要。

思考

1. 经济学家预测，我购买敞篷车的兴趣还取决于我认为其他人有多喜欢敞篷车。这个预测与汽车的耐久性有什么关系？

[1] Meghan Busse, Devon Pope, Jaron Pope, and Jorge Silva-Russo, "The Psychological Effect of Weather on Car Purchases," *Quarterly Journal of Economics*, February 2015.

预期 你今天做出的购买决策必然取决于今天的商品价格及你当前的收入和财富状况。但是你会预测自己未来的财产状况，对未来的价格变化也会有预期，而这些都会影响你今天的决定。

预期可以从很多方面影响需求。当人们购买房屋或者汽车时，购买价格的一部分往往是通过贷款支付的，并要在未来的若干年里还清。因此在决定购买什么样的房子或者汽车时，人们很可能不仅要考虑今天的收入，还必须考虑自己未来可能出现的收入状况。

看看下面这个例子，对比一个靠 25 000 美元奖学金生活的医学院毕业班学生和一个每小时赚 12 美元的全职工人，后者未来的收入不会有大的变化。事实上两个人目前收入差不多。但是即使他们的品味相同，需求的差别也会很大，因为医学院学生预期他未来的收入会比现在高很多。

经济理论已经越来越多地认识到预期的重要性，我们将用很多时间来讨论预期对各方面的影响，而不仅仅是对需求的影响。然而目前最重要的是理解需求不仅仅是由当前收入、价格和偏好决定的。

3.3.4 需求曲线的移动与沿需求曲线的移动

回想一下，需求曲线显示了需求量和商品价格之间的关系。这样的需求曲线是在保持收入、偏好和其他商品的价格都不变的情况下构建出来的。如果收入、偏好或其他商品价格发生变化，我们就必须在价格和需求数量之间构建一种全新的关系。

让我们再次回到亚历克斯的例子中。（见表 3.1 和图 3.2）假设在得出图 3.2 中的需求曲线时，亚历克斯有一份兼职，每周获得税后 500 美元的薪水。如果亚历克斯面临每加仑 3 美元的价格，并且选择每周行驶 250 英里，那么她的每周总开支是每加仑 3 美元乘以 10 加仑，即每周 30 美元。这相当于她收入的 6.0%。

假设现在她在税后每周能得到 700 美元的加薪。亚历克斯的高收入很可能会提高亚历克斯使用汽油的数量，不管她以前使用过什么。新情况如表 3.2 以及图 3.3 所示。注意，在图 3.3 中，亚历克斯的整个曲线向右移动了，在价格为 3 美元 / 加仑时，曲线显示需求量从 10 加仑增加到 15 加仑。在价格为 5 美元 / 加仑的情况下，亚历克斯的需求量从 5 加仑增加到 10 加仑。

表 3.2 收入增加导致亚历克斯的需求计划的转变

价格 （美元 / 加仑）	供给表 D_0 每月汽油需求量 （加仑 / 周， 每周收入 500 美元）	供给表 D_1 每月需求量 （加仑 / 周， 收入 700 美元 / 周）
$8.00	0	3
7.00	2	5
6.00	3	7
5.00	5	10
4.00	7	12
3.00	10	15
2.00	14	19
1.00	20	24
0.00	26	30

52

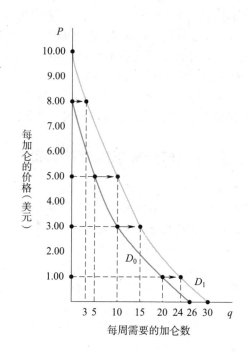

▶ **图 3.3 收入增加后需求曲线的移动**

当一件商品的价格发生变化时，我们的需求量会沿着该商品的需求曲线移动。当任何其他影响需求变化的因素（收入、偏好等）发生变化时，需求曲线就会发生移动，在这个例子中，是从 D_0 到 D_1。汽油是一种正常品，因此收入增加会使需求曲线向右移动。

当收入增加时，亚历克斯对汽油的需求上升，需求增加意味着汽油对亚历克斯来说是一种正常品。

现在，我们描绘亚历克斯原本的需求曲线的条件已经改变了。换言之，影响亚历克斯对汽油需求的因素之一（这个例子里是她的收入）已经发生了转变，所以现在构建了一个新的价格和需求量之间的关系。这种变化被称为**需求曲线的移动**。

区分需求量的变化（即沿着需求曲线的移动）和需求的变化是很重要的。需求计划和需求曲线显示了在其他所有条件相同的情况下，商品或服务的价格与其在每段时间内的需求量之间的关系。如果价格变化，需求量也会随之变化——这是**沿需求曲线的移动**。然而当影响需求的任意一个其他因素变化时，一个新的价格和需求量之间的关系随之建立，这就是需求曲线的移动。移动的结果就是一条新的需求曲线。收入、偏好或其他商品价格的变化会导致需求曲线的移动：

需求曲线的移动： 需求曲线发生的变化，反映一种商品的需求量和价格之间的新关系。这种变化是原有条件的变化引起的。

沿需求曲线的移动： 由价格变化引起的需求量变化。

> 一种商品或服务价格的变化导致
> └──▶ 需求量的变化（**沿需求曲线的移动**）。
> 收入、偏好的改变或者其他商品或服务价格的变化导致
> └──▶ 需求变化（**需求曲线的移动**）。

图 3.4 说明了沿着需求曲线移动与需求曲线移动的区别。在图 3.4（a）中，家庭收入的增加导致对汉堡包（一种劣等品）的需求下降，或者从 D_0 向左移动到 D_1（因为数量是在横轴上衡量的，下降意味着向左移动）。相反，当收入增加时，对牛排（一种正常品）的需求会增加，需求曲线向右移动。

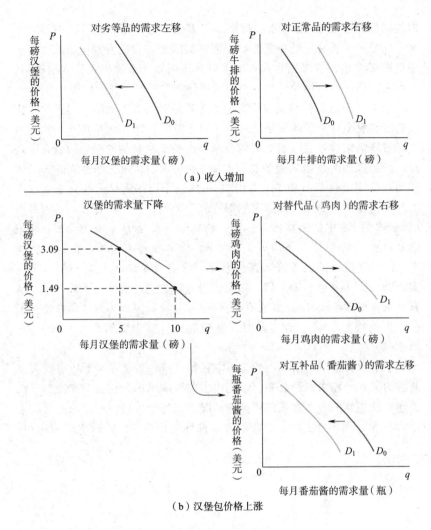

▲ **图 3.4 需求曲线移动与沿需求曲线的移动**

（a）当收入增加时，劣等品的需求曲线向左移动，正常品的需求曲线向右移动。
（b）如果汉堡的价格上涨，汉堡的需求量就会下降——这是沿需求曲线的移动。同样，汉堡价格上涨将使鸡肉（汉堡的替代品）需求曲线向右移动，而番茄酱（汉堡包的补充品）需求曲线向左移动。

在图 3.4（b）中，汉堡包的价格从每磅 1.49 美元上涨到 3.09 美元，导致每个家庭每月购买的汉堡包数量减少。换句话说，价格的升高导致每月的需求量从 10 磅下降到 5 磅。这一变化表示为沿着汉堡包需求曲线的移动。这家人买了更多的鸡肉，而不是汉堡包。家庭对鸡肉（汉堡的替代品）的需求上升——需求曲线向右移动。与此同时，对番茄酱（汉堡包的互补品）的需求下降了——需求曲线向左移动。

3.3.5 从家庭需求到市场需求

到目前为止，我们一直在讨论是什么决定了个人对产品的需求。我们的问题是：当 12 瓶汽水的价格是 5 美元时，你每周愿意买多少瓶汽水？这是一个你在生活中经常需要回答的问题。我们看到答案取决于口袋里有多少钱，有多喜欢苏打水，以及还能以什么价格买到其他饮料。下次去商店看到价格变化时，我们希望你在购买时三思而后行。

个人对价格变化的反应很有趣，尤其是对当事人而言。但是为了让我们能够更全面地了解市场价格，我们还需要了解市场需求。

市场需求： 指在一段时期内，市场上购买某一商品或服务的所有家庭对该商品或服务的需求量的总和。

市场需求就是在一段时间内市场上购买某种商品或服务的所有家庭对该商品或服务的需求量的总和。图 3.5 显示的是由三条独立的需求曲线加总得到的一条市场需求曲线。（虽然这个市场需求曲线只是由三个人的行为得出的，而大多数市场都有成千上万，甚至数百万的需求者组成。）如图 3.5 中的表格所示，当一磅咖啡的价格为 3.50 美元时，A 家庭和 C 家庭每个月都会购买 4 磅咖啡，而 B 家庭不购买。在这个价格下，B 家庭很可能会选择喝茶。因此，价格为 3.50 美元时的咖啡市场需求总计为 4+4 磅，即 8 磅。然而，当每磅咖啡的价格为 1.50 美元，A 家庭每月可以购买 8 磅；B 家庭每月购买 3 磅；C 家庭每月购买 9 磅。因此，当价格为每磅 1.50 美元时，咖啡的市场需求变为每月 8+3+9 磅，即 20 磅。

在给定价格下，市场上的总需求量是在这一价格水平下所有购买该商品的家庭的需求量的总和。市场需求曲线展示出，在每个家庭都可以买到自己想要的全部数量的商品的情况下，每个价格所对应的商品需求量的总和。如图 3.5 所示，市场需求曲线是所有单个需求曲线的总和，

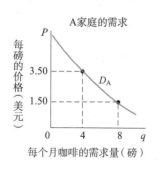

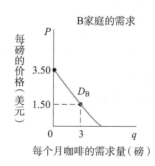

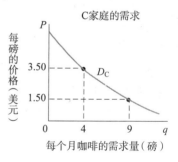

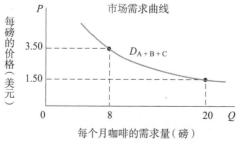

价格	需求量（q）			市场需求的总量（Q）
	A	B	C	
$3.50	4	+ 0	+ 4	= 8
1.50	8	+ 3	+ 9	= 20

▲ **图 3.5　由个体需求曲线推导出市场需求曲线**

市场的总需求就是：在这个市场上，所有家庭购物需求的总和。它是所有个体需求曲线的总和，也就是在每个价格水平下所有个体需求的数量之和。

即每个价格所对应的需求量的总和。因此，市场需求曲线的形状和位置取决于各个需求曲线的形状、位置和数量。如果市场中有更多人，就需要添加更多需求曲线，市场需求曲线将向右移动。市场需求曲线也可能因偏好的变化、收入的变化、替代品或互补品价格的变化而发生变化。

　　本书的一般规则是，大写字母表示整个市场，小写字母表示个别家庭或厂商。因此，在图 3.5 中，Q 表示市场需求的总量，而 q 表示单个家庭的需求数量。

　　图 3.5 中的需求曲线有一个有趣的特征，在不同的价格下，需要产品的人的类型可能会发生变化。当苹果公司在 2007 年秋季将其 iPhone（苹果手机）的价格减半时，它宣布希望将 iPhone 推向更广泛的群体。当价格下跌时，和图 3.5 中家庭 B 收入水平一样的人们才得以进入本来在他们的支付能力之外的市场。苹果公司在 2014 年秋季推出一款新的改进款 iPhone，但价格更高，它的首次销售可能是针对那些拥有更多资源并且比普通老式 iPhone 用户对技术的理解更好的人。产品的早期使用者与后期使用者通常是不同的。

3.4 产品／产出市场中的供给

3.4 学习目标
能够区分导致供给曲线自身移动的因素与导致供给曲线上的点沿曲线移动的因素。

　　在几页之前，我们以一个简单的问题开始对供求关系进行探索：为什么在 2015 年，12 瓶苏打水的平均价格是 5 美元？到目前为止，我们已经看到了答案的一角：考虑到美国市场的偏好、收入和替代产品，很多人愿意花至少 5 美元买 12 瓶苏打水！现在我们转向市场的另一半：我们如何理解许多出售苏打水的厂商的行为？是什么决定了它们出售苏打水的意愿？我们将它们称为市场的供给方。

　　厂商建立工厂，雇佣工人，购买原材料，因为它们相信它们可以以超过成本的价格销售生产的产品。换句话说，厂商提供像苏打水这样的商品和服务，因为它们认为这样做有利可图。因此，供给决策取决于取得利润的潜力。由于**利润**是收入与成本之差，因此供给决策可能会取决于收入的变化和生产成本的变化。如果苏打水的价格很高，每 12 包装会为供给商带来更多收入，因为收入不过是每单位销售价格乘以销售数量。因此，正如购买者的情况一样，价格对于解释供给商在市场中的行为非常重要。它通常也会使供给商花费一些资源来生产它们带入市场的产品。它们必须雇用工人，建造工厂，并购买投入品。因此，厂商的供给行为也将取决于生产成本。

利润：收入和成本之差。

　　在后面的章节中，我们将重点关注厂商如何决定生产它们的商品和服务，并更正式地探讨相关的成本状况。现在，控制其他所有条件相同，我们将通过关注产出供给决策以及供给量和产出价格之间的关系，开始我们对厂商行为的检验。

56

3.4.1 价格和供给量：供给定律

供给量： 在一定时间段内，厂商愿意并能够以一定价格出售的某种产品的数量。

供给计划： 显示产品厂商将在不同价格下销售多少产品。

供给量是一段时间内在某一价格下，厂商愿意并能够提供的某种产品的数量。**供给计划**显示了一个厂商在不同价格下可以提供的某种产品的数量。

让我们看下农产品市场的情况。表 3.3 详细列举了一个有代表性的农民在不同价格下可以提供的大豆数量，不妨把这个农民称作克拉伦斯·布朗。如果市场上大豆价格是每蒲式耳 1.5 美元或者更低，布朗就不会提供大豆了。农民布朗计算了种植大豆的成本，包括他的时间和土地的机会成本，结果生产 1 蒲式耳大豆的成本比 1.5 美元要高。而当大豆的价格涨到每蒲式耳 1.75 美元时，布朗就开始在自己的农场种植大豆了。当价格从每蒲式耳 1.75 美元涨到 2.25 美元时，布朗每年提供的大豆也从 10 000 蒲式耳增加到 20 000 蒲式耳。较高的价格使得把原来种小麦的土地改种大豆或者把原来休耕的土地种上大豆都变得有利可图了。较高的价格还可能使已经种植大豆的土地播种变得更加密集，人们会使用比较昂贵的农药或机械来提高亩产量，而这些生产资料在大豆价格较低时使用是不划算的。

根据农民布朗的经验，我们可以合理地预计，在其他所有条件相同的情况下，市场价格的上涨会导致布朗和像他这样的农民的供给量增加。换句话说，一种商品的供给量与其价格之间的关系是正向的。这就是**供给定律**：市场价格的升高将导致供给量的增加，市场价格的下降将导致供给量的减少。

供给定律： 商品的价格和供给量之间的正相关关系：在其他所有条件相同的情况下，市场价格的上涨会导致供给量的增加，市场价格的下降会导致供给量的减少。

供给计划传递的信息可以用**供给曲线**来清楚地表示，供给曲线的斜率是正的。如图 3.6 中布朗的供给曲线斜率为正，反映了价格与供给量之间的这种正相关关系。

供给曲线： 用图形说明一家厂商将以不同价格出售多少产品。

注意到在布朗的供给计划中，价格从 4 美元增加到 5 美元时，供给量没有增加。通常单个农场对价格升高做出反应的能力是受到它短期生产规模或者说生产能力限制的。比如布朗生产更多大豆的能力取决于他

表3.3 克拉伦斯·布朗的大豆供给计划

价钱 （美元／蒲式耳）	供给的数量 （每年的蒲式耳数）
$1.50	0
1.75	10 000
2.25	20 000
3.00	30 000
4.00	45 000
5.00	45 000

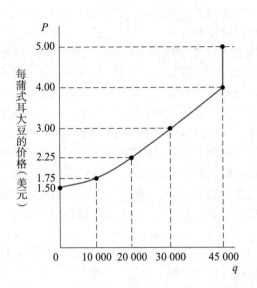

57

当产品的价格升高时，供给者会提供更多的产品。供给曲线的斜率是正的。请注意供给曲线：供给是由厂商的选择决定的。

农场的规模、土地的肥沃程度和使用的设备等。产出仍为每年 45 000 蒲式耳表明他已经在农场规模、土地肥沃程度以及现有技术上达到了生产极限。

　　然而在更长的时期内，布朗可能得到更多的土地，或者改变技术的使用，这些都使生产更多的大豆成为可能。短期和长期这两个概念在经济学里有非常精确的含义，我们将在后面详细讨论。在这里只需要明白时间因素对供给决策的影响是很大的。当价格发生变化时，厂商立即做出的反应与其一个月或者一年以后做出的反应会大不相同。短期和长期供给曲线通常也是不同的。

3.4.2 供给的其他决定因素

　　在列出的可能影响某个厂商产品的产量的因素中，到目前为止，我们只讨论了产品的价格。其他影响供给的因素包括产品的生产成本和相关产品的价格。

生产成本　一个厂商要赢利，它的收入必须超过成本。像农场主布朗这样的个体生产者会考虑在特定价格下应该供给多少，生产者会考虑他的成本。布朗的供给决策可能会随着生产成本的变化而改变。生产成本取决于许多因素，包括可用的技术、厂商所需投入品的价格和数量（劳动、土地、资本、能源等）。

　　随着时间的推移，技术变革会对生产成本产生巨大的影响。以农业为例，肥料的引进，复杂农业机械的发展，以及利用生物工程提高单个作物的产量，都对农产品的生产成本产生了巨大的影响。技术同样降低了生产平板电视的成本。当技术进步降低生产成本时，产出很可能会增加。当每英亩产量增加时，单个农场主能够而且确实生产更多。随着廉价的生产微处理器的技术的发展，电子计算器和后来的个人电脑、智能手机的生产也得以蓬勃发展。

生产成本也直接受到生产要素价格的影响。2008 年春季，全球油价从 2002 年的每桶 20 美元以下升至 100 美元以上。结果，它导致了出租车司机面临更高的汽油价格，航空公司面临更高的燃油价格，制造业厂商面临更高的热力费用。其结果是：出租车司机花在寻找顾客上的时间可能减少了，航空公司削减了一些利润较低的航线，以及一些制造业厂商不再让工人额外加班了。这个故事说明：投入品价格的上涨会提高生产成本，从而使生产者减少供给。相反的情况发生在 2009—2010 年，当时油价回落至每桶 75 美元，最近的一次发生在 2014—2015 年，当时油价再次下跌。

相关产品的价格　厂商对相关产品价格的变化通常会做出反应。例如，如果一块土地既可以用于种玉米也可以用于种大豆，大豆价格的上涨可能会导致个体农民将种植玉米的土地转为种大豆。因此，大豆价格的上涨实际上影响了玉米的供给量。

同样，如果牛肉价格上涨，生产者可能会增加牛的养殖量。然而，因为皮革来自牛皮。牛肉价格的上涨实际上可能增加皮革的供给。

总结：

> 假设厂商的目标是利润最大化，那么厂商决定供给多少产量或产品取决于：
> 1. 该商品或服务的价格。
> 2. 生产该产品的成本，而该成本又取决于：
>   - 所需投入品（劳动、资本和土地）的价格；
>   - 可用于生产产品的技术。
> 3. 相关产品的价格。

3.4.3 供给曲线的移动与沿供给曲线的移动

沿供给曲线的移动：供给量的变化是由价格的变化引起的。

供给曲线的移动：供给曲线发生的变化对应于商品供给量与商品价格之间的新关系。这种变化是原始条件的变化引起的。

供给曲线表示了一个厂商提供的商品或服务的数量与该种商品或服务市场价格之间的关系。在其他所有条件相同的情况下，价格上涨可能导致供给量的增加。请记住：供给曲线是在保持除了价格之外的其他因素都不变的情况下得到的。此时，产品价格的变化会导致供给量的变化，也就是说——**沿供给曲线的移动**。如你所见，供给决策也受到价格以外其他因素的影响。价格和数量之间的新关系是在价格变化以外的因素出现时产生的，结果是**供给曲线的移动**。当价格以外的因素导致供给曲线发生移动时，我们就说供给曲线发生了变化。

回顾之前所学的，生产成本取决于投入品的价格和现有的生产技术。

现在假设大豆生产技术已经取得重大突破：基因工程已经培育出一种抗病虫害的超级种子。这样的技术变革将使广大农民能够在任何市场价格水平上供给更多的大豆。表 3.4 和图 3.7 描述了这种变化。以每蒲式耳 3 美元的价格，农民们用旧种子生产时，大豆的生产数量将是 3 万蒲式耳（如表 3.4 中供给计划 S_0）；由于采用新种子的生产成本较低，产量较高，现在他们生产了 4 万蒲式耳（如表 3.4 中供给计划 S_1）。按每蒲式耳 1.75 美元计算，他们本来可以用旧种子生产 1 万蒲式耳；但随着成本的降低和产量的提高，他们使用新种子时，产量可以上升到 2.3 万蒲式耳。

投入品价格的上涨也可能导致供给曲线发生移动。例如，如果农民布朗面临更高的燃料价格，他的供给曲线将向左移动，也就是说，他在任何给定的市场价格下都会减产。如果布朗的大豆供给曲线向左移动，

表 3.4　一种新抗病虫害种子问世后的大豆供给计划转变

	供给计划 S_0	供给计划 S_1
价格 （美元 / 蒲式耳）	供给量（蒲式耳） （每年采用旧种子）	供给量（蒲式耳） （每年采用新种子）
$1.50	0	5 000
1.75	10 000	23 000
2.25	20 000	33 000
3.00	30 000	40 000
4.00	45 000	54 000
5.00	45 000	54 000

59

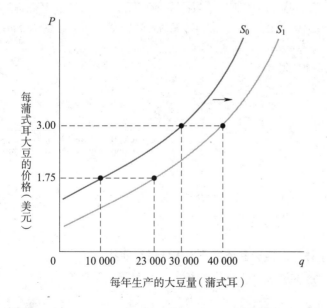

◀ 图 3.7　新型种子的培育带来的大豆供给曲线的移动

当产品价格发生变化时，我们沿这种产品的供给曲线移动，即供给量上升或下降。当任何其他影响供给的因素发生变化时，供给曲线会发生移动。

曲线与价格轴相交的位置更高，这意味着需要更高的市场价格才能使布朗开始考虑种植大豆。

与对需求的讨论一样，区分沿着供给曲线的移动（供给量的变化）和供给曲线的移动（供给变化）非常重要：

一种商品或服务价格的变化导致

└──→ 供给量的变化（**沿供给曲线的移动**）。

生产成本、投入品价格、技术或相关商品和服务的价格的变化导致

└──→ 供给的变化（**供给曲线的移动**）。

3.4.4 从个体供给到市场供给

到目前为止，我们一直关注单一生产者的供给行为。对于大多数市场而言，许多供给商将产品生产给消费者，而所有这些生产商的行为决定了供给。

市场供给： 由单个产品的所有生产商在每个个期间提供的所有产品的总和。

市场供给的定义与市场需求类似。它只是每个时期所有生产者对某种产品供给的简单加总。图 3.8 显示了一条市场供给曲线是如何从三条

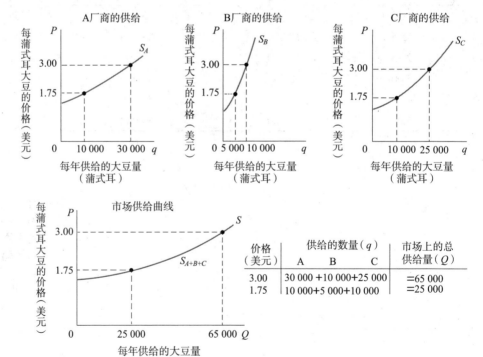

▲ **图 3.8　从个体厂商供给曲线推导出市场供给曲线**

市场上的总供给是市场上所有厂商供给的数量之和。它是在每一价格水平下所有个体供给量的加总。

个体厂商供给曲线得到的。（在一个由更多厂商组成的市场中，总的市场供给量将是该市场上每个厂商提供的产品数量之和。）如图 3.8 中的表格所示，以 3 美元的价格，A 农场供给 30 000 蒲式耳大豆，B 农场供给 10 000 蒲式耳，C 农场供给 25 000 蒲式耳。在这个价格下，市场供给总量为 30 000+10 000+25 000，即 65 000 蒲式耳。然而，以 1.75 美元的价格，供给的总量仅为 25 000 蒲式耳（10 000+5 000+10 000）。因此，市场供给曲线是某一市场上所有厂商的个体供给曲线的加总，也就是在某个价格水平下所有个体供给数量之和。

市场供给曲线的位置和形状取决于个体厂商供给曲线的位置和形状。市场供给曲线还取决于在该市场中参与生产的厂商的数量。如果某个市场上的厂商可以赚到高额利润，那么其他厂商可能会试图进入这个领域。职业橄榄球的受欢迎程度和赢利能力已经导致三次新联盟的成立。当有新的厂商进入某一个行业时，供给曲线向右移动。当厂商倒闭或"退出"某个市场时，供给曲线就会向左移动。

3.5 市场均衡

3.5 学习目标
能够解释一个不处于均衡状态的市场如何对恢复均衡做出反应。

到目前为止，我们已经确定了一些产品市场上影响家庭需求量和厂商供给量的因素。我们的讨论始终强调市场价格作为需求量和供给量的决定因素。现在我们来了解市场中的供给和需求如何相互作用以确定最终的市场价格。

在前面的讨论中，我们将决定需求量的家庭决策和决定供给量的厂商决策分离。然而，市场的运作显然取决于供给者和需求者之间的相互作用。在任何时候，市场必然处于下面三种状态之一：

（1）当前价格下的需求量大于供给量，这种状态叫作需求过剩。

（2）当前价格下的供给量大于需求量，这种状态叫作供给过剩。

（3）当前价格下的供给量等于需求量，这种状态叫作**均衡**。均衡状态下的价格没有变化的趋势。

均衡： 当供给数量和需求数量相等时存在的状态。在均衡状态下，价格没有变化的趋势。

3.5.1 需求过剩

若当前价格水平下，需求量大于供给量时，存在**需求过剩或短缺**。图 3.9 说明了这种情况，显示了同一图形上的供给曲线和需求曲线。正如所看到的，在价格为每蒲式耳 1.75 美元（50 000 蒲式耳）时，市场需求超过农民目前供给量（25 000 蒲式耳）。

当一个不受管制的市场上出现需求过剩时，由于需求者们会为了有限的供给相互竞争，价格会有上升的趋势。调整机制可能不同，但结果总是相同的。例如，想一想拍卖的机制。在拍卖中，产品被直接出售给出价最高的竞买者。当拍卖商从一个较低的价格开始叫价时，许多人愿意竞标该产品。开始的时候，这个场景中存在短缺：需求量超过供给

需求过剩或短缺：当前价格水平下，需求量超过供给量时所存在的状态。

▶ 图 3.9　需求过剩或短缺

当价格为每蒲式耳 1.75 美元时，需求量超过了供给量。当存在需求过剩时，价格有上涨的倾向。当需求量等于供给量时，需求过剩消除，市场达到均衡状态。这里的均衡价格是 2.00 美元，均衡数量是 40 000 蒲式耳。

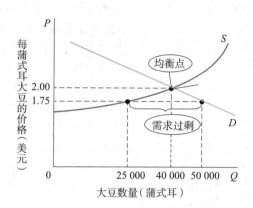

量。当潜在购买者提供越来越高的价格，有一些竞标者退出，直到出价最高的人得到这件商品。价格上涨直到需求量和供给量相等。

当价格为 1.75 美元（如图 3.9 所示）时，农民每年以 25 000 蒲式耳的速度生产大豆，但按此价格，需求量为 50 000 蒲式耳。大多数农产品都出售给了当地的经销商，而这些经销商又在主要市场中心大量销售，如果市场上需求量超过供给量，则会推高大豆价格。当价格上涨到 1.75 美元以上时，会发生两件事情：（1）当买家退出市场并且可能选择替代品时，需求量下降；（2）供给量增加，因为农民发现产品的售价升高时，会增加大豆的种植面积。[③]

这个过程一直持续到不均衡被消除为止。在图 3.9 中，这发生在价格上涨到 2 美元时，其中需求量从每年 50 000 蒲式耳下降到 40 000 蒲式耳，供给量从每年 25 000 蒲式耳增加到 40 000 蒲式耳。当需求量和供给量相等且没有进一步变化时，该过程达到了均衡，这种情况没有进一步调整的自然趋势。从图形上看，均衡点是供给曲线和需求曲线相交的点。

物品越来越多地通过互联网拍卖。像易贝（eBay）这样的厂商将汽车、葡萄酒、电脑、机票等各种买家和卖家联系起来。全球的参与者同时参与竞拍。这些拍卖的定价原则都是一样的：如果存在需求过剩，价格就会升高。

当需求量超过供给量时，价格往往会上涨。当市场价格上涨时，需求量下降，供给量上升，直到达到均衡，此时需求量等于供给量。

这一过程就叫作价格配给。如果市场运行不受外界干预，那么价格

---

③　当然，一旦农民在一个特定的季节决定了生产计划，他们就不能对产量进行调整。在表 3.3 中得出克拉伦斯·布朗在不同价格水平下的供给计划，假设种植多少大豆的决定取决于大豆在播种时的价格。在图 3.9 中，正的斜率表明较高的价格使增加大豆种植面积变得有利可图。最终的价格只有在最后产量确定时才可以得到。但是，出于我们的目的，在这里没有考虑这一关于时间的问题。为了更好理解，我们可以把供给和需求看作生产的流量，或者是生产率，也就是说，我们所讨论的是每个生产周期内生产出的蒲式耳的数量。在某些生产周期中，这一比率可能会有所调整。

的上涨会把产品分配到愿意并且能支付最高的那些人手中。只要买卖双方可以互动，愿意出更高价钱的人就可以通过某种渠道使大家知道这一事实（第 4 章将详细讨论价格体系是如何作为配给手段的）。

3.5.2 供给过剩

　　如果在当前的价格水平下，供给量大于需求量，就说明存在**供给过剩或盈余**。与存在短缺时的情况相类似，当出现过剩时，价格调整机制也是因市场而异。例如，如果汽车经销商在秋天新车型即将上市时发现自己还有未售卖掉的旧款车，他们很可能就会降低旧款车的价格。有时候经销商通过打折以吸引顾客购买，有时候顾客自己就可以和经销商讨价还价。圣诞节一过去，大部分商店就会通过大幅度降价来促销积压货品。这是因为当前价格下的供给量超过了需求量，商店不得不降低价格。许多网站的存在只不过是为了销售折扣服装和其他未能在上一季度以全价出售的商品。

　　图 3.10 描述了另外一种供给过剩的情况。当大豆的价格为每蒲式耳 3 美元时，农民以每年 65 000 蒲式耳的数量供给大豆，但是购买者的需求只有 25 000 蒲式耳。由于有 40 000 蒲式耳大豆没有卖掉，因此市场价格开始下降。当价格从 3 美元降到 2 美元时，大豆的供给量从每年 65 000 蒲式耳降到了 40 000 蒲式耳，较低的价格也使得需求量从 25 000 蒲式耳增加到 40 000 蒲式耳。当价格为 2 美元时，需求量和供给量相等。从这里的数据看来，2 美元和 40 000 蒲式耳就是均衡价格和均衡产量。

　　虽然价格的调整机制在不同市场上都是不同的，但最后的结果却是一样的：

> 　　假设在当前价格水平下，供给量超过了需求量，价格就有下降的趋势。随着价格的下降，供给量可能会减少，需求量可能会增加，直至达到均衡价格，供给量等于需求量为止。

供给过剩或盈余： 在当前价格水平下，供过于求时所存在的状态。

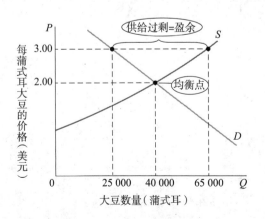

◀ **图 3.10　供给过剩或盈余**

当价格为 3 美元时，供给量比需求量大 40 000 蒲式耳。这一供给过剩会导致价格的下降。

3.5.3 均衡的变化

当供给曲线和需求曲线发生移动时，均衡价格和均衡数量也会发生变化。下面这个例子有助于说明这一点，并展示当需求或供给任一者变化时，市场上的均衡如何重新确定。

南美是咖啡豆的主要生产地。在20世纪90年代中期，巴西和哥伦比亚遭遇了严重的寒流，使世界市场上的咖啡价格达到最高纪录——每磅2.40美元。哥伦比亚2005年的恶劣天气和最近的2012年恶劣天气造成了类似的供给变化。

图3.11描述了寒流是如何使咖啡价格上涨的。最初，市场处于均衡状态，均衡价格为1.20美元。在这一价格下，需求量等于供给量（132亿磅）。需求曲线（标记为D）和初始供给曲线（标记为S_0）的交点，代表的就是价格1.20美元，数量132亿磅（记住：只有当需求量等于供给量时才存在均衡，就是供给曲线和需求曲线的交点）。

寒流导致咖啡豆供给的减少，供给曲线向左移动。在图3.11中，新的供给曲线（表示寒流之后的价格和供给量之间关系的供给曲线）记作S_1。

在初始均衡价格1.20美元上，出现了咖啡豆的短缺。如果价格保持在1.20美元，则需求量也将保持不变，仍然保持在132亿磅。然而，在这一价格水平下，供给量减少到66亿磅了。所以价格为1.20美元时，需求量大于供给量。

如果市场上存在需求过剩，价格就会升高，实际情况也的确如此。如图所示，价格升高到2.40美元才达到新的均衡。在这一价格水平下，供给量再次等于需求量，此时的均衡数值是99亿磅——新的供给曲线（S_1）与需求曲线的交点。

咖啡的价格从1.20美元涨到2.40美元时，发生了两件事情。一是需求量减少（沿着需求曲线的运动），人们转而用茶、热可可代替咖

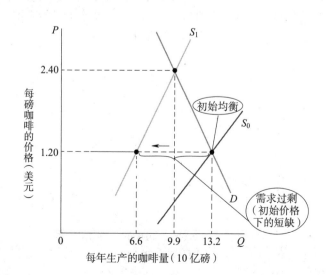

▶ 图3.11 咖啡市场：供给曲线的移动与随后的价格调整

寒流袭来之前，咖啡的市场均衡价格是1.20美元，在这个价格下，需求量等于供给量。寒流导致供给曲线向左移动（从S_0到S_1），使均衡价格提高到2.40美元。

啡。二是供给量开始增加，当然增加的幅度还是要受到寒流带来的损失的限制。（还有一种可能就是其他可以种植咖啡豆的国家或地区原来可能由于生产成本高而没有进行生产，但是随着咖啡价格的升高，生产变得有利可图，它们也开始生产咖啡并进入世界市场。）也就是说，较高的价格造成了供给量沿着新的供给曲线（在原来的供给曲线左侧）增加。最终的均衡在较高的价格水平（2.40 美元）和较低的市场交易量（99 亿磅）上形成，只有那些愿意支付每磅 2.40 美元的人才会购买咖啡。

图 3.12 总结了供给、需求曲线的移动并最终导致均衡价格和均衡数量变化的 10 个例子，仔细阅读每个图，并确保自己理解了它们。

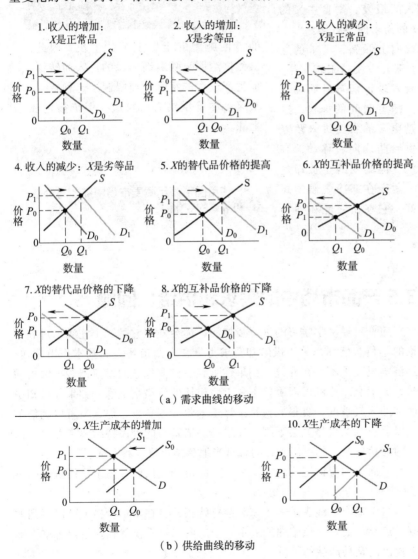

（a）需求曲线的移动

（b）供给曲线的移动

▲ 图 3.12　产品 X 的供给、需求曲线移动的例子

65

实践中的经济学

藜麦

　　不管是素食主义者，还是普通的食品爱好者，可能在过去几个月内的某个时候都有吃过藜麦。藜麦，一种高蛋白谷物，在食品爱好者中找到了一个巨大的市场。它曾被秘鲁和玻利维亚的人们食用，并且是印加人的最爱。素食主义的增长有效地将藜麦的需求曲线右移。

　　随着供给曲线向上倾斜，需求的这种转变导致价格上涨。农民越来越富裕，而一些当地消费者发现他们自己面临着主食价格的上涨。随着时间的推移，这些更高的价格鼓励更多的农民进入藜麦市场。这将使得供给曲线向右移动，有助于缓和价格上涨。但藜麦的生长却是一件棘手的事情。藜麦在寒冷气候的高海拔地区生长最好。它在由骆驼和绵羊

的粪便施肥的土壤上茁壮生长。因此，虽然供给明显随着新农民的进入而转移，但生产过程的特殊性质限制了这种转变，最终，尽管供给有所反应，但价格仍在上涨。

思考

1. 使用图形表示藜麦市场中描述的价格和数量的变化。

3.6 产品市场中的需求和供给：回顾

　　随着对经济学学习的进一步加深，你会发现它是一个充满思辨和争论的学科。然而，关于供给和需求力量在自由市场上的基本作用方式，经济学里几乎不存在异议。如果你听到在佛罗里达的寒流侵袭导致柑橘减产的消息，你就可以确信不久以后柑橘的价格会上涨。如果你得知中西部的天气情况一直很好，且预计玉米收成创纪录，那么又可以确信不久以后玉米的价格就会下跌。如果马萨诸塞州的渔民持续罢工并停止白天的捕鱼作业，你可以预计的就是当地鱼类价格即将上涨。

　　下面是你应该记住的一些关于产品市场上供给和需求作用机制的重要观点：

　　（1）需求曲线表示一个家庭愿意购买并且在给定价格下可以买到的某种产品的数量。供给曲线表示一个厂商愿意提供并且在给定价格下能够卖出的某种产品的数量。

　　（2）需求量和供给量永远指的是在单位时间段内的度量——每天、每月或者每年。

实践中的经济学

报纸价格为何上涨？

2006 年，美国巴尔的摩一家日报的平均价格是 0.50 美元。2007 年，平均价格上涨至 0.75 美元。对于较高的均衡价格，三位不同的分析师有三种不同的解释。

分析师 1：巴尔的摩报纸的价格上涨是好消息，因为这意味着人们对公共问题了解得更多。这些数据清楚地表明，巴尔的摩市民对报纸的重视程度有所提高。

分析师 2：巴尔的摩报纸的价格上涨对巴尔的摩市民来说是个坏消息。这些较高价格反映的纸张、油墨和分销成本的提高，将进一步降低人们对公共问题的认识。

分析师 3：巴尔的摩报纸的价格上涨是报纸试图赚钱的一个不幸结果，因为许多消费者已经转向互联网免费获取新闻报道。

作为经济学家，我们在研究这些解释时面临两个任务：基于我们对经济原则的了解，它们是否有意义？如果它们确实有道理，我们能找出哪种解释适用于说明巴尔的摩报纸价格上涨的情况吗？

分析师 1 在说什么？她关于消费者对报纸日益增长的关注的观察，告诉我们一些关于需求曲线的事情。分析师 1 似乎认为，消费者的品味发生了变化，更倾向于报纸，这意味着需求曲线向右移动。随着供给向上倾斜，这种转变将导致价格上涨。所以分析师 1 的说法是可信的。

分析师 2 指的是新闻纸的成本增加。这将导致报纸的生产成本上升，使得供给曲线向左移动。向下倾斜的需求曲线也导致价格上涨。分析师 2 也有一个看似合理的解释。

由于分析师 1 和分析师 2 有基于经济原则的合理解释，我们可以查看证据，看看谁实际上是正确的。如果你回到图 3.12 中，你会发现一个线索。当需求曲线向右移动时（如分析师 1 的解释），价格将会上涨，但数量也会上涨，如图（a）所示。当供给向左移动时（如分析师 2 的解释），价格上涨，但数量下降，如图（b）所示。因此，我们将看看在此期间报纸发行量发生了什么，看看价格上涨是来自需求方还是供给方。事实上，在包括巴尔的摩在内的大多数市场中，购买报纸的数量一直在下降，因此分析师 2 最有可能是正确的。

不过要小心。两位分析师可能都是对的。如果需求向右移动，但供给向左移动的幅度更大，价格将上涨，销售量将下降。

分析师 3 怎么样？分析师 3 显然从未上过经济学课程！免费上网获取新闻是印刷媒体的替代品。这种替代品的价格下降应该将报纸的需求曲线向左移动。结果应该是较低的价格，而不是价格上涨。报纸出版商面对新竞争"试图赚钱"的事实并没有改变供求规律。

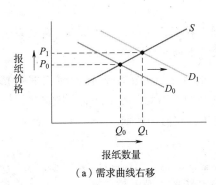

（a）需求曲线右移

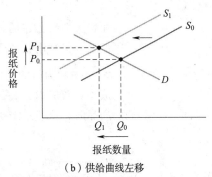

（b）供给曲线左移

（3）对某种产品的需求是由这种产品的价格、家庭收入和财富、其他商品和服务的价格、人们的品味和偏好以及预期所决定的。

（4）对某种产品的供给是由这种产品的价格、生产成本、相关产品的价格决定的。生产成本是由现有生产技术和投入品价格决定的。

（5）注意沿着供给／需求曲线移动和供给／需求曲线本身的移动之间的区别。当某种产品的价格发生变化时，这种产品的需求和供给数量也会发生变化——这就是沿着曲线的移动。当其他影响供给或需求的因素发生变化时，曲线本身发生移动，或者说它的位置发生了改变。

（6）只有在当前价格下的供给量等于需求量的时候，才存在市场均衡。

3.7 前瞻：市场和资源分配

你应该已经可以开始理解市场是如何回答那三个基本经济问题的了：生产什么？如何生产？分配给谁？厂商会选择可以带来利润的产品进行生产。如果产品的售价足够在支付生产成本之后留下一部分利润，厂商就极有可能会生产这种产品。资源将沿着有盈利机会的方向流动。

■ 需求曲线反映了人们愿意并有能力为产品支付多少，需求曲线受到收入、财富、偏好、其他产品价格和预期的影响。由于产品价格是由供给和需求共同决定的，所以价格反映了人的支付意愿。如果人们的偏好或收入发生变化，资源分配会随之发生变化。分析一下如果需求增加（市场需求曲线的移动）会带来什么变化。从均衡开始，家庭只是开始购买更多产品。在均衡价格下，需求量大于供给量。当存在需求过剩的时候，价格开始上涨，而随着价格的上涨，厂商在这个行业得到的利润就更高；较高的利润反过来会激励现有厂商扩大生产，并鼓励新的厂商进入这一行业。因此，独立私营厂商对价格和盈利机会做出的反应决定了"生产什么"，集中指挥是没有必要的。

亚当·斯密在 200 多年前就看到了市场的这种自我调节性：

> 每个个体通过追求自己的利益促进了社会的发展。有一只看不见的手引导他去实现一种目标，虽然这种目标并不是他所刻意追求的。④

亚当·斯密创造的词"看不见的手"已经是很普遍的说法了，经济学家们至今仍然用它来表示市场的自我调节机制。

■ 以盈利为目的的厂商有一个充分的理由选择最先进的技术——较低的成本就意味着较高的利润。因此，各个厂商在决定"如何生产"它们的产品时，依然不需要中央政府的干预。

---

④　Adam Smith, *The Wealth of Nations*, Modern Library Edition（New York：Random House, 1937），p.456.（第一版于 1776 年出版）

■ 到目前为止很少涉及分配问题——分配给谁？可以在简单的供给和需求曲线图中看到这个问题的一部分答案。如果一种产品供不应求，价格就会升高；随着价格的升高，只有那些愿意并且有能力继续购买的人才会买，其他的人就会停止购买。

下一章将对这些问题进行更详细的讨论。资源在市场体系中的最终配置（产出的组合和产品的分配）究竟是如何确定的呢？

总结

1. 在由很多人组成的社会中，产品一定要满足广泛的品味和偏好，因此生产者要进行专业分工。

3.1 厂商和家庭：基本的决策单位 页 54

2. 当一个人或一些人决定通过将资源或投入转化为产出（市场上销售的产品）来生产一种或多种产品时，厂商就诞生了。厂商是市场经济中的基本生产单位。我们认为厂商决策是以利润最大化为目的的。

3. 家庭是经济中的主要消费单位。所有家庭的收入都是有限的。

3.2 投入市场和产出市场：循环流动 页 55

4. 家庭和厂商在两个基本市场上互动：产品／产出市场和投入／要素市场。供家庭使用而生产的商品和服务在产出市场上进行交易。在产出市场上，互相竞争的厂商是供给方，而互相竞争的家庭是需求方。在投入市场上，互相竞争的厂商是需求方，而互相竞争的家庭是供给方。

5. 最终，厂商决定了其生产的产出品的数量和特征、其所需的投入品的类型和数量，以及生产中使用的技术。家庭最终决定了其所需的产品与其所提供的投入品的类型和数量。

3.3 产品／产出市场中的需求 页 56

6. 单个家庭对一种产品的需求量取决于：（1）价格，（2）收入，（3）财富，（4）其他产品的价格，（5）品味和偏好，（6）对未来的预期。

7. 需求量是一段时间内单个家庭愿意购买的某种产品的数量，如果它可以以当前的价格买到其需要的全部产品的话。

8. 需求计划显示了一个家庭在不同的价格下愿意购买的某种产品的数量。在需求曲线中可以以图形方式呈现相同的信息。

9. 需求法则指出，在其他所有条件相同的情况下，价格和需求量之间存在着反向关系／负相关关系：随着价格的升高，需求量减少；随着价格的下降，需求量增加。需求曲线向下倾斜。

10. 所有的需求曲线最终都要和价格轴相交，因为通常都存在这样一个价格，超过这个价格以后，家庭就没有能力购买或者不愿意购买了。此外，所有的需求曲线最终都要与数量轴相交，因为只要是在一定时间内，大部分商品的需求都是有限的，即使价格为零。

11. 如果收入的增加会导致对一种商品的需求增加，这种商品就叫作正常品。如果收入的增加会导致对一种商品的

68

需求下降，这种商品就叫作劣等品。

12. 如果 X 商品价格上涨会导致对 Y 商品的需求增加，这两种商品就叫作替代品。如果 X 商品价格升高会导致对 Y 商品的需求下降，这两种商品就叫作互补品。

13. 市场需求就是每段时期内在市场上购买某种商品或服务的所有家庭对这种商品或服务的需求量之和。它是每个价格水平下所有个体需求量的加总。

3.4 产品／产出市场中的供给　页 69

14. 一个厂商的供给量取决于：（1）这种商品或服务的价格；（2）生产这种产品的成本，包括所需投入品的价格和可以用来生产这种产品的技术；（3）相关产品的价格。

15. 市场供给量就是每段时期内所有生产者对某种产品的供给量之和。它是每个价格水平下所有个体供给量的加总。

16. 区分沿着需求和供给曲线的移动跟需求和供给曲线（本身）的移动非常重要。需求曲线显示了价格和需求量之间的关系。供给曲线反映了价格和供给量之间的关系。价格的变化是沿着曲线的移动。品味、收入、财富、预期或其他商品和服务价格的变化，都会导致需求曲线的移动；成本、投入品价格、技术或相关商品和服务价格的变化，都会导致供给曲线的移动。

3.5 市场均衡　页 75

17. 如果当前价格下需求量超过供给量，就会出现需求过剩（或短缺），且价格趋于上涨。当市场上的价格上涨时，需求量下降，供给量上升，直到达到供给量等于需求量时的均衡。在均衡状态下，价格就没有进一步变化的趋势了。

18. 如果当前价格下供给量超过需求量，就会出现供给过剩（或盈余），且价格趋于下降。当价格下降时，供给量减少，需求量增加，直到达到供给量和需求量相等的均衡价格。

术语和概念回顾

习题

3.1 厂商和家庭：基本的决策单位

学习目标： 理解厂商、企业家和家庭在市场中的作用。

1.1 列出三个科技行业企业家及其创建的厂商的例子。解释这些人如何符合企业家的定义。

3.2 投入市场和产出市场：循环流动

学习目标： 理解家庭作为厂商供给者和产品购买者的角色。

2.1 确认以下每一项交易是在投入市场还是在产出市场进行，以及厂商或家庭是需求还是提供相应的商品或服务。

a. 安德森每周在县法院做 37 个小时的书记员。

b. 林梅为父母购买了一个为期 3 周的地中海游轮旅行。

c. 卡特彼勒在亚拉巴马州亨茨维尔工厂的就业人数翻了一番。

d. 为了建造一个新的度假胜地和高尔夫球场，万豪向格雷森家族收购了 250 英亩的牧场。

3.3 产品 / 产出市场中的需求

学习目标： 理解决定需求曲线位置和形状的因素，理解使需求曲线上的点沿需求曲线移动的因素，以及使需求曲线移动的因素。

3.1 [**与页 63 "实践中的经济学" 相关**] 职业体育联盟的商品销售是一项数十亿美元的业务，NBA、NFL 和 MLB 等联盟对官方联盟商品有严格的许可规则。假设你是一个狂热的 NBA 球迷，并希望购买一个 "球员版" 的 NBA 球衣。去 NBA 商店的网站 store.nba.com，点击 "球衣"。选择一个球队，然后点击 "球员版"，找到球衣的价格。对另外两个联盟也要这样做。你发现的

球衣是完全替代品还是仅仅是替代品？为什么？你认为还有其他产品可以作为你所查到的球员版球衣的替代产品吗？简单解释一下。

3.2 解释以下每一项陈述是否描述了需求的变化或需求量的变化，并说明每一项变化是增加还是减少。

a. 朱利奥认为轮胎价格下个月会上涨，所以他今天为他的皮卡车买了一套轮胎。

b. 一篇发表的文章断言吃羽衣甘蓝会导致脱发，羽衣甘蓝的销量下降了 75%。

c. 欧因客公司的销售业绩显著下降，因为它的培根味泡泡糖价格翻了一番。

d. 联邦最低工资的增加导致快餐销售量的下降。

e. 花生酱价格的意外下降导致香蕉销量的增加。

3.3 对于前一个问题中的五个陈述（A—E），绘制需求图，表示需求量或需求的一定变化。

3.4 [**与页 64 "实践中的经济学" 相关**] 在威斯康星州赫利镇，一个反常的炎热夏季，7 月气温上升并在 95 华氏度左右维持了一周。这比一年中这个最热的月份平均 77 华氏度的高温高出近 20 华氏度。这股意料之外的热浪导致家庭对中央空调系统的购买大幅增加，这在美国这一地区并不常见。哪些需求决定因素是家庭购买这些空调系统的决定中最可能的因素，这些购买如何影响中央空调系统的需求曲线？

3.4 产品 / 产出市场中的供给

学习目标： 能够区分导致供给曲线自身移动的因素与导致供给曲线上的点沿供给曲线移动的因素。

4.1 健身追踪器市场由五家厂商组成，下表数据代表各厂商以不同价格供给的数量。填写市场供给量栏，绘制显示市场数据的供给图。

供 给 图

价格 （美元）	A 厂商	B 厂商	C 厂商	D 厂商	E 厂商	市场
25	5	3	2	0	5	
50	7	5	5	3	6	
75	9	7	8	6	7	
100	11	10	11	9	8	

4.2 以下几组语句包含常见错误。识别并解释每个错误：

a. 供给减少，导致价格上涨。价格上涨导致供给增加。因此，价格回落到原来的水平。

b. 夏威夷菠萝供给增加，导致菠萝价格下降。价格下降意味着夏威夷家庭对菠萝的需求将增加，这将减少菠萝的供给并提高其价格。

3.5 市场均衡

学习目标： 能够解释一个不处于均衡状态的市场如何对恢复均衡做出反应。

5.1 用供给和需求曲线说明下列事件：

a. 随着无线上网技术的普及以及平板电脑重量的减轻，人们对于平板电脑的需求大幅上升。随着新技术在网上的传播，平板电脑的生产也变得越来越容易和便宜。尽管需求发生了变化，但价格还是下跌了。

b. 2013 年，马萨诸塞州的蔓越莓产量总计为 185 万桶，比 2012 年的 212 万桶下降了 15%。需求的减少甚至超过了供给，使得 2013 年蔓越莓的价格从 2012 年的 47.90 美元降至每桶 32.30 美元。

c. 在 20 世纪 90 年代末高新技术爆炸的年代，圣何塞（硅谷）的办公空间需求十分紧俏，租金很高。然而，随着 2001 年 3 月份开始的美国经济衰退，圣何塞的办公空间市场遭受了严重冲击，每平方英尺的租金下降。2005 年圣何塞的就业人数增长缓慢，租金又开始上涨。为了简化起见，假设这几年没有建设新的办公空间。

d. 在东欧国家实行经济改革之前，面包的价格受到政府控制，大大低于均衡水平。改革实施后，价格被放松管制，面包价格大幅上涨。结果，面包需求量下降，供给量急剧上升。

e. 钢铁行业正在游说政府对进口钢材征收较高的税。俄罗斯、巴西和日本都生产并且在国际市场上出售钢材，每吨价格为 610 美元，远远低于没有进口时的美国国内均衡价格。如果不允许进口钢材进入该国，（美国钢材市场的）均衡价格为每吨 970 美元，绘制不允许进口时美国的供给和需求曲线。如果美国的购买者可以从国际市场上以每吨 610 美元的价格买到他们所需的全部钢材，曲线如何变化；求出需要进口钢材的数量，并在图中标记。

5.2 9 月 13 日，星期六，洛杉矶道奇队和旧金山巨人队在旧金山 AT&T 公园球场打棒球比赛。两支球队都是冠军的有力争夺者。比赛门票被订购一空，很多想去看比赛的球迷没有买到票。而同一天，迈阿密马林鱼队和费城费城人队打比赛，在费城只有 26 163 人买票。费城国民银行公园球场可以容纳 43 651 人；旧金山的 AT&T 公园球场可以容纳 41 915 人。为了简化分析，假定所有常规赛的票价都是每张 40 美元。

a. 分别绘制两场比赛入场券的供给和需求曲线（提示：供给是固定的。它不会随价格变化）。每场比赛绘制一个图。

b. 有没有什么价格政策可以填满费城比赛的棒球场？

c. 一旦门票被出售，价格体系在配给旧金山比赛门票中不会起作用。你是怎么知道这一点的？你认为门票是如何配给的？

5.3 你是否同意下面这些陈述？简要解释你的答案，并用供求曲线来说明每个答案。

a. 一种商品价格的上涨，导致对另一种商品需求的下降，因此两种商品是替代品。

b. 供给量的变化导致商品价格下跌。这种变化一定是供给的增加。

c. 在 2009 年里，大部分美国人的收入大幅下降。这一变化很可能会导致正常品和劣等品的价格都下降。

d. 两种正常品不能互为替代品。

e. 如果需求和供给同时增加，价格显然会升高。

f. A 商品的价格下降导致 B 商品的价格升高，因此，A、B 两种商品为互补品。

5.4 2014 年 10 月美国政府的两项政策会影响卷烟市场。卷烟广告和包装标签中要求标明并且让公众认识到吸烟对健康带来的危害。直到 2014 年，农业部坚持对烟草实行保护价格。在这项政策下，保护价格高于市场的均衡价格，同时政府限制了可用于烟草种植的土地数量。对于减少卷烟消费这一目标，这两项政策是否不一致？用图形说明这两项政策对卷烟市场的影响。

5.5 在 2006 年至 2010 年间，美国的住房供给量从每年超过 227 万套的房屋开工率降至不到 50 万套，下降幅度超过 80%。与此同时，新家庭的数量也逐渐减少。没有工作的学生搬来和父母一起住，来美国的移民不断减少，而且已经在美国的移民很多都回本国了。如果家庭数量减少，那就是需求下降。如果建造的新单元更少，则供给量减少。

a. 绘制标准供求关系图，图中显示了每月购买的新住房单元的需求量，以及每月建成并投放市场的新单元的供给量。假设供给量和需求量都为 45 000 套，价格为 200 000 美元。

b. 在同一张图上，需求下降。如果这个市场表现得和大多数市场一样，会发生什么？

c. 现在假设价格没有立即变化。即使需求低于供给，卖方也决定不调整价格。如果需求下降后房价保持不变，待售房屋数量（未售出新房的库存）会发生什么变化？

d. 现在假设新房投放市场的供给量下降了，但价格仍然保持在 20 万美元。你能提供

一个不使价格下跌而使市场恢复均衡的方法吗？

e. 访问 www.census.gov/newhomesales。查看当前新闻稿，其中包含最近一个月和过去一年的数据。你能观察到什么趋势？

5.6 对于以下每种陈述，绘制一个图，说明对鸡蛋市场可能产生的影响。在每种情况下，说明对均衡价格和均衡数量的影响。

a. 卫生局局长警告人们高胆固醇食物会引起心脏病发作。

b. 熏猪肉（一种互补品）的价格下降。

c. 鸡饲料价格上涨。

d. 恺撒沙拉开始在宴会上流行（拌色拉用的调料是用生鸡蛋做的）。

e. 技术革新减少了包装过程中鸡蛋的破损率。

*5.7 假定美国市场上鸡蛋的需求和供给曲线可以由下面方程表示：

$$Q_d=100-20P$$
$$Q_s=10+40P$$

其中 Q_d= 美国人每年愿意购买多少百万打鸡蛋；Q_s= 美国的养殖场每年愿意出售多少百万打鸡蛋；P= 每打鸡蛋的价格。

a. 填写下面表格中的空白部分。

价格（每打）	需求量（Q_d）	供给量（Q_s）
0.50 美元		
1.00 美元		
1.50 美元		
2.00 美元		
2.50 美元		

b. 用表中的信息计算均衡价格和均衡数量。

c. 绘制需求和供给曲线，并指出均衡价格和均衡数量。

*5.8 住房政策分析家们在讨论增加低收入家庭可以入住的住房单元的最佳方法。一种策略是需求方策略——向人们提供房屋"代金券"，这种"代金券"由政府支付，可以用来租借私营市场上提供的住房。另一种是供给方策略——由政府向房屋供给者提供补助

或建造公共住房。

a. 用供给和需求曲线说明供给方和需求方策略。哪种策略会导致更高的房租？

b. 房屋代金券（需求方策略）的批评者指出，由于向低收入家庭提供的住房很有限，而且根本不会对更高的租金有所反应，因此需求代金券只会提高租金而使房东受益。用供给和需求曲线说明他们的观点。

*5.9 假定比萨的市场需求由方程 $Q_d = 300-20P$ 给出，比萨的市场供给由方程 $Q_s = 20P-100$ 给出，其中 P = 价格（每个比萨）。

a. 绘制价格为 5—15 美元时比萨的供给和需求计划。

b. 在均衡状态下会卖出多少个比萨？价格是多少？

c. 如果供给者把比萨的价格定为 15 美元，会发生什么事情？解释市场调节过程。

d. 假设比萨的替代品汉堡包的价格涨了一倍。这导致比萨的需求翻了一番。（在每个价格水平下，消费者的比萨需求量是以前的两倍。）写出比萨新的市场需求方程。

e. 算出比萨新的均衡价格和数量。

5.10 [与页 80 "实践中的经济学" 相关] 藜麦的日益流行对糙米市场产生了影响。藜麦的纤维、蛋白质和铁含量较高，正取代糙米，成为许多注重健康的人的主食。绘制供求关系图，显示藜麦需求的增长如何影响糙米市场。描述糙米的均衡价格和数量发生了什么变化。糙米生产商如何将价格或数量恢复到初始均衡价格或数量？简要说明糙米生产商是否有可能在不改变消费者行为的情况下将价格和数量返还至初始均衡点。

5.11 下表为太阳能无线键盘市场。将这些数据绘制在供需图上，并确定均衡价格和数量。解释如果市场价格设为 60 美元会发生什么，并在图上标示出来。解释如果市场价格设为 30 美元会发生什么，并在图上标示出来。

价格（美元）	需求量	供给量
10	28	0
20	24	3
30	20	6
40	16	9
50	12	12
60	8	15
70	4	18

5.12 [与页 81 "实践中的经济学" 相关] 分析师 1 认为，巴尔的摩的报纸需求曲线可能已经向右移动，因为人们的文化程度提高了。再想想另外两个可能导致需求曲线向右平移的看似合理的故事。

第 4 章
供给和需求的应用

　　每一个社会都有一个制度体系，它决定着生产什么、如何生产以及分配给谁。在一些社会中，这些决定是通过计划机构或政府统一指导做出的。然而，在每个社会中，许多决策都是通过市场运作以分散的方式做出的。

　　所有社会中都存在着市场，第 3 章对市场的运作方式进行了简单的描述。在本章中，我们将继续对需求、供给和价格体系进行研究。

72

4.1 学习目标

理解最低限价和最高限价在市场中的作用。

价格配给： 当需求量超过供给量时，市场体系向消费者分配商品和服务的过程。

4.1 价格体系：配给制和资源配置

市场体系，也叫作价格体系，它执行两个重要且密切相关的功能。首先，它提供了一个自动分配稀缺的商品和服务的机制。也就是说，当需求量超过供给量的时候，市场作为一种**价格配给**手段，在消费者之间分配商品和服务。其次，价格体系最终决定了资源在生产者之间如何分配以及产出的最终组合。

4.1.1 价格配给

先考虑一下价格体系消除短缺的简单过程。假设图 4.1 显示了小麦的供需曲线。小麦在世界各地生产，俄罗斯和美国提供大量供给。小麦在世界市场上销售，用于生产一系列食品，从谷物和面包到加工食品，这些产品存在于普通消费者的厨房中。因此，大型食品厂商需要小麦，因为它们为家庭生产面包、谷物和蛋糕。

如图 4.1 所示，2010 年春季小麦均衡价格为每吨 160 美元。按此价格计算，全球农民预计将向市场提供 6 170 万吨小麦。供给与需求相等。在价格为每吨 160 美元的时候市场达到均衡，因为在该价格下，需求数量等于供给数量。（你应该还记得均衡是供给曲线和需求曲线的交点，在图 4.1 中，这一点是 C 点。）

2010 年夏天，俄罗斯经历了有史以来最热的夏天。火灾席卷俄罗斯，摧毁了俄罗斯的大部分小麦作物。世界上几乎三分之一的小麦都产于俄罗斯，这种环境灾害对世界小麦供给的影响是巨大的。在图中，通过预测俄罗斯和世界其他地区种植的所有小麦收获量而绘制的小麦供给曲线，现在将向左移动，从 2010 年春季到 2010 年秋季，这一供给曲线的变化导致了在 160 美元的原有价格下会产生需求过剩的情况。按此价格，需求量为 6 170 万吨，但俄罗斯大部分小麦供给量被

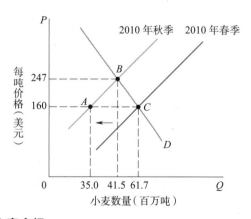

▲ **图 4.1　小麦市场**

2010 年夏季俄罗斯的火灾导致世界小麦供给量向左移动，导致价格从每吨 160 美元增加到 247 美元。均衡点从 C 移动到 B。

火灾摧毁，使全世界只剩余 3 500 万吨供给。需求量超过原价供给量 2 670 万吨。

供给减少导致小麦价格大幅上涨。随着价格的上涨，可用的供给是"配给的"。只有那些愿意并且能够支付最多的人能够获得商品。您可以在图 4.1 中清楚地看到市场的配给功能。随着价格从 160 美元开始上涨，需求量沿着需求曲线下降，均衡点从 C 点（6 170 万吨）转向 B 点（4 150 万吨）。小麦价格的上涨意味着像面包和以小麦为主要原料的麦片等产品的价格也会上涨。为了应对价格的变化，人们烘烤的蛋糕会越来越少，并且开始越来越多地食用黑麦面包，饮食从麦片转向玉米片。

随着价格上涨，小麦种植者也改变了他们的行为，尽管短期内供给的反应是有限的。俄罗斯之外的农民，看到价格上涨，就会更加小心地收割庄稼，从每一根茎秆上收获更多珍贵的谷物。也许一些小麦从储存中取出并被运进市场。供给量从 3 500 万吨（A 点）增加到 4 150 万吨（B 点）。价格的上涨鼓励了有能力的渠道增加供给，在一定程度上弥补了俄罗斯小麦产量的损失。

在每吨价格 247 美元、交易量为 4 150 万吨处，我们得到了新的均衡。市场将决定谁能获得小麦：总供给量越低，产品就越会分配给那些愿意并有能力支付更高价格的人。

这种"支付意愿"的概念对于可用供给分配至关重要，而意愿既取决于欲望（偏好），也取决于收入或者说财富。支付意愿并不一定意味着只有富人才会在价格上涨时继续购买小麦。对于任何继续以更高的价格购买小麦的人来说，他的享受是以其他商品和服务的更高成本为代价的。

总而言之：

> 价格调整是自由市场上的配给机制。价格配给意味着在自由市场上，只要某种商品出现配给供给——也就是说存在短缺，这种商品的价格就会上涨，直到供给量等于需求量为止，也就是直到市场出清为止。

你可以想到的任何一个市场上都有一个"出清价格"。考虑一下著名油画的市场，如杰克逊·波洛克（Jackson Pollock）的《1948 年第 5 号》，如图 4.2 所示。当价格比较低时，对如此重要的一幅作品一定存在着巨大的需求过剩。人们将它的价格哄抬得越来越高，直到只剩下一个需求者。可以想象，这个价钱是非常高的。事实上，波洛克的这幅画在 2006 年创纪录地卖到了 1.4 亿美元。如果某种产品的供给像一幅名画一样，供给极其匮乏，那么它的价格就被称为是由需求决定的。也就是说，它的价格完全是由出价最高的竞买者愿意支付的金额决定的。

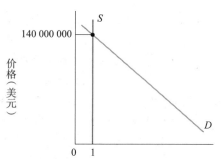

杰克逊·波洛克的《1948年第5号》的需求量

▲ 图4.2 稀有绘画作品的市场

任何市场上都有出清价格，即使供给是十分有限的。在拍卖一件独一无二的绘画作品时，竞买者的出价会逐渐升高到消除需求过剩，直到只剩下一个竞买者愿意购买这件世上唯一的作品。有些人估计如果《蒙娜丽莎》被拍卖，价格将高达6亿美元。

75

可以把"任何市场都有一个'出清价格'"解释为"一切物品都有它自己的价格"，但是这种解释并不确切。假设你拥有一个家传的银手镯，很可能无论别人出多高的价钱你都不会把它卖掉。这是否意味着市场在这里不起作用了，或者说供给量不等于需求量呢？当然不是。这仅仅意味着你就是那个出价最高的人。拒绝所有报价意味着你必须愿意放弃任何人开出的任何价钱。

4.1.2 市场上的约束和其他配给机制

有时，政府和私营厂商都愿意使用市场体系以外的某种其他机制来定量配给当前价格上存在需求过剩的商品。旨在停止价格配给的政策通常有一些合理的解释。

最常用的理由是公平。房东向租客收取高额租金是不公平的，石油厂商抬高汽油价格是不公平的，保险厂商收取巨额保费是不公平的，等等。毕竟，争论在于，我们别无其他的选择，只有付钱——住房和保险费是必需的，人们需要汽油才能上班。第95页的"实践中的经济学"描述了2012年飓风桑迪后人们对物价上涨的投诉。不管控制价格的理由如何，下面的例子将清楚地表明，试图绕过市场定价体系往往比最初看起来更困难，成本也更高。

石油、汽油和OPEC 世界上最重要的价格之一是原油价格。每天有数以百万桶的石油交易。它是几乎所有产品的主要原材料。它为我们的家庭供暖，并被用来生产汽车所需的汽油。它的生产导致了大规模的环境灾难和战争。它的价格波动很大，导致了重大的宏观经济问题。但石油和其他商品一样，其价格是由供需基本面决定的。石油提供了一个很好的例子，说明市场是如何运作的，以及市场有时是如何失灵的。

石油输出国组织（OPEC）是一个由 12 个国家（分别是阿尔及利亚、安哥拉、厄瓜多尔、伊朗、伊拉克、科威特、利比亚、尼日利亚、卡塔尔、沙特阿拉伯、阿拉伯联合酋长国和委内瑞拉）构成的组织。即便由于高压水砂破裂法的新发展，美国生产的石油供给量一直在增长，在 2015 年该组织依然占据全球石油市场产出份额的三分之一。1973 年和 1974 年，石油输出国组织对美国的原油运输实行禁运。由于当时石油输出国组织占有巨大的市场份额，随禁运而来的是当地油井石油产出的大幅减少。

如果允许市场体系运作，精炼汽油价格将急剧上涨，直到供给量等于需求量。然而，政府认为，只向那些愿意和能够支付最高价格的人配给汽油是不公平的，国会规定了每加仑含铅普通汽油的**最高限价**为 0.57 美元。最高限价的目的是让汽油对于人们"负担得起"，但它也使短缺持续下去。在限价条件下，需求量仍然大于供给量，可用汽油必须以某种方式在所有潜在的需求者之间进行分配。

通过仔细观察图 4.3，可以看到最高限价的影响。如果价格是由供给和需求的相互作用决定的，那么价格将增加到每加仑 1.50 美元左右。然而，国会规定以每加仑 0.57 美元以上的价格出售汽油是违法的。在这个价格水平下，需求量超过了供给量，存在短缺。由于不允许价格体系发挥作用，人们必须找到一种替代的配给机制来分配市场上可用的汽油供给。

人们尝试了许多方法。所有非价格配给体系中最常见的是**排队**，也就是在队伍中等待。1974 年的时候，经常是从早上 5 点开始，加油站前面就已经排着很长很长的队伍了。在这种配给机制下，汽油还是流向了那些愿意付出最高价格的人，不过这次人们需要付出的价格要用消耗的时间和产生的恼怒情绪，而不是美元来衡量。[1]

最高限价： 卖方为某一商品可能收取的最高价格，通常由政府规定。

排队： 排队作为分配商品和服务的一种手段，是一种非价格分配机制。

---

[1] 也可以正式地表明，这种结果是低效的——这导致了社会总价值的净损失。首先，排队等候是有成本的，时间也是有价值的。由于实行价格配给，没有人需要排队等候，因此这段排队等候时间的价值被节省下来了。其次，如果对某些得到汽油的人来说，汽油的价值比某些没有得到汽油的人低，那么就会产生额外的价值损失。考虑下面的例子：假设汽油的市场价格不受约束的话会上升到 2 美元，而现在政府把价格限制在 1 美元，因此买汽油经常要排很长的队伍。对于汽车驾驶者 A，10 加仑汽油值 35 美元，但是她没有买到汽油，因为她的时间很宝贵，排队等候很不划算，对驾车者 B 来说，10 加仑只值 15 美元，但是对他来说，时间远没有 A 的时间那么宝贵，所以他买到了汽油。最后的结果是，如果 A 付钱给 B，从他手中买汽油，那么 A、B 的境况都得到了改善。如果 A 付给 B 30 美元购买汽油，那么 A 得到 5 美元的改善而 B 得到 15 美元的改善，而且 A 不必再排队等候了。因此非价格配给的分配结果会导致价值的净损失。这种损失叫作净福利损失。见本章后面的内容。

76

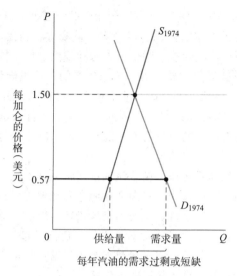

▲ **图4.3　最高限价导致的需求过剩（短缺）**

在1974年，政府规定含铅普通汽油的最高价格不能超过每加仑57美分。如果价格是由需求和供给的相互作用决定的，那么价格会涨到大约每加仑1.50美元。当价格为每加仑57美分时，需求量就会超过供给量，因为价格体系无法发挥作用，人们必须找到一种替代的配给机制来分配市场上有限的汽油供给。

优待客户： 在需求过剩的情况下，接受经销商特殊待遇的人员。

　　汽油危机期间使用的另一种非价格配给手段是**优待客户**。许多加油站老板决定不向普通大众出售汽油，而是为朋友和优待客户保留他们稀缺的石油供给。毫无疑问，许多顾客试图通过向加油站老板们支付额外的费用，以使自己受到优待。老板们还会收取高昂的服务费。通过这些手段，他们提高了汽油的实际价格，但为了避开最高限价，他们把较高的价格隐藏在服务中。

配给券： 凭票或优惠券使个人有权每月购买一定数量的特定产品。

　　还有一种划分可用供给的方法是使用**配给券**。该方法曾经在1974年和1979年得到过使用，那时，有人建议给家庭发放定量配给券或优惠券，使他们有权每个月购买一定数量的汽油。通过这种方法，无论收入多少，每个人都能得到相同数量的汽油。20世纪40年代，美国也实行了这种方法，当时政府对肉类、糖、黄油、轮胎、尼龙长袜和许多其他物品实行了战时最高限价。

　　然而，当没有禁止配给券交易时，其结果几乎与价格配给体系的结果完全相同。那些愿意并且能够支付最高价格的人购买配给券，并用它们购买汽油、巧克力、新鲜鸡蛋或任何以限定价格[2]出售的任何其他商品。这意味着受限制商品的价格将有效地上升到市场出清价格。例如，假设你决定不出售自己拥有的配给券，那么你就放弃了通过出售配给券获得的收益。因此，您购买的商品的"有效"价格将高于限制价格（如果只考虑机会成本）。即使出售配给券是违法的，也几乎不可能阻止黑市交易。在**黑市**中，配给券的非法交易会以市场决定的价格进行。

黑市： 以市场决定的价格进行非法交易的市场。

---

　　② 当然，如果你被分配了一些票，并且出售了它们，你的境况会比在价格配给制下更好。因此，配给券是重新分配收入的一种方式。

实践中的经济学

飓风桑迪的故事：为什么我的旅馆房间这么贵？

2012 年 10 月，飓风桑迪袭击了美国东北部。尤其是在纽约、新泽西和康涅狄格州，洪水造成了混乱。风暴过后，随着个人和公共工作人员开始处理善后事宜，一些物品的价格开始上涨。此时，应该能够预测哪些价格可能上涨得最多。

在桑迪来袭之前，我们预计这些州的大多数市场与其他地区一样，或多或少处于均衡状态。在风暴过后，真正可以提价的商家，只有那些面临需求曲线右移的大转变或者市场中供给曲线左移的转变的商家。否则，如果商家发布桑迪提高了价格的消息，他们的货架上最终只会留下更多剩余商品。因此，如果我们想要预测飓风桑迪之后哪些价格会上涨，我们所需要做的就是看看那些在飓风过后需求或供给曲线发生大幅变化的厂商。随着许多人被迫离开家园，酒店房间变得稀缺。断电后，发电机变得更有价值。随着树木的倒下，更多的客户开始申请树木移除服务。换句话说，所有这些厂商都看到了市场需求曲线的大幅移动，它们会发现迅速提高产出水平是很困难的。我们不可能在一夜之间真正建起一座假日酒店，而价格上涨成为可能。

事实证明，加油站的汽油价格也上涨了。然而，考虑到道路和企业关闭的状况，人们很可能会认为在桑迪之后，开车会少一些。在这里，更可能的问题是供给曲线的变化，因为运输卡车司机发现人们很难补给加油站。供给曲线的转变使得价格上涨成为可能，特别是考虑到那些确实需要上班的人真的需要这种燃料！

正如我们在正文中所建议的那样，在某些情况下，政府政策会在紧急情况发生后控制允许价格上涨的程度。在飓风桑迪的情况下，三个州都提出针对众多厂商哄抬价格的欺诈投诉，几乎都是酒店、树木移除、加油站和发电机销售业务。在新泽西州，颁布了一项禁止哄抬价格的法律，禁止在紧急情况下提高 10% 以上的价格。康涅狄格州和纽约州的定义更为明确，但不太精确。在这些州，哄抬价格包括紧急情况下"不合理地过度"的价格上涨。经济学在将该定义转化为数字时没有多大帮助。但在这一点上，我们希望你能看到经济学可以帮助我们预测哪些类型的厂商可能被指控犯罪。

思考

1. 飓风桑迪过后，考虑到运输问题，随着供给曲线向左或向内移动，汽油价格上涨。运输问题可能也影响了脆谷乐的配送。您是否预计脆谷乐的价格也会大幅上涨？请说明理由。

音乐会和体育赛事门票的配给机制　体育赛事的门票如世界职业棒球大赛、美国橄榄球超级杯大赛和世界杯，在开放的市场上都有着极高的价格。在许多情况下，价格大大高于原始发行价格。其中有史以来最热门的篮球门票之一是2010年波士顿凯尔特人队和洛杉矶湖人队的NBA决赛系列赛之一，湖人队在七场比赛中获胜。其中一场在洛杉矶的比赛，场边座位的网络售价为19 000美元。

您可能会问，为什么利润最大化的厂商不会收取最高价格？答案取决于具体的赛事。如果芝加哥小熊队进入世界职业棒球大赛，芝加哥人将以数千美元的高价购买所有放出的门票。但如果小熊队实际上收取了2 000美元的门票，那么忠诚的球迷会非常愤怒。"贪婪的小熊队敲球迷竹杠。"媒体会尖叫。工资尚可的普通忠实粉丝将无法负担这些价格。下个赛季，或许一些愤怒的球迷会改变忠诚度，转而支持白袜队。在一定程度上，为了避免疏远忠实的粉丝，冠军赛的价格被压低。有意思的是，看看这个案例，你会发现一张低于市场价格的票价如何发挥作用：

让我们来看看斯台普斯中心的一场音乐会，该中心有20 000个座位。因此，门票供给量固定为20 000张。当然，有好的座位和坏的座位，但为了简单起见，我们假设所有的座位都是相同的，并且所有的门票的推广者每张门票收取50美元。如图4.4所示。供给以20 000的垂直线表示。改变价格并不会改变座位供给。在图中，50美元价格的需求量为38 000，因此在此价格下，有18 000的需求过剩。

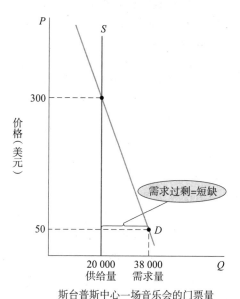

斯台普斯中心一场音乐会的门票量

▲ **图4.4　斯台普斯中心一场音乐会的供需情况**

按面值50美元计算，音乐会的座位需求量过大。当价格为50美元时，需求量大于固定在20 000个座位上的供给量。图形显示，在每张票300美元的价格下，需求量将等于供给量。

谁能买到 50 美元的门票？与汽油一样，可以使用各种配给机制。最常见的是排队，排队等候。门票将在特定时间开始销售，人们会出现并等待。现在，门票销售方在网上有虚拟等候室。世界职业棒球大赛的门票将在 9 月的特定时间开始销售，登录网站的人员会在适当的时候进入电子队列并购买门票。门票通常会在几分钟内售罄。

当然，也有优待客户。当地的政治家、赞助商，以及艺术家的亲友或运动员的亲友通常不需要排队就能获得门票。

但是，"一旦尘埃落定"，技术的力量和机会成本的概念就会接管。即使你以相对较低的价格，即 50 美元买到了票，那也不是真正的成本。真正的代价是坐在票座上所放弃的东西。如果易贝、StubHub 或 Ticketmaster 上的用户愿意为你的门票支付 300 美元，那么这就是你为了参加音乐会必须付出的代价或牺牲。很多人甚至是铁杆球迷都会选择出售这张票。这再一次证明，我们很难阻止市场将票定量分配给那些愿意并且能够支付最多的人。

79

无论私人组织和政府的初始意愿多么好，阻止价格体系起作用或不让"愿意支付的价格"发言都是很困难的。每当使用一种非价格配给体系的时候，价格体系都在背后偷偷起作用。由于优待客户和黑市的存在，最后的分配结果可能比单纯价格配给得到的结果更不公平。

4.1.3 价格和资源分配

把市场体系看作是一种在竞争的需求者之间分配稀缺商品和服务的机制，是很有启发性的。但市场决定的不仅仅是最终产出的分配。它还决定了生产什么，以及如何在不同用途之间分配资源。

考虑到消费者偏好的变化会导致对特定商品或服务的需求增加。例如，在 20 世纪 80 年代，人们开始比以前更频繁地去餐馆吃饭。研究人员认为，这种趋势在今天仍在继续，部分原因是社会变化（如双职工家庭的数量急剧增加），部分原因是收入增加。市场通过将资金和劳动资源转移到更多更好的餐馆来应对这种需求变化。

随着在餐馆就餐需求的增加，外出就餐价格上涨，餐饮业赢利能力增强。更高的利润吸引了新的厂商，并为老餐馆提供了扩张的动力。寻求利润的新资本流入餐饮行业，劳动也是如此。新餐馆需要厨师。厨师们需要培训，随着需求的增加而来的工资上涨也为他们提供了获得培训的动力。为应对培训需求的增加，新的烹饪学校开学，现有学校开始开设烹饪技艺课程。这个故事还可以继续讲下去，但是基本观点已经很清楚了：

产出市场需求变化引起的价格变化导致利润的上升或下降。利润吸引资本；亏损导致撤资。更高的工资吸引劳动力，并鼓励工人获得技能。在体系的核心，投入和产出市场的供给、需求和价格决定了资源分配，以及所生产的商品和服务的最终组合。

4.1.4 最低限价

最低限价：最低价格，低于这一价格不得交易。

最低工资：为劳动价格设定的最低限价。

正如我们所看到的，价格配给被视为不公平而强加的最高限价，这导致了其他的配给机制效率低下，甚至可能同样不公平。对于最低限价，也可以提出一些相同的论点。**最低限价**是一个最低价格，低于这个价格是不获准交易的。如果最低限价高于均衡价格，结果将是供给过剩；供给量将大于需求量。

最低限价最常见的例子是**最低工资**，这是为劳动价格设定的下限。根据美国联邦法律，雇主（需要劳动）向工人（提供劳动）支付的工资不得低于每小时 7.25 美元（2015 年）。许多州的最低工资要高得多；例如，华盛顿特区在 2015 年的最低工资是每小时 9.47 美元。最低工资的批评人士认为，最低工资高于均衡水平，可能导致雇佣的劳动力减少。

4.2 学习目标

分析石油进口税的经济影响。

80

4.2 供给和需求分析：石油进口税

供求关系是一种强有力的分析工具。下面就用这个工具来分析一项对进口石油征税的提案。对进口石油征税的想法引起了激烈的争论，到目前为止，我们所学到的工具将向我们展示征收这种税的效果。

2012 年，美国石油 45% 来自进口。其中 22% 来自波斯湾国家。鉴于世界上这一地区的政治动荡，许多政治人士号召尝试减少对外国石油的依赖。为了实现这一目标，政治家和经济学家经常建议的一个工具是进口石油税或关税。

供给和需求分析使得进口税支持者的论点更易于理解。图 4.5（a）显示了截至 2012 年底的美国石油市场。世界石油价格略高于 80 美元，美国被认为能够以这个价格购买所有它想要的石油。这意味着国内生产商每桶的价格不能超过 80 美元。标有"供给（美国）"的曲线显示了国内供给商在每个价格水平下的产量。以 80 美元的价格，国内产量为每天 700 万桶。美国生产商将在供给曲线上的 A 点生产。2012 年美国的石油需求总量约为每天 1 300 万桶。以 80 美元的价格，美国的需求量是需求曲线上的 B 点。

总需求量（每天 1 300 万桶）与国内生产量（每天 700 万桶）之间的差额为总进口量（每天 600 万桶）。

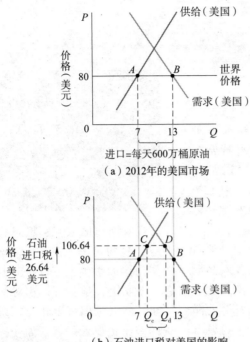

（a）2012年的美国市场

（b）石油进口税对美国的影响

▲ **图 4.5　2012 年美国原油市场**

2012 年，世界原油市场价格约为每桶 80 美元。当年美国国内平均每天生产约 700 万桶，而原油需求平均每天略低于 1 300 万桶。生产和消费之间的差额是由每天约 600 万桶的净进口量构成的，正如我们在图板 a 中看到的那样。

如果政府在这个市场上征收 33.33% 或每桶 26.64 美元的税，那么世界价格将提高到每桶 106.64 美元。价格上涨导致需求量低于 1 300 万桶的原始水平，而价格上涨导致国内产量高于原始水平。正如我们在图板 b 中看到的，其结果是降低了进口水平。

　　现在假设政府对进口石油征收 33.33% 的税。因为进口价格是每桶 80 美元，这个税率转化为税是 26.64 美元，这将美国进口商每桶支付的价格提高到 106.64 美元（80 美元 +26.64 美元）。这一新的、更高的价格意味着美国生产商也可以对每桶原油收取高达 106.64 美元的费用。但是，需要注意的是，该税仅针对进口石油支付。因此，为国内原油支付的全部 106.64 美元将流向国内生产商。

　　图 4.5（b）显示了税收结果。首先，由于价格上涨，需求量下降。这是从 B 点到 D 点沿需求曲线的移动。与此同时，国内生产商的供给量也在增加。这是从 A 点到 C 点沿供给曲线的变化。随着国内供给量的增加和国内需求量的减少，进口量减少，我们可以清楚地看到，$Q_d - Q_c$ 小于原来的每天 600 万桶。

　　这项税收也为联邦政府创造了收入。征收的总税收等于每桶税收（26.64 美元）乘以进口桶数（$Q_d - Q_c$）。

　　这一切意味着什么？归根结底，石油进口税将增加国内生产量，降低整体消费。到了有人认为美国人消耗的石油太多的程度，那么减少消费可能是件好事。我们还看到税收提高了美国的石油价格。

81

实践中的经济学

莎士比亚剧的定价机制

每年夏天，纽约公园里都会有莎士比亚剧的免费表演。演出在当天下午1点开始，门票在公园的德拉科特剧院按先到先得的原则发放。人们通常在早上6点公园开放时开始排队；到上午10点，排队的长度通常足以分发所有可用的票。

当你仔细观察排队买票的人时，他们中的大多数似乎还很年轻。很多人都带着书包，这说明他们是纽约许多大学中的一所的学生。当然，所有的大学生都可能是狂热的莎士比亚迷，但你能想出另一个原因吗？此外，当你观看其中一部戏剧并环顾四周时，观众看起来比站在队伍中的人更老，衣着也更齐整。怎么回事？

虽然门票在金钱成本方面是"免费的"，但其真实价格包括排队花费的时间价值。因此，对于那些时间价值低于高工资收入者（比如来自高盛的投资银行家）的人（例如学生），门票更便宜。门票的实际成本是0美元加上排队时间的机会成本。如果平均每个人排4个小时的队，就像中央公园的情况一样，对于工资高的人来说，票的真实成本可能非常高。例如，一个每小时挣300美元的律师排队等候的话将放弃1 200美元。当发现排队的人都是时间成本较低的群体时，你应该不会感到惊讶。

观看演出的人呢？想想我们关于企业家力量的讨论。在这种情况下，排队购买门票的学生也可以扮演制作人的角色。事实上，学生可以相对便宜地排队买票。然后他们可以转身把票卖给高工资的莎士比亚爱好者。如今，易贝是免费门票的重要交易场所，由排队等候的时间成本较低的个人销售。克雷格名单（Craigslist）甚至提供了一份愿意为你排队的人的名单。

当然，我们偶尔也会在中央公园的队列里遇到一两个忙碌的商务人士。最近，本书的作者之一遇到了一个这样的人，当问他为什么排队而不是使用易贝来购票时，他回答说，这让他想起他年轻时排队等待摇滚音乐会的情景。

思考

1. 许多博物馆都会在每周的某一个工作日提供免费入场券。在免费的那天，我们通常会观察到，去博物馆的人比起在一个典型的星期六更有可能是老年人。为什么？

4.3 供给、需求与市场效率

显然，供给和需求曲线有助于解释市场和市场价格如何分配稀有资源。回想一下，当试图理解"系统是如何运转"时，我们是正在学习"实证经济学"。

4.3 学习目标
解释消费者剩余和生产者剩余如何产生。

供给和需求曲线也可以用来说明市场效率的概念，这是"规范经济学"的一个重要方面。要理解这些概念，首先必须理解消费者剩余和生产者剩余的概念。

4.3.1 消费者剩余

如果认真回顾课堂上所讲述的供给和需求关系，你会发现市场迫使我们对个人偏好进行大量的披露。如果可以在价格和收入的约束下自由地进行选择，而且假如你决定买一个售价为 2.50 美元的汉堡包，那么你就"透露"了一个汉堡包对你来说至少值 2.50 美元。消费者通过他们选择购买什么和做什么来透露他们的特征。

"购买透露偏好"这一理念是经济学家所做的许多估值的基础。图4.6（a）中简单市场的需求曲线很清楚地说明了这一点。在当前市场价格 2.50 美元下，消费者每个月会购买 700 万个汉堡包。在这个市场上，认为汉堡包值 2.50 美元或者更多的人就会买，认为汉堡包不值那么高价钱的人就不会买。

然而，如图所示，有些人对汉堡包的估价超过了 2.50 美元。例如，以 5.00 美元的价格，消费者仍然会购买 100 万个汉堡包。这 100 万个汉堡包对他们的买家来说每个价值 5.00 美元。如果消费者只花每个 2.50 美元就可以买到这些汉堡包，那么他们将获得每个汉堡包 2.50 美元的**消费者剩余**。消费者剩余是指一个人愿意为一种商品支付的最高金额与其当前市场价格之间的差额。愿意支付 5.00 美元购买一个汉堡包的人所获得的消费者剩余大约等于 *A* 点和 2.50 美元价格之间的阴影区域。

消费者剩余：一个人愿意为某一商品支付的最高金额与其当前市场价格之间的差额。

图 4.6（a）中的第二个 100 万个汉堡包的价值也高于市场价格，尽管消费者剩余收益略有减少。市场需求曲线上的 *B* 点显示了消费者愿为第二个 100 万个汉堡包支付的最大金额。这些人赚取的消费者剩余等于 *B* 和 2.50 美元价格之间的阴影区域。同样，对于第三个 100 万个汉堡包，支付的最大意愿由 *C* 点给出；消费者剩余略低于 *A* 点和 *B* 点的水平，但仍然很显著。

图 4.6（a）中数据显示的消费者剩余总值大致等于图 4.6（b）中阴影三角形的面积。为了理解这是为什么，考虑以连续更低的价格向消费者提供汉堡包。如果商品实际售价为 2.50 美元，那么需求曲线上靠近 *A* 点的商品将获得大量剩余；而在 *B* 点的商品将获得较小剩余。在 *E* 点的那些不会得到剩余。

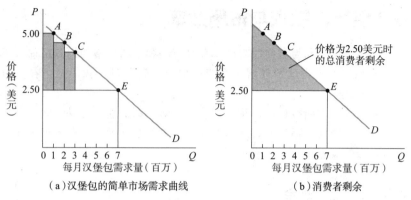

▲ **图 4.6　市场需求和消费者剩余**

如图 4.6（a）所示，一些消费者（见 A 点）愿意为每个汉堡包支付高达 5.00 美元的价格。由于市场价格仅为 2.50 美元，他们每消费一个汉堡包，就会获得 2.50 美元的消费者剩余。其他人（见 B 点）愿意支付低于 5.00 美元的价格，并获得较少的剩余。由于汉堡包的市场价格仅为 2.50 美元，图 4.6（b）中阴影部分三角形的面积等于总消费者剩余。

4.3.2 生产者剩余

相似地，市场上的供给曲线表示了在不同的价格下，厂商愿意生产和供给市场的产品数量。大概是因为价格足以弥补生产的成本和机会成本，生产者可以赚取足够的利润从而留在市场中。当谈到生产成本的时候，我们指的是生产者为了生产放弃的任何其他东西。

如图 4.7（a）所示的一条简单的市场供给曲线非常清楚地说明了这一点。在目前的市场价格水平为 2.50 美元时，生产者将会生产和销售 700 万个汉堡包。这仅仅是一个价格下的生产量，供给曲线告诉我们每个价格之下的供给量。

然而需要注意的是，如果价格仅为 0.75 美元（75 美分），尽管产量会少得多，因为此时大部分的生产者将会停止供给，但是仍有一些生产者在供给汉堡包。实际上，生产者此时大约向市场供给 100 万个汉堡包。这些厂商必须有更低的成本：它们或者更高效，或者可以以更低的价格获得生牛肉，或者可以雇佣到更廉价的劳动力。

生产者剩余：当前市场价格与厂商生产成本之间的差额。

如果这些高效率、低成本的生产者能够对每一个汉堡包收取 2.50 美元的费用，它们将获得所谓的**生产者剩余**。生产者剩余是指目前的市场价格与厂商生产成本之间的差额。第一个 100 万个汉堡包将产生 2.50 美元减去 0.75 美元的生产者剩余，即每个汉堡包 1.75 美元：总计 175 万美元。第二个 100 万个汉堡包也将产生生产者剩余，因为 2.50 美元的市场价格超过了生产者生产这些汉堡包的总成本，后者高于 0.75 美元，但远低于 2.50 美元。

在 2.50 美元的市场价格下，汉堡包生产商获得的生产者剩余的总价值大体上等于图 4.7（b）中阴影三角形面积。那些仅能获得微薄利润的生产者大约在供给曲线上 E 点附近，它们将会获取很少的生产者剩余。

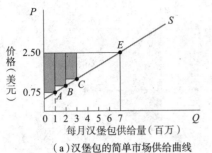
（a）汉堡包的简单市场供给曲线

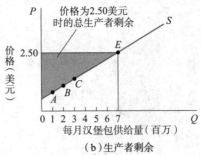
（b）生产者剩余

▲ **图 4.7　市场供给和生产者剩余**

如图 4.7（a）所示，一些生产商愿意以每个汉堡包 0.75 美元的价格生产汉堡包。而它们每个汉堡包被支付 2.50 美元，因此它们获得了 1.75 美元的生产者剩余。其他一些生产者愿意在每个汉堡包低于 2.50 美元的价格下生产，它们也能够获得生产者剩余。因为汉堡包的市场价格就是 2.50 美元，所以图 4.7（b）中阴影部分三角形的面积代表总生产者剩余。

84

4.3.3 竞争市场使得消费者剩余和生产者剩余的总和最大化

在前面的例子当中，价格在 2.50 美元时，汉堡包的供给数量和汉堡包的需求数量是相等的。图 4.8 显示了在生产 700 万个汉堡包的时候，消费者和生产者各自总的净收益。消费者获得的收益是在他们的支付价格之上，等于需求曲线和 2.50 美元价格线之间的浅色阴影区域；该区域等于他们获得的消费者剩余。生产者获得的报酬是在它们的成本之上，处于供给曲线和 2.50 美元价格线之间的深色阴影部分，这一部分等于它们获得的生产者剩余。

现在，如果生产量减少到 400 万个汉堡包，考虑对消费者和生产者的影响。仔细查看图 4.9（a）。在产量为 400 万时，消费者愿意支付 3.75 美元购买汉堡包，还有一些厂商其成本使得以 1.50 美元的低价供给汉堡包是值得的，但是有一些东西会阻止产量停在 400 万。此时的结果是消费者剩余和生产者剩余都将受损。从图 4.9（a）可以看出，如果产量从 400 万扩大到 700 万，市场将产生更多的消费者剩余和更多的生产者剩余。生产不足和生产过剩造成的生产者剩余及消费者剩余的总损失被称为**无谓损失**。在图 4.9（a）中，无谓损失等于三角形 ABC 的面积。

无谓损失： 生产不足或生产过剩造成的生产者剩余及消费者剩余的总损失。

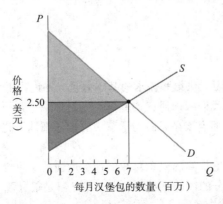

◀ **图 4.8　消费者剩余和生产者剩余的总和**

当供给曲线和需求曲线在均衡价格相交时，消费者剩余和生产者剩余的总和最大。

85

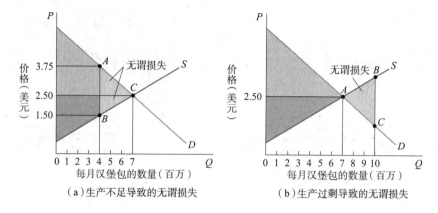

▲ 图4.9　无谓损失

图4.9（a）展示了每个月生产400万个汉堡包而不是700万个汉堡包时的后果。消费者剩余和生产者剩余总和减少了相当于三角形ABC的面积，这被称为生产不足引起的无谓损失。图4.9（b）展示了每个月生产1 000万个汉堡包而不是700万个汉堡包时的后果。由于汉堡包的产量由700万增长到1 000万，生产的总成本超过了消费者愿意支付的价格，导致了相当于三角形ABC面积的无谓损失。

图4.9（b）说明了生产者剩余和消费者剩余的无谓损失是如何由生产过剩引起的。在700万之上，每生产一个汉堡包，消费者愿意支付的价格都低于生产成本。生产超过700万个汉堡包所需的资源成本超过了消费者获得的收益，导致生产者剩余和消费者剩余的净损失等于三角形ABC的面积。

4.3.4 生产不足和生产过剩导致无谓损失的可能原因

在接下来的几章大部分将讨论完全竞争市场，在完全竞争市场中，价格由供给和需求之间自由地相互作用决定。正如你将看到的，当供给和需求自由地相互作用时，竞争市场将会以最低的成本生产出人们想要的产品，也就是说，竞争市场是有效率的。然而，从第13章开始，我们将开始放宽一下假设，探究一些导致市场失灵的原因。垄断力量给了厂商"少生产，高定价"的动机，税收和补贴扭曲了消费者的选择，外部成本包括污染和拥堵可能导致特定产品生产不足或生产过剩，而人为的最高限价和最低限价也可能带来相同的后果。

4.4 前瞻

我们已经学习了供给和需求的基本力量，并讨论了市场／价格体系。这些基本概念是我们未来研究的基础。无论你现在是研究微观经济学还是宏观经济学，都应该在后面的章节中更加详细地研究市场的作用和市场参与者的行为。

因为前四章里提到的概念对我们理解后面的学习内容十分重要，简要回顾一下这部分的内容，对我们进一步学习是很有帮助的。

总结

4.1 价格体系：配给制和资源配置

页 90

1. 在市场经济中，市场体系（或者说价格体系）发挥着两个作用。它决定了资源在生产者之间如何分配以及最终的产出组合。它还在有能力支付和愿意支付的基础上对商品和服务进行配置。在这个意义上，它是一种价格配给手段。

2. 政府和私人厂商有时候会决定不采用市场体系来配给需求过剩的商品。非价格配给体系的例子包括排队、优待客户和配给券。这些政策的根本原因通常是"公平起见"。

3. 试图绕过市场上的价格配给并应用其他配给机制要比乍看上去困难得多，也昂贵得多。为优待客户、黑市和额外费用提供了机会的方案通常会使分配的结果比自由市场下的结果更不"公平"。供给曲线显示了生产者愿意向市场提供的数量与商品价格之间的关系。

4.2 供给和需求分析：石油进口税

页 98

4. 供需关系是一种有利的分析工具。比如，供给和需求分析表明石油进口税可以减少石油需求量，促进国内生产，并为政府带来收入。

4.3 供给、需求与市场效率　页 101

86

5. 供需曲线也可以用来说明市场效率的概念，市场效率是"规范经济学"的一个重要方面。

6. 消费者剩余是一个人愿意为一种商品支付的最高价格和这种商品当前的市场价格之间的差额。

7. 生产者剩余是指当前市场价格与厂商生产成本的最低价格之间的差额。

8. 在完全竞争的自由市场均衡下，消费者剩余和生产者剩余的总和达到最大化。

9. 生产不足或生产过剩造成的生产者剩余及消费者剩余的总损失，被称为无谓损失。

术语和概念回顾

黑市，页 94

消费者剩余，页 101

无谓损失，页 103

优待客户，页 94

最低工资，页 98

最高限价，页 93

最低限价，页 98

价格配给，页 90

生产者剩余，页 102

排队，页 93

配给券，页 94

习题

4.1 价格体系：配给制和资源配置

学习目标： 理解最低限价和最高限价在市场中的作用。

1.1 用供给和需求曲线说明下列情况：

　　a. 2014 年 11 月，安迪·沃霍尔（Andy Warhol）的丝网印刷作品《三重精灵》（*Triple Elvis*，费鲁斯式）在纽约佳士得拍卖行以 8 190 万美元的价格售出。

　　b. 2015 年 3 月，美国生猪的售价为每磅 62 美分，低于 2014 年的每磅 98 美分。这主要是由于在此期间供给量增加了。

c. 2015 年，有机产品的需求持续上升，占美国超市所有产品销量的 11%。与此同时，自 2007 年以来，种植有机作物的农民人数增加了 119%。总体结果是有机产品平均价格下降，有机产品销售量增加。

1.2 每条需求曲线最终一定会与数量轴相交，因为在收入一定的情况下，总会有一个价格高到使人们对这个产品的需求降为零，你是否同意这个观点？请说明理由。

1.3 如果某个主要体育赛事或某场音乐会的入场券存在需求过剩，卖黄牛票的人就会有盈利机会。用供给和需求曲线简单地解释这一说法。一些人认为，卖黄牛票的人是为大家的利益服务的，是"有效率的"。你同意这一观点吗？简要解释一下。

1.4 为了"保护"一些农产品的价格，农业部为每英亩没有耕种的土地向农民以现金形式发放补贴。农业部指出，补贴增加了耕种的"成本"，因此可以减少农产品供给并提高竞争性生产的农产品价格。批评者们则认为，由于补贴就是付钱给农民，因此它会减少成本并导致较低的价格。哪种说法是正确的？为什么？

1.5 底特律两居室公寓的租金已从 2014 年 9 月的均价 796 美元降至 2015 年 3 月的 717 美元。在此期间，底特律对两居室公寓的租住需求也在下降。这很难解释，因为需求法则表明，价格下降会导致需求增加。你同意吗？解释你的答案。

1.6 用供给和需求曲线说明以下内容：

a. 在约瑟夫·海勒（Joseph Heller）的小说代表作《第二十二条军规》中，联邦政府向其中一个角色支付一定的工资，让他不要种植苜蓿。故事里提到，"他没有种植的苜蓿越多，政府给他的钱就越多，于是他便用这笔不劳而获的钱购买新的田产，以此来增加他没有种植的苜蓿数量"。

b. 2015 年，由于对动物保护的关注，墨西哥风味快餐厅（Chipotle）暂停了旗下三分之一餐厅的猪肉销售，这对其向客户销售的鸡肉主菜数量产生了很大的影响。

c. 从 2007 年到 2014 年，美国的收入中位数下降了 8%，这导致了对汽油的需求发生改变。在同一时期，原油价格下跌了 35%，导致汽油的供给量改变。在新的均衡点，汽油的销售量比以前少了。（原油是汽油的生产原料。）

1.7 用供给和需求曲线说明以下内容：

a. 美国全国篮球协会（NBA）因工资封顶而导致的劳动需求过剩的情况。

b. 汽油价格大幅下降对电动汽车需求的影响。

1.8 [与页 95 "实践中的经济学" 相关] 该文指出，在新泽西州，反对价格欺诈的法律禁止在紧急情况下价格上涨超过 10%。假设飓风桑迪之前，便携式发电机的均衡价格为 100 美元，均衡数量为每月 200 台。在桑迪之后，需求增加到每月 500 台，发电机销售商将价格提高到法律允许的最大值。你认为更高的新的价格足以满足日益增长的需求吗？用供给和需求关系图来解释你的答案。

1.9 2015 年 4 月，美国能源信息管理局预计，2015 年剩余时间中，普通汽油的平均零售价格将为每加仑 2.45 美元。对汽油价格做些调查。这个预测准确吗？在你的城市或城镇，普通汽油的价格是多少？如果汽油的价格低于每加仑 2.45 美元，原因是什么？同样地，如果汽油的价格高于 2.45 美元，那么价格更高的原因是什么？以供给和需求曲线说明。

1.10 许多邮轮厂商提供 5 天的行程。这些航班中有相当一部分在周四离开港口，周一晚些时候返回。为什么会这样呢？

1.11 [与页 100 "实践中的经济学" 相关] 在中央公园为了获得莎士比亚剧免费入场券而排的队伍往往很长。一位当地的政治家建议，如果公园为排队等候的人提供音乐，这将是一项伟大的服务。你觉得这个建议怎么样？

1.12 下图表示小麦市场。均衡价格为每蒲式耳 20 美元，均衡数量为 1 400 万蒲式耳。

a. 解释一下，如果政府在这个市场上设定每蒲式耳小麦 10 美元的最高限价，将会发生什么？如果最高限价定在 30 美元，又会怎么样呢？

b. 解释一下，如果政府在这个市场上设定每蒲式耳 30 美元的最低限价，将会发生什么？如果最低限价是 10 美元，又会怎么样呢？

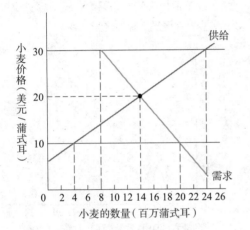

4.2 供给和需求分析：石油进口税

学习目标： 分析石油进口税的经济影响。

2.1 假设世界石油价格为每桶 60 美元，美国可以以这个价格购买它想要的所有石油。假设美国的石油需求和供给计划如下：

每桶价格 （美元）	美国的 需求量	美国的 供给量
55	26	14
60	24	16
65	22	18
70	20	20
75	18	22

a. 在图纸上画出美国的供给和需求曲线。

b. 随着石油贸易自由化，美国人将为他们的石油支付什么价格？美国人会购买多少数量的石油？其中有多少将由美国生产商提供？进口多少？在美国石油市场图上说明总进口量。

c. 假设美国对进口石油征收每桶 5 美元的税。美国人会购买多少数量的石油？其中有多少将由美国生产商提供？进口多少？政府要收多少税？

d. 通过解释国内石油消费者、国内石油生产商、国外石油生产商和美国政府这些团体中谁得到帮助和谁受到损害，简要总结石油进口税的影响。

2.2 使用上一个问题中的数据回答以下问题。现在假设美国不允许石油进口。

a. 美国的石油均衡价格和均衡数量是多少？

b. 如果美国对石油市场设定每桶 65 美元的最高限价并且禁止进口，是否会出现石油供给过剩或需求过剩？如果有的话，是多少？

c. 在最高限价下，供给量和需求量不同。这两者中哪一个将决定购买多少石油？简要解释原因。

4.3 供给、需求与市场效率

88

学习目标： 解释消费者剩余和生产者剩余如何产生。

3.1 利用下图，计算当价格为 12 美元，产量为每天 50 万支时流感疫苗的总消费者剩余。在同样的均衡条件下，计算总生产者剩余。如果价格继续保持为 12 美元，但是产量降低为每天 20 万支流感疫苗时，计算总消费者剩余和总生产者剩余。并计算生产不足导致的无谓损失。

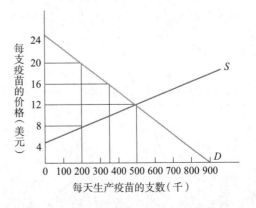

3.2 假设一杯卡布奇诺的市场需求用 Q_D=24-4P 表示，一杯卡布奇诺的市场供给量用 Q_S=8P-12 表示，其中 P 为价格（每杯）。

　　a. 绘制卡布奇诺的供给和需求计划表。

　　b. 均衡价格和均衡数量是多少？

　　c. 计算消费者剩余和生产者剩余，并在图上加以标识。

3.3 2010 年 4 月 20 日，英国石油厂商拥有的一个石油钻井平台在墨西哥湾发生爆炸，造成石油泄漏到海湾，估计随后超过 2 个月每天泄露 150 万至 250 万加仑石油。由于石油泄漏，政府关闭了超过 25% 的联邦水域，这毁灭性打击了该地区的商业捕鱼业。解释减少捕捞水域的供给量会增加还是减少消费者剩余和生产者剩余，并以图形的方式说明这些变化。

3.4 下图表示 DVD 的市场。

　　a. 在市场处于均衡状态时，找出消费者剩余和生产者剩余的价值，并在图形上标出这些区域。

b. 如果在这个市场上出现生产不足，只生产了 900 万张 DVD，那么消费者剩余和生产者剩余的数量会发生什么变化？无谓损失的价值是多少？在图形上标出这些区域。

c. 如果这个市场生产过剩，生产了 2 700 万张 DVD，那么消费者剩余和生产者剩余的数量会有什么变化？生产过剩会导致无谓损失吗？如果会，无谓损失是多少？在图形上标出这些区域。

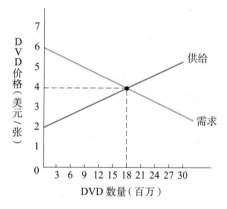

第二部分
宏观经济学中的概念和问题

第5章
宏观经济学概论

当宏观经济繁荣时，人们很容易找到工作，收入一般也会上升，公司的利润也很高。另一方面，如果宏观经济陷入低迷，新的就业岗位稀缺，收入不增长，利润也很低。平均而言，在20世纪90年代末美国经济繁荣时期进入就业市场的学生，就比在2008—2009年经济衰退时期进入就业市场的学生更容易找到工作。美国经济的停滞持续到了2013年，对数百万人产生了负面影响。鉴于宏观经济对我们生活可能产生巨大影响，我们必须理解其运行方式。

我们首先讨论微观经济学（microeconomics）和宏观经济学（macroeconomics）之间的区别，这些区别我们在本书的第一章中有所涉及。**微观经济学**考察各个行业的运作以及个体决策单位（通常是厂商和家庭）的行为。通过对这些单位如何行动的一些假设（厂商最大化利润；家庭最大化效用），我们可以得出关于市场如何运作以及如何分配资源的有用结论。

宏观经济学并不关注影响特定产品生产和单个行业行为的因素，而是关注国家总产出的决定因素。宏观经济学不是研究家庭收入，而是研究国民收入；宏观经济学不是研究个别的价格，而是总体价格水平。宏观经济学不分析汽车行业的劳动需求，而是分析经济中的就业总量。

微观经济学和宏观经济学都关注家庭和厂商的决策。微观经济学处理个体决策；宏观经济学处理这些个体决策的总和。总计在宏观经济学中用于指代总和。当我们谈到**总体行为**（aggregate behavior）时，我们指的是所有家庭的行为以及所有厂商的行为。当我们谈到总消费和总投资时，我们分别指经济的总消费和总投资。

由于微观经济学家和宏观经济学家从不同的角度看待经济，你可

5.1 学习目标

描述宏观经济学的三个主要关注点。

能会期望他们对经济行为的方式得出不同的结论。这在某种程度上是正确的。微观经济学家普遍认为市场运作良好，他们认为价格具有灵活性，可以通过调整价格保持供给量和需求量之间的平衡。然而，宏观经济学家观察到经济中的重要价格——例如工资率（或劳动价格）——经常是"黏性"的。**黏性价格**（sticky prices）是指价格并不总是迅速调整以维持供给量和需求量之间的平衡。因为苹果的价格不具有"黏性"，微观经济学家不认为苹果的供给数量会超过苹果的需求数量。另一方面，宏观经济学家分析总体行为，当他们研究高失业率的时期，他们会发现劳动供给量似乎超过了劳动需求量。在这种情况下，似乎工资率的下降速度不足以维持劳动供给量和劳动需求量之间的平衡。

5.1 宏观经济学的关注点

宏观经济学的三个主要关注点是：
- 产出增长
- 失业
- 通货膨胀和通货紧缩

政府的政策决策者希望经济产出高增长、低失业和低通货膨胀。我们将看到这些政策目标可能相互冲突，理解宏观经济学的一个重要方面是理解这些冲突。

5.1.1 产出增长

经济体往往不会在任何时候都以均匀的速度增长，而是经历短期的起伏。这些起伏的专业名称是**经济周期**（business cycle）。衡量一个经济体如何运作的主要指标是**总产出**（aggregate output），即一定时期内经济体中生产的商品和服务的总量。当生产较少时（换句话说，当总产出减少时），商品和服务减少，平均生活水平下降。当厂商削减产量时，它们也裁员，失业率会上升。

经济衰退（recession）是总产出下降的时期。如果总产出连续两个季度下降，这种经济滑坡通常被归为"衰退"。持久、深度的衰退被称为**经济萧条**（depression），但是经济学家对于经济衰退何时成为经济萧条有不同的观点。自20世纪30年代以来，美国经历了一次经济萧条（20世纪30年代）和八次经济衰退：1946年、1954年、1958年、1974年至1975年、1980年至1982年、1990年至1991年、2001年和2008年至2009年。其他国家也在20世纪经历了经济衰退，其中一些国家大致与美国经济衰退同时发生，有些国家则没有。

图5.1是一个典型的经济周期图示。由于大多数经济体，平均而言，随着时间的推移而增长，图5.1中的经济周期显示出正向的趋势——新

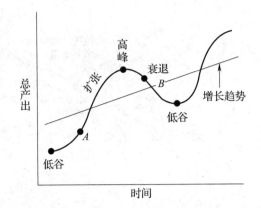

▲ 图 5.1 一个典型的经济周期

在这个经济周期中，经济体正在通过 A 点从低谷走向高峰。当经济体从高峰下降到低谷，再到 B 点时，经济就陷入衰退。

经济周期的高峰（最高点）高于上一周期的高峰。从低谷，或周期的底部，到高峰的时期称为**经济扩张**（expansion）或**繁荣**（boom）。在经济扩张期间，产出和就业增长。当产出和就业下降时，从高峰到低谷的时期称为**经济收缩**（contraction）、**衰退**（recession）或**萧条**（slump）。

在判断一个经济体是正在经历经济扩张还是经济收缩时，我们需要注意经济活动水平与其变化率之间的差异。如果经济体刚刚走出低谷（图 5.1 中的 A 点），它将会增长（变化率为正），但其产出水平仍然很低。如果经济体刚刚从高峰开始下降（B 点），它将会收缩（变化率为负），但其产出水平仍然很高。图 5.1 中绘制的经济周期是对称的，这意味着扩张时期与收缩时期的长度相同。但是大多数经济体的经济周期并不对称。例如，经济扩张的阶段可能比经济收缩的阶段长。当经济收缩到来时，它可能是快速和急剧的，而经济扩张可能是缓慢和渐进的。此外，经济体并不像图 5.1 中的经济周期那样规律。经济的起伏往往不稳定。

图 5.2 展示了 1900 年至 2014 年间美国的实际经济周期。尽管许多经济周期发生在过去 115 年中，但每个经济周期都是独一无二的。经济体不是那么简单地拥有规律的经济周期。

在图 5.2 中，"大萧条"（Great Depression）时期、第一次世界大战和第二次世界大战期间的总产出波动最大。其他时期美国经济也经历过大的经济收缩和经济扩张。我们需要注意美国 20 世纪 60 年代的经济扩张，和 1970 年以来的五次经济衰退。有些经济周期很长，有些经济周期很短。我们还需要注意的是，美国的总产出实际上在 1933 年到 1937 年之间增加了，尽管在 1937 年仍然相当低。在第二次世界大战和美国的国防建设之前，美国经济并没有走出大萧条。另外，第二次世界大战前的经济周期比后来的经济周期更加极端。最后，我们观察到 2008 年至 2009 年的经济衰退的复苏异常缓慢。

经济扩张或繁荣： 经济周期从低谷到高峰的时期，产出和就业增长。

经济收缩、衰退或萧条： 经济周期从高峰到低谷的时期，产出和就业下降。

92

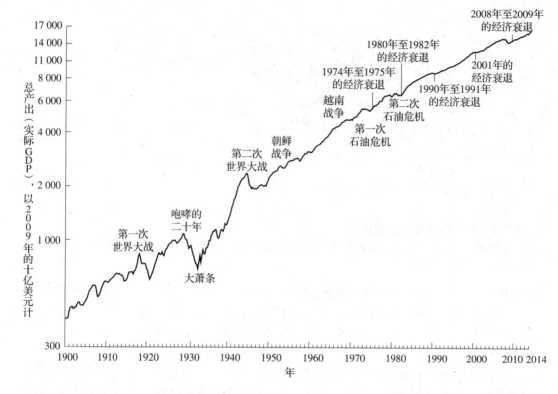

▲ 图 5.2　1900—2014 年美国总产出（实际 GDP）
大萧条时期、第一次世界大战和第二次世界大战期间的总产出波动最大。

5.1.2 失业

93

失业率： 失业劳动力的百分比。

当你收听新闻或阅读报纸的时候，你会注意到每月发布的失业率数据。**失业率**（unemployment rate）——即失业劳动力的百分比——是反映经济体健康状况的关键指标。因为失业率通常与经济总产出密切相关，所以经济学家、政治家和政策制定者都非常关注每个月新数据的公布。

虽然宏观经济学家对于失业率在一定时期内上升或下降的原因有兴趣，但他们也试图回答一个更基本的问题：为什么会出现失业？这个问题的部分答案是直截了当的，因为劳动力市场的调整通常需要一些时间。有时候人们决定辞掉工作并寻找更好的机会。在找到新工作之前，他们将失业。在任何时候，由于与对手竞争、管理不善或运气不好等原因，一些厂商可能会濒临破产。这些厂商的员工通常无法立即找到新工作，而在寻找工作时，他们将失业。此外，第一次进入劳动力市场的人可能需要几周或几个月才能找到工作。所有这些因素都告诉我们，在充满活力的经济体中，正失业率是不可避免的。

宏观经济学中的一个关键问题是，当失业率超过这个基准水平时，经济体如何调整。供需分析使我们期望市场对失业工人的存在做出反应。具体而言，当失业超过一定的最低数量时，工人的供给过剩——在现行工资水平下，有些人想找工作却找不到工作。微观经济理论告诉我们，供给过剩会导致商品价格下降。随着价格下跌，需求量增加，供给量下降。最终价格下跌到足以使供给量等于需求量，并且随着市场的出清恢复均衡。

失业的存在似乎意味着总体劳动力市场不处于均衡状态——某种因素会阻止供给的数量和需求的数量相等。为什么劳动力市场不会出清，而其他市场会有均衡状态？或者是劳动力市场会出清，而失业数据反映出其他情况？这是宏观经济学一直在探讨的问题之一。

5.1.3 通货膨胀和通货紧缩

通货膨胀（inflation）是整体物价水平的上升。保持低通胀一直是政府政策的目标。但更成问题的是**恶性通货膨胀**（hyperinflation），也就是整体物价水平非常快速增长的时期。

大多数美国人都不知道高通货膨胀下的生活是什么样的。在某些国家，人们习惯于物价按日、按小时甚至按分钟上涨。在 1984 年和 1985 年玻利维亚的恶性通货膨胀期间，一个鸡蛋的价格在 1 周内从 3 000 比索上升到 10 000 比索。在 1985 年，三瓶阿司匹林的价格与 1982 年售出的一台豪华轿车的价格相同。与此同时，处理货币的问题成了一种负担。玻利维亚的货币在西德和英国印刷，是该国 1984 年的第三大进口货物，仅次于小麦和采掘设备。在 2014 年 12 月，委内瑞拉的通货膨胀率达到 68%，该国经历了许多街头抗议活动。非常高的通货膨胀可能会破坏经济和政府的稳定。恶性通货膨胀是罕见的。尽管如此，经济学家已经投入了大量精力来确定缓慢通货膨胀的成本和后果。有人从通货膨胀中获益吗？谁输了？通货膨胀对社会造成了什么代价？它们有多严重？是什么导致通货膨胀？阻止通货膨胀的最佳方法是什么？经济学家在这些问题上也有不同的观点。另一方面，整体物价水平的下降称为**通货紧缩**（deflation）。在美国历史上和在日本近年来的某些时期，通货紧缩已经发生了很长一段时间。在 2015 年，欧盟开始采取措施应对该地区通货紧缩的早期阶段。政策制定者的目标是避免长期的通货紧缩和通货膨胀，以实现稳定的宏观经济目标。

5.2 宏观经济的组成部分

理解宏观经济如何运作可能具有挑战性，因为经济体内同时正在进行大量运作。一切似乎都会影响其他一切。从整体上看，可以将经济参与者分为四大类：（1）家庭，（2）厂商，（3）政府，（4）世界其他地区。家庭和厂商构成私人部门，政府是公共部门，世界其他地区是外国部门。这四个群体以各种方式在经济中相互作用，其中许多涉及接受或支付收入。

通货膨胀： 整体物价水平上涨。

恶性通货膨胀： 一个整体物价水平增长非常快速的时期。

通货紧缩： 整体物价水平下降。

5.2　学习目标
讨论宏观经济的四个组成部分之间的相互作用。

94

5.2.1 循环流动图

循环流动图： 显示经济中各部门流入与流出的图表。

　　理解经济中四个群体之间经济相互作用的有效方法是**循环流动图**（circular flow），这个流动图显示每个群体的收入和支出。简单的循环流动图如图 5.3 所示。

　　让我们一步一步地理解这个循环流动图。家庭为厂商和政府工作，他们工作获得工资。我们的图形显示，作为对这些劳务的报酬，家庭部门收到工资。家庭也获得企业和政府债券的利息以及来自厂商的股利。许多家庭从政府获得其他款项，例如社会保障金、退伍军人补贴和福利金。经济学家将这类来自政府的支付称为政府的**转移支付**（transfer payments）。转移支付的接受人不提供商品、服务或劳务。这些所得一起构成了家庭的总收入。

转移支付： 来自政府的现金支付，其接受人并不提供商品、服务或劳动。转移支付包括社会保障金、退伍军人补贴和福利金。

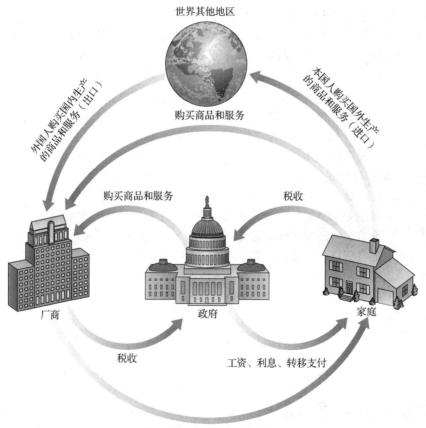

▲ 图 5.3　支出的循环流动

家庭获得来自厂商和政府的收入，使用此收入从厂商购买商品和服务，并向政府缴纳税收。家庭还购买外国商品和服务（即进口）。厂商从家庭和政府获得提供商品和服务的报酬；厂商向家庭支付工资、股利、利息，以及向政府缴纳税款。政府从厂商和家庭获得税收，向厂商和家庭支付商品和服务费用——包括向政府工作人员支付工资——并支付利息和各项转移支付到家庭。最后，其他国家的人购买本国生产的商品和服务（即出口）。
注意：尽管未在此图中显示，但厂商和政府也购买进口商品。

　　家庭部门从厂商购买商品和服务，并向政府纳税。这些项目构成了家庭支付的总金额。家庭总收入与家庭总支付金额之间的差额是家庭储蓄或家庭借贷。如果家庭获得的收入超过消耗他们的支出，他们会在此期间储蓄。如果他们收到的钱比他们花的少，他们就不会储蓄。一个家庭可以消耗以前的一些储蓄或借贷。在循环流动图中，家庭支出显示为流出。家庭储蓄有时被称为循环流动的"泄漏"，因为它减少了系统中的收入，或降低了当前的购买力。

　　厂商通过向家庭和政府部门销售商品和服务以获得收入。这些收入在循环流动图中显示为流入厂商部门的流量。厂商向家庭部门支付工资、利息和股利，厂商向政府部门缴纳税收。这些支付在循环流动图中显示为流出厂商部门的流量。

　　政府从家庭和厂商部门收税。政府也有支付。政府从厂商部门购买商品和服务，向家庭部门支付工资和利息，并向家庭转移支付。如果政府的收入低于其支付，政府就会消耗其以前的储蓄或举债。

　　最后，家庭部门将其部分收入用于购买进口商品和服务，即世界其他地区生产的商品和服务。同样，外国人购买其他国家厂商生产的出口商品和服务。

　　循环流动图给我们的一个启示是，每个人的支出都是别人的收入。如果您从戴尔电脑公司购买个人计算机，你向戴尔付款，戴尔将获得收入。如果戴尔向政府缴税，戴尔付款给政府，这笔款项成为政府的收入。每个人的支出都被使用在某个地方。没有买家，卖家就不可能卖东西；没有收款人，支付方就不可能付款。每笔交易都必须有两个交易方。

5.2.2 三个市场

　　另一种看待家庭、厂商、政府和世界其他地区相互关联的方式，是考虑它们互动的市场。我们将市场划分为三个广泛的领域：（1）商品和服务市场；（2）劳动力市场；（3）货币（金融）市场。

商品和服务市场　　家庭和政府在商品和服务市场从厂商购买商品和服务。在这个市场中，厂商也相互购买商品和服务。例如，利维斯（Levi Strauss）从其他厂商购买牛仔布制作蓝色牛仔裤。此外，厂商从其他厂商购买资本品。如果通用汽车需要在其装配线上安装新的机器人，通用可能会从另一家厂商购买而不是制造它们。第 1 章中的"实践中的经济学"描述了苹果电脑在组装 iPod 时如何从其他许多厂商购买零件。

　　厂商向商品和服务市场提供商品和服务。家庭、政府和厂商都对这个市场有需求。最后，世界其他地区从这个商品和服务市场购买和出售商品和服务。美国进口价值数千亿美元的汽车、DVD、石油和其他商品。就苹果的 iPod 而言，生产的零部件来自位于世界各国的其他厂商。

与此同时，美国出口价值数千亿美元的电脑、飞机和农产品。

劳动力市场　当厂商和政府从家庭部门雇佣劳动力时，就会发生劳动力市场中的互动。在这个市场中，家庭部门提供劳动，厂商和政府部门需要劳动。在美国经济中，厂商是最大的劳动需求者，尽管政府也是一个重要的雇主。经济体中的劳动供给总量取决于所有家庭的决策总和。个人必须对是否进入劳动力队伍（是否要找工作）以及工作多长时间作出决策。

世界其他地区也对本国的劳动力有所要求。近年来，劳动力市场已成为一个国际市场。例如，如果不是来自墨西哥的移民农场工人提供劳动服务，加利福尼亚的蔬菜和水果农场主就很难将产品运到市场上去卖。多年来，土耳其一直向德国提供"客工"，他们愿意从事较为富裕的德国工人不愿从事的低薪工作。美国主要公司经营的呼叫中心有时由印度和其他发展中国家的劳工组成。

货币市场　在货币市场——有时也被称为金融市场——家庭部门购买厂商的股票和债券。家庭为货币市场提供资金，期望以股票股利和债券利息的形式赚取收入。家庭部门也通过货币市场筹集资金，借入来自该市场的资金来购买各种商品和服务。厂商举债以建设新设施，希望未来能够获得更多收益。政府通过发行债券来资助公共项目。家庭、厂商、政府和世界其他地区的大部分借贷都由金融机构——商业银行、储蓄与贷款协会、保险公司等——来协调。这些机构从一个群体收取存款并将其贷给其他的群体，通常将资金从世界的一个地方转移到另一个地方。

国债或票据：美国联邦政府在借钱时发行的"承诺偿还"的期票。

当一个厂商、家庭或政府举债时，它有义务还债，还债的时间通常在未来的某个特定时间。大多数贷款还涉及支付利息作为使用借入资金的费用。贷款时，借款人通常会签署"承诺偿还"的期票，并将其交给贷方。当美国联邦政府借钱时，它会发行**国债或票据**（Treasury bonds, notes, or bills）的"承诺"以换取金钱。厂商可以从银行借钱，或者可以发行**公司债券**（corporate bonds）。

公司债券：公司在借钱时发行的期票。

除了发行债券筹集资金，公司也可以发行股票。**股票**（share of stock）是一种金融工具，它赋予持有者在公司所有权中的份额，因此持有者有权分享公司的利润。如果公司表现良好，股票价值会增加，股东在初次购买时会获得资本收益[①]。此外，股票可能会支付**股利**（dividends），也就是说——公司可能会将部分利润直接返还给股东，而不是保留利润来购买资本品。如果公司经营不好，那么股东也是如此。股票的资本价值可能会下降，并且可能无法支付股利。股票在世界许多地方的交易所交

股票：一种金融工具，赋予持有人公司所有权的份额，因此持有人有权分享公司的利润。

股利：公司定期向股东支付的公司利润的一部分。

---

① 只要资产价值增加，就会出现资本收益。如果你以 1 000 美元的价格购买了一只股票，现在它的价值为 1 500 美元，那么你已经获得了 500 美元的资本收益。当你出售资产时，"实现"资本收益。在你出售之前，资本收益是累计但未实现的。

易，最大的交易所位于纽约、伦敦和东京。

股票和债券只是各方之间的合同或协议。我同意借给你一定金额，并且你同意在未来某个日期归还这笔金额并支付一些额外的费用，或者我同意购买你公司的一部分所有权，而你同意给我公司未来的利润分成。

货币市场的一个关键变量是利率。虽然我们有时会说好像只有一个利率，但任何时候都不会只有一个利率。给定贷款的利率反映了贷款的时间长度和贷方对风险的感知程度。刚开始经营的企业必须支付比通用汽车更高的借贷费用。30 年期抵押贷款的利率与 90 天贷款不同。尽管如此，利率往往会一起上下移动，而它们的变动反映了金融市场的一般情况。

5.2.3 政府在宏观经济中的作用

政府在宏观经济中发挥着重要作用，因此理解宏观经济如何运作的有效方法是考虑政府如何使用政策来影响经济。政府的两个主要政策工具是：（1）财政政策；（2）货币政策。大部分宏观经济学的研究都是研究财政和货币政策的运作方式。

财政政策（fiscal policy）是指政府关于税收和支出的决策。联邦政府从家庭和厂商收税，并将这些资金用于提供从导弹到公园、社会保障支付、州际公路等公共项目和服务。税收采取个人所得税、社会保障税和公司利润税等形式。扩张性财政政策是减税或政府支出增加的政策。紧缩性财政政策恰恰相反。

财政政策：政府支出和税收的政策。

美国的**货币政策**（monetary policy）由美国的中央银行——美国联邦储备银行执行。美联储控制着美国的短期利率。美联储的决定对经济产生重要影响。事实上，试图稳定美国经济周期的任务在历史上一直留给美联储（即货币政策）。我们将在后面的章节中看到，美联储在 2008 年至 2009 年的经济衰退中扮演的角色比在之前的经济衰退中更为积极。然而，财政政策在 2008 年至 2009 年的经济衰退及其后续发展中也发挥了积极作用。

货币政策：中央银行使用的控制短期利率的工具。

97

5.3 宏观经济学简史

在 20 世纪 30 年代，**大萧条**时期的严重经济收缩和高失业引发了人们对宏观经济问题，特别是失业问题的大量思考。图 5.2 显示，这一时期美国经历了 20 世纪最大和最长的总产出收缩。20 世纪 20 年代是美国经济的繁荣时期。事实上，每个想要工作的人都可以获得一份工作，收入大幅上升，而且物价稳定。从 1929 年末开始，情况突然急转直下。在 1929 年，有 150 万人失业。到 1933 年，失业人数增加到 1 300 万，而当时的劳动力人数是 5 100 万。在 1933 年，美国生产的商品和服务

5.3 学习目标

总结 1929 年至 1970 年间美国的宏观经济史。

大萧条：严重的经济萎缩和高失业的时期始于 1929 年，并持续到 20 世纪 30 年代。

比 1929 年减少了约 27%。在 1929 年 10 月，当华尔街股市崩溃时，数十亿美元的私人财产化为泡影。直到 1940 年，失业率仍然高于 14%。（参见"实践中的经济学：文学中的宏观经济学"，菲茨杰拉德和斯坦贝克对 20 世纪 20 年代和 30 年代的看法。）

在大萧条之前，经济学家将微观经济模型（有时称为"古典"或"市场出清"模型）应用于整个经济问题。正如我们所说，古典经济理论的供需分析假设劳动供给过剩会将工资降低到新的均衡水平。工资率的下降反过来会提高企业对劳动的需求，从而消除失业率。这个预测很明确：失业不可能持续下去。但是，在大萧条时期，高失业率仍然维持近十年。在很大程度上，简单的古典经济模型不能解释长期存在的高失业率，这为宏观经济学的发展提供了动力。我们现在所谓的宏观经济学诞生于 20 世纪 30 年代。

在经济学发展的历史中，最重要的著作之一是于 1936 年出版的约翰·梅纳德·凯恩斯（John Maynard Keynes）撰写的《就业、利息和货币通论》。基于对市场及其行为的理解，凯恩斯构建了一个可以解释他那个时代令人困惑的经济事件的经济理论。

许多宏观经济学理论都源于凯恩斯的著作。根据凯恩斯的观点，决定就业水平的因素不是古典模型中的价格和工资，而是商品和服务的总需求（有时称为"总支出"）水平。此外，凯恩斯认为政府可以通过干预经济来影响产出和就业水平。凯恩斯认为，当私人需求低迷时，政府可以刺激总需求，并通过这样做，将经济从衰退中解脱出来。（凯恩斯的影响力超过了他的生命，他是英格兰的布鲁姆斯伯里团体的人物之一，这一团体还包括弗吉尼亚·伍尔夫和克莱夫·贝尔。）

在第二次世界大战之后，特别是在 20 世纪 50 年代，凯恩斯的观点开始对职业经济学家和政府决策者产生越来越大的影响。各国政府开始相信，它们可以干预经济，以实现它们期望的就业和产出目标。政府开始利用它们的职权来征税和支出，以及利用它们影响利率和货币供给的能力，来达到控制经济的支出水平、从而控制其波动的明确目的。随着 1946 年《就业法案》的通过，这种政府政策的观点在美国得到牢固的确立。这一法案确立了美国总统的经济顾问委员会（Council of Economic Advisers），这是一个针对经济问题向总统提出建议的经济学家团队。该法案还规定联邦政府有责任干预经济，以防止产出和就业大幅下降。

在 20 世纪 60 年代，政府能够而且应该采取行动来稳定宏观经济的观念达到了高潮。在这些年里，美国总统约翰·肯尼迪（John F. Kennedy）和林登·约翰逊（Lyndon B. Johnson）领导的经济顾问委员会的主席沃尔特·海勒（Walter Heller）提到微调（fine-tuning）一词，指出政府在调节通货膨胀和失业方面的作用。在 20 世纪 60 年代，许多经济学家认为政府可以使用现有工具来相当准确地调控失业和通胀水平。

微调： 经济学家沃尔特·海勒提出的概念，用来指政府在监管通货膨胀和失业中的作用。

实践中的经济学

文学中的宏观经济学

　　正如我们所知道的，经济学语言包括大量的图形和方程式。但经济学家研究的基本现象是以故事、图形和方程式的方式呈现。接下来的两段文字，来自菲茨杰拉德（F. Scott Fitzgerald）写的《了不起的盖茨比》（*The Great Gatsby*）和斯坦贝克（John Steinbeck）写的《愤怒的葡萄》（*The Grapes of Wrath*）。虽然不是以图形的方式呈现，但它们却展示了 20 世纪 20 年代咆哮式的经济增长和支出以及大萧条中人类失业的一面。《了不起的盖茨比》写于 1925 年，背景设定为 20 世纪 20 年代的美国，而 1939 年写的《愤怒的葡萄》背景设定为 20 世纪 30 年代初的美国。如果我们看一下包括这两个时期的图 5.2，我们会看到作者菲茨杰拉德和斯坦贝克所写在图中所对应的年代。

摘自《了不起的盖茨比》

　　至少每两周一次，一群餐饮服务员带着数百英尺的帆布和足够的彩灯来在盖茨比的巨大花园点缀一棵圣诞树。自助餐桌上各色冷盘琳琅满目，一只只五香火腿摆满了五花八门的色拉、烤得金黄的乳猪和火鸡。在大厅里，设有一个镶嵌真正黄铜的酒吧，里面摆满了杜松子酒和烈酒。大部分女客都太年轻，不足以知道这些。

　　到了七点钟，管弦乐队已经到了——满是双簧管和长号、萨克斯风、短号、短笛、低鼓和高鼓。最后，一名游泳者从海滩进来，在楼上穿衣服；来自纽约的汽车停在车道的五个深处，而且大厅、沙龙和阳台都已经是五彩缤纷的，女客们的发型争奇斗艳，披的纱巾是卡斯蒂尔人做梦也想不到的。

摘自《愤怒的葡萄》

　　迁徙的人是移民。那些生活在同一块土地上的家庭在四十英亩的土地上生活和死亡，他们依靠四十英亩的农产品自给自足，现在他们要去西部大开发。他们匆匆忙忙地寻找工作；高速公路上都是人，银行里都是排队的人。在他们之后，更多人即将前仆后继。交通要道上挤满了移动的人。

思考

1. 正如我们在本章的导言中指出的那样，宏观经济学关注的是三个问题。《愤怒的葡萄》的摘录中包含了这三个关注点中的哪些问题？
2. 《了不起的盖茨比》中提到了哪些经济学教科书？
提示：访问 fairmodel.econ.yale.edu/rayfair/pdf/2000c.pdf。

对政府精细管理经济的能力的乐观态度是短暂的。在 20 世纪 70 年代和 80 年代初期，美国经济在就业、产出和通货膨胀方面都有很大波动。在 1974 年至 1975 年和 1980 年至 1982 年，美国经历了严重的经济衰退。尽管不像 20 世纪 30 年代的大萧条那样具有灾难性，这两次经济衰退仍然导致数以百万计的人失业，以及数十亿计美元的产出和收入损失。在 1974 年至 1975 年和 1979 年至 1981 年，美国也出现了高通货膨胀率。

滞胀： 高通胀和高失业并存的情况。

因此，20 世纪 70 年代是一个停滞和高通胀的时期，后来被称为**滞胀**（stagflation）。滞胀被定义为高通货膨胀、缓慢或负增长的产出跟高失业同时存在的状况。20 世纪 70 年代之前，只有在经济繁荣和失业低的时期才出现高通胀。对于宏观经济理论学者和关注经济健康发展的政策制定者来说，滞胀问题都是令人烦恼的。

99

到 1975 年，宏观经济很明显比海勒的观点或经济学教科书理论所述的更难以控制。20 世纪 70 年代和 80 年代初的事件对宏观经济理论产生了重要影响。简单的凯恩斯主义模型和 20 世纪 60 年代的"传统智慧"的大部分信念都丢失了。虽然我们现在离 20 世纪 70 年代已经过去了四五十年，但宏观经济学作为学科仍在不断变化，并且还没有就宏观经济如何运作达成一致意见。许多重要的宏观经济学问题尚未解决。这使得宏观经济学难以教授，但学习起来还是很有趣。

5.4 学习目标

描述 1970 年以来的美国经济。

5.4 1970 年以来的美国经济

了解美国经济的近期的表现对我们理解接下来的章节有所帮助。1970 年以来，美国经济经历了五次经济衰退和两次高通胀时期。1970 年以来的时期如图 5.4、图 5.5 和图 5.6 所示。这些数字基于季度数据（即一年中每个季度的数据）。第一季度包括 1 月、2 月和 3 月；第二季度包括 4 月、5 月和 6 月；等等。罗马数字 I、II、III 和 IV 分别表示四个季度。例如，1972 III 指的是 1972 年的第三季度。

图 5.4 绘制了 1970 I—2014 IV 的经济总产出。五个经济衰退期分别是 1974 I—1975 I、1980 II—1982 IV、1990 III—1991 I、2001 I—2001 III 和 2008 I—2009 II。[②] 这五个时期在图中用阴影表示。图 5.5 显示

---

② 1980 II—1982 IV 期间，产出在 1980 IV 和 1981 I 上升，然后在 1981 II 再次下降。鉴于这一事实，一种可能性是将 1980 II—1982 IV 期视为包括两个独立的经济衰退时期：1980 II—1980 III 和 1981 I—1982 IV。然而，由于经济扩张是如此短暂，我们选择不将时期分为两个部分。这些时期接近但不完全是美国国家经济研究局（NBER）定义的经济衰退时期。美国国家经济研究局被认为是经济衰退期的"官方"决策者。美国国家经济研究局定义的一个问题是它们从未被修改过，但宏观数据有时是大量的，这意味着美国国家经济研究局周期并不总是使用最新修订数据选择的周期。2008 年 11 月，美国国家经济研究局宣布 2007 年 12 月开始出现经济衰退。2010 年 9 月，它宣布经济衰退于 2009 年 6 月结束。

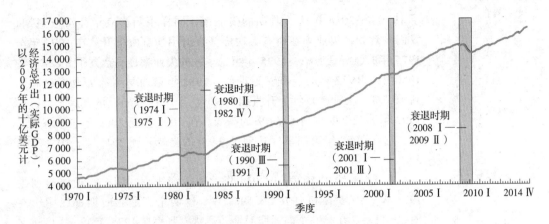

▲ **图 5.4　1970 I—2014 IV的经济总产出（实际 GDP）**

1970 年以来美国的总产出总体上有所增加，但有五个衰退时期：1974 I—1975 I，1980 II—1982 IV，1990 III—1991 I，2001 I—2001 III 和 2008 I—2009 II。

100

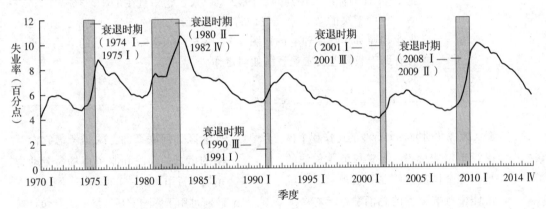

▲ **图 5.5　1970 I—2014 IV的失业率**

1970 年以来美国的失业率表现出很大差异。五个衰退期显示失业率上升。

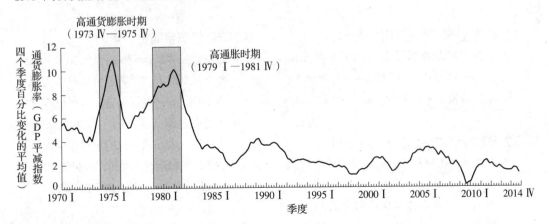

▲ **图 5.6　1970 I—2014 IV的通货膨胀率（GDP 平减指数四个季度百分比变化的平均值）**

1970 年以来，两个时期的通货膨胀一直很高：1973 IV—1975 IV 和 1979 I—1981 IV。1983 年至 1992 年间的通货膨胀率中等。1992 年以来，通胀率变得相当低。

了 1970 I —2014 IV 这一时期的失业率，同样用阴影表示经济衰退期。我们注意到，失业率在所有五次经济衰退中均有所上升。在 1974 年至 1975 年的经济衰退中，1975 年第二季度的失业率最高达到了 8.8％。在 1980 年至 1982 年的经济衰退期间，1982 年第四季度的失业率最高达到 10.7％。失业率持续上升直到 1990 年至 1991 年的经济衰退之后，在 1992 年第三季度达到了 7.6％的高峰。在 2008 年至 2009 年的经济衰退中，它在 2009 年第四季度达到了 9.9％的高峰。到 2015 年，失业率为 5.5％。

图 5.6 描绘了 1970 I —2014 IV 的通货膨胀率。两个高通胀时期是 1973 IV —1975 IV 和 1979 I —1981 IV。这两个高通胀时期都以阴影在图 5.6 表示。在第一个高通胀时期，通货膨胀率在 1975 年第一季度达到 11.1％的峰值。在第二个高通胀时期，通货膨胀率在 1981 年第一季度达到 10.2％的最高点。1983 年以来，通货膨胀率一直很低，这是按照 20 世纪 70 年代的标准来评判的。1992 年以来，它一直在 1％至 3％之间。

在接下来的章节中，我们将解释变量之间的行为和关系，如产出、失业和通货膨胀。理解创建图 5.4、图 5.5 和图 5.6 中所示的运动的力量将有助于我们理解宏观经济如何运作。

101

总结

1. 微观经济学研究各个行业的运作和个体决策单位的行为。宏观经济学关注的是这些个体决策的总和或汇总——经济体中所有家庭的总消费，所有个人和厂商提供和需要的劳动数量，以及所有商品和服务的总量。

5.1 宏观经济学的关注点　页 112

2. 宏观经济学家首要关注的三个基本问题是经济总产出的增长率、失业水平、总体价格水平的上升，或通货膨胀。

5.2 宏观经济的组成部分　页 115

3. 循环流动图显示了宏观经济的四个组成部分——家庭、厂商、政府和世界其他地区的收入和支出。每个人的支出都是另外某些人的收入，即每笔交易都必须有双方参与。

4. 另一种理解家庭、厂商、政府和世界其他地区如何联系的方式是考虑它们互动的市场：商品和服务市场、劳动力市场和货币（金融）市场。

5. 政府可用于影响宏观经济的工具包括财政政策（税收和政府支出决策）和货币政策（控制短期利率）。

5.3 宏观经济学简史　页 119

6. 宏观经济学源于解释 20 世纪 30 年代大萧条。从那时起，随着经济面临的问题发生变化，宏观经济学这门学科已经发生了变化，涉及新问题。到 20 世纪 60 年代后期，人们认为政府可以微调经济使它始终平稳运行。然而，20 世纪 70 年代糟糕的经济表现表明，微调并不总是有效。

5.4 1970 年以来的美国经济　页 122

7. 1970 年以来，美国经济出现了五次经济衰退和两次高通胀时期。

术语和概念回顾

习题

5.1 宏观经济学的关注点

学习目标： 描述宏观经济学的三个主要关注点

1.1 定义通货膨胀。假设你生活在一个简单的经济体中，只生产和交易三种商品：腰果、山核桃和杏仁。假设在 2015 年 1 月 1 日，腰果以每磅 12.50 美元的价格出售，山核桃以每磅 4.00 美元的价格出售，而杏仁则以每磅 5.50 美元的价格出售。在这一年年底，你发现腰果的收成比预期的要低，腰果的价格上涨至每磅 17.00 美元，但山核桃的价格保持在 4.00 美元，杏仁的价格实际上已跌至 3.00 美元。你能说出整体"价格水平"发生了什么变化吗？你如何构建"价格水平变化"的衡量标准？你可能需要哪些其他信息来构建你的指标？

1.2 定义失业。每个没有工作的人都应该被视为"失业"吗？为了帮助你回答这个问题，请绘制描述劳动力市场的供求图。劳动需求曲线衡量的是什么？哪些因素决定了特定时期内的劳动需求量？劳动供给曲线衡量的是什么？ 哪些因素决定了特定时期内家庭供给的劳动数量？选择工作的机会成本是多少？

1.3 根据美国国家经济研究局的说法，经济大衰退在 2007 年 12 月开始，并于 2009 年 6 月结束。在经济衰退期间，美国全国商品和服务产出从 2008 年第二季度开始下降。直到 2009 年第二季度经济衰退结束，然后慢慢开始复苏。当经济衰退被正式宣布结束时，失业率继续上升，在 2009 年 10 月达到 10%，并且在 2010 年 4 月缓慢开始下降之前一直接近这一水平。在这 10 个月期间，美国经济中的就业岗位净损失接近 140 万个。在就业率下降的同时，产出怎么可能上升？

1.4 描述你所在地区的经济状况。最近报告的失业率是多少？ 在过去 3 个月和去年，工作数量有何变化？你所在地区的表现与去年全国经济的表现相比如何？新闻界提供了哪些解释？它们有多准确？

1.5 简要解释宏观经济学与微观经济学的不同之处。宏观经济学家如何利用微观经济理论指导他们的工作？为什么他们想要这样做呢？

1.6 在 1974 年，一张一等邮票的价格为 10 美分，一个面包的平均价格为 28 美分，汽油的平均价格为每加仑 53 美分，新车的平均价格为 3 500 美元。在 2014 年，邮票价格为 49 美分，面包的平均价格为 2.46 美元，汽油的平均价格为每加仑 3.36 美元，新车的平均售价为 32 531 美元。从以上描述比较今天的消费者和 1975 年的消费者。给出评论。

5.2 宏观经济的组成部分

学习目标: 讨论宏观经济的四个组成部分之间的相互作用。

2.1 在经济增长缓慢的 1993 年，美国总统比尔·克林顿建议采取一系列削减开支和增加税收的措施以减少赤字。这些都是国会在 1993 年的《综合预算解决案》中通过的。一些反对该法案的人认为，美国恰好在错误的时间推行"紧缩性财政政策"。解释他们的逻辑。

2.2 下列商品在宏观经济三个市场中的哪一个进行交易？

a. 绿湾橄榄球队四分卫亚伦·罗杰斯的运动技巧

b. 耐克的股票

c. 俄亥俄州阿克伦市发型师的理发能力

d. 吉布森·莱斯·保罗定制的一把吉他

e. 电信公司威讯通信发行的公司债券

f. 苹果手表

5.3 宏观经济学简史

学习目标: 总结 1929 年至 1970 年间美国的宏观经济史。

3.1 20 世纪的许多经济扩张期发生在战争期间。谈一下你的看法。

3.2 约翰·梅纳德·凯恩斯是第一个证明政府政策可以通过稳定经济来改变总产出和防止经济衰退的人。描述凯恩斯撰写时的世界经济。描述今天美国的经济。2020 年美国总统候选人提出了哪些措施以刺激经济增长？这些拟议政策是否遵循凯恩斯提出的政策？

3.3 假设由于对航空旅行的需求增加，对乘务员的需求显著增加。用古典经济理论和凯恩斯经济理论来解释失业为什么会发生。

3.4 解释为什么大萧条的时间长度和严重性让我们从根本上重新思考宏观经济的运行。

5.4 1970 年以来的美国经济

学习目标: 描述 1970 年以来的美国经济。

4.1 **[与页 121 "实践中的经济学"有关]** "实践中的经济学"描述了当年美国经济的繁荣和衰退。正如文学中描述的那样，在 2009 年年中，存在关于美国经济是否进入经济扩张期的争论。请查询有关实际 GDP 增长和失业的数据，并描述它们自 2007 年以来的表现。你可以在 www.bls.gov 找到有关就业和失业的原始数据，你可以在 www.bea.gov 找到有关实际 GDP 增长的原始数据。总结一下 2009 年中期发生的事情。美国是否进入了经济扩张？说明一下你的理解。

第6章
国民产出与国民收入的度量

上一章提到宏观经济学主要研究总产出、失业和通货膨胀。本章我们来探讨总产出和通货膨胀的度量问题，失业的度量则放在下一章讨论。想要真正理解经济运行状况，就必须追求对上述变量的精确度量。如果没有精确的度量，经济学家就会很难对经济状况进行分析，政策制定者也会失去制定经济政策的依据。

我们使用的宏观经济数据大多来自美国商务部经济分析局（Bureau of Economic Analysis，BEA）制作的**国民收入与生产账户**（national income and product accounts）。很难高估这一账户的重要程度，但实际上这个账户是20世纪最伟大的发明之一（参考"实践中的经济学"，第139页），它不仅能够提供反映经济运行状况的数据，同时也为宏观经济学家思考经济各个部分如何联系在一起提供了一个理论框架。当经济学家思考宏观经济问题的时候，他们使用的分类和词汇大都来自国民收入与生产账户。

我们可以将国民收入与生产账户比作汽车引擎的机械图或线路图。这些图虽然不能解释引擎的工作原理，却可以说明引擎的各个关键部件，以及它们之间的相互联系。如果没有理解国民收入与生产账户就去研究宏观经济，就好比在没有机械图也不知道引擎各部件名称的情况下去修理引擎一样。

国民收入与生产账户中有几千个变量，本章我们只讨论其中最重要的部分，旨在介绍国民收入与生产账户代表或组织经济的方式，以及展示经济多样化的范畴。

103

104

国民收入与生产账户： 由政府收集和发布的，用于描述一个经济体国民收入和产出组成部分的数据。

6.1 国内生产总值

国民收入与生产账户中的一个重要概念就是**国内生产总值**（gross domestic product，GDP）。

> GDP 是指一个国家产出的市场价值总和，是一定时期内一个国家境内的生产要素所生产的全部最终产品和服务的市场价值总和。

2014 年美国的 GDP，也就是 2014 年美国境内的生产要素所生产的全部产出的市场价值总和，为 174 189 亿美元。

GDP 是一个非常重要的概念，正如一个厂商需要每年评估自身的发展状况一样，经济作为一个整体也需要对自身进行评估。GDP 作为一个经济体总产出的度量单位，为我们提供了一份关于国家经济状况的汇报卡。正是因为 GDP 如此重要，我们需要花工夫来解释 GDP 的定义到底意味着什么。

6.1.1 最终产品和服务

首先需要注意的是，这个概念针对的对象是**最终产品和服务**（final goods and services）。经济中生产的许多产品都不是最终产品，而只是中间产品。**中间产品**（intermediate goods）是由一个厂商生产的用于继续加工或者转卖给另一个厂商的产品。例如，卖给汽车生产厂家的轮胎就是中间产品，卖给苹果手机厂商的芯片也是中间产品。这类中间产品的价值是不计算在 GDP 当中的。

为什么中间产品的价值不计算在 GDP 当中呢？假设我们要生产一辆汽车，通用汽车公司（General Motors，GM）支付 200 美元向固特异公司（Goodyear）购买轮胎，通用汽车公司使用这些轮胎（以及其他零部件）组装了一辆汽车，售价 24 000 美元。这样一来，这辆汽车（包括轮胎）的价值就是 24 000 美元，而不是 24 000 美元 +200 美元，最终价格反映的是所有组装部件的价值。如果我们在核算 GDP 时，把出售给汽车制造商的轮胎价值和出售给消费者的汽车价值都加起来的话，就会导致重复计算，也会误导我们得出"通用汽车公司是自己生产轮胎，而不是向固特异公司购买轮胎"这种结论，导致整个经济体生产出的产品价值减少。

想要避免重复计算，我们还可以只计算产品在每个厂商的生产环节中的附加值。**附加值**（value added）是指产品在某个生产环节完成后的价值与产品在进入该生产环节之前的成本差。关于附加值的举例详见表 6.1。生产一加仑汽油需要四个环节：（1）石油钻探；（2）提炼；（3）运输；（4）零售。在第一个环节中，附加值就是原油的价值。在第二个环节中，炼油公司从石油钻探公司手中买来原油，然后将其提炼成汽油，并将汽油卖给承运商。炼油公司每买一加仑原油，付给钻探公司

6.1 学习目标
描述 GDP 的基本知识以及 GDP 与 GNP 的区别。

国内生产总值（GDP）： 一定时期内一个国家境内的生产要素所生产的全部最终产品和服务的市场价值总和。

最终产品和服务： 用于最终使用的产品和服务。

中间产品： 厂商生产的用于继续加工或转卖给另一个厂商的产品。

附加值： 产品在某个生产环节完成后的价值与产品在进入该生产环节之前的成本差。

表 6.1 生产一加仑汽油过程中的附加值（假设数据）

生产阶段	销售价格	附加值
（1）石油钻探	3.00 美元	3.00 美元
（2）提炼	3.30 美元	0.30 美元
（3）运输	3.60 美元	0.30 美元
（4）零售	4.00 美元	0.40 美元
总附加值		4.00 美元

3.00 美元；然后将汽油卖给承运商，每加仑收取 3.30 美元。这样一来，提炼这一环节的附加值就是每加仑 0.30 美元。在第三环节中，承运商以每加仑 3.60 美元的价格将汽油卖给零售商，那么这个环节的附加值就是每加仑 0.30 美元。最终，零售商以每加仑 4.00 美元的价格将汽油卖给消费者，这样第四环节的附加值就是每加仑 0.40 美元。四个环节的总附加值就是每加仑 4.00 美元，与零售环节的产品价值相同。如果我们把产品在每个环节的总价值加起来，就会发现其结果（3.00+3.30+3.60+4.00=13.90 美元）远高于每加仑汽油的实际价值。

105

核算 GDP 时，我们既可以把每个生产环节的产品附加值加总，也可以直接选择最终产品的价值。我们不用经济体中的销售总额来度量总产出。

6.1.2 排除二手产品和证券交易

GDP 只关注最新的、当前的生产。以往的生产不计算在当前的 GDP 之中，因为它在生产时就已经被计算过了。如果把二手产品计算到当前 GDP 之中的话，就会出现重复计算的错误。例如，如果某人出售一辆二手车给你，这个交易就不能算在 GDP 当中，因为在这个过程中并没有新的产品。同理，一栋房子只有在刚建成的时候才能被计入 GDP 当中，而不是在每次转卖的时候。简而言之：

GDP 不计算任何没有新产品和服务产生的货币交易或商品交易。

股票和债券的出售也不计入 GDP 之中，这些电子的或纸面上的交易只是证券所有权的转移，与当前的生产没有联系。那么，如果你把股票或债券以比购买时更高的价钱出售，这又如何计算呢？实际上，股票或债券市场上的利益与当前的生产过程没有任何联系，所以同样不计入 GDP。但是，如果支付一笔费用给经纪人让他帮助你把股票出售给其他人，那么这笔费用是要计入 GDP 的，因为这位经纪人为你提供了服务，这是当前生产过程的一部分。所以一定要注意把股票和债券的交易行为，与为了促进此类交易而支付费用的行为区分开，前者与当前的生产过程无关，而后者提供了新的服务，是当前生产过程的一部分。

6.1.3 排除国内拥有的生产要素在国外生产的产出

> GDP 是一个国家境内的生产要素所生产的产品的价值。

生产过程的三个基本要素包括土地、劳动和资本。美国公民在国外的产出不能计入美国的 GDP，例如在国外公司工作的美国公民，因为其生产的产品不在美国境内，所以这个产出不能计入美国的 GDP；类似地，美国公司在国外的收益也不能计入美国的 GDP。但是，在美国工作的外国人的产出是计入美国 GDP 的，因为这一产出是在美国境内发生的；同理，外资公司在美国的收益也是可以计入美国 GDP 的。

另外一种度量指标有的时候也很有用，它计算的是一个国家的公民拥有的生产要素所创造的产出，并不考虑产出的地点。这个指标被称为**国民生产总值**（gross national product，GNP）。对于包括美国在内的大多数国家来说，GDP 和 GNP 的差别是很小的，比如 2014 年美国的 GNP 是 176 306 亿美元，与 174 189 亿美元的 GDP 很接近。

GDP 和 GNP 之间的差别是很微妙的。以在俄亥俄州马里斯维尔建厂的本田公司（Honda）为例，工厂由本田这家日本公司所有，但是大部分工人都是雇佣的美国人，虽然这家工厂的全部产出都被计入美国的 GDP，但是只有一部分的产出包含在美国的 GNP 之中。工厂支付给美国工人的工资属于美国的 GNP，但工厂的收益不是，它被计入日本的 GNP，因为这是日本拥有的生产要素（日资）所创造的产出。但是，收益又不计入日本的 GDP，因为它不是在日本境内获得的。

6.2 核算 GDP

GDP 可以用两种方法核算：一是将一定时期内用于购买全部最终产品和服务的支出进行加总，这就是核算 GDP 的**支出法**（expenditure approach）；二是将一定时期内用于生产最终产品和服务的生产要素所获得的收入（工资、租金、利息、利润）进行加总，这就是核算 GDP 的**收入法**（income approach）。这两种方法核算的结果是一样的，其原因我们在上一章已经讲过：每个买家支付的费用（支出）同时也是出售这个产品的卖家所得（收入）。我们既可以计算收入，也可以计算支出，无论怎样最终我们得到的总产出是一样的。

假如经济中只有一个厂商，这个厂商今年的全部产出以 100 万美元出售。由于今年用于购买产出的支出总额是 100 万美元，那么今年的

国民生产总值（GNP）： 一定时期内一个国家的公民拥有的生产要素所生产的全部最终产品和服务的市场价值总和。

106

6.2 学习目标

解释核算 GDP 的两种方法。

支出法： 通过度量一定时期内用于购买全部最终产品和服务的总支出来计算 GDP 的方法。

收入法： 通过度量一定时期内用于生产最终产品和服务的生产要素所获得的总收入（工资、租金、利息、利润）来计算 GDP 的方法。

GDP 就是 100 万美元。（请记住，支出法核算 GDP 是将全部用于购买最终产品和服务的支出进行加总。）然而，这 100 万美元 GDP 中的每一美元都将支付给别人，或者作为利润留在厂商所有者手中。如果使用收入法核算，我们就需要把厂商支付给员工的工资、支付给厂商贷款人的利息，以及支付给出租土地、厂房、设备的人们应得的租金进行加总。还有就是利润，即厂商所有者的收入。如果我们把全部生产要素的收入加总，包括所有者利润，我们就会得到 100 万美元的 GDP。

6.2.1 支出法

回顾上一章我们提到的经济中的四种主要群体：家庭、厂商、政府以及世界其他地区。与此相应的四类主要的支出：

- 个人消费支出（C）：家庭用于购买消费品的支出
- 国内私人总投资（I）：厂商和家庭用于购买新资本的支出，包括厂房、设备、存货和新的居民住宅
- 政府消费和总投资（G）
- 净出口（$EX-IM$）：世界其他地区的净支出，或者出口（EX）减去进口（IM）

支出法通过把上述四个部分相加来核算 GDP，用方程表示为：

$$GDP = C + I + G + (EX - IM)$$

美国 2014 年的 GDP 为 174 189 亿美元，其上述四个组成部分及具体类别见表 6.2。

个人消费支出（C）

GDP 最大的组成部分是**个人消费支出**（personal consumption expenditures，C）。表 6.2 显示，个人消费支出占 2014 年美国 GDP 的 68.5%，它们来源于消费者用于购买产品和服务的支出。

消费支出主要可以分成三类：耐用品、非耐用品和服务。**耐用品**（durable goods），是指比如汽车、家具、家用电器等可以较长时间使用的产品。**非耐用品**（nondurable goods），是指比如食物、衣服、汽油、香烟等较短时间内就会被消耗的产品。**服务**（services），是指不涉及实物生产的东西，用于服务的支出，包括医疗咨询、法律咨询以及教育培训等。表 6.2 显示，耐用品支出占 2014 年美国 GDP 的 7.5%，非耐用品占 15.3%，服务占 45.7%。现在美国 GDP 的几乎一半都是服务性消费。

个人消费支出（C）： 消费者用于购买产品和服务的支出。

耐用品： 可以较长时间使用的产品，比如汽车、家用电器。

非耐用品： 较短时间内就会被消耗的产品，比如食物、衣服。

服务： 我们购买的不涉及实物生产的东西，比如法律服务、医疗服务、教育。

107

实践中的经济学

易贝的哪些交易能被计入 GDP？

易贝（eBay）是一个拥有 2.2 亿注册用户的电子商务平台，每年在平台上买卖的商品达 24 亿件，从儿童玩具到油画应有尽有。2007 年 12 月，一名用户在易贝平台上拍卖一件芝加哥世界博览会锦旗，最后拍出了 20 多美元的价格。

易贝拥有几百名员工，以及大约 400 亿美元的市值，其股票可以在纽约证券交易所买卖。对于易贝来说，你认为它经济活动中的哪些部分可以被计入 GDP？

首先，那面 1933 年的锦旗，就不能计算进去，因为锦旗的生产已经被计入 1933 年的 GDP 当中。一家又一家转手的科乐思积木也不能计入，它们的价值在积木刚生产出来的时候就被计入了当年的 GDP 之中。那么一副崭新的拼字游戏牌呢？易贝一个有趣的地方就是它已经从一个低价甩卖二手物品的交易平台，变成了一个有小型公司甚至是大企业加入的卖场。因此，如果这个拼字游戏牌是今年生产，它应当计入今年的 GDP 中。

那么，易贝有没有服务被计入 GDP 当中呢？易贝的业务是提供一个用于交换的市场平台，这样一来，它就需要员工、资本来创造价值。通过提供这种有价值的服务，易贝对那些使用该平台的卖家收取费用。这些费用理所当然地被计入 GDP 当中。因此，尽管那些平台上售卖的二手小玩意儿不计入当年 GDP，但是为了出售这些东西而寻找买家的成本是要计入当年 GDP 当中的。

思考

1. 约翰有一辆 2009 年生产的本田思域，2013 年他把车以 1 万美元卖给了玛丽。请问这 1 万美元是否要计入 2013 年的 GDP？
2. 如果约翰是一名汽车经销商的话，你会改变对问题 1 的回答吗？

108

国内私人总投资（*I*）：
私人（或非政府）部门对资本的总投资，比如购买新的住房、厂房、设备、存货等。

非住房投资：厂商用于购买机器、工具和厂房的支出。

国内私人总投资（*I*）　在经济学的术语中，投资，是指购买新的资本——住房、厂房、设备、存货。这与我们日常使用的"投资"概念不同，此处投资通常表示购买股票、债券或者共同基金。

私人部门对资本的总投资被称作**国内私人总投资**（gross private domestic investment，*I*）。厂商用于购买机器、工具和厂房等资本的支出构成了**非住房投资**（nonresidential investment）。[1] 因为厂商购买这些

---

① 投资和消费的区分有时是相当随意的。厂商买轿车或货车会被认为是投资，而家庭购买这些东西则会被计入耐用品消费。一般来说，厂商用于购买使用期限超过一年的产品的支出算作投资支出，而使用期限不足一年的产品的支出通常被看成是中间产品的购买。

表 6.2　2014 年美国 GDP 的组成部分：支出法

	十亿美元	占 GDP 的百分比（%）
个人消费支出（C）	11 930.3	68.5
耐用品	1 302.5	7.5
非耐用品	2 666.2	15.3
服务	7 961.7	45.7
国内私人总投资（I）	2 851.6	16.4
非住房投资	2 210.5	12.7
住房投资	559.1	3.2
商业存货变动	82.0	0.5
政府消费和总投资（G）	3 175.2	18.2
联邦政府	1 219.2	7.0
州、地方政府	1 956.1	11.2
净出口（EX−IM）	−538.2	−3.1
出口（EX）	2 337.0	13.4
进口（IM）	2 875.2	16.5
国内生产总值（GDP）	17 418.9	100.0

注：由于取整的缘故，数字求和未必精准。

资料来源：美国商务部经济分析局，2015 年 3 月 27 日。

产品是作为最终生产使用的，是"最终销售"的一部分，被计入 GDP 之中。用于购买新的房屋和公寓楼的支出构成了**住房投资**（residential investment）。国内私人总投资的第三部分则是**商业存货变动**（change in business inventories），是指一定时期内厂商存货变动的数量。存货可以看作是厂商现在生产并且计划在未来出售的产品。2014 年美国国内私人总投资占 GDP 的 16.4%，其中 12.7% 是非住房投资，3.2% 是住房投资，还有 0.5% 是商业存货变动。

商业存货变动　为什么要把商业存货变动看作投资（也就是购买新的资本）的一部分呢？在商业经营中，大多数厂商需要存货，其中一个原因是厂商并不能准确预测每天到底能出售多少产品，同时又要避免断货的情况。这样一来，存货即未来会出售的产品，就被看作资本，因为它会在未来产生价值。存货的增加就是资本的增加。

请记住 GDP 并不是一定时期内所有最终销售的市场价值，而是所有最终生产的市场价值。总生产和总销售的关系如下：

> GDP= 最终销售 + 商业存货变动

住房投资：家庭、厂商用于购买新的房屋、公寓楼的支出。

商业存货变动：一定时期内厂商存货变动的数量。存货是指厂商现在生产并且计划未来出售的产品。

总生产（GDP）等于国内产品的最终销售加上商业存货变动。2014年美国的生产总值比销售总值多 820 亿美元，2014 年末的存货比 2013 年末多 820 亿美元，所以商业存货变动就是 820 亿美元。

总投资与净投资　在生产过程中，资本（通常指机器和设备）总是会磨损和老化的。GDP 包括新的资本，但是不包括在生产过程中"消耗"掉的旧资本。这样一来，GDP 就会高估经济体的实际产值，因为它没有列明那些用于替换旧资本的产值。

折旧： 一定时期内资产价值的减少。

在每个时期内，资产价值的减少被称为**折旧**（depreciation）②。比如，今天厂商购买的一台个人电脑一般可以使用四年才报废。在报废之前，这台电脑是不断贬值的。

总投资： 一定时期内生产的新的资本（厂房、设备、房屋、存货）的总价值。

那么，总投资（I）和折旧之间的关系是什么？**总投资**（gross investment）是一定时期内生产的新资本（厂房、设备、房屋、存货）的总价值，它不考虑有些资本品是会损耗甚至需要替换的。**净投资**（net investment）则等于总投资减去折旧。因此净投资度量的是一个时期内资本存量的变化。净投资为正说明新增资本大于折旧，净投资为负则说明新增资本小于折旧。换句话说，净投资为正，资本存量增加；净投资为负，资本存量减少。一个时期末的资本存量等于该时期初的资本存量加上净投资：

净投资： 总投资减去折旧。

$$资本_{期末} = 资本_{期初} + 净投资$$

政府消费和总投资（G）： 联邦政府、州政府和地方政府用于购买最终产品和服务的支出。

政府消费和总投资（G）　政府消费和总投资（government consumption and gross investment，G）包括联邦政府、州政府和地方政府用于购买最终产品（炸弹、铅笔、学校大楼等）和服务（军人的工资、议员的工资、学校教师的工资等）的支出。其中有些支出被计为政府消费，有些被计为政府总投资。政府转移支付（社会保障金、退伍伤残补贴等）不属于 G 的范畴，因为这些转移支付没有购买任何当前生产的商品，也没有交换任何的商品或服务。此外，政府债券的利息支出也是政府转移支付，因为没有购买任何当前生产的商品或服务，所以这一部分也被排除在 GDP 之外。

正如表 6.2 所示，2014 年美国政府消费和总投资用掉了 31 752 亿美元，占美国 GDP 的 18.2%。联邦政府的消费和总投资占 7.0%，州政府和地方政府的消费与总投资占 11.2%。

---

②　这是关于经济折旧的正式定义。由于折旧很难精确地度量，会计规则允许厂商以简便的方法估计每个时期发生的折旧数量。美国税法允许厂商在缴税前按照另一套规则抵扣折旧，这使得情况变得更加复杂。

净出口（出口−进口）（net exports，*EX−IM*）是出口（本国向外国人出售的产品和服务）与进口（本国从国外购买的产品和服务）的差值，该数值可正可负。2014 年美国的出口小于进口，所以其净出口为负值（−5 832 亿美元）。而在 1976 年之前，美国基本上都是净出口国，出口大于进口，净出口为正值。

将净出口计入 GDP 的原因非常简单：消费、投资和政府支出（分别是 *C*、*I* 和 *G*）包含了用于购买国内产品和国外产品的支出。因此，*C+I+G* 会高估国内产值，因为它包含了购买国外生产的产品的支出，即进口，只有把进口从 GDP 中剔除出去，我们才能得到正确的数值。同时，还因为它遗漏了在国内生产但是国外出售的产品，即出口，所以出口应当计入 GDP。如果一家美国公司生产的电脑在德国出售，那么这些电脑就是美国生产的一部分，应当计入美国的 GDP。

6.2.2 收入法

我们现在来看用收入法核算 GDP，这种方法将 GDP 作为收入来看待，而不管是谁购买的。

学习收入法要接触的第一个概念是**国民收入**（national income），其定义见表 6.3。它是八个收入项目的总和：**雇员报酬**（compensation of employees），是到目前为止八个收入项目中占比最大的一项，是厂商和政府支付给家庭的报酬，包括工资、薪水以及各种对工资和薪水的补充费用，比如雇主缴纳的社会保险金和养老金；**经营者收入**（proprietors' income），是非法人业务的收入；**租金收入**（rental income），是八项中较小的一项，是产权所有者以租金形式获得的收入；**公司利润**（corporate profits），是八项中的第二大项，是公司的收入；**净利息**（net interest），是商业支付的利息。（家庭和政府支出的利息不计入 GDP，因为我们假设它不是从商品和服务的生产中产生的。）

净出口（出口−进口）： 出口（本国向外国人出售的产品和服务）与进口（本国从国外购买的产品和服务）的差值。该数值可正可负。

国民收入： 由一国公民拥有的生产要素所创造的总收入。

雇员报酬： 厂商和政府支付给家庭的报酬，包括工资、薪水以及各种对工资和薪水的补充费用，如雇主缴纳的社会保险金和养老金。

经营者收入： 非法人企业的收入。

租金收入： 产权所有者以租金形式获得的收入。

公司利润： 公司的收入。

净利息： 商业支付的利息。

表 6.3　2014 年美国国民收入

	十亿美元	占国民收入的百分比（%）
国民收入	15 070.4	100.0
雇员报酬	9 221.6	61.2
经营者收入	1 380.2	9.2
租金收入	640.2	4.2
公司利润	2 089.8	13.9
净利息	486.3	3.2
间接税减补贴	1 145.8	7.6
净商业转移支付	140.6	0.9
政府企业盈余	−34.2	−0.2

资料来源：美国商务部经济分析局，2015 年 3 月 27 日。

间接税减补贴：销售税、关税、执照费等税收减去政府无偿支付的补贴，是政府的净收入。

净商业转移支付：商业支付给其他方的净转移支付。

政府企业盈余：政府企业的收入。

第六项是**间接税减补贴**（indirect taxes minus subsidies），包括销售税、关税、执照费等税收减去政府无偿支付的补贴。（补贴类似负税收。）间接税减补贴的价值在于它是政府的净收入。**净商业转移支付**（net business transfer payments），是商业支付给其他方的净转移支付，因此是其他方的收入。最后一项是**政府企业盈余**（surplus of government enterprise），即政府企业的收入，表 6.3 显示 2014 年这一项目为负：政府企业净亏损运行。

国民收入是一个国家的总收入，但它并不完全等于 GDP。表 6.4 显示了国民收入和 GDP 之间的差异项。表 6.4 首先显示了从 GDP 到 GNP 的变动，我们需要增加从世界其他地区获得的要素收入，减去向世界其他地区支付的要素收入。国民收入是一个国家公民的收入，而不是一个国家居民的收入，所以我们首先需要从 GDP 变动到 GNP。这在之前已经讨论过，这是一个很小的调整。

国民生产净值（NNP）：GNP 减去折旧。

然后我们需要把折旧从 GNP 中剔除，这是一个较大的调整。GNP 减去折旧，就变成了**国民生产净值**（net national product，NNP）。为什么要减去折旧呢？我们来回顾一下本章前文的例子。假设经济中只有一个厂商，总产出（GDP）为 100 万美元。设想如果该厂商支付完工资、利息和租金后，剩余 10 万美元，过去一年内资本折旧为 4 万美元。国民收入包括公司利润（见表 6.3），在计算公司利润的时候，需要从 10 万美元中减去 4 万美元，剩下 6 万美元的利润。因此国民收入是不包括这 4 万美元的。然而，当我们用支出法核算 GDP 时，折旧是要计算在内的，我们只需要把消费、投资、政府支出以及净出口简单地相加。在我们刚才的例子中，加总正好是 100 万美元。因此，用收入法核算 GDP 的时候，我们必须用 GDP（当世界其他地区作为一个部门时，实际上就是 GNP）减去折旧来得到国民收入。

统计误差：数据测算误差。

表 6.4 指出，国民生产净值和国民收入在忽略**统计误差**（statistical discrepancy）之后，是大致相同的。如果政府在统计误差的时候十分追求精确的话，理论上统计误差可以达到 0。然而，收集数据的过程不可能完美，统计误差也就是数据收集每个阶段的测算误差。在表 6.4 中，2014 年的误差是 1 760 亿美元，和 150 704 亿美元的国民收入相比是很小的。

111

目前我们从表 6.3 中学到了构成国民总收入的多个收入项，也从表 6.4 中了解了 GDP 和国民收入的关系。接下来可以考虑国民收入中有多少属于家庭收入，这是帮助我们理解国民收入的一个好办法。家庭的总收入被称为**个人收入**（personal income），实际上，国民收入几乎都是个人收入。从表 6.5 中我们可以看到，2014 年，在 150 704 亿美元的国民收入中，147 286 亿美元是个人收入。表 6.5 的第二行中，国民收入中不属于家庭收入的那一部分包括了没有支付给家庭的公司利润，被称为公司的留存收入。这部分收入留在公司一段时间，而没有支付给家庭。因此，这项收入是国民收入的一部分，却不属于个人收入。

个人收入：家庭的总收入。

表 6.4 2014 年美国 GDP、GNP、NNP 和国民收入

	十亿美元
GDP	17 418.9
加：从世界其他地区获得的要素收入	+827.7
减：向世界其他地区支付的要素收入	−616.0
等于：**GNP**	17 630.6
减：折旧	−2 736.2
等于：**国民生产净值（NNP）**	14 894.4
减：统计误差	−176.0
等于：**国民收入**	15 070.4

资料来源：美国商务部经济分析局，2015 年 3 月 27 日。

表 6.5 2014 年美国国民收入、个人收入、个人可支配收入和个人储蓄

	十亿美元
国民收入	15 070.4
减：未流向家庭的国民收入值	−341.8
等于：**个人收入**	14 728.6
减：个人所得税	−1 742.9
等于：**个人可支配收入**	1，295.8
减：个人消费支出	−11 930.3
减：个人利息支付	−256.8
减：家庭转移支付	−170.3
等于：**个人储蓄**	628.3
个人储蓄占个人可支配收入的百分比	4.8%

资料来源：美国商务部经济分析局，2015 年 3 月 27 日。

个人收入是家庭在支付个人所得税前的收入所得，其中用于支出或储蓄的部分称为**个人可支配收入**（disposable personal income），或**税后收入**（after-tax income）。它等于个人收入减去个人所得税，参见表 6.5。

个人可支配收入或税后收入： 个人收入减去个人所得税，用于家庭的支出或储蓄。

由于个人可支配收入是指家庭可以花费或者储蓄的收入，所以它是一个很重要的收入概念。表 6.5 展示了支出的三种分类：①个人消费支出；②个人利息支出；③家庭转移支付。在所有个人花费之后剩下的个人可支配收入就是**个人储蓄**（personal saving）。如果你一个月有 500 美元的可支配收入，花掉了 450 美元，这样到月末就剩 50 美元。这 50 美元就是你这个月的个人储蓄。个人储蓄也可能是负值：如果你一个月赚 500 美元花 600 美元，那你就会有 100 美元的负储蓄。这样一来，你要么向别人借钱，要么从存款账户中取出 100 美元，要么出售一份你的资产。

个人储蓄： 一定时期内可支配收入的结余。

个人储蓄率：个人储蓄占可支配收入的百分比。如果储蓄率低，说明家庭支出了收入的大部分；如果储蓄率高，说明家庭支出比较谨慎。

　　个人储蓄率（personal saving rate）是指个人储蓄占可支配收入的百分比，它是反映家庭行为的重要指标。较低的储蓄率意味着家庭支出了收入的大部分。如表 6.5 所示，2014 年美国的个人储蓄率为 4.8%。储蓄率常常在经济衰退时期上升，因为人们开始为未来担忧；在经济繁荣时期则相反，因为被压抑的消费需求得到了释放。2005 年储蓄率降到了 2.5%。

6.3 学习目标

讨论名义 GDP 和实际 GDP 的区别。

现值美元：购买产品和服务所支付的现期美元价格。

名义 GDP：用现值计算的 GDP，通常换算成美元。

113

6.3 名义 GDP 与实际 GDP

　　到目前为止，我们考察的一直是按**现值美元**（current dollars），或者说按照我们购买商品和服务时所支付的现期价格计算的 GDP。当我们用现值美元作为变量的度量单位时，所度量的就是名义值。**名义 GDP**（nominal GDP）就是用现值（通常换算成美元）计算的 GDP，即 GDP 的所有组成部分都用现期价格计算。

　　然而，在宏观经济学的许多应用中，用名义 GDP 这个变量来度量总产出并不是非常合适，特别是在加入时间这个考虑因素之后。为什么呢？假设只有一种产品——比萨，第一年和第二年各生产了 100 个单位的比萨，因此在这两年中比萨的产量没有变。假设比萨的价格从第一年的每块 1.00 美元上涨到第二年的每块 1.10 美元，第一年的名义 GDP 为 100 美元（100 单位 × 1.00 美元 / 单位），第二年的名义 GDP 为 110 美元（100 单位 × 1.10 美元 / 单位）。尽管比萨的产量没有增加，但是名义 GDP 增加了 10 美元，如果我们用名义 GDP 来度量增长，就会很容易受到误导，以为产量增加了，而这实际上只是价格水平的上涨而已（通货膨胀）。

　　如果经济体中只有一种产品，比如比萨，那么就比较容易度量产出并且对比各年度的产量，我们只需要加总每年生产的比萨数量就可以了。在我们的例子中，两年的产量都是 100 个，如果第二年的产量增加到 105 个，我们就说从第一年到第二年的产量增加了 5 个，也就是 5% 的增长。然而，不幸的是经济体中的产品绝不止一种，这使得对价格变化进行的调整更加复杂。

　　下面是关于美国商务部经济分析局如何针对价格变化调整名义 GDP 的讨论。在阅读讨论的过程中请一定记住，这种调整是很复杂的。就算在只有苹果和橘子的经济体中，如何将苹果和橘子的产量加总而得到一个产出的总体度量也不是那么容易的。经济分析局的任务是将几千种价格随时间不断变化的产品进行加总。

实践中的经济学

GDP：20 世纪的伟大发明之一

随着 20 世纪接近尾声，美国商务部开始着手回顾它的成就。作为回顾的总结，商务部将国民收入与生产账户称为"世纪成就"。

——美国商务部经济分析局局长，
J. 史蒂文·兰德菲尔德

GDP 以及其他国民收入账户虽然看起来像是不可思议的概念，但它们的确是 20 世纪最伟大的发明之一。

——保罗·A. 萨缪尔森
和威廉·D. 诺德豪斯

GDP！它是准确度量经济中产出的正确概念，美国乃至全世界都依靠它来判断经济周期和预估长期增长。我们离不开一个精细详尽的社会账目体系——国民收入与生产账户，这必然是 20 世纪美国商务部最具创造力的成果。我很荣幸能够在 20 世纪 30 年代成为一名经济学家，当时库兹涅茨、内森、吉尔伯特和贾西等人创建了这一套最重要的经济时间序列。在经济学理论中，宏观经济学也是在那时开始发展的。补充一点，这两项创新对 20 世纪后半期经济发展的推动作用也应当受到肯定。

——詹姆斯·托宾

摘自《当代商业调查》

在 NIPAs（国民收入与生产账户）发展起来之前，美国政策制定者只能通过有限的、零碎的各州经济信息来指导经济。大萧条突出了数据不完备的问题，并促进了国民账户的发展：

人们看到了胡佛总统面对大萧条的沮丧，以及后来罗斯福总统只能依靠股价指数、货运装载和不完备的工业生产指数这些粗略的数据来设计政策与 20 世纪 30 年代的大萧条作斗争，事实就是当时还不存在用来度量国民收入与产出的综合性指标。大萧条，以及由其带来的政府在经济中作用的增加，突显了对这些度量指标的需求，进而引导了国民收入与生产账户这一综合性体系的发展。

——里查德·T. 弗罗恩

作为对 20 世纪 30 年代需求的回应，美国商务部委托国家经济研究局的诺贝尔经济学奖得主西蒙·库兹涅茨（Simon Kuznets）研究开发一套国民经济账户……库兹涅茨教授整理了在纽约的美国国家经济研究局研究人员的成果，以及商务部的成果。国民账户初稿出现在 1937 年一份呈递给国会的报告中，以及 1925—1935 年的研究报告《国民收入》中……

国民账户已成为现代宏观经济学分析的支柱，帮助政策制定者、经济学家和商业团体分析不同税收和支出计划的影响，油价和其他价格变动的影响，货币政策对经济的整体影响，以及对最终需求、收入、行业、地区等某个特殊组成部分的影响。

思考

1. 文章强调了度量经济产出对于改进政府政策的重要性。看一下最近的新闻，你能找到与 GDP 有关的经济政策辩论或者执行的内容吗？

资料来源：U. S. Department of Commerce, Bureau of Economics, "GDP: One of the Great Inventions of the 20th Century," *Survey of Current Business*, January 2000: 6-9。

权数： 某个要素在一组要素中的重要性。

下文我们引入**权数**（weight）的概念，可以是价格权数，也可以是数量权数。什么是权数？比如说我们的经济学课程有一次期末考试和两次其他考试，如果期末考试占总成绩的一半，另外两次考试各占 1/4，那么它们的权数分别是 0.5、0.25 和 0.25。如果期末考试占总成绩的 80%，而其他两次考试各占 10%，那么权数就是 0.8、0.1 和 0.1。一组中的某一项越重要，它的权数越大。

6.3.1 核算实际 GDP

对价格变化进行调整之后的名义 GDP 就是实际 GDP。计算实际 GDP 过程中的主要问题都可以用一个简单的"三产品——两年"的经济例子进行讨论。表 6.6 展示了我们需要的所有数据：三种产品在两年中的价格和数量。我们分别用 A、B、C 来表示三种产品，并将年份记为第一年和第二年。用 P 表示价格，Q 表示数量。请记住，我们接下来的所有讨论，包括对通货紧缩的讨论，全都是以表 6.6 为依据的。这个表就是经济体的全部信息，我们不会超出表格添加任何新的数据。

首先要提到的是表中产品 A 第一年的*名义产出*——以现值美元计

表6.6　三种产品的经济体

	(1)	(2)	(3)	(4)	(5)	(6)	(7)	(8)
	产量		单位价格		第一年 GDP 按第一年价格	第二年 GDP 按第一年价格	第一年 GDP 按第二年价格	第二年 GDP 按第二年价格
	第一年	第二年	第一年	第二年				
	Q_1	Q_2	P_1	P_2	$P_1 \times Q_1$	$P_1 \times Q_2$	$P_2 \times Q_1$	$P_2 \times Q_2$
产品 A	6	11	$0.50	$0.40	$3.00	$5.50	$2.40	$4.40
产品 B	7	4	0.30	1.00	2.10	1.20	7.00	4.00
产品 C	10	12	0.70	0.90	7.00	8.40	9.00	10.80
总计					$12.10 第一年 名义 GDP	$15.10	$18.40	$19.20 第二年 名义 GDP

算——是用产品 A 在第一年的价格（0.50 美元）乘以产品 A 第一年的产量（6）得到的，结果是 3.00 美元。与此类似，第一年的名义产出分别是：产品 B，7 × 0.30 美元 =2.10 美元；产品 C，10 × 0.70 美元 =7.00 美元。这三项之和，也就是第（5）列中的 12.10 美元，就是这个简单经济体第一年的名义 GDP。第二年的名义 GDP 是用第二年的数量和价格计算得到的，为 19.20 美元［第（8）列］。名义 GDP 从第一年的 12.10 美元增加到第二年的 19.20 美元，增长了 58.7%。[③]

114

　　你可以看到，从第一年到第二年，每种产品的价格都发生了变化——商品 A 的价格下降（从 0.50 美元到 0.40 美元），而商品 B 和商品 C 的价格上涨（B 从 0.30 美元到 1.00 美元；C 从 0.70 美元到 0.90 美元）。名义 GDP 从第一年到第二年的变化中有一部分是由价格变动而不是产量的变化造成的。我们应该把多少变化归因于这个价格变动，又把多少变化归因于产量变动呢？这时候，事情变得很微妙了。美国商务部经济分析局在 1996 年以前使用的方法是选出一个**基年**（base year），以基年的价格为权数核算实际 GDP。这是一种**固定权数法**（fixed-weight procedure），因为使用的权数——实际上就是基年的价格——对于所有年份都是相同的。

基年： 在固定权数法中选作权数的那一年。

固定权数法： 选取给定基年中的相关权数来计算的方法。

　　我们采用固定权数方法，第一年为基年，也就是以第一年的价格作为权数。那么在表 6.6 中，第一年的实际 GDP 为 12.10 美元［第（5）列］，第二年的实际 GDP 为 15.10 美元［第（6）列］。注意这两列都用第一年的价格，而且第一年的名义 GDP 与实际 GDP 相同，这是因为选取了第一年作为基年。这样来看，实际 GDP 从 12.10 美元增加到 15.10 美元，增长了 24.8%。

　　现在我们还是用固定权数方法，但是这次以第二年作为基年，也就是用第二年的价格作为权数。在表 6.6 中，第一年的实际 GDP 为 18.40 美元［第（7）列］，第二年的实际 GDP 为 19.20 美元［第（8）列］。注意这两列都用了第二年的价格，而且由于第二年为基年，所以第二年的名义 GDP 和实际 GDP 相等。实际 GDP 从 18.40 美元增加到 19.20 美元，增长了 4.3%。

　　这个例子说明增长率对于基年的选取很敏感——用第一年的价格作为权数得到的增长率为 24.8%，而用第二年的价格作为权数得到的增长率为 4.3%。对于许多决策来说，增长率是一个很重要的依据，然而随意选取基年竟然会导致结果上这么大的差异，这是很麻烦的。美国商务部经济分析局的旧方法只选取一年作为基年，用这一年的价格作为权数进行所有的计算。新方法对此进行了两项重要的改动。首先（还是用原来的例子），是对两年的价格变化进行取平均值处理，换句话说，就是在 24.8% 和 4.3% 之间平分差值。什么叫作平分差值？一种方法是直接对两者取平均值，得到结果 14.55%，而经济分析局的做法是取几何平均值，结果为 14.09%[④]。这两种平均值（14.55% 和 14.09%）非常接近，

---

③　变化的百分比计算如下：［（19.20–12.10）/12.10］× 100=0.587 × 100=58.7%。

④　几何平均值的计算是取（124.8 × 104.3）的平方根。

使用任何一种都将给出相似的结果。这里的关键不是要用几何平均值，而是在第一项改动中要用某种平均值平分差值。请注意，这种方法要求有两个基年，因为 24.8% 是以第一年价格作为权数算出的，而 4.3% 是用第二年的价格为权数算出的。

经济分析局的第二项改动是在计算第一年到第二年的变化率时，以第一年和第二年作为基年，而在计算第二年到第三年的变化率时，以第二年和第三年作为基年，以此类推。所选的两个基年的计算随着时间推进而不断改变。把用这种方式算出的一系列变化率作为实际 GDP 的一系列增长率，那么名义 GDP 也通过这种方式进行了价格调整。要保证你能对此理解明白，可以回顾一下表 6.6，上文计算所需的所有数据都在这个表中。

6.3.2 计算 GDP 平减指数

现在我们把关注点从实际 GDP 这个数量指标转移到 GDP 平减指数（GDP deflator）这个价格指标上来。经济政策制定者的目标之一就是控制总体价格水平在较小范围内变化，因此政策制定者不仅需要度量实际产出变化的合适指标，还需要能够很好地度量总体价格水平变化的指标。GDP 平减指数就是度量总体价格水平的指标之一。我们可以用表 6.6 中的数据来说明经济分析局是如何算出 GDP 平减指数的。

在表 6.6 中，产品 A 的价格从第一年的 0.50 美元降到第二年的 0.40 美元，产品 B 的价格从 0.30 美元上涨到 1.00 美元，产品 C 的价格从 0.70 美元涨到 0.90 美元。如果我们只关心个别价格的变化情况，知道这些信息就足够了。然而，如果我们对总体价格水平的变化感兴趣，我们就需要用某种方式对这些个别价格进行加权处理。比如，有人想问在某个经济体中的生活成本是升高了还是下降了，在这个例子中它实际上取决于人们如何支配自己的收入。显而易见，我们要用的权数是生产数量，但是我们应该用哪一年——是第一年还是第二年？关于数量权数的选取，这里出现了与之前计算实际 GDP 时选取价格权数相同的问题。

我们先用固定权数的方法，并以第一年为基准年，也就是以第一年的价格为权数。那么在表 6.6 中，第一年的"捆绑"价格为 12.10 美元［第（5）列］，第二年的捆绑价格为 18.40 美元［第（7）列］。这两列用的都是第一年的数量。捆绑价格从 12.10 美元上涨到 18.40 美元，增长了 52.1%。

接下来我们以第二年作为固定权数法的基年，也就是用第二年的数量作为权数。这样第一年的捆绑价格为 15.10 美元［第（6）列］，第二年的捆绑价格为 19.20 美元［第（8）列］。两列用的都是第二年的数量。捆绑价格从 15.10 美元上涨到 19.20 美元，增长了 27.2%。

这个例子说明总体价格的增长对于基年的选取很敏感——用第一年的数量算出了 52.1%，用第二年的数量算出的却是 27.2%。经济分析局用的旧方法还是只取一年作为基年，并以基年的数量为权数进行全部计算。新的方法则首先对 52.1% 和 27.2% 进行平分差值，取几何平均值为 39.1%。其次，在计算第一年到第二年的变化率时，以第一年和第二年作为基年，而在计算第二年到第三年的变化率时，又以第二年和第三年作为基年，以此类推。用这种方法算出的变化率作为 GDP 价格水平的一系列变化率，也就是总体价格水平的一系列通货膨胀率。

6.3.3 固定权数的问题

为了理解经济分析局为什么换用了新的方法，我们来考虑一下用固定权数计算实际 GDP 中的一些问题。首先，经济分析局在更新方法之前用的最后一个价格权数，即 1987 年的价格权数，对于后来的年份——比如说 2014 年——是不太准确的。在这么长的时期里，美国经济会发生很多结构性的变化，因此 1987 年的价格似乎无法作为 2014 年的合适权数。

另一个问题是使用固定权数并不能解释经济对供给变化做出的反应，比如说气候问题造成第二年橘子产量降低。在橘子的简单供求曲线图上，这表现为供给曲线向左移动，导致橘子价格上涨以及需求量减少。当消费者沿着需求曲线向上移动时，他们正在用其他产品代替橘子。再比如，如果第二年的技术进步开创了生产计算机的廉价方式，这就会使计算机的供给曲线向右移动，将导致计算机价格下降以及需求量增加。消费者就会使用计算机代替别的产品。（你应该能够画出这两种情况下的供求曲线图。）表 6.6 显示了这种趋势。从第一年到第二年，产品 A 的数量增加，价格下降（即计算机的情况）；产品 B 的数量减少，但价格上升（即橘子的情况）。计算机需求曲线随时间向右移动，这主要是技术进步造成的，其结果是计算机价格的大幅下降以及需求量的大幅增加。

为了弄明白为什么这些反应会成为固定权数使用中的问题，我们考虑表 6.6 中的数据。因为产品 A 的价格在第一年较高，那么与用第二年作为基年的情况相比，用第一年作为基年的时候对产品 A 的产量增长度量得更高。同时，由于产品 B 的价格在第一年较低，那么用第一年作为基年就可以使对产品 B 的产量减少度量得较低。这些效应使得在用第一年价格做权数的时候实际 GDP 的总体变化会比用第二年价格做权数时更大。使用第一年的价格权数忽视了上段讨论的那种替代反应，许多人认为这样得到的结果对实际 GDP 的变化估计过高。过去经济分析局大约每五年就把基年提前一次，这样会把过去实际 GDP 的估计值修正得更低。仅仅因为基年的转换就要改变过去增长的估计值是很不合适的。经济分析局采用的新方法能够避免许多类似的固定权数问题。

当我们使用固定权数计算价格指数的时候也会出现类似的问题，比如固定权数法忽视了价格增减比较缓慢的产品对价格增长较快的产品的替代作用。这种方法往往会高估总体价格水平的上涨。下一章还会对用固定权数计算的许多其他指数进行讨论。而 GDP 平减指数与其不同，因为它不使用固定的权数。它也是经济体中生产的全部商品和服务的一种价格指数，其他价格指数涉及的商品和服务种类较少，并且包括一些进口（国外生产的）商品和服务。

最后要强调的是，计算实际 GDP 没有绝对正确的方法。经济体中有许多产品，每种产品都有自己的价格，我们无法对不同产品的产量进行精确的加总。我们可以说经济分析局计算实际 GDP 的新方法避免了使用固定权数带来的问题，似乎是对旧方法的一种改善。但我们在下一章就会看到，消费价格指数（CPI）这个被广泛使用的价格指数仍然是用固定权数算出来的。

6.4 GDP 概念的局限性

我们通常认为 GDP 上升是件好事。GDP 增长通常被认为是政府宏观经济政策的主要目标之一，但是使用 GDP 作为福利度量指标时有时会存在一定的局限性。

6.4.1 GDP 与社会福利

如果犯罪情况减少，那么社会将更好，但是犯罪的减少并不意味着产出的增加，因此并未反映在 GDP 中。闲暇时间的增加也是如此，当家庭需要闲暇时间之时（并非由于经济中的工作数量少而强加给家庭的空闲），闲暇的增加也是一种社会福利的改善。此外，有些社会福利改善是与 GDP 的减少相关的。例如，在充分就业时期的闲暇增加，将导致 GDP 的减少，因为用于生产的时间减少了。

大多数非市场活动和家庭内部活动即使能够增加实际产出，也不计入 GDP，比如做家务和照看孩子。但是，如果我决定把孩子送到托儿所，并且雇人清扫房间或者给我开车，GDP 就会增加。托儿所职员、清洁人员以及私人司机的工资计入 GDP 之中，但是我花费时间来做同样的事情却不予计算。即便产出没有任何变化，仅仅是制度安排上的小小变动就能表现为 GDP 的变化。

此外，GDP 通常不能反映损失或者社会灾难，而且 GDP 计算规则没有针对污染环境的生产进行调整。不管在生产过程中造成了多少污染，只要实际产量越大，GDP 就越大。在下一页第 145 页的"实践中的经济学"专栏中，我们将探讨如何计算环境污染对 GDP 度量的影响。而且，GDP 也不能反映产出在社会个体之间的分配情况，例如，它不能分辨究竟是大部分产出归少数人所有，还是产出在所有人之间平均分配。

6.4.2 地下经济

很多交易虽然在理论上应该计入 GDP 的计算之中，但实际上却并非如此。大多数非法交易都没有计入，除非它们通过"洗黑钱"进入合法的商业领域。尽管在核算 GDP 的时候会对误报收入进行调整，但还是有很多收入

实践中的经济学

绿色会计

国民收入与生产账户包括所有的市场活动，比如购买育儿服务会被计入账户之中，但是父母亲自养育儿女的服务不会被计入。最近许多经济学家和政策制定者开始关心长期被排除在国民收入账户之外，但是又特别重要的一个非市场项目：环境问题。

许多行业在制造产品的同时产生副产品，比如大气污染。这些行业制造出来的产品进入了国民收入与生产账户，但是环境成本却没有消失。这些环境成本如果没有计入国民账户的话，会给我们带来多大影响？尼古拉斯·穆勒（Nicholas Muller）、罗伯特·门德尔松（Robert Mendelsohn）和比尔·诺德豪斯（Bill Nordhaus）的最新研究认为，对于美国的某些产业，比如采石和火力发电产业来说，如果把它们产生的大气污染计入国民

生产与收入账户中，来抵消它们创造的经济价值的话，其 GDP 贡献甚至会变成负数！[1]

思考

1. 你认为为什么我们过去没有将污染计算在 GDP 核算中？

[1]Nicholas Muller, Robert Mendelsohn and Bill Nordhaus, "Environmental Accounting for Pollution in the United States Economy," *American Economics Review*, August 2011: 1649–1675.

由于没有作为应税收入上报而被忽略了。本应计入 GDP，实际上却没有计入的那部分交易有时候被称为**地下经济**（informal economy）。

逃避税收通常被认为是人们参与地下经济的主要动机。有研究估计美国的地下经济规模约为 GDP 的 10%，欧洲的地下经济规模接近 20%。此外，由于各种原因，特别是女性就业的问题，发展中国家的地下经济规模会高很多。在拉美和非洲，许多国家的地下经济规模能占到 GDP 的三分之一以上。[5]

我们为什么要关心地下经济呢？从某种程度上来说 GDP 是有误导性的，因为它只反映了一部分的经济活动，而没有反映全部。比如，如果人们在地下经济中工作却不向政府报告，那么失业率就可能要比官方计算的数据小。同样，由于各国地下经济规模占比不同，所以在比较各国 GDP 时也会受到干扰。比如，如果我们把地下经济放到整体经济发展状况之中考虑，那么意大利的 GDP 可能会提高很多，而瑞士的 GDP 则可能几乎不变。

地下经济： 经济体当中本应计入 GDP，实际上却没有计入的那部分交易。

⑤ Jacques Chermes, "The Informal Economy," *Journal of Applied Economic Research*, 2012.

6.4.3 人均国民总收入

进行跨国的比较研究非常困难，因为这种比较需要使用某种单一货币，一般来说是美元。将日本的 GNP 数值转换为美元，需要由日元转换为美元。由于汇率可能在短期内发生很大的变动，这会给换算带来很大麻烦。近年来世界银行采用了一种新的国际比较体系，被称为**国民总收入**（gross national income，GNI）。这一概念是使用经过通货膨胀率调整的几年平均汇率转换而成的 GNP。图 6.1 列出了 2013 年各国的人均国民总收入（GNI 除以人口）。其中挪威最高，其次是瑞士、美国和瑞典。埃塞俄比亚 2013 年的人均 GNI 只有 1 380 美元，相比之下，挪威却有 66 520 美元。

国民总收入（GNI）： 使用经过通货膨胀率调整的几年平均汇率转换而成的 GNP。

118

6.5 前瞻

本章介绍了宏观经济学家关注的重要变量，包括 GDP 及其组成部分。实际上，还有很多与宏观经济学家使用的数据有关的内容需要学习。下一章将讨论就业、失业以及劳动力的数据。第 10 章将讨论货币和利率的数据。最后，在第 19 章将更详细地讨论美国与世界其他地区之间关系的数据。

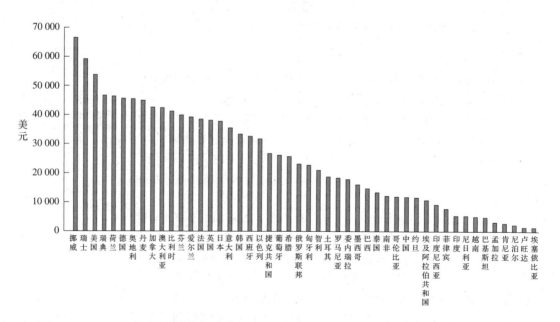

▲ **图 6.1　2013 年部分国家的国民收入**

资料来源：数据来源于人均国民收入，经过购买力平价（现值国际美元）调整，世界银行，http://data.worldbank.org/indicator.NY.GDP.PCAP.PP.CD/countries/1W？display=default

总结

1. 国民收入与生产账户不仅能够提供反映宏观经济运行状况的数据，同时也为宏观经济学家思考经济各个部分如何联系在一起的问题提供了一个理论框架。

6.1 国内生产总值　页 128

2. 国内生产总值（GDP）是国民收入账户的一个重要概念。GDP 是一定时期内一个国家境内的生产要素所生产的全部最终产品和服务的市场价值总和。GDP 扣除了中间产品，因为将产品在其作为投入要素购买时以及在其作为最终产品销售时同时计入，将会导致重复计算，从而高估生产的价值。

3. GDP 扣除了货币或产品易手却不生产任何新产品和服务的所有交易。GDP 包括了在本国工作的外国人的收入，以及外国公司在本国获得的利润。GDP 扣除了在国外工作的本国公民的收入，以及本国公司在外国获得的利润。

4. 国民生产总值（GNP）是一定时期内由一个国家的公民拥有的生产要素所生产的全部最终产品和服务的市场价值总和。

6.2 核算 GDP　页 130

5. 支出法核算 GDP 是把一定时期内用于购买最终产品和服务的金额加总起来。支出的四个主要组成部分为：个人消费支出（C）、国内私人总投资（I）、政府消费和总投资（G）、净出口（EX-IM）。这几项的总和等于 GDP。

6. 个人消费支出（C）的主要组成部分有耐用品、非耐用品以及服务。

7. 国内私人总投资（I）是一定时期内私人部门对资本的总投资。投资的三个主要类型为：非住房投资、住房投资以及商业存货变化。总投资没有将折旧（资产的减值）考虑在内。净投资等于总投资减去折旧。

8. 政府消费和总投资（G）包括联邦政府、州政府和地方政府用于购买最终产品和服务的支出。净出口（EX-IM）等于出口（外国人向本国购买的产品和服务）减去进口（本国从外国购买的产品和服务）。

9. 由于每一个买方的支付（支出）都是卖方的所得（收入），因此 GDP 可以根据以收入获得的部门来进行计算——这就是用收入法核算 GDP。

10. GNP 减去折旧是国民生产净值（NNP）。国民收入是经济中生产要素赚取的总量；不考虑统计误差的话，它等于 NNP。个人收入是家庭的总收入，个人可支配收入是家庭缴纳税收后拥有的可以支出或储蓄的部分。个人储蓄率是个人可支配收入中用于储蓄而非支出部分所占的百分比。

6.3 名义 GDP 与实际 GDP　页 138

11. 用现值（通常换算成美元）计算的 GDP 称为名义 GDP。如果我们用名义 GDP 来衡量增长，我们可能误认为生产增长了，而实际上发生的只是价格水平上升，或通货膨胀。对生产更好的衡量标准是实际 GDP，是由名义 GDP 经过价格调整而来的。

12. GDP 平减指数是关于整体价格水平的度量。

6.4 GDP 概念的局限性　页 144

13. 一般我们认为 GDP 上升是件好事，但当我们试图用 GDP 来度量福利的时候，可能会出现一些问题。GDP 计算的特性意味着，即使实际生产没有改变，机制变化也可能引起 GDP 的变化。GDP 忽视了大部分社会损失，比如污染。此外，GDP 没有告诉我们任何有关产品生产和收入分配的信息。此外，GDP 还忽视了地下经济的许多交易。

14. 国民总收入（GNI）是指使用经过通货膨胀率调整的几年平均汇率转换而成的 GNP。

术语和概念回顾

习题

6.1 国内生产总值

学习目标： 描述 GDP 的基本知识，以及 GDP 与 GNP 的区别。

1.1 解释重复计算的含义，并讨论为什么 GDP 和销售总额不同。

1.2 [**与页 132 "实践中的经济学" 相关**] 指出下列交易中哪些不能计入 GDP，并进行解释。

a. 你在得克萨斯州的专卖店买了一双新的牛仔靴。

b. 你在怀俄明州一个旧衣服商店买了一双

二手牛仔靴。

c. 你假期在自家院子干了一天活。

d. 一个小偷偷来一堆珠宝,向典当铺卖了 5 万美元。

e. 亚马逊公司为了筹资建一个新的配货仓库而发行新股。

f. 亚马逊公司建成一个新的配货仓库。

g. 奥瑞利亚买了 200 根羽毛,她要用这些羽毛来装饰自己做的帽子,然后把它们卖出去。

h. 一个私人公司建了一条连接纳什维尔和孟菲斯的付费公路。

i. 政府发放失业救济金。

j. 美国电话电报公司(AT&T)购买了直播电视公司(DirecTV)的全部资产并接管了这个公司。

k. 你在内华达州里诺的一家赌场里玩老虎机赢了 100 000 美元。

1.3 托拜厄斯是凤凰城一个老爷车的车迷,时不时将自己的一辆车拿出来拍卖。2016 年 1 月,他在附近的一个拍卖场以 167 500 美元的价格,把一辆 1929 年款的 341B 凯迪拉克卖给了来自沙特阿拉伯利雅得的一位买主。这笔交易中有没有可以计入 2016 年美国 GDP 的部分?

1.4 安妮莎专门在自己车库里做鸟舍,她的原材料都买自当地的一个贮木场。去年她买了 3 500 美元的原材料,用它们做了 250 个鸟舍,并以每个 25 美元的价格全卖给了当地的一个工艺品店。工艺品店再以每个 55 美元的价格卖给消费者。在整个鸟舍的生产环节中,安妮莎和工艺品店分别给鸟舍增加的价值有多少?

6.2 核算 GDP

学习目标: 解释核算 GDP 的两种方法。

2.1 假如在一个小经济体中,所有的收入要么是雇员报酬,要么是利润,而且没有间接税。用下列数字核算 GDP,并显示出支出法和收入法加总的数值是一致的。

消费	$ 9 500
投资	3 000
折旧	1 750
利润	2 400
出口	850
雇员报酬	11 500
政府购买	3 200
直接税收	1 200
储蓄	1 600
进口	900

2.2 我们怎么知道用支出法核算 GDP 和用收入法核算 GDP 能够得到同样的结果?

2.3 2002 年内日本的实际 GDP 增长了大约 1.3%,同一时期内日本的实际零售额下降了 1.8%。对这种现象有没有什么可能的解释?(提示:使用支出法考虑一下 GDP 的各个组成部分)

2.4 如果你买了一辆车,这个购买行为会被计入当年的消费里面。简单解释为什么从某种意义上说这是计算国民收入的一个"错误"。(提示:买一辆车和买一份比萨有什么区别?)你会怎么修正这个错误?住房在国民收入与生产账户中是怎么处理的?或者再具体一点,自有住房是如何计入国民账户的?(提示:在网上搜索一下自有住房估算租金)

2.5 解释一下为什么用支出法核算 GDP 时要扣除进口。

2.6 从 2005 年开始,美国房地产市场由繁荣转向疲软。房屋建筑业在 2006 年剧烈衰退。请前往美国商务部经济分析局官网 www.bea.gov,看一下从 2005 年到 2015 年的 GDP 数据。用实际价格美元来看,2005 年到 2015 年的每个季度有多少私有住房固定投资?GDP 的哪一部分代表房屋建筑业?2006 年之后,住房固定投资剧烈下降,然而 GDP 一直增长到 2007 年底。总支出的哪些部分使得 2006 年到 2007 年底的这一情况发生?

6.3 名义 GDP 与实际 GDP

学习目标： 讨论名义 GDP 和实际 GDP 的区别。

3.1 如下表所示，GNP 和实际 GNP 在 1972 年几乎相等，但在 1975 年中期有 3 000 亿美元的差异。请解释原因。哪些数字更适合用来描述当时的经济状况？与现在相比，当时的经济状况如何？

日期 (年：季)	GNP (十亿美元)	实际 GNP (十亿美元)	实际 GNP (变动百分比)	GNP 平减指数 (变动百分比)
1972：2	1 172	1 179	7.62	2.93
1972：3	1 196	1 193	5.11	3.24
1972：4	1 233	1 214	7.41	5.30
1973：1	1 284	1 247	10.93	5.71
1973：2	1 307	1 248	0.49	7.20
1973：3	1 338	1 256	2.44	6.92
1973：4	1 377	1 266	3.31	8.58
1974：1	1 388	1 253	–4.00	7.50
1974：2	1 424	1 255	0.45	10.32
1974：3	1 452	1 247	–2.47	10.78
1974：4	1 473	1 230	–5.51	12.03
1975：1	1 480	1 204	–8.27	10.86
1975：2	1 517	1 219	5.00	5.07

3.2 在使用固定权数计算实际 GDP 和 GDP 平减指数时会遇到哪些问题？美国商务部经济分析局的方法试图如何解决这些问题？

3.3 下面给出了 2014 年中期的实际 GDP（以 2005 年美元价格为基数）和人口的预测数据。根据这些预测，GDP 在 2018 年到 2019 年间大约实际增长了多少？2018 年和 2019 年的人均实际 GDP 各是多少？请用预测数据来计算 2018 年和 2019 年间的实际 GDP 和人均实际 GDP 的变化率。

2018 年实际 GDP（十亿美元）	$18 121
2019 年实际 GDP（十亿美元）	$18 375
2018 年人口（百万）	329.3
2019 年人口（百万）	331.9

3.4 看一下最新的《经济学人》(The Economist)。阅读经济指标部分。看国家名单，找出 GDP 增长最快和最慢的国家，也看一下预测的 GDP 增长率。回到期刊开头的目录，看是否有关于这些国家的文章，写一两段话描述其中一个国家的事件或经济状况。解释它们快速增长或没有快速增长的原因。

3.5 2009 年中期之前，许多经济学家认为经济衰退已经结束，美国经济进入了扩张周期。请解释经济衰退和经济扩张的定义。请前往美国商务部经济分析局官网 www.bea.gov，看一下 2009 年美国的 GDP。此外，请前往美国劳工部劳动统计局官网 www.bls.gov，看一下就业率和失业率。美国经济是否停止衰退并进入了扩张周期？在数据中你能发现什么？你能通过看报或者看电视新闻来判断美国经济是否进入扩张周期吗？请解释一下。

3.6 戈贡佐拉是一个小岛国，这个经济体只生产 6 种产品：甘蔗、悠悠球、朗姆酒、花生、口琴和花生酱。假如其中四分之一的甘蔗用于制作朗姆酒，一半的花生用来做花生酱。

a. 利用下表中的生产和价格信息来核算 2015 年的名义 GDP。

b. 利用下表中的生产和价格信息来核算 2013 年、2014 年和 2015 年的实际 GDP，以 2013 年为基年。2013—2014 年和 2014—2015 年两个时间段中，实际 GDP 的增长率是多少？

c. 利用下表中的生产和价格信息来核算 2013 年、2014 年和 2015 年的实际 GDP，以 2014 年为基年。2013—2014 年和 2014—2015 年两个时间段中，实际 GDP 的增长率是多少？

产品	2013 年 数量	价格	2014 年 数量	价格	2015 年 数量	价格
甘蔗	240	$0.80	240	$1.00	300	$1.15
悠悠球	600	2.50	700	3.00	750	4.00
朗姆酒	150	10.00	160	12.00	180	15.00
花生	500	2.00	450	2.50	450	2.50
口琴	75	25.00	75	30.00	85	30.00
花生酱	100	4.50	85	4.50	85	5.00

3.7 下表是美国商务部经济分析局提供的美国 2013 年、2014 年每一季度的名义 GDP 和实际 GDP（单位是十亿美元）。其中实际 GDP 以 2009 年为基年核算得出。请填写表格中"GDP 平减指数"和"价格水平增长的百分比"两栏。

季度	名义 GDP	实际 GDP	GDP 平减指数	价格水平增长的百分比
2013q1	16 502.4	15 538.4		
2013q2	16 619.2	15 606.6		
2013q3	16 872.3	15 779.9		
2013q4	17 078.3	15 916.2		
2014q1	17 044.0	15 831.7		
2014q2	17 328.2	16 010.4		
2014q3	17 599.8	16 205.6		
2014q4	17 703.7	16 294.7		

3.8 评价下面的说法：即使一个经济体中大量产品和服务价格快速上升，实际 GDP 也可能下降；但是如果大量产品和服务价格快速下降，实际 GDP 不可能上升。

6.4 GDP 概念的局限性

学习目标： 讨论使用 GDP 度量经济社会福利程度的局限性。

4.1 GDP 不能直接反映环境污染带来的经济成本，如全球变暖和酸雨等。你认为这些成本应该计入 GDP 吗？为什么？ GDP 应该如何调整才能将环境污染带来的成本包含进去？

4.2 **[与页 145 "实践中的经济学"相关]** 世界银行一份题为《自然资本计算》（*National Capital Accounting*）的简报有如下的表述："GDP 的一大局限是对于反映自然资本有局限。自然资本的全部贡献包括森林、湿地、农业用地等，它们都没有通过 GDP 体现出来。"请再找一些自然资本的例子，解释它们被忽视之后会对 GDP 的衡量造成什么样的后果。

资料来源：*Natural Capital Accounting*，World Bank brief，May，2015。

122

123

第 7 章
失业、通货膨胀和长期增长

美国劳工部劳工统计局（the Bureau of Labor Statistics，BLS）每个月都会发布上个月失业率的数据。例如 2015 年 4 月 3 日，就发布了 2015 年 3 月的失业率是 5.5%。失业率是衡量经济运行状况的一个重要指标，这个数据的发布会被广泛关注，如果某次劳工统计局发布的失业率数据和金融市场的预测不一样，就会导致金融市场发生较大的变动。因此，人们有必要了解劳工统计局是怎样计算失业率的，本章的第一部分就是介绍失业率的计算方法以及它的各个组成部分。

通货膨胀是另一个宏观经济的关键变量。上一章讨论了 GDP 平减指数（也就是整个经济体的价格平减指数）的计算方法。GDP 平减指数的百分比变化就是一种度量通货膨胀的方法。但是除此之外，还有其他几种方法，都和经济体的某个方面有关。其中最经常使用的价格指数是消费价格指数（CPI），本章将介绍 CPI 的计算方法。CPI 的数据也由劳工统计局每月发布，并对金融市场产生影响。例如 2015 年 3 月 24 日，劳工统计局发布了 2015 年 2 月的 CPI 变化率是 0.2%。在介绍完 CPI 的度量之后，本章将继续讨论通货膨胀的各种成本以及通货紧缩发生时政策制定者的关注点。

本章的最后一个讨论的话题是长期增长。大多数宏观经济学旨在解释经济周期，但是长期增长也是宏观经济学的一个重要议题。第 5 章的表 5.2 中提到美国实际 GDP 的年均增长率是 3.3%，这也就是说，在表 5.2 中提到的 115 年里，尽管美国经济有许多增长和下跌，但是平均来看是以每年 3.3% 的增长率在增长。本章的最后一部分就是讨论这种长期增长的根源。

需要注意的是本章仍然是描述性的，我们对经济运行的理论分析部分将在下一章展开。

7.1 失业

7.1 学习目标　　124

解释失业是如何得到度量的。

我们首先对失业的度量进行讨论。

7.1.1 度量失业

劳工统计局每个月公布的失业数据都是基于一项 60 000 个家庭作为样本的调查，每个接受采访的家庭，都要对家中 16 岁及以上的家庭成员在该月 12 日所在的日历周的工作情况做出回答。（调查是在该月 19 日所在的日历周内进行的。）

如果一个年龄为 16 岁及以上的家庭成员，作为有偿雇员工作了 1 个小时及以上时间，无论他（她）是为别人工作还是为自己的公司或农场工作，他（她）都被算作**就业者**（employed）。如果一位家庭成员在家族企业中无偿工作了 15 个小时及以上，他（她）也被算在就业者之列。最后，如果一位家庭成员拥有一份工作，但是他（她）由于疾病、坏天气、休假、劳动管理纠纷或者个人原因而暂时缺席，无论这份工作是否有偿，他都被算作就业者。

就业者： 任何一个 16 岁及以上：（1）每周有偿为别人或为自己的生意工作 1 小时及以上；（2）每周无偿为家族企业工作 15 小时及以上；或（3）本有工作但暂时带薪 / 无薪缺席的人。

那些没有就业的人被分为两类：（1）失业者，或者（2）不属于劳动力。**失业者**（unemployed）是指，16 岁及以上且有工作能力，并在最近四周之内为寻找工作付出了相当努力的人。任何没有正在主动寻找工作的人，无论是因为他（她）不想工作还是已经放弃了寻找工作，都将算作**不属于劳动力**（not in the labor force）的范畴。不属于劳动力的人包括全日制学生、退休人员、机构中的个人、在家中照看小孩或老人的人以及不愿再寻找工作的人。

失业者： 16 岁及以上且有工作能力，并在最近四周之内为寻找工作付出了相当努力的没有工作的人。

不属于劳动力： 因为不想工作或者放弃寻找工作，而没有正在寻找工作的人。

经济体中的总**劳动力**（labor force）就是就业者和失业者人数之和：

劳动力： 就业者和失业者人数之和

> 劳动力 = 就业者 + 失业者

16 岁及以上年龄的总人口等于劳动力人口和不属于劳动力人口的数量之和：

> 总人口 = 属于劳动力的人口 + 不属于劳动力的人口

根据这些数据可以算出几个比率，**失业率**（unemployment rate）是失业人数与劳动力人数之比：

失业率： 失业人数与劳动力人数之比。

125

实践中的经济学

经济衰退时期失业者的时间应用

在 2008—2009 的经济衰退时期，美国总的市场工作时间持续下降。最近的一篇论文运用有趣的最新调查数据探究了失业人群利用正式市场之外的时间做了些什么。[1]

经济学家希望看到的是，在经济衰退时期，新增失业者在时间应用上有什么改变。首先，我们希望人们花费部分时间寻找新工作。阿吉亚尔（Aguiar）和他的合著者发现，人们只将 2%—6% 的市场外时间用来寻找工作，显然寻找工作能获得的回报是递减的，尤其是在经济衰退这样一个新就业机会十分有限的时期。此外，调查还揭示了其他哪些关于时间配置的信息呢？ 12% 的新的自由时间被用在与长期就业安置相关的活动中，例如提升教育程度、公民参与、医疗卫生。其他的时间，即 35% 的市场外时间被用在非市场劳动上，例如打扫卫生、房屋维修和照顾孩子。显而易见，失业者们正在以他们曾经从市场中购买到的服务代替工作。对于失业者来说，从事自己家庭服务的机会成本是很低的。因此，这种变化有重要的经济意义。剩余的略低于 50% 的时间被用在睡觉等休闲活动上。

思考

1. 在经济快速增长时期，我们对失业者的时间应用将有怎样不同的预期？

[1] Mark Aguiar, Erik Hurst, Louokas Karabarbounis, "Time Use During the Great Recession," *American Economic Review* 2013: 1664–1696.

$$失业率 = \frac{失业者}{失业者 + 就业者}$$

2015 年 3 月，美国劳动力人数有 1.569 06 亿人，其中 1.483 31 亿为就业者，857.5 万为正在寻找工作的失业者，失业率为 5.5%：

$$\frac{8.575}{148.331 + 8.575} = 5.5\%$$

劳动力参与率： 劳动力人数与 16 岁及以上人口的比率。

劳动力人数与 16 岁及以上人口的比率叫作**劳动力参与率**（labor force participation rate）：

$$劳动力参与率 = \frac{劳动力}{人口}$$

　　2015 年 3 月，美国 16 岁及以上的人口为 2.500 80 亿，所以劳动力参与率是 0.63（=1.569 06/2.500 80）。

　　表 7.1 显示了 1950 年以来的一些年份中这些数据之间的关系。尽管失业率在 1950 年以后出现了波动和起伏，但是劳动力参与率却一直稳定增长。这种增长主要来自 25 岁至 54 岁之间的女性劳动力参与率的提升。表 7.1 中的第（3）列显示了美国经济体于 1950 年以来的新增工人数量。就业人数从 1950 年至 1980 年增加了 4 040 万人，从 1980 年至 2014 年增加了 4 700 万人。

7.1.2 失业率的组成

126

　　为了更好地描绘美国的失业水平，我们需要观察不同人群的失业率。

不同人口统计群体的失业率　不同人口统计群体的失业率之间存在着很大的差别。表 7.2 显示了 1982 年 11 月（1982 年的衰退时期中情况最差的一个月）以及 2015 年 3 月（失业率相当低的一个月）按照种族、性别和年龄划分后的失业率的具体情况。2015 年 3 月，当总失业率为 5.5% 时，白人失业率为 4.7%，然而非洲裔美国人的失业率几乎是白人的两倍，达到了 10.1%。

　　在 1982 年的衰退时期，男性的遭遇比女性更糟。对于非洲裔美国人来说，20 岁及以上男性有 19.3% 的人失业，20 岁及以上女性的失业率为 16.5%。年龄在 16—19 岁之间的青少年的境况最差。16—19 岁之间的非洲裔美国人在 1982 年 11 月遭受了 49.5% 的失业率。相比之下，16—19 岁之间的白人失业率是 21.3%。在 2015 年 3 月，青少年的失业率也很高，非洲裔美国人依然遭受着比同龄美国白人更差的就业情况。

表 7.1　1950—2014 年就业者、失业者和劳动力

	(1) 16 岁及以上人口（百万）	(2) 劳动力（百万）	(3) 就业者（百万）	(4) 失业者（百万）	(5) 劳动力参与率（%）	(6) 失业率（%）
1950	105.0	62.2	58.9	3.3	59.2	5.3
1960	117.2	69.6	65.8	3.9	59.4	5.5
1970	137.1	82.8	78.7	4.1	60.4	4.9
1980	167.7	106.9	99.3	7.6	63.8	7.1
1990	189.2	125.8	118.8	7.0	66.5	5.6
2000	212.6	142.6	136.9	5.7	67.1	4.0
2010	232.8	153.9	139.1	14.8	64.7	9.6
2014	247.9	155.9	146.3	9.6	62.9	6.2

注：数字只指公民（军队除外）。

资料来源：Economic Report of the President，2015 以及美国劳工部劳工统计局。

表 7.2　1982 年和 2015 年不同人群的失业率分布

	年龄	1982 年 11 月	2015 年 3 月
总和		10.8	5.5
白人		9.6	4.7
男性	20+	9.0	4.4
女性	20+	8.1	4.2
男 + 女	16—19	21.3	15.7
非洲裔美国人		20.2	10.1
男性	20+	19.3	10.0
女性	20+	16.5	9.2
男 + 女	16—19	49.5	25.0

资料来源：美国劳工部劳工统计局。数据经过了季节调整。

沮丧工人效应　很多人认为统计出来的失业率实际上低估了失业人口，因为失业率没有考虑那些被迫放弃寻找工作的人。所有停止寻找工作的人都从劳动力人口中排除，因此也不计入沮丧失业人口中。在经济衰退期间，人们可能是对找到工作没有信心从而放弃寻找工作。由于放弃寻找工作的人不再算作失业者，因此这种情况会使失业率有所降低。

为了说明这种**沮丧工人效应**（discouraged-worker effect）如何降低失业率，我们假设 1 亿人的劳动力中有 1 000 万人失业。这说明失业率为 0.10，即 10%。如果这 1 000 万人中有 100 万人因为停止寻找工作而脱离了劳动力队伍，那么就会变成 9 900 万的劳动力中有 900 万人失业。这样失业率会降为 0.091，即 9.1%。

美国劳工部劳工统计局的调查为估计沮丧工人效应的规模提供了一些依据，调查中针对那些表示已经停止寻找工作的被调查者，会询问他们放弃寻找工作的原因，如果被调查者认为找不到工作是他停止寻找工作的唯一原因，那么这个人就会被归入沮丧工人的行列。

在正常时期，沮丧工人的数量似乎总是在劳动力规模的 1% 左右徘徊。在 1980 年至 1982 年的衰退期间，沮丧工人的比例稳步增长到最高点 1.5%。2015 年 3 月的沮丧工人估计占劳动力规模的 0.5%。有些经济学家认为，在现在的分类方法基础上，如果把沮丧工人的数量加入失业者的数量之中，可以更好地描绘失业的状况。

失业的持续期　失业率描述的是一个时间点上的失业状况。它不能说明一般的失业者究竟有多长时间没有工作。理论上，假如已知 1 000 人的劳动人口规模以及 10% 的年度失业率，我们可以知道任何时刻都有 100 人失业。但是我们不知道到底是同样的 100 个人失业了一整年，还是 1 000 个人在一年内轮流失业几周，而这两者的区别是很大的。关于失业持续期的数据会给我们这方面的信息。表 7.3 展示了在一个经济衰

沮丧工人效应： 有的人想要工作却找不到工作，因而丧失信心放弃寻找工作，于是不再算作失业者和劳动力，这种情况会导致失业率有所降低。

127

实践中的经济学

一次无声革命：女性加入劳动力人群

表 7.1 显示，美国的劳动力参与率从 1995 年的 59.2% 增长到 2014 年的 62.9%。这种增长的主要原因是女性劳动力参与率的增加。在 1955 年，女性的劳动力参与率只有 36%。对于已婚女性来说，这个比率低至 29%。到 20 世纪 90 年代，这些数据有了巨大的变化。在 1996 年，全部女性的劳动力参与率达到 60%，而已婚女性为 62%。这种变化的原因是复杂的，但可以明确的是，在 20 世纪 60 年代，社会对于女性和有偿工作的态度发生了改变。另外，由于有效的生育控制导致新生儿的数量减少，这使得婴儿潮逐渐变为生育低谷期。

相反，男性的劳动力参与率在这个时期降低了，从 1955 年的 85% 下降至 1996 年的 75%。对于男性劳动力参与率的下降，解释起来就不如女性劳动力参与率上升那样明确了。毋庸置疑的是，一些男性不再工作，而是承担起像照顾孩子这种传统上女性的职责。无论原因是什么，经济在这段时间里正以一种实质上吸收了更多新劳动者的方式增长。

20 世纪七八十年代，当女性开始大量成为劳动力时，她们的薪酬相对于男性来说更低。大部分经济学家将这一现象归咎于女性劳动力缺乏劳动经验。这指出了在分析劳动力市场时，工作经验和教育等因素的重要性。

至少在那时，一些女性成为劳动力后，会雇用清洁工和保育员来完成她们曾经亲自做的事情。正如我们在第 6 章所学的，保育员和清洁工的工资将被计入 GDP，而当这些事情由丈夫或妻子亲自做时并不计入 GDP。

如果你有兴趣了解更多有关美国女性的经济史问题，可以阅读哈佛大学经济学家克劳迪娅·戈尔丁（Claudia Goldin）的专著《理解性别鸿沟：美国女性经济史》（*Understanding the Gender Gap: An Economic History of American Women*）。

思考

1. 当一个家庭决定雇用他人打扫房屋来获得空闲时间看电视，他们付给家庭雇员的工资会使 GDP 增加。那么经济总产出是否增大了呢？

退时期内，平均失业持续期是在增加的。在 1979 年和 1983 年之间，平均失业持续期从 10.8 个星期增加到了 20.0 个星期。1990 年到 1991 年，衰退期之后的缓慢经济增长导致了平均失业持续期从 1992 年的 17.7 个星期增加到了 1994 年的 18.8 个星期。2000 年，平均失业持续期降到了 12.7 个星期，但是在 2004 年又涨到了 19.6 个星期。在 2007 年和 2009 年之间，平均失业持续期迅速从 16.9 个星期涨到了 24.3 个星期。在衰

表 7.3　1970—2014 年平均失业时间

	星期数		星期数		星期数
1970	8.6	1985	15.6	2000	12.7
1971	11.3	1986	15.0	2001	13.1
1972	12.0	1987	14.5	2002	16.7
1973	10.0	1988	13.5	2003	19.2
1974	9.8	1989	11.9	2004	19.6
1975	14.2	1990	12.0	2005	18.4
1976	15.8	1991	13.7	2006	16.8
1977	14.3	1992	17.7	2007	16.9
1978	11.9	1993	18.0	2008	17.8
1979	10.8	1994	18.8	2009	24.3
1980	11.9	1995	16.6	2010	33.1
1981	13.7	1996	16.7	2011	39.4
1982	15.6	1997	15.8	2012	39.5
1983	20.0	1998	14.5	2013	36.6
1984	18.2	1999	13.4	2014	33.7

数据来源：美国劳工部劳工统计局。

退期之后，平均失业持续期甚至还在增加，一直增加到 2012 年的 39.5 个星期。2014 年的平均失业持续期也很高，是 33.7 个星期。这反映了整个经济复苏是很缓慢的。

7.1.3 失业的成本

在 1946 年的《就业法案》中，美国国会声称，用一切可行的方法最大限度地促进就业、生产和购买力是联邦政府一贯的政策和职责。

在之后的年份里，联邦政府始终把充分就业当作一个重要的政策目标。联邦政府为什么把充分就业作为一项政策目标呢？失业会给社会造成多大的成本呢？

摩擦性失业、结构性失业和周期性失业　在考虑失业的各种成本时，把失业分成三种类型：

- 摩擦性失业
- 结构性失业
- 周期性失业

在考虑失业的社会成本时，不是所有类型的失业都一样。美国劳工部劳工统计局在做上文所述的每个月第 12 日的工作调查时，也采访了许多正在找工作的人。有的是刚刚成为劳动力的人，其他的则是在换

实践中的经济学

持续失业的后果

　　在 2008 年至 2009 年的经济衰退以及之后的缓慢恢复过程中，许多年轻大学毕业生发现自己失业了，并且很多人一旦失业就会持续好几个月。这种经历本身就够糟的了，可是经济学家有更坏的消息等着他们。这种一开始就失业的情况对上述大学生产生的消极影响可能会持续很多年！

　　丽莎·卡恩（Lisa Kahn），耶鲁大学的经济学家，对 1979 年至 1989 年间毕业的大学生进行了连续 17 年的跟踪调查。[1] 本书第 5 章就提到在这段时间里，包含了 1980 年至 1982 年间的经济衰退。卡恩发现，甚至在 15 年之后，那些一毕业就失业的学生的工资也大大地滞后了。不仅低工资持续，而且那些学生即

使在经济恢复之后也很少可以找到更好的工作。

思考

　　1. 描述一个可能有助于解释上述衰退期工资持续效应的机制。

[1] Lisa Kahn, "The Long-Term Labor Consequences of Graduating from College in a Bad Economy," *Labour Economics*, April 2010.

工作的人。这种失业对于经济发展来说实际上是正常和有益的。正常的劳动力市场更替导致的那一部分失业，被称为**摩擦性失业**（frictional unemployment）。找工作需要花费一定的时间，因此摩擦性失业率不会是 0。

　　美国的经济结构是不断变化的。比如，制造业曾经在就业总量中占有的一部分比重已经转移到服务、金融、保险和房地产等行业。在制造业内部，钢铁和纺织行业也有大幅度的缩小，而高科技部门正在不断地扩展。像这种经济结构变化导致的失业被称为**结构性失业**（structural unemployment）。如此，刚才提到的摩擦性失业用于表示短期的工作／技能匹配问题，一般持续几个星期；而结构性失业用于表示长期的职业调整问题，一般要持续几年。尽管结构性失业是动态经济的一个指标，但对于那些因为自己的技能过时而失去工作的人来说是有很大成本的。

　　经济学家有时用**自然失业率**（natural rate of unemployment）这个词来表示正常运转的经济中发生的失业率，主要是摩擦性失业和结构性失业。自然失业率的估计值在 4% 至 6% 之间。

　　2007 年到 2009 年之间，美国的实际失业率从 4.6% 增加到了 9.3%。

摩擦性失业： 正常的劳动力市场更替导致的那一部分失业；通常与短期的工作／技能匹配问题有关。

结构性失业： 经济结构变化导致在某些特定行业的大量失业。

自然失业率： 作为经济正常运转的一部分的失业率。有时被视为摩擦性失业率和结构性失业率之和。

周期性失业：超过了摩擦性失业和结构性失业之和的失业。

但是这些增长好像并不能全部由摩擦性失业和结构性失业来解释。任何超过了摩擦性失业和结构性失业之和的失业，被称作**周期性失业**（cyclical unemployment）。在 2008 年到 2009 年的经济衰退期中，2009 年的大部分失业都是周期性失业。

社会后果　失业的成本在人口中平均的分配是不均匀的，而且还是很难度量的，20 世纪 30 年代大萧条的社会后果可能是最难理解的。很少有人经历过大萧条而没有受到伤害。情况最糟糕的是贫困和完全失业的人们，他们大约占劳动力的 25%。即使那些保住工作的人也发现他们自己只有一部分时间在工作。随着股市的崩溃和成千上万银行的倒闭，许多人损失了部分或者全部的积蓄。重读第 5 章中约翰·斯坦贝克的《愤怒的葡萄》中的节选部分，就能体会到那个时期的失业带来的社会成本。许多美国人可能也见过朋友或家人在 2008 年至 2009 年的经济衰退中失去工作。

7.2 通货膨胀和通货紧缩

7.2 学习目标

描述度量通货膨胀的工具，以及讨论通货膨胀的成本和作用。

在一个像美国这样的市场经济体中，单个商品的价格是随着供求关系不断变化的。实际上，微观经济学的一个重要的关注点就是理解相对价格的变化，比如说，为什么电脑越来越便宜而看牙医越来越贵？只不过宏观经济学的关注点不是单个商品相对价格的变化，而是商品和服务的总体价格的变化。通货膨胀被定义为总体价格水平的上升，而通货紧缩是总体价格水平的下降。

现实中大多数商品和服务的价格并不是以相同的速度增减的，这使得对通货膨胀的度量非常困难。本书第 6 章中我们已经介绍了 GDP 平减指数的定义，这是度量整个经济体所有商品和服务价格水平的一个指标。我们现在来看一下第二个，它就是消费价格指数，也是用来度量价格水平的。

7.2.1 消费价格指数

消费价格指数（CPI）：
美国劳工部劳工统计局每个月计算的一种价格指数。它代表的是典型城市消费者每月购买的"市场篮子"的价格。

最常用的价格指标就是**消费价格指数**（consumer price index，CPI）。与 GDP 平减指数不同，CPI 采用了固定权数指数。在第一次世界大战期间，政府要对造船工人的工资进行控制，于是首次创造了 CPI，把它作为调节工资的基础。现在，美国劳工部劳工统计局每个月都要用一揽子产品代表典型城市居民购买的"市场篮子"，以此为依据计算 CPI。在这一揽子产品中，各种商品的数量是作为权数使用的。事实上，美国劳工部劳工统计局每个月从 44 个地区的 22 000 个采集点收集 71 000 种商品和服务的价格。例如，住房成本包括在对 5 000 名房屋租赁人和 1 000 名房主的每月调查收集来的数据中。图 7.1 展示了 2007 年 12 月的 CPI 市场篮子。

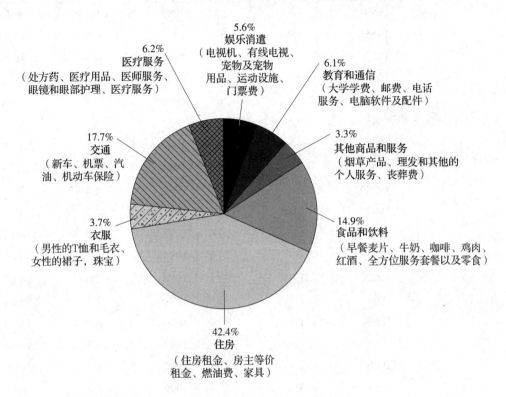

▲ **图 7.1　CPI 市场篮子**

资料来源：美国劳工部劳工统计局。

　　表 7.4 显示了自 1950 年以来的 CPI 数值。这个指数的基年是从 1982 年到 1984 年，这意味着把这三年进行平均，得到 100 的平均值。表中某一年份的百分比变化就是当年的通货膨胀率，比如，从 1970 年至 1971 年，CPI 从 38.8 增加到 40.5，那么变化率就是［（40.5–38.8）/38.8］× 100，即 4.4%。表 7.4 表示，20 世纪 70 年代以及 80 年代早期，美国的通货膨胀率是很高的，1992 年以后则变得很低。

　　由于 CPI 是一个固定权数价格指数（以 1982 年至 1984 年为基年）它面临着上一章提到的替代问题。在固定权数下，它并没有把消费者用其他商品来代替价格上升商品考虑在内。因此，CPI 容易高估通货膨胀率。这个问题有很强的政策影响力，因为政府的转移支付，比如社会保障支出是和 CPI 挂钩的。如果根据 CPI 度量的通货膨胀率被高估了，政府的社会保障支出增长率就会比原本的要高：政府正在花费比它本应花费的更多的钱。

　　作为对固定权数问题的回应，2002 年 8 月美国劳工部劳工统计局开始公布一种使用变动权数的 CPI 版本，称作链式消费价格指数。尽管

131

表 7.4 1950—2014 年 CPI

	CPI 变化率（%）	CPI		CPI 变化率（%）	CPI
1950	1.3	24.4	1982	6.2	96.5
1951	7.9	26.0	1983	3.2	99.6
1952	1.9	26.5	1984	4.3	103.9
1953	0.8	26.7	1985	3.6	107.6
1954	0.7	26.9	1986	1.9	109.6
1955	−0.4	26.8	1987	3.6	113.6
1956	1.5	27.2	1988	4.1	118.3
1957	3.3	28.1	1989	4.8	124.0
1958	2.8	28.9	1990	5.4	130.7
1959	0.7	29.1	1991	4.2	136.2
1960	1.7	29.6	1992	3.0	140.3
1961	1.0	29.9	1993	3.0	144.5
1962	1.0	30.2	1994	2.6	148.2
1963	1.3	30.6	1995	2.8	152.4
1964	1.3	31.0	1996	3.0	156.9
1965	1.6	31.5	1997	2.3	160.5
1966	2.9	32.4	1998	1.6	163.0
1967	3.1	33.4	1999	2.2	166.6
1968	4.2	34.8	2000	3.4	172.2
1969	5.5	36.7	2001	2.8	177.1
1970	5.7	38.8	2002	1.6	179.9
1971	4.4	40.5	2003	2.3	184.0
1972	3.2	41.8	2004	2.7	188.9
1973	6.2	44.4	2005	3.4	195.3
1974	11.0	49.3	2006	3.2	201.6
1975	9.1	53.8	2007	2.8	207.3
1976	5.8	56.9	2008	3.9	215.3
1977	6.5	60.6	2009	−0.4	214.5
1978	7.6	65.2	2010	1.7	218.1
1979	11.3	72.6	2011	3.1	224.9
1980	13.5	82.4	2012	2.1	229.6
1981	10.3	90.9	2013	1.5	233.0
			2014	1.6	236.7

资料来源：美国劳工部劳工统计局。

这还没有成为主流版本，但美国劳工部劳工统计局可能会在未来几年内放弃使用 CPI 的固定权数版本。然而需要记住的是，即使这样，CPI 也仍然与 GDP 平减指数有着重要不同。正如图 7.1 显示的 2002 年用于计算 CPI 的产品"市场篮子"那样，CPI 仅覆盖消费品和服务，而 GDP 平减指数覆盖了整个经济体当中的全部商品和服务。同时，CPI 包括了进口商品，而 GDP 平减指数没有。

其他常用的价格指数还有**生产价格指数**（producer price indexes，PPIs），也曾被称作批发价格指数。这些指数显示了制造商在生产过程中的所有阶段出售产品的价格，而不只是最后一个阶段。这些指数是针对生产过程中的各个阶段单独计算的；三种主要分类为最终产品、中间材料和原材料，在每个阶段还有更细的划分。

有些生产价格指数的一个优点在于它们能够提早发现生产过程中价格的上涨，由于它们的变动有时候可以预示未来消费价格的变化，所以它们被当作未来消费价格的先导数据。

生产价格指数（PPIs）： 制造商在生产过程中的所有阶段出售产品的价格。

7.2.2 通货膨胀的成本

如果你问大多数人，通货膨胀为什么"不好"，他们会告诉你：通货膨胀使得商品和服务变得更贵了，因此降低了人们的总体生活水平。也就是说，它削弱了人们的购买力。美国人总爱回忆以前一瓶可口可乐只卖 10 美分，一个汉堡包只需 25 美分的日子。试想一下，如果价格没有变化，那么我们今天能够买多少东西。人们通常不去想，在"过去美好的日子"里他们的收入有多少，如果过去赚 5 000 美元的收入的人现在能赚 25 000 美元，那么一瓶可乐的成本从 10 美分涨到 50 美分并不代表任何真正意义上的变化。在通货膨胀期间，绝大多数价格，包括投入品价格（如工资），往往是一起上涨的。投入品价格同时决定了工人的收入，以及资本与土地所有者的收入，所以通货膨胀本身不一定会减少人们的购买力。

通货膨胀可能改变收入的分配 你在通货膨胀期间是获益还是受损，取决于你的收入和你想要购买的商品价格哪个增长得更快。在讨论通货膨胀的影响时，常常提到的群体是靠固定收入生活的那些人，如果你的收入是固定的，而价格上涨，那么你购买商品和服务的能力就会同比例地下降。

尽管老年人常常被认为是依靠固定收入生活，但是也有许多养老金计划支付的收益是同通货膨胀相关的，我们将会在下一页的"实践中的经济学"中具体描述。总体价格水平上升时，这些计划支付的收益也会自动上升，价格上升 10%，收益就上升 10%，对于老年人而言，最大的收入来源就是社会保障。这些计划的收益是完全随指数变化的，当价格上涨——即当 CPI 上涨 5% 时，社会保障金也增加 5%。

132

工资有时也会与通货膨胀相关，这是通过被写入劳动合同的生活成本调整（cost-of-living adjustments，COLAs）来实现的。这种合同通常规定未来工资会随着通货膨胀率的增加而增加。如果工资和通货膨胀率完全相关，工人的实际收入就不会减少。当然，现实中这种情况不会经常发生。

考虑通货膨胀对收入分配造成的影响，是区分预期通货膨胀和非预期通货膨胀的一种方法。如果提前对通货膨胀进行预计，并在合同中写明通货膨胀的预期值，通货膨胀就不会对收入分配产生影响。设想一个人正在考虑退休的问题，但是退休金没有和 CPI 挂钩，假设她能够知道退休后二三十年的通货膨胀走向，即使不挂钩也没有问题，因为她可以等到攒够养老钱之后再退休。但是，如果她退休之后，通货膨胀率比预料的要高，事情就麻烦了。那样的话，她可能不得不重新回去工作。同理，如果我是一个地主，预计未来三年的年均通货膨胀率是 2%，那我的租金就可以每年涨 2%；但是如果实际通货膨胀率有每年 10%，我的成本就会每年增加 10%，那我就境况堪忧了。

还有一个例子，考虑债务人和债权人问题。人们普遍相信在通货膨胀期间，债务人能够受益，而债权人则会受损，因为债务人实际归还的债务金额比当初借来的要少。这实际上也不是个问题，只要在借款、贷款时提前预估通货膨胀率，并将它写进合同就可以了。

假设你想从我这里借 100 美元，一年后归还，并且我们都同意如果没有通货膨胀的话，5% 是一个公道的利率。假如我们都认为通货膨胀率有 10%，这种情况下我们就同意将利率设定为 15%，那么在一年之后你就要付我 115 美元。我要求 15% 的利率，已经是把你还我的可能实际价值比 10% 更少考虑在内了。如果通货膨胀率确实和我们预期的相等，我作为债权人，没有受到通货膨胀的损害，你也没有得到通货膨胀的帮助。我赚了 5% 的**实际利率**——即贷款利率和通货膨胀率之间的差额。

实际利率：贷款利率与通货膨胀率之差。

另外，没有预见到的通货膨胀就是另一个故事了。如果我向你发放贷款期间的通货膨胀率实际是 20% 的话，那么作为债权人的我就会遭到损失。我收取 15% 的利息，是期望获得 5% 的真实回报率，但现在我只有要求 25% 的利率才能有 5% 的真实回报率。因为通货膨胀比预期高，我实际得到的回报率是负的 5%。高于预期的通货膨胀对债务人有利；低于预期的通货膨胀对债权人有利。

总体来说，预期通货膨胀对收入分配的影响是比较小的，因为个人和机构都会适应预期通胀。相对来说，非预期通货膨胀可能会有更大的影响，这取决于相关程度。如果很多合同没有和通货膨胀挂钩，并且错误地预计了通货膨胀率，那就会产生大的赢家和输家。总的来说，如果没有对通货膨胀进行预期，不确定性就会大很多。这种不确定性会妨碍人们签订长期合同，而这种长期合同实际上常常是对双方都有利的。

实践中的经济学

新闻中的链式消费价格指数

第 6 章提到的链式价格指数的计算可能很复杂，让人感觉很麻烦。但是 2012 年最后几个月以及 2013 年初，当美国共和党和民主党争论联邦预算的时候，连锁计算方法成了一个热门话题。

正如我们从第 6 章对于固定权数讨论那里了解到的一样，作为对相对价格变动的回应，链式价格指数把消费者用其他商品代替价格上升的商品考虑在内。固定权数价格指数没有考虑这种替代，从而容易高估通货膨胀。有两种消费价格指数（CPI）版本，一种使用固定权数的方法，一种使用连锁的方法。固定权数法的版本用来调节社会保障和老兵福利的价格变动。例如，如果 CPI 一年增长 2%，福利就增加 2%。如果这时采用链式消费价格指数，福利增加就会慢一些，因为总的来说链式消费价格指数增加的比固定权数消费价格指数要少。这

样来看两党的争论你可能就明白了，想要减少政府的社会保障支出和老兵福利支出，就使用链式 CPI 而不是固定权数 CPI。中立的国会预算办公室（CBO）估计认为，如果采用链式 CPI，联邦政府十年内可以节省福利支出 1 450 亿美元。

思考

1. 税率等级也和固定权数 CPI 挂钩。如果采用了链式 CPI，税收会受到什么影响？

管理成本与低效率　即便是符合预期的通货膨胀也是有成本的，紧跟通货膨胀的管理成本就是其中之一。在 20 世纪 80 年代以色列发生的通货膨胀期间，电话局设立了一条能够每小时发布价格指数的热线电话。津巴布韦 2008 年 6 月的年度通货膨胀率高于 1 000 000%，政府不得不一直增大发行货币的面值。2009 年津巴布韦放弃了本国货币，开始使用美元和南非兰特来维持商业运转。

7.2.3 通货紧缩

2015 年大多数发达国家都经历了轻微的通货紧缩。实际上，自 20 世纪 70 年代以来，美国就不再有很高的通货膨胀。相反，许多国家的政府开始担心通货紧缩会影响经济发展。我们为什么会担心物价下跌呢？

其中一个答案当然是和物价上升类似。如果物价下跌，且这种下跌

没有被预测到，债务人就会亏损，而债权人受益；那些依靠固定养老金的人会受益，而支付养老金的政府和厂商会亏损。除此之外，通货紧缩还会带来一个问题：它预示着社会总需求过低，从而不能保证充分就业。在后面的章节中，我们将会继续讨论总需求问题。

7.3 长期增长

在讨论长期增长问题时，我们最好先从几个概念开始。**产出增长率**（output growth）是指整个经济产出的增长率。**人均产出增长率**（per-capita output growth）是指整个经济的人均产出增长率。如果一个国家的人口增长率和产出增长率一样，那么人均产出增长率就不会有变化：产出增长是简单跟随人口增长的。由于并不是国家中的每个人都工作，所以工人的平均产出（output per worker）和每个人的平均产出（output per person）不一样。前者比后者要大，它被称为生产率（productivity）。因此**生产率增长**（productivity growth）就是**工人人均产出的增长率**。

人均产出是衡量一个国家经济繁荣程度的指标之一，人均产出可以通过生产率提高来实现增长——也就是每个工人的产出比以往要多，或者因为工人数量多于总人口中的非工人数量。在美国，上述两种增长途径都促进了人均产出增长。

7.3.1 产出和生产率增长

我们之前提到美国自 1900 年以来的总产出以年均 3.3% 的增长率提高。经济学中有一个领域被称为增长理论，它专门关心这种增长率的决定因素。为什么是 3.3%，而不是 2% 或者 4%？这个问题我将在第 16 章展开，不过现在稍微阐述几点也是有必要的。

在一个简化的经济体中，产出是由机器（资本）和工人（劳动）创造的。那么这个经济体的产出如何增长呢？有几种方法。一种是增加工人的数量，有了更多的工人，每台机器每小时的产出就会增加。另一种办法是增加机器的数量，这样每个工人就可以操作更多的机器。第三种办法就是延长工作的时间长度。因此，工人或机器的数量增加，以及他们每周工作时间的延长都可以使产出有所增长。

增加经济产出的另一种方式就是提高工人的质量，比如教育、经验甚至身体健康情况。如果工人增加锻炼，减少脂肪的摄入，增加谷类、新鲜水果和蔬菜的摄入，通过这些方式使体质有所增强，那么他们在操作机器的过程中所创造的产出就可能增长。人们思想或者身体技能的提高有时也被称为人力资本的增加。

工作场所使用的机器的质量也可以提高，特别是新机器代替旧机器以后，同样数量的工人每小时能够创造更多的产出。一个典型的例子是用一台新的、运行速度更快的电脑替换旧电脑，可以使电脑每小时处理更多的工作任务。

　　总之，当有更多的工人，每位工人的技能水平更高，更多的机器，更好的机器，或更长的工作时间，产出就会增长。

　　每工人小时的产出叫作劳动生产率（labor productivity），有时简称作生产率。1952 年第一季度至 2014 年第四季度期间的每工人小时的产出情况如图 7.2 所示。从图中可以看出两个明显的特点。首先，总体趋势是向上的。其次，围绕着总体趋势存在相当大的短期波动。我们将在第 16 章讨论这些短期波动存在的原因，这和被雇佣的劳动力并不总是得到充分利用有关，但是现在我们的主要兴趣在于长期趋势。

　　为了使图 7.2 中原有的短期波动显得更平滑，我们将波动的最高点大致连接起来，可以得到一些线段。每个线段的斜率就是生产率在特定线段上的增长率，增长率在图中列出。图中每个不同的增长率都向我们讲述一个有趣的故事，从 20 世纪 50 年代到 60 年代中期，增长率为 3.3%。在 60 年代后半期和 70 年代初，增长率降到 2.6%。在 70 年代初和 90 年代初之间，增长率一直为较低的 1.6%。从 90 年代初开始，增长率为 2.0%。

　　为什么图 7.2 中的增长率都是正值？或者说为什么在过去的半个世纪里，一个工人每小时能创造的产出增加了呢？其中一部分原因在于工人的人均资本数量增加了。图 7.3 显示了 1952 年第一季度至 2014 年第四季度期间，工人人均资本数量的情况。从图中可以清楚地看到，工人的人均资本数量总体上是增加的。由于每个工人的资本增加了，因此人均的产出也增加了。另一部分原因在于工人和资本的质量提高了，这意味着在资本数量一定的情况下，由于工人和资本都更好了，所以每个工人创造的产出也就更多了。

135

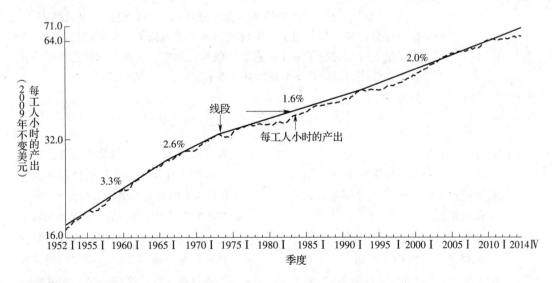

▲ **图 7.2　1952I—2014IV每工人小时的产出（生产率）**

生产率在 20 世纪 50 年代和 60 年代比之后增长得更快。

▲ 图 7.3　1952 I—2014 IV 的工人人均资本

工人人均资本一直增长到 1980 年左右，然后趋于稳定。

　　和图 7.2 有关的一个更难回答的问题是：为什么生产率的增长率在 20 世纪 50 年代和 60 年代比 70 年代初之后更高？其中一部分原因在于 50 年代和 60 年代工人人均资本数量的增长比之后的增长更快，这可以在图 7.3 中看出来。当然，另一部分原因则在于劳动和资本的质量在 50 年代和 60 年代肯定比 60 年代之后提高得更快，尽管这个很难解释，也不好获得直接证据。有趣的是，近来在通信领域取得的科技进步好像并没有给生产率带来大的收益。

7.4 前瞻

　　我们对于宏观经济学基本概念和基本问题的介绍到这里就结束了。这一部分的第一章介绍了整体领域，第二章讨论了国民生产与国民收入的度量，本章讨论了失业、通货膨胀和长期增长。现在，我们已经为开启宏观经济的运行规律分析做好了准备。

─── **总结** ───

7.1 失业　页 153

1. 失业率是失业人数与劳动力人数之比。只有正在寻找工作的人才能被计入失业者和劳动力。

2. 失业率在不同人口群体、地区和行业中存在着很大的差别。例如，非洲裔美国人的失业率会比白人高很多。

3. 一个不再找工作的人会被排除在劳动力人口以及失业人口的统计之外。由于对找到工作没有信心从而放弃寻找工作的人有时被称为沮丧工人。

4. 有些失业是无法避免的。这是因为新工人不断进入劳动力队伍，并且行业和公司也在不断地扩张或收缩，同时人们也会换工作，这样一来公司寻求合适工人、工人寻找合适工作的进程就不会间断。这种失业是自然的，对经济发展也是有好处的。

5. 短期的工作 / 技能匹配问题导致的失业，被称为摩擦性失业。经济结构变化导致的失业，被称为结构性失业。自然失业率是摩擦性失业率和结构性失业率之和，在经济衰退和萧条时期新增的失业被称为周期性失业。

7.2 通货膨胀和通货紧缩　页 160

6. 消费价格指数（CPI）是一种固定权数的价格指数，它代表的是典型城市消费者购买的"市场篮子"的价格。

7. 人们在通货膨胀时期是受益还是亏损，取决于他们收入增速是否比他们购买的东西的价格增速快。人们普遍认为老年人更不容易受通货膨胀影响，因为社会保障金和养老金是与通货膨胀挂钩的。

8. 相对于预测到的通货膨胀，当通货膨胀没有被预测到时，更容易对收入分配产生大的影响。

7.3 长期增长　页 166

9. 产出增长取决于：（1）资本存量的增长率，（2）每单位资本存量的增长率，（3）劳动增长率，（4）每单位劳动产出的增长率。

10. 20 世纪 50 年代和 60 年代的每工时产出（劳动生产率）的增长速度快于 20 世纪 70 年代到 2014 年的增长速度。一个有趣的问题是，未来劳动生产率是否会由于互联网而增长得更快。

术语和概念回顾

消费价格指数（CPI），
　页 160
周期性失业，页 160
沮丧工人效应，页 156
就业者，页 153
摩擦性失业，页 159
劳动力，页 153
劳动力参与率，页 154
自然失业率，页 159
不属于劳动力，页 153

产出增长率，页 166
人均产出增长率，页 166
生产价格指数（PPIs），
　页 163
生产率增长，页 166
实际利率，页 164
结构性失业，页 159
失业者，页 153
失业率，页 153

方程式：
劳动力 = 就业者 + 失业者，
　页 153
总人口 = 属于劳动力的人口 + 不属于劳动力的人口，页 153

$$失业率 = \frac{失业者}{失业者 + 就业者}，$$
页 154

$$劳动力参与率 = \frac{劳动力}{人口}，$$
页 154

习题

7.1 失业

学习目标： 解释失业是如何得到度量的。

1.1 2010 年末，经济学家围绕美国经济有没有衰退展开辩论。美国 GDP 好像有所增加，但是失业率接近 10 个百分点。结合经济在衰退阶段的不景气表现，想一想，高失业率和 GDP 减少哪个更重要？证明你的答案。

1.2 当一个低效的公司，或者某个公司生产的产品不再受市场欢迎，就有人会失业。但是，这又是一个经济体发展的正常过程。失业是自然失业率规律发生作用的一种表现，不应被政策制定者干扰。谈一下你对上述言论的看法，以及这与当今经济的关联。

1.3 你家乡当今的失业率是多少？1970 年、1975 年、1982 年和 2008 年的失业率又是多少？这些数据和全国平均数据有什么关系？你能想出这是为什么吗？

1.4 **[与页 157"实践中的经济学"相关]** 在下列事件中，解释哪些可能和劳动力参与率有关。

a. 美国联邦最低工资被废除。

b. 最低法定工作年龄从 16 岁降到 14 岁。

c. 经济正处于长期增长阶段。

d. 联邦政府减少了失业救济金发放时长，从 99 周减到了最少 26 周。

e. 联邦政府调低了领取社会保障金的最低年龄。

1.5 **[与页 159"实践中的经济学"相关]** 美国国家经济研究局（NBER）的数据表明，在 1980—2010 年间，美国经历了五次经济衰退。五次衰退的起止时间如下：

1980.1—1980.7

1981.7—1982.11

1990.7—1991.3

2001.3—2001.11

2007.12—2009.6

请前往美国劳工部劳工统计局官网（www.bls.gov），查找 1980 年以来美国的每月失业情况。（找到美国劳工部劳工统计局序列号 LNS14000000，选择 1980 年作为起始时间。）上述五次经济衰退的起止月份里面，各自的失业率是多少？每次衰退结束之后，失业率要过多久才能开始下降？多久之后失业率才能回到衰退前水平？

1.6 请前往美国劳工部劳工统计局官网（www.bls.gov），点击州和地区就业、失业情况的链接。挑一个感兴趣的州看看劳动人口发生了哪些变化。劳动力参与率是增加还是减少了？对此你有什么解释？这个州和其他州的情况一样吗？请对一样（或不同）的原因提出你的解释。

1.7 考虑一下下面的说法：

a. 如今弗里多尼亚的员工数量比过去 75 年都要少。

b. 如今弗里多尼亚的失业率数量比过去 75 年都要低。

上述两种情况可能同时发生吗？请给出你的理由。

1.8 假设在某个经济体中的就业人口有 312 545 372 人，失业率是 7.4%，劳动力参与率是 80%。

a. 该经济体中劳动力规模有多大？

b. 多少人失业？

c. 劳动适龄人口有多少？

1.9 平均而言，欧洲国家失业救济金发放的金额和时间都要多于美国。你认为这会对失业率有什么影响？解释一下，你认为哪一类失业最容易直接受到失业救济金发放规模和时间的影响？

1.10 将下列情况按照"周期性失业""结构性失业""摩擦性失业"和"不属于劳动人口"进行分类，并解释原因。

a. 塞缪尔放弃了在银行的工作，去读全职研究生。

b. 查梅因丢掉了客服工作，因为雇主将这份工作外包给了印度公司。

c. 露西刚从法学院毕业，正在纠结接受哪个工作机会。

d. 卡洛斯六个月前从豪车司机的工作上被解雇了，两个月之后决定不再找新的工作。

e. 拜伦六周前放弃亚特兰大的教职，去迈阿密找工作，一直找到现在。

f. 阿丽莎由于经济不景气，丢掉了餐厅经理的工作。

7.2 通货膨胀和通货紧缩

学习目标： 描述度量通货膨胀的工具，以及讨论通货膨胀的成本和作用。

2.1 假如所有的工资、薪水、社保福利和其他来源的收入都和通货膨胀挂钩，那通货膨胀还会是一个问题吗？为什么？

2.2 CPI 和 PPIs 是用来度量什么的？我们为什么同时需要这两种类型的价格指数？（想想它们每个有什么用。）

2.3 CPI 是一个用固定权数计算的指数。它比较了某个年份和基年的同一组固定商品的价格变动。计算 2013 年、2014 年和 2015 年中 50 单位的商品 X、125 单位的商品 Y，以及 100 单位的商品 Z 的价格。用每个一揽子价格除以 2013 年这一揽子的价格再乘以 100，把结果转换成指数。计算这一指数在 2013—2014 年间以及 2014—2015 年间的变动百分比。在 2014 年和 2015 年间是否有通胀？

商品	消费数量	2013 价格	2014 价格	2015 价格
X	50	$2.00	$1.50	$2.00
Y	125	3.00	3.00	2.50
Z	100	0.75	1.25	1.50

2.4 [与页 165 "实践中的经济学" 相关] 在 2015 年的国情咨文讲话中，美国总统奥巴马敦促国会将联邦最低工资从 7.25 美元提高到 10.10 美元每小时，并表示未来的最低工资应当同生活成本相适应。解释一下把最低工资和 CPI 这样的指数挂钩，将会如何影响经济？你觉得如果最低工资是和链式 CPI 而不是和固定权数 CPI 挂钩的话，结果会有什么不同？请解释你的观点。

2.5 下列五种情况中，哪些情况会使债务人受益，哪些会使债权人受益？

a. 名义利率为 6%，通货膨胀率为 3%。

b. 名义利率为 13%，通货膨胀率为 11%。

c. 名义利率为 3%，通货膨胀率为 –1%。

d. 实际利率 8%，通货膨胀率 7%。

e. 实际利率 5%，通货膨胀率 9%。

2.6 第一年 CPI 为 120，第二年为 150。通货膨胀可以预计。如果某个银行在第二年收取 30% 的利息，那么这个银行的实际利率是多少？

7.3 长期增长

学习目标: 讨论长期经济增长的组成部分和可能的结果。

3.1 政策制定者提到"生产能力"（capacity）增加。经济体的"生产能力"究竟指什么？如何度量生产能力？生产能力会怎样受到劳动力不足和资本不足的限制？经济体中需求超过生产能力的后果是什么？你会用哪些指标来看它们之间的关系？

3.2 最近一个季度的实际 GDP 增长率是多少？你可以在《当代商务调查》（*Survey of Current Business*）、《经济学人》和《商业周刊》（*Business Week*）等出版物中寻找答案。经济增长是在加快还是减慢？你会提出哪些建议来促进经济的潜在长期增长率？

3.3 《哥谭时报》（*Gotham Times*）上的一篇文章说到哥谭市的资本和劳动力存量以每年 7% 的速率增加。文章同时提到实际产出增加了 11%。解释一下这在短期经济增长和长期经济增长中是否可能出现。

138

第三部分
宏观经济理论的核心

139

现在，我们开始讨论宏观经济运行的原理。我们已经知道了怎样计算国内生产总值（GDP），然而是什么因素决定了 GDP 的水平呢？我们也已经了解了通货膨胀和失业的定义和度量方法，但是什么样的情况会引起通货膨胀和失业问题呢？如果政府可以通过某些措施来减少失业、抑制通货膨胀，那么这些措施又是什么呢？

分析宏观经济的各个组成部分是一件非常复杂的事情。GDP 水平、总体价格水平和就业水平是宏观经济学家关心的三个主要问题。在以下三种广泛定义的"市场"中发生的事件，则会对这些问题产生影响：

- 商品与服务市场
- 金融（货币）市场
- 劳动力市场

我们将在讨论宏观经济理论的过程中，对上述每一种市场进行研究，还要考察不同市场之间的联系。图Ⅲ.1 显示了接下来六章的内容，这些内容组成了宏观经济理论的核心。我们将在第 8、9 两章中描述常被称为商品市场的商品与服务市场。在第 8 章中，我们会解释一些基本概念。在不涉及政府和进出口的简单经济中，对决定国民收入均衡水平的过程做出说明。在第 9 章中，我们会将政府因素纳入经济研究。在第 10 章中，我们将介绍货币市场，并讨论美国中央银行（美联储）是如何控制利率的。

第 8—9 章 商品与服务市场	第 11 章 充分均衡：总供给 / 总需求模型	第 13 章 劳动力市场
●计划总支出 　消费（C） 　计划投资（I） 　政府（G） ●总产出（收入）（Y）	●总供给曲线 ●美联储规则 ●总需求曲线 　均衡利率（r^*） 　均衡产出（收入）（Y^*） 　均衡价格水平（P^*）	●劳动供给 ●劳动需求 ●就业与失业
第 10 章 货币市场	第 12 章 总供给 / 总需求模型中的政策和成本效应	
●货币供给 ●货币需求 ●利率（r）		

▲ 图Ⅲ.1　宏观经济理论的核心

我们慢慢地来理解宏观经济。在第 8、9 两章中，我们学习商品与服务市场。在第 10 章中，我们学习货币市场。第 11 章中，我们引入总供给（AS）曲线和美联储规则导出总需求（AD）曲线。第 12 章通过总供给 / 总需求模型得出政策和成本效应，而第 13 章则讨论劳动力市场。

第 11 章将介绍总供给（AS）曲线，还将讨论美联储决定利率的行为。这种行为近似于一条美联储规则，被纳入商品市场的分析中，以此导出总需求（AD）曲线。这种"总供给 / 总需求"（"AS/AD"）模型，决定了均衡利率（r）、总产出（收入）（Y）和价格水平（P）。第 12 章将运用总供给 / 总需求模型来分析政策和成本效应。最后，第 13 章将讨论劳动的供给和需求，以及劳动力市场在宏观经济中的运行机制。这部分内容对我们理解现代发达经济体的运行是至关重要的。

140

第8章
总支出与均衡产出

在前几章中，我们描述了美国经济的一些特征，包括实际GDP、通货膨胀和失业问题，讨论了衡量它们的方法。现在我们开始进入宏观经济学的分析。换言之，前几章所描述的美国经济的种种情况，是由经济体的哪些部分相互作用产生的呢？

在谈到增加投资会对经济整体产生怎样的影响时，我们先从家庭和厂商这种最简单的例子开始。比如，如果某个经济体中的所有厂商突然扩大生产，会对家庭和总产出产生怎样的影响？理解了家庭和厂商在总体层面上是如何相互作用的，我们就会在第9章引入政府因素。在之后的章节中，我们会让简单的经济模型变得更加真实、复杂，但依然会涉及前几章的基础知识。至少在初期，我们会聚焦对实际GDP这一宏观经济活动主要指标的理解。我们对跟踪经济活动水平的实际变化感兴趣，所以关注实际产出，而不是名义产出。因此，尽管我们通常用美元来衡量GDP，但是你应该把它看成是经过价格水平变化修正的美元。

我们之前看到，GDP可以用收入法或支出法来核算。我们用变量 Y 来表示**总产出**（aggregate output）和**总收入**（aggregate income）。

> 在任何特定的时期内，总产出（生产）与总收入总是恰好相等，以后每次遇到**总产出（收入）（Y）**这个**联合**词语时，都要想到这一点。

因为总产出也是厂商在一定时期内供给（生产）的数量，所以我们也可以把总产出看成是供给的总量。在以后的讨论中，我们不再使用供给总量这种说法，只用总产出（收入）这个词，但是要记住，这两种说法是等价的。还要记住，总产出也是指"实际GDP"。为方便讨论，我们有时会将总产出（收入）简称为"产出"或"收入"。

从一开始，我们就需要用"实际量"来思考。比如，当我们讨论产出（Y）的时候，意思是实际产出，而不是名义产出。在本章以及下一章中，我们把价格水平（P）当成是固定的，因此名义产出和实际产出是一样的。但是，因为最终我们还是会介绍价格变动的情况，所以我们现在就开始把产出（Y）视作实际变量是有帮助的。

总产出： 一定时期内生产（或供给）的产品和服务的总量。

总收入： 一定时期内所有生产要素所获得的总收入。

142

总产出（收入）（Y）： 用于强调总产出恰好等于总收入的词语。

8.1 凯恩斯主义消费理论

8.1 学习目标

解释凯恩斯主义消费理论的原理。

2012 年，美国家庭的平均服装支出约为 1 700 美元。对于收入超过 15 万美元的高收入家庭来说，服装支出也会高一些，约为 5 500 美元。由此我们认识到，就消费整体以及大多数特定的商品和服务而言，消费随着收入的增加而增加。消费和收入之间的这种关系是凯恩斯经济模型的核心。尽管凯恩斯认识到包括财富和利率在内的许多因素决定着消费水平，但在他的经典著作《就业、利息和货币通论》中，依然认为当前收入发挥了重要的作用：

> 从我们对人性的了解和从经验的详细事实中，我们有权以极大的信心依赖这样一个基本的心理规律，即作为一种规则，男人（和女人）通常都倾向于随着收入的增加而增加消费，但消费的增加不会像收入增加得那么多。[1]

凯恩斯的这句话包含两个观点。首先，如果人们发现收入增加了，就会比以往支出的更多。其次，基于对数据的观察和对人们的了解，凯恩斯预测——消费的增加会小于收入的增加。这一简单的观察结果可以帮助我们理解总体经济的运行机制。

消费函数： 消费与收入之间的关系。

消费与收入之间的关系叫作**消费函数**（consumption function）。图 8.1 显示了个别家庭的假定消费函数，图中的曲线记为 $c(y)$，读作"c 是 y 的函数"，或者"消费是收入的函数"。请注意，我们用正的斜率来表示消费随着收入的增加而增加。为了体现凯恩斯所认为的消费增加少于收入增加的观点，我们让消费函数的斜率小于 1。图 8.1 中的消费函数是一条直线，告诉我们无论初始收入是多少，1 美元收入的增加都会导致相同数量的消费的增加。事实上，消费函数可能是随着收入增加而斜率变小的曲线，这就解释了一个典型的消费者当他（她）的收入增加时，消费的增加往往会低于收入的增加。

图 8.1 显示的是家庭消费函数。在宏观经济学中，我们感兴趣的是整体的经济行为，即家庭的总消费和总收入之间的关系。为了简化起见，图 8.2 再次使用斜率一定的一条直线来表示总消费函数，我们可以

---

[1]　John Maynard Keynes, *The General Theory of Employment*, *Interest*, *and Money* (1936), First Harbinger Ed.（New York：Harcourt Brace Jovanovich, 1964）, p.96.

使用如下方程式来表示这条线：

$$C=a+bY$$

Y 是总产出（收入），C 是总消费，a 是消费函数与纵轴的交点，是一
个常数。字母 b 表示直线的斜率，在这种情况下就是 $\Delta C/\Delta Y$ ［因为消
费（C）是用纵轴度量的，而总收入 Y 是用横轴表示的 ］。[②] 当收入增加时
（比如说增加了 ΔY），消费的增加量就是 b 乘以 ΔY。因此 $\Delta C=b\times\Delta Y$，
即 $\Delta C/\Delta Y=b$。比如，假设图 8.2 中直线的斜率为 0.75（即 b=0.75）。收入增
加（ΔY）1 000 美元会使消费增加 $b\times\Delta Y$=0.75×1 000 美元，即 750 美元。

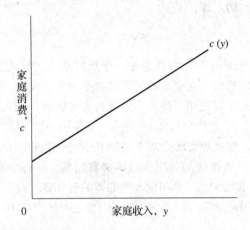

▲ 图 8.1　家庭消费函数

家庭消费函数给出了对应于每个家庭收入水平的消费水平。

143

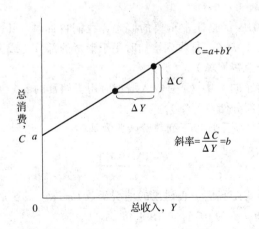

▲ 图 8.2　总消费函数

总消费函数给出了对应于每个总收入水平的总消费水平。向上倾斜表明高收入水平
导致高消费支出水平。

―――――――

②　希腊字母 Δ（delta）表示"变化率"，ΔY（读作"delta Y"）表示"收入的
变化"。如果 2012 年的收入为 100 美元，2013 年的收入为 110 美元，那么这期间的
ΔY=110 美元 −100 美元 =10 美元。要复习斜率的概念，请参见第 1 章的附录。

边际消费倾向(MPC):
收入变化中用于消费或支出的部分。

收入变化中用于消费的部分叫作**边际消费倾向**（marginal propensity to consume，*MPC*）。在现在的消费函数中，*b* 就是 *MPC*。*MPC* 为 0.75，表示消费变化是收入变化的 0.75 倍。消费函数的斜率就是 *MPC*。正如凯恩斯的预测，*MPC* 小于 1 意味着个体支出的增加少于他们收入的增加。

$$边际消费倾向 \equiv 消费函数的斜率 \equiv \Delta C/\Delta Y$$

总储蓄 (S): 总收入中未被消费的部分。

总储蓄（aggregate saving，*S*）在经济学中用 *S* 来表示，是指总收入与总消费之间的差额：

$$S \equiv Y - C$$

恒等式: 根据定义总是成立的式子。

恒等式（identity）意味着这是一个始终成立的方程式，或者被定义为总是正确的事情。这个方程式可以简单地告诉我们，收入如果不是用于消费，那么一定是用于储蓄。如果收入增加的 1 美元之中，有 0.75 美元用于消费，那么其余的 0.25 美元一定是用在了储蓄上。如果收入减少了 1 美元，那么消费就会减少 0.75 美元，储蓄也会减少 0.25 美元。

边际储蓄倾向 (MPS):
收入变化中用于储蓄的部分。

收入变化中用于储蓄的部分叫作**边际储蓄倾向**（marginal propensity to save，*MPS*），即 $\Delta S/\Delta Y$，其中 ΔS 为储蓄的变化量。由于没有用于消费的全部收入都用来储蓄，因此 *MPC* 和 *MPS* 之和必定为 1。

$$MPC + MPS \equiv 1$$

144

MPC 和 *MPS* 都是非常重要的概念，我们再回顾一下它们的定义。边际消费倾向（*MPC*）是收入增加时用于消费的部分（或者由于收入减少造成的部分消费下降）。

边际储蓄倾向（*MPS*）是收入增加时用于储蓄的部分（或者由于收入减少造成的部分储蓄下降）。

本章剩下的例子均以下列消费函数为基础：

$$C = \underbrace{100}_{a} + \underbrace{0.75Y}_{b}$$

这个方程式是我们一直讨论的消费函数 $C = a + bY$ 的扩展。在这个例子中，*a* 为 100，*b* 为 0.75，如图 8.3 所示。

根据定义，收入等于消费加上储蓄，所以我们可以使用消费曲线来了解消费和储蓄。图 8.4 中，我们从原点画一条 45 度线，代表了总收入与总消费相等的所有点。如此，储蓄为零。当消费曲线位于 45 度线上方时，消费超过收入，储蓄为负。在消费曲线与 45 度线的相交处，消费与收入相等，储蓄为零。当消费曲线位于 45 度线下方时，消费少于收入，储蓄为正。请注意，储蓄曲线的斜率为 $\Delta S/\Delta Y$，等于边际储蓄倾

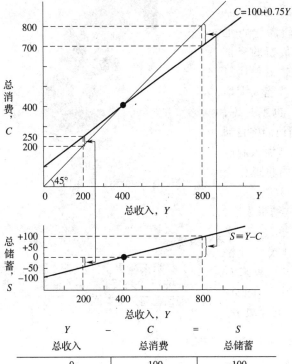

◀ **图 8.3　由方程 $C=100+0.75Y$ 导出的总消费函数**

在这个简单的消费函数中，当收入为 0 时，消费为 100。随着收入的上升，消费也上升。收入每增加 100，消费就增加 75，斜率为 0.75。

◀ **图 8.4　从图 8.3 的消费函数中导出的储蓄函数**

因为 $S \equiv Y-C$，可从消费函数中得出储蓄函数。利用图中从原点画出的 45 度线，可以比较消费和收入。当 $Y=200$，消费为 250，45 度线告诉我们消费比收入多 50。因此，$S \equiv Y-C=-50$。当 $Y=800$，消费比收入少 100，即当 $Y=800$ 时，$S=100$。

图 8.3 数据表：

总收入，Y	总消费，C
0	100
80	160
100	175
200	250
400	400
600	550
800	700
1 000	850

图 8.4 数据表：

Y	$-$	C	$=$	S
总收入		总消费		总储蓄
0		100		−100
80		160		−80
100		175		−75
200		250		−50
400		400		0
600		550		50
800		700		100
1 000		850		150

实践中的经济学

储蓄行为中的行为偏差

本章描述了储蓄与收入的关系。经济学家通常认为，人们理性地做出储蓄决策，正如他们在消费和劳动力市场上做出其他选择。储蓄决策涉及对当前和未来消费的权衡。行为经济学的最新研究突出了心理偏差在储蓄行为中的作用，证明了在储蓄项目的设计方式上，即使细微的变化也可能会引起巨大的选择变化。

许多退休计划都有选择加入的功能。换言之，你需要采取一些行动才能注册。通常情况下，当你开始工作时，要在退休计划注册表上选中"是"。耶鲁大学的詹姆士·崔（James Choi）、哈佛大学的布丽吉特·马德里安（Brigitte Madrian）和安泰（Aetna）保险公司的高管丹尼斯·谢伊（Dennis Shea）在最新的经济研究中发现，只需将刚才描述的注册过程改为可选择退出的系统，就能大大增加退休金计划的注册人数，也就是说，除非注册者选中"否"，否则他们将自动注册。在一项研究中，将选择加入制改为选择退出制，能在 3 个月内将退休金计划注册人数从 65% 提升至 98%。

行为经济学家的许多调查结果表明，人们大多认为自己的退休储蓄过少。来自加利福尼亚大学洛杉矶分校的什洛莫·贝纳茨（Shlomo Benartzi）和来自芝加哥大学的理查德·泰勒（Richard Thaler）设计了一项名为"明天存更多"

的退休计划，试图提高储蓄率。这项计划为员工提供了一个使他们在提薪时预先承诺储蓄更多的程序。行为经济学家认为，人们发现这种选择很有吸引力，因为他们承诺明天再做出牺牲比今天就牺牲更容易。（同理，许多人将来会节食，但今天仍会吃得过饱。）"明天存更多"退休计划已经被先锋（Vanguard）、普莱仕（T. Rowe Price）和美国教师退休基金会（TIAA-CREF）等诸多公司采用。其早期结果表明，注册人员的储蓄率急剧上升。四年后，这些人平均加薪四次，储蓄率翻了两番。

思考

1. "明天存更多"计划鼓励人们承诺未来的行动来获得更多的储蓄。你能想到与自己有关的类似的例子吗？

向（MPS）。消费函数与储蓄函数互为镜像，一方的所有信息都包含在另一方中。这些函数告诉我们，家庭整体在任何可能的收入水平上是如何分配消费支出和储蓄的。换言之，它们体现了家庭的总体行为。

8.1.1 消费的其他决定因素

认为消费只取决于收入显然是对现实的简化。实际上，在一定时期内，家庭消费的多少还受到财富、利率和未来预期的影响。即使在收入水平和其他条件相同的情况下，财富较多的家庭也可能比财富较少的家庭消费更多。这些其他因素都会改变消费函数。

例如在美国，股市于 20 世纪 90 年代后半期呈现繁荣景象，房价也在 2003 年至 2005 年出现上涨趋势。这些现象促使家庭大幅度地积累了财富，导致家庭消费超过了这些时期应有的水平。而在 2009 年至 2010 年房价和股市下跌后，消费水平则低于这段时期应有的水平。

对许多家庭来说，利率也会影响消费和储蓄决策。因为较低的利率降低了借贷成本，能刺激消费。（相反，较高的利率会增加借贷成本，从而减少支出。）最后，在考虑增加的收入中消费与储蓄的比例时，未来预期也会发挥作用。一个家庭如果有乐观的未来预期，那么目前的消费就会多于预期不乐观的家庭。

家庭对收入变化的反应也受其他因素的影响。例如，若政府宣布减税来增加税后收入，那么这个减税是临时性的还是永久性的，会影响家庭对减税的反应。对于有效期只有两年的减税，人们的反应会小于对永久性减税的反应。

我们将在第 15 章中探讨这些问题，届时我们将更仔细地观察家庭在消费和劳动供给方面的行为。但就目前而言，我们只关注收入，因为收入是消费最重要的决定因素。

147

8.2 计划投资（*I*）与实际投资

8.2 学习目标
解释计划投资与实际投资的差别。

一个经济体的产出不仅包括家庭消费的产品，还包括厂商的投资。有些厂商的投资是以工厂和设备的形式进行的。这些投资在很多方面看起来像是家庭的消费支出。在一定时期内，一家厂商可能购买 50 万美元的新机器，就像家庭购买汽车一样，这将成为该时期总产出的一部分。在第 6 章中，你了解到厂商的投资还包括存货。理解厂商如何投资在存货上有点复杂，但这对理解宏观经济的运行方式很重要。

一个厂商的存货是等待出售的产品的存量。由于许多原因，大多数厂商希望持有一定的存货。很难准确预测消费者什么时候想要购买一台新的冰箱，而且大多数消费者都没有足够的耐心。有的时候，比当前的需求更大的批量生产产品会更加便宜，这就导致厂商希望拥有存货。然而，从宏观经济的角度来看，存货与其他资本投资有一个重要的区别：虽然厂商购买机器和设备总是经过深思熟虑，但有时存货的增加（或减少）并没有经过厂商深思熟虑的计划。因此，**计划投资**（planned investment，包括厂商计划进行的投资）和**实际投资**（actual investment，由所有厂商

计划投资（*I*）： 厂商计划的资本存量和存货增加。
实际投资： 实际发生的投资额，包括诸如计划外的存货变化之类的项目。

的投资组成，包括计划外的存货变化）之间可能存在差异。

　　为什么存货有时与计划不同？回顾一下，厂商根据销售预期持有计划存货，认识到销售的确切时间可能是不确定的。如果厂商高估了它在一定时期内的销售量，它的存货最终将超过它计划持有的存货。在其他情况下，当销售高于预期时，存货可能低于计划水平。我们将用 *I* 来表示计划投资，而不一定是实际投资。我们很快就会看到，只有当计划投资和实际投资相等时，经济才处于均衡状态。

8.3 计划投资和利率（*r*）

　　我们已经看到，计划投资和实际投资之间存在着重要的区别，这一区别将在本章关于均衡的讨论中发挥关键作用。但另一个重要的问题是，是什么首先决定了计划投资？实际上，正如你所预料的那样，计划投资取决于许多因素，但这里我们只关注一个因素：利率。回顾一下，投资包括厂商购买新的资本——新机器和新工厂。厂商是否决定投资新资本，取决于该机器和工厂的预期利润是否符合其成本。而投资项目的一个成本是利息成本。当一家制造业厂商建造一座新工厂时，承包商必须在工厂建造时就得到报酬。开展这类项目所需的资金通常是借来的，并在较长时期内偿还。因此，投资项目的实际成本在一定程度上取决于利率——借款成本。当利率上升时，借贷成本会变得更高，可能进行的项目也会更少；提高利率，在其他条件不变的情况下，有可能降低计划投资项目的水平；降低利率，在其他条件不变的情况下，可能会提高计划投资支出水平。

　　利率与计划投资之间的关系如图 8.5 中向下倾斜的需求曲线所示。利率越高，计划投资水平越低。当利率为 3% 时，计划投资为 I_0。当利率从 3% 上升到 6% 时，计划投资从 I_0 下降到 I_1。然而，随着利率下降，

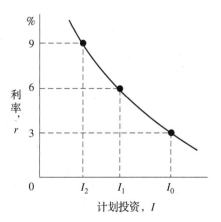

▲ **图 8.5　计划投资表**

计划投资支出是关于利率的负相关函数。利率从 3% 增加到 6%，计划投资会从 I_0 变到 I_1。

更多的项目开始盈利，因此进行更多的投资。图 8.5 中的曲线有时被称为"边际投资效率"曲线。

8.3.1 计划投资的其他决定因素

计划投资只依赖于利率的假设显然是一种简化，正如消费只依赖于收入的假设一样。在实践中，厂商决定投资多少，排除其他因素外，还取决于对未来销售的预期。如果一家厂商预期它的销售额在未来会增加，那么它现在可能会开始积累它的资本存量——也就是进行投资——以便它能够在未来生产更多的产品来满足不断增长的销售额水平。厂商对经济未来走向的乐观或悲观，可能对当前的计划投资产生重要影响。凯恩斯用动物精神这个词来描述厂商的情绪，他认为这些情绪会对投资决策产生重大影响。

我们将在第 15 章重新回到这个问题，在那里我们将更仔细地研究厂商行为（以及家庭行为），但在此之前，为了完成我们的简单模型，我们将假设计划投资只取决于利率。

8.4 均衡产出（收入）的决定

到目前为止，我们已经描述了厂商和家庭的行为。在这个简单的设定中，经济是如何达到均衡的？均衡又是什么样子的？

经济学中有许多关于**均衡**（equilibrium）的定义，但都使用了在均衡状态下不存在变化趋势的思路。微观经济学认为均衡存在于个别的市场（例如香蕉市场）中的某一价格下，在该价格下需求数量恰等于供给数量。在该均衡点，供给方与需求方都很满意。一种商品的均衡价格是指供给者想要提供需求者想要购买的数量对应的价格。在宏观商品市场中，我们将使用相似的均衡定义，该定义聚焦于计划的和实际发生的之间的匹配。

为了在宏观经济学中定义均衡，我们从**计划总支出**（planned aggregate expenditure，AE）这一个新变量出发。计划总支出，按照定义，为消费加计划投资：

$$AE \equiv C+I$$

请注意 I 只是计划投资支出，它并不包括任何计划外的存货增加或减少。还要注意这是一个定义，总支出恒等于 C+I，我们用恒等号来表示。

当经济体的总产出（Y）等于计划总支出（AE）时，可被定义为处于均衡。

$$均衡：Y=AE$$

因为根据定义，AE 即为 C+I，均衡也可写为：

8.4 学习目标
解释均衡产出是如何决定的。

均衡： 当没有变化趋势时出现均衡。在宏观商品市场中，当计划总支出与总产出相等时达到均衡。

计划总支出（AE）： 一定时期内经济体计划支出的总额，等于消费加上计划投资：$AE \equiv C+I$。

149

$$均衡: Y=C+I$$

考虑如果经济体失去均衡会发生什么，将有助于理解均衡概念。首先，假设总产出大于计划总支出：

$$Y>C+I$$

总产出 > 计划总支出

当产出大于计划支出时，存在计划外存货投资。厂商原计划售出的商品大于实际售出的，其差额表现为计划外存货的增加。然后假设计划总支出大于总产出

$$C+I>Y$$

计划总支出 > 总产出

当计划支出大于产出时，厂商实际售出的商品大于原计划售出的，存货投资小于计划投资，计划投资与实际投资不相等。只有当计划支出完全匹配产出时，才不会出现计划外的存货投资。如果有计划外的存货投资，就会存在非均衡状态。经济体恢复均衡状态的机制将在稍后讨论。只有当总产出（Y）与计划总支出（$C+I$）相等时，或当实际投资与计划投资相等时，商品市场才会均衡。

表 8.1 推导出了一个计划总支出表，显示了我们数值例子的均衡点。I 被假设为固定值，等于 25。记住 I 取决于利率，利率（为了本章的学习目标）设定为固定值。同时记住我们所有的计算基于 $C=100+0.75Y$。为确定计划总支出，我们在每一收入水平的计划投资支出（I）之上，加上了消费支出（C）。自上而下浏览表格第（1）列和第（4）列，我们发现在且仅在一个水平上，总产出与计划总支出相等：$Y=500$。

表 8.1　推导出计划总支出表并找到均衡 *

(1) 总产出 (收入) (Y)	(1) 总消费 (C)	(3) 计划投资 (I)	(4) 计划总支出 (AE) $C+I$	(5) 计划外存货变化 $Y-(C+I)$	(6) 均衡? ($Y=AE$?)
100	175	25	200	−100	否
200	250	25	275	−75	否
400	400	25	425	−25	否
500	475	25	500	0	是
600	550	25	575	+25	否
800	700	25	725	+75	否
1 000	850	25	875	+125	否

* 第（2）列的数值基于等式 $C=100+0.75Y$ 得出。

　　图 8.6 以图的形式说明了相同的均衡。图 8.6a 在各收入水平的消费
上，加上固定值为 25 的计划投资。因为计划投资是常数，计划总支出
函数可简化为消费函数被这个常数垂直位移。图 8.6b 显示了计划总支
出函数与 45 度线。45 度线代表了图中横轴与纵轴上的变量值相等的所
有点。45 度线上的任何一点均是潜在均衡点。计划总支出函数与 45 度
线相交于唯一点，该点 $Y=500$。（两条线相交的点有时也被称为凯恩斯
交叉。）在该点，$Y=C+I$。

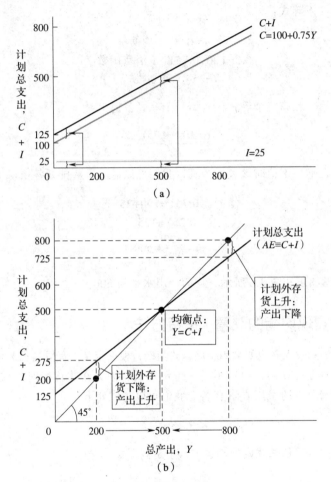

(a)

(b)

▲ 图 8.6　均衡总产出

当计划总支出与总产出相等时，达到均衡。计划总支出是消费支出与计划投资支出之和。

　　现在让我们考察一下其他总产出（收入）水平。首先考虑 $Y=800$。这
是均衡产出吗？显然不是。当 $Y=800$，计划总支出是 725（见表 8.1）这
一数量少于 800 的总产出。因为产出大于计划支出，差额最终成为作为
计划外存货投资的存货。在此种情况下，计划外存货投资是 75。总体来
说，厂商存货多于其期望。结果是厂商有改变其未来生产计划的动机。
在这个意义上，经济体将不会处于均衡。

接下来考虑 $Y=200$。这是均衡产出吗？答案为否。当 $Y=200$，计划总支出是 275。计划支出（AE）大于产出（Y），存在一个值为 75 的计划外存货投资回落。总的来说，厂商将再次经历一个不同于其期望的结果。

在 $Y=200$ 和 $Y=800$，计划投资与实际投资不相等。存在计划外投资，体系失衡。只有当 $Y=500$，此时计划总支出与总产出相等，计划投资才会等于实际投资。

最后，让我们用代数方法找到产出（收入）的均衡水平。回忆我们已知的如下等式：

$$Y=C+I \quad （均衡）$$
$$C=100+0.75Y \quad （消费函数）$$
$$I=25 \quad （计划投资）$$

将第二和第三个等式代入第一个等式，得出：

$$Y=\underbrace{100+0.75Y}_{C}+\underbrace{25}_{I}$$

只在唯一 Y 值时该表述为真，我们可以通过重新排列各项得出：

$$Y-0.75Y=100+25$$
$$0.25Y=125$$
$$Y=\frac{125}{0.25}=500$$

如表 8.1 和图 8.6 所示，均衡产出水平为 500。

8.4.1 实现均衡的储蓄 / 投资方法

因为总收入必定要被用于储蓄或消费，根据定义，有恒等式 $Y \equiv C+S$。均衡条件是 $Y=C+I$，但这不是一个恒等式，因为在非均衡时不成立。[3] 将均衡情况下的 Y 用 $C+S$ 代替，我们可以写成如下：

$$C+S=C+I$$

我们可以从等式两端消去 C，于是剩下：

$$S=I$$

因此，只有当计划投资等于储蓄，才会出现均衡。

图 8.7 重新展示了图 8.4 导出的储蓄计划和图 8.6 中的水平投资函数。注意，在且仅在唯一的总产出水平上，即 $Y=500$，$S=I$ 才成立。当 $Y=500$ 时，$C=475$ 且 $I=25$。在这一 Y 值时，储蓄等于 25，因此 $S=I$，处于均衡。

---

③　如果 I 包括了计划外存货积累，换句话说，如果 I 是实际投资而不是计划投资，则恒等式成立。

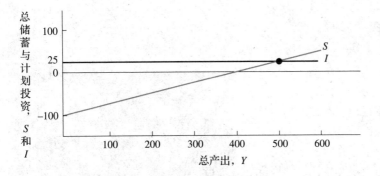

▲ **图 8.7　实现均衡的 S=I 方法**

只有当储蓄等于计划投资（S=I）时，总产出等于计划总支出。储蓄和计划投资在 Y=500 处达到均衡。

8.4.2 均衡修正

我们已经定义了均衡并学习了如何找到均衡，但我们并未论及厂商如何应对非均衡。让我们考虑一下当计划总支出超过总产出（收入）时厂商可能采取的行动。

我们已经知道，厂商只能通过出售部分存货来实现销售大于产出。这意味着当计划总支出超过总产出时，发生了计划外的存货减少，厂商出售超过了其计划，看起来可以合理假设厂商将以增加产出的方式应对计划外存货的减少。如果厂商提高产出，收入也必须提高。（产出与收入是衡量同一事物的两种方式。）当通用汽车生产更多的汽车时，它将雇用更多工人（或支付现有劳动力更长的工作小时数），购买更多钢材，用更多电等。通用汽车的这些购买代表了劳动力、钢材、电力等生产者的收入。当厂商试图通过增加生产来保持其存货稳定，这将为经济体在整体上带来更多的收入。这将导致更多的消费。应当记住，当收入提高时，消费也会提高。这一调整过程将一直持续到产出（收入）低于计划总支出时。如果厂商通过增加产出应对计划外的存货减少，一个计划支出大于产出的经济体将调整到均衡状态，并且 Y 比以前更高。

如果计划支出低于产出，将会出现计划外的存货增加。在这一情形下，厂商将以减少产出应对。因产出下降，收入也会下降，消费也下降，等等，直到恢复均衡，Y 也比此前更低。

如图 8.6 所示，在高于 Y=500 的任一产出水平上，例如 Y=800，产出将会下降直到其达到 Y=500 时的均衡；并且在低于 Y=500 的任一产出水平上，例如 Y=200，产出将会上升直至达到 Y=500 时的均衡。④

---

④　在第 3 章和第 4 章讨论简单供给与需求均衡时，我们发现当供给量超过需求量时，价格下跌并且供给量下降。相类似，当需求量超过供给量时，价格上升并且供给量增加。在此处的分析中，我们忽略价格或价格水平的潜在变化，只关注实际产出（收入）的变化。随后，在我们将货币和价格水平引入分析后，价格将变得重要。然而在此阶段，当总支出超过总产出（伴随着存货下降）或者当总产出超过总支出（伴随着存货增加）时，只有总产出（收入）（Y）发挥调节作用。

实践中的经济学

通用汽车的索罗德

我们已在正文中指出，存货的变动是厂商投资的一个组成部分。对于一家汽车厂商来说，其轿车及卡车存货的规模是巨大的。例如，对于通用汽车来说，销售量与存货之比（也被称为存货周转率）在正常时期是 9 到 10。与存货周转率为 75 的谷歌形成鲜明对比！为了开展其业务，谷歌仅需要维持极小存货。这并不会令你惊讶，因为谷歌是一家软件厂商。在汽车的情况下，我们有实体产品，为了成本效益需要大规模生产，并通过遍布世界各地的庞大经销商网络进行销售。如果谷歌获得了一个新客户，它可以立即为其提供服务。而对于通用汽车来说，需要一个大规模的存货量以确保当顾客有需求时，适合的轿车或卡车要在适合的地方。

考虑到存货对于汽车行业的重要性，此时看看当我们有计划外存货时发生什么，会很有意思。我们从看到的数据中获知，2008 年末，美国遭遇了一场大规模衰退。这一次大衰退严重打击了汽车市场；事实上，通用汽车在那之后不久就破产了。到了 2011 年，许多商业人士预计会复苏，并且当时重组的通用汽车的主要高管也在其中。由于对新业务的预期，通用汽车增加了其利润最高的皮卡车型索罗德（Silverado）的产量。如我们此前所看到的，2011 年并未带来强劲恢复。结果通用汽车如何了呢？截至 2011 年中期，有超过 28 万辆的索罗德在遍布全美的经销商处，是相当于 122 天销量的存货水平。卡车的正常存货水平是约 90 天销量。简言之，通用汽车经历了一次大规模的计划外存货增加。

通用汽车做了什么呢？当你得知在接下来的圣诞节期间，生产索罗德的工厂被关闭了三周而不是通常的两周，因为通用汽车需要去产能时，你一点也不会感到惊讶。对于非均衡造成的计划外的存货，通用汽车的管理层以削减产能来应对。

思考

1. 你认为随着经济进入衰退，一般厂商的存货周转率会增加还是减少？

8.5 乘数

8.5 学习目标
描述乘数过程并使用乘数方程计算均衡的变化。

我们已经可以回答本章开头部分提出的问题：如果经济体中的所有管理者突然决定将计划投资从 25 项增加到 50 项，实际产出水平会发生什么变化？你可能会惊讶地发现，均衡产出的变化将大于计划投资的初始变化。事实上，产出将以计划投资变化的倍数发生变化。

乘数（multiplier）被定义为均衡产出水平的变化与某个外生变量的变化之比。**外生变量**（exogenous variable）是不依赖于经济状况的变量，也就是说，如果一个变量不随经济中的变化而变化，那么它就是外生变量。本章中，我们将计划投资视为外生的。这就简化了我们的分析并为之后的讨论提供了基础。

乘数： 均衡产出水平的变化与某个外生变量的变化之比。

外生变量： 假定不依赖于经济状况的变量——也就是说，当经济变化时它不会发生变化。

对于外生的计划投资，我们可以问当计划投资发生变化时，产出的均衡水平变化了多少。要记住，我们并不试图解释计划投资为什么会变化；我们仅仅是问当计划投资变化时（无论因为何种原因），产出的均衡水平会变化多少。（从第 11 章开始，我们不再认为计划投资为给定值，并且要解释计划投资是如何被决定的。）

考虑这样一种情况，计划投资持续增长了 25，也即假设 I 从 25 增加到 50 并保持在 50。如果在 $I=25$ 时存在均衡，计划投资增长 25 会使计划总支出超过总产出 25，将导致失衡的情况。厂商会立即发现其存货出现了计划外的减少。结果是，厂商开始增加产出。

我们假定计划投资的增长是由预期世界旅行量的增加引起的，例如，某大国决定取消对其公民旅行能力的限制。这一预期旅行需求的增加导致航空公司购买更多的飞机，租车公司增加购买汽车，巴士公司购买更多巴士（均为资本品）。汽车制造厂、巴士制造厂、航空器制造商，如通用汽车、福特、波音等公司将经历计划外的存货下降。为应对飞机、巴士、汽车存货的下降，这些厂商将提高产出。

现在假设这些厂商增加 25 的产出，相当于全部计划投资的增量。这样做可以恢复均衡吗？并不能，这是因为当产出提高时，人们获得更多收入并将支出部分收入，这将进一步提高计划总支出。换句话说，I 的增加也导致 C 的间接增加。为了生产更多的飞机，波音公司需要雇佣更多的工人或要求现有雇员增加工时。它还必须从通用电器购买更多的引擎，从固特异购买更多的轮胎，等等。这些厂商的所有者将获得更多的利润，生产更多，雇佣更多工人，并付出更多的工资和薪水。这些增加的收入不会消失在稀薄的空气中。增加的收入，部分将用于家庭开支，余款将用于储蓄。增加的产量导致增加的收入，后者将导致增加的消费支出。

如果计划投资（I）最初提高 25 并保持在这一高位，那么 25 的产出增加还不能够恢复均衡，因为它会产生更多的消费支出（C）。人们购买更多的消费品。基础消费品也会出现计划外的存货下降，如洗衣机、食品、服装等，这将促进其他厂商增加产出。这一循环又重新开始了。

产出与收入的增长将会远远高于计划投资的初始增长，但是会超过多少？乘数的大小是多少？图 8.8 以图形回答了这个问题。假设在 A 点经济处于均衡，此处的均衡产出是 500。I 增长 25 使 $AE \equiv C+I$ 曲线向上平移 25，因为在所有收入水平上 I 均高了 25。新的均衡发生在 B 点，此时的产出均衡水平是 600。与 A 点相似，B 点在 45 度线上，是一个均衡值。产出（Y）增长了 100（600–500），即初始计划投资增长 25 的 4 倍，在 A 点与 B 点之间。本例子中的乘数是 4。在 B 点，总支出也高于 100。如果额外的 100 中有 25 是投资（I），如我们所知的，则剩余的 75 是增加的消费（C）。从 A 点到 B 点，$\Delta Y=100$，$\Delta I=25$，$\Delta C=75$。

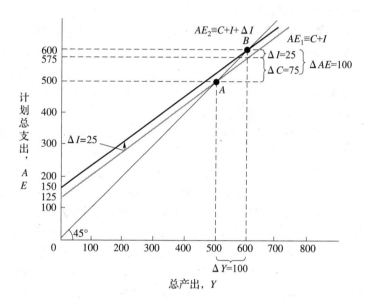

▲ **图 8.8　计划总支出图中的乘数**

在 A 点，$Y=500$ 时经济处于均衡。当 I 增加 25，均衡总支出原本大于总产出。随着产出的增加，会产生额外的消费，以 I 最初增加的倍数推动均衡产出增长。新的均衡出现在 B 点，此处 $Y=600$。均衡产出增加了 100（600–500），或者说是计划投资增长额的 4 倍。

　　为什么乘数过程不会永远持续？答案是在每一个回合中只有部分收入的增长用于消费。因为储蓄的流失，在每一轮乘数过程中收入的连续增长变得越来越小，直到恢复均衡。

　　乘数的大小取决于计划总支出曲线的倾斜度。该曲线越陡，给定投资变化下的产出变化越大。当计划投资固定时，如在我们的例子中，$AE \equiv C+I$ 曲线恰好是边际消费倾向（$\Delta C/\Delta Y$）。边际消费倾向越大，乘数越大。这并不奇怪。较大的边际消费倾向意味着当收入增加时消费会大幅增长。

8.5.1 乘数方程

不使用图形分析，是否有方法确定乘数的大小呢？答案是肯定的，有方法。

假设市场在 $Y=500$ 的收入水平上处于均衡。现在假设计划投资（I），从而计划总支出（AE）增加并保持高出 25。计划总支出大于总产出，出现了计划外的存货减少，厂商做出增加产出（收入）（Y）的反应。这导致了第二轮的增长，以此类推。

什么能够恢复均衡？看一下图 8.7，并回忆一下：除非 $S=I$，否则计划总支出（$AE \equiv C+I$）不等于总产出（Y）。储蓄的流失必须与计划投资支出的注入相匹配，才能使经济达到平衡。再回忆一下，我们假定计划投资跳升至新的更高的水平并保持在这一水平上，这是计划投资支出发生 25 的持续增长。随着收入增长，消费增长并且储蓄也增长。我们的 $S=I$ 均衡方法将我们引向以下结论：只有当储蓄的增长恰好等于 I 的初始增长时，均衡才会恢复。否则，I 将继续大于 S，并且 $C+I$ 将继续大于 Y。（$S=I$ 均衡方法导致了宏观经济中的一个有趣的悖论。参见下页"实践中的经济学：节俭的悖论"。）

我们可以计算出，在恢复均衡之前，Y 必须增加多少，才能对额外的计划投资做出反应。Y 会上升，同时会拉动 S 一起上升，直到储蓄的变化恰好等于计划投资的变化，也就是说，直到 S 在新的更高水平上再次等于 I 为止。因为增加的储蓄是增加的收入的一部分（MPS），所以恢复均衡所需的收入增加必须是计划投资增加的乘数。

回忆一下，边际储蓄倾向（MPS）是指收入变化中用于储蓄的部分。它被定义为 S 的变化（ΔS）与 Y 的变化（ΔY）的比：

$$MPS = \frac{\Delta S}{\Delta Y}$$

因为恢复均衡要求 ΔS 必须与 ΔI 相等，我们可以将 ΔS 替换为 ΔI，求解：

$$MPS = \frac{\Delta I}{\Delta Y}$$

因此

$$\Delta Y = \Delta I \times \frac{1}{MPS}$$

如你所见，均衡收入的变化（ΔY）等于计划投资的最初变化（ΔI）乘以 $1/MPS$，乘数就是 $1/MPS$：

$$乘数 \equiv \frac{1}{MPS}$$

156

实践中的经济学

节俭的悖论

当家庭试图增加储蓄时，会出现一个有趣的悖论。如果家庭担心未来，想要现在更多地储蓄，以备将来的艰难时期，会发生什么样的情况？如果家庭增加计划储蓄的数量，下图中的储蓄计划将从 S_0 向上移动到 S_1。增加储蓄的计划也就是减少消费的计划，而支出的下降会导致收入的减少。收入的下降是最初储蓄计划变化的倍数。在储蓄增加前，均衡出现在 A 点，此处 $S_0=I$，$Y=500$。增加的储蓄使均衡变动到 B 点，在该点上 $S_1=I$。新的均衡产出是300，较之初始的均衡下降了 200（ΔY）。

由于消费减少，家庭实际上造成了他们所担忧的艰难时期。更糟糕的是，在新的均衡状态下，储蓄与下降之前的储蓄水平完全相同（25）。在试图更多储蓄的努力中，家庭的行为导致了产出的收缩，收入也因此减少。最终，家庭的消费少了，然而他们的储蓄却一点也没增加。

新的均衡状态下的储蓄与旧均衡时相同是很明显的。均衡要求储蓄与计划投资相等，由于计划投资没有改变，达到均衡时的储蓄额必定不会变。这一悖论说明经济各个部门之间的作用是非常重要的。

节俭悖论之所以成为"悖论"，是因为它与广为接受的"省一分是一分"的理念相反。这一理念对于单个家庭来说可能是正确的，但是当社会整体增加储蓄时，结果只能是收入下降，但储蓄没有增加。

节俭悖论是否总能成立？回忆一下我们假设利率是固定的。如果家庭为应对艰难时期想要进行的额外储蓄导致了利率的下降，这将增加计划投资并使图中的投资计划向上平移。悖论将被避免。计划投资将增加足够多，新的均衡将在更高的收入（以及储蓄）水平上发生。

思考

1. 绘制出与 S_0 和 S_1 对应的消费函数，并描述正在发生的事情。

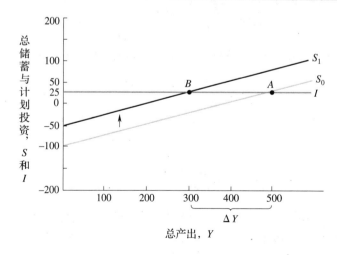

总产出，Y

▲ 节俭的悖论

计划储蓄从 S_0 上升到 S_1，导致均衡产出从 500 下降到 300。储蓄增加带来的消费减少，导致经济收缩和收入减少。但在新的均衡上，储蓄与初始均衡时相同。增加储蓄的努力导致了收入下降，但并没有导致储蓄的整体变化。

由于 $MPS+MPC \equiv 1$，$MPS \equiv 1-MPC$，所以乘数也等于：

$$乘数 \equiv \frac{1}{1-MPC}$$

在我们的例子中，MPC 为 0.75，因此 MPS 必然等于 1-0.75，即 0.25。因此，乘数就是 1 除以 0.25，即 4。Y 均衡水平的变化为 4×25，即 100。[⑤] 还需注意，当计划投资下降时的分析也是一样的。如果计划投资下降了一定数量并保持在这一较低水平，产出的下降将是 I 减少量的乘数倍。当厂商受到最初的冲击并削减产出，它们会解雇员工。其结果是：收入以及随后的消费下降。

8.5.2 真实世界中的乘数大小

在考虑乘数大小时，重要的是要意识到我们在本章中推导出的乘数是基于一个非常简化了的经济图景。首先，我们假设计划投资为自变量，不对经济的变化做出反应。其次，我们到目前为止忽略了政府、金融市场以及世界其他地方在宏观经济中的作用。因此，我们要是在继续其他章节的学习之前还认为只要将计划投资支出增加 250 亿美元就可以使国民收入提高 1 000 亿美元的话，就错了。然而，即便是这个简单的模型，也应该让你对国民收入为何以及如何对计划投资的增长做出反应有一些直觉。

当我们在接下来的章节中取消这些假设时，你将看到我们为了使我们的分析更现实而添加的大部分内容都有减少乘数的效果。例如：

1. 在第 9 章附录中我们可以看到，当税收支出依赖于收入的时候（就像在真实世界中一样），乘数就减小了。随着经济的扩张，税收支出也会增加，像是经济的某种拖累。乘数效应减弱了。

2. 在第 11 章中我们将会看到，美联储关于利率的行为有减少乘数大小的效果。

3. 在第 11 章中我们还会看到，在分析中加入价格水平会减少乘数大小。我们将看到，经济增长的一部分可能采取价格水平上涨而不是实际产出增加的形式。

4. 当引入出口时（在第 19 章），乘数也会减少，因为一些国内支出流入国际市场。

这些花边信息使你在继续阅读本书的其余部分时会有所期待。但是，现在要指出，现实中乘数的大小可能约为 2。这要远低于我们在本章中使用的 4 的值，但是它仍然能够告诉我们，计划投资的增长所带来的作用远高于你在开始本章之前所预期的。

---

⑤　也可以用代数方法求乘数，如本章附录所示。

8.6 前瞻

在本章中，我们初步了解了经济运行规律。我们假设消费依赖于收入，计划投资是固定的，并且存在均衡。我们讨论了在失衡时经济体将如何调整回到均衡。我们还讨论了计划投资变化对均衡产出的影响并得出乘数。在下一章中，我们保留了这些假设，并将政府加入了经济体。

总结

8.1 凯恩斯主义消费理论　页 178

1. 假设总消费是总收入的函数。

2. 边际消费倾向（*MPC*）是收入变化中用于消费或支出的部分。边际储蓄倾向（*MPS*）是收入变化中用于储蓄的部分。因为所有收入均被用于储蓄或支出，所以 $MPS+MPC \equiv 1$。

8.2 计划投资（*I*）与实际投资　页 183

3. 因为有计划外的存货变化，计划投资与实际投资不同。

8.3 计划投资与利率（*r*）　页 184

4. 计划投资依赖于利率，本章中假设利率为固定值。

8.4 均衡产出（收入）的决定　页 185

5. 计划总支出（*AE*）等于消费加上计划投资：$AE \equiv C+I$。当计划总支出等于总产出时：$C+I=Y$，商品市场中实现均衡，当且仅当计划投资与实际投资相等时才成立。

6. 因为总收入必须用于储蓄或消费，均衡条件 $Y=C+I$ 可被写为 $C+S=C+I$，或者 $S=I$。仅当计划投资等于储蓄时，才存在均衡。这一得出均衡的方法是均衡的储蓄／投资方法。

7. 当计划总支出超过总产出（收入）时，会出现计划外的存货下降，厂商会增加产出。这一种产出增加将导致收入提高，以及消费上升。只要产出（收入）低于计划总支出，这一过程就会持续下去。如果厂商对计划外存货减少做出增加产出的反应，一个计划支出大于产出的经济将调整到新的均衡，此时 *Y* 将比以前更高。

8.5 乘数　页 191

8. 均衡产出的变化是计划投资或其他任何外生变量的变化的倍数。乘数等于 $1/MPS$。

9. 当家庭提高计划储蓄时，收入下降并且储蓄未变。因为在均衡条件下，储蓄必须等于计划投资且计划投资是固定的，所以储蓄没有提高。如果计划投资也增长了，这一节俭悖论可以避免，并且可以在更高的储蓄和收入水平下实现新的均衡。这一结果依赖于存在额外的家庭储蓄为额外投资提供资金的渠道。

———————— 术语和概念回顾 ————————

实际投资，页 183
总收入，页 178
总产出，页 178
总产出（收入）（Y），
　页 178
总储蓄（S），页 180
消费函数，页 178
均衡，页 185
外生变量，页 191
恒等式，页 180

边际消费倾向（MPC），
　页 180
边际储蓄倾向（MPS），
　页 180
乘数，页 191
计划总支出（AE），
　页 185
计划投资（I），页 183
方程式：
$S \equiv Y - C$，页 180
$MPC \equiv$ 消费函数的斜率
　　　$\equiv \dfrac{\Delta C}{\Delta Y}$，

页 180
$MPC + MPS \equiv 1$，页 180
$AE \equiv C + I$，页 185
均衡条件：$Y = AE$ 或 $Y = C + I$，
　页 185
实现均衡的储蓄 / 投资
　方法：
$S = I$，页 188
乘数 $= \dfrac{1}{MPS} \equiv \dfrac{1}{1-MPC}$，
　页 193

———————————— 习题 ————————————

8.1 凯恩斯主义消费理论

学习目标： 解释凯恩斯主义消费理论的原理。

1.1 简要定义以下术语，并解释边际消费倾向和
　　边际储蓄倾向之间的关系，以及总产出和总
　　收入之间的关系。

　　a. 边际消费倾向

　　b. 边际储蓄倾向

　　c. 总产出

　　d. 总收入

1.2 填写下表中的总储蓄列。使用表中的数据计
　　算消费函数和储蓄函数，并在图表上绘制这
　　些函数以及 45 度线。边际消费倾向和边际
　　储蓄倾向的值是多少？

总收入，Y	总消费，C	总储蓄，S
$ 0	$200	
100	250	
200	300	
300	350	
400	400	
500	450	
600	500	

1.3 [**与页 182 "实践中的经济学"** 相关] "实践
　　中的经济学"描述了家庭在涉及当前与未来

之间权衡的决策方面遇到的一些困难。简要
解释一下全球变暖问题和家庭储蓄不足的问
题是如何相似的。描述机会成本概念可用于
构架这两个问题的方式。有哪些障碍可能会
阻止家庭或社会取得令人满意的成果。

1.4 假设在简单的经济中，当总产出等于 0 时，
　　储蓄水平为 –800，而边际储蓄倾向为 0.25。
　　推导出储蓄函数和消费函数，并绘制一个显
　　示这些函数的图形。在多少总产出水平上，
　　消费曲线与 45 度线相交？解释你的答案并
　　在图上表示。

8.2 计划投资（I）与实际投资

学习目标： 解释计划投资与实际投资的差别。

2.1 解释实际投资与计划投资之间的不同。实际
　　投资与计划投资何时相等？实际投资何时大
　　于计划投资？实际投资何时小于计划投资？

2.2 假设在 2015 年，海洋公司计划生产 500 000
　　套轻型潜水缸。在计划生产的 500 000 套
　　中，50 000 套将被加入其位于亚利桑那州
　　的新工厂的存货总量中。还应假定这些设备
　　以 250 美元的单价出售，并且价格随时间

推移保持不变。进一步假设该公司今年投入
2 000 万美元建立了一个新工厂，并购置了
价值 500 万美元的设备。它没有其他投资项
目，同时为了避免复杂化，假设没有折旧。
现在假设在年末，海洋公司生产了 500 000
套，但是只售出了 400 000 套，并且现在存
货包含的数量比年初增加了 100 000 套。当
单价为 250 美元，这意味着该公司增加了
2 500 万美元的新存货。

a. 海洋公司今年实际投资了多少？

b. 它计划投资多少？

c. 海洋公司下一年会生产更多还是更少的套
数？为什么？

8.3 计划投资和利率（r）

学习目标： 理解计划投资如何受利率影响。

3.1 解释你是否同意或不同意以下陈述："在其
他条件相同的情况下，企业通常会在利率上
升时计划更多的投资项目，因为更高的利率
意味着企业将从这些投资上赚到更多。"

8.4 均衡产出（收入）的决定

学习目标： 解释均衡产出是如何决定的。

4.1 以下数据是为小岛国卡布姆估算的
实际 GDP（Y）……8 亿卡布姆元
计划投资支出……2 亿卡布姆元
卡布姆是一个没有政府、没有税收、没有进
出口的简单的经济。卡布姆人（卡布姆的公
民）受习惯支配。他们有一条规则，每个人
都将收入的 40% 用于储蓄。假设计划投资
是固定的，并且保持在 2 亿卡布姆元。
当地报纸《爆炸时代》的商业主编请你预测一
下未来几个月的经济情况。通过使用给定的
数据，你能做出预测吗？存货可能发生什么
变化？实际 GDP 水平将发生什么变化？经济
是否处于均衡状态？情况何时会停止变化？

4.2 访问 www.commerce.gov 网页，点击"美
国商务部经济分析局"。再点击"国民"，
再点击最新 GDP 发布。通读报告。总支出中

哪一部分似乎增长或下降最快？从这些数据
中，你会对当前的经济事件做出怎样的阐述？

4.3 参照此表回答以下问题：

总产出 / 收入	消费	计划投资
1 000	1 500	250
1 500	1 875	250
2 000	2 250	250
2 500	2 625	250
3 000	3 000	250
3 500	3 375	250
4 000	3 750	250
4 500	4 125	250

a. 计算每一产出水平上的储蓄。计算每一产
出水平上的计划外投资（存货变化）。当
经济在给定的各个水平上运行，总产出
可能发生什么变化？均衡的产出水平是
多少？

b. 在每个收入范围内（1 000 到 1 500，1 500
到 2 000，等等），计算边际消费倾向和
边际储蓄倾向。乘数是多少？

c. 假设边际消费倾向和边际储蓄倾向的水平
没有变化，并且计划投资增加 125 并保
持在这一更高水平上，重新计算上表。Y
的新均衡水平是多少？这与你用乘数计
算的结果是否一致？

4.4 本章认为，储蓄和支出行为部分取决于财富
（积累的储蓄和遗产），但是我们的简单模
型并没有包含这一效果。考虑如下的简单经
济体模型：$C=50+0.8Y+0.1W$。

$$I=200$$
$$W=500$$
$$Y=C+I$$
$$S=Y-C$$

如果你假设财富（W）与投资（I）保持恒定
（我们忽略了储蓄会增加财富存量的事实），
GDP（Y）与消费（C）以及储蓄（S）的均
衡水平是多少？现在假设财富增长 100% 达
到 1 000。重新计算 Y、C、S 的均衡水平。
财富积累对 GDP 有什么影响？许多人担心
20 世纪 90 年代后期的股票价格大幅上涨。
这对经济构成问题了吗？请解释。

4.5 给你关于一个传奇中的国度弗里多尼亚的如
　　下数据，

　　（1）消费函数：$C=200+0.8Y$

　　（2）投资函数：$I=100$

　　（3）$AE \equiv C+I$

　　（4）$AE=Y$

　　a. 弗里多尼亚的边际消费倾向是多少？边际
　　　储蓄倾向又是多少？

　　b. 绘制方程式（3）和（4）并求解均衡收入。

　　c. 假设方程式（2）变为（2'）$I=110$。新的
　　　收入均衡水平是多少？计划投资的 10 美
　　　元增长会改变均衡收入多少？乘数的值
　　　是多少？

　　d. 计算弗里多尼亚的储蓄函数。将储蓄函
　　　数绘制在方程（2）的图形上。解释为什
　　　么此图中的均衡收入必须与 b 中的相同。

8.5 乘数

学习目标： 描述乘数过程并使用乘数方程计算均衡
的变化。

5.1 直观地解释乘数。为什么计划投资增长 100
　　美元会使均衡产出的增长高于 100 美元？
　　为什么对均衡产出的影响是有限的？我们如
　　何知道乘数是 $1/MPS$？

5.2 **[与页 194 "实践中的经济学" 相关]** 如果
　　家庭决定储蓄更多，总体储蓄反而会下降。
　　用文字解释这一现象。

5.3 使用图形回答以下问题。

　　a. 边际消费倾向的值是多少？

　　b. 边际储蓄倾向的值是多少？

　　c. 乘数的值是多少？

　　d. 在总产出为 300、900 和 1 300 时的计划
　　　外投资的数量是多少？

5.4 根据美国国家商务部经济分析局的数据，在
　　经济衰退期的 2008—2009 年，家庭储蓄作
　　为个人可支配收入的一部分，从 2008 年第
　　一季度的略高于 1% 的低点增长到 2009 年
　　第二季度的 5%。在其他条件相同的情况
　　下，储蓄的这种变化将对边际消费倾向、边
　　际储蓄倾向以及乘数产生什么影响？当计
　　划投资变化时，这一变化将如何影响均衡
　　产出？

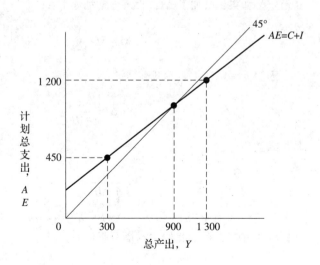

第8章附录：用代数方法推导出乘数

学习目标

161

证明乘数为 $\dfrac{1}{1-MPC}$。

除了使用本章中使用的简单代入方法推导乘数之外，我们还可以使用简单的代数方法来得出乘数方程。

回忆一下我们的消费函数：

$$C=a+bY$$

此处 b 为边际消费倾向。在均衡中：

$$Y=C+I$$

现在我们用 I 来求解 Y 的这两个方程。通过将第一个方程代入第二个，我们得出：

$$Y=\underbrace{a+bY}_{C}+I$$

这个方程式经重新排列后可以得到：

$$Y-bY=a+I$$
$$Y(1-b)=a+I$$

然后我们可以根据 I 求解 Y，通过除以（$I-b$）得到：

$$Y=(a+I)\left(\frac{1}{1-b}\right)$$

现在仔细观察这一表达式，并想一下 I 增加一定量，即 ΔI，而 a 保持恒定。如果 I 增加了 ΔI，收入会增加如下：

$$\Delta Y=\Delta I\times\frac{1}{1-b}$$

因为 $b\equiv MPC$，表达式变成

$$\Delta Y=\Delta I\times\frac{1}{1-MPC}$$

乘数为

$$\frac{1}{1-MPC}$$

最后，因为 $MPS+MPC\equiv1$，MPS 等于 $1-MPC$，从而乘数的替代表达式为 $1/MPS$，正如我们在本章中所见的。

第 9 章
政府与财政政策

在管理宏观经济方面，关于政府能够做什么以及应该做什么存在很多争论。一个极端的观点来自凯恩斯主义者及其追随者，他们认为对宏观经济若任其发展会造成过大的波动，政府应该消除经济周期中的波动。这些观点可以追溯到凯恩斯在《就业、利息和货币通论》中的分析，他认为在衰退或者萧条期间，政府可以利用税收和支出的力量来扩大总支出（进而刺激总产出）。另一个极端的观点则认为，政府支出并不能稳定经济，反而有可能造成经济的不稳定，甚至对经济有所损害。在本章，我们来探讨这些问题。

虽然政府拥有很多权力——包括控制厂商进入或者退出某个行业、制定产品质量标准、规定最低工资水平以及规范信息披露等——但在宏观经济学中，我们只关注两种政策工具：财政政策和货币政策。本章的研究重点是**财政政策**（fiscal policy），它是指政府支出和税收行为。换言之，也就是政府的预算政策［"财政"（*fiscal*）一词来自词根 *fisc*，是指政府国库的意思］。财政政策通常分为三类：（1）与政府购买商品和服务有关的政策；（2）与税收有关的政策；（3）与政府对家庭的转移支付（如失业补贴、社会保障金、福利金以及退伍津贴）有关的政策。下一章的研究重点是**货币政策**（monetary policy），它是指一国中央银行有关利率方面的行为。

162

201

9.1 学习目标

讨论财政政策对经济的影响。

财政政策: 政府支出和税收政策。

货币政策: 一国中央银行有关利率方面的行为。

9.1 政府在经济中的角色

在美国,地方政府、州政府和联邦政府在某些地区拥有相当大的控制权。然而,在许多情况下,政府决策对经济的影响不仅取决于决策本身,还取决于经济状况的好坏。所以,很重要的一点就是理解政府掌控的局限性及其权力。税收就是一个很好的例子。税率是政府可以控制的变量。根据法律规定,美国国会有权决定对何人何事征税以及税率为多少。另一方面,美国的税收收入又不完全受政府控制,个人所得税体系的收入取决于个人所得税税率(由国会决定)和家庭部门的收入(由多种不受政府直接控制的因素决定,比如家庭决定提供的工作量)。公司利润税的收入取决于公司利润税税率以及公司利润的多少。政府可以控制公司利润税税率,但不能控制公司利润的多少。

有时政府支出也取决于政策决策和经济状况的好坏。美国的失业保险计划要向失业者支付保险金,当经济进入衰退期,失业人数增加,政府失业保险金偿付的支出也会增加。发生这种情况的原因不是因为政府决策的变化,而是因为现有政策与经济本身之间的相互作用所致。

相机抉择财政政策: 政府政策有目的的变动导致的税收或支出变化。

由于税收和支出经常会随经济状况好坏的变动而增加或减少,而不一定是政策制定者故意决策的结果,所以我们有时会使用**相机抉择财政政策**(discretionary fiscal policy)来表示政府政策有目的的变化导致的税收或支出变化。

9.1.1 政府购买（G）、净税收（T）和可支配收入（Y_d）

我们在第 8 章的简单经济体中加入政府部门。为了使问题简化,我们合并两种政府活动——征税和转移支付,将其转化成**净税收**(net taxes,T)。特别地,净税收等于厂商和家庭向政府支付的税收支出减去政府向家庭支付的转移支付。另一个我们需要考虑的变量是政府对于商品和服务的购买(G)。

净税收(T): 厂商和家庭向政府支付的税收支出减去政府向家庭支付的转移支付。

我们以前讨论家庭消费的时候没有考虑税收的因素。当时我们假定经济中创造的所有收入都被家庭消费或储蓄。当我们将政府的作用考虑进经济因素中时(如图 9.1 所示),我们看到,随着收入(Y)流向家庭,政府也从家庭收入中得到了净税收(T)。家庭最终得到的收入叫作**可支配收入或税后收入**(Y_d)(disposable, after-tax, income):

可支配收入或税后收入(Y_d): 总收入 – 净税收: $Y-T$。

$$可支配收入 \equiv 总收入 - 净税收$$
$$Y_d \equiv Y - T$$

Y_d 中扣除了家庭缴纳税收的部分,加上了政府给家庭的转移支付。我们现在假定 T 不依靠 Y——也就是说,净税收并不依赖于收入。在本章附录 B 中我们将放宽这个假定。不依赖于收入的税收有的时候被称作一次性税收。

如图 9.1 所示，家庭可支配收入（Y_d）最终一定会用于消费（C）或者储蓄（S）。因此，

$$Y_d \equiv C+S$$

这是一个恒等式——它总是成立的。

因为可支配收入是总收入（Y）减去净税收（T），我们可以写出另外一个恒等式：

$$Y-T \equiv C+S$$

两边同时加上 T：

$$Y \equiv C+S+T$$

这个恒等式说明总收入可以分为三个部分。政府拿走了一部分（净税收，T），然后家庭将其余部分分别用于消费（C）和储蓄（S）。

因为政府要购买商品和服务，我们需要扩展计划总支出的定义。计划总支出（AE）是指家庭消费支出（C）、商业企业计划投资（I），以及政府购买商品和服务（G）三者之和。

$$AE \equiv C+I+G$$

政府的**预算赤字**（budget deficit）是指特定时期内政府支出（G）和税收收入（T）之间的差额：

预算赤字： 特定时期内政府支出和税收收入之间的差额：$G-T$。

$$预算赤字 \equiv G-T$$

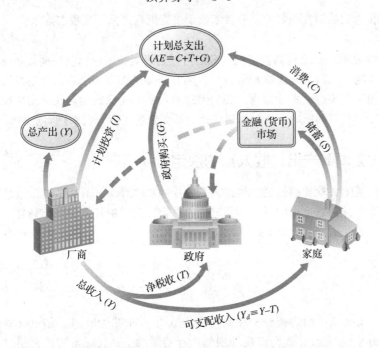

▲ **图 9.1　在收入循环图中加入净税收（T）和政府购买（G）**

164

如果 G 超过了 T，政府必须向公众借款为赤字融资，通常通过发放国库券和政府债券（后面我们还要详细讨论这一话题）来实现这一目的。在这种情况下，一部分的家庭储蓄（S）进入了政府。图 9.1 中的虚线表示一部分的家庭储蓄进入厂商为投资项目融资，还有一部分的家庭储蓄进入政府为赤字融资。如果 G 小于 T，就表示政府的支出少于收入的税收，政府有盈余。

在消费函数中加入税收　在第 8 章中，我们假设总消费（C）依赖于总收入（Y），为了方便说明，我们取一个特殊的线性消费函数：

$$C=a+bY$$

式中 b 是边际消费倾向。因为我们已经将政府加入经济之中，所以有必要对消费函数进行一些修改。由于包含了税收因素，我们假设可支配收入（Y_d），而不是税前收入（Y），决定了消费行为。如果你赚了100 万美元，但是却要上缴 95 万美元的税收，那么你的可支配收入和只赚了 5 万美元但是不需要缴税的人一样。你可以真正用于现期消费的是你的可支配收入，而不是你的税前收入。

为了将可支配收入而不是税前收入包含在总消费函数中，我们不再使用 $C=a+bY$，而是使用

$$C=a+bY_d$$

或者

$$C=a+b\left(Y-T\right)$$

现在我们的消费函数中，消费依赖于可支配收入而不是税前收入。

计划投资　那么计划投资呢？政府可以通过对折旧的税收处理方法以及其他的税收政策来影响投资行为，而且正如前面章节所述，计划投资还依赖于利率。就本章而言，我们继续假设利率是固定的。我们忽略税收对计划投资的影响，从而继续假设它是固定的（因为利率是固定的）。

9.1.2 均衡产出（收入）的决定

从第 8 章我们知道，均衡出现在 $Y=AE$ 的时候，也就是说，当总产出等于计划总支出的时候。要记住，在存在政府的经济中，计划总支出 $AE \equiv C+I+G$，因此均衡条件为

$$Y=C+I+G$$

第 8 章中的均衡分析在此处仍然适用。如果产出（Y）超过计划总支出（$C+I+G$），就会出现计划外的存货增加——实际投资将会超过计划投资。反之，如果 $C+I+G$ 超过 Y，将会出现计划外的存货减少。

举一个简单的例子就可以说明政府对于宏观经济的作用以及均衡条件。首先，引入政府部门之前的消费函数 $C=100+0.75Y$，现在变成：

$$C=100+0.75Y_d$$

或者

$$C=100+0.75（Y-T）$$

其次，我们假设 $G=100$，$T=100$。[①]也就是说，政府的预算平衡了，所有支出都用税收融资。再次，我们假设计划投资（I）=100。

表 9.1 计算了几种可支配收入水平下的计划总支出。比如，当 $Y=500$ 的时候，可支配收入是 500-100，即 400。因此，$C=100+0.75 \times 400=400$。假设 I 为固定值 100，G 为固定值 100，计划总支出为 600（$C+I+G=400+100+100$）。因为产出（Y）只有 500，因此计划支出超过产出 100。结果会出现计划外存货减少 100，使厂商产生扩大产出的动机。因此，产出 500 低于均衡水平。

如果 $Y=1\,300$，那么 $Y_d=1\,200$，$C=1\,000$，计划总支出为 1 200。这里的计划支出小于产出，会出现计划外存货增加 100，使厂商产生削减产出的动机。因此，1 300 的产出高于均衡水平。只有当产出等于 900 的时候，产出与计划总支出才会相等，也只有在 $Y=900$ 的时候才存在均衡。

在图 9.2 中，我们用图解的方法得到了相同的均衡产出水平。首先，画出包含了 100 净税收的消费函数。原来的消费函数为 $C=100+0.75Y$。新的消费函数为 $C=100+0.75（Y-T）$ 或者 $C=100+0.75（Y-100）$，重写为

166

表 9.1　寻找 $I=100$，$G=100$，$T=100$ 的均衡

(1) 产出（收入）Y	(2) 净税收 T	(3) 可支配收入 $Y_d \equiv Y-T$	(4) 消费支出 $C=100+0.75Y_d$	(5) 储蓄 S Y_d-C	(6) 计划投资支出 I	(7) 政府购买 G	(8) 计划总支出 $C+I+G$	(9) 计划外存货变动 $Y-(C+I+G)$	(10) 对非均衡的调整
300	100	200	250	-50	100	100	450	-150	产出↑
500	100	400	400	0	100	100	600	-100	产出↑
700	100	600	550	50	100	100	750	-50	产出↑
900	100	800	700	100	100	100	900	0	均衡
1 100	100	1 000	850	150	100	100	1 050	-50	产出↓
1 300	100	1 200	1 000	200	100	100	1 200	-100	产出↓
1 500	100	1 400	1 150	250	100	100	1 350	-150	产出↓

---

① 正如我们在前文中所指出的，政府并不能完全控制税收收入和转移支付。然而，我们这里忽略这个问题，将净税收减去转移支付设为固定值。在本章后面的部分和附录 B 中，情况将更接近现实。

$C=100+0.75Y-75$，即 $C=25+0.75Y$。比如，收入为 0 的时候的消费为 25（$C=25+0.75Y=25+0.75\times0=25$）。边际消费倾向没有发生变化——我们假设它仍为 0.75。注意图 9.2 中的消费函数画出了表 9.1 中第（1）列和第（4）列中的点。

回顾一下，计划总支出是计划投资和消费之和。现在，在 100 的投资基础上，我们又加入 100 的政府购买。因为 I 和 G 在任何收入水平上都是常数 100，我们可以把 $I+G=200$ 加入每个收入水平的消费中，结果就是新的 AE 曲线。这条曲线只画出了表 9.1 中的第（1）列和第（8）列上的点。45 度线可以帮助我们找到均衡的真实产出水平，我们已经知道它等于 900。如果你考察任何高于或者低于 900 的产出水平，你都将发现非均衡的情况。比如说，当 $Y=500$，人们希望消费 400，计划投资 100，政府购买 100，计划总支出为 600，但是产出只有 500。投资将会低于计划的水平，使厂商产生扩大产出的动机。

实现均衡的储蓄 / 投资方法　和前一章一样，我们也可以使用储蓄 / 投资方法来研究均衡。观察图 9.1 中的收入循环图，政府从收入流中拿走了净税收（T）——这是一项流失，家庭将一部分收入用于储蓄（S）——这也是收入流的一项流失。注入的计划支出为政府购买（G）和计划投资（I）。如果流失（$S+T$）等于计划注入（$I+G$），这就达到了均衡：

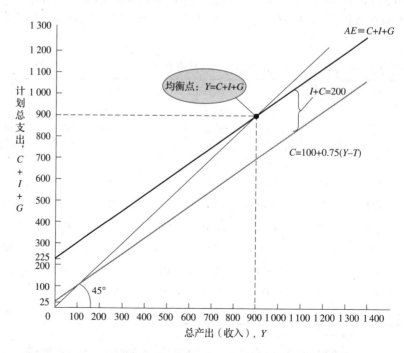

实现均衡的储蓄 / 投资方法：$S+T=I+G$

167

▲ **图 9.2　用图解法求均衡产出 / 收入**

因为 G 和 I 均为固定值 100，所以总支出函数就是新消费函数向上平移 $I+G=200$ 个单位后得到的函数，均衡出现在 $Y=C+I+G=900$。

要导出这个结果，我们知道在均衡状态下，总产出（收入）（Y）等于计划总支出（AE）。根据定义，AE 等于 $C+I+G$，Y 等于 $C+S+T$。因此，均衡时

$$C+S+T=C+I+G$$

两边消掉 C 之后得到：

$$S+T=I+G$$

注意，均衡并不要求 $G=T$（平衡的政府预算）或者 $S=I$，只要 S 与 T 之和等于 I 与 G 之和就可以了。

表 9.1 的第（5）列通过扣除每个可支配收入水平上的消费计算出了总储蓄（$S \equiv Y_d - C$）。因为 I 与 G 都是固定的常数，在任何收入水平上，$I+G$ 都等于 200。使用此表格加入储蓄和税收（$S+T$），我们看到只有当 $Y=900$ 的时候，$S+T$ 才等于 200。因此，均衡产出水平（收入）为 900，与我们通过数字和图解分析得到的结果相同。

9.2 财政政策的作用：乘数效应

9.2 学习目标
描述三种财政政策乘数的效应。

你可以从图 9.2 看到，如果政府能够改变 G 或者 T 的水平的话，它就可以改变均衡产出（收入）水平。现在，我们假设政府可以控制 G 和 T。在这一节中，我们将回顾三种乘数：

■ 政府支出乘数
■ 税收乘数
■ 平衡预算乘数

9.2.1 政府支出乘数

168

假设你是美国总统的首席经济顾问，经济正处于图 9.2 所示的均衡产出水平。每年的产出和收入都是 900，政府现在每年购买价值 100 的商品和服务，融资来源是 100 的税收。预算是平衡的。另外，厂商每年都投资（生产资本品）100。美国总统召唤你到总统办公室，说"失业率太高了，我们需要通过增加产出和收入来降低失业"。在经过一番研究之后，你确认只有当总产出增加到 1 100 时，失业率才可能降到可以接受的水平上。

现在，你需要确定的是政府如何利用税收和支出政策——即财政政策——提高国内产出的均衡水平 200？假设美国总统已经宣布税收会保持现有水平——国会刚刚通过了一项重要的税收改革政策——因此，在近年内调整税收是不可能的。这样你就只剩下调整 G 了，你唯一的选择就是在保持税收水平不变的同时增加政府支出。

想要不依靠增加税收（税收为政府提供可支出的收入）来增加支出，政府就必须借款。当 G 比 T 大时，政府就会出现赤字，G 和 T 之间的差值必须依靠借款。我们暂时不考虑赤字可能产生的效应，只关注 T

不变时增加 G 的作用。

与此同时，美国总统正在等待你的答案。要推动均衡产出水平由900 上升 200，达到 1 100，保证失业降到总统可以接受的水平，这到底需要增加多少支出呢？你可能会轻易地得出这样的结论，因为我们想要使收入增加 200（1 100–900），我们应该将政府支出增加同样的数量。但是如果这样的话会发生什么情况呢？增加的政府支出将使经济脱离均衡状态，因为 G 是总支出的一部分，计划总支出将增加 200，计划支出超过产出，存货低于计划水平，厂商产生了增加产出的动机。假设产出如愿以偿地增加了 200，你可能会想"我们使支出和产出都增加了 200，均衡应该重新建立起来了"。

然而事情并没有这么简单。一旦产出增加，经济就会创造出更高的收入。这正是我们想要的效果，它创造了更多的就业。刚刚就业的工人也是消费者，他们的收入也有一部分会用于支出。随着消费支出的上升，计划支出会超过产出，存货将低于计划水平，厂商会增加产出，进而会再次提高收入。这一次，厂商是对新的消费支出做出反应。此时，总收入已经超过了 1 100。

这个故事听起来应该很熟悉，这就是乘数的作用。尽管这次改变的是政府支出（G）而不是计划投资（I），效果与第 8 章中讨论的乘数效应是相同的。增加政府支出对均衡产出和收入水平的影响与增加计划投资一样，无论是 G 或者 I，每一单位货币的额外支出对于均衡产出的影响都是一样的。政府支出乘数方程与计划投资变化时的乘数方程是相同的。

$$政府支出乘数 \equiv \frac{1}{MPS} \equiv \frac{1}{1-MPC}$$

我们将在本章的附录 A 中用代数方法求解政府支出乘数。

政府支出乘数： 产出的均衡水平变化与政府支出变化的比值。

政府支出乘数（government spending multiplier）的正式定义为：产出的均衡水平变化与政府支出变化的比值。这与我们在上一章中使用的定义相同，但是现在的外生变量是政府支出，而不是计划投资。

请记住，我们一直在思考政府支出（G）提高 200 的问题。我们可以用乘数来分析 G 增加 200 之后 Y 的新均衡水平为多少。这个例子中的乘数为 4。（因为 b——MPC——为 0.75，MPS 一定是 1–0.75=0.25；所以 1/0.25=4。）因此，Y 将增加 800（4×200）。由于最初的 Y 是 900，那么当 G 增加 200 之后 Y 的新均衡水平就应该是 900+800=1 700。

1 700 的水平远远高于我们计算的可以将失业降到可以接受水平的 1 100 的收入水平。我们倒推的话，如果我们想要将 Y 增加 200，而乘数为 4，那么我们只需要将 G 增加 200/4=50 就可以了。如果 G 增加了 50，Y 的均衡水平就会产生 200 的变化，新水平下的 Y 将为 1 100（900+200），这正是我们想要的结果。

观察表 9.2，我们可以检验出我们的结果确实是均衡状态。首先看原来 900 的均衡，当政府购买（G）是 100 的时候，总产出（收入）在 Y=900

表 9.2　在增加 50 单位的政府支出后寻找均衡 *

(1) 产出 (收入) Y	(2) 净税收 T	(3) 可支配 收入 $Y_d \equiv$ $Y-T$	(4) 消费 支出 $C=100+$ $0.75Y_d$	(5) 储蓄 S Y_d-C	(6) 计划 投资 支出 I	(7) 政府 购买 G	(8) 计划 总支出 $C+I+G$	(9) 计划外 存货 变动 Y− $(C+I+G)$	(10) 对非 均衡的 调整
300	100	200	250	−50	100	150	500	−200	产出↑
500	100	400	400	0	100	150	650	−150	产出↑
700	100	600	550	50	100	150	800	−100	产出↑
900	100	800	700	100	100	150	950	−50	产出↑
1 100	100	1 000	850	150	100	150	1 100	0	均衡
1 300	100	1 200	1 000	200	100	150	1 250	+50	产出↓

*G 从表 9.1 中的 100 上升到这里的 150。

处与计划总支出（$AE \equiv C+I+G$）相等。现在 G 增加到了 150。在 Y=900 处，C+I+G 大于 Y，会出现计划外的存货下降，产出将会增加，但增加多少呢？乘数告诉我们，均衡收入的增加将是 G 变化（50）的 4 倍。Y 应该增加 4×50=200，从 900 变为 1 100，直到均衡重新建立起来。我们来检验一下，如果 Y=1 100，那么消费就是 $C=100+0.75Y_d=100+0.75×1 000=850$。因为 I 等于 100，G 等于 100（G 的初始水平）+50（由财政政策变化带来的额外的 G）=150，那么 C+I+G=850+100+150=1 100。Y=AE，经济达到了均衡。

图 9.3 显示了用图解法回答总统的提问。G 增加的 50 将使计划总支出函数向上移动 50，新的均衡收入水平就是新的 AE 线（AE_2）与 45 度线的交点，即 Y=1 100。

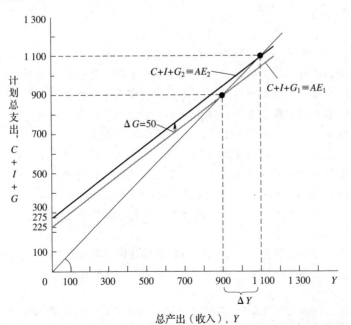

◀ 图 9.3　政府支出乘数

政府支出增加 50 使 AE 函数向上平移 50 个单位。当 Y 相应地增加，消费也随之增加。总体上，Y 的均衡水平由 900 增加到 1 100，增加了 200。

9.2.2 税收乘数

请记住，财政政策包括与政府支出有关的政策，以及与税收有关的政策。为了了解税收政策的变化对经济有什么影响，我们做出以下假设。你仍然是美国总统的首席经济顾问，但是你现在接到的任务是设计一个方案，不依靠增加政府支出水平就能使失业降到可以接受的水平。在你的方案中，你决定在保持现有支出水平不变的前提下，削减税收，而不再是增加政府的支出（G）。税收的削减可以增加可支配收入，这类似于引导人们增加消费的支出。（记住我们的一般规律是增加收入引起消费增加。）减少税收能否和增加 G 对总产出（收入）产生相同的影响呢？

税收的减少当然会增加总产出，与减税之前相比，政府的支出并没有减少，而家庭将会发现他们的税后（可支配）收入比之前增加了，这将引起消费的增加。计划总支出将会增加，这会使存货低于计划水平，于是导致需要雇佣更多的工人来增加产出。有更多的工人就业，创造出更多的收入，又引起第二轮的消费增加，以此类推。因此，收入的增加将会是税收减少的倍数，只是有所"折扣"。税收变化的乘数与政府支出变化的乘数不同。为什么**税收乘数**（tax multiplier），即产出的均衡水平变化与税收变化之比，与支出乘数不同呢？为了回答这个问题，我们需要对比经济体中削减税收与增加总支出的不同作用方式。

观察图 9.1，当政府增加支出的时候，会对经济的总支出产生立刻而且直接的影响。因为 G 是计划总支出的一部分，G 的增加将使计划总支出增加完全相同的数量。当税收被削减的时候，对支出并没有直接的影响。税收能够起作用只是因为它对家庭的可支配收入有所影响，而这又会影响家庭的消费（总支出的一部分）。如图 9.1 所示，减税在对总支出产生影响之前，会先作用于家庭部门。

我们假设政府决定减少 1 美元的税收，那么支出会增加多少呢？我们已经知道答案了。边际消费倾向（MPC）就能告诉我们当可支配收入变化的时候，消费支出有什么变化。在贯穿本章的例子中，可支配收入的边际消费倾向都是 0.75，这说明如果家庭的税后收入增加 1 美元，家庭消费不会增加完整的 1 美元，而是只有 0.75 美元。[2]

总而言之，当政府支出增加 1 美元的时候，计划总支出最初的增加与 G 增加的数量完全相同，也是 1 美元。然而当政府减税的时候，计划总支出最初的增加只是税收变化的 MPC 倍。由于减税引起计划总支出的最初增加小于政府支出增加的效果，它对于最终均衡收入水平的影响也要小一些。

我们使用计算投资增加和政府购买增加的乘数相同的方法来计算税收乘数的大小，产出（收入）（Y）均衡水平的最终变化为

税收乘数： 产出的均衡水平变化与税收变化之比。

---

[2] 另外的 0.25 美元哪里去了呢？请记住，按照定义，家庭消费以外的收入都是储蓄，因此另外的 0.25 美元都分给了储蓄。

$$\Delta Y = \text{总支出的最初增加} \times \left(\frac{1}{MPS}\right)$$

因为由税收变化 ΔT 引起的总支出的最初增长为 $(-\Delta T \times MPC)$，我们可以将其代入上式来求解税收乘数：

$$\Delta Y = (-\Delta T \times MPC) \times \left(\frac{1}{MPS}\right) = -\Delta T \times \left(\frac{MPC}{MPS}\right)$$

因为减税将造成消费支出和产出的增加，而增税将引起消费支出和产出的减少，因此税收乘数是一个负乘数：

$$\text{税收乘数} \equiv -\left(\frac{MPC}{MPS}\right)$$

在本章的附录 A 中，我们将用代数方法求出税收乘数。

如果 MPC 为 0.75，就是我们例子中的情况，那么乘数为 $-0.75/0.25=-3$。将税收削减 100 会使产出的均衡水平提高 $-100 \times -3=300$，这与政府支出乘数 4 的效果是不同的。在同样的条件下，G 增加 50 将使产出的均衡水平增加 200（50×4），如果我们想要增加产出 200，那么我们需要减税 200/3 或者 66.67。

9.2.3 平衡预算乘数

现在我们已经讨论了（1）保持税收不变，政府支出改变的情况；（2）保持政府支出不变，税收改变的情况。如果政府支出和税收增加相同的数量，结果会怎样呢？也就是说，如果政府用增加相同数量的税收来支付其额外支出的话，会产生什么结果呢？因为支出的增加正好被税收收入的增加所抵消，所以政府的预算赤字不会发生变化。

在这种情况下，你也许会认为政府支出和税收的等量增加不会对均衡收入造成影响，毕竟政府的额外支出与额外的税收收入相等。但是事实并非如此。比如，令政府支出增加 400 亿美元。我们从前文的分析中已知，当税收（T）不变时，G 增加 40 将使收入的均衡水平增加 40 × 政府支出乘数。这个乘数为 $1/MPS$ 或者为 $1/0.25=4$。收入的均衡水平将增加 160（40×4）。

现在假设税收收入不再保持不变，我们用等量的税收增加为政府支出增加的 40 进行融资，以保持平衡预算。G 和 T 同时增加会给总支出带来什么样的变化呢？有两种初始效应。首先，政府支出会增加 40，这个效应是直接、快速、积极的。现在，政府也将税收增加 40。税收增加对经济的总支出具有负面的影响，但它并不能完全抵消政府支出的增加。

税收增加对总支出的最终作用取决于家庭对此的反应。到目前为止，我们对家庭行为的唯一了解就是家庭将其收入增量的 75% 用于消费，25% 用于储蓄。我们知道，随着可支配收入的下降，消费和储蓄都将减少。税收增加 40 将使可支配收入减少 40，这意味着消费将减少 $40 \times MPC$。因为 $MPC=0.75$，消费将减少 30（40×0.75）。最初的净效果是政府支出增加 40，消费减少 30。G 和 T 同时发生平衡预算增加之后，总支出立刻增加了 10。

因此，G 和 T 的平衡预算增加将使产出增加，但是增加多少呢？这种**平衡预算乘数**（balanced-budget multiplier）有多大？答案可能会令你吃惊：

平衡预算乘数： 产出的均衡水平变化与政府支出变化的比率，其中政府支出的变化与税收变化平衡，以避免产生赤字。平衡预算乘数等于 1：G 的变化和 T 的相同变化会导致 Y 的变化，G 或 T 的初始变化大小完全相同。

> ### 平衡预算乘数 ≡ 1

让我们结合已知的税收乘数和政府支出乘数来解释这一点。要找出政府支出和净税收同时增加的最终效果，我们需要将两者的乘数效应相加，政府支出乘数为 $1/MPS$，税收乘数为 $-MPC/MPS$。两者之和为（$1/MPS$）+（$-MPC/MPS$）≡（$1-MPC$）/MPS。因为 $MPC+MPS≡1$，$1-MPC≡MPS$。这意味着，（$1-MPC$）/$MPS≡MPS/MPS≡1$。（本章附录 A 中，我们还将推导出平衡预算乘数。）

回到我们的例子中，我们再一次使用政府支出乘数，G 增加 40 将使均衡产出上升 160（40 × 政府支出乘数 4）。使用税收乘数，我们知道税收提高 40 将使产出的均衡水平降低 120（40 × 税收乘数 -3）。净效果是 160-120=40。那么很明显，对 Y 均衡水平的效应就等于 G 和 T 的平衡预算增长。换句话说，由 G 和 T 的变化造成的 Y 均衡水平的净增长，与 G 或者 T 最初的变化恰好相同。

如果总统想要不扩大赤字就使 Y 提高 200，将 G 和 T 同时增加 200 就可以达到目的。要明白其中的原因，详见表 9.3。在表 9.1 中，我们看到产出的均衡水平为 900，当 G 和 T 同时增加 200 时，新的均衡为 1 100——提高了 200。不存在其他水平的 Y 满足（$C+I+G$）=Y。政府支出的增加对计划总支出有直接的初始影响；而税收的增加不同。税收增加的初始效应是家庭把消费减少，减少量为税收改变量的 MPC 倍。因为 MPC 小于 1，所以这种消费的变化要小于税收的变化。因此，政府支出增加的正面刺激要大于税收提高带来的负面作用。最终的净结果是平衡预算乘数等于 1。

表 9.4 对我们关于财政政策乘数的讨论进行了总结。

注意　尽管我们已经加入了政府的因素，但是我们对乘数的讨论仍然是不全面的，而且过程也是简化的。例如，我们一直将净税收（T）看成是一次性的，并且是数量固定的。但在现实中，税收是依赖于收入的。本章附录 B 显示，当我们更加现实地假设税收取决于收入时，乘数会变小。在以后的章节分析中，我们将不断增加一些接近现实的情况，以及我们分析的难度。

表 9.3 在 G 和 I 各增加 200 的平衡预算后寻找均衡 *

(1) 产出 （收入） Y	(2) 净税收 T	(3) 可支配 收入 $Y_d \equiv$ $Y-T$	(4) 消费 支出 C=100+ $0.75Y_d$)	(5) 计划 投资 支出 I	(6) 政府 购买 G	(7) 计划 总支出 C+I+G	(8) 计划外 存货 变动 Y- (C+I+G)	(9) 对非 均衡的 调整
500	300	200	250	100	300	650	−150	产出↑
700	300	400	400	100	300	800	−100	产出↑
900	300	600	550	100	300	950	−50	产出↑
1 100	300	800	700	100	300	1 100	0	均衡
1 300	300	1 000	850	100	300	1 250	+50	产出↓
1 500	300	1 200	1 000	100	300	1 400	+100	产出↓

*G 和 T 都从表 9.1 中的 100 上升到这里的 300。

表 9.4 财政政策乘数概括

	政策刺激	乘数	对均衡 Y 的 最终影响
政府支出 乘数	政府购买水平的增加或 减少：ΔG	$\frac{1}{MPS}$	$\Delta G \times \frac{1}{MPS}$
税收乘数	净税收水平的增加或减 少：ΔT	$\frac{-MPC}{MPS}$	$\Delta T \times \frac{-MPC}{MPS}$
平衡预算 乘数	政府购买和净税收水平 的同步平衡预算增加或 减少：$\Delta G = \Delta T$	1	ΔG

9.3 美国联邦预算

美国联邦预算（federal budget）详细列出了美国政府计划下一年度花费的所有费用以及政府收入的所有来源。因此，它详细描述了政府的财政政策。当然，预算不是一份简单的经济文件，而是社会、政治和经济力量相互之间复杂作用的产物。

9.3.1 2014 年的美国预算

表 9.5 显示了一份高度浓缩的美国联邦预算。在 2014 年，美国政府的总收入为 33 008 亿美元，大部分来自个人所得税（13 742 亿美元）和社会保险收益（11 494 亿美元）。（社会保险收益是雇主和雇员的社

9.3 学习目标 173
比较和对比美国三个政府部门的联邦预算。

美国联邦预算：美国联邦政府的预算。

会保障税。）公司所得税（即公司利润税）占了 4 973 亿美元，或者说只有总收入的 15.1%。并不是每一个人都知道这样一个事实，那就是同个人所得税和社会保障税相比，公司所得税在政府收入中所占的比例非常小。

2014 年，美国联邦政府还花费了 38 831 亿美元的支出，其中 18 634 亿美元是转移支付（社会保障金、退伍军人补贴和失业补贴）。[③]消费（9 652 亿美元）是第二大项目，随后是联邦政府给州和地方政府的补助金（5 009 亿美元）以及联邦债务利息（4 413 亿美元）。

美国联邦盈余 (+) 或赤字 (−)：美国联邦政府的收入和支出之间的差额。

美国联邦政府的收入和支出之间的差额就是**美国联邦盈余**（surplus）（+）或**赤字**（deficit）（−），即美国联邦政府储蓄。表 9.5 显示，2014 年中美国联邦政府的支出大于收入，产生了 5 823 亿美元的赤字。

表 9.5　2014 年美国联邦政府的收入和支出

	金额（十亿美元）	占总体百分比 (%)
当前收入		
个人所得税	1 374.2	41.6
消费税和关税	134.1	4.1
公司所得税	497.3	15.1
来自其他地区的税收	18.9	0.6
社会保险收益	1 149.4	34.8
利息收入和版税	78.1	2.4
当前来自企业和个人的转移收入	68.5	2.1
当前政府企业的盈余	−19.7	−0.6
总计	3 300.8	100.0
当前支出		
消费支出	965.2	9.9
对个人的转移支付	1 863.4	48.0
对世界基地地区的转移支付	55.3	1.4
对州和地方政府的补助金	500.9	12.9
利息支付	441.3	11.4
补贴	56.9	1.5
总计	3 883.1	100.0
联邦政府净储蓄——盈余（+）或赤字（−）（当前总收入 − 当前总支出）	−582.3	

资料来源：美国商务部经济分析局，2015 年第一季度政府收支，2015 年 3 月 27 日。

---

③　请记住，转移支付与政府对商品和服务的购买之间存在很大差别，政府预算中的很大一部分是用于经济学家所说的转移支付项目（授予或赠送的支出），而不是商品和服务的购买。变量 G 中只包括了后者，转移支付被计算为净税收中的一部分。

9.3.2 1993 年以来的财政政策：克林顿、布什和奥巴马 政府

自 1993 年到 2016 年，美国经历了三名不同的总统，两名民主党人，一名共和党人。历届总统实施的财政政策既反映了每名总统的政治哲学，也反映了每名总统所面临的不同经济状况。图 9.4、9.5 和 9.6 追踪了克林顿政府（1993—2000）、布什政府（2001—2008）和第一届奥巴马政府以及第二届奥巴马政府一半（2009—2014）的情况。

图 9.4 说明了联邦个人所得税总额占应纳税收入总额的百分比，这是一张平均个人所得税税率的图形。正如图上所展示的，克林顿政府时期平均税率大幅上升，这一上升很大程度上是 1993 年第一届克林顿政府通过的一项税收法案的结果。图片接下来显示在第一届布什政府时期减税的巨大效果。2001 年第三季度平均税率的大幅下降是由于 "9·11" 恐怖袭击事件后的退税政策。虽然平均税率在 2001 年第四季度有所回升，但是随着布什政府减税政策的见效，平均税率随后呈现大幅下降趋势。在第一届奥巴马政府的初始阶段，平均税率持续走低，一部分原因是 2009 年 2 月通过的巨额（7 870 亿美元）刺激法案，该法案主要是针对 2009 年至 2010 年间的经济衰退而采取的措施，包括减税和增加政府支出两个部分。2011 年至 2012 年的平均税率略高于 2009 年至 2010 年的水平，这是由于经济刺激法案逐步失效。2010 年之后平均税率持续上升，反映了这段时期通过的各种增税措施的效果。因此，从图 9.4 可以看出，联邦政府的总体税收政策是清晰的，平均税率在克林顿总统执政期间大幅上升，在布什总统执政期间大幅下降，在奥巴马总统执政初期保持走低，随后上升。

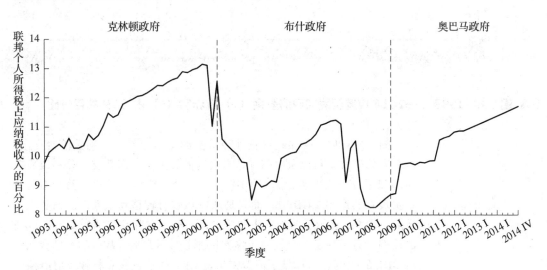

▲ 图 9.4　1993 I—2014 IV 美国联邦个人所得税占应纳税收入的百分比

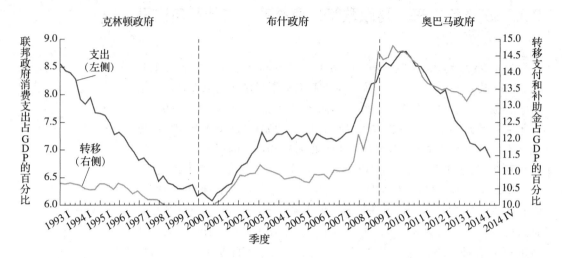

▲ 图 9.5　1993 Ⅰ—2014 Ⅳ美国联邦政府消费支出占 GDP 的百分比以及转移支付和补助金占 GDP 的百分比

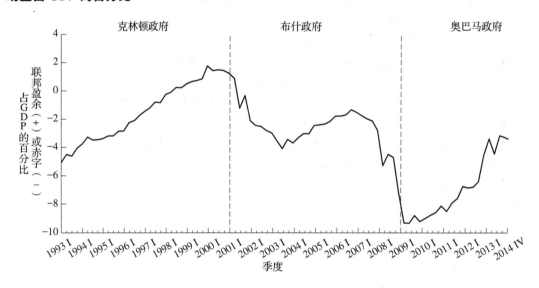

▲ 图 9.6　1993 Ⅰ—2014 Ⅳ美国联邦政府盈余（+）或赤字（–）占 GDP 的百分比

　　图 9.5 说明了联邦政府三种最重要的支出变量，分别是消费支出、对个人的转移支付以及对州和地方政府的补助金。消费支出是指政府在商品和服务方面的支出，是 GDP 的一部分。转移支付和补助金不是指花费现在的产出（GDP），而只是从联邦政府转移到个人以及州和地方政府。图 9.5 显示了两种支出的比例，一种是联邦政府消费支出占 GDP 的比例，另一种是对个人的转移支付加上对州和地方政府的补助金之和占 GDP 的比例。图片显示消费支出占 GDP 的比例在克林顿政府时期整体是下降的，而在布什政府时期整体是上升的，在第一届奥巴马政府时期保持高值。布什政府时期的增长主要反映了对伊拉克战争的支出，

实践中的经济学

美国联邦政府负债的长期预测

国会预算办公室（CBO）是美国国会的行政办公室，其任务是在国会制定预算决策时向国会提供独立的、无党派的分析。它的员工主要由经济学家组成。

CBO 所做的分析包括赤字状况和国债状况的分析。[1] 2014 年，CBO 估计联邦负债占 GDP 的 74%，是自第二次世界大战以来最高的一年。（CBO 估算的负债与图 9.7 中的略有不同，图中在 2014 年负债占 GDP 的比例为 64%。）在这份报告中 CBO 预测，在现行法律不变的情况下，随着经济继续复苏，负债占 GDP 的百分比将在未来的几年内下降。然而，长期来看，CBO 预测负债将大幅上升，到 2039 年达到占 GDP 的 100% 以上，这主要是由于美国人口老龄化相关的成本增加。当然，包括 CBO 在内的每个人都不希望在未来的 20 年内，法律和政策对这一问题不做任何回应。分析明确建议，未来需要对税收或者支出做出较大改变。

思考

1. 为什么人口老龄化会增加负债？

[1] CBO,《长期预算展望》，2014 年 7 月 15 日。

奥巴马政府时期的最初增长反映了刺激法案的效果以及对阿富汗战争支出的增加。

图 9.5 同时显示，转移支付占 GDP 的百分比在布什政府时期整体是上升的，特别是在最后的阶段，在奥巴马政府时期保持高值。这一比例在克林顿政府时期保持平稳或略有下降，1996 年和 2000 年之间的一部分下降是由于克林顿总统推行的福利改革法案，2001 年以后的一部分上升是由于增加了医疗转移支付的结果。奥巴马政府初期的再次高值反映了刺激法案和各种扩张的结果。

图 9.6 画出了联邦政府盈余（+）或赤字（-）占 GDP 的百分比。图片显示在克林顿政府时期联邦预算从巨额赤字转移到了可观的盈余，当然这也是不需要惊讶的，因为在这期间平均税率整体下降，支出占 GDP 的百分比整体上升。在奥巴马政府初期，赤字大幅上升——2009 年第二季度占到了 GDP 的 9.3%。再次重申，这不足为奇。平均税收持续走低，支出大幅上升。在第二届奥巴马政府时期赤字占 GDP 的比例得到了提升，反映了图 9.4 中税收的增加和图 9.5 中支出的减少。总而言之，图 9.4、9.5 和 9.6 清晰地显示了三届政府在财政政策方面的巨大不同。克林顿政府时期税率整体上升、支出占 GDP 的百分比整体下降，而在布什政府和第一届奥巴马政府时期整体呈现相反的经济状况。

正如你所看到的这些不同，你应该记住政府对于支出水平以及税收效果的决策，不仅仅是宏观经济层面的考虑，同时也是微观经济问题和政策哲学问题。克林顿总统采取的福利改革计划导致政府转移支付的减少，但是该计划的部分动机出于对改善市场刺激机制的兴趣。布什总统早期减税措施主要是基于政策哲学而较少基于宏观经济考虑，而增加支出主要来自国际关系方面的考虑。另一方面，奥巴马总统的财政政策的动机出自宏观经济考虑，刺激法案旨在减轻 2008 年开始的经济衰退所带来的影响。不管税收和支出政策是否出于宏观经济层面的考虑，它们都会产生宏观经济后果。

9.3.3 美国联邦政府负债

当政府出现赤字的时候，就必须依靠借款来融资。为了借款，联邦政府向公众出售政府债券。政府要发行一些票据，承诺在今后偿还一定的金额和利率。它得到的回报就是，从票据购买者那里得到的资金可以用来付账。这些借款增加了**美国联邦负债**（federal debt），也就是美国联邦政府欠下的全部金额。联邦负债就是一直以来积累的所有赤字减去盈余。相反，如果政府有盈余，那么联邦负债就会减少。

政府发行的一些债券最终被联邦政府自己持有，或在美联储中，或者在政府信托基金之中，其中最多的一部分是在社会保障中。**私人持有美国联邦负债**（privately held federal debt）一词只用来表示由私人持有的美国政府债券。

1993 年第一季度至 2014 年第四季度期间，私人持有联邦政府负债占 GDP 的百分比呈现在图 9.7 中。当预算盈余时，这一比例在第二届克林顿政府时期是下降的；当预算赤字时，这一比例在布什政府时期几乎都是上升的。在第一届奥巴马政府时期比例上升是具有戏剧性的，在第二届奥巴马政府时期私人持有联邦政府负债占 GDP 的比例保持平稳。

美国联邦负债：美国联邦政府欠下的全部金额。

177

私人持有美国联邦负债：私人持有的（不是政府持有的）美国政府债券。

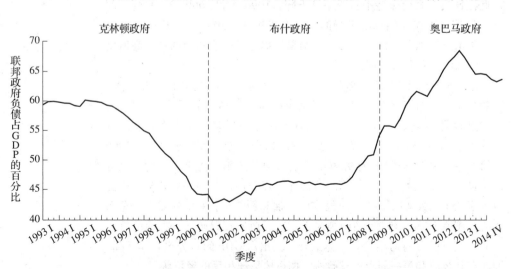

▲ 图 9.7　1993 I —2014 IV 美国联邦政府负债占 GDP 的百分比

9.4 经济对政府预算的影响

我们刚刚看到了国家的财政政策有时受到州经济状况的影响，比如奥巴马政府为了应对 2008 年至 2009 年的经济衰退而采取了增加政府支出以及降低税收的政策。然而，即使没有明确的财政政策变化，经济也会影响联邦政府预算，产生政府无法直接控制的影响，可以将它们归结为"自动稳定器和去稳定器"。

9.4.1 自动稳定器和去稳定器

政府的大部分税收收入是由政府制定的税率乘以反映经济基本活动的基数计算产生的。比如，公司利润税来自对企业利润收入一定比例的征税（比如是 35%），所得税来自个人收入相对于税收表中对应比例的征税。因此当政府不改变税率的时候，税收收入取决于经济状况的好坏。当经济衰退时，即使税率保持不变，税收收入也会下降；同理，当经济回升时，税收收入会上升。结果就是，在其他条件相同的情况下，扩张时赤字下降，衰退时赤字上升。

政府预算支出方面的一些项目也会随着经济的变化而自动变化，如果经济下滑，失业上升，会导致失业补助金的增加。福利支出、食品券分配以及一些类似的转移支付也会随着经济衰退而增加，随着经济扩张而下降。

这些在政府收支中自动的改变被称为**自动稳定器**（automatic stabilizers），它会帮助稳定经济。在衰退时期，税收下降、支出上升，对经济产生积极的影响；在扩张时期，情况正好相反。政府不需要对这种经济状况进行任何法律上的更改。

政府支出不是完全可控的另外一个原因，是通货膨胀往往在经济扩张时加剧。在第 7 章我们知道，一些政府转移支付与通货膨胀率（消费价格指数 CPI 的变化）有关，所以这些转移支付随着通货膨胀的上升而增加。一些医疗保障支付转移也会随着医疗保障价格的增加而增加，这些价格有可能受到整体通货膨胀率的影响。某种程度上来说，通货膨胀在经济扩张时比在经济衰退时更有可能上升，通货膨胀可以被看成是一种**自动去稳定器**（automatic destabilizers）。当通货膨胀上升时政府支出增加，从而进一步推动了扩张，即不稳定性。如果衰退时期通货膨胀下降，政府支出会自动下降，从而导致衰退的加剧。

我们将在之后的章节学习到，随着经济扩张利率上升，随着经济衰退利率下降的情况。当利率上升，政府支付给家庭和厂商的利息支出上升（因为家庭和厂商持有少数政府债券），这对于家庭和厂商来说是利息收入。在其他条件不变的情况下，经济扩张时期利息支付方面的政府支出增加，经济衰退时期情况相反，它是不稳定的。然而，在之后的章节我们将看到，利率也会对经济产生负面的影响，这些负面影响一般比

自动稳定器： 全国预算中的收入和支出随着经济状况自动发生变化，以稳定 GDP。

自动去稳定器： 全国预算中的收入和支出随着经济状况自动发生变化，以破坏 GDP的稳定。

178

政府利息支出增加时所带来的正面影响要大。因此，利率增加对经济的净效果一般来说是负值。但是对于这个话题的讨论还有点太早。

　　从 1982 年开始，个人所得税等级开始与价格水平挂钩了。在这之前，没有这种制度，导致了**财政阻碍**（fiscal drag）。如果税收等级不与价格水平挂钩，那么随着价格水平上升，人们的名义收入上升，人们进入了更高的等级，因此他们需要支付的平均税率上升。这是一种对经济的"阻碍"，因此被称为财政阻碍。1982 年，美国制定了一种替代性最低税（AMT），针对高收入的个人，使其享受拥有一些特殊的税收减免。针对这些个人采用替代性方法计算他们的所得税，这种计算基本上取消了一些扣除额，并且征收（较低的）固定税。与标准税收表相比，以 AMT 方式计算收入水平的方式保持了 30 年，直到 2013 年与通货膨胀挂钩。在这期间，AMT 税收产生了财政阻碍。请记住很有趣的是，财政阻碍实际上是一种自动稳定器，因为随着经济扩张，与高税收挂钩的人群数量在增加，反之下降。1982 年的立法通过将税收级别与整体价格水平相挂钩的方式，消除了通货膨胀对除了 AMT 以外的税收造成的财政阻碍。如果收入只是因为通货膨胀而增长，平均税率就没有变化，因为每年税收级别都会改变。自动稳定器的通胀部分被消除了。

9.4.2 充分就业预算

　　我们看到了经济状况对预算赤字有很大的影响。当经济形势走低，自动稳定器会增加赤字，政府可能也会采取进一步行动，以摆脱经济困境。在这种条件下，赤字可能是一个好主意。然而，当经济蓬勃发展，赤字可能会有更多问题。特别是，如果政府在顺境和逆境中都出现赤字，那么总的债务一定会上升，从长远来看这是不可持续的。经济学家们不仅仅是简单的观察盈余或者赤字的大小，他们开发了另外一种方式校正赤字。通过研究充分就业产出水平状态下的预算情况——所谓的**充分就业预算**（full-employment budget）——我们可以建立一种评价财政政策的标准。

　　实际预算与充分就业预算之间的差别是很重要的。假设经济处于低谷，有 2 500 亿美元的赤字。同时假设充分就业状态下的赤字将下降到 750 亿美元。即使在充分就业状态下也会存在的 750 亿美元赤字是由税收和支出计划的结构造成的，与经济状况无关。这种赤字——在充分就业状态下仍然存在的赤字——有的时候叫作**结构性赤字**（structural deficit）。由经济处于低谷的事实造成的 1 750 亿美元（2 500 亿美元 –750 亿美元）这部分赤字叫作**周期性赤字**（cyclical deficit）。周期性赤字的存在取决于经济处于经济周期的哪个阶段，达到充分就业的时候它就消失了。由定义可知，充分就业预算的周期性赤字为零。

　　图 9.5 显示了 2014 年美国联邦政府赤字为 5 823 亿美元。其中有多少是周期性赤字？多少是结构性赤字？2014 年的美国经济仍未达到充

财政阻碍： 在经济扩张期，因为纳税人进入了较高的收入阶层，当平均税率上升时对经济产生的负面影响。

充分就业预算： 当经济在充分就业产出水平状态下进行生产时，联邦预算的情况。

结构性赤字： 充分就业状态下仍然存在的赤字。

周期性赤字： 因为经济周期中发生的经济衰退而引起的赤字。

分就业水平，因此部分赤字是周期性的。

9.5 前瞻

现在我们已经看到了家庭、厂商和政府是如何在商品市场中相互作用的，均衡产出（收入）是如何决定的，以及政府如何利用财政政策影响经济。在下一章中，我们将分析货币市场和货币政策——政府影响经济的另一种主要工具。

总结

1. 政府可以通过两种特定的政策渠道来影响宏观经济。财政政策是指政府的税收和支出行为。相机抉择的财政政策是指由政府政策的变化可以引起的税收和支出变动。货币政策是一国中央银行和利率有关的行为。

9.1 政府在经济中的角色 页 202

2. 政府并不能完全控制税收收入和某些支出，它们在一定程度上是由经济状况决定的。

3. 作为经济中的参与者，政府要进行商品与服务的购买（G）、征收税收并向家庭进行转移支付。净税收（T）等于厂商和家庭给政府的税收支出减去政府给家庭的转移支付。

4. 可支配收入，或税后收入（Y_d）等于家庭缴税后得到的收入：$Y_d \equiv Y-T$。税后收入决定了家庭的消费行为。

5. 预算赤字等于政府的支出与税收收入之差：$G-T$。当 G 超过 T 的时候，政府必须向公众借款为赤字融资。

6. 在存在政府参与的经济中，计划总支出等于家庭的消费支出（C）加上厂商的计划投资（I），再加上政府对商品和服务的购买（G）：$AE \equiv C+I+G$。因为经济均衡要满足条件 $Y=AE$，因此

$Y=C+I+G$ 就是宏观经济均衡条件。当系统的漏出等于注入的时候也存在均衡。在储蓄和净税收（漏出）等于计划投资和政府购买（注入）的时候就会出现这种情况：$S+T=I+G$。

9.2 财政政策的作用：乘数效应 页 207

7. 财政政策对经济具有乘数效应。政府支出的变化产生大小为 1/MPS 的乘数。税收的变化引起的乘数为 –MPC/MPS。政府支出和税收同时等量增加或者减少的乘数为 1。

9.3 美国联邦预算 页 213

8. 两届克林顿政府时期，联邦预算从赤字到盈余。由于税率的减少和政府支出的增加，两届布什政府时期联邦预算正好相反。在第一届奥巴马政府初期，赤字进一步上升，随后有所缓解。

9.4 经济对政府预算的影响 页 219

9. 自动稳定器是全国预算中的一些收入和支出项目，它们能够随着经济状况的变化而变化，对 GDP 起到维持稳定的作用。比如，在扩张期间，由于人们获得的应税收入增加了，政府收入会自动增加。

10. 充分就业预算是经济学家为充分就业产出水平下的经济而设想的联邦预算情景。结构性赤字是指即使充分就业状况下也会存在的联邦赤字。周期性赤字是指经济在未达到充分就业的情况下造成的总赤字的一部分。

术语和概念回顾

自动去稳定器，页 219
自动稳定器，页 219
平衡预算乘数，页 212
预算赤字，页 203
周期性赤字，页 220
相机抉择的财政政策，
　页 202
可支配收入或税后收入（Y_d），
　页 202
美国联邦预算，页 213
美国联邦负债，页 218
美国联邦盈余（+）或赤
　字（−），页 214

财政阻碍，页 220
财政政策，页 202
充分就业预算，页 220
政府支出乘数，页 208
货币政策，页 202
净税收（T），页 202
私人持有美国联邦负债，
　页 218
结构性赤字，页 220
税收乘数，页 210
方程式：
可支配收入：$Y_d \equiv Y - T$，
　页 202

$AE \equiv C + I + G$，页 203
政府预算赤字 $\equiv G - T$，
　页 203
存在政府的经济中的均衡：
　$Y \equiv C + I + G$，页 204
存在政府的经济中的均衡
　的储蓄/投资方法：$S + T = I + G$，页 206
政府支出乘数 $\equiv 1/MPS \equiv$
　$1/(1 - MPC)$，页 208
税收乘数 $\equiv -MPC/MPS$，
　页 211
平衡预算乘数 $\equiv 1$，页 212

习题

9.1 政府在经济中的角色

学习目标： 讨论财政政策对经济的影响。

1.1 定义储蓄和投资。纽特这个简单经济体的数据显示，2015 年储蓄超过投资，政府预算平衡。那么可能会发生什么？如果政府赤字，储蓄和投资相等，那么又会发生什么？

1.2 邦戈经济体的经济学专家预估如下的经济数据：

	十亿邦戈币
实际产出/收入	1 200
政府购买	300
总的净税收	300
（计划）投资支出	200

假设邦戈人民将它们可支配收入的 80% 用于消费，20% 用于储蓄。

a. 邦戈论坛的商业编辑来请你预测未来几个月的事件。请结合已知数据，进行预测。（假设投资是固定的。）

b. 如果不做任何改变，邦戈的经济将稳定在 GDP（Y）的什么水平上？

c. 一些邦戈当地的保守派将邦戈的问题归结于政府部门的规模上，他们建议削减 250 亿邦戈币的政府购买支出，那么这种削减会对经济带来什么反应？（请详细阐述。）

1.3 假设 2015 年如下情况发生在努德共和国：

Y=200 美元　　　　　（计划）I=30 美元
C=160 美元　　　　　G=0 美元
S=40 美元　　　　　　T=0 美元

假设家庭消费收入的 80%，储蓄收入的 20%，MPC=0.8，MPS=0.2。也就是说，$C=0.8Y_d$，$S=0.2Y_d$。

a. 努德的经济处于均衡状态吗？努德收入的均衡水平是多少？如果未来的几个月，

政府不采取任何措施会发生什么？

b. 如果 200 美元是 Y 的"充分就业"水平，而他们的目标是达到充分就业的话，政府需要采取什么样的财政政策？

c. 如果 Y 的充分就业水平是 250 美元，政府需要采取什么样的财政政策？

d. 假设 $Y=200$ 美元，$C=160$ 美元，$S=40$ 美元，$I=40$ 美元，那么努德的经济体处于均衡状态吗？

e. 考虑 d 的条件下，假设政府在没有税收的情况下开始每年支出 30 美元，并且持续每年都支出 30 美元。如果 I 保持不变，那么努德的国内生产（Y）的均衡水平将会发生什么变化？C 和 S 新的水平是什么？

f. 考虑 d 的条件下，假设政府在没有任何支出的情况下开始每年按人口征收 30 美元的税收，并且持续每年都保持这个征税标准。如果 I 保持不变，那么努德的国

内生产（Y）的均衡水平将会发生什么变化？C 和 S 新的水平是什么？e 和 f 的答案有何不同？为什么？

1.4 一些经济学家声称是第二次世界大战结束了 20 世纪 30 年代的大萧条。军需是靠向公众大量借款来融资的，请解释为什么战争可以结束衰退。研究美国《总统经济报告》（*Economic Report of the President*）及《美国统计摘要》（*Statistical Abstract of the United States*）最近以及以前的几期讨论的问题。联邦政府的负债在 1946 年的 GDP 中占有多少比重？现在又是多少？

1.5 评估以下状态：对于一种均衡的经济体来说，计划投资支出加上政府购买一定等于储蓄加上净税收。

1.6 请看下面表格中的数据，消费函数为 $C=800+0.6(Y-T)$，请填写下面表格的空白处，并找出均衡产出。

产出	净税收	可支配收入	消费支出	储蓄	计划投资支出	政府购买	计划总支出	计划外存货变动
2 100	100				300	400		
2 600	100				300	400		
3 100	100				300	400		
3 600	100				300	400		
4 100	100				300	400		
4 600	100				300	400		
5 100	100				300	400		

1.7 对于下列每一组数据，如果要达到经济的均衡状态，那么产出需要上升，下降，还是保持不变？

a. $Y=1\,000$，$C=100+0.75(Y-T)$，$I=200$，$G=150$，$T=100$

b. $Y=5\,000$，$C=200+0.9(Y-T)$，$I=500$，$G=400$，$T=300$

c. $Y=2\,000$，$C=150+0.5(Y-T)$，$I=150$，$G=150$，$T=50$

d. $Y=1\,600$，$C=300+0.6(Y-T)$，$I=250$，$G=150$，$T=100$

9.2 财政政策的作用：乘数效应

学习目标： 描述三种财政政策乘数的效应。

2.1 请使用上述习题 1.6 中的计算结果，计算 MPC、MPS、政府支出乘数和税收乘数。画图表示消费支出、计划总支出和总产出，并在图上找出均衡点。

2.2 假设安索尼亚政府有大量的预算赤字，政府支出为固定的 $G=250$，税收也是固定的 $T=150$。假设安索尼亚的消费者按照下述消费函数进行消费行为：

181

$$C=300+0.8（Y-T）$$

再假设投资支出固定在 200。计算安索尼亚的 GDP 的均衡水平，求出均衡时的 Y、C 和 S。下面假设安索尼亚的共和党国会成功地将税收削减了 30，达到新的固定水平 120。用税收乘数重新核算 GDP 的均衡水平。利用乘数求出减税后 Y、C 和 S 的均衡水平。支持这种税收削减的论据有哪些？反对的论据又是什么？

2.3 政府支出增加 1 单位货币带来的均衡收入提高比 1 单位货币的税收削减作用大，但是两者对于预算赤字的作用相同。因此如果我们担心预算赤字的话，刺激经济最好的方法就是扩大支出但是不削减税收。请评论这种说法。

2.4 请回答下列问题：

a. MPS=0.1，政府支出乘数是多少？

b. MPC=0.6，政府支出乘数是多少？

c. MPS=0.25，政府支出乘数是多少？

d. MPC=0.5，税收乘数是多少？

e. MPS=0.2，税收乘数是多少？

f. 如果政府支出乘数为 8，那么税收乘数是多少？

g. 如果税收乘数为 -5，那么政府支出乘数是多少？

h. 如果政府购买与税收都同时增加 500 美元，将对均衡产出（收入）产生什么影响？

2.5 什么是平衡预算乘数？请解释为什么平衡预算乘数等于 1。

9.3 美国联邦预算

学习目标： 比较和对比美国三个政府部门的联邦预算。

3.1 你被任命为新近独立的一个叫作鲁加利亚的国家的财政部部长，鲁加利亚的货币是"lav"。这个新国家今年开始财政运作，其预算状况是：政府将花费 1 000 万 lav，税收收入达到 900 万 lav。100 万 lav 的差额将通过出售利率为 5% 的 10 年期政府债券来向公众筹得。每年的未偿还债券的利息被计入支出中，且我们假设将会征缴额外的税收来支付这些利息。假设除了 10 年期负债的利息以外，该国的预算保持不变，那么累积负债将会是多少？10 年后预算的大小将会是多少？

3.2 [与页 217 "实践中的经济学"相关] 简单经济系统下托潘加国联邦政府的支出和收入入如下表所示。托潘加政府想要削减负债占 GDP 的比例，因此财政部部长提议："削减负债占 GDP 比例最好的方法就是增加GDP，因为随着 GDP 的增加，比例就会变小。因此我提议增加政府支出 25%，减低个人所得税 25%，降低公司所得税 25%，降低社会保险缴费 25%。通过增加支出和减税的准确数额来增加消费支出、厂商支出以及政府支出，最终带来 GDP 增加 10%。"假设 GDP 确实增加了 10%，并且表格中的变化也正如财政部部长所说，那么请回答下列问题：

a. 现在的负债占 GDP 的比例是多少？

b. 现在的预算赤字或者预算盈余的数额是多少？

c. 根据财政部部长的提案，新的预算赤字或者预算盈余是多少？新的负债占 GDP 的比例是多少？

d. 根据（c）的解答，财政部部长的提案会减少负债占 GDP 的比例吗？请解释。

负债	2 000 万美元
GDP	4 000 万美元
政府支出	500 万美元
政府转移支付	500 万美元
利息支出	100 万美元
个人所得税收入	600 万美元
公司所得税收入	100 万美元
社会保险收益	400 万美元

182

9.4 经济对政府预算的影响

学习目标： 解释经济对联邦政府预算的影响。

4.1 假设所有的税收都是固定的（而不是和收入
有关），并且所有的支出和转移项目也都是
固定的（某种意义上说它们和经济运行状况
无关，比如现在的失业救济金）。这种情况
下，政府预算中会存在自动稳定器吗？充分
就业赤字和实际的预算赤字之间的区别是什
么？请解释。

第9章附录A：推导财政政策乘数

政府支出与税收乘数

在本章中，我们注意到政府支出乘数为 $1/MPS$。（它与投资乘数相同。）我们还可以利用假设的消费函数，用代数方法求出乘数：

$$C=a+b（Y-T）$$

其中 b 为边际消费倾向，你已经知道，均衡条件为：

$$Y=C+I+G$$

代入 C 得到：

$$Y=a+b（Y-T）+I+G$$

$$Y=a+bY-bT+I+G$$

方程式可被重新排列后得到

$$Y-bY=a+I+G-bT$$

$$Y（1-b）=a+I+G-bT$$

183

现在除以（$1-b$）求解 Y：

$$Y=\frac{1}{1-b}（a+I+G-bT）$$

从最后这一方程中我们可以看到，如果 G 增加 1，而 Y 的其他决定因素（a、I 及 T）都保持不变，那么 Y 将增加 $1/（1-b）$，其中 b 为边际消费倾向。当然，$1-b$ 等于边际储蓄倾向，因此政府支出乘数为 $1/MPS$。

我们还可以求出税收乘数。最后一个方程表明当 T 增加 1 单位货币的时候，a、I 和 G 均保持不变，那么收入将减少 $b/（1-b）$ 单位货币。税收乘数为 $-b/（1-b）$，或 $-MPC/（1-MPC）=-MPC/MPS$。（记住我们给税收乘数加上负号是因为税收乘数是负乘数。）

平衡预算乘数

平衡预算乘数为 1 的正式证明是很容易的。当税收和政府支出同时增加相同数量时，对计划总支出有两种作用：一种正面的；另一种负面的。政府支出与税收的平衡预算增长对总支出的最初影响，是政府购买的增加（ΔG）减去由税收提高引起的消费下降（ΔC）。由税收增加引起的消费下降等于 $\Delta C=\Delta T（MPC）$。

$$
\begin{array}{ll}
\text{支出的初始增加：} & \Delta G \\
\hline
\text{-初始支出的减少：} & \Delta C=\Delta T(MPC) \\
\hline
\text{=初始支出的净增加} & \Delta G-\Delta T(MPC)
\end{array}
$$

在平衡预算增加时，$\Delta G=\Delta T$；因此我们可以在以上初始支出净增加的方程式中用 ΔG 代替 ΔT。

$$\Delta G-\Delta G\,(MPC)=\Delta G\,(1-MPC)$$

因为 $MPS=(1-MPC)$，支出的初始净增加是：

$$\Delta G\,(MPS)$$

我们现在可以将支出乘数 $\left(\dfrac{1}{MPS}\right)$ 应用到这一初始支出净增加中：

$$\Delta Y=\Delta G(MPS)\left(\dfrac{1}{MPS}\right)=\Delta G$$

因此，Y 的均衡水平的最终总增加恰等于 G 和 T 的初始平衡增长。这意味着平衡预算乘数等于 1，所以实际产出的最终增长与支出的初始变动相等。

第 9 章附录 B：案例分析：税收收入取决于收入的情况

　　在本章中，我们使用了简化的假设，即政府一次性收取所有税收。这就使我们对乘数效果的讨论比较易懂。现在假设政府不仅征收与收入无关的一次性税，还要部分征收按收入的一定比例征收的税。这是一个更接近于现实的假设。通常，税收征收或是基于收入（如个人所得税）或是基于经济的起伏（如消费税）。我们可以说税收不是等于某个固定金额，而是取决于收入。如果我们将净税收收入记为 T，我们可以写成：$T=T_0+tY$。

　　这一方程式包括了两个部分。首先，我们注意到如果收入（Y）为 0，净税收收入（T）将等于 T_0。其次，税率（t）表示当收入变化时净税收的变化。假设 T_0 等于 -200 且 t 是 1/3，则税收函数是 $T=-200+1/3Y$，如图 9B.1 所示。注意当收入为 0 时，政府征收的是"负净税收"，这仅意味着政府做了 200 的转移支付。当收入上升时，税收征收也增加，因为每一额外的美元收入为政府带来了 0.33 美元的额外收益。

　　我们如何才能将这一税收函数包括在我们的讨论中？我们只需要将旧 T 值（在本章的例子中，T 被设定为等于 100）用新的 T 值即 $-200+1/3Y$ 替换。首先看一下消费方程。消费（C）与以前相同，仍然依赖于可支配收入。并且，可支配收入仍然是 $Y-T$，即收入减去税收。而可支配收入不再是等于 $Y-100$，可支配收入的新等式是：

$$Y_d=Y-T$$

$$Y_d=Y-(-200+1/3Y)$$

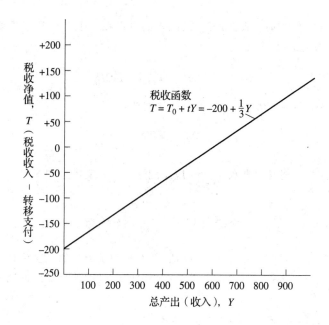

▶ **图 9B.1 税收函数**

本图显示了税收净值（税收减去转移支付）是总收入的函数。

$$Y_d = Y + 200 - 1/3Y$$

因为消费仍然依赖于税后收入，与以前完全相同，我们有

$$C = 100 + 0.75Y_d$$

$$C = 100 + 0.75(Y + 200 - 1/3Y)$$

没有其他条件需要变动。我们还像以前一样通过设定计划总支出与总产出相等，求解均衡收入。回忆一下，计划总支出为 $C+I+G$，总产出为 Y。如果我们像以前一样假定 $I=100$，$G=100$，均衡就是

$$Y = C + I + G$$

$$Y = \underbrace{100 + 0.75(Y + 200 - 1/3Y)}_{C} + \underbrace{100}_{I} + \underbrace{100}_{G}$$

这一方程看上去很难解，而实际不然。可简化为

$$Y = 100 + 0.75Y + 150 - 0.25Y + 100 + 100$$

$$Y = 450 + 0.5Y$$

$$0.5Y = 450$$

这意味着 $Y=450/0.5=900$，即新的均衡收入水平。

考虑一下图 9B.2 中的方程的图形求解方法，需要注意的是，当我们将税收作为收入的函数时（而不是一次性缴纳的数额），AE 函数变得比以前平缓。为什么呢？当税收征收不依赖于收入时，税收增加 1 美元意味着可支配收入也增加了 1 美元。因为税收是常数，收入的增加并不会引起纳税的增加。因此，随着收入的任何变化，可支配收入也会发生相应 1 美元对 1 美元的增加。

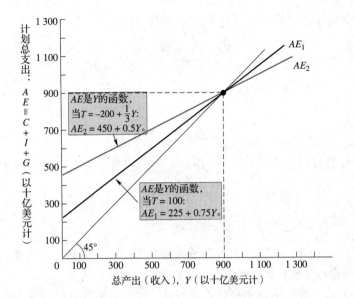

当税收是严格按照一次性征收的（T=100），且不依赖于收入，总支出函数将比税收依赖于收入时更陡。

当税收依赖于收入时，收入增加 1 美元不能使可支配收入也发生全部 1 美元的增加，因为额外的 1 美元中要有一部分流向税收。在图 9B.2 的修正后的税收函数下，额外的 1 美元收入将仅能使可支配收入增加 0.67 美元，因为额外的 1 美元中的 0.33 美元以税收的形式流向了政府。

无论税收如何计算，可支配收入（或税后收入）中的边际消费倾向是相同的——每一美元的收入额外增加将使消费支出增加 0.75 美元。但是，税前收入变化的 1 美元在不同情况下对可支配收入的效果并不相同。假设我们将收入提高 1 美元。在一次性税收函数情况下，可支配收入将增加 1 美元，消费将增加 MPC 乘以可支配收入的变化 Y_d，即 0.75 美元。当税收依赖于收入时，可支配收入将仅能从 1 美元的收入增加中增加 0.67 美元，而消费将仅能增加 MPC 乘以可支配收入的变化，即 0.75 美元 × 0.67=0.50 美元。

如果在一种情形下 1 美元的收入增加时支出提高了 0.75 美元，而在另一种情形下仅提高了 0.50 美元，第二个总支出函数必须比第一个更平稳。

政府支出与税收乘数的代数求法

所有这些意味着如果税收是收入的函数，三大乘数（投资乘数、政府支出乘数，以及税收乘数）将比它们在税收是一次性支出的情况时要少。通过使用我们在第 7 章和第 8 章使用过的同样的线性消费函数，我们可以得到乘数：

$$C = a + b(Y - T)$$
$$C = a + b(Y - T_0 - tY)$$
$$C = a + bY - bT_0 - btY$$

186

我们知道 $Y=C+I+G$。通过代入，我们可以得到

$$Y=\underbrace{a+bY-bT_0-btY}_{C}+I+G$$

求解 Y：

$$Y=\frac{1}{1-b+bt}(a+I+G-bT_0)$$

这意味着 G 或 I 增加 1 美元（保持 a 和 T_0 不变）将提高 Y 的均衡水平如下：

$$\frac{1}{1-b+bt}$$

如果 $b=MPC=0.75$，且 $t=0.20$，支出乘数是 2.5。（将其与 4 比较，后者是如果税收一次性征收时的支出乘数值，即如果 $t=0$。）

将 a、I 和 G 保持不变，固定的或一次性的减税（T_0 减少）将使均衡收入水平增加

$$\frac{1}{1-b+bt}$$

因此，如果 $b=MPC=0.75$，且 $t=0.20$，那么税收乘数就是 –1.875。（将其与如果税收是一次性征收的税收乘数值 –3 相比较。）

附录总结

1. 当税收依赖于收入的时候，收入增加 1 美元不能使可支配收入增加全部的 1 美元，因为额外的 1 美元中有一些需要流向额外的税收。

这意味着如果税收是收入的函数，三大乘数（投资乘数、政府支出乘数及税收乘数）将比税收为一次性征收的总额时少。

附录习题

附录 B：案例分析：税收收入取决于收入的情况

学习目标： 解释为什么税收取决于收入时乘数会下降。

1A.1 假设一国经济满足以下条件：

a. 消费函数：$C=60+0.75Y_d$

b. 投资：$I=75$

c. 政府支出：$G=45$

d. 税收净值：$T=-25+0.2Y$

e. 可支配收入：$Y_d \equiv Y-T$

f. 均衡：$Y=C+I+G$

求解均衡收入。（提示：计算时要非常认真。问题并不难，但是很容易因疏忽而得出错误的解。）当经济处于均衡时，政府将收到多少税收净值？政府的预算赤字或盈余有多少？

第 10 章
货币、美联储和利率

在前面的两章中，我们探讨了消费者、企业和政府如何在商品市场中互动。在本章中，我们将展示货币市场在宏观经济中的运作方式。我们首先定义货币并描述其在美国经济中的作用。微观经济学几乎不涉及货币。微观经济理论和模型主要涉及实际数量（苹果、橙子、劳动时间）和相对价格（苹果价格相对于橙子价格，或劳动价格相对于其他商品价格）。相比之下，正如我们将要看到的，货币是宏观经济的重要组成部分。

10.1 学习目标

定义货币并讨论其功能。

10.1 货币概览

你经常会听到人们说"他赚了很多钱"（换句话说，"他有很高的收入"）或"她有很多钱"（意思是"她非常富有"）。确实，你的雇主用货币来支付你的收入，你的财富可以以货币的形式累积。然而，"货币"在宏观经济学中的定义不同。

10.1.1 什么是货币？

大多数人都有能力获得和使用货币。当整个货币体系运作良好时，就像在美国一样，该体系的基本机制几乎是不可见的。人们理所当然地认为他们可以走进任何商店、餐馆、精品店或加油站，并购买任何他们想要的东西，只要他们有足够的绿纸（即美金），或有借记卡，其支票账户余额足够大。

你可以用钱买东西的想法是如此自然和明显，以至于提起它似乎很荒谬，但停下来问自己："商店老板是怎么愿意用牛排和面包来换取一些本质上毫无价值的纸张？"另一方面，为什么某些时候在某些地方需要一个装满钱的购物车来买一打鸡蛋？这些问题的答案在于货币的本质是什么——它是一种支付手段、一种价值储藏方式，也是一种记账单位。

以物易物： 人们直接通过商品和服务，而不是通过货币交换其他商品和服务。

货币作为支付手段或交换媒介　货币对市场经济的运作至关重要。想象一下没有它，生活会是什么样的。货币经济的替代品是**以物易物**（barter），人们直接通过商品和服务交换其他商品和服务，而不是通过货币交换。

以物易物系统如何运作？假设你需要培根、鸡蛋和橙汁来作为早餐。若不是去商店并用钱购买这些东西，你必须找到有这些物品并且愿意和你交易它们的人。你还需要有培根卖家、橙汁供应商和鸡蛋供应商想要的东西。如果培根、橙汁和鸡蛋卖家不想要铅笔，那么使用铅笔交易对你没有用处。

以物易物交易系统要求交易双方有双重需求巧合进行交易。也就是说，为了实现交易，你必须找到一个拥有你想要的东西的人，那个人也必须想要你拥有的东西。如果交易的商品范围很小，就像在相对简单的经济体中一样，找到与之交易的人并不困难，并且经常使用以物易物交易。在一个拥有许多商品的复杂社会中，以物易物交易需要很大的努力。想象一下，找到一个愿意出售你在超市中需要购买的商品并愿意接受你所提供商品的人的难度。

交换媒介或支付手段： 卖方通常接受和买方通常用来支付商品和服务的方式。

一些公认的**交换媒介或支付手段**（medium of exchange, or means of payment）巧妙地消除了双重需求巧合问题。在货币制度下，当人们购买东西时，货币会被换成商品或服务；当人们卖东西时，商品或服务会换成货币。谁也不用再直接以货换货。货币是市场经济运作中的润滑剂。

货币作为价值储藏方式　除了作为交换媒介的主要功能之外，经济学家还发现了货币的其他角色。货币也可以作为一种**价值储藏**（store of value）的媒介——一种可以用来将购买力从一个时期转移到另一个时期的资产。如果你养鸡并在月底卖掉，它们的价格超过你想要支出和立即消费的价格，那么你可以用货币的方式保留一些收入，直到你想花钱为止。

除了货币之外，还有许多其他价值储藏的方式。你可以通过购买古董画或钻石等物品来保留你的"盈余"收入，当你想要花钱时，你可以再将其出售。与这些价值储藏的方式相比，货币有几个优势。首先，它有方便的面额，便于携带。借记卡和电话可以让你在支票账户中获得资金，这样可以更方便。你不必担心卖掉雷诺阿（Renoir）油画去买一加仑汽油。其次，由于货币也是一种支付手段，因此可以随时轻松兑换货物。这两个因素构成了**货币的流动性**（liquidity property of money）。货币很便于支付，像液体一样从你的手中流出。

货币作为价值储藏方式的主要缺点是当商品和服务价格上涨时，货币的价值下降。如果薯片的价格从每袋 1 美元上涨到每袋 2 美元，那么以薯片计价的美元钞票价值从一袋降到半袋。当发生这种情况时，也许用薯片（或古董或房地产）作为价值储藏方式更好。事实上，当人们囤积商品而不是储藏货币以支持他们未来的需求时，有时价格会上涨。

记账单位　货币也可以作为一种**记账单位**（unit of account）——一种统一的报价方式。所有价格均以货币单位报价。一本教科书的报价为 90 美元，而非 150 根香蕉或 5 个比萨饼。显然，在报价时，标准的记账单位非常有用。这种货币的功能可能已经逃脱了你的注意——除了货币以外，人们不会以其他方式报价。

10.1.2 商品和法定货币

经济学入门教科书中讲述了关于各种文化制度下充当货币的各种物品——糖果棒、香烟（在第二次世界大战战俘营）、巨大的石雕轮子（在南太平洋雅浦岛上）、珠子（在北美印第安人中间）、牛（在南部非洲）和小绿色纸片（在当代北美）。稍后的"实践中的经济学"描述了使用鸟类羽毛作为货币。这些各种各样的货币一般分为商品货币和法定货币两类。

商品货币（commodity monies）是可以被用作货币，在某些其他用途中也具有内在价值的物品。例如，战俘用卷烟购买物品，以卷烟报价，并以累积卷烟的形式持有财富。当然，卷烟也可以用来吸烟——除了充当货币之外，它们还有其他用途。事实上，商品货币（例如卷烟）的问题之一是，当它们作为可使用物品的需求下降时，它们的价值可能会发生变化。如果没有人在监狱中吸烟，那么卷烟的价值可能会下降，

价值储藏： 可用于将购买力从一个时期转移到另一个时期的资产。

货币的流动性： 货币的流动性属性使其成为良好的交换媒介和价值储藏的方式：它便于携带，易于被接受，因此可以方便地兑换货物。

189

记账单位： 一种标准单位，提供一致的报价方式。

商品货币： 用作货币的物品，在其他一些用途中也具有内在价值。

190

实践中的经济学

不要杀害鸟类！

在大多数国家，商品货币多年前就被废弃了。曾经人们常常使用海贝和其他来自大自然的物品作为货币。鸟类学家大卫·休斯顿（David Houston）描述了一个更有趣的商品货币例子。[1]

在 19 世纪，从猩红色的食蜂鸟（Honeyeater）身上采集并精心制作的红色羽毛卷被用作圣克鲁斯岛（Santa Cruz）和附近太平洋群岛之间的货币。羽毛被制成长度超过 10 米的卷，从未被磨损、展示或使用过。它们唯一的角色是在复杂的估值系统中充当货币。休斯顿告诉我们，每年有超过 20 000 只这种鸟被杀死以创造这种"钱"，大大增加了鸟类的死亡率。运行印刷机则要容易得多。

今天，少数仍在使用的商品货币之一是在所罗门（Solomon）群岛使用的海豚牙齿。显然，假冒伪劣问题存在，因为人们试图将水果蝙蝠牙齿作为海豚牙齿！[2]

思考

1. 为什么红色羽毛卷和海豚牙齿是很好的商品货币，而椰子壳不是？

[1] *David Houston*, "The Impact of the Red Feather Currency on the Population of the Scarlet Honeyeater on Santa Cruz," in Sonia Tidemann and Andrew Gosler, eds., *Ethno-Ornithology*: *Birds, Indigenous Peoples, Culture and Society*（London, Earthscan Publishers, 2010）, pp.55-66.
[2] *The Wall Street Journal*, excerpted from "Shrinking Dollar Meets Its Match in Dolphin Teeth" by Yaroslav Trofimov. Copyright 2008 by *Dow Jones & Company, Inc.* Reproduced with permission of *Dow Jones & Company, Inc.* via Copyright Clearance Center.

法定货币或代币： 被指定为货币的物品，但本身没有内在价值。

甚至可能降至零。黄金代表另一种形式的商品货币。几百年来，黄金可以直接用于购买东西，但它也有其他用途，范围从珠宝到牙科填充物。

相比之下，今天各国的货币形式主要是法定货币。**法定货币**（fiat money），有时被称为**代币**（token money），是本身没有内在价值的货币。1 美元、10 美元或 50 美元钞票的实际价值基本为零；一张有一些绿色墨水的小纸片还有其他用途吗？

为什么有人会接受毫无价值的纸片作为货币而不是有价值的东西，比如黄金、香烟或牛？如果你的答案是"因为纸币是由黄金或白银做后盾的"，那你错了。曾经有一段时间美元钞票可以直接兑换成黄金。政府通过在金库中持有一定数量的黄金来支持流通的每张美元钞票。例如，如果黄金价格为每盎司 35 美元，政府同意以 35 美元出售 1 盎司黄金。但是，美元钞票不再受任何商品——黄金、白银或其他任何东西的支持。美元纸币只能用于交换角币、5 分币、分币或其他形式的美元等。值得一提的是，和香烟不同，美元的价值并不取决于美元在其他用途的价值。所以有人很难理解为什么美元有价值！

公众之所以接受纸币作为支付手段和价值储藏的方式，因为政府已采取措施确保其货币被接受。政府宣布其纸币为**合法货币**（legal tender）。也就是说，政府声明在结算债务时必须接受这些货币。政府通过法令（因此是法定货币）来做到这一点。政府颁布法律，规定用特定的油墨按照特定的图版印制的特定纸张是法定货币。在美国的每张美联储票据上印刷的是"这张纸币是所有公共和私人债务的法定货币"。政府通常可以通过要求以纸币形式纳税来获得公众对于纸币的接受。

除了宣布自己的货币为法定货币之外，政府通常会另外做一件事来确保纸币被接受：政府向公众承诺它不会如此快地印刷纸币而导致其失去价值。迅速地扩大货币供给会使得货币失去大部分价值，这在历史上一直是一个问题，被称为**货币贬值**（currency debasement）。对于缺乏实力推行在政治上不得人心的增税政策的政府而言，货币贬值一直是一个特殊的问题。印刷货币作为政府商品和服务购买支出的方式，可以作为替代增税的一种方式，而比较弱的政府往往依靠印刷厂为其支出提供资金。一个有趣的例子是津巴布韦。在后面的章节中，我们将看到这种为公共项目提供资金的策略可能导致严重的通货膨胀。

合法货币： 在偿还债务时可以被接受的货币。

货币贬值： 当货币供给迅速增加时，货币价值下降。

10.1.3 衡量美国的货币供给量

接下来我们讨论美国的货币。回想一下，货币可以用来购买东西（一种支付手段），持有财富（一种存储价值的工具），以及报价（一种记账单位）。不幸的是除美元钞票外，这些特征也适用于美国经济中的其他资产。正如我们将看到的，我们并不清楚该在哪画线并说"线上是货币，线下是别的什么"。

为了解决货币的多重定义问题，经济学家对不同的货币衡量标准给出了不同的名称。两种最常见的货币衡量指标是交易货币，也称为 M1，以及广义货币，也称为 M2。

M1：交易货币　什么可以算作货币？硬币和美元钞票以及其他面额的纸币都算作货币——它们符合所有成为货币的要求。支票账户可以算作货币吗？支票也可以用来买东西，可以作为一个储存价值的工具。借记卡可以更方便地获取支票账户中的资金，连接到支票账户的智能手机也是如此。事实上，银行家称支票账户为活期存款，因为存款人有权随时兑现（要求）他们的整个支票账户余额。这使得你的支票账户余额几乎等同于你钱包中的钞票，并且应该作为你持有货币数量的一部分，正如我们到目前为止所做的讨论。

如果我们用银行金库外流通的所有货币（包括硬币）的价值并将其加上所有活期存款、旅行支票和其他支票存款，我们就定义了 **M1，或交易货币**（M1 or transactions money）。顾名思义，这是可以直接用于交易——买东西的钱。

M1，或交易货币： 可以直接用于交易的钱。

191

> M1≡银行外流通的所有货币 + 活期存款 + 旅行支票 + 其他支票存款

2015 年 2 月底美国的 M1 为 29 882 亿美元。M1 度量的是存量——它是在某个时间点测量的。它是银行外流通的硬币和通货的总量以及支票账户的美元总额。

M2：广义货币 虽然 M1 是最广泛使用的货币供给量的度量指标，但货币供给量也有其他度量方式。尽管许多储蓄账户不能直接用于交易，但很容易将它们转换成现金或将资金转入支票账户。货币市场账户（每月只允许少量支票交易，但支付市场利率），和货币市场共同基金（卖出股票并使用所得款项购买短期证券）可以用来签发支票和购买商品。

如果我们在 M1 的基础上加上**准货币**（near monies）——即与交易货币相近的替代品——就得到 **M2**，称为**广义货币**（broad money），因为它包括诸如储蓄账户、货币市场账户和其他准货币这些不太像货币的货币。

准货币： 与交易货币相近的替代品，例如储蓄账户和货币市场账户。

M2，或广义货币： M1 加储蓄账户、货币市场账户和其他准货币。

> M2 ≡ M1+ 储蓄账户 + 货币市场账户 + 其他准货币

2015 年 2 月底，美国的 M2 为 118 203 亿美元，远远高于总额为 29 882 亿美元的 M1。观察 M2 而不是 M1 的主要优点是，M2 有时更稳定。例如，当银行在 20 世纪 80 年代初推出新形式的计息支票账户时，随着人们将资金从储蓄账户转到支票账户，M1 就会大幅上涨。然而，M2 保持相当稳定，因为储蓄账户存款的下降和支票账户余额的增加都是 M2 的一部分，相互抵消。

M2 以外的货币 因为各种金融工具与货币有一些相似之处，一些经济学家主张将几乎所有金融工具都作为货币供给的一部分。例如，信用卡被广泛用于交换。拥有信用卡的每个人都有信用额度——只需先支付一定金额，你可以之后还清。货币的一个非常宽泛的定义包括信用卡上的可用信用额度（你的记账限额减去已记账未支付的金额）作为货币供给的一部分。

并不存在什么规则用于决定什么是、什么不是货币。然而，就我们本章学习的目的而言，"钱"总是指交易货币，或 M1。为简单起见，我们会说 M1 是两大类的总和：流通货币和存款。但请记住，M1 有四个特定组成部分：银行外流通的货币、活期存款、旅行支票和其他支票存款。

10.2 银行如何创造货币

到目前为止，我们已经描述了货币运作的一般方式，以及在美国衡量货币供给量的方式，但是在给定时间可以获得多少货币？谁供应货币？它又是如何供应的？我们现在准备详细分析这些问题。特别是，我们希望探索一个许多人认为神秘的过程：银行创造货币的过程。

10.2.1 历史视角：金匠

要理解银行如何创造货币，我们先了解现代银行系统的起源。在 15 和 16 世纪，许多国家的公民使用黄金作为货币，特别是大宗交易。由于黄金携带不方便且容易被盗，因此人们开始将黄金交给金匠一起保管。收到黄金后，金匠会向存款人发出收据，向他收取一小笔费用以照看他的黄金。过了一段时间，这些收据本身，而不是它们所代表的黄金，开始以商品交易。收据变成了纸币的一种形式，因此没有必要去找金匠提取黄金进行交易。在文艺复兴时期，意大利的艺术赞助人和金匠银行家德·美第奇的收据据称在欧洲广大地区被接受为货币。

在这种情况下，金匠发出的所有收据都由黄金 100% 支持。如果金匠在他的保险箱里有 100 盎司黄金，他会发出 100 盎司黄金的收据，而不是更多。金匠充当了人们储存黄金以便妥善保管的仓库。然而，金匠们发现，人们并不经常来取金。既然可以轻易兑换成黄金的纸质收据"和黄金一样好"，他们为什么要这么做呢？（事实上，收据比黄金更好——更便携、更安全，等等。）因此，金匠手头持有大量黄金。

因为拥有相当于"额外"的黄金，金匠们逐渐意识到他们可以借出这些黄金，而不用担心金子耗尽。他们为什么要这样做？因为他们可以赚取贷款利息，而不是仅仅将他们的黄金闲置在他们的金库中。在这一点上发生了微妙而重要的变化。金匠们从纯粹的黄金保管者变成了可以创造货币的类似银行的机构。一旦金匠开始贷款，就会发生这种转变。在没有为系统增加任何真正的黄金的情况下，金匠通过增加对黄金的额外兑现承诺来增加流通货币的数量——也就是说，持有人有权按要求获得一定数量的黄金。[①] 因此，承诺的兑现比黄金更多。

一个具体的例子可能有助于我们的理解。假设你去找一个只做保管或仓储服务的金匠，并要求贷款购买一块价值 20 盎司黄金的土地。再假设金匠在他的保险箱中总共保管着 100 盎司的黄金，并且向存放黄金的各种人签发了 100 盎司黄金的收据。如果金匠已经厌倦了仅仅是金匠而想成为一家真正的银行，他会借给你一些黄金。当然，你不想要黄金本身；相反，你想要一张代表 20 盎司黄金的纸条。金匠通过给你签

---

① 记住，这些收据作为货币流通，人们用这些收据进行交易的时候并不需要变现——也就是说，不需要将它们换成黄金本身。

发一张 20 盎司黄金的收据（尽管他的全部黄金供给已经属于其他各种人），实际上已经为你"创造"了货币。[2] 当他这样做时，会有 120 盎司黄金的收据在流通之中，而不是你贷款之前的 100 盎司黄金的收据，并且货币供给就这样增加了。

人们认为货币的创造是神秘的。远非如此！其实创造货币只是一种会计程序，是人类最平凡的努力之一。你可能会怀疑整个过程从根本上是不健全的，或者在某种程度上是可疑的。毕竟，银行系统始于有人发出了属于其他人的黄金的兑现承诺。现在你可能稍微坚定了一点。

从金匠转型而来的银行家确实面临着一些问题。一旦他们开始发放贷款，他们的未偿还收据（黄金的兑现承诺）大于他们在任何特定时刻的金库中的黄金数量。如果 120 盎司黄金的收据的所有者都同时出示他们的收据并要求取回他们的黄金，那么金匠将陷入困境。由于金匠手头只有 100 盎司黄金，人们无法立刻得到他们的黄金。

在正常时期，人们会很乐意持有收据而不是真正的黄金，问题永远不会出现。然而，如果人们开始担心金匠的财务安全，他们可能会开始怀疑他们的收据是否真的像黄金一样好。当人们知道未清偿的收据比金匠金库中的黄金多的时候，他们可能会开始用收据提取黄金。

这种情况导致了一个两难的局面。如果人们知道他们总能获得和纸质收据等值的黄金，那么人们持有纸质收据（而不是黄金）是完全合理的。在正常情况下，金匠可以非常安全地借出比实际拥有的更多的黄金。但是，一旦人们开始怀疑金匠的财务安全，他们会要求从金匠的金库中取回他们的黄金。

银行挤兑： 当许多人同时对银行进行提款，就会发生这种情况。

当许多人同时向金匠提出他们的要求时，就会出现金匠跑路 [或用现在的话说，**银行挤兑**（run on a bank）]。这些往往是恶性循环。如果我看到你去金匠处取回你的黄金，我可能会变得紧张，并决定撤回我的黄金。这是对金匠跑路的恐惧，通常会导致银行挤兑。银行挤兑可能由多种原因引发：有传言称机构可能向无法偿还的借款人发放贷款、战争、其他从银行借钱的机构的失败等等。正如我们将在本章后面看到的那样，今天的银行家与金匠不同——今天的银行要遵守"法定准备金率"。金匠没有法定准备金的要求，尽管他们借出的金额受到担心陷入黄金挤兑的顾虑限制。本节的"实践中的经济学"描述了几个虚构的银行挤兑，同时还描述了怀亚特·厄普在防止真正的银行挤兑事件中所扮演的角色。

10.2.2 现代银行系统

要理解现代银行系统的运作方式，我们需要熟悉会计的一些基本原则。一旦你理解了银行做账的方式，你就会发现这个过程与金匠的世界

---

[2] 作为对于借给你 20 盎司黄金收据的补偿，金匠希望得到一个 IOU 借条，承诺在一段时间后以利息偿还金额（黄金本身或另一个金匠的收据）。

实践中的经济学

银行挤兑：乔治·贝利、《欢乐满人间》及怀亚特·厄普

在弗兰克·卡普拉（Frank Capra）拍摄于 1946 年的经典电影《美好生活》（*The Wonderful Life*）中，吉米·斯图尔特（Jimmy Stewart）饰演乔治·贝利，他是一个小城镇建筑和贷款银行的负责人。在电影中的某个时刻，由于对手的一些恶意竞争，贝利银行的稳健性受到了质疑。这是一部经典的关于银行的电影，片中暴徒试图在银行窗口将他们的存款取回。贝利对他的存款人的解释可能直接来自经济学教科书。"我这里没有你的钱，"他告诉他们，"你的钱被用来建造你邻居的新房子。"就像昔日的金匠一样，乔治·贝利的银行借出存款，赚钱。当时的人们认识银行家，贝利对银行挤兑的抵御更容易一点。"我们现在需要的是相互信任，"贝利通过吉米·斯图尔特的认真演绎向我们保证。在今天的市场中，对政府的信任是对银行挤兑的更典型的防御。

顺便一提，另一部关于银行挤兑的电影是《欢乐满人间》（*Mary Poppins*），当时波平斯的两个年轻雇员之一的汤米在他父亲工作的银行中大声要求他想要取回他的两便士，但银行不给他。结果是英国式的银行挤兑。

最后，是关于怀亚特·厄普（Wyatt Earp）的一个真实的故事。1909 年，在他丰富多彩的生活即将结束时，他被洛杉矶的一家银行聘用。谣言说，银行借出的钱多于金库中的黄金。我们假设存款人不明白这些，他们正冲向银行取出他们的钱。厄普被聘请来平息这件事情。

怀亚特·厄普和他的一些伙伴是 1883 年道奇城市和平委员会的成员。从左到右（顶行）：William H. Harris，Luke Short，William Bat Masterson，（底行）：Charles E. Bassett，Wyatt Earp，Frank McLain，Jerry Hausman。

他的回答与乔治·贝利不同。他从银行拿走了空钱袋，雇了一辆马车和司机，开车到附近的铁厂，并用大约 20 美元金币大小的铁块填满了麻袋。他开车回到银行，警察在那里阻止暴民。他宣布他的货车上有大约一百万美元，并开始将"金条"卸在银行。他让警方告诉人群："任何绅士认为可以找到一家更好的银行来存入资金，他可以去寻找那家银行。但他最好小心点，别在做这件事的时候被击中头部遭到抢劫。"当"金条"被装进银行时，人群散去了。

思考

1. 厄普的言论是如何说明纸币相对于黄金的优势的？

Casey Tefertiller，*Wyatt Earp*：*The Legend Behind the Legend*，John Wiley & Sons，Inc.，1997.

并没有那么不同。

会计简论 会计实践的核心是"会计账簿始终保持平衡"。在实践中，这意味着如果我们在某个特定时刻分析一个企业——任何企业（包括银行），那么按照定义：

$$资产 - 负债 \equiv 净值，或$$
$$资产 \equiv 负债 + 净值$$

资产是厂商拥有的有价值的东西。对于银行而言，这些资产包括银行大楼、其家具、持有的政府证券、金库中的现金、债券、股票等。至少就我们的目的而言，银行资产中最重要的是它所提供的贷款。借款人向银行发出借条，承诺在某个日期或之前偿还一定数额的款项。这个承诺是银行的资产，因为它有等值的资产。银行可以（有时会）将借条出售给另一家银行以换取现金。

美国联邦储备银行（美联储）：美国的中央银行。

其他银行资产包括手头现金（有时称为库存现金）和在美国中央银行——**美国联邦储备银行（美联储）**（Federal Reserve Bank，the Fed）的存款。我们将在本章后面部分看到，美国的联邦银行法规要求银行将其存款的一部分作为库存现金或在美联储的存款。

厂商的负债是债务——也就是它欠别人的东西。银行的负债是它签发的偿还承诺或借据。银行最重要的负债是其存款。存款是欠存款人的债务，因为当你将钱存入你的账户时，你实质上是向银行贷款。

会计的基本规则是，如果我们将厂商的资产加起来然后减去负债，那么差额就是厂商的净资产。净值代表厂商对其股东或所有者的价值。对于从银行借入15万美元来支付价值20万美元钻石的厂商，你会花多少钱来买这个企业呢？该企业价值5万美元——它拥有的和它所欠的价值之间的差额。如果钻石的价格下降，其价值降至15万美元，该企业将毫无价值。

我们可以使用称为"T账户"的简化资产负债表来跟踪银行的财务状况。按照惯例，银行的资产列在T账户的左侧，其负债和净值在右侧。根据定义，资产负债表总是平衡，因此T账户左侧的项目总和等于右侧项目的总和。

准备金：商业银行在中央银行的存款，加上其库存现金。

图10.1中的T账户显示了一家拥有1.1亿美元资产的银行，其中0.2亿美元是准备金（即银行在美联储的存款），以及手头现金（硬币和货币）。**准备金**（reserves）是银行的一项资产，因为它可以凭准备金向中央银行提取现金，就像你可以去银行将储蓄账户中的存款提取出来一样。我们银行的其他资产是其贷款，价值0.9亿美元。

法定准备金率：银行的存款总额中必须作为现金或准备金存放在中央银行的比率。

为什么银行在中央银行持有准备金/存款？原因有很多，但最重要的是法律要求它们将一定比例的存款负债作为准备金。银行的存款中必须保留作为准备金的比率称为**法定准备金率**（required reserve ratio）。

	资产	负债	
准备金	20	100	存款
贷款	90	10	净值
合计	110	110	合计

◀ **图 10.1 典型的银行 T 账户（以百万美元计）**

银行的资产负债表必须始终保持平衡，以便资产（准备金和贷款）的总和等于负债（存款）和净值的总和。

如果准备金率为 20%，那么存款为 1 亿美元的银行必须持有 0.2 亿美元的准备金，无论是现金还是中央银行的存款。为简化起见，我们假设银行以美联储的存款形式持有所有准备金。

在 T 账户的负债一边，银行存有 1 亿美元的存款，这是它对存款人的欠款。这意味着该银行的所有者拥有 0.1 亿美元的净资产（1.1 亿美元的资产 −1 亿美元的负债 =0.1 亿美元）。银行的净值"平衡"资产负债表。当银行资产负债表上的某个项目发生变化时，必须至少有另外一个变化来保持平衡。如果银行的准备金增加 1 美元，则必须满足下列条件之一：（1）银行的其他资产（例如贷款）减少 1 美元；（2）银行的负债（存款）增加 1 美元；或（3）银行的净值增加 1 美元。这些情况按比例的各种组合也是可能的。

10.2.3 货币的创造

像金匠一样，今天的银行家可以通过以比支付给存款人的利率更高的利率发放贷款来赚取收入。在现代，银行挤兑的可能性相当小，即使出现挤兑，央行也会以各种方式保护私人银行。因此，银行通常尽可能多地发放贷款，直到达到法定准备金规定的限度。银行的法定准备金额等于法定准备金率乘以银行的总存款。如果银行存款为 100 美元且法定准备金率为 20%，则法定准备金为 20 美元。银行的实际准备金与其法定准备金之间的差额是其**超额准备金**（excess reserves）：

超额准备金：银行的实际准备金与其法定准备金之间的差额。

超额准备金＝实际准备金−法定准备金

当银行的超额准备金为零时，它就不能再贷款了。为什么是这样？当银行贷款时，它会为借款人创建活期存款。这个活期存款需要准备金来支持，就像银行的其他存款一样。由于超额准备金为零，并且没有新的现金流入，银行无法为新的存款预留准备金。

一个例子将有助于我们更好地理解贷款和超额准备金之间的联系。假设该国只有一家私人银行，法定准备金率为 20%，银行开始时什么都没有，如图 10.2 的第一栏所示。现在假设美元钞票是流通货币，有人将 100 美元存入银行。银行向中央银行存入 100 美元，因此它现在有 100 美元的准备金，如第二栏所示。该银行现在拥有 100 美元的资产（准备金）和 100 美元的负债（存款）。如果法定准备金率为 20%，银行的超额准备金为 80 美元。

銀行在准备金要求的限度内能够借出多少钱？我们假设获得贷款的人将全部款项存入银行或将其支付给其他能够把全部款项都存入银行的人。没有任何现金的提取。在这种情况下，银行可以借出 400 美元，仍然符合准备金要求。图 10.2 的第三栏显示银行的资产负债表，在完成允许的最高贷款额后，存款准备金率为 20%。凭借 80 美元的超额准备金，银行可以吸收高达 400 美元的额外存款。现在作为准备金的 100 美元（初始存款）加上 400 美元的贷款（也是作为存款）等于 500 美元的存款。根据 500 美元的存款和 20% 的法定存款准备金率，银行必须有 100 美元的准备金（500 美元的 20%），而且这正好是银行拥有的准备金数额。银行可以提供不超过 400 美元的贷款，因为根据初始存款，这是它的初始存款和 100 美元的准备金所能支持的。另一种理解这种情况的方法是，认识到该银行原本有超过 80 美元的超额准备金。80 美元将支持 400 美元的新存款（贷款），因为 400 美元的 20% 等于 80 美元的超额准备金数额。400 美元的贷款用尽所有超额准备金。当一家银行没有超额准备金因而无法再提供贷款时，它被称为贷款额满（loaned up）。

我们知道，货币供给量（M1）等于流通中的现金加上存款。在存款开始之前，货币供给量是 100 美元（100 美元现金，没有存款）。存款和贷款发生后，货币供给量为 500 美元（除库存现金外没有现金，有 500 美元存款）。很明显，当贷款转换为存款时，货币供给量将会增加。

如图 10.2 所示，T 账户所代表的银行可以发放 400 美元的贷款，这是建立在贷款都以存款形式留在银行中这个假设基础上的。现在假设你从银行借钱购买个人电脑，然后给电脑商店开出一张支票。如果商店也将钱存入银行，你的支票只会导致你的账户余额减少，并增加商店的银行账户余额。没有现金离开银行。请记住，到目前为止，我们假设只有一家银行——银行知道它永远不会被要求支付 100 美元的准备金中的任何部分。它可以将其贷款扩大到总存款为 500 美元的水平。

当然，该国有许多银行，情况如图 10.3 所示。只要银行系统整体上是封闭的，100 美元的初始存款仍有可能导致货币供给量扩大到 500 美元，

第一栏		第二栏		第三栏	
资产	负债	资产	负债	资产	负债
准备金 0	0 存款	准备金 100	100 存款	准备金 100 贷款 400	500 存款

▲ 图 10.2　单银行的经济中银行的资产负债表

在第二栏中，初始存款为 100 美元。在第三栏中，该银行已提供 400 美元的贷款。

	第一栏		第二栏		第三栏	
	资产	负债	资产	负债	资产	负债
第一银行	准备金 100	100 存款	准备金 100 贷款 80	180 存款	准备金 20 贷款 80	100 存款
第二银行	准备金 80	80 存款	准备金 80 贷款 64	144 存款	准备金 16 贷款 64	80 存款
第三银行	准备金 64	64 存款	准备金 64 贷款 51.20	115.20 存款	准备金 12.80 贷款 51.20	64 存款

总结:	贷款	存款
第一银行	80	100
第二银行	64	80
第三银行	51.20	64
第四银行	40.96	51.20
⋮	⋮	⋮
总计	400.00	500.00

▲ **图 10.3 多银行的经济中的货币创造**

在第一栏中，第一银行的初始存款为 100 美元。在第二栏中，第一银行通过吸收 80 美元的存款来发放 80 美元的贷款。借款人签发的 80 美元的支票随后记在第一银行（图中第三栏）的账上，并存入第二银行（图中第一栏）。第二银行继续提供贷款，这个过程持续下去。最后，总共提供 400 美元的贷款，存款总额为 500 美元。

但当有多个银行时，会涉及更多步骤。

为了了解原因，假设玛丽在第一银行中初始存款为 100 美元，银行将全部 100 美元存入美联储（图 10.3 中的第一栏）。银行提供的所有贷款都是从银行提取的，因为个人借款人会签发支票来支付商品。在玛丽存款之后，第一银行可以向比尔发放高达 80 美元的贷款，因为它需要保留其 100 美元存款中的 20 美元作为准备金。（我们假设存款准备金率为 20%。）换句话说，第一银行的超额准备金为 80 美元。

在向比尔提供贷款时，第一银行的资产负债表如图 10.3 的第二栏所示。第一银行现在有 80 美元的贷款。它已将比尔的账户记入 80 美元，因此其总存款为 180 美元（贷款 80 美元加上 100 美元的准备金）。比尔然后为他的汽车写了一张 80 美元的支票，买了一套减震器。比尔把他的支票写给山姆的车行，山姆把第一银行的支票存入第二银行。当支票清算时，第一银行将 80 美元的准备金转移到第二银行。第一银行的资产负债表现在如图 10.3 的第三栏的顶部所示。其资产包括准备金 20 美元，80 美元贷款；它的负债是 100 美元的存款。T 账户余额的双方：根据法律要求，银行的准备金是其存款的 20%，并且贷款额满了。

我们现在来看第二银行。因为第一银行已经将 80 美元的准备金转移到第二银行，第二银行现在有 80 美元的存款和 80 美元的准备金（图中第一栏，第二银行）。它的法定准备金也是 20%，因此它有超额准备金 64 美元可以贷款。

现在假设第二银行向凯特贷款 64 美元以支付其教科书费用，凯特写了 64 美元支票给曼哈顿学院书店。第二银行通过将 64 美元的准备金转移到书店的银行来兑现凯特的 64 美元支票。最后，第二银行有 16 美元的准备金，64 美元的贷款和 80 美元的存款（图中第三栏，第二银行）。

曼哈顿学院书店将凯特的支票存入第三银行的账户。第三银行现在有超额准备金，因为它增加了 64 美元的存款作为其准备金。在准备金率为 20% 的情况下，第三银行可以贷出 51.20 美元（64 美元的 80%，剩余 20% 作为法定准备金以支持 64 美元的存款）。

这个过程一再重复，所创造的存款总额为 500 美元，即每家银行存款的总和。由于银行系统可以被视为一家大银行，因此许多银行的结果与图 10.2 中一家银行的结果相同。[3]

10.2.4 货币乘数

货币乘数： 每增加 1 单位货币准备金，存款可以增加的倍数；等于 1 除以法定准备金率。

在实践中，银行系统并没有完全封闭，因为人们将钱汇到国外甚至隐藏在床垫下面！不过，这里的重点是，银行准备金的增加可以引起高于一比一的货币供给的增加。经济学家将存款的最终变化与导致这种变化的准备金变化之间的关系称为货币乘数。换句话说，**货币乘数**（money multiplier）是准备金每增加 1 单位货币，存款可以增加的倍数。不要将货币乘数与我们在前两章讨论的支出乘数混淆。它们不是同一件事。

在我们刚刚讨论的例子中，当 100 美元的现金存入银行时，准备金增加了 100 美元，存款金额增加了 500 美元（初始存款为 100 美元，各银行从超额准备金中提供的贷款为 400 美元）。在这种情况下，货币乘数是 $ 500/$ 100=5。数学上，货币乘数可以定义如下：[4]

货币乘数＝1/ 法定准备金率

在美国，法定准备金率取决于银行的规模和存款类型。对于大型银行和支票存款，该比率目前为 10%，这使得潜在的货币乘数为 1/0.10=10。这意味着增加 1 美元的准备金可能会导致 10 美元的存款增加。

我们需要记住，货币乘数是在假设银行没有超额准备金的情况下得出的。例如，当第一银行获得 100 美元的存款时，它会将其最大可能的贷款贷出，即 100 美元乘以 1 减去存款准备金率。相反，如果第一银

---

③ 如果银行在贷款时创造货币，偿还贷款会"摧毁"货币吗？答案是肯定的。

④ 用数学方法表示，让 rr 表示法定准备金率，如 0.20。假设有人在图 10.3 中的第一银行存入 100。第一银行可以创造 100（1-rr）的贷款，然后存入第二银行。第二银可以创造 100（1-rr）（1-rr）的贷款，然后存入第三银行，以此类推。因此，存款的总和为 100 [1+（1-rr）+（1-rr）²+（1-rr）³+…]。括号中无限级数的总和是 1/rr，这是货币乘数。

行持有 100 美元作为超额准备金，那么货币供给量的增加将只是最初的 100 美元存款（比如，从银行系统之外借入）。我们将在本章后面回到超额准备金的问题。

10.3 美国联邦储备体系

我们已经看到私人银行系统如何通过发放贷款来创造货币。但是私人银行不能随意创造货币。我们已经看到了它们创造货币的能力受美联储设定的准备金要求所控制。我们现在将研究美联储的结构和功能。

美联储于 1913 年依据国会法案成立（20 世纪 30 年代美国国会增加了重大改革），美国联邦储备体系是美国的中央银行。美联储是一个复杂的机构，承担着许多责任，包括对约 6 000 家商业银行的监管。美国联邦储备体系的组织架构如图 10.4 所示。

理事会是美国联邦储备体系中最重要的一个组织。该委员会由 7 名成员组成，每名成员由美国总统任命，任期 14 年。美联储主席由总统任命，任期 4 年，通常在整个联邦储备体系中占主导地位，有时被认为

199

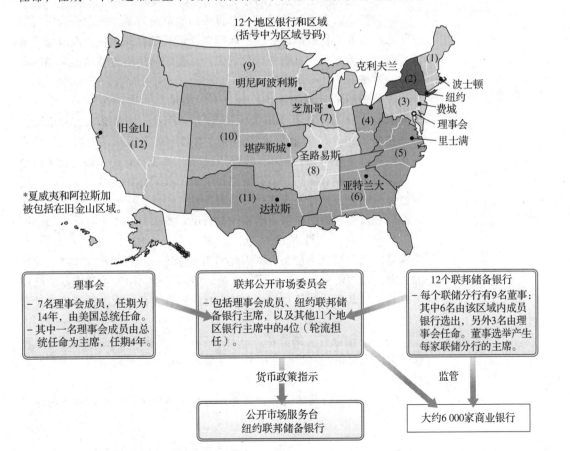

▲ **图 10.4　美国联邦储备体系的结构**

是美国第二大权力人物。美联储是一个独立机构，因为它不接受总统或国会的命令。美国分为 12 个联邦储备区，每个区都有自己的联邦储备银行。这些区域如图 10.4 所示。地区联储银行就像美联储的分支机构一样，它们在各自的地区执行中央系统的规则、条例和职能，并将当地经济状况向理事会报告。

联邦公开市场委员会（FOMC）： 由美联储理事会的 7 名成员、纽约联邦储备银行主席以及其他 11 个地区银行主席中的 4 位（轮流担任）组成的团体；它制定有关货币供给和利率的目标，并指导纽约公开市场服务台的运作。

公开市场服务台： 纽约联邦储备银行的办公室，为美联储购买和出售政府证券。

美国货币政策由**联邦公开市场委员会**（Federal Open Market Committee，FOMC）正式制定。联邦公开市场委员会由美联储理事会的 7 名成员、纽约联邦储备银行主席，以及轮值的其他 11 个地区银行的主席中的 4 位（轮流担任）。联邦公开市场委员会设定有关利率的目标，并指示纽约联邦储备银行的**公开市场服务台**（Open Market Desk）在公开市场购买或出售政府证券。（我们将在本章后面讨论公开市场操作的细节。）

10.3.1 联邦储备的功能

美联储是美国的中央银行。中央银行有时被称为"银行家的银行"，因为只有银行（有时是外国政府）才能在中央银行拥有账户。作为一个公民，你不能去美联储最近的分支机构开设支票账户或申请借钱。

我们很快就会看到，美联储负责美国的货币政策，但它也为银行履行了几项重要的行政职能。这些职能包括清算银行间支付、规范银行系统，以及协助处于困难财务状况的银行。美联储还负责管理汇率和国家的外汇储备。[5] 此外，它还经常参与国际经济问题的国家间谈判。

清算银行间支付的工作原理如下：假设你在你的银行（弗雷斯诺第一银行）上写了一张 100 美元的支票，用于支付佛罗里达州迈阿密克罗克特进口商的郁金香球茎。你的钱如何从弗雷斯诺的银行到佛罗里达州的克罗克特银行？美联储可以做到。弗雷斯诺第一银行和迈阿密银行都在美联储有账户。当克罗克特进口商收到你的支票并将其存入迈阿密银行时，该银行将支票提交给美联储，要求它从弗雷斯诺第一银行收取资金。美联储向弗雷斯诺第一银行出示支票，并指示将弗雷斯诺第一银行的账户记入借方 100 美元，并将其在迈阿密银行的账户上贷记。美联储的账户被视为准备金，因此弗雷斯诺第一银行损失了 100 美元的准备金，而迈阿密银行获得了 100 美元的准备金。两家银行实际上已在美联储交易其存款的所有权。准备金总量没有变化，货币供给量也没有变化。

这种办理银行间结算的方式允许银行几乎瞬间就能完成货币的转移。它们需要做的只是联系美联储并要求转账，资金随后就从一个计算机账户转移到另一个计算机账户。

除了协调银行间的资金转移外，美联储还负责管理银行业务和许多

---

⑤ 外汇储备是美国政府持有的其他国家的货币，例如日元。我们将在第 19 章详细讨论汇率和外汇市场。

标准法规。例如，美联储有权控制银行之间的合并，它负责审查银行，以确保银行在财务上稳健，并符合一系列政府会计法规。如前所述，美联储还为所有金融机构设定了准备金要求。

美联储的一项重要职责是充当银行系统的**最后贷款人**（lender of last resort）。正如我们对金匠的讨论所暗示的那样，银行存在挤兑的可能性。在美国，大多数低于 25 万美元的存款由联邦存款保险公司（FDIC）投保，该公司是一家美国政府机构，在经济大萧条时期的 1933 年成立。存款保险使得恐慌的可能性降低，但美联储随时准备向陷入困境，且无法找到任何其他资金来源的银行提供资金。

出于两个原因，美联储是理想的最后贷款人。作为一个服务于公众整体福利的非营利机构，美联储需要防止像 20 世纪二三十年代发生过的灾难性银行恐慌。美联储实际上还拥有实质上是无限的资金供给，以帮助银行应对挤兑的风险，因为正如我们将要看到的，它可以随意地创造准备金。美联储的这些行政和监管职能很重要，但其核心功能是通过设定利率来帮助管理宏观经济。要了解这个过程是如何运作的，我们需要在分析中加入对货币需求的讨论。

> **最后贷款人：** 美联储的职能之一，它向陷入困境的银行提供资金，这些银行找不到任何其他资金来源。

10.4 货币需求

> **10.4 学习目标**
> 描述货币需求的决定因素。

想想一个家庭的金融资产。其中一些资产是我们在本章中所称的 M1 货币、现金和支票账户中提供的，这些账户几乎没有利息，但使用起来非常方便。人们可以通过取款来获取这些账户的资金，也可以使用连接到支票账户的借记卡或智能手机。家庭可能持有的其他资产包括计息储蓄账户和证券，它们使用起来不那么方便但赚取利息。在本节中，我们将探讨家庭如何考虑将资产划分为这两大类。是什么决定了人们选择持有多少货币？

正如我们所看到的，货币的一个主要功能是作为一种交换手段，以促进交易。我们已经讨论了货币的交换价值功能。交易的便利性是人们持有货币的明显动机，而不是将所有资产保存在难以提现的储蓄账户中。在本节中，我们将考虑决定人们选择持有多少货币的因素。我们将在本次讨论中假设，我们定义的货币并不会产生任何利息。它可以是现金或无息支票账户中的存款。注意如果使用借记卡或智能手机支付商店中的商品，则需要在支票账户中有存款。所以"货币"被用于这类付款。

举一个简单的例子说明如何决定持有货币而不是有利息的金融产品。我们还将简单地假设除货币之外只有一种其他形式可以持有金融资产，即在"储蓄账户"中赚取利息。比如，在月底你工作的公司在你的支票账户中存款 5 000 美元。如果你将存款留在支票账户中，则不会产生任何利息。如果你将部分或全部存入你的储蓄账户，你将获得所转移金额的利息。你应该转移多少钱？额外的收益是你所转移金额的收益。限制条件是你可能需要支票账户中的存款来支持你的交易，主要通过支票、借记卡或智能手机。你转移到储蓄账户的资产越多，你就会越频繁地将存款转移回你的支票账户，因为你的交易需要提取存款。

201

　　因此，我们在这里有典型的经济权衡问题。你可以通过将支票账户的存款转移到你的储蓄账户来获得利息，但你转过去的越多，你就不得不越经常也将一些转回来，这在时间上是费时的。你应该转移多少资金？这是利率在其中发挥关键作用的地方。利率越高，将存款留在支票账户中的成本就越高。如果利率接近于零，就像多年来一直存在的，通过将存款转移到你的储蓄账户，你的收入很少，因此没有理由这样做。如果你在储蓄账户上几乎没有任何收入，那么你不需要将支票账户的存款转移到你的储蓄账户。另一方面，如果利率上升，你的支票账户存款的机会成本会上升，你应该将部分存款转移到你的储蓄账户。在其他条件相同的情况下，利率越高，你的储蓄账户中应该保留的存款越多。或者换句话说，利率越高，你在支票账户中应该保留的存款越少。因此，你应该持有的资金数量与利率呈负相关。同样，这是因为高利率意味着持有货币的机会成本很高，因为没有将存款转移到你的储蓄账户而损失了利息。你在利率和便利之间权衡。

　　你想要持有的资金数量显然也取决于你的交易规模。在其他条件相同的情况下，你在特定时期内消费得越多，你在支票账户中平均需要的存款就越多。如果你在支票账户中持有的交易金额相对较少，则需要花费更多时间将存款从你的储蓄账户转移到支票账户，这样做成本很高。

　　总而言之，货币需求在一定时期内取决于总交易规模，并和利率呈负相关。在下文中，我们将使用名义收入 $P \times Y$ 作为交易的衡量标准。图10.5展示了货币需求曲线。如上所述，由于利率下降，货币需求量上升，因此曲线向下倾斜。该图还显示，由于交易增加，$P \times Y$ 增加，货

▶ 图10.5　货币需求

货币需求量（M^d）和利率呈负相关，因为持有货币的机会成本随着利率的下降而下降。交易的增加（$P \times Y$）使货币需求曲线向右移动。

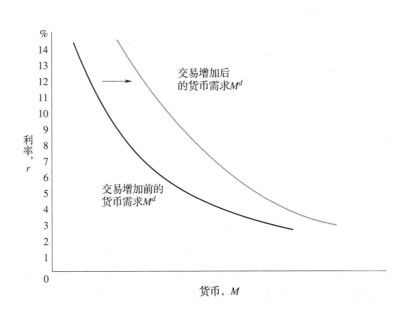

币需求曲线向右移动。货币需求量与利率之间的关系将是我们讨论货币政策和美联储的重要组成部分。

10.5 利率和证券价格

在我们讨论美联储如何控制利率之前，我们需要简单地讨论并考虑利率与证券价格之间的关系。

在我们到目前为止的讨论中，我们已经描述了家庭如何在持有资金和持有有息证券或账户之间做出选择。有息证券由需要借钱的公司和政府发行。短期证券通常被称为"票据"，而长期证券通常被称为"债券"。两种类型的证券都以类似的方式运作。为了吸引贷方购买这些证券并提供资金，借款人承诺在今后不仅要归还借入的资金，还要支付利息。在我们的讨论中，我们将分析一个 10 年期美国国债，这是一种政府债券。

债券是有面值的，通常为 1 000 美元。它们还有到期日，即借款人同意向贷方支付债券面值的日期。债券还规定了每年支付给债券持有人的固定付款。此付款称为债息。比如说，在 2015 年 1 月 2 日，美国财政部发行了 10 年期债券，其面值为 1 000 美元，并且每年支付 20 美元的债息。该债券于该日在债券市场出售。债券售出的价格将是市场决定的价格。假设市场决定的价格实际上是 1 000 美元。（美国财政部在发行债券时试图选择的债息能够使得债券最初卖出的价格大致等于其面值。）贷方将给予美国财政部 1 000 美元的支票，并且在未来 10 年的每年 1 月支付一次，美国财政部将向贷方发出 20 美元的支票。然后在 2025 年 1 月 2 日，财政部将向贷款人发送一张支票，用于支付债券的面值——1 000 美元——加上最后一张息票——20 美元——这将对所有账户进行调整。

在这个例子中，贷方每年在其 1 000 美元投资中获得的利率为 2%。作为对 1 000 美元付款的回报，贷款人每年收到 20 美元，即债券的市场价格的 2%。

假设在政府将债券投放市场之前，许多看起来相同的其他债券被提供给贷款人，债息为 30 美元，面值为 1 000 美元，期限为 10 年。并假设这些债券的售价为 1 000 美元。美国财政部还能出售债券吗？答案是肯定的，但价格较低。这个价格是多少？其他证券为贷方提供 3% 的利息，因此美国财政部也必须这样做。当债息价值固定在 20 美元，将利率提高到所需的 3% 的唯一方法是降低债券的价格。债券的市场价格将低于 1 000 美元。

我们从这个例子中可以看到的以及我们将在本章后面使用的一个关键关系是，市场决定的现有债券价格和利率是反向相关的。当美国财政部（或公司）发行债券时，会设定面值、债息和期限。这意味着债券的市场价格将随着市场利率的变化而变化。当利率上升时，现有债券的价格下跌。我们将在下一节探讨 2008 年后的货币政策，会使用利率与债

实践中的经济学

塞雷布里亚科夫教授犯了经济学错误

在契诃夫的戏剧《瓦纳叔叔》中，亚历山大·弗拉基米罗维奇·塞雷布里亚科夫（Alexander Vladimirovitch Serebryakov）是一位退休教授，但显然不是经济学家，他将他的家人召集在一起宣布，他已退休回到他的乡村庄园，但他不喜欢住在那里。不幸的是，庄园没有足够的收入让他住在城里。因此，他向他聚集在一起的家人提出以下建议：

> 省略细节，我会以粗略的轮廓描述。我们的房地产收益率平均不超过其资本价值的 2%。我建议卖掉它。如果我们将资金投入合适的证券，我们的投资回报率应该从 4% 上升到 5%，我认为我们甚至可能有几千卢布来购买芬兰的小别墅。

他的家人并没有很好地接受这个想法，特别是瓦纳叔叔，但没有人指出这是糟糕的经济学。如正文中所述，如果你购买债券并且利率上升，债券的价格就会下跌。塞雷布里亚科夫教授没有意识到的是，如果"适当"证券的利率为 5%，那么他所称的房产的资本价值，即他赚取 2% 的资产价值，并不是他可以出售房产的价值。如果俄罗斯的投资者可以在这些证券上赚取 5% 的利润，为什么他或她会购买只赚 2% 的房产？房地产的价格必须下降，直到投资者的回报率为 5%。更糟糕的是，可能房地产投资比证券更具风险，如果是这样，房地产购买需要高于 5% 的回报，以补偿投资者的额外风险。当然，这会降低房产的价格。简而言之，这不是一个教授可以赚取比庄园目前产生的钱更多的计划。也许让瓦纳叔叔参加经济学入门课程并且学习这一点，他就不那么激动了。

思考

1. 如果塞雷布里亚科夫教授谈论的证券利率下降，该房产的价值会怎样变化？

券价格之间的反向关系。我们现在将货币供给和货币需求放在一起，以研究货币政策如何通过美联储运作。

10.6 学习目标

理解美联储如何改变利率。

10.6 美联储如何控制利率

10.6.1 2008 年前美联储的货币政策工具

美联储可以通过三种传统的货币政策工具改变货币供给来控制利率：公开市场操作、改变法定准备金率，以及改变银行从美联储借入准备金所支付的贴现率。

　　我们再看一下图 10.2。我们在这个图中看到，如果商业银行准备金增加 100 美元，法定准备金率为 20%，银行贷款可以增加 400 美元，货币供给量增加 500 美元（贷款 400 美元加上最初的 100 美元准备金）。该计算假设没有超额准备金。因此，美联储可以通过创造更多的准备金来增加货币供给量。美联储如何做到这一点？其主要工具是从银行购买其持有的美国国债。这些证券在银行持有时不算作准备金。如果美联储从一家银行购买 100 美元的证券，它会向该银行提供 100 美元的准备金。该银行的准备金增加了 100 美元，因此它可以提供 400 美元的贷款，从而使货币供给量增加 500 美元。（我们假设是单银行经济，但该分析也适用于拥有多家银行的经济，如图 10.3 所示。）相反，如果美联储出售 100 美元的证券，银行的准备金将减少 100 美元，贷款必须减少 400 美元，从而减少 500 美元的货币供给量。美联储购买和出售政府证券称为**公开市场操作**（open market operations）。在 2008 年之前，银行基本上没有超额准备金，这是美联储改变货币供给量的主要方式。

　　图 10.2 中的存款也可以通过降低法定准备金率来增加。我们在讨论货币的创造时已经看到了这一点。如果法定准备金率为 10% 而非 20%，则可以提供 900 美元的贷款，从而将货币供给量（存款）增加到 1 000 美元。相反，如果法定准备金率上升，贷款将不得不下降，因此货币供给（存款）将下降。在 2008 年之前，当银行很少持有超额准备金，那时改变法定准备金率是美联储用来改变货币供给量的另一个工具，尽管它很少使用这种工具。

　　银行也可以选择从美联储借入准备金，它们在 2008 年之前和之后都可以这样做。借入的准备金被记为可以偿还贷款的准备金，因此当借入准备金增加时，银行增加贷款，货币供给就会增加。银行支付借入准备金的利息，称为**贴现率**（discount rate）。因此美联储增加货币供给量的第三种方式是降低贴现率，促使银行借入更多，从而扩大贷款。相反，美联储可以提高贴现率，诱使银行偿还部分借入的准备金，从而减少贷款。美联储也很少使用其第三种货币工具，即通过改变贴现率来改变货币供给量。

　　这些工具如何让美联储有能力控制利率？我们刚刚看到，当没有超额准备金时，美联储可以通过三种工具之一改变货币供给量，主要工具是公开市场操作。因此，美联储可以根据需要设定货币供给的价值、货币的数量。假设货币市场出清，我们可以将图 10.5 中的货币需求与美联储选择确定利率均衡价值的货币供给量结合起来。这在图 10.6 中完成。给定美联储选择提供的资金数量，我们可以简单地从货币需求计划中读取利率。M_0 之对应图中的利率 r_0。图 10.6 还显示，如果美联储增加货币供给量，从 M_0 到 M_1，则利率从 r_0 下降到 r_1。因此，美联储可能做出的货币供给量的任何变化都会导致利率的变化，利率的变化取决于货币需求函数的形状。

▶ **图 10.6 均衡利率**

给定美联储选择的货币供给量，我们可以从货币需求计划中读取均衡利率。如果美联储将货币供给量从 M_0 增加到 M_1，则利率从 r_0 下降到 r_1。

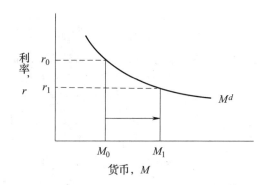

在 2008 年之前，前面的讨论将是故事的结尾。银行基本上没有超额准备金，美联储参与公开市场操作来改变货币供给量和利率。随着美联储对金融危机的应对，这一货币政策渠道在 2008 年发生了变化。

10.6.2 从 2008 年开始扩大的美联储行动

在 2008 年 3 月，面对许多大型金融机构的严重财务困境，美联储开始扩大其在银行系统中的作用。它不再只是银行的最后贷款人，而成为私人银行系统的积极参与者。这种变化是如何产生的？

从 2003 年左右开始，美国经济经历了房价的快速上涨，其中一些人将其称为"房地产泡沫"。金融机构开始发放监管较少的抵押贷款，有些情况下是借给信用评级较差的家庭（所谓的次级借款人）。一些家庭购买了他们的收入负担不起的房屋，期望最终能从不断上涨的房价中"套现"。美联储或其他联邦或州政府机构的监管松懈，许多金融公司承担了很大的风险。当房价在 2005 年底开始下跌时，这个阶段就陷入了金融危机。金融机构，甚至是大型金融机构，开始遭受非常大的损失，因为房主开始拖欠贷款，引发许多人认为威胁经济体系的连锁反应。

美联储以多种方式回应了这些事件。在 2008 年 3 月，美联储通过向摩根大通担保 300 亿美元贝尔斯登的负债，参与了对大型金融机构贝尔斯登的救助。在 2008 年 9 月 7 日，美联储参与了政府对联邦国民抵押贷款协会（房利美，Fannie Mae）和联邦住房贷款抵押公司（房地美，Freddie Mac）的收购，这两家机构当时拥有或担保了 12 万亿美元美国抵押贷款市场的一半。在 2008 年 9 月 17 日，美联储向美国国际集团（AIG）保险公司贷款 850 亿美元，以帮助其避免破产。同年 9 月中旬，美联储敦促国会通过 7 000 亿美元的救助法案，该法案于 10 月 3 日签署成为法律。

在救助房利美和房地美的过程中，2008 年 9 月美联储开始购买这两个机构的证券，称为"联邦机构债务证券"。然而，更值得注意的是，2009 年 1 月美联储开始购买抵押贷款支持证券（私营部门由于其风险而不愿持有），以及长期政府债券。到 2012 年 9 月，美联储每月购买抵押贷款支持证券和长期政府债券达到 850 亿美元。这种做法于 2014

年 11 月结束。我们将在下一节中看到，大多数债券的购买最终都成为商业银行超额准备金的增加量。

毫不奇怪，对于美联储是否应该在 2003 年至 2005 年更多地监管金融机构，以及其后来在该体系中的积极作用是否合理，已经有很多政治讨论。无论你的观点如何，美联储自 2008 年以来在金融市场中扮演的角色是更加积极的。

10.6.3 美联储的资产负债表

通过研究 2008 年后美联储资产负债表发生变化的方式，我们可以清楚地看到我们刚刚描述的美联储的扩大行动。

虽然美联储是一家特殊银行，但它与普通商业银行类似，因为它有一张资产负债表，可随时记录其资产和负债状况。表 10.1 列出了 2015 年 4 月 9 日美联储的资产负债表。

在 2015 年 4 月 9 日，美联储拥有 45 280 亿美元的资产，其中 110 亿美元为黄金，24 600 亿美元为美国国债，370 亿美元为联邦机构债券，17 320 亿美元为抵押贷款支持证券，2 880 亿美元为其他。

黄金是微不足道的。不要以为这种黄金与流通中的货币有任何关系。大多数黄金是在 20 世纪 30 年代从美国财政部购买而获得的。自 1934 年以来，美元一直没有得到（不可兑换）黄金的支持。你不能拿美元钞票给美联储来获得黄金；你能通过旧美元钞票换到的是新美元钞票。[6] 虽然它与货币供给量无关，但美联储的黄金在其资产负债表上算作资产，因为它是美联储拥有的有价值的东西。

表 10.1　2015 年 4 月 9 日美联储的资产负债表（以十亿美元计）

资产			负债
黄金	$ 11	$1 363	流通货币
美国国债	2 460	2 793	准备金余额（约需 110）
美国联邦机构债务证券	37	62	美国国库券
抵押贷款支持证券	1 732	310	其他所有负债和净值
其他所有资产	288	$4 528	合计
合计	$4 528		

资料来源：Federal Reserve Statistical Release，Factors affecting Reserve Balance，Board of Governors of the Federal Reserve System。

⑥　美联储没有义务为货币提供黄金这一事实意味着它永远不会破产。当货币受到黄金支撑时，如果有太多的存款人同时来到美联储并要求将存款换成黄金，美联储可能会用完黄金。如果存款人今天来美联储提取存款，他们只能获得美元钞票。美元在 1971 年 8 月 15 日之前可以在国际上兑换成黄金。

美国国债是美联储持有的传统资产。这些是美联储多年来购买的联邦政府的债务。正如我们之前所讨论的，当银行没有超额准备金时，购买和出售国债（公开市场操作）就是美联储影响货币供给量和利率的方式。在 2008 年美联储行为发生变化之前，几乎美联储的所有资产都以美国国债的形式出现。例如，在本书的第九版中，呈现的是 2007 年 10 月 24 日的资产负债表，当时美联储资产总额为 8 850 亿美元，其中 7 800 亿美元为美国国债。

美联储的新资产（自 2008 年起）是联邦机构债务证券和抵押贷款支持证券。（这些在 2007 年 10 月 24 日的资产负债表中均为零。）美国国债、联邦机构债务证券和抵押贷款支持证券现在总计 4.229 万亿美元。美联储对这些市场的干预是巨大的。在美联储的负债中，流通货币为 13 630 亿美元，准备金余额为 27 930 亿美元，美国国库存款为 620 亿美元，其他为 3 100 亿美元。美联储是美国政府的银行，所以美国国债由美国政府在美联储中持有。当美国政府需要支付类似新航母的费用时，它可能会向船舶供应商写支票。同样，当美国政府从税收、罚款或美国政府资产销售中获得收入时，它可能会将这些资金存入美联储。

流通中的货币约占美联储负债的 30%。从你的角度来看，你用来购买一包口香糖的美元钞票显然是一种资产。因为根据定义，每种金融资产都是经济中其他主体的负债，美元钞票是谁的负债？美元钞票是一种负债——美联储的借条。当然，这是一个奇异的借条，因为它只能兑换为同一类型的另一个借条。尽管如此，它仍被归类为美联储的负债。

准备金余额约占美联储负债的 62%。这些是商业银行在美联储持有的准备金。请记住，商业银行必须在美联储保留一定比例的存款。这些存款是商业银行的资产和美联储的负债。美联储 27 930 亿美元的准备金余额中只有约 1 100 亿美元是法定准备金。剩下的——超过 26 000 多亿美元——是超额准备金，商业银行如果愿意可以向私营部门提供贷款。这些超额准备金的存在使关于美联储运作的故事复杂化。

10.6.4 2008 年之后美联储的货币政策工具

2008 年之后，美国人看到自己不再处于零超额准备金的世界。事实上，2015 年 4 月 9 日的超额准备金超过 2.6 万亿美元，大大超过零！这对美联储改变货币供给量和利率的能力有何影响？

自 2008 年底以来，短期利率一直很低，接近但不完全为零。然而，到 2015 年春季，金融市场预计美联储将在 2015 年秋季加息。美联储如何做到这一点？不是通过公开市场操作、存款准备金率和贴现率的传统工具。关于公开市场操作，在 2008 年之前，美联储可以出售政府证券，这将减少准备金，缩减银行贷款，降低货币供给量，从而提高利率。然而现在（2008 年之后）如果美联储出售政府证券，那么证券主要是由银行以超额准备金购买。银行准备金会减少，但如果剩余的超额准备金充足，则银行贷款不会收缩。参见表10.1。如果美联储出售1万亿美元的美国国债，那么美联储的资产负债表上的美国国债将下降1万亿美元，准备金余额将减少1万亿美元。美联储的资产和负债都将减少1万亿美元，但利率不会有变化！现在银行的准备金减少了1万亿美元，但仍有超过1.6万亿美元的超额准备金。只是将国库券换成准备金并不会改变利率。出于同样的原因，改变存款准备金率也是没用的：银行的准备金已经远远超过了要求。

当美联储想要提高利率的时候，它可能会使用的工具是提高其对银行的准备金的支付利率。从2008年之后开始，美联储开始对其持有的银行准备金支付小额利率。实际上，这可能有助于解释为什么银行持有这些准备金而不是借出这些准备金。美联储支付准备金的利率与短期美国国债的利率（小，但不是零）大致相同。（以下分析有一定的点推测，因为截至2015年9月，美联储尚未尝试提高利率。）假设美联储决定将其准备金利率提高0.50个百分点，这对短期美国国债证券市场有何影响？通过一些简化，情况大致如下：银行持有准备金和国债。在美联储提高银行准备金利率之前，准备金和短期国债的利率大致相同。在美联储提高银行准备金利率之后，准备金利率上调0.50个百分点。这种较高的利率导致银行试图向美联储出售其现在缺少吸引力的国债。如果美联储不购买，证券价格将下跌，因为供给增加，而需求不变。正如我们在上一节所看到的，当证券价格下跌时，利率上升，因此随着证券价格的下跌，证券的利率上升。新的均衡将是证券的利率也升高0.50个百分点。因此，短期国债的利率可以通过美联储简单地增加其支付的银行准备金利率来改变。这不需要改变美联储的资产负债表。

最后，我们应该补充一点，当美联储改变短期利率时，这也会改变较长期的利率。本章的附录中对此进行了简要说明。附录还讨论了美国经济中的一些主要利率。虽然在文中我们主要关注一个利率，表示为 r，但在实践中有很多。

10.7 前瞻

本章节很长，但对于今后的分析，我们其实只需要记住一点，即美联储有能力控制短期利率。在2008年之前，它主要通过公开市场操作来实现这一目标，并且在未来（2015年或之后），它可能会通过改变支付给银行在美联储准备金的利率来实现这一目标。

───────────── 总结 ─────────────

10.1 货币概览 页232

1. 货币有三个显著特征：（1）支付手段，或者交换媒介；（2）储值工具；（3）记账单位。使用货币的替代方式是以物易物交易，即商品直接交换其他商品。在拥有许多不同种类商品的经济体中，以物易物的成本昂贵而且效率很低。

2. 商品货币是用作货币的物品，在其他一些用途中具有内在价值——例如黄金和香烟。法定货币除了用作货币外，本身没有内在价值。为了确保法定货币被接受，政府利用其权力宣布其货币为法定货币，并向公众承诺，它们不会通过迅速扩大供给来降低货币价值。

3. 货币的定义有很多种。现金加上活期存款，加上旅行支票，加上其他支票存款构成 M1，或者称为可以直接用于购买东西的交易货币。M1 加上储蓄账户和货币市场账户（准货币）构成 M2，或称为广义货币。

10.2 银行如何创造货币　页 237

4. 法定准备金率是银行的存款中必须作为在美国中央银行的准备金的比率。

5. 银行通过发放贷款来创造货币。当银行向客户提供贷款时，它会在该客户的账户中创建存款。这笔存款成为货币供给的一部分。只有当银行有超额准备金——准备金超过法定准备金率确定的准备金数量时，银行才能创造货币。

6. 货币乘数是每增加 1 单位货币准备金，总货币供给量可以增加的倍数。货币乘数等于 1 除以法定准备金率。

10.3 美国联邦储备体系　页 245

7. 美联储最重要的职能是控制短期利率。美联储还履行其他几项职能：清算银行间支付，负责管理银行业务和许多标准法规，并作为无法找到任何其他资金来源的陷入困境的银行的最后贷

款人。美联储也是美国政府的银行。

10.4 货币需求　页 247

8. 货币需求和利率是反向关系。利率越高，持有货币的机会成本越高（利息越多），人们想要持有的现金越少。利率的增加减少了对货币的需求量，货币需求曲线向下倾斜。

9. 对货币的需求取决于名义收入。总名义收入是 $P \times Y$，其中 P 是总价格水平，Y 是实际总收入。P 或 Y 的增加会增加对货币的需求。

10.5 利率和证券价格　页 249

10. 利率和证券价格呈反向关系。如果市场利率上升，现有债券价格下跌。

10.6 美联储如何控制利率　页 250

11. 在 2008 年之前，美联储有三种控制货币供给的工具：（1）改变法定准备金率；（2）改变贴现率（成员银行从中央银行借款时支付的利率）；以及（3）进行公开市场操作（购买和出售已经存在的政府证券）。为了增加货币供给量，美联储可以通过降低贴现率或购买政府证券来创造额外的准备金，或者美联储可以通过降低法定准备金率来增加由给定数量的准备金创造的存款数量。为了减少货币供给量，美联储可以通过提高贴现率或出售政府证券来减少准备金，或者可以提高法定准备金率。

12. 在 2008 年之后，银行持有大量超额准备金。美联储现在正在支付这些准备金的利息。当美联储希望在未来加息时，可能会通过提高支付给银行的准备金利率来实现这一目标。

术语和概念回顾

方程式：

$$M1 \equiv \text{银行外流通的所有货币} + \text{活期存款} + \text{旅行支票} + \text{其他支票存款}，页 236$$

$$M2 \equiv M1 + \text{储蓄账户} + \text{货币市场账户} + \text{其他准货币}，页 236$$

$$\text{资产} \equiv \text{负债} + \text{净值}，页 240$$

$$\text{超额准备金} \equiv \text{实际准备金} - \text{法定准备金}，页 241$$

$$\text{货币乘数} \equiv 1/\text{法定准备金率}，页 244$$

习题

10.1 货币概览

学习目标： 定义货币并讨论其功能。

1.1 [**与页 234 "实践中的经济学" 相关**] 众所周知，在第二次世界大战中，香烟是战俘的交易货币。使用关键词"香烟"进行互联网搜索，并写下它是如何形成的以及它是如何运作的。

1.2 作为米迪瓦利亚的国王，你经常调用资金支付给你的军队。你的首席经济学家建议采取以下计划："当你收取税款时，坚持只收取金币。将那些金币熔化，并用额外 10% 的黄铜重新铸造它们。然后你将比你开始时多 10% 的钱。"你怎么看待这个计划？它会起作用吗？

1.3 为什么 M2 有时是比 M1 更稳定的货币衡量标准？使用 M1 和 M2 的定义，用你自己的话说明。

1.4 在经历了两年令人震惊的恶性通货膨胀之后，非洲国家津巴布韦于 2009 年 4 月正式放弃其货币——津巴布韦元，并将美元作为其官方货币。为什么津巴布韦的人愿意接受美元换取商品和服务？

1.5 虽然美国的官方货币是美元，但一些城镇实际上是自己发行货币的。在这些社区，消费者可以使用美元以折扣价购买当地货币（例如，消费者可能花费 95 美分购买 1 单位当地货币，从而获得 5% 的折扣），然后可以在同意接受当地货币的商店使用。这个想法是为了帮助当地消费者节省资金，同时为当地企业提供支持。这些当地货币正在北卡罗来纳州和马萨诸塞州的小城镇以及密歇根州底特律等大城市发行。根据本章中对于货币的描述，这些本地通货是否有资格作为货币？

1.6 假设在你 21 岁生日那天，你的祖母邀请你到她家，带你进入她的图书馆，从墙上取下一张猫王埃尔维斯·普雷斯利（Elvis Presley）的黑色天鹅绒画，打开一个隐藏的保险箱，在那里她取出 50 张 100 美元的票据，然后把它们送给你作为礼物，并声称你是她最喜欢的孙子。在大声感谢你的祖母（并帮助她重新挂上猫王的照片）后，你可以前往你的银行，将一半的礼物存入你的支票账户，一半存入你的储蓄账户。这些交易将如何影响 M1 和 M2？这些交易如何在短期内改变 M1 和 M2？从长远来看这些交易又有怎么样的影响？

10.2 银行如何创造货币

学习目标：解释银行如何创造货币。

2.1 对于以下各项，确定它是银行会计账簿中的资产还是负债。在每种情况下解释原因。
　　——金库中的现金
　　——活期存款
　　——储蓄存款
　　——准备金
　　——贷款
　　——在美联储的存款

2.2 2015 年初美国货币供给量（M1）为 26 833 亿美元，分别如下：通货 11 657 亿美元，旅行支票 35 亿美元，支票存款 15 141 亿美元。假设美联储决定通过将法定准备金要求从 10% 提高到 12% 来减少货币供给量。假设所有银行最初没有超额准备金，并且银行以外的货币没有变化，那么货币供给量的变化会因准备金要求的变化而变化多少？

2.3 你是否同意以下各项陈述？解释你的答案。
　　a. 当美国财政部发行债券时将它们出售给公众以弥补赤字，货币供给保持不变，因为财政部收取的每一美元资金都通过政府支出重新流通。当美联储向公众出售债券时，情况并非如此。
　　b. 货币乘数取决于边际储蓄倾向。

*2.4 当美联储增加新的准备金时，这些新准备金中的一部分将从本国流入外国银行或外国投资基金。此外，新准备金的一部分最终落入人们的口袋和床垫下，而不是银行金库。这些"泄漏"减少了货币乘数，有时使美联储难以准确控制货币供给量。解释为什么这是

正确的。

2.5 在一个银行账户中：

资产		负债	
准备金	$1 200	$8 000	存款
贷款	6 800		

法定准备金率为 10%。
　　a. 银行的存款为 8 000 美元，它需要持有多少准备金？
　　b. 它的超额准备金是多少？
　　c. 银行可以增加多少贷款？
　　d. 假设存款人来到银行并提取 500 美元现金。假设银行通过减少准备金获得现金，展示银行的新资产负债表。银行现在是否持有超额准备金？它是否符合规定的准备金率？如果没有，它能做什么？

2.6 假设姜戈将 12 000 美元现金存入她在斯基杜银行的支票账户。斯基杜银行没有超额准备金，并需要维持 4% 的准备金率。
　　a. 在斯基杜银行的 T 账户中显示此交易。
　　b. 假设斯基杜银行从姜戈的存款中贷给瑟斯顿可以获得的最大贷款，在新的 T 账户中显示此交易。
　　c. 瑟斯顿决定用借来的钱购买一艘帆船。他给吉利根的海轮写了一笔全额贷款的支票，吉利根将此支票存入其银行——夏威夷科纳天堂银行。支票清算后，斯基杜银行将资金转入天堂银行。在斯基杜银行的新 T 账户和天堂银行的 T 账户中显示这些交易。
　　d. 从姜戈的初始存款中可以创造的最大存款金额是多少？
　　e. 从姜戈的初始存款中可以创造的最大贷款金额是多少？

10.3 美国联邦储备体系

学习目标：描述美国联邦储备体系的功能和结构。

3.1 美国分为 12 个美联储区域，每个区域都有一个区域分行。这些区域和每个区域的区

域分行的位置如图 10.4 所示。做一些研究，找出区域划分的原因，为什么区域分行位于图 10.4 所示的 12 个城市，以及为什么这么多区域位于美国东部。

10.4 货币需求

学习目标： 描述货币需求的决定因素。

4.1 如果在低利率水平下，货币需求曲线几乎是水平的，如下图所示。也就是说，由于利率如此之低，公众认为持有债券并不具吸引力，因此，货币需求将非常高。许多人认为这是美国经济在 2003 年的情况。如果美联储决定扩大图形中的货币供给量，对利率的影响会是什么？

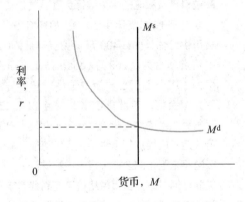

4.2 解释为什么你应该持有的货币和利率之间存在负相关关系。

10.5 利率和证券价格

学习目标： 定义利率并讨论利率与证券价格之间的关系。

5.1 [与页 250 "实践中的经济学" 相关] "实践中的经济学" 中指出，如果 "合适" 证券的利率高于该地产的平均收益率，则塞雷布里亚科夫教授的地产的资本价值并不是他可以出售该地产的价值。

　　a. 如果一个对应证券的利率上升，那么该房地产的价值会有什么变化？

　　b. 如果房地产投资的风险被认为低于证券投资的风险，那么该房地产的价值会有什么变化？

　　c. 如果证券投资的风险突然被认为比以前想象的风险更大，那么该证券的收益率会有何变化？

5.2 美国在 2007 年底陷入严重经济衰退。本·伯南克（Ben Bernanke）领导的美联储采取积极的货币政策，以防止经济衰退成为另一次大萧条。2007 年秋季联邦基金目标利率为 5.25%；到 2008 年年中，它是 2%；在 2009 年 1 月，它在 0—0.25% 的范围，直到 2015 年中期仍然保持不变。较低的利率降低了借贷成本，并鼓励企业借贷和投资。它们还对经济体中发行的债券（私人和政府部门）的价值产生影响。简要解释为什么当利率变化时债券的价值会发生变化。访问美联储的网站 federalreserve. gov，点击 "经济研究与数据"（Economic Research & Data），然后点击 "资金流"（Flow of Funds）。查看最新版本并找到资产负债表 B.100。家庭持有的信贷市场工具的价值有多大？

5.3 通常，来自美国和世界各地的人都认为高评级的公司或政府债券相对于普通股票来说是安全的。由于股市在经济衰退期间表现欠佳，而且许多外国人转向把美国作为投资的安全之地，因此债券销售上升。

如果你持有几年前利率高得多时购买的高评级固定利率债券，你发现自己有很大的资本收益。也就是说，随着利率下降，先前发行债券的价值增加。

　　a. 假设你购买了由美国财政部于 2007 年 7 月发行的 10 000 美元的 10 年期固定利率债券，利率为 5%。在 2010 年 7 月，美国财政部出售了新的 7 年期固定利率债券，利率为 2.43%。解释你的债券价值可能会发生什么变化，你的债券仍有七年时间到期，利率仍为 5%。

　　b. 如果人们担心经济衰退即将到来，为什么债券价格会上涨？

210

10.6 美联储如何控制利率

学习目标： 理解美联储如何改变利率。

6.1 在道破甘纳共和国，货币是迪图。在 2015 年，道破甘纳共和国的财政部出售债券以资助道破甘纳共和国的预算赤字。财政部总共出售了 8 万张 10 年期债券，每张债券面值为 1 000 迪图。总赤字为 8000 万迪图。道破甘纳共和国的中央银行的准备金要求为 16%，同年，该国央行在公开市场上购买了价值 1 000 万迪图的未偿还债券。所有道破甘纳共和国的债务都由私营部门（公众）或中央银行持有。

a. 财政部出售和央行购买对道破甘纳债务总额的综合影响是什么？对私营部门持有债务的影响是什么？

b. 财政部出售债券对道破甘纳货币供给的影响是什么？

211

c. 假设银行系统没有准备金外溢，央行购买债券对货币供给的影响是什么？

6.2 在 2000 年，由于联邦财政盈余，联邦债务在减少。财政盈余意味着税收（T）超过政府支出（G）。财政盈余（$T–G$）用于回购公众的政府债券，减少联邦债务。正如我们在本章中所讨论的，美联储增加货币供给量的主要方法是通过公开市场操作购买政府债

券。使用财政盈余回购债券对货币供给有何影响？就其对货币供给的影响而言，美联储公开市场购买债券和美国财政部利用税收购买债券的区别是什么？

6.3 如果巴西中央银行行长想要在 2015 年减少巴西的货币供给量，那么以下哪一项会达到这个目标？ 解释你的答案。
——增加法定准备金率
——降低法定准备金率
——提高贴现率
——降低贴现率
——在公开市场上购买政府证券
——在公开市场上出售政府证券

6.4 假设在萨拉科奇共和国，银行监管由萨拉科奇共和国的国会负责，包括确定准备金率。萨拉科奇共和国的中央银行负责通过公开市场操作来控制货币供给。在 2015 年 9 月，货币供给估计为 8 400 万 yetis。与此同时，银行准备金为 1 260 万 yetis，法定准备金率为 15%。银行业界游说国会削减准备金率。国会将法定准备金率减少至 12%。这对货币供给的潜在影响是什么？假设中央银行决定不应增加货币供给量。它可以采取什么对策来阻止国会扩大货币供给量？

6.5 美联储通过改变货币供给量来控制利率的三种传统工具是什么？简要描述美联储如何使用这些工具来增加或减少货币供给量。

第 10 章附录：美国经济中的各种利率

虽然经济中存在许多不同的利率，但它们往往同步上升或下降。在这里，我们讨论它们的一些差异。我们首先看一下不同期限或条款的证券利率之间的关系。然后，我们简要讨论一下美国经济中的一些主要利率。

学习目标

解释 2 年期利率与 1 年期利率之间的关系。

利率的期限结构

利率的期限结构是不同期限的证券利率之间的关系。这里的关键是理解这些问题：这些不同的利率之间的关系是什么？ 2 年期证券（承诺偿还本金的借条，加上 2 年后的利息）的利率是否低于 1 年期证券（1 年后有利息的借条）的年度利率？如果 2 年期证券的利率上升，1 年期证券的利率会怎样？

假设你想要投资一些资金 2 年，并在 2 年后赎回这些资金。假设你想购买政府证券。在这个分析中，我们将你的选择限制为两个：（1）你今天可以购买 2 年期证券并保留 2 年，到期兑现（我们假设 2 年期利率是每年 3%）；或者（2）你今天可以购买一张 1 年期证券。在 1 年结束时，你必须兑现；然后你可以再买一张 1 年期证券。在第二年末，你将兑现第二个证券。假设第一张 1 年期证券的利率为 2%。

你更倾向于哪个选项？目前，你没有足够的数据来回答这个问题。要合理地考虑选项（2），你需要知道你打算在第二年购买的 1 年期证券的利率。但要到第二年你才能知道这个利率。你现在所知道的是 2 年期证券的利率和当前 1 年期证券的利率。

为了做出决定，你必须从现在起形成对 1 年期证券利率的期望。如果你预计第一年的 1 年期利率（2%）保持不变，则应购买 2 年期证券。你可以在 2 年期证券中每年赚取 3%，但在两个 1 年期证券中每年仅获得 2%。如果你预计从现在开始一年的 1 年期证券的利率上升到 5%，你应该选择第二个选项。你会在第一年赚 2%，而你希望第二年赚 5%。2 年期间的预期回报率约为 3.5%，优于 2 年期证券的 3%。如果你预计从现在开始一年的 1 年期费率为 4%，那么你选择两种选择中的哪一项并不重要。对于两种选择，2 年期间的回报率都是约为 3%。

我们现在改变讨论的重点——如何确定 2 年期利率。假设美联储设定的 1 年期利率为 2%。还假设人们预计从现在开始一年的 1 年期利率为 4%。什么是 2 年期的利率？根据利率期限结构的预期理论，2 年期利率等于当前 1 年期利率和从现在起一年内预期的 1 年期利率的平均值。在这个例子中，2 年期利率为 3%（2% 和 4% 的平均值）。

如果 2 年期利率低于两个 1 年期利率的平均值，人们就不会对他们持有哪种证券无动于衷。他们只想持有短期 1 年期证券。为了找到 2 年期证券的买方，卖方将被迫增加他为 2 年期证券支付的利率，直到它等

212

于即期 1 年期利率和预期的第二年利率的平均值。2 年期证券的利率将继续上升，直到人们再次对一个 2 年期证券和两个 1 年期证券一视同仁。

现在让我们探讨美联储的行为。我们知道美联储可以影响短期利率，但它是否也会影响长期利率？答案是"有点儿"。因为 2 年期利率是即期 1 年期利率和从现在起一年后 1 年期利率预期值的平均值，美联储可以在影响即期 1 年期利率的范围内影响 2 年期利率。同样的逻辑适用于 3 年及 3 年以上的利率。即期短期利率是美联储影响长期利率的一种手段。

此外，美联储的行为可能会直接影响人们对未来短期利率的预期，从而影响长期利率。如果美联储主席在国会作证说正在考虑提高短期利率，人们对未来较高的短期利率的预期可能会增加。这些预期将反映在即期长期利率中。

利率的种类

以下是在美国广泛采用的一些利率。

3 个月期国库券利率 在不到一年时间内到期的政府证券被称为国库券，或 T 债券。3 个月期国债的利率可能是最受关注的短期利率。

政府债券利率 期限为 1 年或 1 年以上的政府证券，称为政府债券。有 1 年期债券，2 年期债券等，最长是 30 年期债券。不同条款的债券有不同的利率。各种到期日利率之间的关系是我们在本附录第一部分讨论的利率期限结构。

联邦基金利率 银行不仅从美联储借款，也向彼此借款。如果一家银行有超额准备金，它可以通过联邦基金市场向其他银行提供部分准备金。这个市场的利率被称为联邦基金利率——银行从其他银行借入准备金的利率。

联邦基金市场实际上是纽约市里的一个柜台。来自全国各地的拥有超额准备金的银行和需要准备金的借款银行都会打电话到柜台协商利率。在贷款期间，银行在美联储的账户余额发生变化，但没有任何实际的资金流动。

这种借款和贷款发生在每个工作日结束时，通常为 1 天（"隔夜"），因此联邦基金利率为 1 天利率。这是美联储通过公开市场操作产生最大影响的利率。

商业票据利率 公司有几种筹集资金的替代方案。它们可以出售股票、发行债券，或从银行借款。大公司也可以通过发行"商业票据"直接向公众借款，"商业票据"主要是提供指定利率的短期公司欠条。商业票据所提供的利率取决于公司的财务状况和借条的到期日。

优惠利率 银行根据客户的风险程度，向不同的客户收取不同的利率。你可能期望你为汽车贷款支付的利率比通用汽车为 100 万美元贷款支付的利率更高。此外，你将为无抵押贷款（一种"个人"贷款）支付比有抵押品担保的贷款（如房屋或汽车）更多的利息。

优惠利率是银行向客户报出利率时常用的基准利率。风险极低的公司可能能够以（或甚至低于）优惠利率借入。一个鲜为人知的公司可能会得到"优惠利率加四分之三"的利率的报价，这意味着如果优惠利率为 5%，那么该公司将不得不支付 5.75% 的利率。优惠利率取决于银行的资金成本；它随着经济的变化而上下波动。

AAA 级公司债券利率 公司通过向公众出售债券来为其大部分投资进行融资。公司债券由各种债券交易商根据其风险进行分类。通用汽车公司发行的债券违约风险低于一家新成立的生物技术研究公司发行的债券。债券与商业票据的一个重要区别在于：债券的期限较长。

债券的评分方式与学生的评分方式大致相同。最高等级是 AAA，次高 AA，以此类推。评级为 AAA 的债券的利率是 AAA 公司债券利率，即风险最小的公司为其发行的债券支付的利率。

附录习题

附录 10：美国经济中的各种利率

学习目标： 解释 2 年期利率与 1 年期利率之间的关系。

1A.1 下表列出了 1980 年和 1993 年的三个主要美国利率：

	1980（%）	1993（%）
3 个月期国库券	11.39	3.00
长期政府债券	11.27	6.59
优惠利率	15.26	6.00

提供你所看到的极端差异的解释。具体而言，评论（1）1980 年的利率远高于 1993 年的利率；（2）1993 年的长期利率高于 1993 年的短期利率，但 1980 年的长期利率低于 1980 年的短期利率。

第11章
总产出、价格水平和利率的决定

214

在前面三章中，我们一次一个要素地分别探索了宏观经济的关键要素。在第 8 章和第 9 章中，我们研究了在保持利率和价格水平固定不变的情况下，如何确定经济中的产出水平。在第 10 章中，我们将注意力转向利率，并保持产出和价格水平固定不变。我们现在准备将经济产出、价格水平和利率的这些关键部分汇集在一起。

本章和下一章将使你能够思考政策决策者在试图管理经济时面临的关键问题。我们将看到如何确定经济产出水平。我们将看到在一个经济体中，什么力量推动整体价格上涨，从而造成通货膨胀。当你完成这两章时，我们希望你能更好地理解美国当前许多政策辩论背后的内容。

在我们完成本章的故事时，我们将关注宏观经济中两个主要参与者的行为：制定价格和产出决策的厂商，以及控制利率的美联储。我们从厂商的价格和产出决策开始，这将在总供给曲线中进行总结。

11.1 总供给（AS）曲线

总供给（aggregate supply）是一个经济体中商品和服务的总供给量。**总供给（AS）曲线**（aggregate supply curve）显示了一个经济体中所有厂商提供的总产出量与总体价格水平之间的关系。要理解总供给曲线，我们需要理解构成经济体的各个厂商的行为。

试想一种情况，其中所有价格，包括劳动价格（工资），同时翻倍。我们期望看到厂商在这个经济体中的产出水平会发生什么变化？可能什么变化也没有。随着所有价格翻倍，所有成本也翻倍。实际上，厂商与价格翻倍之前的处境完全相同。如果工资和价格都在上涨，厂商通过卖出产品可以获得更多的收入，但也为工人支付更多的工资。在这种情况下，AS 曲线是垂直的。产品价格会上涨，但厂商不会增加产出，因为这样做不会有利可图。实际上，正如我们将在本章后面看到的那样，许多经济学家认为这相当好地描述了总体价格水平与总产出之间的长期关系，他们认为如果给予足够长的时间，所有投入和产出的价格将会作出相应的调整。我们将在本章稍后谈谈这种长期情况。

另一方面，假设工资和价格不同时变化。我们对宏观经济中的厂商有什么期望呢？如果工资对需求变化的反应比产品价格慢，那么随着产品价格上涨和产出盈利能力的提高，厂商将增加产出。这里 AS 曲线具有向上的斜率，而不是垂直的。许多经济学家认为，从短期来看，工资的反应速度要比价格慢，特别是在经济周期的某些阶段，而且短期的 AS 曲线实际上会有向上的斜率。

在进一步研究 AS 曲线的形状之前，需要指出的是，AS 曲线不是各个供给曲线的总和。首先，我们注意到，构成经济重要组成部分的不完全竞争厂商没有单独的供给曲线。厂商同时选择产出和价格。为了得出一条单独的供给曲线，我们需要设想给厂商一个价格，并让厂商告诉我们它将在该价格提供多少产出。如果厂商也在制定价格，我们就无法做到这一点。这意味着你不应将 AS 曲线视为各个供给曲线的总和。如果不存在单独的供给曲线，我们当然不能将它们加在一起！

因此，如果 AS 曲线不是单个供给曲线的总和，那么它是什么？AS 曲线显示当总需求上升和下降时，总价格水平和总产出会发生什么变化。AS 曲线描绘出与不同总需求水平相对应的总产出和总价格水平点。虽然它被称为总供给曲线，但它确实被误解了。最好将其视为"价格/产出响应"曲线——描绘了不同总体需求水平下经济体中所有厂商的价格决策和产出决策的曲线。

11.1.1 短期的总供给

AS 曲线（或价格-产出响应曲线）显示总需求的变化如何影响经济体中的价格水平和产出。当一个经济体的总需求增加时，价格水平会增

11.1 学习目标　215
定义总供给曲线并讨论短期 AS 曲线的变化。

总供给： 一个经济体中所有商品和服务的总供给量。

总供给（AS）曲线： 显示经济体中所有厂商提供的总产出量与总体价格水平之间的关系的图形。

加多少（如果有的话）？产出增加多少？大多数经济学家认为，至少在一段时间内，总需求的增加将导致价格水平和产出的增加。许多经济学家还认为，需求增长对价格水平与产出的影响程度取决于需求增加时的经济实力。图 11.1 显示了反映这些想法的曲线。在总产出水平较低的情况下（例如，当经济陷入衰退时）总供给曲线相当平缓，而在高产出水平时（例如，当经济正在经历繁荣时）它是垂直的或接近垂直的。

为什么 *AS* 曲线向上倾斜？ 在我们到目前为止的讨论中，我们注意到如果所有价格（包括工资）同时变动，*AS* 曲线将是垂直的。因此，短期 *AS* 曲线是倾斜还是垂直的一个关键问题是工资是否"黏性"的，其变动速度比其他价格慢。如果工资是黏性的，需求的增加不会导致工资按比例增加，因此企业的边际成本曲线不会按比例变化。价格上涨使得产出增加更具吸引力。实证表明，工资的变化确实滞后于价格。我们在第 13 章将讨论工资在短期内可能会变得有黏性的各种原因。在宏观经济学中争论的一个关键问题是工资的黏性程度，以及在实践中工资调整需要多长时间。

我们此时应该注意到，由于厂商的一些生产投入品可能是从提高价格的其他厂商购买的，因此厂商的投入成本可能会在总需求增加之后的短期内上涨。例如，戴尔计算机的一个生产投入品是由英特尔或 AMD 生产的芯片。事实上，厂商的一些投入成本随着产品需求的变化而上升，这一事实使得情况变得复杂，因为这意味着在厂商需求曲线向外移动的同时，其边际成本曲线存在一些向上的变化。在推导向上倾斜的 *AS* 曲线时，我们实际上假设这些类型的投入成本相对于工资成本而言较小。因此，这个故事是工资占总成本的很大一部分，工资变化滞后于价格变化。这为我们提供了向上倾斜的短期 *AS* 曲线。

为什么 *AS* 曲线是这种特殊的形状？ 请注意，图 11.1 中的 *AS* 曲线初始（产出水平很低时）非常平坦，在尾端（产出水平较高时）几乎是

▶ **图 11.1 短期总供给曲线**

在短期内，总供给曲线（价格/产出响应曲线）具有正斜率。在总产出水平较低时，曲线相当平坦。随着经济接近满负荷产出，曲线几乎垂直。在满负荷产出 $\overline{Y}$ 时，曲线是垂直的。

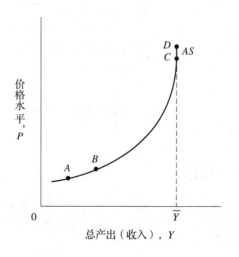

价格水平，P

总产出（收入），Y

216

垂直的。为什么 AS 曲线会有这种特殊的形状？AS 曲线的形状反映了经济学家对在经济的不同时期工资最具有黏性或最不具有黏性的看法。

首先考虑垂直部分。假设整体经济正在利用其所有资本和所有想要以市场工资工作的劳动力。经济正在全面运作。在这一产出水平（$\overline{Y}$）上，只有通过提高价格才能满足增加的产出需求；同样，只有通过提高工资才能满足增加的劳动需求。在这一经济活动水平上，工资和价格都不具有黏性。

关于 AS 曲线的平坦部分又如何？在这里我们的产出水平与历史水平相比较低。许多厂商在厂房、设备和劳动力方面可能存在产能过剩。由于产能过剩，厂商可以将产出从 A 增加到 B，而不用按比例增加成本。因此，小幅价格上涨可能与相对较大的产出响应有关。如果厂商在经济衰退期间保留了多余的工人作为保持工人士气的一种方法或其他原因，我们也可能会在 AS 曲线上该点观察到相对黏性的工资上涨。

11.1.2 短期总供给曲线的移动

AS 曲线显示总体价格水平和产出如何随着总需求的变化而变化，我们已经看到价格水平或产出是否受到更大影响的答案取决于经济在变化时的表现。现在我们可以考虑经济的其他特征如何影响或改变 AS 曲线的位置。

AS 曲线向右移动意味着什么？曲线向右移动意味着经济体可以在给定的价格水平上获得更大的总产出。什么可能导致这种曲线向右移动？显然，如果一个经济体的劳动力或资本增加，AS 曲线将向右移动，因为经济的生产能力会增加。此外，广泛提高生产率的技术变革将通过降低经济中的边际生产成本，让 AS 曲线向右移动。随着边际成本的降低，经济体中的厂商愿意在给定的价格水平上生产更多的产品。回想一下，短期 AS 曲线的垂直部分代表经济的最大（满负荷）产出。这一最大产出取决于经济体的现有资源，如劳动力规模、资本存量和当前的技术状况。随着劳动年龄人口的增加，劳动力自然增长，但由于其他原因，劳动力也会增加。例如，自 20 世纪 60 年代以来，劳动力中妇女的比例急剧增加。女工供应的增加使 AS 曲线向右移动。移民也可以改变 AS 曲线。我们将在第 16 章更详细地讨论经济增长。

我们把劳动和资本作为生产要素，但对于现代经济体来说，能源也是一项重要的投入。石油的新发现或能源生产中的问题也可以通过影响经济体的许多部分的边际生产成本来改变 AS 曲线。

图 11.2（a）和（b）显示了工资率或能源价格变化对短期 AS 曲线的影响。这种类型的影响有时被称为**成本冲击或供给冲击**（cost shock, or supply shock）。石油在历史上价格相当不稳定，并且经常被认为导致 AS 曲线的变化，正如我们很快将看到的那样，这会导致经济波动。

成本冲击或供给冲击：成本的变化会改变短期总供给（AS）曲线。

217

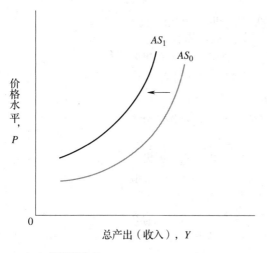 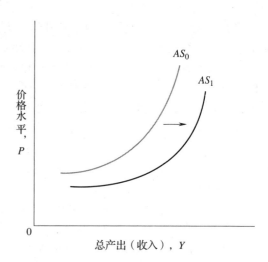

（a）总供给减少

AS曲线从AS_0向左移动到AS_1可能是由于成本增加造成的——例如，工资率或能源价格上涨。

（b）总供给增加

AS曲线从AS_0向右移动到AS_1可能是由于成本下降造成的——例如，工资率或能源价格下降或技术进步。

▲ 图 11.2　短期总供给曲线的移动

11.2 学习目标

推导总需求曲线并解释 *AD* 曲线向下倾斜的原因。

11.2 总需求（*AD*）曲线

　　图 11.1 中的 *AS* 曲线向我们展示了与厂商产出和价格决策一致的总产出和价格水平的所有可能组合。但经济体处于这条曲线上的何处？要回答这个问题，我们需要考虑经济体的需求方面。在本节中，我们将推导总需求（*AD*）曲线。该曲线来自第 8 章和第 9 章中的商品市场模型以及美联储的行为。我们从商品市场开始讨论。

11.2.1 计划总支出和利率

　　计划投资取决于利率，我们来思考一下计划总支出（*AE*）如何取决于利率。回想一下，计划总支出是消费、计划投资和政府采购的总和。即，

$$AE \equiv C+I+G$$

　　我们知道投资 *I* 有许多可能性，每个 *I* 对应不同的利率。当利率上升时，计划投资下降。因此，利率（ *r* ）的上升也会导致总计划支出（ *C+I+G* ）下降。[1]

　　图 11.3 显示了当利率从 3% 上升到 6% 时，计划总支出和产出会发生什么。在较高的利率下，计划投资较低；计划总支出因此向下移动。回顾第 8 章和第 9 章，总支出的任何组成部分的下降对产出产生更大的影响（或称为"乘数效应"）。当利率上升时，计划投资（以及计划总支出）下降，均衡产出（收入）的下降超过计划投资的下降。在图 11.3

---

[1]　当我们在第 16 章详细讨论宏观经济中家庭的行为时，我们会看到消费支出（ *C* ）也受到较低利率的刺激和较高利率的抑制。

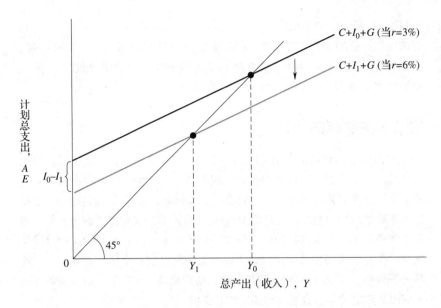

利率从 3% 上升到 6%，计划总支出降低，从而将均衡产出从 Y_0 减少到 Y_1。

中，当利率从 3% 上升到 6% 时，均衡产出从 Y_0 下降到 Y_1。

我们可以总结一下利率变化对商品市场产出均衡水平的影响。利率变动的影响包括：

- 高利率（r）抑制计划投资（I）。
- 计划投资是计划总支出（AE）的一部分。
- 因此，当利率上升时，在每个收入水平上计划总支出（AE）下降。
- 最后，计划总支出的减少会降低均衡产出（收入）（Y），这个减少量是计划投资初始减少的倍数。

使用方便的速记：

$$r 上升 \rightarrow I 下降 \rightarrow AE 下降 \rightarrow Y 下降$$
$$r 下降 \rightarrow I 上升 \rightarrow AE 上升 \rightarrow Y 上升$$

图 11.4 总结了产出与利率之间的关系。该曲线称为 **IS 曲线**（IS curve）。IS 曲线上的任何一点都是在特定利率下的商品市场均衡。均衡意味着计划投资（I）等于储蓄（S），因此使用 IS 符号。在图中的框

IS 曲线： 总产出与商品市场利率之间的关系。

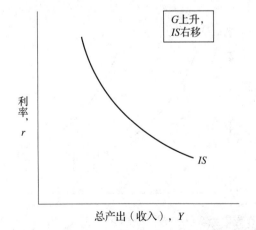

G上升，IS右移

◀ 图 11.4　IS 曲线

在商品市场中，产出与利率之间存在负相关关系，因为利率对计划投资产生负面影响。IS 曲线上的任何一点都是商品市场中给定利率的均衡。

219

中我们注意到政府支出（G）的增加使 IS 曲线向右移动。在利率固定的情况下，G 的增加会增加 AE，从而使 Y 处于均衡状态。需要明确的是，这种转变如图 11.5 所示。如果对于给定的利率，G 的增加使产出从 Y_1 增加到 Y_2，这是 IS 曲线从 IS_1 到 IS_2 的移动。

11.2.2 美联储的行为

IS 曲线显示利率和产出之间的关系。当利率高时，计划投资低，因此产出低。当利率低时，计划投资高，因此产出高。但实体经济在曲线上的哪个位置？要回答这个问题，我们需要了解利率的价值。我们从第 10 章知道美联储如何控制利率。这是第 10 章的要点。我们现在将考虑为何美联储想要改变利率。美国联邦公开市场委员会（FOMC）每六周举行一次会议。美国联邦公开市场委员会决定利率的价值（它设定的确切利率称为"联邦基金"利率）。会议结束后，它指示纽约联邦储备银行的公开市场服务台购买或出售政府证券，直至达到预期的利率值。

美国联邦公开市场委员会通常在开会那天的美国东部时间下午 2 点 15 分公布利率值。这是全球金融市场的关键时刻。下午 2 点 14 分，成千上万的人正盯着计算机屏幕等待着结果。如果这一消息令人意外，它可能对债券和股票市场产生巨大而直接的影响。

美联储如何决定选择什么样的利率？美联储的主要目标是高水平的产出和就业以及低通货膨胀率。从美联储的角度来看，最好的情况是低通货膨胀率下的全面就业经济体。最糟糕的情况是滞胀——高失业率和高通胀。事实上，1978 年的《汉弗莱—霍金斯充分就业法案》要求美联储以充分就业和物价稳定为目标，当该法案在 2000 年落实时，当时的预期是美联储将继续以充分就业和物价稳定为目标。在几乎所有关于利率的公告中，美联储都提到了这两个目标。

美联储研究当前经济状况的数据，特别是产出和通胀，并考虑了未来可能的经济走势。在这种情况下，美联储面临一些艰难的选择。它知

220

▶ **图 11.5** *IS* 曲线的移动

利率固定，政府支出（G）的增加会增加产出（Y），这是 IS 曲线向右移动。

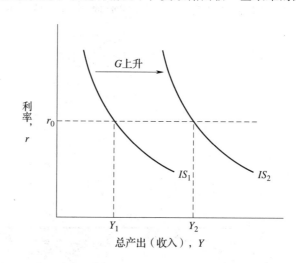

道——正如我们从图 11.4 中的 *IS* 曲线所看到的那样——提高利率将导致较低的产出，而降低利率将导致更高的产出。因此，美联储用来选择利率价值的一个因素是，它是否认为产出过低、过高或合适。但我们知道美联储也在关注通胀。在其他条件相同的情况下，如果美联储发现通胀高于其预期，那么它将提高利率。反之亦然，如果它发现通胀低于其预期，那么它将降低利率。

到目前为止的讨论主要集中在产出和通胀作为美联储利率决策的两个主要因素。但美联储不仅仅是一个机械计算器。美联储主席向联邦公开市场委员会提供他或她自己在经济运作方面的大量专业知识。你可能知道，美联储前主席珍妮特·耶伦（Janet Yellen）是一位杰出的研究员，在学术界和旧金山联邦储备银行的运作方面都有丰富的经验。美国联邦公开市场委员会的大多数其他成员在商业和经济方面都有多年的经验。美联储前副主席斯坦利·费希（Stanley Fisher）曾经是麻省理工学院的教授，和以色列银行的行长。当美联储考虑其利率的设定，它会考虑除当前产出和通胀之外的其他因素。消费者信心水平、国内银行业的脆弱性，以及国外可能存在的金融问题，比如欧元危机，可能在其利率决策中发挥作用。为了我们的学习目的，我们将所有这些因素（除产出和通货膨胀之外的所有因素）标记为"*Z*"因子。这些因素不在我们的模型之内，并且它们可能以一种难以预测的方式在不同时期变化。

如果我们将所有这些放在一起，我们可以通过使用简单的线性方程来描述美联储制定利率的行为，我们称之为**美联储规则**（Fed rule）：

$$r=\alpha Y+\beta P+\gamma Z$$

通过一个等式描述美联储规则使我们能够将美联储行为正式纳入我们正在构建的 *AS/AD* 模型。[②] 当然，这只是美联储实际行为的近似值。

这个等式告诉我们什么？我们假设三个系数 α、β 和 γ 是正的。当产出高，其他条件相同时，美联储倾向于采用比在低产出的经济中更高的利率。同样，当价格水平较高，其他条件相同时，美联储倾向于提高

美联储规则：显示美联储的利率决策如何取决于经济状况的方程式。

221

---

②　这里使用的美联储规则与大卫·罗默（David Romer）所倡导的教学目的有所不同，（David Romer, "Keynesian Macroeconomics without the LM Curve," *Journal of Economic Perspectives*, 14, Spring 2000,149–169.）首先，方程式的左侧变量是名义利率（*r*），而不是罗默所倡导的实际利率。事实上，美联储确实在每次联邦公开市场委员会会议上设定名义利率，因此名义利率的使用对学生来说更加真实，更容易理解。其次，规则中使用的是价格水平，而不是通货膨胀率。*AS/AD* 模型是静态模型。引入通货膨胀会带来动态变化，这使得分析变得复杂化。这里使用的是 *P*，而不是 *P* 的变化。再次，名义利率在（实际）商品市场中用于确定计划投资。同样，这是一种避免动态分析的近似，其见解仍然成立。

本书的其中一位作者（费尔）的研究实际上支持在商品市场中使用名义利率。结果表明，人们（消费者和投资者）对名义利率的反应要大于实际利率。此外，在费尔的美国宏观经济计量模型的价格方程中的左侧变量是对数（log）价格水平而不是通货膨胀率。该等式与 *AS* 曲线背后的讨论是一致的，其中企业的两个决策变量是企业的价格水平和产出水平，而不是价格水平和产出水平的变化。

利率。因此，高利率将与高产出和高价格相关联。正的系数告诉我们美联储"逆风而行"。也就是说，当产出和 / 或价格水平较高时，美联储设定高利率以试图控制经济。注意我们正在使用价格水平 P 作为规则中的变量。在实际操作中，美联储关注通货膨胀，这是 P 的变化，而不是 P 的水平，我们通过仅使用 P 的水平来近似这一点。

规则中的 Z 代表影响美联储利率决策的除了 Y 和 P 以外的所有因素。因为我们认为 γ 系数是正的，在其他条件相同的情况下 Z 中的因素的上升能够使美联储倾向于设定高利率价值。例如，强劲的消费者信心可能是一个 Z 因素，加强了美联储认为经济在产出方面表现良好的信念。在 2015 年，对欧洲和中国经济的担忧对美联储的利率设定行为产生了影响；这作为 Z 因子被包括在内。

我们现在准备将美联储规则添加到我们的模型中。图 11.6 将美联储规则添加到图 11.4 中的 IS 曲线。图中描绘美联储规则的线显示了美联储选择利率与总产出之间的关系，保持价格水平和 Z 因子不变。斜率是正的，因为美联储规则中的系数 α 是正的：当产出高时，美联储设定的利率高，其他条件相同。IS 曲线和美联储规则的交集确定了产出和利率的均衡值。在这一点上，商品市场存在均衡，利率的价值是美联储规则所要求的。

图 11.6 显示了在给定政府支出（G）、价格水平（P）和 Z 因素下的均衡产出值和利率。假设政府决定增加支出。利率和产出的均衡值如何变化？请记住，政府支出的增加会使 IS 曲线向右移动。这将在图 11.6 中提高利率和产出的均衡值。现在，如果不是政府支出的变化，而是价格水平有所上升，比如成本冲击，将会发生什么？请记住，价格水平在美联储规则中——美联储关注价格稳定性。因此，美联储将通过提高利率来应对价格水平的上涨。这意味着在图 11.6 中，价格水平的上升将美联储规则曲线向左移动——在特定的产出下，价格水平越高，利率越高。最后，如果我们所描述的任何"Z"因素增加，如消费者信心增加，这将导致美联储提高利率，这也将使美联储规则曲线在图 11.6 中左移。

▶ 图 11.6 利率和产出的均衡值

在美联储规则中，美联储在产出增加时提高利率，其他条件相同。在 IS 曲线上，随着利率的增加，产出下降，因为利率对计划投资有负面影响。两条曲线的交点给出了在给定政府支出（G）、价格水平（P）和 Z 因素下的均衡产出和利率。

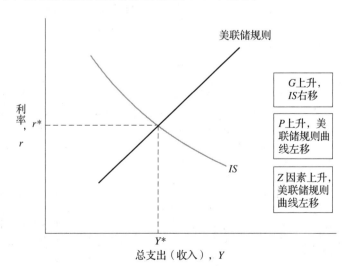

222

实践中的经济学

美联储前主席：珍妮特·耶伦

2014 年 1 月 6 日，珍妮特·耶伦接任美联储理事会主席。耶伦是第一位担任此职位的女性，也是自 1979 年保罗·沃尔克（Paul Volcker）结束任期以来的第一位担任此职位的民主党人。

耶伦因学术和公共部门的经验脱颖而出。她拥有布朗大学的学士学位、耶鲁大学的博士学位，并在哈佛大学和加州大学伯克利分校担任职务。在学术界，耶伦撰写了了包括微观经济学和宏观经济学领域的文章。在哈佛大学，耶伦与来自密歇根的吉姆·亚当斯（Jim Adams）在产业组织领域写了一篇重要论文，探求定价问题，例如：为什么麦当劳的价格是包括苏打水、薯条和汉堡包的打包价，而不是单独售卖的价格？但耶伦的大部分工作都是在宏观经济学领域，尤其是失业之谜，这是我们在本书中探讨的难题之一。是什么让工资在失业时期不会下降？为什么我们看不到劳动力市场以我们看到其他市场出清的方式出清？这些问题仍然是进行大量宏观研究的基础。

在被任命为美联储主席之前，耶伦曾担任过美联储副主席、旧金山联邦储备银行主席和美国总统经济顾问委员会成员。

思考

1. 美联储主席有时被认为是仅次于美国总统的第二大权力人物。为什么是这样呢？

11.2.3 AD 曲线的推导

我们现在可以推导出 AD 曲线。AD 曲线（和 AS 曲线）是总价格水平（P）和总产出（收入）（Y）之间的关系。从图 11.6 可以看出，P 的增加将使美联储规则曲线向左移动（并且对 IS 曲线没有影响）。当美联储规则曲线沿着未改变的 IS 曲线向左移动时，新均衡处于较高的利率和较低的产出水平。当 P 较高时，请务必理解为什么产出较低。当 P 增加时，根据规则，美联储通过提高利率给出回应，其他条件相同。较高的利率对计划投资产生负面影响，从而对 AE 产生负面影响，也对 Y 产生负面影响。这是 IS 曲线中反映的关系。相反，P 的下降使美联储的规则曲线向右移动，导致利率较低和产出水平较高的新均衡。因此，由美联储规则运作的商品市场中的 P 和 Y 之间存在负相关关系，这就是 AD 曲线。AD 曲线如图 11.7 所示。

在图 11.7 中可以看出，政府支出的增加（G）将使 AD 曲线向右移

▶ **图 11.7 总供给 (AD) 曲线**

AD 曲线推导自图 11.6。对于给定的 *P* 值，*AD* 曲线上的每个点都是图 11.6 中的均衡点。当 *P* 增加时，美联储提高利率（美联储规则曲线在图 11.6 向左移动），这对计划投资产生了负面影响，从而对 *Y* 也产生了负面影响。*AD* 曲线反映了 *P* 和 *Y* 之间的负相关关系。

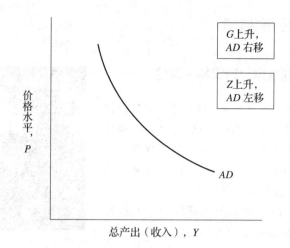

动。我们可以从图 11.6 中看到这一点。当 *G* 增加时，*IS* 曲线向右移动，因为 *AE* 和 *Y* 在给定的利率值的情况下更大。（记住 *AE=C+I+G*。）*G* 增长导致的新均衡点具有更高的利率和更高的产出水平。较高的产出水平意味着当 *G* 增加时 *AD* 曲线向右移动。

在图 11.7 中我们还注意到，*Z* 的增加使 *AD* 曲线向左移动。请记住，增加 *Z* 意味着美联储正在提高利率，其他条件相同：系数 γ 是正数。我们可以看到在图 11.6 中当 *Z* 增加时 *AD* 曲线向左移动的原因。当 *Z* 增加时，美联储规则曲线在图 11.6 中向左移动，这导致更高的利率和更低的产出水平。较低的产出水平意味着当 *Z* 增加时 *AD* 曲线向左移动。

我们需要认识到 *AD* 曲线不是市场需求曲线，并且它不是经济体中所有市场需求曲线的总和。要理解原因，请回想一下简单的向下倾斜的家庭需求曲线背后的逻辑。需求曲线显示了在其他条件不变的情况下，每种可能的价格（单个家庭或单个市场）所对应的产出量。在绘制简单的需求曲线时，我们假设其他价格和收入是固定的。从这些假设可以看出，当价格上涨时，特定商品的需求量下降的一个原因是其他价格不上涨。因此，相对于其他商品，所讨论的商品变得更加昂贵，家庭通过用其他商品代替价格增加的商品来做出反应。此外，如果一个商品的价格上涨，而收入没有上涨，那么实际收入下降。这也可能导致价格上涨的商品的需求量减少。

当总体价格水平上升时，我们的分析则有所不同。当总体价格水平上升时，许多价格会一起上涨。因此，我们不能使用其他条件不变假设来绘制 *AD* 曲线。解释简单需求曲线向下倾斜的逻辑无法解释为什么 *AD* 曲线也具有负斜率。当价格水平上升时，总需求下降，因为较高的价格水平导致美联储提高利率，从而减少计划投资和总产出。导致总产出下降的是更高的利率。

223

实践中的经济学

美联储如何看待通货膨胀？

正如我们在正文中所指出的那样，价格稳定是美联储货币政策的主要目标之一。但你可能还记得在第 6 章和第 7 章总价格水平有不同的衡量标准：消费价格指数、生产价格指数、GDP 平减指数。美联储认为最重要的价格指数是什么？

实务中，美联储最关注的是核心个人消费支出（Core PCE）的价格指数。个人消费支出是家庭消费的所有商品和服务。核心个人消费支出的价格指数从这份清单中删除了大部分食品和能源产品。美联储为什么要省略食物和能源？毕竟，对于大多数家庭来说，这些都是大量消费品。美联储不应该关心这些类别的价格上涨吗？

答案在于核心这个术语。在考虑其政策时，美联储有意衡量整体经济是否过热，即接近满负荷的程度。能源和食品价格可能会大幅增加，甚至是戏剧性的，但也不一定是因为经济已经接近满负荷产出。由于成本方面的不良冲击，它们可能会增加。即使经济远非接近满负荷产出，恶劣天气也可能导致食品价格飙升。即使经济远未充分就业，中东战争也可能导致油价大幅上涨。由于这两类支出波动很大，美联储更多地依赖核心个人消费支出的价格指数，因为它决定经济是否面临通胀问题。

一些经济学家批评美联储使用核心个人消费支出的价格指数，因为它包括进口价格。个人消费支出，包括非能源和非食品支出，包括从国外购买商品和服务（进口）。进口价格大部分由其他国家的生产商设定，美联储政策对这些生产商几乎不产生影响。该论点认为，美联储应该关注的是美国生产商设定的价格，这些价格受到美国经济状况的影响，而美联储可以影响美国经济。GDP 平减指数不包括进口价格；它是国内生产的商品和服务的价格指数。因此它是美联储可以使用的替代品，尽管它确实包括国内生产的食品和能源产品。

思考

1. 如果美联储将能源和食品价格纳入其价格水平的衡量标准，你认为美联储政策可能会如何变化？

11.3 最终的均衡

图 11.8 结合了图 11.1 中的 AS 曲线和图 11.7 中的 AD 曲线。思考一下这两条曲线上的点。AS 曲线上的每个点都是厂商做出产出和价格决策以最大化其利润的点。AD 曲线上的每个点都反映了商品市场的均衡，美联储根据美联储规则行事。这两条曲线的交点是最终的均衡点，确定总产出（Y）和价格水平（P）的均衡值；也隐含确定利率（r）、消费

11.3 学习目标

解释为什么 AD 和 AS 曲线的交点是一个均衡点。

224

（C）和计划投资（I）的均衡值。

AS/AD 模型的外生变量（即模型未解释的变量）是政府支出（G）、Z 中的因子，以及使 AS 曲线移动的外部成本，如油价。净税收（T），本章未讨论但在第 9 章中讨论过，也是外生的。（第 9 章中的净税收是商品市场扩展模型的一部分。）如图 11.8 所示，G 的增加使 AD 曲线向右移动，Z 的增加使 AD 曲线向左移动。这些移动已经讨论过了。该图还指出，成本的增加使 AS 曲线向左移动。这些成本最好被视为油价等成本。

本章的其余部分将更详细地讨论 AD 和 AS 曲线，然后第 12 章将使用 AS/AD 框架分析货币和财政政策效应以及其他宏观经济问题。第 12 章将展示 AS/AD 模型在宏观经济学中分析许多有趣和重要问题的能力。

11.4 AD 曲线向下倾斜的其他原因

11.4 学习目标

给出 AD 曲线可能向下倾斜的另外两个原因。

在前面的分析中，AD 曲线向下倾斜，因为美联储在 P 上涨时提高利率，并且利率对计划投资产生负面影响。实际情况也是如此，利率对消费产生负面影响，因此计划投资取决于利率不是利率与计划总支出之间的唯一联系。我们在第 8 章中简要地指出，消费取决于利率，我们将在第 15 章中更详细地讨论这一点。这里的主要观点是，计划投资并不是将利率变化与计划总支出变化联系在一起，从而导致 AD 曲线向下倾斜的唯一因素。

此外，AD 曲线向下倾斜的另一个原因是影响消费的实际财富效应。我们在第 8 章中指出并将在第 15 章中详细讨论消费取决于财富。在其他条件相同的情况下，家庭拥有的财富越多，他们消费的越多。财富包括持有货币、股票、债券和住房等。如果家庭财富减少，结果将是现在和未来的消费减少。价格水平对某些财富产生影响。假设你在支票账户

225

▶ **图 11.8 均衡产出和价格水平**

总产出和总体价格水平由 AS 和 AD 曲线的交点确定。这两条曲线代表着家庭、厂商和政府的决策。

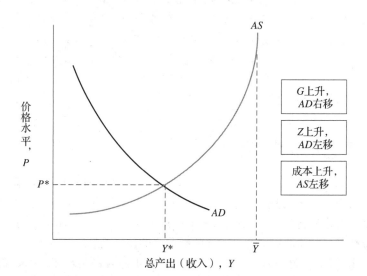

或货币市场基金持有 1 000 美元，价格水平上涨 10%。现在你的持股价值减少了 10%，因为用 1 000 美元购买的商品价格都增加了 10%。持有的购买力（或"实际价值"）下降了 10%。价格水平的上涨也可能降低股票和住房的实际价值，但这取决于整体价格水平上涨时股价和房价会发生什么变化。如果股票价格和房价上涨与整体价格水平相同，股票和住房的实际价值将保持不变。如果价格水平的上升确实降低了财富的实际价值，这是 AD 曲线下降的另一个原因。如果实际财富下降，这会导致消费减少，从而导致计划总支出减少。因此，如果在价格水平上升时实际财富下降，那么通过这种**实际财富效应**（real wealth effect），价格水平与产出之间存在负相关关系。

实际财富效应： 消费的变化是由价格水平变化导致的实际财富变化带来的。

11.5 长期 AS 曲线

11.5 学习目标

讨论长期总供给曲线的形状，并解释实现潜在 GDP 产出水平的长期市场调整。

我们在假设工资是黏性的情况下得出了短期 AS 曲线。然而，这并不意味着黏性永远存在。随着时间的推移，工资随着更高的价格调整。当工人与厂商就工资进行谈判时，他们会考虑最近的价格变化。如果从长远来看工资完全随着价格变化而变化，那么长期 AS 曲线将是垂直的。我们可以在图 11.9 中看到原因。最初，经济在 P_0 的价格水平和 Y_0 的总产出（AD_0 和 AS_0 相交的 A 点）处于均衡状态。现在假设 AD 曲线从 AD_0 移动到 AD_1。为了应对这种转变，价格水平和总产出在短期内分别上升到 P_1 和 Y_1（AD_1 和 AS_0 相交的点 B）。假设工资变化滞后于价格变化，向上倾斜的 AS_0 曲线上 Y 从 Y_0 增加到 Y_1。在 B 点，实际工资（名义工资除以价格）低于 A 点。

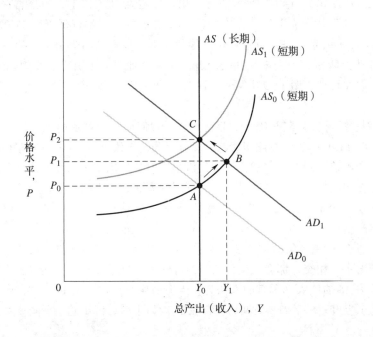

▶ **图 11.9 长期总供给曲线**

当 AD 曲线从 AD_0 移动到 AD_1 时，均衡价格水平最初从 P_0 上升到 P_1，产出从 Y_0 上升到 Y_1。工资在较长期会变动，将 AS 曲线从 AS_0 移动到 AS_1。如果工资完全调整，产出将回到 Y_0。Y_0 有时被称为潜在 GDP。

现在，随着工资增加，短期 AS 曲线向左移动。如果工资完全调整，AS 曲线将随着时间的推移从图 11.9 中的 AS_0 转移到 AS_1，产出将返回到 Y_0（AD_1 和 AS_1 相交的点 C）。因此，当工资完全适应价格时，长期 AS 曲线是垂直的。在 C 点，实际工资回到 A 点。当然，价格水平更高。

通过查看图 11.9，你可以开始了解为什么关于 AS 曲线形状的争论在政策辩论中如此重要。如果我们已经绘制的长期 AS 曲线是垂直的，那么将 AD 曲线向右移动的因素——例如增加政府支出——只会最终提高价格水平。如果短期 AS 曲线也非常陡峭，即使在短期内，AD 曲线的任何偏移的大部分影响都会体现在价格水平的上升而不是总产出的增加。另一方面，如果 AS 曲线是平坦的，AD 曲线的移动会对总产出产生很大的影响，至少在短期内如此。我们将在下一章更详细地讨论这些政策效果。

11.5.1 潜在 GDP

回想一下，即使是短期 AS 曲线在某个特定产出水平上也会变为垂直。短期 AS 曲线的垂直部分存在，因为经济体在任何给定时间段内可以产出的数量存在物理限制。在实际限制中，所有工厂都在全天候运营，许多工人正在加班，并且没有周期性失业。

请注意，图 11.9 中短期 AS 曲线的垂直部分位于 Y_0 的右侧。如果短期 AS 曲线的垂直部分代表"生产能力"，那么长期 AS 曲线产出水平 Y_0 的性质是什么？ Y_0 代表了在没有通货膨胀的情况下长期可以维持的总产出水平。它有时被称为**潜在产出或潜在 GDP**（potential output，or potential GDP）。在不同情况下，产出可以被推到 Y_0 以上，但是当它出现时，工资就会有上行压力。（请记住，B 点的实际工资低于图 11.9 中的 A 点。）随着经济接近短期生产能力，由于厂商试图吸引更多的人加入劳动力队伍，工资率往往会上升，工人会加班。工资上涨将短期 AS 曲线向左移动（图 11.9 中从 AS_0 到 AS_1）并将产出移回 Y_0。

短期均衡低于潜在产出　到目前为止，我们认为如果短期 AS 和 AD 曲线在图 11.9 中的 Y_0 右侧相交，工资将上升，导致短期 AS 曲线向左移动并将产出推回到 Y_0。虽然不同的经济学家对如何确定一个经济体是否处于潜在产出或高于潜在产出方面有不同的看法，但人们普遍认为，经济体存在一个最大产出水平（在短期 AS 曲线的垂直部分的下方），而且这个产出水平可以在无通货膨胀的情况下保持下去。

那么 Y_0 左边的短期均衡怎么样？如果短期 AS 和 AD 曲线在低于潜在产出水平相交，那会发生什么？经济学家在这里再次有不同看法。那些认为 AS 曲线长期垂直的人认为，当短期均衡存在于 Y_0 以下时，产出将趋于上升——正如当短期均衡存在于 Y_0 以上时，产出趋于下降。其论

226　**潜在产出或潜在 GDP:** 在没有通货膨胀的情况下长期可以维持的总产出水平。

实践中的经济学

简单的凯恩斯总供给曲线

关于 AS 曲线的形状存在很多分歧。总供给曲线的一种观点，即简单的"凯恩斯主义"观点，认为在任何特定时刻，经济体都有明确定义的满负荷产出或最大产出。这个最大产出，由 Y_F 表示，定义为现有劳动力、当前资本存量和现有技术状态。这种观点认为在经济产出低于这一最大产能时，如果计划总支出增加，库存将低于计划，厂商将增加产出，但价格水平不会改变。厂商正在运营未充分利用的工厂（产能过剩），并且存在周期性失业。扩张并未对价格施加任何上行压力。但是，在经济产出接近或达到最大值（Y_F）时，如果计划总支出增加，则库存将低于计划，但厂商不能增加产出。结果将是价格水平的增加，即通货膨胀。

这个观点在右图中显示。在图的上半部分，总产出（收入）（Y）和计划总支出（$C+I+G \equiv AE$）最初在 AE_1、Y_1 和价格水平 P_1 处于均衡状态。现在假设政府支出的增加会增加计划总支出。如果这个增加将 AE 从 AE_1 移动到 AE_2，并将 AD 曲线从 AD_1 移动到 AD_2，产出的均衡水平将从 Y_1 上升到 Y_F。（请记住，扩张性政策会将 AD 曲线向右移动。）因为我们最初生产的产出低于满负荷产出（Y_1 低于 Y_F），所以价格水平将不受影响，保持在 P_1。

现在考虑如果 AE 进一步增加会发生什么。假设计划总支出从 AE_2 移动到 AE_3，AD_2 相应地移动到 AD_3。如果经济产出低于满负荷产出，产出的均衡水平将升至 Y_3。但是经济产出不能超过最大产出 Y_F。由于库存低于计划，劳动力市场充分就业，工厂被充分利用。因此，它们不能增加它们的产出。结果是总供给曲线在 Y_F

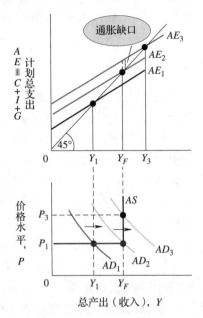

当 AE_1 是计划总支出、AD_1 是总需求时，均衡产出为 Y_1。计划总支出向 AE_2 移动，相当于 AD 曲线向 AD_2 移动，导致产出增加，但价格水平保持在 P_1。但是如果计划总支出和总需求超过 Y_F，则存在通胀缺口，价格水平上升至 P_3。

处变为垂直，并且价格水平上升至 P_3。

计划总支出与产能饱和的总产出之间的差异有时被称为通胀缺口。你可以在图的上半部分看到通胀缺口。在 Y_F（满负荷产出），计划总支出（由 AE_3 显示）大于 Y_F。价格水平上升到 P_3，直到供给的总量和需求的总量相等。

尽管新的总供给曲线提供了一些见解，但大多数经济学家认为这是不现实的。整个经济体似乎不太可能突然停滞于特定产出水平的"墙"。随着产出的扩大，一些厂商和行业将先于其他达到产能饱和。

思考

1. 为什么 AE_3 和 AE_2 之间的距离称为通胀缺口？

点是，当经济低于充分就业运行，并伴随着产能过剩和高失业时，工资可能会下降。工资下降使 AS 曲线向右移动，导致价格水平下降，总产出水平回升至 Y_0。这种自动调整只有在存在产能过剩和失业而工资迅速下降时才有效。我们将在第 13 章中详细讨论失业期间的工资调整。

总结

228

11.1 总供给（AS）曲线 页 265

1. 总供给是一个经济体中商品和服务的总供给量。总供给（AS）曲线显示了经济中所有厂商提供的总产出量与总体价格水平之间的关系。AS 曲线不是市场供给曲线，它不是单个供给曲线的简单总和。因此，我们可以将 AS 曲线视为"价格 / 产出响应"曲线，即该曲线描绘了在给定情况下经济体中所有厂商的价格和产出决策。

2. 短期 AS 曲线的形状是宏观经济学中一个备受争议的根源。许多经济学家认为，在总产出水平较低的情况下，AS 曲线相当平坦，而在高总产出水平下，AS 曲线是垂直的或接近垂直的。

3. 任何影响单个厂商边际成本曲线的因素都会改变 AS 曲线。两个主要因素是工资率和能源价格。

11.2 总需求（AD）曲线 页 268

4. IS 曲线总结了商品市场中利率与均衡产出之间的关系。政府支出（G）使 IS 曲线发生移动。

5. 美联储的行为是由利率规则即美联储规则来描述的。美联储对利率价值的选择取决于经济状况，在规则中由产出（Y）、价格水平（P）和其他因素（Z）来近似表示。美联储利用公开市场操作来实现其想要的利率价值。

6. 对于给定的 P 值，AD 曲线上的每个点都是商品市场与美联储规则的均衡。G 的增加使 AD 曲线向右移动，而 Z 的增加使 AD 曲线向左移动。

11.3 最终的均衡 页 275

7. 最终的均衡是 AS 和 AD 曲线的交点。在这一点上确定的是产出、价格水平、利率、消费、计划投资、货币需求和货币供给的均衡值。外生变量（模型未解释的变量）是政府支出、Z 中的因子、净税收（用于下一章）和成本冲击。

11.4 AD 曲线向下倾斜的其他原因 页 276

8. 消费和计划投资取决于利率，这是 AD 曲线向下倾斜的另一个原因。还有一个原因是消费也取决于实际财富。

11.5 长期 AS 曲线 页 277

9. 在长期，如果工资完全根据价格的调整而调整，那么长期 AS 曲线是垂直的。

术语和概念回顾

总供给，页 265

总供给（AS）曲线，页 265

成本冲击或供给冲击，页 267

美联储规则，页 271

IS 曲线，页 269

潜在产出或潜在 GDP，页 278

实际财富效应，页 277

方程式：$AE \equiv C+I+G$，页 268

$r = \alpha Y + \beta P + \gamma Z$，页 271

习题

11.1 总供给（AS）曲线

学习目标： 定义总供给曲线并讨论短期 AS 曲线的变化。

1.1 利用短期总供给的图形说明下列每种情况：

　　a. 劳动力规模减少

　　b. 可用资本增加

　　c. 技术变革带来生产率的提高

　　d. 石油价格下跌

11.2 总需求（AD）曲线

学习目标： 推导总需求曲线并解释 AD 曲线向下倾斜的原因。

2.1 2011 年 11 月 9 日，欧洲央行采取措施将欧洲短期利率下调四分之一个百分点至 1.25%，并在未来三年内进一步下调利率至 2014 年 9 月的 0.05%。降息是因为欧洲国家增长缓慢或经济衰退。该银行希望这一行动会对经济产生什么影响？请具体说明。对 C、I 和 Y 的期望结果是什么？

2.2 一些经济学家认为，投资者的"动物精神"在决定经济投资水平时非常重要，利率根本不重要。假设这是真的，那投资绝不取决于利率。

　　a. 图 11.4 将如何不同？

　　b. 如果利率改变了，计划总支出会发生什么变化？

2.3 描述美联储"逆风而行"的倾向。美联储的政策是否使经济趋于稳定或破坏经济稳定？

2.4 利用包括 IS 曲线和美联储规则的图形说明下列每种情况，并解释利率和产出的均衡水平会发生什么变化：

　　a. 美联储保持货币供给量不变，G 减少

　　b. G 减少，美联储改变货币供给量以保持利率不变

　　c. P 下降，G 不变

　　d. Z 增加，政府支出不变

　　e. P 上升，G 减少

2.5 AD 曲线向下倾斜，因为当价格水平较低时，人们可以买得更多，总需求增加。当价格上涨时，人们可以买得更少，总需求下降。这是对 AD 曲线形状的一个很好的解释吗？

2.6 在本书的前几章中，我们介绍了供求概念。我们做的第一件事就是推导出一个产品的价格与每个家庭每个时期所需的数量之间的关系。现在我们已经得出了所谓的总需求曲线。两者看起来相同，两者似乎都有负斜率，但逻辑完全不同。讲述一个故事，解释简单需求曲线的负斜率，另一个故事解释更复杂的 AD 曲线。

2.7 **[与页 273 "实践中的经济学"相关]** 在 2015 年 6 月 17 日的新闻发布会上，当时的美联储主席珍妮特·耶伦表示，美联储有可能在当年年底前提高利率。在那一天，美联储设定的联邦基金利率目标为 0.00%—0.25%，这是自 2009 年 1 月以来的目标。美联储自 2015 年 6 月以来的联邦基金利率目标发生了什么变化？使用美联储规则，解释美联储改变或不改变利率的决定。

2.8 **[与页 275 "实践中的经济学"相关]** 圣路易斯联邦储备银行在其网站上发布了个人消费支出（PCE）价格指数数据：https://research.stlouisfed.org/fred2/categories/9。访问该网站，查看"个人消费支出：链式价格指数"和"不包括食品和能源的个人消费支出（链式价格指数）"的 1 年、5 年和 10 年图形。使用图形中显示的这两个个人消费支出（PCE）指数的数据，解释你是否认为美联储通过关注不包括食品和能源定价的个人消费支出（PCE）指数来获得更准确的通货膨胀和经济状况。

11.3 最终的均衡

学习目标： 解释为什么 AD 和 AS 曲线的交点是一个均衡点。

3.1 使用包括 AS 和 AD 曲线的图形说明以下每种情况，并解释价格水平和总产出的均衡值会发生什么变化：

 a. G 减少，美联储保持货币供给不变

 b. 石油价格降低，G 不变

 c. Z 增加，政府支出不变

 d. 石油价格上升，G 减少

11.4 AD 曲线向下倾斜的其他原因

学习目标：给出 AD 曲线可能向下倾斜的其他两个原因。

4.1 在小岛国邦戈，国家的财富分解如下：50% 是现金支票和储蓄账户，25% 是住房，25% 是股票。去年，邦戈的通货膨胀率为 25%，房价和股票价格均上涨了 10%。解释去年邦戈的实际财富发生了什么，以及这种实际财富的变化如何解释总需求曲线的向下倾斜。

11.5 长期 AS 曲线

学习目标：讨论长期总供给曲线的形状，并解释达到潜在 GDP 产出水平的长期市场调整。

5.1 梅宝莉的经济目前处于图形 A 点的均衡状态。梅宝莉的巴尼王子已决定他希望经济增长，并已经命令梅宝莉皇家中央银行印刷更多货币，以便银行扩大贷款以刺激经济增长。解释由于巴尼王子的行为在梅宝莉经济中最有可能发生的事情，并将结果显示在图形上。

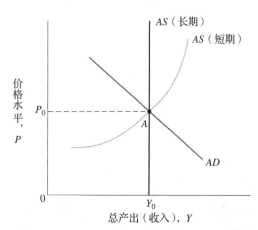

5.2 本章讨论了两个不同的产能约束：（1）现有工厂和设备的实际物理产能，显示为短期 AS 曲线的垂直部分，以及（2）潜在 GDP，导致垂直的长期 AS 曲线。解释两者之间的区别。哪个更大，满负荷 GDP 还是潜在 GDP？为什么？

5.3 在 1999 年和 2000 年期间，关于美国是否达到或高于潜在 GDP 的争论激烈。一些经济学家担心经济的运行水平高于潜在 GDP 水平，并且通胀压力正在增加。他们敦促美联储收紧货币政策，提高利率以减缓经济增长。其他人则认为，全球范围内过剩的廉价产品使得投入品价格降低，从而使价格不再上涨。通过使用总供给和总需求曲线和其他有用的图形，说明以下情况：

 a. 那些敦促美联储采取行动的人是正确的，价格在 2000 年开始上涨得更快。美联储姗姗来迟地放缓货币增长（收缩货币供给），推高利率并推动经济回到潜在 GDP。

 b. 全球供过于求的情况越来越严重，结果是尽管总需求增加，但美国的价格水平却在下降（通货紧缩）。

5.4 利用 AS 和 AD 曲线来说明，描述下列事件对价格水平和均衡 GDP 的长期影响，假定投入价格在一定的时滞后进行充分的调整以适应产出价格：

 a. 货币供给量增加超过潜在 GDP

 b. GDP 高于潜在 GDP，政府支出和货币供给量减少

 c. 从潜在 GDP 开始，中东地区的能源价格暂时上涨。美联储扩大货币供给量以应对通胀。

5.5 **[与页 279"实践中的经济学"相关]** "实践中的经济学"将简单的凯恩斯主义 AS 曲线描述为在给定固定资本存量和固定劳动供给的约束条件下存在最大产出水平的曲线。假设当厂商运营能力低于满负荷产出

时，需求增加将导致产出增加，投入品价格或产出价格没有变化，但在产出高于满负荷水平的情况下，厂商别无选择，只能在需求增加时提高价格。然而，实际短期 AS 曲线不是先平坦后垂直的。相反，当我们在图上从左向右移动时，它变得更陡峭。解释为什么。在什么情况下可能会导致 AS 曲线非常平坦的部分出现均衡？在什么情况下可能会导致 AS 曲线非常陡峭的部分出现均衡？

第 12 章

总供给 / 总需求模型中的政策效应和成本冲击

在奥巴马政府的两个任期中，共和党人和民主党人在整体政府预算上争论激烈。如何提高或降低税收？如何提高或降低政府支出？这场辩论有一些是意识形态上的，因为美国政治领导人在诸如政府应该有多大等问题上存在分歧。其他争论集中在更多的经济问题上：经济是坚定地走上了增长道路还是仍然容易受到失业问题的影响？无论特定政策的动机是什么，在政治过程中关于税收和支出的决策都会产生重要的宏观经济后果。上一章中学习的 *AS/AD* 模型是我们探索这些后果的关键工具。

12.1 财政政策的效应

学习目标　232

使用 AS/AD 模型分析财政政策的短期和长期效应。

在第 11 章中，我们讨论了政府在商品和服务上的支出（G）作为我们的财政政策变量。但政府也会收取税款并将资金用于转移支付，这些也是财政政策故事的重要组成部分。事实上，美国最近的政治辩论大多数集中在正确的税收水平问题上。现在我们来看看使用 AS/AD 模型视角下的政府支出和税收。

我们将在本章继续使用 T 来表示净税收，即税收减去转移支付。T 的下降与 G 的增加具有相同的定性效果。随着税收的降低，家庭拥有更多的可支配收入，并导致其消费增加。我们从第 9 章了解到，税收乘数的绝对值小于政府支出乘数，但两者的经济效应相似。（你可能希望复习此内容。）净税收的减少，如 G 的增加，将使 AD 曲线向右移动（因为乘数较小，所以没有那么多）。

当政府支出增加或净税收减少，从而使 AD 曲线右移，经济会发生什么变化？回答这个问题的关键是知道在应用这种财政刺激时经济的 AS 曲线。在图 12.1 中，当我们使用财政政策来移动 AD 曲线时，假设经济处于 AS 曲线的近似平坦部分（A 点）。此处的经济产出并不接近满负荷产出。如图所示，在 AS 曲线的该区域中 AD 曲线的移动导致相对较小的价格上升以及相对较多的产出增加。均衡 Y 的增加（从 Y_0 到 Y_1）远大于均衡 P 的增加（从 P_0 到 P_1）。这里的扩张性财政政策运作良好，产出增加而价格水平几乎没有增加。当经济处于 AS 曲线的近乎平坦的部分时，厂商的生产产出远低于满负荷产出，它们将通过增加产出而不是提高价格来应对需求的增长。

图 12.2 显示了当经济在 AS 曲线的陡峭部分（B 点）运行，相对于其资源处于高产出水平时，政策刺激发生时会出现什么情况。在这种情况下，扩张性财政政策导致均衡产出（从 Y_0 到 Y_1）的小幅变化和均衡价格水平的大幅变化（从 P_0 到 P_1）。此处扩张性财政政策效果不佳。产

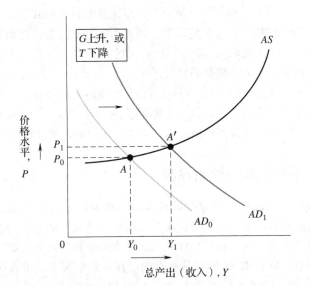

◀ **图 12.1　当经济处于曲线的近似平坦部分时，AD 曲线的变化**

233

▶ **图 12.2   当经济处在满负荷产出或接近满负荷产出时，AD 曲线的变化**

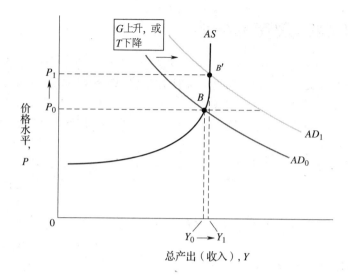

总产出（收入），Y

出乘数接近于零。产出最初接近满负荷产出，并且试图进一步增加产出主要导致更高的价格水平。

确保你理解当我们在 AS 曲线的陡峭部分时背后在发生什么。增加政府支出 G 将增加对企业商品的需求。由于厂商接近满负荷产出，因此提高产出很困难，厂商主要通过提高价格来应对。总体价格水平（P）的上涨引发了美联储的行动，因为价格水平在美联储规则中。因此，当 P 上升时，美联储会增加利率（r）。较高的利率降低了计划投资。如果由于经济接近满负荷产出而无法大幅增加总产出，那么利率必须上升到使计划投资减少到抵消新均衡中政府支出的增加。在这种情况下，计划投资几乎完全被挤出。政府支出取代了私人投资。

在图 12.2 中，如果在 AS 曲线陡峭部分的净税收（T）减少，对企业产出品的消费需求增加（因为税后收入增加）。企业大多再次提高价格，因此 P 上涨，美联储提高利率，利率的提高将降低计划投资。如果总产出变化不大，则利率必须上升，以使计划投资的减少大致等于新均衡中的消费增长。在这种情况下，消费而不是政府支出挤出了计划投资。由于 T（可支配收入，Y–T，更高）的减少导致税后收入增加，因此即使产出变化不大，消费仍然较高。

请注意，在图 12.1 中，经济处于 AS 曲线的平坦部分，计划投资几乎没有被挤出。产出扩大以满足不断增长的需求。由于价格水平上涨幅度很小，美联储不会大幅提高利率，因此计划投资几乎没有变化。

12.1.1 财政政策的长期效应

我们现在可以转而研究财政政策的长期效应。大多数经济学家认为，从长远来看，工资在一定程度上会调整以适应不断上涨的价格。最终，随着价格的上涨，我们预计工人会要求并获得更高的工资。如果工资完全调整，则长期 AS 曲线是垂直的。在这种情况下，很容易看出财政政策对产出没有影响。如果政府增加 G 或减少 T，从而改变 AD 曲线，全部效应则体现在价格水平上。在这里，对财政政策的长期反应非常类似于短期 AS 曲线的陡峭部分。

因此，我们看到在宏观经济学中备受争议的关键问题是，工资如何快速调整以适应价格变化。如果工资在几个月内适应价格，AS 曲线很快就会变得垂直，财政政策引起的产出增加将是短暂的。如果工资调整较慢，AS 曲线可能会在很长一段时间内保持一定的上升趋势，而且人们会对财政政策的有效性更有信心。虽然大多数经济学家认为短期内工资调整缓慢，因此财政政策在短期内有潜在影响，但对长期 AS 曲线形态的共识较少。有趣的是，经济学家关于财政政策有效性的看法——政府是否可以将自己从低产出状态中解脱出来——的概念总结在于他们是否认为长期的 AS 曲线是垂直的或向上倾斜的。

宏观经济学家之间存在的另一个分歧是第 11 章图 11.8 中低于潜在产出 $\bar{Y}$ 的均衡点是否可以自我修正（即没有政府干预）。如果低于潜在产出的均衡是自我修正的，那么经济将在 AS 曲线的平坦部分上花费很少的时间。回想一下，那些相信一条垂直长期 AS 曲线的人认为经济疲软会对工资产生下行压力，导致短期 AS 曲线向右移动并推动总产出回到潜在产出水平。其他经济学家认为，在闲置时期工资不会大幅下降，经济可能会在 AS 曲线平坦区域内"陷入"低于潜在产出的均衡状态。在这种情况下，货币和财政政策对于恢复全面就业是必要的。我们将在第 13 章回到这个议题。

我们将在第 17 章讨论的"新古典"经济学假设价格和工资是完全灵活的，并且可以根据不断变化的条件迅速调整。例如，新古典经济学家认为，工资率变化不会落后于价格变化。新古典学派的观点与垂直 AS 曲线的存在一致，即使在短期内也是如此。另一种观点是简单"凯恩斯主义"的总供给观点。持这种观点的人认为，AS 曲线在满负荷产出的地方存在一个拐点，正如我们在第 11 章"实践中的经济学"中的"简单'凯恩斯主义'总供给曲线"中所讨论的那样。正如我们所看到的，这些对市场行为方式的不同看法对经济学家给政府的建议有很大影响。

12.2 货币政策的效应

货币政策由美联储控制，我们假设其行为符合第 11 章所述的美联储规则。美联储选择的利率值（r）取决于产出（Y）、价格水平（P）和其他因素（Z）。美联储通过公开市场操作实现它想要的利率值。但美联储在遵循其规则的情况下如何有效地推动经济发展？我们需要考虑 AS/AD 模型的几个特征，以理解美联储的有效性。

12.2.1 美联储对 Z 因子的回应

我们在第 11 章中指出，美联储不仅仅是一个计算器，以机械方式回应 Y 和 P。美联储受到我们模型之外的事物的影响。从消费者情绪的报告来看，美联储可能会认为经济比只关注产出和价格水平的人们认为的更脆弱。或许美联储担心国际舞台上不利的事情。如果这些"Z"因素中的一个（正如我们所说的那样）发生变化，美联储可能决定将利率设定为高于或低于规则中要求的 Y 和 P 值。

因为 Z 在 AS/AD 模型之外（即模型的外生变量），我们可以思考 Z 的变化对模型的影响。事实上，我们已经在第 11 章的图 11.7 中看到了这个问题的答案。Z 的增加，如消费者信心的增加，可能促使美联储提高利率，从而将 AD 曲线向左移动。请记住，Z 的增加导致美联储将利率设定为高于 Y 和 P 单独所要求的利率。同样，Z 的减少，比如对中国或欧洲经济的担忧，导致货币政策放松，鼓励更多的计划投资将使 AD 曲线向右移动。

在上一节中，我们使用了 G 和 T 改变 AD 曲线以分析财政政策在不同情况下（AS 曲线的平坦、正常或陡峭部分）的有效性。同样的分析也适用于 Z。美联储针对 Z 变化设定的利率变化也会产生不同的影响，这取决于我们在 AS 曲线上的位置。

12.2.2 当美联储更关心价格水平而不是产出时，AD 曲线的形状

在代表美联储规则的等式中，我们使用 α 作为产出的权重，使用 β 作为价格水平的权重。这两个系数的相对大小可以被视为衡量美联储关注产出与价格水平的关系。[①] 如果 α 相对于 β 而言较小，这意味着相对于产出，美联储对稳定价格有偏好。在这种情况下，当美联储看到价格上涨时，它会对利率大幅上升作出反应，从而降低计划投资和产出。在这种情况下，AD 曲线相对平坦，如图 12.3 所示。美联储愿意接受 Y 的大幅变动以保持 P 稳定。当我们讨论成本冲击时，我们将回到图 12.3。

相对于产出，美联储对价格水平的重视程度与通胀目标问题有关，本章末尾将对此进行讨论。如果货币当局参与通胀目标制，那么它将以通货膨胀好像是其利率规则中的唯一变量一样行动。

12.2.3 当存在零利率限制时会发生什么？

自 2008 年以来，美国的短期利率已接近于零。出于所有实际目的，利率不能为负。我们不会在人们储蓄时收费，也不会在人们借贷时付钱。利率以零为界的事实对 AD 曲线的形状有影响，我们现在将对此进行解释。

---

① 请记住，美联储实际上关心通货膨胀，即 P 的变化，而不是 P 本身的水平。我们使用 P 作为近似值。此外，由于产出对就业的影响，美联储关注产出。

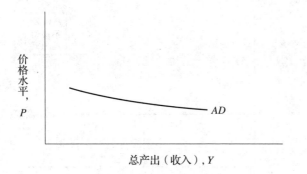

◀ 图 12.3　当美联储更关心价格稳定而不是产出时，*AD* 曲线的形状

让我们从美联储规则开始吧。假设经济在产出、价格水平和 *Z* 因子方面的条件使美联储想要负利率。在这种情况下，美联储最多是为 *r* 的价值选择零，这也是自 2008 年以来（在撰写本书时）它主要做的事。这称为**零利率限制**（zero interest rate bound）。如果 *Y* 或 *P* 或 *Z* 开始增加，那么美联储规则将要求 *r*（利率）为正值，此时美联储将利率从零移动到正值。事实上，美国多年来利率一直维持在零，这表明，*Y*、*P* 和 *Z* 的水平很可能需要多年的负利率。在这种情况下，*Y*、*P* 和 *Z* 的值远低于它们必须诱导美联储移动到美联储规则中的正利率所必需的值。我们将此情况称为**约束情况**（binding situation）。

第 11 章中的图 11.6 在约束情况下是什么样的？如图 12.4 所示。在这种情况下，利率始终为零，因此均衡就是 *IS* 曲线过零的地方。在这种约束情况下，*P* 和 *Z* 的变化不会移动任何曲线（如图 11.6 所示），因为利率总是为零。在约束情况下，*AD* 曲线是垂直的，如图 12.5 所示。很容易理解为什么。在正常情况下，*P* 的增加导致美联储提高利率，这将降低计划投资，从而降低产出。*P* 的减少导致相反的情况。在约束情况下，当 *P* 变化时利率不会改变（利率总是为零），因此计划投资和产出不会改变。对于具有斜率的 *AD* 曲线，当价格水平发生变化时，利率必须发生变化，这在约束情况下不会发生。另请注意，*Z* 因子的变化不会在约束情况下移动 *AD* 曲线（与第 11 章中的图 11.7 中的情况不同）。利率始终为零；当 *Z* 因子在约束情况下发生变化时，利率不会改变。

你应该注意到，政府支出（*G*）和净税收（*T*）的变化仍然会改变 *AD* 曲线，即使它是垂直的。事实上，由于利率没有增加，当 *G* 增加或 *T* 减少时，没有计划投资或消费的挤出，政府支出和净税的变化对 *AD* 曲线的改变甚至更大。当 *AD* 曲线垂直时，财政政策可用于增加产出，但货币政策则不能。你可能会问，如果经济处于 *AS* 曲线的近乎垂直部分，并且垂直的 *AD* 曲线向 *AS* 曲线垂直部分的右侧移动，结果是什么？结果是 *AD* 曲线和 *AS* 曲线没有交点。这里的模型会崩溃，但幸运的是，这不是一个现实的案例。如果经济处于 *AS* 曲线的近乎垂直的部分，产出和可能的价格水平将会很高，在这种情况下美联储不太可能想要负利率。因此 *AD* 曲线不是垂直的。

零利率限制：利率不能低于零。

约束情况：美联储规则要求负利率的经济状况。

236

▶ **图12.4　当利率为零时商品市场的均衡。在约束情况下，P和Z的变化不会移动$r=0$线**

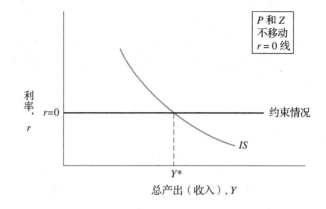

▶ **图12.5　在约束情况下的AD曲线。在约束情况下，利率总是零**

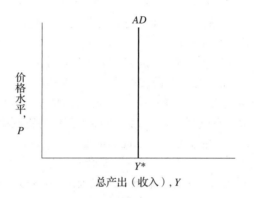

237

学习目标

解释经济冲击如何影响AS/AD模型。

12.3 对经济系统的冲击

12.3.1 成本冲击

　　假设我们有一个突然而严重的寒流，可以杀死世界上大部分的饲养鱼。或者假设中东战争爆发，该地区的石油供应被切断。这些事件如何影响经济中的总产出和价格水平？当这样的事情发生时，美联储可能会做些什么？ AS/AD模型可以用来帮助指导我们解答这些问题。

　　这些例子是第11章介绍的成本冲击。我们仔细选择了这些例子。在这两种情况下，冲击发生在被广泛用作各种其他产品生产的投入品中。因此，鱼市或石油市场的灾难可能会立即增加许多企业的成本。AS曲线向左移动，因为经历这些新成本的企业提高了价格以抵消新的更高成本。

滞胀：失业和通货膨胀同时增长。

　　图12.6显示了当AS曲线向左移动时经济会发生什么。这导致了**滞胀**，即失业和通货膨胀的同时增长。滞胀如图12.6所示，均衡产出从Y_0下降到Y_1（且失业上升），同时均衡价格水平从P_0上升到P_1（通货膨胀上升）。产出下降的原因是P的增加导致美联储提高利率，从而降低计划投资和产出。请记住，美联储规则是"逆风而行"的规则，当价格水平上涨时，美联储就会逆风而行，提高利率。

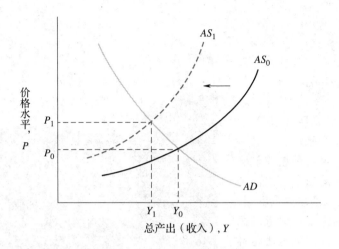

我们在前两节中已经看到，在分析 G、T 和 Z 变化的影响时，AS 曲线的形状很重要。另一方面，在分析成本冲击的影响时，重要的是 AD 曲线的形状。例如，考虑 AD 曲线相当平坦的情况，如图 12.3 所示。在这种情况下，相对于产出，美联储更重视价格的稳定性，因为它不太关心失业成本。在这种情况下，AS 曲线的向左移动导致产出的大幅减少，大于价格水平的增加。美联储正在大幅提高利率，降低计划投资和产出，以抵消成本冲击的大部分价格效应。如果 AD 曲线的形状更像图 12.6 中的那个，价格水平上升得更少，产出下降得更多。

一个有趣的例子是垂直的 AD 曲线，如图 12.5 所示。请记住，这是具有零利率的约束情况。当 AD 曲线垂直且 AS 曲线向左移动时，产出没有变化。唯一的变化是更高的价格水平。在约束情况下，P 的增加不会改变 r（r 仍为零），因此计划投资不受影响，从而产出不受影响。请记住，只要零利率情况仍然具有约束力，这个故事就会成立。在某些时候，如果 AS 曲线存在大的向左移动，则 P 将足够高以使约束情况不再成立。发生这种情况时，图 12.5 不相关，我们回到图 12.6。

当价格水平因 AS 曲线向左移动而上升时，这称为**成本推动型通货膨胀或供给方通货膨胀**（cost-push, or supply-side, inflation）。正如我们所看到的，这伴随着较低的产出。因此，存在更高的通货膨胀更低的产出，或滞胀。

成本推动型通货膨胀或供给方通货膨胀：由成本增加引起的通货膨胀。

238

12.3.2 需求方冲击

我们从前两节中了解到，扩张性财政政策（G 增加或 T 减少）和扩张性货币政策（Z 减少）将使 AD 曲线向右移动并导致更高的价格水平。这是由需求增加引起的价格水平上升，称为**需求拉动型通货膨胀**（demand-pull inflation）。与成本推动型通货膨胀相反，需求拉动型通货膨胀对应于较高的产出而非较低的产出。

还有其他外生于模型的需求变化的来源，这些我们可以置于需求方冲击的总体标题之下。如第 5 章所述，在 20 世纪 30 年代宏观经济学

需求拉动型通货膨胀：由总需求增加引发的通货膨胀。

实践中的经济学

季风季节加剧印度通货膨胀

在 2012 年，印度季风降雨量低于正常水平。对于水稻作物来说，这是一次巨大而不利的冲击。水稻种植在储满水的稻田中，随着天气的影响，国内产量大幅下降。印度是大米的主要消费国，其结果是稻米价格大幅上涨。附近的国家也在种植大米，如泰国，但无法弥补印度的生产不足，大米价格在整个东南亚地区上涨。

对于像美国这样的国家，大米价格的上涨可能对整体价格影响不大。美国有很多水稻的替代品，水稻在平均家庭预算中起着很小的作用。对于印度来说情况并非如此，印度更贫穷（意味着食品一般是预算的一大部分），而且印度更依赖于大米。对于印度而言，天气冲击对大米的影响可能会增加整体通货膨胀率，

按美国标准计算，整体通货膨胀率已高达 10%，印度政府仍在努力试图控制这种（供给）冲击。

思考

1. 印度经济的哪两个特征意味着大米价格的上涨可能会在整个经济中蔓延并影响整体通货膨胀率？

刚刚开始时，约翰·梅纳德·凯恩斯介绍了投资者的"动物精神"。凯恩斯的动物精神是他描述的对经济的一种乐观或悲观的看法，这可能会支撑或阻碍经济。动物精神虽然对经济可能很重要，但我们的模型并没有解释。在目前的背景下，动物精神的改善——例如，消费者信心的提升——可以被认为是一种"需求方冲击"。

比方说，当需求方面出现正面冲击时会发生什么？AD 曲线向右移动。这将导致产出的一些增加和价格水平的一些提高，每个变化都取决于经济在 AS 曲线上的位置。需求冲击不是由财政或货币政策变化引发的，而是由模型外的变化引发的。需求方冲击导致的任何价格上涨也被视为需求拉动型通货膨胀。

12.3.3 经济预期

动物精神可以被视为对未来的期望。总体而言，预期可能对经济产生重要影响，但很难预测或量化。无论预期是如何形成的，厂商对未来价格的预期可能会影响它们当前的价格决策。如果一家厂商预期其竞争对手将提高价格，它可能会因此提高自己的价格。因此，未来价格预期

的增加可能会使 AS 曲线向左移动，从而起到类似成本冲击的作用。这是如何发生的？

考虑一家在不完全竞争市场中制造烤面包机的厂商。烤面包机制造商必须决定以多少价格把烤面包机卖给零售店。如果它高估价格，比其他烤面包机制造商收取的价格更高，它将失去许多客户。如果它低估了价格，比其他烤面包机制造商收取的价格低很多的话，它将得到客户，但单位销售收入就会受到损失。厂商的最优价格——最大化厂商利润的价格——可能与竞争对手的平均价格相差不多。如果它在设定自己的价格之前不知道其竞争对手的计划价格（通常是这种情况），它必须将其价格基于它对竞争对手的价格的预期。

假设通货膨胀率每年约为 10%。我们例子中的厂商可能预期其竞争对手今年的价格将提高 10% 左右，因此它可能会将自己的烤面包机的价格提高约 10%。这种反应就是预期"融入系统"的方式。如果每家厂商都预期其他厂商将价格提高 10%，那么每家厂商都会将价格提高 10% 左右。每家厂商最终都会达到预期的价格涨幅。

预期会影响价格水平这一事实令人烦恼。期望可能导致思维惯性，使得通胀螺旋上升。如果价格一直上涨，并且人们的期望是适应性的——也就是说，如果他们根据过去的定价行为形成他们的期望——即使需求放缓或收缩，厂商也可能继续提高价格。就 AS/AD 图而言，导致厂商提高价格的通胀预期增加会使 AS 曲线向左移动。请记住，AS 曲线代表厂商的价格／产出回应。如果厂商因通胀预期的变化而提高价格，那么结果就是 AS 曲线向左移动。

鉴于预期对通货膨胀的重要性，许多国家的中央银行都会对消费者的预期进行调查。例如，英国的英格兰银行在 2013 年 2 月的一项调查发现，消费者预期 2013—2014 年间的通货膨胀率为 3.2%。印度央行的一项类似调查发现消费者对这一时期的通货膨胀预期在 10% 左右。中央银行的目标之一是尽量压低对通货膨胀的预期。

12.4 1970 年以来的美国货币政策

12.4 学习目标
讨论 1970 年以来的美国货币政策。

在第 9 章末，我们比较了克林顿、布什和奥巴马政府的财政政策。在本节中，我们将回顾 1970 年以来的美国货币政策。货币政策是指美联储的利率行为。美联储如何根据经济状况改变利率？

图 12.7 绘制了可用于描述美联储行为的三个变量。利率是 3 个月期国库券的利率，与美联储实际控制的利率（即美国联邦基金利率）紧密相关。为简单起见，我们将 3 个月期国库券的利率视为美联储控制的利率，我们将其称为"利率"。通货膨胀是 GDP 平减指数在过去四个季度中的百分比变化。该变量也绘制在第 5 章的图 5.6 中。产出是实际 GDP 与其趋势的百分比偏差。（实际 GDP 本身被绘制在第 5 章的图 5.4 中。）通过观察与其趋势的百分比偏差，我们更容易看到实际 GDP 的波动。

240

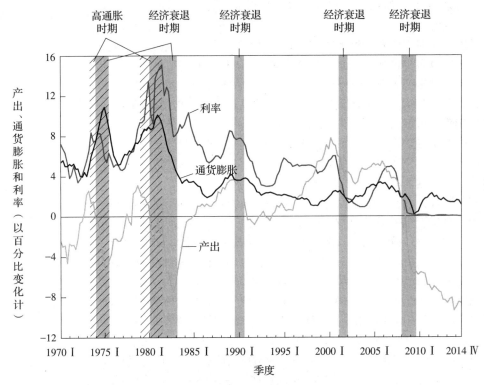

▲ 图 12.7　1970 Ⅰ—2014 Ⅳ 产出、通货膨胀和利率

美联储在两个通货膨胀时期都有很高的利率，而从 20 世纪 80 年代中期以来一直处于低利率状态。它在 1990 Ⅲ—
1991 Ⅰ、2001 Ⅰ—2001 Ⅱ和 2008 Ⅰ—2009 Ⅱ衰退中积极降低了利率。产出是实际 GDP 与其趋势的百分比偏差。通货
膨胀是 GDP 平减指数四个季度百分比变化的平均值。利率是 3 个月期国库券的利率。

　　回顾第 5 章，我们称 1970 年以来的五个时期为"经济衰退时期"，
两个时期为"高通胀时期"。这些时期在图 12.7 中标注显示。经济衰退
和高通胀时期在 20 世纪 70 年代后半期和 80 年代初期有相当大的重叠。
1981 年之后，没有更高的通货膨胀时期，但有三个经济衰退时期。因
此，在这个时期的早期阶段存在一些滞胀，但在后期却没有。

　　从本章前面我们知道，滞胀对政策制定者来说是个坏消息。无论美
联储做什么，都会导致产出或通胀恶化。如果美联储提高利率来降低通
货膨胀，代价是使产出状况（以及失业率）变差。如果美联储降低利
率来帮助增加产出（这会降低失业率），但这会导致通货膨胀恶化。美
联储究竟做了什么？从图 12.7 可以看出，即使产出较低且失业率较高，
美联储在通胀高位时提高利率。因此，在此期间美联储似乎更担心通胀
而不是失业。尽管产出很低，但在 1979—1983 年间利率非常高。如果
美联储在这一时期没有如此高的利率，经济衰退可能不会那么严重，但
通胀情况会更糟。当时的美联储主席保罗·沃尔克被誉为一个与通胀斗
争的英雄，那一时期被称为"沃尔克经济衰退"。

　　1983 年通货膨胀率降至 4% 左右后，美联储开始降低利率，这有助

于提高产出。在 1988 年，由于通货膨胀开始略有上升且产出强劲，美联储提高了利率。在 1990 年至 1991 年经济衰退期间以及 2001 年经济衰退期间，美联储积极采取行动降低利率。在 2003 年，国库券利率低于 1%。美联储随后改变了方向，2006 年利率上升至接近 5%。美联储随后在 2007 年底再次逆转利率，并开始降低利率以努力应对预期即将到来的经济衰退。经济衰退确实来了，美联储从 2008 年开始将利率降至接近零。从那时起，利率基本保持在零。这是本章前面讨论的零利率限制。2008 年第四季度至 2014 年第四季度是一个"约束情况"时期。

因此，1970 年以来的美联储行为相当容易总结。美联储在 20 世纪 70 年代和 80 年代初期普遍采用高利率来对抗通货膨胀。1983 年以来，按历史标准衡量，通货膨胀一直很低，美联储在 1983 年至 2008 年期间一直试图平稳产出波动。2008 年底以来，存在零利率限制。

12.4.1 通胀目标制

世界上一些货币当局参与所谓的**通胀目标制**（inflation targeting）。如果货币当局以这种方式行事，它会宣布通货膨胀率的目标值，通常为一年或更长时间的范围，然后选择其利率值，目的是将实际通货膨胀率保持在某些指定范围内。例如，目标值可能为 2%，带宽为 1% 到 3%。然后货币当局会试图将实际通货膨胀率保持在 1% 至 3% 之间。在一年或更长时间内，货币当局不会期望将通货膨胀率保持在每月 1% 至 3% 之间，因为有一些临时因素（例如天气）可以推动每个月的通货膨胀率，这些因素是货币当局无法控制的。但是超过一年或更长时间，预期通货膨胀率将在 1% 至 3% 之间。印度近几年一直在与通货膨胀作斗争，已将 2015—2016 年的通胀目标定为 6%，到 2017—2018 年降至 4%。

关于通胀目标制是否是一个好主意，存在很多争论。它可以降低通货膨胀的波动，但可能会以较大的产出波动为代价。

当本·伯南克在 2006 年被任命为美联储主席时，一些人想知道美联储是否会朝通胀目标制的方向发展。伯南克过去一直主张支持通胀目标制。然而，没有证据表明美联储在伯南克担任美联储主席期间这样做了。你可以在图 12.7 中看到，美联储在预期经济衰退时开始降低利率，这看起来不像通胀目标制。

通胀目标制：当货币当局选择其利率值时，目的是在某些特定时期内将通货膨胀率保持在某个特定范围内。

241

12.5 前瞻

到目前为止，我们尚未谈及宏观经济中的就业、失业和劳动力市场的运作，只是注意到黏性工资在建立 AS 曲线中的核心作用。下一章将把我们迄今为止所做的一切与第三个主要市场——劳动力市场——以及失业问题联系起来。

总结

12.1 财政政策的效应　页 285

1. 政府支出（G）的增加和净税收（T）的减少使 AD 曲线向右移动并增加产出和价格水平。产出和价格水平增加的多少取决于经济在变化前 AS 曲线上的位置。

2. 如果 AS 曲线在长期运行中是垂直的，那么 G 和 T 的变化对长期产出没有影响。

12.2 货币政策的效应　页 287

3. 美国的货币政策由美联储规则决定，其中包括产出、价格水平和 Z 因子。Z 的变化改变 AD 曲线。

4. 相对于产出稳定性，若美联储更看重价格的稳定性，AD 曲线就越平坦。

5. 具有约束限制的情况是美联储规则要求负利率的经济状况。在这种情况下，美联储可以做的最好的事情就是零利率。

6. AD 曲线在约束情况下是垂直的。

12.3 对经济系统的冲击　页 290

7. 正的成本冲击将 AS 曲线向左移动，从而产生成本推动型通货膨胀。

8. 正的需求方冲击将 AD 曲线向右移动，从而产生需求拉动型通货膨胀。

12.4 1970 年以来的美国货币政策　页 293

9. 美联储在 20 世纪 70 年代和 80 年代初期采取高利率与通货膨胀作斗争。自 1983 年以来，按历史标准衡量，通货膨胀一直很低，美联储在 1983 年至 2008 年间一直试图平稳产出波动。2008 年底以来，存在零利率限制。

10. 通胀目标制是货币当局只重视通货膨胀的情况。它选择其利率值，目的是某个指定时间内将通货膨胀率保持在指定范围内。

术语和概念回顾

约束情况，页 289

成本推动型通货膨胀或供给方通货膨胀，页 291

需求拉动型通货膨胀，页 291

通胀目标制，页 295

滞胀，页 290

零利率限制，页 289

习题

12.1 财政政策的效应

学习目标： 使用 AS/AD 模型分析财政政策的短期和长期效应。

1.1 在 1997 年的第三季度，日本 GDP 下降超过 11%。许多人指责 1997 年春季日本的税收大幅增加，而税收大增旨在平衡预算。解释随着经济增长缓慢增加的税收如何可能导致经济衰退。不要跳过答案中的思考步骤。

如果你是日本央行行长，你会如何回应？你的政策对投资水平有何影响？

1.2 通过使用总供给和总需求曲线来讨论下列事件对价格水平和短期内均衡 GDP（Y）的影响：

a. 当经济远低于满负荷运行时，政府支出不变，施行减税政策

b. 当经济接近满负荷运行时，消费者和商业信心上升

12.2 货币政策的效应

学习目标： 使用 *AS/AD* 模型分析货币政策的短期和长期效应。

2.1 对于下列每种情况，讲述一个故事并预测对总产出（*Y*）和利率（*r*）的均衡水平的影响：

a. 在 2009 年，美联储放松货币政策旨在促进经济发展。同年，美国国会通过了《美国复苏与再投资法案》，该法案旨在为工薪家庭和企业减税并扩大现有税收抵免。

b. 在 2013 年 1 月 1 日，工资税的社会保障部分从 4.2% 上升到 6.2%，最高边际税率从 35% 上升到 39.6%。假设美联储保持货币供给 *Mˢ* 固定。

c. 在 2014 年，政府提高了税收。与此同时，美联储在推行扩张性货币政策。

d. 在 2015 年 1 月，美国消费者信心升至 2007 年以来的最高水平，这反映在消费增长上。假设美联储保持货币供给量不变。

e. 美联储试图增加货币供给以刺激经济，但工厂的运营为生产能力的 65%，并且厂商对未来持悲观态度。

2.2 派若诺亚是南极洲中部最大的国家，它收到了即将发生企鹅攻击的消息。这一消息引发了对未来的预期动摇。因此，投资支出计划急剧下降。

a. 详细解释这个事件对派若诺亚经济的影响，假设中央银行或财政部没有回应（*Mˢ*、*T* 和 *G* 都保持不变。）并讨论商品市场和货币市场的调整。

b. 为了应对投资的下降，派若诺亚国王提出增加政府支出的建议。为了资助该计划，财政大臣提出了三种备选方案：

（1）以相同的税收增加为支出融资

（2）保持税收不变，并通过发行新的政府债券向公众借款

（3）保持税收不变，通过印刷新货币来为支出融资

考虑三种融资方案，并将它们从扩张性最大排列到扩张性最小。解释你如此排名的理由。

2.3 到 2010 年夏末，美国联邦基金目标利率在 0% 到 0.25% 之间。同时，"动物精神"陷入休眠，在多数行业存在过剩产能。也就是说厂商无心新建工厂和设备，因为它们现存资本还没用完。利率处于或接近于 0，然而投资需求仍然很低。在 2010 年 8 月失业率为 9.6%。这些情况意味着货币政策很可能比财政政策在促进扩张中更有效。你是否同意，给出解释。

2.4 描述实施以下政策组合利率和总产出将会发生什么：

a. 扩张性财政政策和扩张性货币政策

b. 扩张性财政政策和紧缩性货币政策

c. 紧缩性财政政策和扩张性货币政策

d. 紧缩性财政政策和紧缩性货币政策

2.5 紧缩性政策旨在通过降低总需求和总产出来减缓经济增长并减少通货膨胀。解释为什么紧缩性财政政策和紧缩性货币政策对利率产生相反的影响，尽管它们具有降低总需求和总产出的相同目标。利用货币市场图形说明你的答案。

2.6 解释以下每种情况对总需求曲线产生的影响（如果有的话）。

a. 美联储提高贴现率。

b. 价格水平上涨。

c. 联邦政府降低联邦所得税率以刺激经济。

d. 乐观的企业增加投资支出。

e. 通货膨胀率上升 6%。

f. 联邦政府努力减少支出以减少联邦赤字。

2.7 在 2000 年上半年，日本央行将利率维持在接近零的水平，以刺激需求。此外，政府大幅增加支出和减税。慢慢地，日本 GDP 开始增长，但没有价格水平上涨的迹象。使用总供给和总需求曲线说明日本经济的位置。在 2000 年日本的短期 *AS* 曲线在哪里？

2.8 通过使用总供给和总需求曲线来说明你的观点，讨论以下事件对价格水平和短期内均衡 GDP（*Y*）的影响：

243

a. 随着经济接近满负荷运转，货币供给量增加

b. 税收减少，政府支出增加，美联储采取行动以防止产出增长

2.9 在 A 国，所有工资合同都与通货膨胀挂钩。也就是说，每个月的工资都经过调整，以反映价格水平变化所反映的生活成本的增加。在 B 国，工资没有生活费用调整，但劳动力完全是工会化的。工会就 3 年合同进行磋商。哪个国家的扩张性货币政策可能对总产出产生更大的影响？使用总供给和总需求曲线解释你的答案。

12.3 对经济系统的冲击

244

学习目标：解释经济冲击如何影响 *AS/AD* 模型。

3.1 从 2014 年 5 月到 2015 年 3 月，世界市场上的石油价格大幅下跌。对整体价格水平和实际 GDP 有何影响？使用总需求和总供给曲线说明你的答案。如果美联储持有货币供给量不变，对利率的影响是什么？讲一个完整的故事。

3.2 从下图中，根据下面的情景确定初始均衡、短期均衡和长期均衡。解释你的答案，并确定价格水平和总产出的变化。

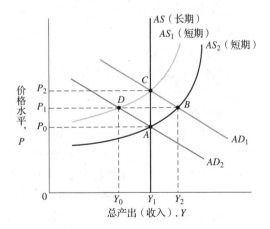

情景 1：经济最初在 A 点处于长期均衡状态，成本冲击导致成本推动型通货膨胀。政府通过实施扩张性财政政策作出反应。

情景 2：经济最初在 A 点处于长期均衡状态，政府支出增加导致需求拉动型通货膨胀。从长远来看，工资会对通胀作出反应。

情景 3：经济最初在 C 点处于长期均衡状态，联邦政府增加公司税和个人所得税。从长远来看，企业和工人会根据新的价格水平进行调整，并相应地调整成本。

情景 4：经济最初在 C 点处于长期均衡状态，能源价格显著下降。政府通过实施紧缩性财政政策作出反应。

3.3 评估以下情况：从短期来看，如果经济体的通货膨胀率为 10%，那么通货膨胀的原因并不重要。无论原因是什么，政府需要关注的唯一重要问题是价格水平上涨 10%。

3.4 **[与页 292 "实践中的经济学" 相关]** 使用总供给和总需求曲线来说明温和的季风季节对印度水稻作物的影响。解释这对印度的总产出和通货膨胀水平有何影响。

12.4 1970 年以来的美国货币政策

学习目标：讨论 1970 年以来的美国货币政策。

4.1 在 2001 年，美国经济陷入衰退。在接下来的几年里，美联储和国会采用货币和财政政策来刺激经济。获取利率的数据（如最优惠利率或联邦基金利率）。你看到美联储行动的证据吗？美联储何时开始实施扩张性政策？获取联邦总支出、税收收入和赤字数据。（试试 www. commerce. gov）。财政政策何时成为 "扩张性" 的？哪种政策似乎更多地受到政策滞后的影响？

第13章
宏观经济中的劳动力市场

在第 7 章中，我们描述了美国劳动力市场的一些特征，并解释了如何衡量失业率。在第 11 章中，我们在讨论总供给曲线时简要考虑了劳动力市场。我们了解到，劳动力市场是了解政府政策如何以及何时有用的关键。劳动力市场的黏性工资导致 AS 曲线向上倾斜，为政府支出和税收政策创造了增加总产出的空间。如果工资完全灵活，每当价格水平上涨时，工资就会上升相同的百分比，AS 曲线将是垂直的，政府试图刺激经济只会导致价格上涨。

因此，理解工资如何设定，是宏观经济学的关键。它也是该领域最有争议的部分之一。我们从对古典观点的回顾开始我们的讨论，该观点认为工资总能自动调整以出清劳动力市场，即劳动供给等于劳动需求。然后，我们考虑一系列古典假设可能出现的问题，为什么劳动力市场并不总是出清，以及失业存在的原因。最后，我们讨论通货膨胀与失业之间的关系。在我们进行分析时，重要的是要回顾为什么失业是宏观经济学的三个主要关注点之一。返回并重读第 7 章中的"失业成本"。失业给社会带来沉重的代价。

245

299

13.1 劳动力市场：基本概念

在每个月的第一个星期五，美国劳工部公布一份住户调查结果，该调查结果显示有工作的人数，即就业人数（E），以及寻找工作但找不到工作的失业者的人数（U）。劳动力（LF）是就业人数和失业人数之和：

$$LF = E + U$$

失业率（unemployment rate）是失业人数占劳动力的百分比：

$$失业率 = \frac{U}{LF}$$

失业率：失业人数占劳动力的百分比。

再次重复，失业是指一个人必须没有工作并积极寻找工作。当一个人停止寻找工作时，他或她被认为不在劳动力中，不再被视为失业者。

重要的是我们要意识到，即使经济以满负荷运行或接近满负荷运行，失业率也永远不会为零。经济是动态的。学生从学校和培训项目毕业；一些企业赚取利润并增长，而另一些企业遭受损失并停业；人们进入或退出劳动力队伍，有时改变职业生涯。人们需要时间找到合适的工作，雇主需要时间让合适的工人与他们所拥有的工作相匹配。这种**摩擦性**（frictional）和**结构性**（structural）**失业**是不可避免的，并且在很多方面都是可取的。

摩擦性失业：由于正常的劳动力市场的更替导致的那一部分失业。通常与短期的职业／技能匹配问题有关。

结构性失业：经济结构变化导致在某些特定行业的大量失业。

在本章中，我们主要关注**周期性失业**（cyclical unemployment），即经济衰退和萧条期间失业的上升。当经济收缩时，失业人数和失业率上升。美国经历了几次高失业率的时期。在经济大萧条时期，高失业率持续近十年。1982 年 12 月，超过 1 200 万人失业，失业率为 10.8%。在 2008—2009 年的经济衰退中，失业率上升至 10% 以上。

周期性失业：在经济衰退和经济萧条期间出现的失业上升。

从某种意义上说，当经济陷入低迷时，就业率下降的原因显而易见。当厂商减少生产时，它们需要更少的工人，所以人们会被解雇。总产出下降时就业率趋于下降，而总产出上升时就业率上升。然而，劳动需求下降并不一定意味着失业率会上升。如果市场像我们在第 3 章和第 4 章中所描述的那样发挥作用，那么劳动需求的下降最初将导致劳动供给过剩。结果，工资率应该下降，直到劳动供给量再次等于劳动需求量，恢复劳动力市场的均衡。虽然劳动的均衡数量较低，但在新工资率下，每个想要工作的人都会得到一个职位。

如果劳动需求量和劳动供给量能够通过工资率的升降来达到平衡，那么在摩擦性失业和结构性失业之外就不应该有持久性的失业。劳动力市场应该像供求曲线所描述的产出市场一样。这是凯恩斯之前的古典经济学家所持的观点，它仍然是许多经济学家的观点。其他经济学家认为劳动力市场与其他市场不同，工资率只能缓慢调整，以减少对劳动的需求。如果这是真的，经济可能遭受非自愿失业的影响。

13.2 劳动力市场的古典观点

劳动力市场的古典观点如图 13.1 所示。古典经济学家认为工资率调整使得需求量等于供给量，从而意味着失业不存在。如果我们看到人们失业，那只意味着他们对以市场工资工作不感兴趣。要了解如何进行工资调整，我们可以使用图 13.1 中的供需曲线。曲线 D_0 是**劳动需求曲线**（labor demand curve）。D_0 上的每个点代表厂商希望在每个给定工资率下使用的劳动数量。每家厂商决定需要多少劳动是其整体利润最大化决策的一部分。厂商通过向家庭出售产品来获利。如果其产出的价值足以证明正在支付的工资是合理的，它将雇用工人。因此，厂商雇佣的劳动数量取决于工人生产的产出价值。

图 13.1 还显示了**劳动供给曲线**（labor supply curve），标记为 S。劳动供给曲线上的每个点都代表家庭在每个给定工资率下想要供给的劳动数量。每个家庭关于提供多少劳动的决定都是家庭整体消费选择问题的一部分。每个家庭成员都会查看市场工资率、产出价格和休闲时间的价值（包括留在家里和在院子里工作或抚养孩子的价值）并选择供给的劳动数量（如果有的话）。不在劳动力市场的家庭成员已经决定他或她的时间在非市场活动中更有价值。

图 13.1 中，劳动力市场最初处于 W_0 和 L_0 的均衡状态。现在考虑一下如果劳动需求减少，古典经济学家认为会发生什么。劳动需求曲线从 D_0 移动到 D_1。新需求曲线与劳动供给曲线相交于 L_1 和 W_1。在较低的工资率下存在新的均衡，其中就业人数减少。请注意，劳动需求的下降并未造成任何失业。工作的人越来越少，但所有对工资 W_1 感兴趣的人实际上都在工作。

古典经济学家认为劳动力市场的运作——劳动供给和劳动需求的行为——从个体家庭和厂商的角度以及从社会的角度来看都是最优的。如果家庭想要的产出超过目前的产出，产出需求将增加，产出价格将上

247

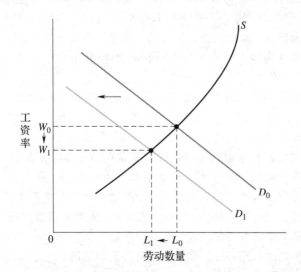

◀ **图 13.1 古典劳动力市场**

古典经济学家认为劳动力市场总是出清。如果劳动需求从 D_0 移动到 D_1，则均衡工资将从 W_0 下降到 W_1。任何想在 W_1 工作的人都会有一份工作。

工资率

W_0
W_1

0   L_1 ← L_0
劳动数量

升，劳动需求将增加，工资率将上升，更多的工人将被纳入劳动力市场。（一些不愿意以较低工资率成为劳动力一部分的人将以较高的工资率被吸引到劳动力市场。）在均衡时，价格和工资反映了家庭关于产出与休闲和非市场工作所花费的时间价值之间的权衡。在均衡状态下，不工作的人选择不以该市场工资工作。在这个意义上劳动力市场总是充分就业。古典经济学家认为，放任的市场将达到最佳效果，政府没有什么办法让事情变得更好。

13.2.1 古典劳动力市场和总供给曲线

劳动力市场的古典观点如何与第 11 章所述的垂直 AS 曲线理论相关？工资调整以出清劳动力市场的古典观点与工资对价格变化反应迅速的观点是一致的。在没有黏性工资的情况下，AS 曲线将是垂直的。在这种情况下，货币和财政政策对实际产出没有影响。事实上，在这种观点中没有失业问题需要解决！

13.2.2 失业率和古典观点

如果像古典经济学家所假设的那样，劳动力市场运作良好，那么我们如何解释失业率有时似乎很高的事实呢？有时候似乎有数百万想要以现行工资率找工作的人找不到工作。我们如何才能将这种情况与关于劳动力市场的古典假设相协调？

一些经济学家回答称，失业率并不是衡量劳动力市场是否运作良好的一个很好的指标。我们知道经济是动态的，在任何时候都有某些行业在扩张，某些行业在收缩。例如，思考一下由于建筑行业的收缩而被解雇的木匠。他可能已经有与建筑行业相关的特定技能——这些技能对于其他行业的工作并不一定有用。如果他作为一名木匠每年赚 40 000 美元，那么他在另一个行业每年可能只能赚 30 000 美元。这位木匠会以 30 000 美元的工资找工作吗？他可能不会，这至少有两个原因。首先，他可能认为建筑行业的衰退是暂时的，他很快就会恢复工作。其次，他可能错误地认为他可以在另一个行业赚取超过 30 000 美元，并将继续寻找更好的工作。

如果我们的木匠决定继续寻找每年支付超过 30 000 美元的工作，他将被视为失业，因为他正在积极寻找工作。这并不一定意味着劳动力市场不能正常运作。这位木匠选择不以每年 30 000 美元的工资工作，但如果他对建筑行业以外的任何企业提供的价值每年不超过 30 000 美元，我们就不会指望他找到一份工资超过 30 000 美元的工作。在这种情况下，政府衡量的正失业率并不一定表明劳动力市场运作不佳。它只是告诉我们，人们调整他们对劳动力市场可以获得的收益的预期很慢。

如果经济中行业变化的程度随着时间而变化，那么在某些时候会有更多人像我们的木匠一样。这种变化将导致测量的失业率波动。一些经济学家认为,即使劳动力市场运作良好,测量的失业率有时也可能看起来很高。在目前的工资水平上,劳动的供给量等于劳动的需求量。有人愿意以高于当前工资的工资水平工作并不意味着劳动力市场不再起作用。只要市场上存在向上倾斜的供给曲线(就像劳动力市场通常的情况那样),那么在比均衡价格高的价格下的供给量就总是大于均衡价格下的供给量。

对失业持这种观点的经济学家并不认为这是一个主要问题。然而,20 世纪 30 年代排队领面包的令人难以忘怀的情景依然存在于我们脑海中,许多人发现在 2012 年有超过 1 200 万人被视为失业时,他们很难相信一切都是最优的。接下来我们讨论其他关于失业的观点。

13.3 解释失业的存在

学习目标
讨论失业存在的四个原因。

我们之前和第 7 章都指出,一些失业是摩擦性或结构性的。其余的我们归类为周期性失业——随着经济周期而上下波动的失业。然而,这种分类有点过于简单。经济学家认为,失业可能高于摩擦性失业加上结构性失业,但在经济周期中并没有太大的波动。在考虑周期性失业之前,我们先讨论这些论点。

13.3.1 有效工资理论

除了摩擦性失业和结构性失业,另一个观点是**有效工资理论**(efficiency wage theory)。该理论认为,工人的生产率随着工资率的增加而增加。如果这是真的,那么厂商可能有动机支付高于均衡工资水平的工资。在均衡工资水平,劳动供给量等于劳动需求量。

有效工资理论的关键论点是,通过向工人提供超过市场工资的工资,这些工人的生产率得以提高。一些经济学家将这种较高工资的支付比作礼品交换:厂商支付的工资超过了市场工资,作为回报,工人比平时工作更努力或更富有成效地工作。对劳动力市场的实证研究已经发现,厂商可能从支付工人超过市场出清工资中获得潜在好处。其中包括员工离职率下降,士气提高,以及减少"推卸工作责任"。

在这种情况下,会有人想要在厂商支付的工资下从事工作却找不到工作。实际上,要使有效工资理论运作,厂商提供的工资必须高于市场工资。正是两者之间的差距促使那些有工作的工人超越自己。

有效工资理论: 一种对失业的解释,认为工人的生产率随着工资率的增加而提高。那么,厂商会有动力支付高于市场出清的工资。

249

13.3.2 不完全信息

到目前为止,我们一直在假设厂商确切地知道它们需要设定的工资率来出清劳动力市场。它们可能不会选择将工资设定在这个水平,但至少它们知道市场出清的工资是什么。然而,在实践中厂商可能没有足够的信息来了解市场出清的工资是什么。在这种情况下，厂商的信息不完善。如果厂商信息不完善或不完整，它们可能只是将工资设置错误——工资不能出清劳动力市场。

如果一家厂商将工资设定得过高，那么就会有更多的工人希望为该厂商工作，大于厂商想要雇佣的工人，导致一些潜在的工人被拒之门外。结果当然是失业。对这种解释的一个反对意见是，它只是在很短的时间内解释了失业的存在。一旦厂商发现它犯了错误，为什么不立即纠正错误并将其工资调整到正确的市场出清水平？为什么失业会持续存在？

如果经济很简单，厂商纠正错误的时间不应超过几个月，但是经济很复杂。虽然厂商可能意识到它们过去的错误并可能试图纠正它们，但新事件一直在发生。由于不断变化——包括不断变化的均衡工资水平——是经济的特征，厂商可能会发现很难将工资调整到市场出清水平。劳动力市场不像股票市场或小麦市场，那里市场的价格每天都在有组织的交易中确定。相反，成千上万的厂商在设定工资，数百万工人在回应这些工资。市场出清工资可能需要相当长的时间才能在均衡状态受到干扰后确定。

13.3.3 最低工资法

最低工资法： 为工资率设定底线的法律，即任何类型劳动的最低小时工资。

最低工资法（minimum wage laws）规定了工资率的最低标准——任何类型劳动的最低小时工资率。在 2015 年，在美国联邦最低工资为每小时 7.25 美元。如果某些工人群体的市场出清工资低于这一数额，该群体将失业。

工作经验相对较少的失学青少年最有可能受到最低工资法的伤害。如果一些青少年每小时只能生产价值 6.90 美元的产品，那么没有企业会愿意以 7.25 美元的工资雇佣他们。这样做会导致每小时损失 0.35 美元。在一个不受监管的市场中，这些青少年将能够以每小时 6.90 美元的市场出清工资找到工作。如果最低工资法律禁止工资降至 7.25 美元以下，这些工人将无法找到工作，他们将失业。其他可能受到伤害的人包括技能极低的人和一些最近的移民。

在最低工资立法阻止工资下降导致失业的情况下，它不会对古典观点提出挑战，而是解释当政府阻止市场模式发挥作用时会发生什么。在美国，联邦最低工资在几年内没有变化，大多数经济学家认为目前最低工资法对失业的影响很小。

就像有效工资理论和不完全信息理论一样，关于工资可以降多低的政府规定的存在，很少告诉我们周期性失业的原因。我们接下来讨论周期性失业。

13.4 解释周期性失业的存在

250

学习目标

讨论周期性失业存在的原因。

工资制定的古典模型，即使在不完全信息和有效工资的世界中，也不会将我们引向预测周期性失业。解释周期性失业需要我们研究其他理论。这些理论的关键在于解释为什么当经济活动导致厂商寻求更少的工人时，工资可能难以向下调整。如果工资向下发展时有黏性，我们在正常经济中看到的摩擦性失业和结构性失业将在经济低迷时期增长，我们将经历周期性失业。

13.4.1 黏性工资

失业（超出正常的摩擦性和结构性失业）是因为工资在下行时是有**黏性**（sticky）的。我们在构建 *AS* 曲线时简要描述了这一点。这种情况如图 13.2 所示，其中均衡工资停留在 W_0（原始工资），当需求从 D_0 减少到 D_1 时，工资不会降至 W^*。结果是失业人数为 L_0–L_1 的数量，其中 L_0 是家庭想要以工资率 W_0 供给的劳动数量，而 L_1 是厂商想要以工资率 W_0 雇用的劳动数量。L_0–L_1 是希望在 W_0 工作但无法找到工作的工人数量。

黏性工资：工资的向下刚性，是对失业存在的一种解释。

然而，对失业的黏性工资的解释引出了一个问题：为什么工资是黏性的？如果是的话，为什么工资在高失业率期间不会降低以出清劳动力市场？许多答案已经被提出，但目前还没有达成一致意见。缺乏共识是宏观经济学长期处于不稳定状态的一个原因。失业的存在仍然是一个难题。虽然我们将讨论经济学家提出的解释为什么工资可能无法出清劳动力市场的主要理论，但我们不能给出任何结论。问题仍然存在。

社会合同或隐性合同 对于向下黏性工资的一种解释是，厂商与工人签订**社会合同或隐性合同**（social，or implicit，contracts）不削减工资。似乎极端事件——深度经济衰退、放松管制或破产威胁——对于厂商削

社会合同或隐性合同：工人与厂商之间的隐形协议，即厂商不会削减工资。

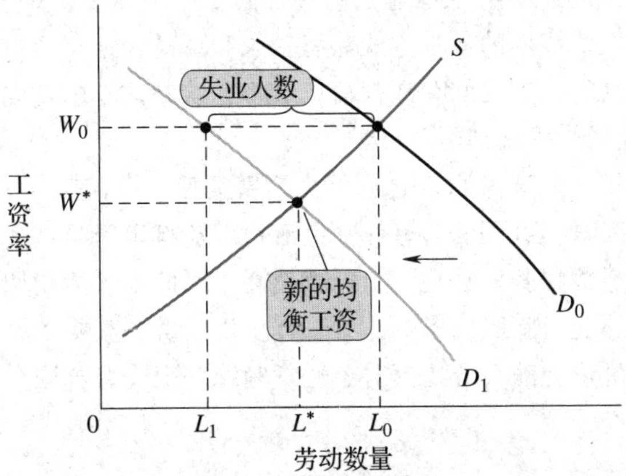

▶ 图 13.2 黏性工资

如果工资“黏”在 W_0 而不是在需求从 D_0 移动到 D_1 之后下降到 W^* 的新均衡工资，结果将是失业等于 L_0–L_1。

减工资是必要的。在经济大萧条时期，航空业在 20 世纪 80 年代放松行业监管之后，最近当一些美国制造业厂商发现它们在严酷的国际竞争之下面临破产危险时，都确实出现过工资削减。即便如此，工资削减通常只针对新工人，而不是现有工人，就像 2008 年至 2009 年的汽车行业一样。广泛的工资削减是一般规则的例外。由于可能更具社会性而非经济性的原因，削减工资似乎接近于禁忌。在一项研究中，耶鲁大学的杜鲁门·比利（Truman Bewley）对数百名管理人员进行了调查，了解他们为何不在经济衰退时降低工资。最常见的反应是工资削减会伤害工人的士气，从而对工人的生产率产生负面影响。从这个意义上说，打破禁忌和削减工资可能代价高昂。厂商似乎更倾向于解雇现有工人，而不是降低工资。

一个相关的论点，即**失业的相对工资论**（relative-wage explanation of unemployment），认为工人关心他们的工资相对于其他厂商和行业的其他工人的工资，并且可能不愿意接受减薪，除非他们知道其他工人正在接受类似的削减。由于很难向任何一组工人保证所有其他工人处于相同的情况，工人可以抵制任何工资削减。厂商和工人之间可能存在一种隐含的理解，即厂商不会做任何会使其工人相对于其他厂商的工人变得更糟的事情。

显性合同　许多工人——特别是工会工人——与厂商签订 1 至 3 年的雇佣合同。这些合同规定了合同期内工人每年的工资。以这种方式设定的工资不会随经济条件而向上或向下波动。如果经济放缓，厂商对工人的需求减少，工资不会下降。相反，一些工人将被解雇。

虽然**显性合同**（explicit contracts）可以解释为什么某些工资是黏性的，但也必须考虑更深层次的问题。工人和厂商在签订合同时肯定知道不可预见的事件可能会导致合同规定的工资过高或过低。为什么厂商和工人以这种方式约束自己？一种解释是谈判工资代价高昂。工会和厂商之间的谈判可能需要相当长的时间，这些时间可以用于生产——而且每周或每月谈判工资的成本非常高。合同是以不超过 1 年、2 年或 3 年的间隔承担这些成本的一种方式。将工人和厂商长期锁定在合同中的成本与工资谈判的成本之间存在权衡。最小化谈判成本的合同期限似乎是（从我们在实践中观察到的）1 至 3 年。

一些多年合同通过写入合同的**生活费调整**（cost-of-living adjustments, COLAs）来调整不可预见的事件。生活费调整将工资与生活成本的变化联系起来：通货膨胀率越高，工资就越高。因此，生活费调整可以保护工人免受意外通货膨胀的影响，尽管许多生活费调整将工资调整的幅度设定为小于价格上涨百分比。对于通货紧缩，很少有合同允许在通货紧缩时削减工资。

失业的相对工资论：黏性工资（以及因此失业）的解释：如果工人关心他们相对于其他厂商和行业的工人的工资，他们可能不愿意接受减薪，除非他们知道所有其他工人都在接受类似的削减。

显性合同：规定工人工资的雇佣合同，通常为 1 至 3 年。

生活费调整：将工资与生活费用变化联系起来的合同条款。通货膨胀率越高，工资就越高。

251

252

实践中的经济学

你失业的时间越长，就越难找到工作

几乎每个人在他或她的工作生涯中都曾经或将要失业一段时间。毕业后，你可能需要一段时间才能找到一份新工作。如果你的公司倒闭，你可能无法立即找到工作。但在某些情况下，对某些人来说，失业会持续很长时间。长期失业的后果是什么？

简单地比较长期失业的人与没有失业或短期失业的人的就业市场结果显然不能告诉我们答案。在大多数情况下，长期失业的人和短期失业的人不同，而且至少这些群体之间的某些差异会很难被观察到。最近一篇论文的作者进行了一项有趣的实验，试图找出长期失业对最终就业前景的影响。

科瑞·科夫（Kory Kroft）、费边·兰格（Fabian Lange）和马修·诺托维吉多（Matthew Notowidigdo）将虚构的工作简历发送到 100 个美国城市的真实职位发布。[1]对于这 3 000 份招聘信息，有 12 000 多份简历的投递。虚构的求职者被随机分

配 1 到 36 个月的失业期。然后研究人员跟踪这些简历的"回电"。结果是失业持续时间长的人收到的"回电"显著减少。在拥有强大就业市场的城市，这种影响尤其强烈。研究人员表示，雇主可能会根据长期失业推断工人素质较低。

思考

1. 关于企业看待工人素质有多简单，这个结果告诉我们什么？

[1] Kory Kroft, Fabian Lange, Matthew Notowidigdo, "Duration Dependence and Labor Market Conditions: Theory and Evidence From a Field Experiment," *Quarterly Journal of Economics*, October 2013.

13.4.2 一个开放的问题

正如我们所看到的，有很多为什么我们可能会看到失业的解释。其中一些解释集中在为什么我们可能会看到失业率高于摩擦性失业加上结构性失业。其他解释集中在周期性失业的原因上。我们刚才提出的理论不一定是相互排斥的，所有这些理论中都可能存在真理要素。劳动力市场总体很复杂，对失业原因没有简单的答案。目前宏观经济学的许多工作都直接或间接地涉及这个问题，这是一个令人兴奋的研究领域。哪个或哪些论点最终会胜出是一个悬而未决的问题。

13.5 失业率和通货膨胀的短期关系

学习目标
分析失业和通货膨胀的短期关系。

在第 11 章中，我们描述了美联储关注产出和价格水平。在实践中，

美联储通常将其关注点描述为一方面是失业，另一方面是通货膨胀。例如，美联储前主席珍妮特·耶伦于 2015 年 3 月 27 日在旧金山联邦储备银行发表演讲，她说："我们调整联邦基金利率的目标是在平均通胀为 2% 的条件下实现和维持接近最大就业率的经济状况。"我们现在能够将美联储关注的产出与失业率联系起来，并探讨失业和价格之间的联系。

我们首先考察总产出（收入）（Y）和失业率（U）之间的关系。为了增加经济的总产出，厂商必须雇用更多的劳动力来生产那些产出。因此，更多产出意味着更多就业。就业增加意味着更多的人工作（失业人数减少）和失业率降低。Y 的增加对应于 U 的减少。因此，U 和 Y 是负相关的：当 Y 上升时，失业率下降，当 Y 下降时，失业率上升，其他条件相同。

总产出与总体价格水平之间的关系如何？ AS 曲线如图 13.3 所示，显示了 Y 与总体价格水平（P）之间的关系。这种关系是正的：当 P 增加时，Y 增加，当 P 减少时，Y 减少。

正如我们在上一章描述的那样，AS 曲线的形状取决于厂商对需求增长作出反应的行为。如果总需求向右移动且经济在 AS 曲线的近乎平坦的部分运行——远未达到满负荷产出——产出将增加，但价格水平不会有太大变化。然而，如果经济在 AS 曲线的陡峭部分运行——接近满负荷产出——需求的增加将推高价格水平，但产出将受到生产能力的限制而且不会增加太多。

现在让我们把这两个部分放在一起，思考一下导致总需求增加的事件后会发生什么。首先，厂商经历了意外的库存下降。它们通过增加产出（Y）和雇用工人来应对——失业率下降。如果经济不接近满负荷产出，价格水平几乎没有增加。然而，如果总需求继续增长，经济增加产出的能力最终将达到极限。随着总需求沿着 AS 曲线向右移动越来越远，价格水平越来越高，产出开始达到极限。在 AS 曲线变为垂直的点处，产出不能再进一步上升。如果产出不能增长，失业率就不会降低。失业

▶ 图 13.3　总供给曲线

AS 曲线显示价格水平（P）和总产出（收入）（Y）之间的正相关关系。

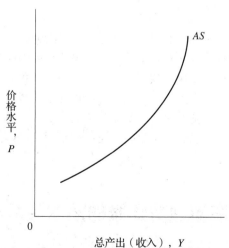

率与价格水平之间存在负相关关系。随着失业率因经济越来越接近满负荷产出而下降，整体价格水平越来越高，如图 13.4 所示。

图 13.3 中的 *AS* 曲线显示了价格水平与总产出之间的关系，因而隐含地显示了价格水平与失业率之间的关系，如图 13.4 所示。然而，在政策制定和讨论中，经济学家更少关注价格水平与失业率之间的关系，而是更多关注**通货膨胀率**（inflation rate）——价格水平的百分比变化——与失业率之间的关系。请注意，价格水平和价格水平的百分比变化是不一样的。描述通货膨胀率与失业率之间关系的曲线如图 13.5 所示，被称为**菲利普斯曲线**（Phillips Curve），命名于英国经济学家 A. W. 菲利普斯（A. W. Phillips），他首先使用英国的数据对其进行了检验。幸运的是，*AS* 曲线背后的分析（以及图 13.4 中曲线背后的分析）将使我们能够看到为什么菲利普斯曲线作为通货膨胀与失业之间的关系的解释最初看起来如此吸引人，以及最近的历史如何改变了我们对菲利普斯曲线解释的看法。

通货膨胀率： 价格水平的百分比变化。

菲利普斯曲线： 显示通货膨胀率与失业率之间关系的曲线。

13.5.1 菲利普斯曲线：一个历史视角

在 20 世纪 50 年代和 60 年代，失业率与通货膨胀率之间存在非常平稳的关系，如图 13.6 所示的 20 世纪 60 年代。如我们所见，数据点非常紧密地围绕向下倾斜的曲线；一般而言，失业率越高，通货膨胀率越低。图 13.5 中的菲利普斯曲线显示了通货膨胀和失业之间的权衡。该曲线显示，为了降低通货膨胀率，我们必须接受更高的失业率，并且为了降低失业率，我们必须接受更高的通货膨胀率。

20 世纪 60 年代和 70 年代初的教科书依靠菲利普斯曲线作为通货膨胀的主要解释。事情似乎很简单——通货膨胀似乎以相当可预测的方式应对失业率的变化。20 世纪 60 年代的政策讨论通常围绕菲利普斯曲线展开。人们认为政策制定者的作用是选择曲线上的一个点。保守派通常主张选择低通货膨胀率的一个点，并愿意接受更高的失业率来换取这一点。自由主义者通常主张接受更多通货膨胀以将失业率维持在较低水平。

254

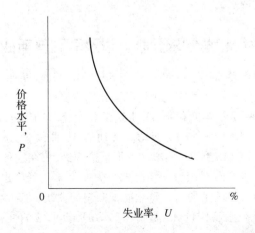

◀ 图 13.4　价格水平与失业率之间的关系

该曲线显示价格水平（*P*）与失业率（*U*）之间的负相关关系。随着失业率因经济越来越接近满负荷产出而下降，价格水平越来越高。

▶ **图 13.5　菲利普斯曲线**

菲利普斯曲线显示了通货膨胀率与失业率之间的关系。

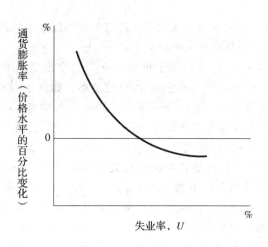

▶ **图 13.6　失业和通货膨胀，1960—1969**

在 20 世纪 60 年代，通货膨胀和失业之间似乎存在明显的权衡。在此期间的政策辩论围绕着这种明显的权衡取舍。

资料来源：美国劳工部劳工统计局。

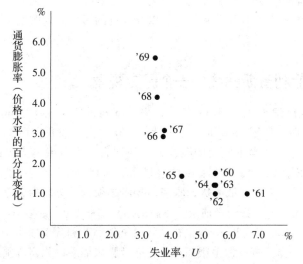

生活并没有变得如此简单。菲利普斯曲线在 20 世纪 70 年代和 80 年代破裂。这种变化可以在图 13.7 中看到，图 13.7 显示了 1970 年至 2014 年间的失业率和通货膨胀率。图 13.7 中的点显示了通货膨胀与失业率之间没有特别的关系。

13.5.2 总供给和总需求分析，以及菲利普斯曲线

我们如何解释 20 世纪 50 年代和 60 年代菲利普斯曲线的稳定性以及之后缺乏稳定性？要回答这个问题，我们需要回到 AS/AD 分析。

如果 AD 曲线年年变化但 AS 曲线没有变化，则每年 P 和 Y 的值将沿着 AS 曲线［图 13.8（a）］变动。移动的 AD 曲线创建一组 AS/AD 截面。（尝试自己在 AS 和 AD 曲线的图形上这样做。）在这种情况下，P 和 Y 之间的关系图将向上倾斜。相应地，失业率（随着产出增加而减少）与通货膨胀率之间关系的曲线将是向下倾斜的曲线。换句话说，如果新的均衡数据反映了稳定的 AS 曲线和移动的 AD 曲线的变化，我们预计

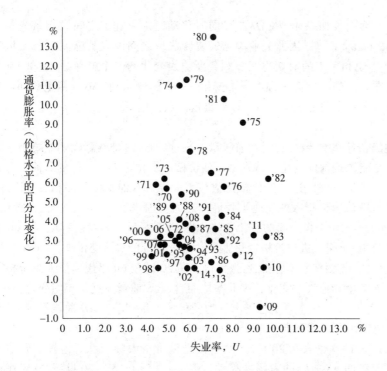

◀ **图 13.7　失业和通货膨胀，1970—2014**

从 20 世纪 70 年代开始，很明显失业与通货膨胀之间的关系并不简单。

资料来源：美国劳工部劳工统计局。

失业率和通货膨胀率之间会出现负相关关系，正如我们在 20 世纪 60 年代的图 13.6 所示。

　　然而，如果 AS 曲线年复一年变化（可能来自油价变化），失业率与通货膨胀率之间的关系将会有所不同，但 AD 曲线不会发生变化。AS 曲线向左移动且 AD 曲线稳定将导致价格水平（P）的增加和总产出（Y）的减少［图 13.8（b）］。当 AS 曲线向左移动时，经济会同时出现通货膨胀和失业率上升（因为减少的产出意味着失业率增加）。换句话说，如果 AS 曲线每年都在变化，我们预计失业率与通货膨胀率之间会出现正相关关系。

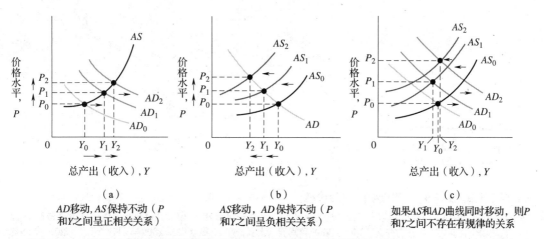

（a）
AD 移动，AS 保持不动（P 和 Y 之间呈正相关关系）

（b）
AS 移动，AD 保持不动（P 和 Y 之间呈负相关关系）

（c）
如果 AS 和 AD 曲线同时移动，则 P 和 Y 之间不存在有规律的关系

▲ **图 13.8　价格水平和总产出的变化取决于总需求和总供给的变化**

　　然而，如果 *AS* 和 *AD* 曲线同时移动，则 *P* 和 *Y* 之间没有系统关系 [图 13.8（c）]，因此失业率与通货膨胀率之间没有系统关系。20 世纪 60 年代和后来的时期之间菲利普斯曲线变化的一个解释是 *AS* 和 *AD* 曲线在后来的时期似乎都出现了变化——供给侧移动，需求侧也移动。通过考察一个关键成本变量可以看出这一点：进口价格。

进口价格的作用　我们在前一章讨论过导致 *AS* 曲线移动的主要因素之一是能源价格的变化，特别是石油价格的变化。由于美国的石油大部分来自进口，美国进口的价格指数与（世界）石油价格高度相关。因此，美国进口价格指数的变化（我们称之为"进口价格"）会改变 *AS* 曲线。1960 I—2014 IV 期间的进口价格如图 13.9 所示。如我们所见，1960 年至 1970 年间，进口价格变化很小。由于进口价格的变化小，20 世纪 60 年代的 *AS* 曲线没有发生大的变化。在 20 世纪 60 年代，投入品价格也没有发生其他大的变化，因此整体而言，*AS* 曲线在这十年间变化很小。20 世纪 60 年代主要是总需求发生变化，于是移动的 *AD* 曲线沿着 *AS* 曲线描绘出了一系列点。

　　图 13.9 也表明 20 世纪 70 年代进口价格大幅上涨。这种上升导致了十年间 *AS* 曲线的大幅度移动，但 *AD* 曲线在整个 20 世纪 70 年代也在发生变化。随着两条曲线同时移动，代表 *P* 和 *Y* 的数据点在整个图上散乱分布，并且观察到的 *P* 和 *Y* 之间的关系根本没有任何规律。

　　关于 20 世纪 60 年代和 70 年代的进口价格以及 *AS* 和 *AD* 曲线的故事超出了菲利普斯曲线所能描述的范围。菲利普斯曲线之所以在 20 世纪 60 年代保持稳定，是因为经济变化的主要来源是需求，而不是成本。而在 20 世纪 70 年代，需求和成本都在变化，因此失业率和通货膨胀率之间没有明显的相关关系。在某种程度上，菲利普斯曲线值得关注的地方并不是它在 20 世纪 60 年代之后并不平滑，而是它曾经平滑过。

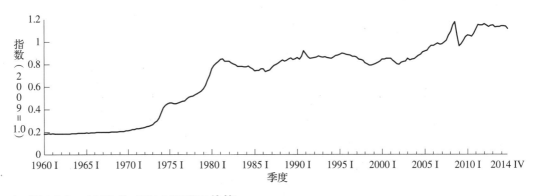

▲ 图 13.9　1960 I—2014 IV 进口价格

在 20 世纪 60 年代和 70 年代初期，进口价格变化很小。它在 1974 年和 1979—1980 年大幅增加。1981 年至 2002 年间，进口价格变化很小。它在 2003 年至 2008 年间普遍上涨，在 2008 年底和 2009 年初有所下降，2011 年略有上升，然后保持平稳。

13.5.3 预期和菲利普斯曲线

菲利普斯曲线不稳定的另一个原因和预期值有关。我们在第 12 章中看到，如果一家厂商预期其他厂商提高价格，这家厂商可能会提高自己产品的价格。如果所有厂商都采取这种方式，价格将上涨，因为预期价格会上涨。从这个意义上说，预期是自我实现的。同样，如果预期未来通货膨胀率会很高，那么谈判的工资可能会高于通胀预期较低时的工资水平。因此，工资通胀受到未来物价通胀预期的影响。由于工资是投入成本，因此厂商应对较高的工资成本时，价格会上涨。影响工资合同的价格预期最终会影响价格本身。

如果通货膨胀率取决于预期，菲利普斯曲线将随着预期的变化而变化。例如，如果通胀预期增加，结果将是通货膨胀率上升，即使失业率可能没有变化。在这种情况下，菲利普斯曲线将向右移动。如果通胀预期下降，菲利普斯曲线将向左移动——在任何给定的失业率水平下通货膨胀将会减少。

事实上，在 20 世纪 50 年代和 60 年代，通胀预期相当稳定。在此期间的大部分时间里，通货膨胀率都是温和的，人们预计它将继续保持现状。由于通胀预期不会发生太大变化，菲利普斯曲线没有重大转变，这种情况有助于解释其在此期间的稳定性。

接近 20 世纪 60 年代末，通胀预期开始增加，主要是因为越南战争造成的经济紧张导致通货膨胀率实际上升。由于油价大幅上涨，通货膨胀预期在 20 世纪 70 年代进一步增加。这些不断变化的预期导致了菲利普斯曲线的转变，这也是 20 世纪 70 年代菲利普斯曲线不稳定的另一个原因。

13.5.4 通货膨胀和总需求

重要的是要认识到菲利普斯曲线在 20 世纪 70 年代崩溃的事实并不意味着总需求对通货膨胀没有影响。这仅仅意味着通胀不只受到总需求的影响。如果通货膨胀也受到进口价格等成本变量的影响，那么除非成本变量没有变化，否则通货膨胀和总需求之间就不会有稳定的关系。同样，如果失业率被视为总需求的衡量指标，其中通货膨胀取决于失业率和成本变量，除非成本变量没有变化，否则将没有稳定的菲利普斯曲线。因此，失业率可能会对通货膨胀产生重要影响，尽管从通货膨胀率与失业率——即菲利普斯曲线——的情况来看，这种情况并不明显。

13.6 长期总供给曲线、潜在产出和自然失业率

学习目标
讨论失业和产出的长期关系。

到目前为止，我们一直在讨论通货膨胀和失业之间的关系，关注短期的 *AS* 和 *AD* 曲线。我们现在转向长期，重点关注产出与失业之间的关系。

回想第 11 章，许多经济学家认为从长期来看 AS 曲线是垂直的。我们在图 13.10 中说明了这种情况。假设初始均衡处于 AD_0 与长期总供给曲线的交点。现在考虑总需求曲线从 AD_0 到 AD_1 的移动。如果工资是黏性的，并且工资变化滞后于价格变化，在短期内总产出将从 Y_0 上升到 Y_1。（这是沿着短期 AS 曲线 AS_0 的运动。）从长期来看，工资迎头赶上。例如，明年的劳动合同可能会弥补工资增长跟不上今年的生活成本这一事实。如果工资在较长时间内赶上，AS 曲线将从 AS_0 移动到 AS_1 并将总产出驱动回 Y_0。如果工资最终以与产出价格完全相同的百分比上升，那么厂商将达到与总需求增加之前相同的产出水平。

在第 11 章中，我们说 Y_0 有时被称为潜在产出。在短期内，总产出可以推到 Y_0 以上。但是当总产出超过 Y_0 时，投入品价格和成本就会面临上行压力。失业率已经很低，厂商开始遇到工厂生产能力的限制，等等。在总产出水平高于 Y_0 时，成本将上升，AS 曲线将向左移动，价格水平将上升。因此，潜在产出是从长远来看可以在没有通货膨胀的情况下持续的总产出水平。

这个故事与菲利普斯曲线直接相关。那些认为在长期 AS 曲线垂直于潜在产出的人也认为菲利普斯曲线在长期垂直于某种自然失业率。总需求的变化——包括政府支出的增加——提高了价格，但不改变就业。回顾第 7 章，**自然失业率**（natural rate of unemployment）是指作为经济正常运转的一部分而发生的失业。它有时被视为摩擦性失业和结构性失业的总和。垂直菲利普斯曲线背后的逻辑是每当失业率被推低到自然失业率以下，工资开始上涨，从而推高了成本。这导致产出水平降低，从而使失业率回升至自然失业率。在自然失业率，我们可以认为经济处于充分就业状态。

自然失业率： 作为经济正常运转的一部分的失业，有时被视为摩擦性失业和结构性失业之和。

258

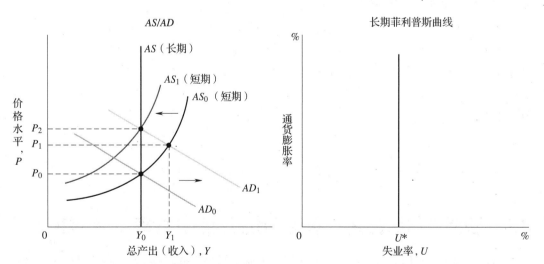

▲ 图 13.10 长期菲利普斯曲线：自然失业率

如果长期的 AS 曲线是垂直的话，那么菲利普斯曲线也是垂直的。在长期，菲利普斯曲线与自然失业率相一致——这里的自然失业率是指与长期产出固定在潜在产出水平上的观念相一致的失业率。U^* 是自然失业率。

13.6.1 非加速通货膨胀的失业率

在图 13.10 中，长期垂直菲利普斯曲线是以通货膨胀率为纵轴和以失业率为横轴的图。自然失业率是 U^*。从长远来看，由于经济的自然运作，长期垂直菲利普斯曲线的实际失业率会移动到 U^*。

另一个令人感兴趣的图是图 13.11，它的纵轴表示通货膨胀率的变化，横轴是失业率。许多经济学家认为通货膨胀率变化与失业率之间的关系如图中的 PP 曲线所示。PP 曲线与横轴交点处的失业率数值称为**非加速通货膨胀的失业率**（nonaccelerating inflation rate of unemployment，NAIRU）。如果实际失业率低于 NAIRU，通货膨胀率的变化将是正值。如图所示，在 U_1 处，通货膨胀率的变化为 1。相反，如果实际失业率高于 NAIRU，则通货膨胀率的变化为负值：在 U_2 处，变化为 –1。①

NAIRU： 非加速通货膨胀的失业率。

考虑如果失业率从 NAIRU 降至 U_1 并且长期保持在 U_1，会发生什么情况。还假设 NAIRU 的通货膨胀率为 2%。于是在第一个时期，通货膨胀率将从 2% 上升到 3%。然而，通货膨胀率并不只是保持在较高的3%。在下一个时期，通货膨胀率将从 3% 上升到 4%，依次类推。当实际失业率低于 NAIRU 时，价格水平将加速上涨——也就是说，通货膨胀率的变化将为正值。相反，当实际失业率高于 NAIRU 时，价格水平将会减速上涨——即通货膨胀率的变化将为负值。①

图 13.11 中的 PP 曲线类似于图 13.3 中的 AS 曲线——使 AS 曲线发生移动的因素，例如成本冲击等，同样也可以使 PP 曲线发生移动。第11 章的图 11.2 总结了可能导致 AS 曲线移动的各种因素，这些因素也与PP 曲线相关。PP 曲线有利的移动方向是向左侧，因为 PP 曲线与横轴在较低的失业率处相交，这意味着 NAIRU 较低。有些人曾认为，最近PP 曲线产生有利移动的一个可能的原因是外国竞争加剧，这可能使工资成本和其他投入成本都保持在较低的水平上。

259

大约在 1995 年之前，NAIRU 理论的支持者认为美国的 NAIRU 值约为 6%。到 1995 年底失业率下降至 5.6%，到 2000 年失业率降至3.8%。如果 NAIRU 为 6%，那么从 1995 年开始通货膨胀率就应该持续上升。事实上，1995 年到 2000 年间通货膨胀率却略有下降。通货膨胀不仅没有持续上升，而且甚至没有上升到一个新的更高值并在此停留。由于失业率在此期间下降，NAIRU 的支持者降低了对它的估计值，或多或少与失业率的实际下降保持一致。这种重新校准可以通过论证 PP 曲线持续有利的移动来证明，例如可能增加的外国竞争。然而批评者认为这使 NAIRU 理论变得空洞无物。如果每当 NAIRU 的估计值在与数据不一致时，对它的估计就发生变化的话，那么理论是否能得到真正的检验？寻求有利移动又有多大的可信度呢？

---

① 实际上，NAIRU 的命名是错误的。当实际失业率与 NAIRU 不同时，是价格水平而不是通货膨胀率在加速或减速增长。通货膨胀率没有加速或减速增长，而是每个时期只是改变相同的数量。NAIRU 的命名者们忘记了他们的物理学知识。

▶ **图 13.11**

NAIRU 图

在失业率低于 NAIRU
的情况下，价格水平
在加速（通货膨胀率
的正变化）；在失业
率高于 NAIRU 的情
况下，价格水平在
减速（通货膨胀率的
负变化）。只有当失
业率等于 NAIRU 时，
价格水平才会以恒定
率变化（通货膨胀率
没变化）。

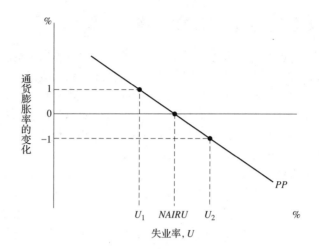

宏观经济学家目前正在争论根据 NAIRU 理论估计出的方程是不是
对经济的合理近似。在给出明确的答案之前，人们需要更多的时间。

13.7 前瞻

本章完结了我们对宏观经济如何运作的基本分析。在前面的六章
中，我们研究了家庭和厂商在三个市场领域的表现——商品市场、货币
市场和劳动力市场。我们已经看到了总产出（收入）、利率和价格水平
是如何在经济中确定的。我们也已经研究了两个最重要的宏观经济变
量，通货膨胀率和失业率之间的关系。在第 14 章中，我们使用到目前
为止所学到的一切来研究一些重要的政策问题。

--- **总结** ---

13.1 劳动力市场：基本概念　页 300

1. 由于经济是动态的，摩擦性失业和结构
   性失业是不可避免的，并且在某些方
   面是可取的。周期性失业的时期是宏
   观经济决策者关注的问题。

2. 总体而言，当总产出下降时，就业趋于
   下降；而当总产出上升时，就业率上升。

13.2 劳动力市场的古典观点　页 301

3. 古典经济学家认为劳动力市场中供给和
   需求的相互作用带来了均衡，并且失
   业（超出摩擦性失业和结构性失业的
   数量）并不存在。

4. 劳动力市场的古典观点与垂直总供给曲
   线的理论一致。

5. 一些经济学家认为失业率并不是劳动力
   市场是否正常运转的准确指标。被视
   为劳动力一部分的失业人员可能会获
   得工作，但可能不愿意按照提供的工
   资接受这些工作。一些失业者可能选
   择不工作，但这一结果并不意味着劳
   动力市场出现故障。

13.3 解释失业的存在　页 303

6. 有效工资理论认为工人的生产率随着
   工资率的增加而增加。如果这是真的，

厂商可能有动力支付高于市场出清（劳动供给量等于劳动需求量）工资水平的工资。在高于均衡的所有工资上，劳动供给过剩，因此存在失业。

7. 如果厂商运营的信息不完整或不完善，它们可能不知道市场出清的工资是什么。结果是它们可能会错误地设定工资并导致失业。由于经济如此复杂，厂商可能需要相当长的时间才能纠正这些错误。

8. 最低工资法规定了最低的工资率，它是导致青少年和低技能工人失业的一个因素。如果某些工人群体的市场出清工资低于最低工资，该群体的一些成员将失业。

13.4 解释周期性失业的存在　页 305

9. 如果工资下降时有黏性，可能会导致周期性失业。向下黏性工资可能由社会（隐性）或显性的不能削减工资的合同带来。如果均衡工资率下降，但工资不能下降，那么结果将是失业。

13.5 失业率和通货膨胀的短期关系　页 307

10. 失业率（U）与总产出（收入）（Y）之间存在负相关关系：当 Y 上升时，U 下降。当 Y 下降时，U 上升。

11. 失业率与价格水平之间是负相关关系：随着失业率的下降和经济逐渐接近满负荷产出，价格水平越来越高。

12. 菲利普斯曲线代表通货膨胀率与失业率之间的关系。在 20 世纪 50 年代和 60 年代，这种关系相当稳定，似乎在通货膨胀和失业之间存在可预测的替代关系。由于进口价格的上涨（导致总供给的移动），通货膨胀率与失业率之间的关系在 20 世纪 70 年代变得不稳定。通货膨胀不仅仅取决于失业率。

13.6 长期总供给曲线、潜在产出和自然失业率　页 313

13. 那些相信长期 AS 曲线为垂直的人也认为长期菲利普斯曲线在自然失业率处是垂直的。自然失业率通常是摩擦性失业和结构性失业之和。如果菲利普斯曲线在长期是垂直的，那么政府政策在不引起通货膨胀的情况下对失业率的降低作用就有一个限度。

14. NAIRU 理论认为，当失业率低于 NAIRU 时，价格水平将会加速上升；当失业率高于 NAIRU 时，价格水平将会减速上升。

术语和概念回顾

习题

13.1 劳动力市场：基本概念

学习目标： 定义劳动力市场的基本概念。

1.1 时常有人提倡用以下政策来应对失业问题。简要说明每一项政策如何起作用，并解释制定这项政策旨在改变哪一种或哪几种失业类型（摩擦性失业、结构性失业或周期性失业）。

a. 一份职位空缺的电脑清单，以及为雇员与职位空缺进行匹配的服务（有时也叫"经济约会服务"）

b. 降低青少年的最低工资

c. 针对需要学习新技能的工人的再培训项目，以便使他们找到就业机会

d. 为没有工作的人提供的公共就业

e. 改进有关职位空缺和当前工资率的信息

f. 总统在全国范围内电视演讲并尝试使厂商和工人相信下一年的通货膨胀率将很低

1.2 以下条件将如何影响劳动力参与率、劳动供给和失业？

a. 为了试图解决日益严重的社会保障缺口，国会和总统决定提高对个人的社会保障税，并削减对退休人员的社会保障金。

b. 全国产假计划颁布，要求雇主为新生儿的父母提供 18 周的带薪产假。

c. 美国政府增加对移民进入美国的限制。

d. 政府制定政策，让更多人更容易领取福利。

e. 政府取消投资税收抵免，因此不再补贴厂商购买新资本。

13.2 劳动力市场的古典观点

学习目标： 解释劳动力市场的古典观点。

2.1 使用劳动力市场的供需图形，解释即使劳动需求减少，经济仍将保持充分就业的古典观点。在没有黏性工资的情况下，这个劳动力市场图将如何变化？

13.3 解释失业的存在

学习目标： 讨论失业存在的四个原因。

3.1 在 2015 年，索尔贝国家遭受高失业率的困扰。新总统格拉托任命雪莉·谢伯特为首席经济学家。谢伯特女士和她的员工根据劳工部部长杰瑞·本杰明的数据估算了劳动的供给需求曲线：

$$Q_D = 175 - 4W$$
$$Q_S = 16W - 30$$

其中 Q 是劳动供给 / 需求量（单位是一百万工人），W 是工资率（单位是索尔贝货币速酷）。

a. 目前，索尔贝的法律规定任何工人的时薪都不应该小于 12 速酷。估算劳动供给量、失业人数和失业率。

b. 由于本杰明部长的反对意见，格拉托总统已向国会建议修改法律，以便由市场确定工资率。如果通过这样的法律并迅速调整市场，就业总量、劳动力规模和失业率会怎样？以图形方式显示结果。

c. 索尔贝劳动力市场是否会迅速适应法律的这种变化？为什么或者为什么不？

3.2 在 2010 年末，失业率为 9.6%。尽管经济衰退结束已经超过一年（实际 GDP 在 2010 年第二季度上升了 3%），但在 2010 年就业增长幅度不大。虽然财政刺激计划提供了一些帮助，但劳动"陷入泥潭"。以下哪些因素导致了这个问题，哪些因素很重要？

a. 就业和失业总是落后的指标，因为在经济低迷时期难以招聘和解雇工人。

b. 这十年来生产率大幅增长；人们在努力工作并且薪酬较低——简而言之，厂商是"吝啬又精明"。

c. 建筑业就业是经济复苏增长的传统引擎，但由于我们大幅度过度建设，因此在这次的经济复苏过程中建筑业就业没有发挥其传统引擎的作用。

d. 美国有最低工资法。

e. 工资向下有黏性，阻碍了劳动力市场出清。

f. 人口普查局雇用了数千名工人进行人口普查工作，然后解雇了他们，使他们所有人失业。

选择其中两个问题并写一篇短文。使用数据来支持你的观点。

13.4 解释周期性失业的存在

学习目标： 讨论周期性失业存在的原因。

4.1 经济学家和政界人士长期以来一直在争论失业救济金在多大程度上影响失业的持续时间。下表列出了五个高收入国家的失业和失业救济金数据。该表显示在 2007 年（2008—2009 经济衰退前一年）这五个国家的失业率和失业救济金的持续时间，2010 年（经济衰退后的第一个全年）这五个国家的失业率和失业救济金的持续时间，以及 2013 年 6 月（经济衰退后的第四年）的数据。数据显示，这五个国家中的三个国家因经济衰退而延长了失业救济金的持续时间，另两个国家缩短了失业救济金的延长期限。2007 年、2010 年和 2013 年的数据显示失业救济金的持续时间与失业率之间存在正相关关系。讨论你认为一个人可以获得失业福利的时间长度是否直接影响失业率，以及你的答案是否适用于 2007 年、2010 年和 2013 年。查看五个国家中每个国家的失业率。讨论失业救济金的持续时间与失业率之间是否存在正相关关系，以及你认为其中三个国家的失业救济金延长是否在它们现在的失业率中发挥了作用。

4.2 **[与页 307 "实践中的经济学" 有关]** "实践中的经济学" 指出，长期失业的求职者获得求职面试比较短时间失业的求职者更难。请访问 www. bls. gov 并搜索 "表 A–12：失业人员，按失业时间"。查看当前月份和上一年同月的季节性调整数据。对于那些失业 15 至 26 周的人和那些 27 周及以上失业的人来说，那一年的 "失业人数" 和 "百分比分布" 发生了什么变化？这些数据是否支持 "实践中的经济学" 中的研究结果？说明你的理由。

4.3 在以下情况中，就实际工资而言，你最佳的情况是什么？你最糟糕的情况是什么？解释你的答案。

a. 你可以获得 5% 的工资增长，当年通货膨胀率为 7%。

b. 你可以获得 1% 的工资增长，当年通货膨胀率为 –2%。

c. 你可以获得 12% 的工资增长，当年通货膨胀率为 16%。

d. 你可以获得 6% 的工资增长，当年通货膨胀率为 6%。

e. 你可以获得 7% 的工资增长，当年通货膨胀率为 3%。

4.4 社会合同或隐性合同如何导致黏性工资？如果经济陷入衰退，使用劳动力市场图形来显示社会合同对工资和失业的影响。

国家	2007 年的失业率	2007 年失业救济金的持续时间	2010 年的失业率	2010 年失业救济金的持续时间	2013 年 6 月的失业率	2013 年失业救济金的持续时间
加拿大	6.4%	50 周	7.1%	50 周	6.2%	45 周
法国	8.7%	52 周	9.4%	104 周	10.7%	104 周
英国	5.3%	26 周	7.9%	26 周	7.8%	26 周
日本	3.9%	13 周	4.7%	21 周	3.4%	13 周
美国	4.6%	26 周	9.6%	99 周	7.6%	73 周

13.5 失业率和通货膨胀的短期关系

学习目标： 分析失业和通货膨胀的短期关系。

5.1 在 2015 年 6 月，美国失业率降至 5.3%，为 7 年多来的最低水平。与此同时，通货膨胀率按历史标准衡量仍处于非常低的水平。你能否解释一下通货膨胀与失业之间的权衡似乎有所改善？哪些因素可能会改善这种权衡？哪些因素可能会使情况恶化？

5.2 获取过去两年失业率和通货膨胀率的月度数据。[这些数据可以在 www. bls. gov 或最近一期的《当代商务调查》或《每月劳动回顾》（*Monthly Labor Review*）或《就业和收入》（*Employment and Earnings*）中找到，所有这些都由政府出版并在许多大学图书馆中提供。]

a. 你观察到了什么样的趋势？你能使用总供给曲线和总需求曲线解释一下你所看到

的现象吗？

b. 把 24 个月的失业率画在一张图上，以失业率为 x 轴，通货膨胀率为 y 轴。是否有证据表明这两个变量之间存在替代关系？提供解释。

5.3 假设菲利普斯曲线所表示的通货膨胀—失业关系是稳定的，你认为美国的替代关系和日本的替代关系会是一样的吗？如果不是，哪些因素可能会使替代关系不同？

13.6 长期总供给曲线、潜在产出和自然失业率

学习目标： 讨论失业和产出的长期关系。

6.1 找到最近两年你所在州或地区"生产工人的平均小时收入"和失业率的数据。失业是增加了还是减少了？工资发生了什么变化？失业模式是否有助于解释工资的变动？提供解释。

第四部分
深层次的宏观经济学问题

第14章
金融危机、经济稳定和政府赤字

　　我们在前面几章中已经看到政府如何利用财政和货币政策来影响经济。然而，如果你回顾第5章的图5.5，你会发现失业率仍然波动很大。这些大波动的原因是什么？政策制定者为何不能更好地控制经济？本章涵盖了许多主题，它们都至少间接地涉及试图帮助回答这个问题。

　　在第一节中，我们将考虑股票市场和住房市场。这两个市场都通过家庭财富效应对经济产生重要影响。当股票价格或房价上涨时，家庭财富就会上升，而家庭对此的反应就是增加消费。经济模型在估算财富变化对消费的影响方面做得相当不错。但经济模型在预测股票价格和房价变化方面做得很差，而这些变化首先导致了财富的变化。股票价格和房价是资产价格，这些价格的变化在很大程度上是不可预测的。政策制定者和经济中的其他任何人都无法预测股票和房地产市场未来的表现。这是政策制定者面临的第一个问题。如果股票价格和房价无法预测，政策制定者可以做的最好的事情就是尽快对这些变化做出快速反应。在本节中，我们还将描述这些资产价格的巨大不可预测变化可能导致"金融危机"的方式，以及政策制定者可以做什么和不能做什么。

　　政策制定者在稳定经济方面面临的第二个问题是正确的时机安排，我们将在本章的第二节介绍。我们将看到存在对经济变化反应过度的危险——使得经济波动甚至比其他情况更糟。本章的第三节讨论政府赤字问题。我们在第9章末尾了解到，区分周期性赤字和结构性赤字非常重要。人们预期在经济衰退中政府将出现赤字，这是由于税收收入在经济不景气时下降。随着政府试图刺激经济，支出可能会增加。如果政府在充分就业时仍然存在赤字，那么这部分赤字被描述为结构性赤字。

　　在2015年，包括美国在内的许多国家面临严重的结构性赤字问题。

欧盟许多国家都在努力实现欧盟委员会制定的结构性赤字目标。我们将讨论如果政府年复一年地出现巨额赤字可能产生的各种问题，包括发生金融危机的可能性。我们还将研究一些用于控制美国赤字的历史方法。

14.1 学习目标

讨论股票价格和房价的历史波动对经济的影响。

14.1 股票市场、住房市场和金融危机

1990 年以前编写的介绍性宏观经济学教科书可能在很大程度上忽视了股票和住房市场，因股票市场和住房市场对宏观经济的影响如此之小，以至于在介绍性讨论中被放在了一边。这种情况在 20 世纪 90 年代有所改变。20 世纪 90 年代末美国经济的繁荣以及随后的经济衰退很大程度上是由于这一时期股市的上涨和随后的下跌。同样，在 2000 年之后的时期，住房价格的上涨和随后的下跌也促进了实体经济的周期性变化。现在，即使是介绍性的宏观经济学课程也必须花一些时间来研究这两个市场。我们首先学习股票市场的一些背景材料。

14.1.1 股票和债券

从简要讨论公司借入或筹集资金以资助其投资的三种主要方式开始是很有用的。公司如何在实践中使用金融市场？

当一家厂商想要大量购买来建造新工厂或购买机器时，它通常无法用自己的资金支付购买费用。在这种情况下，它必须"融资"投资。一种方法是从银行借款。银行把钱贷给厂商，公司用这笔钱购买工厂或机器，一段时间后公司向银行偿还贷款（以及利息）。

厂商借钱的另一种可能方式是厂商发行债券。如果你从厂商购买债券，你就是向厂商贷款。在第 10 章，我们在讨论美国国债时也讨论了债券。我们在该章中指出，债券是一种承诺，在债券期限内定期支付固定息票，然后在其期限结束时全额偿还。公司发行的债券称为公司债券，是公司债务的一部分。

股票：证明某人对企业的一部分拥有所有权的证书。

公司为投资融资的第三种方式是发行额外的**股票**（stock）。与债券一样，通常只有大公司才有能力发行股票。当一家公司发行新股票时，它不会增加债务。相反，它增加了公司的其他股权所有者，即同意向其提供资金的股权所有者。这些股权所有者的待遇与债券持有人不同——公司欠债券持有人他们借出的金额。

普通股的份额是代表拥有公司份额所有权的证书。在某些情况下，公司以股利的形式直接向股东支付其年度利润的一部分。例如，通用电气（General Electric，GE）是一家规模庞大的多元化公司，总部位于美国康涅狄格州费尔菲尔德（Fairfield）。通用电气拥有超过 100 亿股流通股，每年盈利超过 150 亿美元。通用电气股份由许多捐赠基金和养老基金以及个人所有。2015 年的主要股东包括先锋（Vanguard）和黑石（Blackrock）。在 2015 年，通用电气支付了每股 1.50 美元的股

利收益的一半以上。剩下的部分用于公司的投资。拥有价值增加的股票的股东可以获得所谓的**资本收益**（capital gains）。**实现的资本收益**（realized capital gains）（或损失）是家庭在实际出售这些资产时获得的资产（包括股票）价值的增加（或减少）。政府认为已实现的资本收益扣除损失后即为收入，尽管它们根据税法的处理方式复杂且每隔几年就会发生变化。股票所有者收到的总回报是收到的股利和资本收益或损失之和。

资本收益： 资产价值的增加。

实现的资本收益： 股权所有者的实际销售价格高于他或她支付的价格。

14.1.2 股票价格的确定

是什么决定了股票的价格？如果一股股票以25美元的价格出售，为什么有人愿意为此付出那么多钱呢？正如我们已经注意到的，当你购买股票时，你拥有公司的一部分。如果一家公司正在盈利，它可能会向股东支付股利。如果它赚取利润而不支付股利，人们可能会期望它将来会支付股利。例如，微软在2003年进入更成熟的业务阶段时才开始支付股利。苹果公司在2012年开始支付股利。股利在考虑股票时很重要，因为股利是股东从公司获得收入的形式。因此，可能影响股票价格的因素之一是人们对未来将收到的股利有怎样的预期。在其他条件相同时，所预期的未来股利越大，当前的股价也越高。

股票价格的另一个需要考虑的重要因素是预期会开始支付股利的时间。预期4年后每股2美元股利要低于明年开始的每股2美元股利。换句话说，预期支付股利的时间越远，它将被"贴现"得越多。预期未来股利的贴现金额取决于利率。利率越高，未来预期股利的贴现量就越大。如果利率是10%，我可以今天投资100美元，一年后收到110美元。因此，我愿意今天向那些明年支付给我110美元的人支付100美元。如果利率仅为5%，为了明年收到110美元，我愿意今天支付104.76美元，因为今天以5%的利率计算的104.76美元也会在年底收益110.00美元。因此，当利率较低时，我会愿意为明年得到110美元的承诺而在今天支付更多。换句话说，当利率较低时，我会减少110美元的"贴现"。

当投资者购买债券时，该债券附带固定债息。当投资者购买股票时，他们可以查看当前和过去的股利，但不能保证未来的股利将是相同的。股利每年由公司董事会投票决定，在困难时期董事会可能决定减少甚至消除股利。因此，股利支付有风险，而风险会影响股票价格。对于相同的预期值，人们更喜欢某些确定的结果，而不是不确定的结果。例如，我更倾向于投注确定的50美元，而不是预期的50美元（其中50%的可能性我将获得100美元，50%的可能性我什么也得不到），即使这两笔交易的预期价值相等。同样的理由也适用于未来的股利。例如，如果我预期A公司和B公司明年的股利都为每股2美元，但B公司各种可能性的范围更广（风险更高），我更偏好A公司。换句话说，因为B

公司的结果更加不确定，因此我将会对 B 公司的预期未来股利比 A 公司的"贴现"更多。

因此，我们可以说股票的价格应该等于其预期未来股利的贴现值，其中贴现因子取决于利率和风险。如果出于某种原因（比如公司突然发布的一个利好消息），我们预期公司会增加未来的股利，这应该会导致股票价格上涨。如果利率意外下降，这种下降也会导致股价上涨。最后，如果认为公司的风险下降，这种看法应该会增加公司的股价。

一些股票分析师谈论股市"泡沫"的可能性。鉴于前面的讨论，泡沫可能是什么？假设考虑到你对公司未来股利的预期以及贴现率，你将公司的股票估值为每股 20 美元。是否存在你需要支付超过每股 20 美元的情况？我们之前已经注意到，股票所有者的总回报包括出售股票所带来的任何资本收益。如果该股票目前以 25 美元的价格出售，高于你 20 美元的估值，但你认为该股票将在未来几个月内升至 30 美元，那么你可能现在就购买该股票，因为你预期会以更高的价格出售该股票并获得更高的收益，这些是资本收益。如果其他人也有类似的观点，那么这只股票的价格就会被抬高。

在这种情况下，重要的不是预期未来股利的贴现值，而是你认为其他人将来愿意为这只股票支付多少钱。你会记起我们曾指出股票价格不能预测。有时股票上涨并给予其所有者资本收益，而有时它们会下跌并且有资本损失。定义泡沫的一种方法是每个人都预期其他人都预期股价普遍上涨。随着人们开始期望资本收益作为其投资回报的一部分，这种对普遍价格升值的预期本身就推动了市场。当一家公司的股票价格快速上涨时，很难知道原因是人们对公司未来股利的预期增加了，还是存在泡沫。由于不能直接观察到人们对未来股利的预期，因此很难检验其他理论。

14.1.3 1948 年以来的美国股市

大多数投资者都有兴趣关注各个公司的财富。跟踪股票与整体经济活动水平之间关系的宏观经济学家一般需要衡量股票市场的标准，有几个指数可用。如果你关注股票市场，你就会知道两个股票价格指数受到很大关注：**道琼斯工业平均指数**（Dow Jones Industrial Average）和**纳斯达克综合指数**（NASDAQ Composite）。然而，从宏观经济角度来看，这两个指数涵盖的公司样本太少。人们希望一个指数所包括的企业的总市值接近经济中所有企业的市值。为此目的，一个更好的衡量标准是**标准普尔 500 指数**（Standard and Poor's 500，S&P500）。该指数包括了大多数大型公司的市场价值。

标准普尔 500 指数如图 14.1 所示，时间范围为 1948 I—2014 IV。在图中可能最突出的是 1995 年至 2000 年间指数的大幅增长。在 1994 年 12 月 31 日和 2000 年 3 月 31 日之间，标准普尔 500 指数上涨了

道琼斯工业平均指数：基于 30 家活跃交易大型公司的股票价格的指数。它是历史最悠久、最广泛使用的股票市场表现指数。

267

纳斯达克综合指数：基于纳斯达克股票市场交易的 5 000 多家公司的股票价格的指数。纳斯达克市场的名称来自美国全国证券交易商协会自动报价系统。

标准普尔 500 指数（标普 500）：基于市值的 500 家最大公司的股票价格的指数。

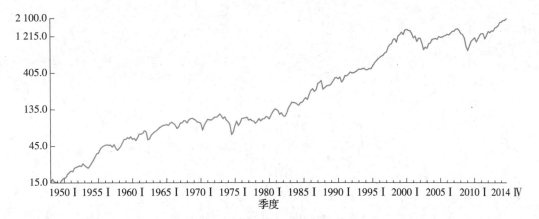

▲ 图 14.1　1948 I—2014 IV标准普尔 500 股价指数

226%，年增长率为 25%。这是迄今为止美国历史上最大的一次股市繁荣，它完全超过了 20 世纪 20 年代的繁荣。请记住，我们正在谈论标准普尔 500 指数，其中包括美国经济中的大多数公司的市场价值。我们不是仅仅在谈论几家网络公司。整个股市 5 年来每年上涨 25%！这种繁荣为家庭财富增加了约 14 万亿美元，每年约 2.5 万亿美元。①

　　是什么造成了这次繁荣？从第 12 章的图 12.7 可以看出，利率在 20 世纪 90 年代后半期没有太大变化，因此利率无法解释这种繁荣。也许在此期间利润大幅增加，这种增长导致预期未来股利大幅增加？我们从前面的讨论中得知，如果预期的未来股利增加，股票价格应该会上涨。图 14.2 1948 I—2014 IV 的图形显示税后利润与 GDP 的比率。从图中可以清楚地看出，在 20 世纪 90 年代后半期，没有任何不寻常的事情发生。税后利润在 GDP 中的份额从 1995 年中期到 1997 年中期有所增加，但随后到 2000 年普遍下降。因此，似乎没有任何利润激增会导致人们期待更多更高的未来股利。

　　可能的原因是在 20 世纪 90 年代后半期，可感知的股票风险降低了。这种变化会导致股票的贴现率降低，因此，在其他条件相同的情况下，股票价格会上涨。尽管不能完全排除这种可能性，但没有强有力的独立证据证明可感知的风险下降。

　　因此，股市繁荣是一个谜，很多人推测它只是一个泡沫。由于某种原因，股票价格在 1995 年开始迅速上涨，人们预期其他人都预期价格将会继续上涨。这导致股价进一步上升，从而实现了预期，并导致了进一步上升的预期，如此循环。泡沫信徒指出，一旦股票价格在 2000 年开始下跌，它们就会大幅下跌。在 2000 年股票价格并不仅仅是持平，而是迅速下跌。持泡沫观点的人认为，这只是泡沫破灭。

　　① 值得注意的是，随着公司的繁荣或衰落，标准普尔改变了其指数中的公司。这一选择告诉我们，由于幸存者偏差，该指数将高估实际的股市收益。

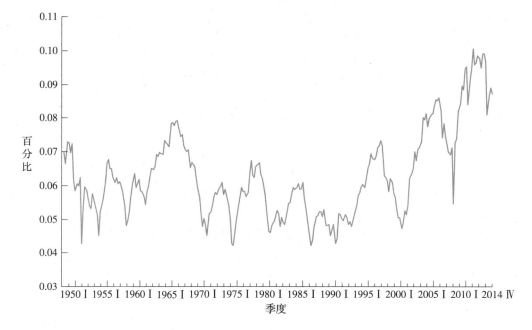

▲ 图 14.2 1948 I—2014 IV税后利润与 GDP 的比率

那时宏观经济稳定的第一个问题是股票市场波动幅度大且看似无法预测。正如我们将要看到的，这些波动引发了影响实体经济的家庭和企业的行为变化。然而，在我们探索这个联系之前，我们转向第二个不稳定的变量：房价。

14.1.4 1952 年以来的美国房价

图 14.3 绘制了 1952 年第一季度至 2014 年第四季度的住房相对价格。绘制的数字是房价指数与 GDP 平减指数的比率。当这个比率上升时，意味着房价上涨的速度快于整体价格水平，反之亦然。

图 14.3 中的趋势非常显著。直到 2000 年左右，房价大致与总体价格水平一致。2000 年至 2006 年之间的增长是巨大的，随后在 2006 年至 2009 年间等量下降。在 2000 年第一季度至 2006 年第一季度之间，住房财富价值增加了约 13 万亿美元，每季度大约 5 000 亿美元。在 2006 年第二季度和 2009 年第一季度之间，住房财富价值的下降约为 7 万亿美元，每季度超过 6 000 亿美元。很难根据住房的使用价值找到一个有说服力的理由。例如，租金价格没有这种上涨和下跌。

14.1.5 家庭财富对经济的影响

我们看到股票市场和房地产市场都有不可预测的起伏时期。这些波动如何影响实体经济？我们在第 8 章中提到，影响消费支出的因素之一

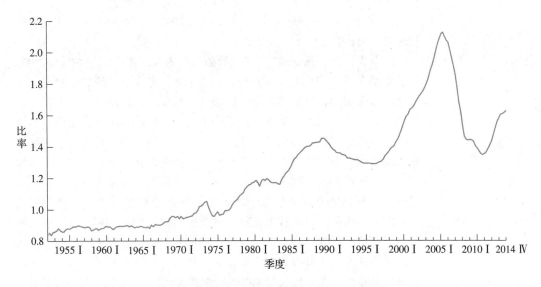

▲ 图 14.3　1952 I—2014 IV房价指数与 GDP 平减指数的比率

是财富。在其他条件相同的情况下，一个家庭拥有的财富越多，他们花费的就越多。近期家庭财富的大部分波动是由于股票价格和房价的波动。当住房和股票价值上涨时，家庭感觉更富裕，他们花费更多。作为一个粗略的经验法则，财富价值（股票或住房）的 1.00 美元变化导致每年消费者支出变化约 0.03 美元至 0.04 美元。随着不可预测的财富变化，我们最终会出现不可预测的消费变化，从而导致 GDP 的变化无法预测。

269

　　股价的上涨也可能增加投资。如果一家公司正在考虑一个投资项目，那么它可以为项目提供资金的一种方式是发行额外的股票。公司股票的价格越高，每增加一股的收益就越多。因此，一家公司可能会在其股价越高的情况下承担更多投资项目。股票价格越高，投资项目的股票成本就越小。这是股市繁荣可能增加投资的方式，股市收缩可能会减少投资。股票价格变化会影响公司的资本成本。

14.1.6 金融危机与美国的 2008 年救助计划

　　很明显，20 世纪 90 年代后半期的美国股市繁荣促成了那个时期的强劲经济，以及之后股市的萎缩导致了 2000—2001 年的经济衰退。同样显而易见的是，2000 年至 2005 年间房价的上涨促成了 2000—2001 年经济衰退之后的扩张，2006 年至 2009 年间房价的崩溃导致了 2008—2009 年的经济衰退。这只是家庭财富效应在起作用，以及股票价格对公司的投资支出产生影响。

　　2008—2009 年的美国经济衰退也被一些观察者描述为金融危机时期。虽然没有对金融危机的确切定义，但大多数金融写作者都将金融危机定义为促进资本在家庭和企业之间流动的金融机构停止顺利运作的时期。在金融危机中，股市下跌或房地产市场的财富效应引起的宏观经济问题更为突出。

许多人认为，从 2006 年底开始的房价大幅下跌导致了 2008—2009 年的金融危机。我们在第 10 章中简要讨论了房价下跌的部分原因。在房地产繁荣期间，政府法规松懈导致人们过度承担风险，许多人只能在住房价格持续上涨的情况下取得抵押贷款。人们购买房屋，期望一旦出售就会从这些房屋获得资本收益。这一问题因较低的"诱饵利率"抵押贷款而加剧，在这些贷款中，人们拥有住房的最初几年支付的利率非常低。一旦房价开始下跌，出售房屋获得资本收益的可能性就会减少，很明显，一旦抵押贷款的优惠利率到期，许多家庭将无法负担他们的房子。由于出售房屋不能获得盈利，以及更高的抵押贷款利率，许多人拖欠了这些抵押贷款，许多抵押贷款支持证券的价值急剧下降。许多大型金融机构都参与了抵押贷款市场，它们开始遇到财务困境。除了破产的雷曼兄弟之外，大多数大型金融机构都被美国联邦政府救助——2008 年 10 月通过了 7 000 亿美元的救助法案。这些机构包括高盛、花旗集团、摩根士丹利、摩根大通和美国国际集团。政府为这些公司提供资金以缓解它们的财务困难。美联储也参与了救助计划，购买了大量抵押贷款支持证券。我们在第 10 章看到，2015 年 4 月中旬，美联储持有约 1.732 万亿美元的抵押贷款支持证券，其中许多是在 2008 年和 2009 年购买的。许多其他国家与自己的金融机构存在类似问题，部分原因是它们购买了美国抵押贷款支持证券作为投资。

如果美国政府没有救助大型金融机构，会发生什么？这是经济学家和政治家之间的争论问题。但有些影响很明显。若没有干预，负面的财富效应会更大。一些金融机构本来会破产，这会摧毁它们的债券持有人。其中许多债券由家庭部门持有，因此家庭财富将从债券价值的损失中下降。整体股价的下跌也可能更大，从而导致负面的财富效应。因此，政府救助减少了这一时期财富的下降。有些人还认为，如果没有救助，对企业的借贷会更低。这将迫使企业削减投资，从而导致总需求萎缩。目前尚不清楚这种影响有多重要，如第 10 章所示，美联储购买抵押贷款支持证券的大部分最终都是银行的超额准备金，而非贷款增加。

重要的是区分美国政府为应对 2008—2009 年的经济衰退而采取的刺激措施，即减税和支出增加，以及救助活动，这直接有助于帮助金融机构以防止其衰败。撇开刺激措施，救助是一个好主意吗？从积极方面来看，它减少了负面的财富效应，并可能导致更多的企业贷款。此外，对金融机构的大部分贷款已经或将要偿还；所以最终的总成本将低于 7 000 亿美元。从消极方面来看，存在政治和社会成本。从救助计划中受益的大多数人都是富裕的——当然比平均水平更富裕。金融机构的债券持有人往往来自收入分配的最高端。许多人都指出，救助不良贷款的金融机构的支出远远超出了救助获得这些不良贷款的房主的支出。此

实践中的经济学

预测经济衰退

　　经济学家在预测经济衰退方面有多好？答案是：并不总是那么好。2008—2009 年的经济衰退就是一个很好的例子。纽约联邦储备银行（FRBNY）[1] 的一项研究记录了政策制定者和经济学家未能预测经济衰退的情况。预测误差非常大。失业率从 2007 年的 4.8% 上升到 2008 年的 6.9%，然后到 2009 年的 10.0%。2007 年末，FRBNY 预测 2008 年的失业率为 4.6%，误差为 2.3 个百分点。私人经济学家并没有好多少，其预测为 4.9%。[2] 但更糟糕的是，在 2008 年 4 月，FRBNY 预测 2009 年失业率为 5.6%，误差为 4.4 个百分点。私人预测者基本相同，预测为 5.5%。即使在 2008 年 11 月，FRBNY 预测 2009 年的失业率仅为 8.1%。私人预测者预测为 7.7%。直到 2009 年初经济衰退的严重程度才被预测到。

　　经济衰退难以预测的事实意味着正文中讨论的识别滞后可能很长。如果他们的预测不好，政策制定者可能需要一段时间才能意识到经济状况如何。话虽如此，尽管预测经济衰退的严重程度的时间滞后，美联储对 2008—2009 年经济衰退的反应速度超出预期。第 12 章中的图 12.7 显示了美联储基本上控制的 3 个月期国库券利率的季度路径。从图中很难看出确切的数字，但是票据利率从 2007 年第二季度的 4.7% 降至第三季度的 4.3%，第四季度为 3.4%，2008 年第一季度为 2.0%，第二季度为 1.6%，第三季度为 1.5%，然后在 2008 年第四季度及以后大致为零。因此，尽管失业率预期不会大幅上升，但美联储在 2007 年底开始以相当激进的方式开始行动。尽管 2008 年底还没有预测到经济衰退的严重程度，美联储在 2008 年再次采取激进行动，到年底利率基本上达到零。

　　因此，美联储在应对 2008—2009 年经济衰退时处于领先地位。一种可能性是，美联储理事们对预测中的经济更为悲观，并做出了相应反应。他们可能认为当时的预测存在更多的下行风险而不是上行风险。另一方面，预测是预期了失业率上升，但没有事实上的那么大，这可能是因为美联储只是对这些预测的增长做出回应。当它在 2008 年底达到利率零下限时，它就不能再进一步下降了。无论如何，美联储在这一时期的时机看起来相当不错，特别是考虑到预测错误。

　　为什么关于 2008—2009 年经济衰退的预测如此糟糕？经济衰退的一个特点是大部分是由住房和股票价格的下跌所驱动的。这导致了负面的财富效应，加剧了经济衰退。预测经济衰退的问题在于难以预测房价和股票价格等资产价格的变化。这些价格的变化基本上是不可预测的。因此，如果经济衰退的大部分是由资产价格的不可预测的变化所驱动的，那么经济衰退本身将是不可预测的。

思考

1. 为什么在 20 世纪 90 年代后半期难以预测美国经济的繁荣？

[1] Simon Potter, "The Failure to Forecast the Great Recession," *Liberty Street Economics*, Federal Reserve Bank of New York, November 25, 2011.
[2] 这里的私人预测者是指那些回答蓝筹调查（Blue Chip Survey）的人。

外，被挽救的金融机构的工作岗位主要是高收入者的工作。从长远来看，支付救助费用的人是美国纳税人，他们的平均富裕程度低于那些从救助计划中获益的人。因此，救助可能已经或至少被许多人认为有不良的收入分配后果，这给政治机构带来了压力。

我们已经看到预测资产价格变化（如股票价格和房价）是多么困难，我们也看到了这些变化对实体经济的影响有多大。但许多人已经指出，虽然政府可能无法预测资产泡沫，但它确实会通过其他政策影响这些波动。在住房方面，至少有一些推动泡沫的因素可能是宽松的信贷标准，信贷标准部分由政府机构控制。最近的资产泡沫也可能反映了金融机构的风险承担，风险行为也受到政府机构的控制。最近一次经济衰退造成了巨大宏观经济成本，这激发了对金融市场进行监管改革的众多呼吁。在 2010 年，一项名为《多德—弗兰克法案》（Dodd-Frank bill）的金融监管法案获得通过，试图收紧金融监管，以防止类似 2008—2009 年金融危机再次发生。

14.2 关于货币和财政政策的时间滞后

14.2 学习目标

解释稳定性政策的目的，并区分三种类型的时滞。

稳定性政策： 描述货币和财政政策，其目标是消除在产出和就业方面的波动，并尽可能保持价格稳定。

到目前为止，我们已经看到资产价格变化的不可预测性对决策者来说很难处理。政策制定者最多只能对这些变化做出反应。**稳定性政策**（stabilization policy）的目标是尽可能消除 GDP 的波动。考虑图 14.4 所示的总产出（收入）（Y）的两种可能时间路径。路径 A（深色线）代表政府没有稳定性政策的 GDP；路径 B（浅色线）显示稳定策略旨在产生的更平滑的路径。稳定性政策也关注价格的稳定性。这里的目标不是要防止总体价格水平上涨，而是要实现尽可能接近目标 2% 左右的通货膨胀率，因为政府的其他目标是高水平和稳定的产出水平以及就业机会。

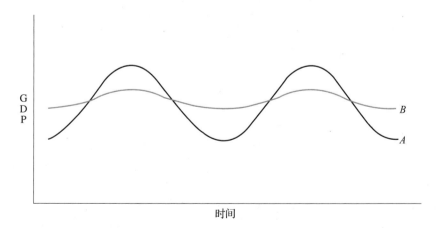

▲ **图 14.4　GDP 的两种可能的时间路径**

路径 A 比路径 B 不稳定——它随时间变化而变化。在其他条件相同的情况下，社会更喜欢路径 B 而不是路径 A。

稳定目标并不容易实现，特别是考虑到各种**时滞**（time lags），或经济对稳定性政策的延迟反应。经济学家普遍认识到三种时滞：识别滞后、实施滞后和反应滞后。

图 14.5 显示了美国政府在试图稳定经济时可能面临的时机问题。假设经济达到峰值并在 A 点开始陷入衰退（在时间 t_0）。鉴于收集和处理经济数据的需要，政策制定者不会观察到 GDP 的下降，直到它陷入 B 点（在时间 t_1）。当他们开始刺激经济时（C 点，时间 t_2），经济衰退开始，经济几乎见底。当政策最终开始生效时（D 点，时间 t_3），经济已经走上复苏的道路。这些政策推动经济走向 E' 点——比 E 点更大的波动，E 点是没有稳定性政策的经济体。在 D 点之后的某个时候，决策者可能会开始意识到经济正在过快扩张。但是等他们实施紧缩性政策并且政策产生影响时，经济已经开始收缩了。因此，紧缩性政策最终将 GDP 推至 F' 点而不是 F 点。

由于各种时滞的存在，本应在时间 t_0 实行的扩张性政策直到时间 t_3 才开始作用，但那时已不再需要它们了。图 14.5 中的浅色线显示了"稳定性"政策实施后经济的表现。深色线显示了如果经济自然运行并且政府没有尝试稳定性政策的情况下，GDP 的时间路径。在这种情况下，稳定性政策使收入更加不稳定，而不是更稳定——政策导致收入的峰值从 E 点移到 E' 点，收入的谷值从 F 点移到 F' 点。

稳定性政策的批评者认为，图 14.5 中的情况是政府与经济体中其他部门之间相互作用的典型情况。这种说法不一定正确。在决定稳定性政策是好还是坏之前，我们需要更多地了解各种滞后的性质。

时滞： 经济对稳定性政策的延迟反应。

272

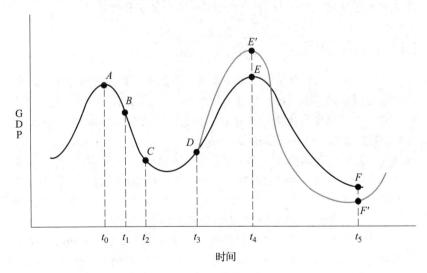

▲ **图 14.5 稳定性政策可能的时机问题**
由于时间滞后，稳定经济的尝试可能会造成不稳定。应该已经开始在 A 点生效的扩张性政策实际上直到 D 点才开始起作用，那时经济已经在上升。因此，该政策将经济推向 E' 和 F' 点（而不是 E 和 F 点）。如果没有实施任何政策，收入的变化幅度会小得多。

14.2.1 识别滞后

政策制定者需要时间才能认识到经济繁荣或经济衰退。许多重要数据——例如来自国民收入与生产账户的数据——仅每季度提供一次。通常需要几周的时间来编制和准备这些数字的初步估算。如果 1 月 1 日经济陷入低迷，那么在 4 月底第一季度的数据公布之前，可能无法发现经济衰退。

此外，先发布的国民收入与生产账户数据只是初步估算的，是基于各种数据来源的不完整汇编。随着后来更好数据的发布，这些初步估算会发生变化并且经常会发生变化。（例如，当美国商务部经济分析局首次公布 2012 年第四季度的结果时，它表明经济出现负增长，-0.1%。该公告发布于 2013 年 1 月底。2 月底增长率修正为 0.1%。然后在 3 月底进一步修正为 0.4%。）这种情况使初始估计的解释变得困难，这就是**识别滞后**（recognition lags）。

识别滞后： 决策者认识到经济繁荣或经济衰退存在的时间。

随着经济回应政府政策从缓慢增长中恢复，识别滞后也会在经济周期上行时出现。政府什么时候做得充分到足以刺激经济？何时政府进一步努力会导致过度刺激？美联储前任主席珍妮特·耶伦 2015 年春季在旧金山演讲中试图改变美联储宽松货币政策时谈到了这一担忧。"我们需要牢记这样一个公认的事实，即货币政策的全面影响只有在长期滞后之后才会产生。这意味着政策制定者不能等到他们实现了目标才开始调整政策。在我们达到或即将达到我们的通胀目标之前，我不认为推迟货币政策正常化的开始是明智的。如果联邦公开市场委员会随后被迫采取突然的紧缩政策，这样做会产生太大的风险，可能无法达到我们的最大可持续就业和 2% 通胀目标，可能会破坏经济增长和就业。"

14.2.2 实施滞后

一旦经济学家和政策制定者认识到经济处于繁荣或衰退之中，稳定性政策的时滞问题就不会结束。即使每个人都知道需要刺激或控制经济，也需要时间来实施所需的政策，特别是涉及财政政策的政府行动。这就是**实施滞后**（implementation lags）。

实施滞后： 一旦经济学家和政策制定者认识到经济处于繁荣或衰退之中，就需要时间来实施预期的政策。

每年美国国会都会决定联邦政府来年的预算。该预算中体现的税法和支出计划一旦到位就很难改变。如果很明显经济正在进入衰退并且在年中需要财政刺激措施，那么政府可以做的有限。在国会批准增加支出或减税之前，财政政策的变化是不可能的。[②]

货币政策较少受制于减缓财政政策变化的各种限制。正如我们在第 10 章所看到的那样，美联储目前改变利率的工具是改变其支付的银行准备金率。这种改变可以非常快速地进行，并且一旦做出改变的决定，实际上没有实施滞后。

---

② 但不要忘记自动稳定器的存在（第 9 章）。许多计划包含内生的逆周期调节功能，可以在经济衰退期间自动扩大支出或减少税收（无需国会或行政行动）。

14.2.3 反应滞后

即使在政府已经认识到宏观经济问题并且已经实施适当的纠正政策之后，也存在**反应滞后**（response lags）——在实施新政策后经济适应新条件所需的时间；由于经济本身的运作而发生的滞后。即使在政府制定政策并将其付诸实施之后，经济也需要时间来适应新的条件。虽然货币政策可以比财政政策更快地调整和实施，但由于应对滞后，经济需要更长时间才能受到影响。最重要的是在问题首次发生的时间与感受到纠正政策的时间之间的总滞后。

反应滞后： 新政策实施后经济适应新环境所需的时间；由于经济本身的运作而发生的滞后。

财政政策的反应滞后 思考财政政策反应滞后的一种方法是通过政府支出乘数。这个乘数衡量政府支出或净税收的特定变化引起的 GDP 变化。乘数达到其全部价值需要时间。结果是财政政策行动开始的时间与 GDP 全面变化实现的时间之间存在滞后。

财政政策中反应滞后——乘数过程中的延迟——的原因很简单。在政府支出增加或减税之后的头几个月，没有足够的时间让直接受益于额外政府支出或减税的公司或个人增加自己的支出。个人和公司都不会立即修订他们的支出计划。在他们能够进行这些修订之前，政府支出的增加并不会刺激额外的私人支出。

政府采购的变化是总支出的一个组成部分。当 G 上升时，总支出直接增加；当 G 下降时，总支出直接减少。然而，当个人税收改变时，这是另外一步干预，导致另一个滞后。假设一次减税已全面降低所有人的个人所得税。每个家庭必须决定将省下来的税收中的多大部分用于支出，多大部分用于储蓄。这个决定是额外的一步。在削减的税收转化为额外支出之前，家庭必须进行增加支出的步骤，这通常需要一些时间。

随着营业税的减税，还有一个复杂的问题。厂商必须决定如何处理它们增加的税后利润。如果它们把增加的税后利润作为股利向家庭支付，其结果与个人税的削减相同。家庭必须决定是将这部分额外的资金用于支出还是储蓄。厂商也可以保留其增加的利润并将其用于投资，但投资是总支出的一个组成部分，也需要计划和时间。

实际上，税收或政府支出的变化需要大约一年才能对经济产生全面影响。这种反应滞后意味着，如果我们增加支出以抵消今天的经济衰退，那么 12 个月后才会产生全面影响。到那时，经济状况可能会有所不同。

货币政策的反应滞后 货币政策通过改变利率而起作用——假设利率不在零下限——然后改变计划投资。利率也可能影响消费支出，正如我们将在第 15 章进一步讨论的那样。目前，我们知道较低的利率通常会刺激消费支出，而较高的利率会降低消费支出。

274

消费和投资对利率变化的反应需要时间。即使利率在一夜之间上涨5%，企业也不会立即减少投资购买。企业通常会提前几年制定投资计划。如果通用汽车（GM）希望通过减少投资来应对利率上升，那么该公司需要时间——也许长达一年——才能提出废除部分投资项目的计划。货币政策的反应滞后甚至超过财政政策的反应滞后。当政府支出发生变化时，企业的销售额会发生直接变化，政府购买量增加会导致销售额增加。然而，当利率发生变化时，企业的销售额不会立即发生改变，直到家庭改变其消费支出和/或企业改变其投资支出。家庭和企业需要时间来应对利率变化。从这个意义上讲，利率变化就像税率变化一样。家庭和企业改变他们的商品购买后才会导致企业的销售变化。

14.2.4 小结

因此，即使资产价格没有出现意外变化，也不容易实现稳定。政策制定者需要时间来认识到问题的存在，他们需要更多的时间来实施解决方案，而且企业和家庭也需要更多的时间来应对政府所采取的稳定性政策。与税收或政府支出相比，货币政策可以更快更容易地进行调整，这使其成为稳定经济的更有用的工具。然而，由于经济对货币政策变化的反应可能比对财政政策变化的反应要慢，税收和支出变化也可能在宏观经济管理中发挥有用作用。

14.3 学习目标

讨论政府赤字和赤字目标制的影响。

14.3 政府赤字问题

如果政府试图通过减税或增加支出来刺激经济，那么在其他条件相同的情况下，这将增加政府赤字。因此，人们预期在经济衰退时会出现政府赤字——周期性赤字。这些赤字是暂时的，不会产生任何长期问题，特别是如果在充分就业时经济运行有适度的盈余。然而，如果是完全就业下，赤字——结构性赤字——仍然很大，这可能会带来负面的长期后果。

第9章中的图9.6显示，美国政府赤字占GDP的百分比从2008年开始迅速上升。2009年，赤字占GDP的百分比约为9%。这是巨大的赤字比率，但由于经济急剧衰退，其中大部分是周期性的。早些时候在2005—2007年，经济大致上是充分就业，在此期间赤字约占GDP的2%，我们可以将其视为结构性赤字，因为它发生在一个完整的就业期。截至2014年底，随着经济接近但未达到充分就业，赤字占GDP的3%。那时，赤字既有结构性的，也有（小的）周期性因素。

从2008年开始的巨额赤字导致联邦政府债务占GDP的比率大幅上升。第9章的图9.7显示该比率在2012年底达到顶峰，为68.4%。（这一比例高于2007年的约46%）。截至2014年底，该比率已下降至

63.6%。赤字和债务总是热门的政治问题。是否应采取措施降低赤字？如果需要采取行动，我们应该提高税收或降低支出吗？有时会有关闭政府的威胁。在 2012 年底政策发生了重大变化。当时已经实施了 12 年的布什减税政策并没有扩大到高收入纳税人群。这些关于赤字的争论实际上导致了 2012 年底政策的变化。此外，当时已经延长了 2 年的工资税减免政策没有继续延长。从图 9.7 可以看出，债务与 GDP 的比率自 2012 年以来大致趋于平缓，部分原因在于这些变化。

对一个债务占 GDP 比率上升的国家，人们担忧在某些时候投资者可能会开始认为该国为其赤字融资而出售的债券现在风险更大了。这将提高该国必须为其债券支付的利率，随着利息支付的增加，这将进一步增加赤字。这可能反过来迫使该国大幅削减开支或增加税收，对经济产生很大的负面影响。

14.3.1 赤字目标制

关于赤字的争论已经存在了很长时间。在 20 世纪 80 年代，美国政府的支出远远超过其税收收入。为应对巨额赤字，1986 年美国国会通过，里根总统签署了《格拉姆—鲁德曼—霍林斯法案》（Gramm-Rudman-Hollings Act，以其三个国会支持者命名），简称 "GRH"。在目前的赤字问题的背景下回顾这一法案很有意思。GRH 法案设定了每年减少联邦赤字一定数量的目标。如图 14.6 所示，1987 年至 1991 年间每年赤字减少 360 亿美元，1991 财政年度赤字目标为零。有关 GRH 立法的有趣之处在于目标不仅仅是指导方针。如果国会通过其关于税收和支出计划的决定，制定一个赤字大于目标金额的预算，GRH 法案呼吁自动削减开支。这些削减在大多数联邦支出计划中都是按比例划分的，因此占总支出 5% 的计划相当于总支出削减的 5%。[3]

《格拉姆—鲁德曼—霍林斯法案》： 这项法律于 1986 年由美国国会通过并由里根总统签署，旨在将联邦赤字每年减少 360 亿美元，1991 年的赤字目标为零。

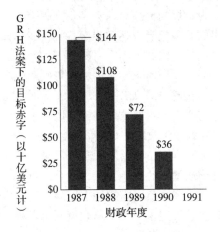

◀ 图 14.6《格拉姆—鲁德曼—霍林斯法案》下的赤字消减

1986 年通过的 GRH 立法旨在将联邦赤字每年减少 360 亿美元。如果该计划奏效，零赤字应该在 1991 年实现。

---

③　社会保障等计划免于削减或被区别对待。联邦债务的利息支付也不受削减的影响。

在 1986 年，美国最高法院宣布部分 GRH 法案违宪。法院表示，国会必须先批准"自动"削减开支，它们才能实施。该法律于 1986 年更改以符合最高法院的裁决，并于 1987 年再次确立了新的目标。新目标的赤字在 1993 年而不是 1991 年达到零。目标在 1991 年再次修订，当时实现零赤字的年份从 1993 年改为 1996 年。实际上，这些赤字目标从未接近实现。随着时间的推移，即使修订后的赤字目标也变得完全不切实际，到 1980 年代末，已经没有人把 GRH 法案当回事了。

276

尽管 GRH 立法已成为历史，但是考虑赤字目标制的稳定性后果是有用的。如果我们认真对待赤字目标制会怎么样？这是好政策吗？答案很可能不是。我们现在将展示赤字目标制如何使经济更加不稳定。

在一个没有赤字目标制的世界里，美国国会和总统每年都会决定花多少钱和征多少税。联邦政府的赤字是这些决定和经济状况的结果。然而，在赤字目标制的情况下，赤字的大小是预先设定的。税收和政府支出必须调整以产生所需的赤字。在这种情况下，赤字不再是税收和支出决策的结果。相反，税收和支出则成为赤字目标决定的结果。

美国国会选择目标赤字并调整政府支出和税收以实现该目标，或决定支出和税收多少让赤字自行调整，这两者有何不同？差异可能很大。考虑由一些负面的需求冲击引起的 *AD* 曲线的向左移动。负面的需求冲击是那些会导致消费或投资计划出现负面转变，或导致美国出口减少的东西。

自动稳定器： 全国预算中的收入和支出项目随经济自动变化以稳定 GDP。

我们知道 *AD* 曲线的向左移动会降低总产出（收入），从而导致政府赤字增加。在一个没有赤字目标制的世界里，经济收缩期间赤字的增加为经济提供了**自动稳定器**。（如果这一点很模糊，请复习第 9 章。）由于需求的负面冲击，经济收缩引起的税收收入的减少和转移支付的增加往往会导致税后收入和消费者支出的下降。因此，赤字的增长减缓了由负面需求冲击导致的总产出（收入）的减少［图 14.7（a）］。

在一个以赤字为目标的世界里，赤字不允许上升。需要实施增加税收和削减政府支出的某种组合以达到赤字目标。我们知道增加税收或减少开支本身就是紧缩的。因此，赤字目标制下的经济收缩将大于没有赤字目标制的情况，因为负面需求冲击的初始影响因税收上升或政府支出削减以防止赤字上升而恶化。如图 14.7（b）所示，赤字目标制是一种**自动去稳定器**。它需要提高税收，并在经济收缩期间削减政府支出。这会加剧而不是抵消导致经济收缩的负面需求冲击。

自动去稳定器： 全国预算中的收入和支出项目随着经济的变化而自动变化，从而破坏 GDP 的稳定。

因此，赤字目标制具有不良的宏观经济后果。当经济已经出现问题时，它需要削减支出或增加税收。当然，这个缺点并不意味着政府应该忽视结构性赤字问题。但在负面需求冲击期间锁定支出削减或增税并不是管理经济的好方法。展望未来，全球政策制定者将不得不设计其他方法来控制日益增长的结构性赤字。

（a）没有赤字目标制

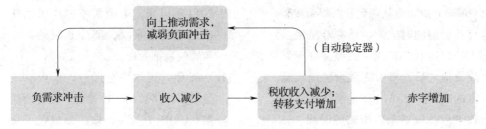

（b）有赤字目标制

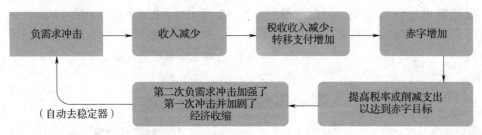

▲ 图 14.7　作为自动稳定器的赤字目标制

由于赤字目标制不允许赤字上升，这改变了经济对负需求冲击的反应方式。结果是赤字较小，但收入大幅下降。

总结

277

14.1 股票市场、住房市场和金融危机　页 324

1. 公司可以通过从银行借款、发行债券或发行股票来为投资项目提供资金。拥有股票的人拥有公司的一小部分。

2. 股票价格应等于其预期未来股利的贴现值，贴现因子取决于利率和风险。

3. 当股票价格超过其预期未来股利的贴现值时，就存在泡沫。在这种情况下，重要的是人们对其他人预期的未来股票价格的预期。

4. 美国历史上最大的股市繁荣发生在1995 年至 2000 年之间，当时标准普尔500 指数每年上涨 25%。经济繁荣为家庭财富增加了 14 万亿美元。

5. 为什么 1995—2000 年间有股市繁荣似乎是一个难题。当时的收益没有不寻常到可以预测这种繁荣。许多人认为

当时的股市繁荣只是一个泡沫。

6. 住房价格在 2000 年至 2006 年间迅速上涨，并在 2006 年至 2009 年间迅速下降。许多人认为，从 2006 年开始的房价下跌导致了 2008—2009 年的经济衰退和金融危机。

7. 股票价格和房价的变化改变了家庭财富，影响了消费，从而影响了实体经济。股票价格和房价的变化在很大程度上是不可预测的，这使得经济中的许多波动变得不可预测。

14.2 关于货币和财政政策的时间滞后　页 332

8. 稳定性政策描述了财政和货币政策，其目标是消除产出和就业的波动，并使价格尽可能稳定。由于存在某些时间滞后或经济对宏观政策的延迟反应，稳

定目标不一定容易实现。

9. 识别滞后是决策者认识到经济繁荣或衰退存在所需的时间。实施滞后是经济学家和政策制定者认识到经济处于繁荣或衰退之后，将所需政策付诸实施所需的时间。反应滞后是经济在实施新政策后适应新条件所需的时间——也就是说，由于经济本身的运行而出现的滞后。一般而言，货币政策可以比财政政策更快地实施，但财政政策通常比货币政策具有更短的反应滞后。

14.3 政府赤字问题　页 336

10. 2012 年以来，美国债务占 GDP 的比率已经趋于平缓，部分原因是 2012 年底的政策变化。

11. 1986 年，美国国会通过，里根总统签署了《格拉姆—鲁德曼—霍林斯法案》（GRH 法案），该法案规定了每年的赤字目标。目的是减少当时的巨大结构性赤字。

12. 要求自动削减开支以消除或减少赤字的赤字目标措施，如 GRH 立法，可能会破坏经济稳定。

术语和概念回顾

自动去稳定器，页 338

自动稳定器，页 338

资本收益，页 325

道琼斯工业平均指数，页 326

《格拉姆—鲁德曼—霍林斯法案》，页 337

实施滞后，页 334

纳斯达克综合指数，页 326

实现的资本收益，页 325

识别滞后，页 334

反应滞后，页 335

稳定性政策，页 332

标准普尔 500 指数（标普 500），页 326

股票，页 324

时滞，页 333

习题

14.1 股票市场、住房市场和金融危机

讨论股票价格和房价的历史波动对经济的影响。

1.1 在 2009 年 7 月，标准普尔 500 指数为 1 000。

　　a. 什么是标准普尔 500 指数？

　　b. 今天标准普尔 500 指数为多少？

　　c. 如果你在 2009 年 7 月投资了 10 000 美元并且你的投资随着标准普尔 500 指数的上涨，价值增加了相同的百分比，你今天会有多少收益？

　　d. 假设家庭部门的总体股票市场持股约为 20 万亿美元，整个股票市场上涨 / 下跌的幅度与标准普尔指数相同。有证据表明，股票市场持股对消费者支出的"财富效应"约为每年财富的 4%。自

2009 年 7 月以来，由于股市走势，你期望看到多少额外或减少的支出？假设乘数为 2，且 GDP 为 18 万亿美元，那么你预期明年会有多少额外 / 更少的 GDP？

1.2 在 1997 年，亚洲股市崩盘。中国香港股市下跌近 30%，泰国股市下跌 62%，马来西亚股市下跌 60%。日本和韩国股市也经历了大幅下跌。这些事件会对这些地区和国家的经济产生什么影响？解释你的答案。你预期这些事件会以何种方式影响美国经济？亚洲人对美国商品的支出如何受到影响？在这些经济体投资的美国人如何受到影响？

14.2 关于货币和财政政策的时间滞后

解释稳定性政策的目的，并区分三种类型的时滞。

2.1 美国的一些州需要平衡预算。这项措施是使经济稳定还是使经济不稳定？假设所有州都致力于平衡预算的理念，经济陷入衰退。这种平衡预算的理念会对联邦赤字的规模产生什么影响？

2.2 解释为什么稳定性政策可能难以实施。稳定性政策如何可能实际上破坏稳定？

2.3 [与页 331 "实践中的经济学" 相关] "实践中的经济学" 指出，由于经济衰退难以预测，识别滞后可能很长，2008—2009 年的经济衰退就是如此。假设美国联邦政府和美联储政策制定者对这次经济衰退的识别滞后是相同的，那么解释哪种类型的政策，即财政政策或货币政策，应该是经济中见效最快的，以及这两种政策中的哪一种政策能够使得经济最快速地适应新实施的条件。

14.3 政府赤字问题

讨论政府赤字和赤字目标制的影响。

3.1 解释为什么政府赤字随经济收缩而上升，以及为什么政府赤字在经济扩张时下降。

3.2 有关 2015 年经济的以下信息（单位全部是十亿美元）：

消费函数：$C=100+0.8\times Y_d$

税收：$T=-150+0.25\times Y$

投资函数：$I=60$

可支配收入：$Y_d=Y-T$

政府支出：$G=80$

均衡：$Y=C+I+G$

提示：赤字 $D=G-T=G-[-150+0.25\times Y]$

a. 计算均衡收入。求证政府预算赤字（政府支出和税收收入之间的差额）为 50 亿美元。

b. 美国国会通过了 "Foghorn-Leghorn"（F-L）修正案，该修正案要求今年的赤字为零。如果国会通过的预算赤字大于零，则赤字目标必须通过削减开支来实现。假设支出减少 50 亿美元（至 750 亿美元）。新的均衡 GDP 是多少？新的赤字是多少？仔细解释为什么赤字不为零。

c. 假设 F-L 修正案没有生效，计划投资降至 $I=55$。新的 GDP 值是多少？新的政府预算赤字是多少？如果 F-L 修正案生效并削减支出以达到赤字目标，那么 GDP 会发生什么变化？（提示：支出必须减少 216.66 亿美元才能平衡预算。）

3.3 自 2000 年以来，有几个国家的主权债券违约。做一些研究来找到自 2000 年以来违约的三个国家的信息。对于你所研究的三个国家，解释违约发生的时间，违约涉及多少债务，每个政府在违约后必须立即支付的债券利率，以及政府现在支付的债券利率。这些利率与当前美国政府债券的利率相比如何？

3.4 假设政府决定减少支出并增加税收以减少赤字。美联储是否有可能缓解支出和税收变化的宏观经济效应？解释你的答案。

3.5 如果政府实施的支出和税收政策承诺既不会增加也不会减少支出和税收，那么预算赤字是否仍有可能增加或减少？解释你的答案。

3.6 在 2015 年 1 月，美国国会预算办公室（CBO）发布了一份报告，估计 2015 年联邦预算赤字预期将略微下降至 4 680 亿美元，占 GDP 的 2.6%。假设影响预算的现行法律不会改变（即没有计划税收变化或财政刺激支出的修订），国会预算办公室还估计，赤字占 GDP 的百分比将在 2018 年前稳定在 2.6% 但之后会上升，预期 2025 年赤字占 GDP 的 4.0%。访问 www.cbo.gov 并查看当前和估计的赤字占 GDP 的比率。CBO 的估计是否准确，其预测是否有变化？解释自 2015 年 1 月以来颁布的任何政策变更是否可能是 CBO 预测变更的原因。

279

第15章

宏观经济中家庭与厂商的行为：深入讨论 *

280

在第 8 章到第 14 章中，我们考虑了家庭、厂商以及政府之间在商品、货币和劳动力市场上的相互影响。在这些章节中，我们假设家庭消费（C）仅取决于收入，而厂商的计划投资（I）仅取决于利率。在本章中，我们将为家庭的消费和劳动供给决策以及厂商的投资和雇工决策受到的影响给出更现实的描述。我们使用本章所学到的知识来分析一系列更广泛的宏观经济问题。

---

*　本章要求稍高，但包含许多有趣的信息！

15.1 家庭：消费和劳动供给决策

迄今为止，我们大多数的分析一直假设消费仅取决于收入。虽然这一假设是一个有用的起点，并且收入确实是消费最重要的决定因素，但它并不是决定家庭消费决策的唯一因素。我们需要考虑其他的消费理论来了解更为接近现实的家庭行为。

15.1.1 消费的生命周期理论

大多数人不仅根据当前收入做出消费决策，而且还根据他们以后的收入做出决定。正在阅读本书的你们当中很多是年轻的大学生，你们目前的消费比你们目前的收入高，因为你们预期将来有更多的收入，而你们的老师们的消费低于他们目前的收入，因为他们需要为将来没有劳动收入的退休时期进行储蓄。人们在做出消费决策时会考虑其终生的收入，这种消费模型被称为**消费的生命周期理论**。

图 15.1 展示了一个典型个体一生的收入和消费模式。正如图中所示，这个人在她生命的初期收入很低，中期收入很高，退休后的收入又很低。她退休后的收入不是零，因为除她自己的劳动收入以外，她还有其他收入来源，比如社会保障支付、利息和股利等。

图 15.1 中绘制的消费路径在人的一生中是固定不变的。这是一种极端的假设，但它也说明了一个人一生中的消费路径要比收入路径更稳定。在我们早期的职业生涯中，我们消费的金额超过了我们的收入。这是我们通过预借未来收入，来贷款买汽车、申请住房贷款来买房或用助学贷款来支付大学费用实现的。当我们的收入增加时，我们会偿还这些

消费的生命周期理论： 家庭根据他们对终生收入的预期来做出终生消费决策。

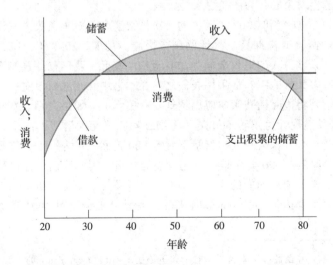

▲ **图 15.1　消费的生命周期理论**

在人们工作阶段的早期，他们的消费超过了他们的收入。在退休阶段也是如此。在这两者之间，人们进行储蓄（消费小于收入）以偿还债务并为退休积累储蓄。

债务，我们用一部分收入来偿还过去的借款同时又不大幅降低我们的消费水平。而退休以后的情况恰恰相反。这时，我们的收入又降低了。因为我们在青壮年工作期间的消费低于收入，我们可以储存一些"留窝蛋"，保障我们在退休期间仍然可以维持合意的生活水平。

财富的波动也是生命周期理论的重要组成部分。许多年轻家庭在预期未来收入增加时会借款。有些家庭实际上拥有负财富，即他们的资产价值低于他们所欠的债务。一个家庭在青壮年工作期间进行储蓄以偿还债务，并为以后收入下降时积累资产。家庭资产大于所欠债务的家庭有正财富。随着工作的家庭成员退休，一个家庭开始消耗其积累的财富。一般来说，家庭财富从负值开始，后转为正值，然后在生命快结束时接近零。因此，财富与家庭所进行的储蓄积累和负储蓄行为密切相关。

凯恩斯主义消费理论与生命周期理论之间的关键区别在于，生命周期理论认为消费和储蓄决策可能不仅基于当前收入，而且基于对未来收入的预期。在第二次世界大战刚结束时的家庭消费行为显然支持了生命周期理论。在战争刚刚结束后，由于作为家庭收入来源的成员离开了与战争相关工作岗位，（家庭的）收入下降了。然而，与凯恩斯理论的预测相反，消费支出并没有相应减少。因为人们预期他们最终会在其他部门找到工作，所以他们没有根据他们在找到工作之前获得的暂时低收入水平来调整消费支出。

永久收入：一个人预期的未来收入流的平均水平。

永久收入这个术语有时用来指一个人预期的未来收入流的平均水平。如果你预计未来你的收入会很高（即使现在可能不高），你的永久收入也会很高。有了这个概念，我们可以把生命周期理论总结如下：当前的消费决策可能是基于永久收入而不是当前收入。[1]这意味着，如果人们预期比如税率变化这样的政策变化是持久性的而非暂时性的，那么这些政策变动可能会对家庭行为产生更大的影响。

比如 2001 年和 2008 年美国的一次性退税都是对永久收入假设的有趣检验。两次退税都是一次性的刺激措施。例如，2008 年，符合退税条件的个人纳税人的退税金额为 300 至 600 美元。我们预计这笔退税对消费会有多大影响呢？如果用我们之前在本书中介绍的简单凯恩斯模型的话，就是将边际消费倾向应用到这 600 美元上。如果边际消费倾向为0.8，则我们预计每退税 600 美元将增加 480 美元的消费。而永久收入假设则是在个人永久收入的背景下看这 600 美元。作为一个人终身收入的一部分来看，600 美元是一个比较小的数字，因此我们预计退税只会使人们小幅地增加他们的支出。马修·夏皮罗（Matthew Shapiro）和乔尔·斯莱姆罗德（Joel Slemrod）基于对消费者的调研对 2001 年退税进

---

① 这一开创性理论来自米尔顿·弗里德曼（Milton Friedman）的 *A Theory of the Consumption Function*（Princeton, NJ: Princeton University Press, 1957）。在 20 世纪 60 年代中期，弗朗哥·莫迪利亚尼（Franco Modigliani）也有许多研究与此主题密切相关，其中包括建立生命周期理论。

行研究，他们指出大多数人计划使用退税款项来偿还债务，而不是增加支出。这与生命周期模型假设一致。

虽然生命周期模型丰富了我们对家庭消费行为的理解，但此处的分析仍然遗漏了一些东西。所遗漏的是另一种主要的家庭决策：劳动供给决策。

15.1.2 劳动供给决策

显然，一个经济体中劳动力的规模是极其重要的。不断增长的劳动力是国民收入／产出扩张的方式之一，劳动力占人口比例越大，潜在的人均产出就越高。

到目前为止，我们几乎没有讨论过决定劳动力规模的因素。当然，人口是一个关键因素；2014 年新生儿的数量将对很长一段时间后的2034 年 20 岁工人的潜在数量起决定作用。此外，合法移民和非法的移民的数量都会起到一定的作用。

人们的行为方式也起着重要作用。家庭需要做出是否工作和工作多少的决定。这些决定与消费决策密切相关，因为对大多数家庭而言，其大部分支出来自工资和薪水。家庭同时做出消费和劳动供给决策。不能脱离劳动供给来单独考虑消费问题，因为你用于支付消费的收入正是通过出售劳动而得来的。

正如我们在第 3 章中所讨论的，除了劳动换取工资或薪水以外，其他选择还有闲暇活动或其他非市场活动。非市场活动包括抚养孩子、上学读书、料理家务，或者——在发展中经济体里——做一个以耕种为生的农民。什么因素决定了一个家庭的劳动供给量？其中的因素包括工资率、价格、财富和非劳动收入。

工资率　工资率的变化会影响劳动供给，但是这种影响到底是正是负还有待讨论。工资率的提高会以两种方式影响家庭。首先，工资率的提高使工作相对于闲暇和其他非市场活动而言变得更具吸引力。因为现在用于闲暇活动的每一小时都需要放弃更高的工资，所以闲暇的机会成本变高。因此，你可以预期更高的工资会导致更多的劳动供给——更大规模的劳动力队伍。这被称为工资率增长的替代效应。

另一方面，在工资率上升后，有工作的家庭明显过得更好。他们用与以前相同的工作时间就可以获得更多的收入。如果我们假设闲暇是一种普通商品，那么高收入的人会把一部分收入花在闲暇上，也就是减少工作。这是工资率增长的收入效应。

当工资率上升时，替代效应表明人们会更多地工作，而收入效应则表明他们会减少工作。最终效果取决于哪种单独的效应更强大。数据表明，在大多数情况下，替代效应似乎影响更大。也就是说，较高的工资率通常会导致劳动供给增加，较低的工资率通常会导致劳动供给减少。

价格　价格在消费/劳动供给决策中起着主要作用。在我们讨论提高工资率可能带来的影响时，我们一直假设商品和服务的价格没有同时提高。如果工资率和所有其他商品的价格同时上涨，情况就不同了。为了更加清楚地分析，我们首先需要区分名义工资率和实际工资率。

名义工资率是以现值计算的工资率。当我们根据价格水平的变化来调整名义工资率时，我们得到了**实际工资率**。实际工资率衡量的是工资可以购买的商品和服务的数量。工人们并不关心他们的名义工资——他们关心的是工资的购买力，即实际工资。

假设 2014 年美国印第安纳波利斯的熟练工人的工资率为每小时 20 美元。现在假设他们的工资率在 2015 年升至 22 美元，增长了 10%。如果 2015 年的商品和服务价格与 2014 年相同，那么实际工资率就上升了 10%。2015 年的 1 小时工作（22 美元）比 2014 年的 1 小时工作（20 美元）能多购买 10% 的商品和服务。如果在 2014 年至 2015 年间所有商品和服务的价格也上升了 10%，情况又将如何呢？1 小时工资的购买力没有改变。实际工资率根本没有增加。2015 年的 22 美元与 2014 年的 20 美元能买到的商品和服务的数量相同。

为了衡量实际工资率，我们用价格指数对名义工资率进行调整。正如我们在第 7 章中所看到的那样，我们可以使用的指数有好几种，包括消费价格指数和 GDP 价格平减指数。[②]

我们现在可以将我们从生命周期理论中学到的知识应用到工资/价格问题中。回想一下，生命周期理论认为人们会根据预期做出决定。转换到实际工资率中，这个观点就变为，家庭在做出当前的消费和劳动供给决策时不仅会考虑当前的实际工资率，还要考虑预期的未来实际工资率。考虑一下那些预计未来实际工资率比现在要高的医学院学生的例子。这种预期显然会影响他们当前买多少东西以及是否从事兼职工作的决策。

财富和非劳动收入　生命周期理论认为财富在整个生命周期中不断波动。家庭在工作期间积累财富，以偿还年轻时欠下的债务并在退休后维持自己的生活。财富具有这方面作用是显而易见的，但财富的存在也有另一个问题。假设有这样两个家庭，他们都处在其生命周期的同一阶段，并且对未来工资率、价格等的预期也都几乎完全相同。他们对寿命的预期也相同，并且都希望给孩子留下相同数量的遗产。唯一的区别是他们的财富不同。因为过去继承的遗产不同，家庭 1 的财富多于家

名义工资率：用现值表示的工资率。

实际工资率：名义工资率可以购买的商品和服务的数量。

284

---

②　为了计算实际工资率，我们将名义工资率除以价格指数。假设工资率从 1998 年的每小时 10 美元上升到 2010 年的每小时 18 美元，同期价格水平上涨了 50%。以 1998 年为基准年，价格指数在 1998 年为 1.00，在 2010 年为 1.50。实际工资率为 W/P，其中 W 是名义工资率，P 是价格水平。以 1998 年为基准年，1998 年实际工资率为 10 美元（10.00 美元 /1.00），2010 年为 12 美元（18.00 美元 /1.50）。

庭 2。哪个家庭在今后的生活中会有更高的消费路径？很明显应该是家庭 1。家庭 1 在其今后的生活中拥有更多可供享用的财富。在所有其他条件（包括生命周期阶段）保持不变的情况下，一个家庭拥有的财富越多，它现在和未来的消费就越多。

现在考虑一下，假设一个家庭的财富突然意外增加，也许是继承远房亲属的遗产。那么这将对家庭的消费模式产生什么影响呢？很少有人会一次花光全部遗产。大多数家庭会增加现在和将来的消费，在他们今后的生活中花掉这笔遗产。

财富的增加也可以视为非劳动收入的增加。**非劳动收入或非工资收入**是从工作以外的其他来源中获得的收入——包括通过遗产、利息、股利和转移支付（例如福利支付和社会保障支付）等获得的收入。对于财富而言，意外的非劳动收入的增加将对家庭消费产生积极影响。

非劳动收入或非工资收入： 从工作以外的其他来源如继承、利息、股利、转移支付等收到的任何收入。

财富或非劳动收入的增加对劳动供给的影响如何呢？我们已经知道，收入的增加会导致包括闲暇在内的正常品的消费增加。因此，意外的财富或非劳动收入的增加导致消费增加和闲暇增加。闲暇一旦增加，劳动供给必然下降。因此，意外的财富或非劳动收入的增加会导致劳动供给下降。这一点应该是显而易见的。如果你突然中了一百万美元的州彩票或者在股票市场上大赚了一笔，那么比起没有这些好运的情况时，你将来很可能会减少工作。

15.1.3 利率对消费的影响

回顾前几章关于利率影响厂商的投资决策的讨论。较高的利率导致较低的计划投资，反之亦然。这是货币市场与商品市场之间的关键联系，也是货币政策借以影响计划总消费的渠道。

我们现在可以把这种联系拓展到家庭：利率也会影响家庭行为。试想利率下降对消费的影响。利率下降会降低储蓄的回报。如果利率从 10% 降至 5%，则每储蓄 1 美元，你每年可获得 5 美分而不是 10 美分。这意味着今天花费 1 美元（而不是把它投入储蓄并从现在开始的一年之后，用它和利息收入进行消费）的机会成本下降了。当利率下降时，你将更多进行当前消费并更少着眼未来消费：你今天消费更多，储蓄更少。利率上升导致你今天消费减少并储蓄更多。这种效应称为替代效应。

利率变化对消费也存在收入效应。如果一个家庭拥有正财富并且通过财富赚取利息收入，那么利率的下降会导致利息收入下降。这是这个家庭的非劳动收入的减少，正如我们刚才所看到的，这对消费产生了负面影响。对于拥有正财富的家庭，收入效应与替代效应的作用相反。另一方面，如果一个家庭是负债人并且要为其债务支付利息，那么利率的下降将引起利息支付额减少。在这种情况下，家庭的情况会改善，消费会增加。在这种情况下，收入效应和替代效应的作用方向相同。美国的家庭总体来看拥有正财富，因此，总体的收入效应和替代效应作用方向是相反的。

15.1.4 政府对消费和劳动供给的影响：税收和转移支付

政府主要通过税收和转移支付来影响家庭行为。当政府提高所得税税率时，税后实际工资会减少，从而降低消费。当政府降低所得税税率时，税后实际工资增加，提高消费。所得税税率的变化也会影响劳动供给。如果替代效应占主导地位，正如我们通常所假设的那样，所得税税率的提高会减少税后工资，从而减少劳动供给。所得税税率的下降将增加劳动供给。关于这些影响的大小存在很多争议。如果劳动弹性非常高，加税可能会大大减少经济活动，甚至导致总税收减少。然而，近期一篇评论文章表明，劳动供给对边际税率的变化往往缺乏弹性，这表明提高税率可能会增加税收总收入。[3]

转移支付是指像社会保障金、退伍军人补贴和福利津贴这样的支付。转移支付的增加是非劳动收入的增加，我们已经看到这对消费产生了积极影响，对劳动供给产生了负面影响。转移支付的增加会提高消费并减少劳动供给，而转移支付的减少会降低消费并增加劳动供给。表15.1总结了政府对家庭决策的影响。

表 15.1 政府对家庭消费和劳动供给的影响

	所得税税率		转移支付	
	增加	减少	增加	减少
对消费的影响	负向	正向	正向	负向
对劳动供给的影响	负向*	正向*	负向	正向

* 如果替代效应占主导地位。

注意：如果影响预期是永久的而不是暂时的，那么这种影响会更大。

15.1.5 对家庭而言可能的就业约束

到目前为止我们对劳动供给决策的讨论似乎都是假设家庭可以自由选择每个时期的工作量。如果一个家庭的成员希望以当前的工资率每周多工作5个小时，我们已经假设该人的确可以多工作5个小时——他能找到额外的工作。如果原来一直没有工作的人决定在当前的工资率下去工作，我们就假设这个人能够找到工作。

③ Emmanuel Saez，Joel Slemrod and Seth Giertz，"The elasticity of taxable income with respect to marginal tax rates：A critical review," *Journal of Economic Literature*，March 2012：3-50.

有些时候，这些假设并不成立，一个人可以工作的时长是受到约束的。一个在当前工资率水平下的工作时长受到约束的家庭做出的决策，和能够按意愿进行充分工作的家庭做出的决策有所不同。实际上，工作时长受约束的家庭的工作决策是被迫做出的。家庭会尽其所能地工作——每周工作若干小时，或者也许完全没有工作——但这个工作量肯定低于家庭在当前的工资率下能找到更多的工作时所选择的工作时长。一个家庭如果能在当前的工资率下找到工作时，其所愿意从事的工作量被称为**无约束的劳动供给**。而家庭在一定时期内按当前工资率实际的工作量称为**受约束的劳动供给**。

一个家庭受约束的劳动供给不是其所能控制的变量。家庭供给的劳动数量是由经济运行状况从外部强加给其的。在这种情况下，我们不能预期税率的变化能够以我们在无约束市场中看到的方式来影响劳动供给行为。然而，家庭的消费却在家庭自身的控制之下。我们知道，家庭工作得越少——即家庭受约束的劳动供给越小——其消费就越少。劳动供给的约束是消费的重要决定因素。

重新审视凯恩斯理论　回顾凯恩斯理论，即当前收入决定了当前消费。我们现在知道消费决策和劳动供给决策是共同决定的，且两者都取决于实际工资率。认为消费仅取决于收入是不正确的，至少在充分就业时期是如此。然而，如果失业率较高，劳动供给在上方受到限制，凯恩斯理论则更接近正确，因为收入（至少工人的收入）水平完全取决于厂商的雇工决策，而不是家庭决策。在这种情况下，影响消费的是收入，而不是工资率。因此，凯恩斯主义理论被认为主要适用于失业时期。当然，该理论恰恰正是在这样的时期中得到发展的。

15.1.6 家庭行为总结

这里我们将完成对宏观经济中家庭行为的探讨的总结。家庭消费不仅取决于当前收入。家庭同时做出消费和劳动供给决策，他们在决策时是前瞻性的。

影响家庭消费和劳动供给决策的有以下因素：

- 当前的和预期未来的实际工资率
- 财富初始价值
- 当前的和预期未来的非劳动收入
- 利率
- 当前的和预期未来的税率和转移支付

如果家庭的劳动供给决策受到约束，收入直接取决于厂商的雇用决策。在这种情况下，凯恩斯主义学派关于消费仅仅是收入的函数的主张更有说服力。

无约束的劳动供给：
一个家庭如果能在当前的工资率下找到工作时，其所愿意从事的工作量。

受约束的劳动供给：
家庭在一定时期内按当前工资率实际的工作量。

286

15.1.7 1970 年以来的美国家庭部门

为了更好地理解家庭行为，我们将研究一些总体家庭变量是如何随着时间变化的。我们将讨论 1970 I —2014 IV 期间变量发生的变化。（请记住，罗马数字指的是季度，即 1970 I 是指 1970 年第一季度。）在这一时期内，有 五 个 衰 退 期：1974 I —1975 I，1980 II —1982 IV，1990 III —1991 I，2001 I —2001 III 和 2008 I —2009 II。家庭变量在每个时期如何变化呢？

消费　家庭部门的总消费数据在国民收入账户中。正如我们在第 6 章表 6.2 中所见，2014 年个人消费支出占 GDP 的 68.5%。消费支出的三个基本类别是服务、非耐用品和耐用品。

图 15.2 表示了服务和非耐用品消费支出以及耐用品消费支出的数据。这些变量都是以实际值表示的。你可以看到，随着时间的推移，服务和非耐用品的支出比耐用品支出更"平滑"。例如，在五个衰退期期间，服务和非耐用品支出的减少远远小于耐用品支出的减少。

为什么耐用品的支出比服务和非耐用品的支出波动得大呢？当经济不景气时，人们可以推迟耐用品的购买，他们也确实是这么做的。因此，这些商品的支出变动得最厉害。当经济艰难时，你不必买新车或新的智能手机；可以凑合着用旧的雪佛兰或苹果手机，直到经济好转。但当你的收入下降时，推迟支付日托或医疗的服务花费却比较难。非耐用品属于中间类型，而某些物品（如新衣服）要比其他物品（如食品）更容易推迟购买换新。

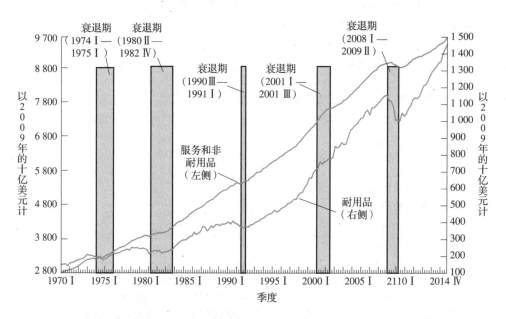

▲ **图 15.2　1970 I —2014 IV消费支出**

随着时间的推移，服务和非耐用品的支出比耐用品的支出更加"平滑"。

实践中的经济学

衡量住房价格的变化

我们曾在正文提及，2000 年至 2006 年间房价的快速上涨以及 2006 年后房价的快速下跌可能是 2008—2009 年的经济衰退的部分原因。经济学已有大量研究追踪所谓的房地产泡沫与经济衰退之间的联系，尤其是泡沫破灭对银行业稳定性的影响。

但我们如何衡量房价变化呢？毕竟，房子每间都不同。测量房屋价格变化比测量石油价格变化，甚至牛奶或金枪鱼罐头的价格变化都要困难得多。一种可行的方法是观察一个城市房屋的平均价格随时间的变化。然而，如果在第一年大多数价格中等的复式的房屋易手，而在第二年，大多数出售的房屋都是独栋别墅，那么平均价格的变化将无法很好地反映住房价格的通胀。另一种方法是尝试将房屋类型标准化，比如观察一个地区四居室房屋的平均价格随时间的变化。这个方法比第一种方法更好，但仍然存在很多异质性。事实上，本书的作者之一卡尔·凯斯与行为金融经济学家罗伯特·席勒（Robert Shiller）合作开发了一个指数［命名为凯斯－席勒指数（Case-Shiller index）］，它巧妙地解决了房屋不同的问题。凯斯－席勒指数仅针对已经多次出售的房屋，并提出了一个问题：同一栋房子现在卖多少钱，与过去对比呢？该指数首先在波士顿开发，现在覆盖了一些大型住宅区。实际上，常常可以在报纸财经板块看到该指数，有 10 城综合指数和 20 城综合指数来显示房屋价格变化。

那么凯斯－席勒指数告诉我们当前的房屋价格变化情况如何？从 1996 年到 2006 年，凯斯－席勒指数增长了 125%，从 2006 年到 2011 年仅下降了 38%。但 2012 年和 2013 年初看起来要好得多。截至 2013 年 4 月，10 城综合指数年增长率为 7.3%，20 城综合指数年增长率为 8.1%。

思考

1. 除了宏观经济学家，还有谁关注凯斯－席勒指数？

住房投资　家庭的另一项重要支出是住房投资（购买新的住房），如图 15.3 所示。住房投资是所有家庭支出中最容易推迟的，并且波动非常厉害。2003 年至 2010 年间波动幅度相当大。2003 年至 2005 年间住房投资迅速增加，然后崩溃下跌。如第 14 章所述，这主要是由房价大幅上涨然后下跌所致。

劳动供给　正如我们在第 7 章和第 13 章中所指出的那样，如果一个人正在工作或者过去几周一直在积极地寻找工作，那么他或她就被视为劳动力队伍的一部分。劳动力占工作年龄段总人口——16 岁及 16 岁以上的人口——的比率是劳动力参与率。

将劳动力分为三组来看比较清晰：25 至 54 岁男性，25 至 54 岁女性，以及其他 16 岁及以上人群。25 至 54 岁有时被称为"青壮年"，假定这个年龄段是一个人工作生涯的全盛时期。这三组的劳动力参与率如图 15.4 所示。

　　如图所示，大多数青壮年男性都在劳动力队伍中，尽管参与率自 1970 年以来一直下降——从 1970 I 的 0.961 降至 2014 IV 的 0.882。

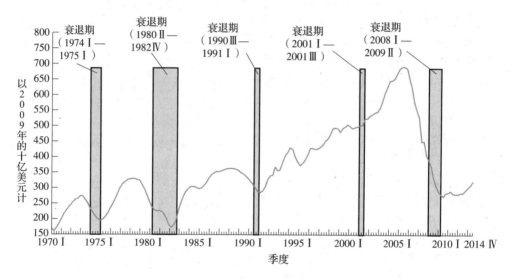

▲ **图 15.3　1970 I —2014 IV的家庭部门的住房投资**

自 1970 年以来的五个衰退期间，住房投资下降。与耐用品支出一样，住房投资支出是滞后的。

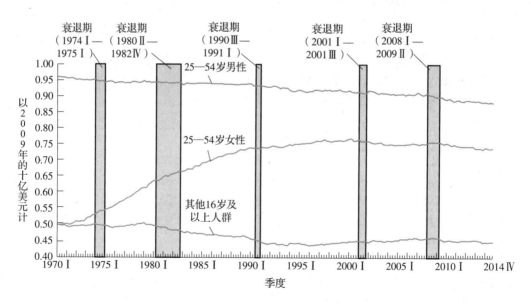

▲ **图 15.4　1970 I —2014 IV的25 至 54 岁男性、25 至 54 岁女性和其他 16 岁及以上人群的劳动力参与率**

自 1970 年以来，青壮年男性的劳动力参与率略有下降。青壮年女性的劳动力参与率则急剧上升。自 1979 年以来，其他 16 岁及以上人群的劳动力参与率开始下降，并且在经济衰退期间显示出下降趋势（沮丧工人效应）。

（0.882 的比率意味着 88.2% 的处于青壮年的男性都在劳动力队伍中。）另一方面，青壮年女性的参与率在 1970 年至 1990 年间急剧上升——从 1970 Ⅰ 的 0.501 升至 1990 Ⅰ 的 0.741。尽管这一增长的部分原因是经济因素，但社会态度和偏好的变化可能是带来增长的主要原因。自 1990 年以来，青壮年女性的参与率几乎没有变化。在 2014 Ⅳ 为 0.739，仍远远小于青壮年男性的 0.882。

图 15.4 也显示了除青壮年男性和女性之外的其他所有 16 岁及以上的人群的参与率。这一组的参与率具有某种周期性特征——它通常在衰退时期呈下降趋势，而在经济扩张时期呈上升或减缓下降趋势。这些特征揭示了第 7 章讨论的沮丧工人效应发生的作用。在经济衰退期间，有些人对找工作感到气馁。他们放弃寻找工作，这样他们就不再被视为劳动力队伍的一部分了。在扩张期间，人们开始振作起来重新找工作。一旦他们开始寻找工作，他们就再次被视为劳动力队伍的一部分。由于青壮年女性和男性可能完全归属于劳动力队伍，沮丧工人效应对他们的作用很小。

15.2 厂商：投资和雇工决策

在仔细研究了宏观经济中的家庭行为后，我们来研究厂商的行为——厂商是经济中的另一个主要决策单位。前文在讨论厂商行为时，我们假设计划投资仅取决于利率。但是，计划投资也有其他的影响因素。我们现在来讨论这些因素以及影响企业雇工决策的因素。微观经济理论再一次帮助我们深入了解宏观经济运行的内部机理。

在市场经济中，厂商决定了当今消费者可以获得哪些商品和服务，将来可以获得哪些商品和服务，有多少职位各需要多少工人以及要进行多少投资。从宏观经济角度来看，厂商作为一个总体，其决策决定了产出、劳动需求和投资。

15.2.1 预期和动物精神

在厂商的投资决策中，时间是一个关键的因素。资本通常具有能够延续多年的生命周期。决定建造办公大楼的开发商进行的投资会延续数十年（除非受到地震、洪水或龙卷风的影响）。在决定建造工厂的地点时，一个制造业厂商正在调拨大量资源来购买可能在很长一段时间内才会形成服务的资本。此外，建造厂房或购买大型设备的决策通常必须在实际项目完成前几年就决定下来。虽然获得一台小型的商用计算机可能只需要几天时间，但是美国大城市的城镇发展计划过程据说需要数十年的时间。

出于这些原因，投资决策需要展望未来并对未来形成预期。在形成预期时，厂商会考虑许多因素。它们至少会收集有关其特定产品需求、竞争对手计划以及宏观经济整体状况的信息。如果厂商预计未来销量不会上升，那么该厂商不太可能增加生产能力。如果希尔顿酒店预期入住率不能达到盈利的水平，它是不会开一家新店的。如果福特预期经济将进入长期的衰退，它就不会建造一座新工厂。

对未来进行预测蕴含着危险。许多事件都无法预见。因此，投资总是在信息不完全的情况下进行的。凯恩斯在 1936 年就指出了这一点：

> 一个明显的事实是，我们据以推测未来收益的知识，其基础异常脆弱。我们对许多年后何种因素决定投资收益，通常知之甚少，而且往往微不足道。坦率地说，我们必须承认，如果我们要估算十年以后一条铁路、一座铜矿、一个纺织厂、一种专利药品的商誉、一艘大西洋邮轮、伦敦市中心区的一栋大楼的收益是多少，我们可以作为依据的知识相当少，有时候甚至没有。

企业家的动物精神：凯恩斯创造的一个描述投资者的感受的术语。

凯恩斯从这一思路中推断，投资预期更多地取决于心理以及他称为**企业家的动物精神**的因素：

> 我们的决策……可以视为是动物精神作用的结果。因此，在估计投资前景时，我们必须考虑到这些人的状况：包括神经、歇斯底里，甚至消化和对天气的反应，因为投资前景受到人们自然行为的重大影响。[4]

正如凯恩斯所指出的那样，因为对未来的预期面临着相当大的不确定性，它们可能经常发生变化。因此，动物精神促使投资成为国内生产总值（GDP）的一个不稳定的组成部分。

290

加速器效应 凯恩斯提出的动物精神表明，预期在确定计划投资支出水平方面发挥作用。在任何利率下，如果企业保持乐观，投资水平可能会比较高，如果企业比较悲观，投资水平就会比较低。关键问题是，什么决定了预期？一种可能性是，当总产出（Y）上升时，预期是乐观的，而当总产出下降时，预期是悲观的。在任何给定的利率水平上，当产出快速增长时，预期都要比产出缓慢增长或下降时的情况更为乐观，而计划投资也会比较高。其原因很容易理解。当企业预计未来前景良好时，它们可能现在就计划增加生产能力，未来前景的一个指标是当前的增长率。

加速器效应：当总产出增加时投资增加，总产出减少时投资减少的趋势，加速产出的增长或下降。

如果是这种情况，结果将是所谓的**加速器效应**。如果总产出（收入）（Y）上升，即使 Y 的水平可能较低，投资也会增加。较高的投资支出导致产出增加，进一步"加速"总产出的增长。如果 Y 正在下降，预期会受到打击，即使 Y 的水平可能很高，投资支出也会减少，加速了下降。

---

④ John Maynard Keynes, *The General Theory of Employment, Interest, and Money* (*1936*), First Harbinger Ed. (New York: Harcourt Brace Jovanovich, 1964), pp. 149, 152.

15.2.2 超额劳动和超额资本的影响

在我们简单的宏观经济模型中，为了生产更多的产出，经济中的厂商需要雇用更多的劳动和资本。在实践中，厂商有时会占用我们称为**超额劳动**和 / 或**超额资本**的情况。如果一个厂商能够减少其所雇用的劳动（或使用的资本），并且仍能生产相同数量的产出，则该厂商占用了超额的劳动（或资本）。大多数厂商都可能有时持有超额劳动或资本，这使得投资与产出的关系更复杂了。

为什么厂商想雇用超过实际需求量的工人或在手头上占用更多的资本呢？劳动和资本都很昂贵——厂商必须向工人支付工资，而且必须放弃用于购买机器或建筑的资金所能带来的利息。为什么厂商愿意付出不产生任何收益的成本呢？

为了说明原因，我们假设一家厂商的销售量突然大幅下降，但是它预期较低的销售水平只会持续几个月，之后销售量会再次回升。在这种情况下，厂商可能会根据销售量的变化而减少生产，以避免库存量增加过大。生产的减少意味着厂商可能解雇一些工人并减少一些机器，因为它生产目前较低水平的产出需要较少的劳动和较少的资本。

然而，事情并非那么简单。对一个厂商而言，快速减少它的劳动力和资本存量可能代价高昂。劳动力的突然减少会损害工人的士气，并可能增加人事管理成本，并且由于二手机器难以出售，资本存量的突然减少可能是不利的。这些类型的成本有时被称为**调整成本**，因为它们是把生产调整到新的产出水平所需要的成本。增加产出也存在调整成本。例如，招聘和培训新员工通常是比较昂贵的。

调整成本如果足够大，厂商就会选择在生产下降时不减少劳动力和资本存量。厂商有时可能选择在手边留有比它生产当前产出数量所需更多的劳动和资本，仅仅是因为削减它们比保留它们更昂贵，厂商预计在不久的将来还会需要工人。在实践中，超额劳动的形式是工人不进行正常活动水平那么多的工作（例如，更多的喝咖啡休息时间和更多的空闲时间）。有些超额劳动可能会接受新的培训，以便在生产重新增长时提高生产率。

在任何特定时刻，超额劳动和超额资本的存在都很可能会影响未来雇工和投资决策。假设一个厂商因销售和生产下降而已经占用了超额劳动和超额资本。当生产重新增长时，厂商将不需要像在未占用过超额劳动和超额资本的情况下那样雇用那么多新工人，也不用获得那么多的新资本。厂商持有的超额资本越多，它在未来投资于新资本的可能性就越小。它占用的超额劳动越多，它在未来雇用新工人的可能性就越小。正如你所看到的，如果许多厂商在经济下行期间持有超额的投入品，对经济复苏情况的预期就变得更加复杂。

超额劳动、超额资本： 生产厂商当前产出水平所不需要的劳动和资本。

调整成本： 厂商在改变产出水平时所产生的成本，例如裁员的管理成本或雇用新员工的培训成本。

15.2.3 存货投资

存货投资：存货库存的变化。

我们现在简要讨论存货投资决策。**存货投资**是存货库存的变化。虽然存货投资是厂商增加资本存量的另一种方式，但存货投资决策与厂房和设备投资决策有很大的不同。

存货的作用　回顾一下厂商的销售量与产出量之间的区别。除非货物易腐烂或者除非厂商提供服务，厂商一般都可以持有商品作为存货，那么在一定时期内，厂商所销售的产品数量就可以不同于它在该期间生产的产品数量。当一家厂商的销售量超过其产出量时，其库存就会减少；当它的销售量低于其产出量时，其库存就会增加。

$$库存（期末）= 库存（期初）+ 生产量 - 销售量$$

如果一家厂商期初有 100 把伞的库存，在此期间生产了 15 把伞，同期出售了 10 把，那么期末库存是 105 把伞（100+15-10）。库存的变化实际上就是投资，因为存货被计为厂商资本存量的一部分。在我们的例子中，在此期间的存货投资是一个正数，即 5 把伞（105-100）。当生产的产品数量少于销售的产品数量，如生产了 5 把伞但销售了 10 把伞，则存货投资是负的。

合意的存货水平或最优的存货水平：在该存货水平上，少量减少库存的额外成本（销售量的损失）刚好等于额外收益（利息收入和减少的储存成本）。

最优存货政策　我们现在可以考虑厂商的存货决策了。厂商关注的是目前的销售和生产是多少，同样，它们也要关心未来的销售和生产是多少。在每个时间节点上，厂商对当前时期和未来时期能够销售多少产品都有一定的预期。根据这些预期以及掌握的已有库存量信息，厂商必须决定在当期的生产量。对于厂商来说，存货成本很高，因为它们会占用空间，并且会占用本来可以赚取利息的资金。但是，如果厂商的存货库存过低，厂商可能难以满足对其产品的需求，尤其是在需求突然增加时。该厂商的销售量可能有损失。存货库存量过低和过高之间的点被称为**合意的存货水平或最优的存货水平**。在该水平上，少量减少库存的额外成本（销售量的损失）刚好等于额外收益（利息收入和减少的储存成本）。

如果一个厂商除了存货成本之外没有其他任何成本，那么它将始终致力于在一段时间内生产能够使期末库存刚好等于合意库存的产品量。如果存货低于合意水平，那么该厂商就会生产高于预期销售量的产品以增加库存。如果存货超过合意水平，那么该厂商就会比预期销售量生产得要少，以减少库存。

除了存货成本之外，经营一家企业还有其他成本。特别是突然发生的大规模生产变动，其代价可能很高，因为改变具有一定产出率的生产过程经常会引起混乱。如果要增加生产量，那么雇用更多劳动力和增加资本存量都会造成调整成本。如果要减少生产量，那么裁员和减少资本存量也有调整成本。

由于持有存货和改变生产水平都有成本，厂商面临着两者之间的权衡取舍。由于调整成本的存在，相对于销售路径来说，厂商一般都会选择尽量使其生产路径变得平滑。这意味着厂商一般总是使其生产的波动小于销售额的波动，这就需要用存货的变动来吸收各期之间的差异。但是，由于存在着不要使存货偏离最佳存货水平太远的动机，生产的波动并未完全消失。生产量还是会发生波动，只不过不像销售量波动得那么厉害。

这里还需要指出另外两点。首先，如果一家厂商销售额意外下降，导致存货库存量经常异常，或意外的高，该厂商很可能在未来生产得比往常少，以此来减少过高的库存。这样，意外存货也会影响当前的生产水平。计划外的高库存将对未来的生产产生负效应，而计划外的低库存将对未来的生产产生正效应。我们已经看到，由于厂商试图减少计划外存货，过去的销售额低于预期会影响最优生产量。未来的销售预期也会影响存货政策和生产。如果一家厂商预计其未来的销售额将会很高，同时认识到更高的销售额还需要更高的存货水平来支持那些销售，它会相应地调整其计划的生产路径。由于生产很可能取决于对未来的预期，因此动物精神可能会起一定作用。如果厂商对未来变得更加乐观，它们现在可能会扩大生产，因为它们预期未来销售增加，从而要增加库存。凯恩斯关于动物精神影响投资的观点也可以应用到产出上。

292

15.2.4 厂商行为的总结

以下因素会影响厂商的投资和雇工决策：

- 厂商对未来产出的预期
- 工资率和资本成本（利率是资本成本的重要组成部分。）
- 现有的超额劳动和超额资本的数量

关于生产、销售和存货投资之间关系的最应该记住的要点：

- 存货投资——即存货库存的变化——等于生产量减去销售额
- 库存的计划外增加对未来生产有负效应
- 当前的生产取决于预期的未来销售额

15.2.5 1970 年以来的美国厂商部门

在结束对厂商行为的讨论之际，现在我们来考察一下 1970 年第一季度到 2014 年第四季度期间的一些总投资和就业变量。厂商行为的扩展模型将帮助我们理解这些数据的模式。

厂房和设备投资　厂商部门的厂房和设备投资如图 15.5 所示。在 1970 年以后的 5 次经济衰退期间，投资表现不佳。这一观察结果与投资部分取决于产出的观察结果一致。对第 5 章图 5.4 中的实际 GDP 走势和图 15.5 中的投资走势比较发现，当 GDP 表现欠佳时投资通常也表现不佳，而且当 GDP 表现良好时投资通常也很不错。

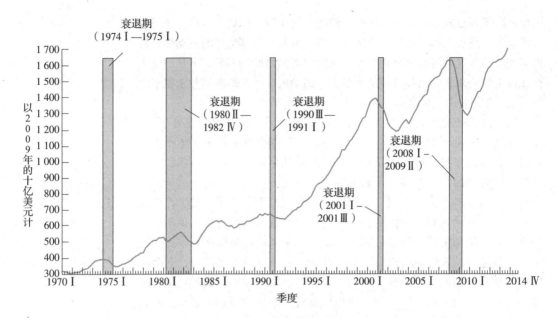

▲ **图 15.5　1970 I—2014 IV 厂商部门的厂房和设备投资**

总体而言，1970 年以来的 5 次经济衰退时期内，厂房和设备投资下降。

293

　　图 15.5 也显示出投资波动很大。这并不奇怪。企业家的动物精神是易变的，如果动物精神影响投资，那么投资也是易变的。

　　尽管厂房和设备投资具有易变性，但事实上住房投资的波动超过了厂房和设备投资的波动（通过比较图 15.3 和 15.5 可以看出）。厂房和设备投资并不是 GDP 中最不稳定的组成部分。

就业　厂商部门的雇工情况如图 15.6 所示。图中显示，在所有五个衰退期中，就业都有所下降。这与就业部分地取决于产出的理论是一致的。否则，随着经济的增长，就业率也会随之上升。厂商部门的就业人数从 1970 I 的 7 250 万增加到 2007 IV（在 2008—2009 年经济衰退之前）的 1.324 亿。在 2008—2009 年经济衰退期间，雇工人数减少了 950 万，即从 2007 IV 的 1.324 亿减少到 2009 IV 的 1.229 亿。你可以看到，自 2009 年以来，就业在非常缓慢地复苏了。

存货投资　回想一下，存货投资是产出水平和销售水平之间的差额。再回想一下有些存货投资通常是计划以外的。当实际销售水平与预期销售水平不同时，就会发生这种情况。

　　厂商部门的存货投资如图 15.7 所示。此图中还绘制了库存占销售水平的比率——存货 / 销售比率。该图说明，存货投资非常易变——比住房投资和厂房及设备投资更为易变。其中一些波动无疑是由于计划外的那部分存货投资，从这一期到下一期往往会出现明显的波动。

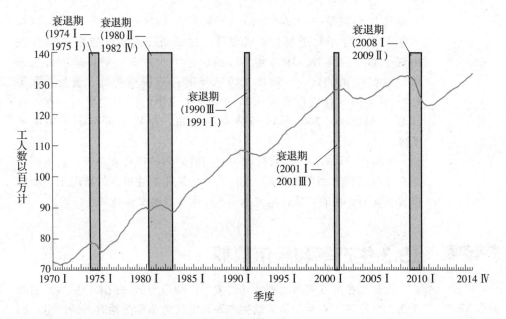

▲ **图 15.6　1970 I —2014 IV厂商部门的就业**

1970 年以后美国经历的五个衰退期内，就业率都为负增长。

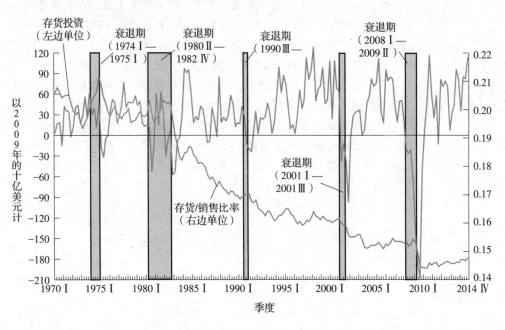

▲ **图 15.7　1970 I —2014 IV厂商部门的存货投资和存货／销售比率**

存货／销售比率是指厂商部门的存货存量与销售额水平之比。存货投资是易变的。

　　当存货／销售比率高时，存货的实际存量可能大于目标库存。在这种情况下，厂商高估了需求，并且相对于销售额生产了太多产品，它们可能想要在未来减少生产来降低库存。你可以在图 15.7 中发现这

方面的几个例子——最明显的例子发生在 1974—1975 年间。在 1974
年年末，库存相对于销售来说很高，这表明厂商很可能在 1974 年底
出现了非意愿存货。1975 年，厂商通过生产量低于销售量的方法来
减少这些滞销的库存。因此，1975 年的存货投资很低。显然，如果
1975 年年初的存货没有那么高的话，这一年的产出会更高一些。在
2001 年和 2008—2009 年的经济衰退期间，存货投资有很大幅度的
下降。

平均而言，存货/销售比率一直随着时间的推移在下降，这表明厂
商在库存管理方面的效率越来越高。（在其他条件不变的情况下）相同
销售额需要占用的存货量越来越少，厂商本身也变得越来越高效。

**生产率，或劳动生产
率：** 单位劳动时间的
产出。

15.3 生产率和经济周期

我们现在可以使用刚刚学到的关于厂商行为的知识来分析生产率的
变化。**生产率**，有时称为**劳动生产率**，定义为单位劳动时间的产出。如
果产出为 Y 且经济中的工作小时数为 H，则生产率为 Y/H。简单地说，
劳动生产率衡量一个平均水平的劳动者每小时生产的产出量。

生产率随着经济周期而波动，在扩张期间趋于上升，在收缩期间趋
于下降。参考第 7 章图 7.2 中 1952 Ⅰ—2014 Ⅳ的生产率曲线。从图中可
以看出，生产率一直在上下波动，总趋势是上升的。厂商有时会占有超
额劳动解释了生产率与产出同方向波动的原因。

图 15.8 显示了一个假想的经济中就业和产出随时间变化的模式。就
业不像产出那样随经济周期产生那么剧烈的波动。正是这种模式导致了
高产出期间更高的生产率，以及低产出期间更低的生产率。在经济扩张
期间，产出增长的比例要比就业增长的比例高得多，产出与工人人数的
比率上升。在衰退期间，产出下降速度快于就业，产出与工人人数的比
率下降。

▶ **图 15.8 经济
周期中的就业和
产出**

一般而言，在经济周
期中就业的波动幅度
没有产出的波动幅度
那么大。因此，生产
率（产出与劳动的比
率）在经济扩张期趋
于上升，在经济收缩
期下降。

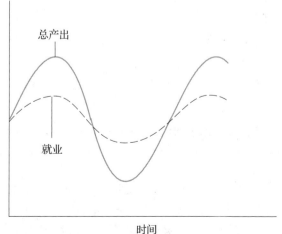

当经济陷入停滞时期，超额劳动的存在意味着以 Y/H 比率衡量的生产率往往会在这样的时期趋于下降。这是否意味着劳动在某种意义上在经济衰退期间比以前"生产率低"呢？事实并非如此：它只是意味着厂商选择雇用的劳动数量超过了使利润最大化的劳动数量。出于这个原因，有些工人在某些时候实际上是空闲的，尽管他们仍然处于就业状态。他们不是生产率低，因为他们生产产出的潜能并不少；只是他们在被算作工作时间的一部分时间内并没有在工作。

15.4 产出与失业之间的短期关系

15.4　学习目标
描述产出与失业之间的短期关系。

我们也可以利用所学的家庭和厂商行为的知识来分析产出与失业之间的关系。当我们在第 14 章讨论 AS/AD 图和菲利普斯曲线之间的联系时，我们曾经提到产出（Y）和失业率（U）是负相关的。当产出上升时，失业率下降，当产出下降时，失业率上升。人们一度认为两个变量之间的短期关系相当稳定。以首先使用这一概念的美国经济学家亚瑟·奥肯（Arthur Okun）命名的**奥肯定律**指出，在短期内，实际 GDP 每增长 3%，失业率大约下降 1 个百分点。与菲利普斯曲线一样，奥肯定律最终也并未成为"定律"。经济如此复杂，两个宏观经济变量之间不可能存在如此简单而稳定的关系。

尽管产出与失业率之间的短期关系并不是奥肯所说的那么简单，但产出增加 1% 确实会对应于短期内失业率不到 1 个百分点的下降。换句话说，产出变化与失业率变化之间存在某些"传递耗损"。

第一种传递耗损位于产出变化与经济中就业岗位数目变化之间。当产出增加 1 个百分点时，短期内工作岗位数量不会增加 1 个百分点。其中的原因有两个方面。首先，企业可能通过增加每个岗位的劳动时长来满足产出的增长。厂商可以支付加班费，让工人每周工作 42 小时，而不是原来的 40 小时。其次，如果一家厂商在产出增加时持有超额劳动，至少让这些劳动力恢复工作就会增加一部分产出。由于这两个原因，工作岗位增加的百分点往往会比产出的增长率小。

第二种传递耗损是在岗位数量的变化和工作人数的变化之间。如果你有两份工作，则在岗位数目数据中计为两次，但在就业人数数据中仅计为一次。因为某些人有两份工作，岗位数量就比就业人数多。当岗位数目增加时，一些新的工作岗位由已经有一份工作的人（而不是失业者）占据。这意味着就业人数的增加少于岗位数目的增加。因为失业率是根据就业人数而非岗位数量计算的，这就在产出与失业率之间形成了传递耗损。

第三种传递耗损涉及劳动力对产出增长的反应。设 E 代表就业人数，L 代表劳动力人数，u 代表失业率。以这些变量表示的失业率就是

$$u=1-E/L$$

奥肯定律： 亚瑟·奥肯提出的理论认为，在短期内，实际 GDP 每增长 3%，失业率就会下降约 1 个百分点。后来的研究和数据表明，产出与失业率之间的关系并不是如奥肯"定律"预测的这么稳定。

失业率等于 1 减去就业率 E/L。

当我们在第 7 章讨论如何衡量失业率时，我们引入了**沮丧工人效应**。沮丧的人是仍然希望工作，但却已经因为希望渺茫而不再寻找工作的人。当产出增加时，就业前景开始好转，一些原本已经停止寻找工作的人再次开始寻找工作。当他们这样做时，他们再次被视为劳动力队伍的一部分。当产出增加时，因为沮丧工人重新回到了劳动力队伍之中，劳动力队伍扩大了。这是当产出增加时，失业率不会像预期下降那么多的另一个原因。

这三种传递耗损表明，产出变化和失业率变化之间的联系是很复杂的。这三者结合起来使短期内失业率的变化小于产出的变化。它们还表明，产出变化与失业率变化之间的关系往往是不稳定的。例如，第一种传递耗损的规模取决于产量增加时厂商占有的超额劳动的多少，第三种传递耗损的规模取决于在产出增加时影响劳动力队伍的其他因素（如实际工资率的变化）。产出与失业之间的关系取决于产出变化时的经济状态。

沮丧工人效应： 当想要工作但找不到工作的人变得气馁并不再寻找工作机会，退出失业者和劳动力队伍时，导致的失业率下降。

15.5 乘数的大小

最后，我们可以将本章和前几章中的内容汇总起来，以考察乘数的大小。我们在第 8 章中提到，在推导出简单乘数之后进行的大部分分析都会减小乘数。我们现在可以总结其原因。

1. 存在自动稳定器。我们在第 9 章的附录中看到，如果税收不是固定金额，而是取决于收入（实际中肯定是这种情况），乘数就会减少。当经济扩张和收入增加时，税收收入增加。税收的增加抵消了一部分扩张（因此，乘数减小）。当经济收缩和收入下降时，税收收入减少。税收的减少有助于减缓收缩。一些转移支付也对经济状态有所反应，并充当自动稳定器，从而使乘数减小。失业救济金是转移支付的最好例子，这些转移支付在经济收缩期增加，在经济扩张期减少。

2. 存在利率。我们在第 11 章看到，在正常情况下，美联储在产出增加时提高利率，从而减少计划投资。由于对计划投资的挤出，政府支出增加带来的产出增长比利率没有上升的情况要小。正如本章前面所述，利率提高也会对消费产生负效应。消费也会以与计划投资同样的方式被挤出，这种效应进一步降低了乘数的值。

3. 存在价格水平的反应。我们在第 11 章也看到，有些扩张政策的效果是价格水平的提高。由于这种价格反应，乘数会变小。当经济处于 AS 曲线的陡峭部分时，乘数尤其小，在这个位置上，扩张政策的大部分效果都是使价格提高。

4. 存在超额资本和超额劳动。当厂商持有超额资本和超额劳动时，任何产出增长都会有一部分来自将超额资本和超额劳动重新投入生产，而不是来自增加的就业和投资。这也降低了乘数的值，因为（1）投资的增长比没有超额资本的情况要少，（2）消费的增长比就业（以及由此带来的家庭收入）增加更多时的情况要少。

5. 存在存货。任何销售额的增长都会有一部分来自存货的减少，而不是来自产出的增加。在厂商短期内可以减少存货的范围内，乘数的数值较小，因为产出对需求变化的反应不是那么快。

6. 人们对未来有预期。人们具有前瞻性，他们对暂时变化的反应要少于对持久变化的反应。如果人们认为政策变化是暂时性的，其带来的乘数效应小于人们认为永久性的政策变化。

实际中乘数的大小　在实际中，乘数的值可能在 2.0 左右。它的大小还取决于支出是从多久以前开始增加的。例如，在政府支出增加后的第一个季度，乘数仅为 1.1 左右。如果政府支出增加 10 亿美元，则在第一季度里 GDP 将增加约 11 亿美元。在第二季度，乘数将上升到 1.6 左右。然后，该乘数将在第四季度上升至约 2.0 的峰值。

297

这里需要记住的一个要点是，如果政府正在考虑改变货币政策或财政政策，那么经济对这种改变的反应不太可能是巨大而迅速的。要想完全实现改变的效果需要一段时间，而且在最后的分析中，这种效果比我们在第 8 章中讨论的简单乘数所预测的数值要小得多。

复习第 8 章及其以后的内容的一个好方法，就是确保你清楚地理解了在第 8 章简单乘数模型上附加的每一项是如何影响乘数数值的。我们从第 8 章开始已经讲述了很多内容，这种复习方法有助于你将所有的片段融会贯通。

总结

15.1 家庭：消费和劳动供给决策　页 343

1. 消费的生命周期理论认为，家庭一生的消费决定是基于他们对一生收入的预期。一般来说，家庭在其主要工作期间的消费低于其收入，而在其早期工作期间和退休后的消费高于其收入。

2. 家庭同时做出消费和劳动供给的决定。消费不能与劳动供给分开考虑，因为正是通过出售劳动，你才能获得使消费成为可能的收入。

3. 工资收入用来购买的商品和服务跟休闲活动或其他非市场活动之间存在一种取舍关系。工资率是决定一个家庭如

何应对这种取舍关系的关键变量。

4. 工资率的变化既有收入效应也有替代效应。有证据表明，对大多数人来说，替代效应似乎起主导作用，这意味着劳动总供给对工资率的上升作出正向的反应。

5. 消费随着工资率水平的提高而增加。

6. 名义工资率是用现值表示的工资率。实际工资率是名义工资可以购买的商品和服务的数量。家庭在做出消费和劳动供给决策时，既要考虑当前的实际工资率，也要考虑预期的未来实际工资率。

7. 在其他所有条件保持不变的情况下（包

298

括处于生命周期中的某个阶段不变），一个家庭拥有的财富越多，它现在和未来的消费就越多。

8. **非劳动收入**（任何来自工作以外的收入，如遗产、利息和股利）的意外增长将对家庭消费产生积极影响，并导致劳动供给下降。

9. 利率也会影响消费，尽管总体效应的方向取决于收入效应和替代效应的相对规模。有证据表明，现在的收入效应比过去更大，从而使得货币政策不如过去有效。

10. 政府主要通过所得税税率和转移支付影响家庭行为。如果替代效应占主导地位，那么税率的提高会降低税后收入，从而减少消费，减少劳动供给；税率的降低则会增加税后收入，从而增加消费，增加劳动供给。转移支付的增加则使消费增加，同时减少劳动供给；转移支付的减少则使消费减少，同时增加劳动供给。

11. 在失业期间，家庭的劳动供给可能会受到限制。按照当前的工资水平，家庭可能想要工作一定的时间，但厂商可能不允许这样做。在这种情况下，收入水平（至少是工人收入）完全取决于厂商的雇工决定。如果家庭受到工作的限制，他们的消费就会减少。

15.2 厂商：投资和雇工决策 页 353

12. 预期影响投资和雇工决策。凯恩斯用企业家的动物精神来指代投资者的感受。

13. 在任何利率水平上，当产出快速增长时，人们的预期都可能更为乐观，计划投资也可能高于产出缓慢增长或下降时的投资。其结果是一种加速器

效应，可以导致经济在扩张期间更快地扩张，在衰退期间更快地收缩。

14. 超额劳动和超额资本是厂商当前产出水平所不需要的劳动和资本。持有超额劳动和超额资本可能比解雇工人或出售二手设备对厂商而言更加有利。一家厂商拥有的超额资本越多，未来投资新资本的可能性就越小。它拥有的超额劳动越多，未来雇用新工人的可能性就越小。

15. 持有存货对厂商来说是昂贵的，因为它们占用了空间，而且占用了可以赚取利息的资金。如果需求增加，不持有存货会导致厂商销售下降。合意的或最优的存货水平是这样一种水平：少量降低库存所产生的额外成本（销售损失）与额外收益（利息收入和降低的储存成本）相等时的存货水平。

16. 计划外的存货增加将对未来的生产产生负效应，而计划外的存货减少将对未来的生产产生正效应。

17. 一个厂商计划的生产路径的水平取决于其预期的未来销售路径的水平。如果厂商对未来销售路径的预期降低，厂商很可能会降低其计划生产路径的水平，包括当期的实际生产。

15.3 生产率和经济周期 页 360

18. 生产率，或劳动生产率，是每工人小时的产出——一个工人平均每小时产出的数量。生产率在经济周期中波动，往往在扩张期间上升，在收缩期间下降。在经济收缩期间，工人的生产效率较低，但这并不意味着他们生产产出的潜力较低；这意味着存在超额劳动，工人没有充分发挥他们的能力进行工作。

15.4 产出与失业之间的短期关系　页 361

19. 产出与失业之间存在负相关关系：当产出（Y）上升时，失业率（U）下降；当产出下降时，失业率上升。奥肯定律指出，在短期内，失业率每下降 1 个百分点左右，GDP 则增长 3%。奥肯定律不是"定律"——这是因为经济过于复杂，两个宏观经济变量之间不可能存在稳定的关系。一般来说，产出和失业之间的关系取决于产出变化时的经济状况。

15.5 乘数的大小　页 362

20. 有几个原因可以解释为什么乘数的实际值小于简单乘数模型的预期值：

（1）自动稳定器有助于减轻收缩或抵消扩张。

（2）当政府支出增加时，利率的提高会挤出计划投资和消费支出。

（3）扩张性政策提高了物价水平。

（4）厂商有时持有超额资本和超额劳动。

（5）厂商可以通过减少存货而不是增加产出来满足增加的需求。

（6）当家庭和厂商预期变化是暂时的而不是永久的，他们的行为变化就会更少。

21. 在真实的世界里，乘数峰值大小约为 2。

术语和概念回顾

习题

15.1 家庭：消费和劳动供给决策

学习目标： 描述影响家庭消费和劳动供给决策的因素。

1.1 2015 年，美联储讨论了年底前加息的可能性，这是 7 年多来美联储首次加息。

　a. 提高利率对家庭和厂商行为有什么直接影响？

　b. 提高利率的后果之一是现有债券（包括厂商债券和政府债券）的价值将会下降。解释为何加息会降低公众持有的现有固定利率债券的价值。

　c. 有些经济学家认为，加息产生的对消费的财富效应及其对投资的直接影响同样重要。请解释一下经济学家所说的"对消费的财富效应"，并用 AS/AD 曲线加以说明。

1.2 2014 年 1 月 1 日，美国最高的联邦所得税税率从 35% 升至 39.6%。许多共和党人士声称，降低工作报酬（税后净工资率）将导致更少的工作努力和更低的劳动供给。增税的支持者回答说，这种说法是毫无根据的，因为它"忽视了增税（净工资减少）的收入效应"。请解释一下这些评论者所表达的意思。

1.3 绘制以下两个消费函数图：

(1) $C = 500 + 0.8Y$

(2) $C = 0.8Y$

a. 对于每个函数，分别计算并绘制收入为 200 美元、500 美元和 1 000 美元时的平均消费倾向 (APC)。

b. 当收入增加时，每个函数的 APC 会发生什么变化？

c. 对于每个函数，APC 和边际消费倾向之间的关系是什么？

d. 在（1）消费函数下，收入为 75 000 美元的家庭比收入为 30 000 美元的家庭消费占其收入的比例更小；然而，如果我们从富裕家庭的收入中拿走 1 美元给贫困家庭，两个家庭的总消费不会改变。解释一下其中的原因。

1.4 [与页 351 "实践中的经济学" 相关] 从 2007 年 3 月到 2009 年 5 月，美国许多地区的房价大幅下跌。

a. 你认为房屋价值的增减会对房屋所有者的消费行为产生什么影响？解释一下。

b. 房地产市场的事件会以何种方式通过它们对消费支出的作用来影响其他的经济领域？请具体地解释一下。

*1.5 莉迪亚·洛博科娃今年 40 岁。她有 80 000 美元的资产，没有负债。她知道自己还会再工作 30 年，并且在没有任何收入的情况下再生活 10 年。在她余下的职业生涯中，她每年的薪水是 35 000 美元（不用交税）。她希望在她的余生中通过分配消费能使她每年都消费相同的金额。她的消费总额不能超过她目前的财富加上未来 30 年的收入之和。假设利率为零，而且莉迪亚·洛博科娃决定不给她的孩子留下任何遗产。

a. 莉迪亚今年和明年要消费多少？你是如何得出答案的？

b. 在图形上绘制莉迪亚从 40 岁到 80 岁期间的收入、消费和财产状况。她的财产的年增长和她的年储蓄（收入 – 消费）

之间的关系是什么？莉迪亚的财富从哪一年开始减少？为什么？在她去世时她拥有多少财产？

c. 假设莉迪亚每年收到 1 000 美元的退税款，那么她在接下来的职业生涯中每年的收入是 36 000 美元。她今年和明年的消费增长了多少？

d. 如果假设莉迪亚只能收到一年的 1 000 美元退税款——即她今年的收入是 36 000 美元；但在之后的所有年份里，她的收入都是 35 000 美元。那么她今年的消费将会怎么样？在之后的年份会怎样呢？

1.6 解释为什么家庭的消费决策和劳动供给决策是相互依赖的。这种相互依赖对消费和收入的关系产生什么影响？

15.2 厂商：投资和雇工决策

学习目标： 描述影响厂商的投资和雇工决策的因素。

2.1 为什么预期在投资需求中起着如此重要的作用？如果全然如此，那么这能解释投资不稳定的原因吗？

2.2 厂商如何维持一个平稳的生产计划，即使在销售波动的情况下也能如此？平稳的生产计划有什么好处？其成本是什么？

2.3 乔治·杰森最近被晋升为太空链轮公司的库存控制经理，他必须决定最优的链轮库存水平。杰森应该如何决定最优的存货水平？利率的变化将如何影响存货的最佳水平？通过持有库存，太空链轮公司将获得哪些收益，发生哪些成本？

2.4 未来医疗是一家高科技医疗设备制造商，它的生产工厂使用的是定制的机器和训练有素的劳动力。贡佐服装是一家中等规模的服装制造商，它的生产工厂使用大量生产的机器和现成的劳动力。你认为这两家厂商哪一家会有更大的调整成本？哪个厂商更有可能拥有超额劳动？超额资本？请解释你的答案。

15.3 生产率和经济周期

学习目标： 解释为什么生产率是顺周期的。

3.1 2012 年 12 月至 2013 年 12 月，美国实际
GDP 增长 3.18%，而非农就业岗位仅增长
1.77%。工人数量没有和实际 GDP 成比例
的增长，这是为什么？

*注意：用此符号标记的问题更具挑战性。

15.4 产出与失业之间的短期关系

学习目标： 描述产出与失业之间的短期关系。

4.1 2010 年 6 月美国劳工部劳工统计局报告，
美国的失业率为 9.4%。而在 2015 年 6 月，
劳工统计局报告的美国失业率为 5.3%。

a. 根据奥肯定律，失业率从 2010 年 6 月的
水平下降到 2015 年 6 月的水平，GDP 需
要增长多少？

b. 2010 年 6 月，美国的 GDP 年增长率为
2.4%。按照这样的 GDP 增长速度，奥
肯定律预计美国需要多长时间才能达到

2015 年 6 月的失业率？根据上面列出的
失业率和 GDP 年增长率，这个预测的准
确度如何？

4.2 在短期内，由于一些"传递耗损"的存在，
产出增加的百分比往往对应一个更小的失业
率减少百分比。解释产出变化和失业率变化
之间的三次传递耗损。

15.5 乘数的大小

学习目标： 确定影响乘数大小的因素。

5.1 解释下列每种情况对乘数大小的影响。

a. 随着经济开始从衰退中复苏，厂商拥有过
剩的库存。

b. 扩张性政策导致物价水平上升。

c. 人们预期有一个一次性的 500 美元退税。

d. 政府减少开支，美联储不改变货币供给。

e. 经济扩张，而所得税是累进的。

f. 政府延长失业救济，以应对持续的经济
衰退。

300

第16章

长期增长

301

想想你的曾祖父母需要工作多少小时才能买得起基本的生活必需品，比如食物和衣服。想想你现在要为同样的事情工作多少小时。你可能只需要花更少的时间。今天，人们平均每小时的实际收入比前几代人要高。几乎所有的经济体都是这样，且在所有的发达经济体中尤其如此。在几乎所有的经济体中，每个工人的产出量都随着时间的推移而增加。为什么？为什么我们每小时比前人能生产更多的东西？这就是本章所要研究的主要问题，我们将探讨长期增长的过程。

本书的第7章曾简要地介绍了长期增长。我们区分了**产出增长率**（output growth）和**人均产出增长率**（per-capita output growth），前者是指整个经济的产出增长率，后者是指经济中人均产出的增长率。另一个重要的衡量指标是工人人均产出的增长率，称为**劳动生产率增长**（labor productivity growth）。人均产出是衡量一个国家生活水平的指标。它不等于工人的人均产出，因为不是所有人都工作。如果工作人口的比例在下降（由于一个国家中平均每个工作年龄的成年人需要抚养的孩子数量越来越多），即使工人的人均产出在增加，人均产出也会下降。人均产出是一个有用的指标，因为它告诉我们，如果把总产出平均分配给整个人口，每个人将获得多少产出。工人的人均产出也是一个有用的指标，因为它告诉我们每个工人的产出平均是多少，以及这一数字是如何随时间变化的。

我们从工业革命以来的经济增长简史开始这一章的学习。然后我们讨论增长的源泉——回答为什么每个工人的产出会随着时间的推移而增长。接着，我们将目光聚集到美国的增长情况。最后我们将目光转回到整个世界的角度，讨论增长和环境问题。

302

16.1 增长过程：从农业到工业

在英国发生工业革命之前，世界所有的国家都是农业社会。城镇遍布各地，但几乎每个人都生活在乡村地区。人们把大部分时间用在生产食物及其他基本生活必需品上。1750 年左右发生在英格兰的技术变革与资本积累显著地提高了两个重要产业的生产率：农业和纺织业。新的并且更有效的耕作方法产生了。在纺纱和织布方面的新发明和新机器意味着可以用更少的资源生产更多的产品。更高的生产率使人们有可能吃饱穿暖，并且有时间花在其他项目和新的"产品"上，英国则从农业生产转向了工业生产。在工业革命之前，农民和工人只能继续从事自给自足的农业工作，而到了 18 世纪的英国，他们就能像城市工人一样过上更好的生活。经济增长为人们带来了更新的产品、更高的产出和更多的选择。

我们可以用图形来表示这里描述的英国经历的生产率增长的变化。在第 2 章中，我们定义了社会的生产可能性边界（ppf），它表示在给定现有技术以及所有可以获得的资源都被充分有效地加以利用的情况下，所有可能的产出组合。经济增长扩大了那些限制范围，并使社会的生产可能性边界向右向外移动，如图 16.1 所示。

亚洲的发展中国家实现从农业社会到工业社会的转变是距离我们现在最近的。例如，中国和越南近些年经济增长的一个显著特征，就是将制造业出口作为一种增长战略。到越南旅游的人会不由自主地被其工业化的步伐所震惊。

发达国家的经济增长在今天仍在继续。正如挖掘机能使我们挖一个更深的洞一样，新的微波发射塔把手机服务带到了以前遥不可及的地方。资本继续以不同的形式带来生产率的增长。科学家正致力于用一种在 10 年前做梦也想不到的方法来治疗阿尔兹海默病。互联网上的工具

16.1 学习目标
总结经济增长的历史和过程。

产出增长率：整个经济产出的增长率。

人均产出增长率：经济中人均产出的增长率。

劳动生产率增长：工人人均产出的增长率。

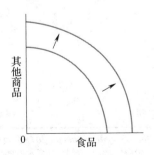

◀ 图 16.1 经济增长使社会的生产可能性边界向右上方移动

生产可能性边界是在社会的所有资源被充分有效利用的时候所有可能的产出组合。经济增长扩张了社会的生产可能性，使 ppf 曲线向右上方移动。

使得一个繁忙的法律办公室中的职员可以在一个小时内查看几百个文件来获得一个诉讼案件中的潜在鉴定人的观点，而在几年前，这项任务要花费这个法律工作者几周的时间。在以上任何一种情况中，我们在生产我们所需要的东西时都变得更加有效了，而且我们解放了资源去生产新的我们想要和需要的东西。

虽然经济增长的性质随着时间的推移而发生变化，但其基本的构造单元是一样的。增长来源于更大的劳动力规模和具有更高生产率的工人。更高的生产率来源于工具（资本），以及受过更高教育的、有着更高技能的劳动力（人力资本），更高的生产率也越来越来源于创新和工艺变化（生产的新技术）和新发展的商品和服务。

表 16.1 提供了 1996—2013 年这 18 年间许多发达国家和发展中国家的国内生产总值（GDP）的增长率的估计值。当你看到这些数字时，一个让你应该会感到震惊的事实是，中国和印度相对于发达国家的高增长率。一些经济学家认为，当较贫穷、较不发达的国家开始发展时，它们通常会有较高的增长率，因为它们正在**追赶**较发达国家。这一观点被称为收敛理论，因为它表明，随着时间的推移，国民收入的差距趋向于缩小。事实上，在 50 多年前，经济史学家亚历山大·格申克伦（Alexander Gerchenkron）创造了后发优势一词，用来描述这种现象，即欠发达国家可以通过借鉴更发达国家的技术实现飞跃。这一观点似乎符合目前中国和印度的经验，如表所示。在最近几年，中国的经济增速有所放缓，一些人认为这反映了中国在追赶技术前沿方面已经取得的进展。你可能还注意到，撒哈拉以南非洲的增长率比亚洲要低，尽管它仍然比发达国家高。在我们试图解释这些模式时，现在我们回过头来看看经济增长的源泉。

追赶理论： 该理论指出，发展中国家的增长率将超过发达国家的增长率，从而追赶上发达国家。

303

表 16.1 实际 GDP 的增长率：1996—2013 年

国家	年平均增长率（%）
美国	2.4
日本	0.8
德国	1.3
法国	1.6
英国	2.1
中国	9.6
印度	6.8
撒哈拉以南非洲	5.6

资料来源：*Economic Report of the President*，2015，表 B-4。

16.2 经济增长的源泉

我们来举一个简单的例子以帮助大家理解。假定劳动质量（L），和资本质量（K），不会随着时间的推移而改变。工人就是工人，机器就是机器。产出（Y）是在生产过程中使用劳动数量（L）和资本数量（K）产生的。在大多数情况下，我们似乎有理由假设，随着劳动和资本的增加，产出也会增加。这些投入和产出之间的确切关系可以用一个**总生产函数**来描述，该函数是一个数学关系，说明 GDP（总产出）（Y）取决于经济中可以获得的劳动总量（L）和资本总量（K）（土地是生产过程中另一种可能的投入，但我们假设土地总量是固定的）。表 16.2 和表 16.4 中使用的数字是基于简单的假设生产函数 $Y=3 \times K^{1/3}L^{2/3}$。这个生产函数告诉我们，生产既需要资本，也需要劳动（如果两者之一等于零，那么产出也等于零），两者的增加都会导致更多的产出。使用这个概念，我们现在可以确切地探索一个经济在经历劳动和资本的变化时，如何随着时间的推移达到更高的产出水平。

总生产函数： 反映了 GDP（总产出）取决于投入的劳动总量和资本总量的数学关系。

16.2.1 劳动供给的增加

在大多数情况下，如果我们增加一个社会的工人数量，产出就会增加，这看上去是符合逻辑的。实际上，我们在这里的生产函数中看到了这一点。一个关键的问题是，增加的工时对产出有多大的贡献？经济理论和实践都告诉我们，如果劳动增加时资本存量保持固定不变，新增加的劳动很可能比原有劳动的生产率要低。这种现象称为**收益递减**。早在一百多年前，诸如托马斯·马尔萨斯、大卫·李嘉图等这样的早期经济学家就开始讨论人口增长的影响。

马尔萨斯和李嘉图关注的是农业产出，而农业产出的核心资本形式是土地。经济学家们认为，由于土地的供给有限，新的农业劳动者将被迫在土地上更密集地工作。随着劳动供给的增加，产出会增加，但增加的速度会下降。劳动供给的增加会降低劳动生产率，即每个工人的人均产出。

在发达国家，劳动与土地的关系不如与其他形式的资本（例如机器、计算机等）的关系大。但在这种情况下，回报也会递减。表 16.2 提供了一个使用前面讨论的总生产函数的收益递减的算术示例。注意表格中产出水平和劳动水平之间的关系。当资本固定在 100 时，随着劳动从 100 增加到最终的 130，总产出会增加，但速度会减小。在上一篇专栏文章中，我们看到劳动生产率下降了。仅仅增加劳动数量，而在经济中没有其他的变化，就会降低劳动生产率，因为劳动回报率在减少。虽然我们在这里使用了一个假设的生产函数，但实证工作表明，这种收益递减的情况在实际生产中越来越普遍。

304

实践中的经济学

政府的增长战略

图 16.1 显示了一个国家的生产可能性边界是如何随着技术的改变而移动的。另一个你可能想知道的国家特征是，一个国家离世界其他地区的技术前沿有多远，以及距离技术前沿的远近会如何影响一个国家所追求的增长战略。

增长领域的一个谜题是，政府的增长战略似乎在一个地方取得了成功，但在另一个地方却惨败。阿西莫格鲁（Acemoglu）、阿吉翁（Aghion）和齐利博蒂（Zilibotti）的研究表明，政府政策成功的一个关键是一个国家与世界前沿的距离。[1]

假设一个国家相对于世界处于落后地位。政府的工作就是帮助其产业迎头赶上。有什么政策可以做到这一点？阿西莫格鲁等人认为，日本和韩国采用的产业政策可能有助于解决这一问题。在这里，政府知道什么是正确的技术，只需要帮助它们的公司找到世界的前沿。然而，随着公司的逐步发展并接近世界技术的前沿，情况发生了变化。现在，增长来自创新，需要通过寻找新的方法来将事情做到世界最好。

政府如何帮助完成这项任务呢？在这方面，具有强烈动机和一些鼓励冒险的市场可能会更有效。为此，支持创业和改善风险资本运作的政策可能会更好地发挥作用。阿西莫格鲁和他的同事们认为，政府支持采纳他国理念的政策的转变往往太迟而无法支持本国的创新努力。

思考

1. 近年来，中国致力加强其专利相关的法律。这和上面所描述的研究有什么关系呢？

[1] Daron Acemoglu, Philippe Aghion, and Fabrizio Zilibotti, "Distance to Frontier, Selection, and Economic Growth," *Journal of the European Economic Association*，March 2006：37-74.

表 16.2　劳动增加带来的经济增长：产出增加，但是收益递减，劳动生产率也较低

时期	劳动数量 L	资本数量 K	总产出 Y	劳动生产率 Y/L	边际劳动回报 $\Delta Y/\Delta L$
1	100	100	300	3.0	—
2	110	100	320	2.9	2.0
3	120	100	339	2.8	1.9
4	130	100	357	2.7	1.8

随着时间的推移，美国的人口和劳动力数量都在增长。表 16.3 显示从 1960 年至 2014 年间人口、劳动力和就业的增长。在这段时期内，16 岁及以上人口年均增长 1.4%，劳动力年均增长 1.5%，就业年均增长 1.5%。我们将在本章的后面再回顾这个表。我们预计，劳动的增加本身最终会提高美国的整体产出水平。

16.2.2 物质资本的增加

物质资本对产出的贡献显而易见。当两个人用一把铁锹挖花园时，如果再加一把铁锹，就能做得更多。会多多少呢？我们看到，随着越来越多的劳动被添加到固定数量的资本中，劳动回报率递减。同样，随着越来越多的资本被添加到固定的劳动供给中，资本回报率也在递减。当添加第二把铁锹时，花园可以产生的额外产出可能比添加第一把铁锹时产生的额外产出要小。如果再加上第三把铁锹，可能会产生更少的额外产出（如果有的话）。

表 16.4 显示了当资本增加而劳动没有相应增加时，产出是如何增加的。它使用了与表 16.2 中的相同的总生产函数。请观察关于这些数字的两个特征。首先，额外的资本增加了劳动生产率——劳动生产率从原来的 3.0 上升为 3.3。其次，资本回报率在不断下降。资本第一次增加 10 使产出增加 10——从 300 增加到 310。但是，资本第二次增加 10，产出只增加 9，资本第三次增加 10，产出只增加 8，或每单位资本的产出只增加了 0.8。表的最后一列显示了随着资本的增加人均边际产出的下降。

表 16.3　1960—2014 年就业、劳动力和人口增长

	城市 16 岁及以上非研究人员（百万）	城市劳动力		就业（百万）
		数量（百万）	人口百分比（%）	
1960	117.3	69.6	59.3	65.8
1970	137.1	82.8	60.4	78.7
1980	167.7	106.9	63.7	99.3
1990	189.2	125.8	66.5	118.8
2000	212.6	142.6	67.1	136.9
2010	237.8	153.9	64.7	139.1
2014	247.9	155.9	62.9	146.3
1960—2014 年总百分比变化	+113.4%	+124.0%		+122.3%
变化率	+1.4%	+1.5%		+1.5%

资料来源：*Economic Report of the President*，2015，表 B–11。

表 16.4 给出了一个假设的生产函数，显示了当资本增加时，产出会发生什么样的变化。表 16.5 使用美国的真实数据显示了从 1960 年至 2013 年间资本设备和资本建筑物的增长。（资本存量的增量是总投资与折旧之间的差额。记住，每年都有一些资本报废，也有些资本被损耗）。从 1960 年至 2013 年，设备存量以每年 4.0% 的速度增长，而建筑物存量每年增长 2.2%。

注意表 16.5 中的资本增长率（4.0% 和 2.2%）大于表 16.3 中的劳动增长率（1.5%）。在美国，资本相对于劳动增长了。因此，现在每个美国工人拥有的资本比一百年前更多。从表 16.4 可以看出，相对于劳动增加更多的资本可以提高劳动生产率。因此，我们有一个答案来解释为什么美国的劳动生产率随着时间的推移而增加——每个工人的资本量增加了。你每小时的产出比你的祖父母更高，因为你有更多的资本可以利用。在几乎所有的经济中，资本都以高于劳动的速度扩张，这是所有经济中劳动生产率增长的一个重要源泉。

表 16.4　资本增加带来的经济增长：产出增加，新增资本收益递减，劳动生产率更高

时期	劳动数量 L	资本数量 K	总产出 Y	劳动生产率 Y/L	单位资本产出 Y/K	边际资本回报 $\Delta Y/\Delta K$
1	100	100	300	3.0	3.0	—
2	100	110	310	3.1	2.8	1.0
3	100	120	319	3.2	2.7	0.9
4	100	130	327	3.3	2.5	0.8

表 16.5　1960—2013 年私人非住房净固定资本存量（以 2009 年的十亿美元计）

	设备	建筑
1960	706.1	3 451.3
1970	1 202.0	4 769.3
1980	1 994.0	6 294.8
1990	2 629.0	8 336.5
2000	4 039.4	9 808.9
2010	5 208.2	10 967.0
2013	5 605.8	11 151.8
1960—2013 年总百分比变化	+693.9%	+223.1%
变化率	+4.0%	+2.2%

资料来源：美国商务部经济分析局，固定资产表。

资本在一个国家经济增长中的重要性会让人情不自禁地思考，是什么决定了一个国家的资本存量。在现代开放经济中，新资本可以来自一个国家居民的储蓄，也可以来自外国投资者的投资。**外国直接投资**是指一国以外的居民对一国企业进行的投资。外国直接投资是东南亚大部分地区的增长所需资本的重要来源。例如，在越南，外国直接投资引领了经济的快速增长。近年来，我们看到，中国在非洲部分地区和亚洲其他地区进行了直接投资。

外国直接投资（FDI）：
一国以外的居民对一国企业的投资。

最近的经济学研究聚焦于一些机构在创造有利于资本的环境方面所扮演的角色，这些机构鼓励国内储蓄和外国投资。拉－波塔（La Porta）、洛佩兹－德－西拉内斯（Lopez-de-Silanes）、施莱弗（Shleifer）和维希尼（Vishny）在一系列论文中指出，英国普通法起源的国家（与法国相反）为股东提供了最强有力的保护，政府腐败程度较低，法院体系也较好。反过来，这样的金融和法律机构也通过鼓励资本投资促进了经济增长。制度落后、腐败、对贷款机构和投资者保护不足的国家难以吸引资本。世界银行称这些制度薄弱的国家为脆弱国家。

世界银行所说的许多脆弱国家位于撒哈拉以南非洲。许多观察人士认为，一些撒哈拉以南非洲国家的经济相对停滞，部分原因是它们的制度相对薄弱。高昂的经营成本，包括腐败以及与冲突相关的投资风险，已使津巴布韦等国对国内外资本的吸引力下降。种族和语言的分化也对此产生了影响。

16.2.3 劳动供给质量（人力资本）的提高

到目前为止，我们已经研究了当一个经济拥有更多同质的工人时会发生什么。但我们都知道，在大多数社会中，随着时间的推移，人们的受教育程度和健康程度都有所提高。劳动力的质量和数量都发生了变化，这也导致了长期增长。

当劳动力质量提高时，这被称为人力资本的增加。如果一个工人的人力资本增加了，他或她可以用同样数量的物质资本生产出更多的产出。劳动投入的产出效率增加了。

人力资本的产生有许多种途径。人们可以通过上大学或者完成职业训练项目来对自身进行投资。厂商可以通过在职培训对人力资本进行投资。政府则通过增进健康或者提供教育及职业培训的项目等形式进行人力资本投资。我们可以看到，在许多发展中国家，以前基本上没有上过学的妇女通过受教育获得了很高的回报。

在撒哈拉以南非洲的发展中国家，由于艾滋病和其他疾病的高发病率，健康问题是一个严重的问题。改善人口健康的计划提高了劳动力的质量，从而提高了产出。

在过去的几十年里，美国在教育方面投入了大量的资源。表 16.6 表明，1940 年以来美国人的受教育水平已经得到了显著的提高。至少

307

表 16.6 1940—2014 年 25 岁以上人口完成的教育年数

	受教育年限少于 5 年的百分比	完成 4 年高中教育及 以上学历的百分比	完成 4 年大学教育及 以上学历的百分比
1940	13.7	24.5	4.6
1950	11.1	34.3	6.2
1960	8.3	41.1	7.7
1970	5.5	52.3	10.7
1980	3.6	66.5	16.2
1990	NA	77.6	21.3
2000	NA	84.1	25.6
2010	NA	87.1	29.9
2014	NA	88.1	32.0

NA：无数据。

资料来源：*Statistical Abstract of the United States*，1990 年表 215，2012 年表 229，以及美国商务部人口普查局，2014 年表 2，受教育程度。

有 4 年大学教育的人口比例从 1940 年的 4.6% 上升到 2014 年的 32.0%。1940 年，每 4 人中只有不到 1 个人读完了中学；而在 2014 年，这一比例为 88.1%。这是人力资本的大幅增长。因此，关于为什么美国的劳动生产率提高了，我们有了第二个答案。许多发达经济体的政策制定者担心，他们是否有能力通过改善人力资本继续创造增长。

16.2.4 资本质量的提高（体现型技术变革）

体现型技术变革： 带来资本质量提高的技术变革。

正如工人在过去的一百年中发生了变化一样，机器也发生了变化。如今的文字处理器与 20 世纪中叶的手动打字机已经大不相同。机器质量的提高将在相同的劳动强度下提高生产过程的产出。资本质量的提高是如何产生的？它发生在我们所说的**体现型技术变革**之中。一些技术创新正在发生，比如更快的计算机芯片，然后将其集成到机器中。通常，技术创新被整合到新机器中，旧机器一旦过时就会被丢弃。在这种情况下，随着效率更高的新机器取代效率低的旧机器，总资本存量的质量会随着时间的推移而提高。然而，在某些情况下，创新被整合到了旧机器中。商用飞机可以使用几十年，许多影响飞机的创新都被整合到现有的飞机中。但是一般来说，人们认为体现型技术变革通常出现在新机器上，而不是现有的机器上。

资本质量的上升提高了劳动生产率（同样数量的劳动产出更多）。因此，我们有了第三个答案，以回答为什么劳动生产率随着时间的推移而提高——资本的质量由于体现型技术变革而得到了提高。

我们将回到体现型技术变革，但为了思路的完整，我们接下来将转向非体现型技术变革。

实践中的经济学

德国犹太移民为美国经济增长做出贡献

有时候，社会科学家可以用历史上的可怕事件来检验理论，而在正常情况下，这并不容易做到。在 20 世纪 30 年代末和 40 年代初，德国犹太科学家的移民就是一个例子。

到第二次世界大战开始时，超过 13.3 万名犹太移民来到了美国。其中有几千名学者，包括许多科学工作者。佩特拉·莫泽（Petra Moser）、亚历山德拉·沃纳（Alessandra Voena）和法比安·瓦尔丁格（Fabian Waldinger）在最近的一篇论文中决定试试看他们能否发现这一迁移行为对美国的经济福利产生过某些影响。[1]

在这些移民中有许多化学家。莫泽等人使用一系列的名录，确定了这一时期移居美国的所有化学工作者及其研究的化学领域。化学家带来了可观的人力资本。从本章的观点来看，美国人口的人力资本经历了一次没有预料到的转变。然后莫泽和她的同事们比较了移民前和移民后在美国

申请专利的比率，特别研究了新移民工作的化学领域。结果是什么呢？这项研究表明，这些新的美国公民可能将他们所在领域的专利率提高了 30% 以上！

思考

1. 思考新德国移民对生产可能性边界的影响。

[1] Petra Moser, Alessandra Voena, and Fabian Waldinger, "German-Jewish émigrés and U.S. Invention," *American Economic Review*, October 2014: 3222-55.

16.2.5 非体现型技术变革

在某些情况下，即使劳动和资本的数量及质量不变，随着时间的推移，我们也能实现更高水平的产出。我们是如何做到的呢？也许是我们学会了如何更好地组织车间生产或管理劳动力。近年来，精益制造和供应商库存管理系统等运营方面的改进，提高了许多制造业厂商从固定数量及质量的劳动和资本中获得更多产出的能力。甚至信息和会计制度或激励制度的改进也能导致产出水平的提高。如果一种技术变革，既不具体地体现在劳动上，也不具体地体现在资本上，而是让我们从两者中获得更多，这种技术变革被称为**非体现型技术变革**。

近年来中国经济的经验提供了一个有趣的例子，说明了广义上所谓的非体现型技术变革。在国际货币基金组织（IMF）工作的胡祖六

非体现型技术变革:
导致生产过程的变化的技术变革。

（Zuliu Hu）和莫辛·汗（Mohsin Khan）指出，在中国进行市场改革之后的 20 年里，生产率的提高发挥了巨大的作用。在改革后的这段时间里，生产率增长了两倍，平均每年增长近 4%。胡和汗认为，生产率的提高主要来自向私营部门开放业务带来的利润激励的释放。更好的激励制度产生了更好的劳动和资本的使用。

关于为什么劳动生产率提高的这个问题，我们给出的第四个答案是，由于积极的非体现型技术变革。人们已经知道如何运行生产流程，以及如何更有效地管理企业。

16.2.6 关于技术变革的更多思考

我们已经看到，体现型和非体现型的技术变革都提高了劳动生产率。确定一项特定的技术创新是体现型还是非体现型并不总是一件易事，而且在许多讨论中并没有对此作出区分。在本节的其余部分，我们将大致地讨论技术创新。要记住的要点是，无论对技术变革如何分类，技术变革都会提高劳动生产率。

新技术的发展是引起工业革命的部分原因。纺织新技术的发展起到了决定性的作用，比如"走锭精纺机"和"多轴纺纱机"（珍妮机）的发明。20 世纪 80 年代初，席卷美国的高科技浪潮是由半导体技术的迅速发展和传播驱动的。20 世纪 90 年代的高科技繁荣是由互联网及其相关技术的兴起推动的。在 20 世纪 60 年代的印度，新的高产种子帮助农业创造了一场"绿色革命"。

发明： 知识的进步。

技术变革对生产率的影响有两个阶段。首先是知识进步，或者说**发明**。但是，知识本身并不起作用，除非它被人们加以应用。当人们利用新的知识来生产新产品或者提高已有产品的生产效率时，就出现了**创新**。

创新： 利用新知识生产新产品或更有效地生产现有产品。

考虑到创新在经济增长中的中心地位，看看美国的研究随着时间的推移发生了什么是很有趣的。研究投入的一个常用指标是占 GDP 的比例。2011 年，美国将 2.7% 的 GDP 用于科学研究和试验发展（R&D），略低于 20 世纪 60 年代早期 2.9% 的高点。随着时间的推移，研究经费的重心已经从政府转向产业。由于产业研究往往被更多地应用，一些观察人士担心，如果不提供更多资金，美国将失去一些技术优势。在 2007 年，美国国家科学院的观点如下：

> 尽管许多人认为美国将永远是科学和技术领域的世界领导者，但由于先进的思想和理念存在于世界各地，这种情况可能不会持续下去。我们担心科学技术上的领先地位可能会突然丧失，而失去的领先地位一旦失去后要想再恢复就很难（如果真能恢复的话）。[1]

---

[1]　National Academies, "Rising Above the Gathering Storm: Energizing the Employing America for a Brighter Future," National Academies Press, 2007.

如前所述，收敛理论认为，新兴发展中国家可以通过利用发达国家的技术实现跨越式发展。事实上，当发现一种更好的生产方式时，所有国家都会从中受益。创新及其扩散使生产可能性边界向外移动。但至少有一些证据表明，一个在发明创造方面处于领先地位的国家，在利用这一资源方面仍保留着一些优势，至少有时候是这样。

我们有哪些证据能够表明美国可能正在失去优势呢？从研发占 GDP 的比重来看，2006 年美国在经合组织（OECD）成员国中排名第七。如果我们看看专利申请的数据，证据就更令人受到鼓舞了：对于同时在美国、日本和欧盟（EU）申请的专利，即所谓的三元专利，美国的发明家是主要来源，他们在 1989 年超过欧盟取得了领先地位。在产出方面，美国在研究领域似乎仍然相当强大。

16.2.7 美国的劳动生产率：1952 I—2014 IV

既然我们已经考虑了为什么美国的劳动生产率会随着时间的推移而提高的各种答案，我们现在就可以回到数据上来看看实际的增长情况。在第 7 章的图 7.2 中，我们给出了 1952 I—2014 IV 期间的劳动生产率图。图 16.2 再现了这幅图。图中的生产率是单位时间的人均产出，记住，图中的线段是为了消除生产率的短期波动而绘出的。我们在上一章了解到，由于厂商在衰退期间会持有超额劳动，所以测量得到的生产率会随着经济周期而变动。在这一章中，我们对经济周期不感兴趣，这些线段是消除经济周期影响的一种方法。

美国的"生产率问题"曾在 20 世纪 70 年代末 80 年代初引起了广泛的讨论。80 年代初出版的一些经济学教科书，经常用整章的篇幅来讨论大约从 70 年代后期开始的生产率下降问题。1981 年 1 月，美国国会

310

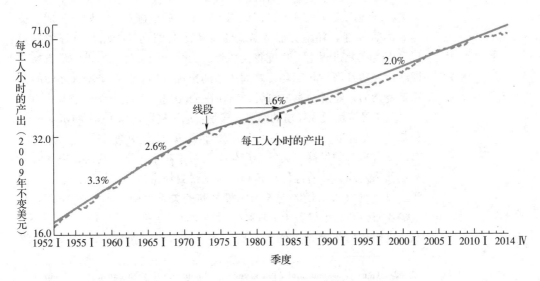

▲ 图 16.2　1952 I—2014 IV每工人小时的产出（生产率）

预算办公室发表了一份名为《生产率问题：行动的选择》的报告。

图 16.2 清楚地说明，生产率增长曾在 20 世纪 70 年代出现过一次下滑。增长率从 20 世纪 50 年代和 60 年代前五年的 3.3% 下降到了 20 世纪 60 年代后五年及 70 年代初的 2.6%，而从 70 年代初到 90 年代又下降到 1.6%。当时对于 20 世纪 70 年代末 80 年代初的生产率下滑提出了许多种解释。有些经济学家将其归因于美国相对于其他国家较低的储蓄率。另一些人则指责对美国企业不断增加的环境及政府管制。还有一些人认为国家用于研发（R&D）的支出低于应有水平。最后，有人提出 20 世纪 70 年代末的高能源成本使得投资都用来节省能源，而不是提高生产率。

从图 16.2 中可看到，上述的许多因素在 20 世纪八九十年代都再次出现过，而从 20 世纪 90 年代到 2014 年生产率仅仅增长了 2.0%。当我们跨入 21 世纪的第二个十年时，一个有趣的问题是互联网和无线设备的持续增长将使生产率增长恢复到 20 世纪五六十年代的水平？还是说 20 世纪五六十年代仅是生产率增长的一个不同寻常的好时期，美国的生产率增长将继续将保持在 2% 左右。本书第 377 页的"实践中的经济学"栏目讨论了这个问题。

16.3 学习目标

讨论与经济增长相关的环境问题。

16.3 增长、环境和可持续性问题

2000 年，联合国一致通过了"千年发展目标"，这是一套让发展中国家满足的可量化的、基于时间的目标。如你所料，这些指标包括教育、死亡率和收入增长。但联合国决议还包括一系列环境标准。围绕清洁的空气、洁净的水和保护管理制定了特定标准。表 16.7 提供了 2005 年一些发展中国家在联合国指数上的排名。

将环境因素纳入发展目标说明了环境基础设施对一个国家长期增长前景的重要性。环境方面的考虑也加重了人们在经济增长过程中的担忧，因为在此过程中，环境将会恶化。而全球变暖的发生进一步增加了国际社会对经济增长和环境之间关系的担忧。环境与经济增长之间的关系是复杂的，经济学家之间至今仍存在争议。

关于经济增长和环境的经典著作是吉恩·格罗斯曼（Gene Grossman）和艾伦·克鲁格（Alan krueger）在 20 世纪 90 年代中期完成的。[2]众所周知，随着国家的发展，通常会产生空气污染和水污染。然而，格罗斯曼和克鲁格发现，随着经济增长和国家变得更加富裕，污染往往会趋于下降。以人均收入衡量的增长与污染之间的关系呈倒 U 形。图 16.3 显示了格罗斯曼和克鲁格关于一项空气污染指标的证据。

我们如何解释这个倒 U 形呢？干净的水和空气是经济学家所说的

---

[2] Gene Grossman and Alan krueger, "Economic Growth and the Environment," *Quarterly Journal of Economics*, May 1995.

表 16.7 世界银行国别政策和机构评估 2005 年环境得分（最小值 =1，最大值 =6）

阿尔巴尼亚	3
安哥拉	2.5
不丹	4.5
柬埔寨	2.5
喀麦隆	4
冈比亚	3
海地	2.5
马达加斯加	4
莫桑比克	3
巴布亚新几内亚	1.5
塞拉利昂	2.5
苏丹	2.5
塔吉克斯坦	2.5
乌干达	4
越南	3.5
津巴布韦	2.5

资料来源：国际复兴开发银行 / 世界银行：2005 年世界发展指标数据库。

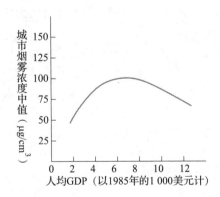

城市烟雾浓度中值（µg/cm³）

人均GDP（以1985年的1 000美元计）

◀ 图 16.3 人均 GDP 与城市空气污染之间的关系

烟雾浓度与人均 GDP 之间的关系呈倒 U 形：随着国家变得更富裕，烟雾浓度先上升，然后下降。
资料来源：Gene Grossman and Alan Krueger, *QJE*, May 1995。

312

正常品。也就是说，随着人们变得更富有，他们想消费更多的这些商品。凯恩斯模型中总消费随收入增加。碰巧的是，微观经济学发现，这种关系也适用于大多数个别类型的商品。对干净的水和空气的需求随着收入水平的提高而增加。随着国家的发展，民众越来越需要在这些方面进行改进。例如，我们在中国已经看到越来越多的关于环境的公共项目。因此，尽管工业化的发展最初会使环境恶化，但从长远来看，环境质量通常会得到改善。

格罗斯曼和克鲁格在许多国家发现了这种倒 U 形曲线。经济史学家提醒我们，在工业化的鼎盛时期，英格兰北部遭受了严重的空气污染。你们有些人可能还记得 19 世纪英国小说中对空气污染的描述，比如伊丽莎白·加斯克尔夫（Elizabeth Gaskell）的《北方和南方》（*North and South*）。

如果随着经济增长带来人均收入的提高，环境污染最终会下降，那么我们为什么要担心呢？首先，正如格罗斯曼和克鲁格所指出的，倒 U 形代表了历史经验，但并不是必然会出现的。特别是，如果公众舆论推动政府和整个经济转向减少污染的技术，这就需要有权力的民众和反应迅速的政府。在这方面，我们也看到了制度在经济增长中的重要性。第二个问题出现在当前高排放产生不可逆转后果的情况下。一些人可能会辩称，等到发展中大国发展到足以减排的程度时，一切将为时已晚。许多人认为全球变暖就是这样一个例子。

最近，另一个众所周知的重要问题是来自跨越国界的污染源。与全球变暖相关的碳排放就是工业化发展的副产品之一，其他空气污染问题也跨越了国界。在苏联工业化的鼎盛时期，大风将苏联制造的大部分污染吹到了芬兰。各国对经济增长水平和环境控制水平所做的选择会影响到其他国家和人民的福祉。不同人均 GDP 水平的国家也很难就环境控制的共同标准达成协议。正如我们前面提到的，当人民对食物和住所的需求得到更好的满足时，对清洁空气的需求会随着收入的增加而增加。发展中国家和发达国家之间就环境控制的最优水平展开了辩论，任何一个有经济学基础的人对此应该都不会感到惊讶。当我们认识到发达经济体的消费者会从发展中国家的经济活动中获得收益时，这些争论就更加复杂了。例如，发展中国家企业增加的碳排放，大多与运往欧洲和美国的货物有关。因此，这些消费者通过消费更便宜的商品来分享这种空气污染带来的好处。

东南亚大部分地区通过出口导向型制造业推动了经济增长。对于那些以资源开采为增长基础的国家来说，还有其他一系列潜在的可持续性问题。许多非洲国家属于此类。例如，尼日利亚严重依赖石油；而南非和刚果是钻石和其他宝石的主要生产国。当然，开采方法可能会带来环境问题。许多人还质疑，以开采为基础的增长在经济上是否可持续：当石油或矿产资源耗尽时会发生什么？答案相当复杂，在某种程度上取决于如何利用开采过程中的利润。由于开采可以由没有受过良好教育的劳动力完成，而其他形式的发展则更依赖于技术熟练的劳动力基础，因此公共基础设施投资尤为重要。如果各国试图利用开采带来的收入投资于道路和学校等基础设施，提高民众的教育和医疗水平，那么经济增长的基础可以随着时间的推移而改变。然而，在制度不健全的情况下，这些收益可能会被腐败的政府没收，或者被投资到国外，那么长期的可持续增长将不会产生。

自马尔萨斯时代以来，关于自然资源基础是否对经济增长产生了极大的自然限制问题一直存在争议。早在 18 世纪，马尔萨斯就担心英格兰的人口增长会超过土地的供给能力。在那个时期，技术提供了答案，促进了产出增长。

1972 年，由一群"忧虑公民"组成的罗马俱乐部（Club of Rome）与麻省理工学院（MIT）的一个研究小组签订了一项名为《增长的极限》（*The Limits to Growth*）③的研究合同。最终报告有一本书那么长的篇幅，展示了按照现在的人口、粮食、工业产出和资源消耗的增长率进行计算机模拟的结果。根据这些数据，在 2000 年以后的某个时间将达到极限，整个世界经济将崩溃：

> 崩溃是由于不可再生资源的枯竭而发生的。工业资本存量增长到需要投入大量资源的水平。在此增长过程中，耗尽了一大部分的可用资源储备。随着资源价格的上涨和矿产资源的枯竭，必须用越来越多的资本来获得资源，而作为未来增长投资的资本越来越少。最后，投资跟不上折旧的速度，工业基础随之崩溃，服务业和农业系统也随之崩溃，因为它们已经变得依赖于工业投入（如化肥、杀虫剂、医院实验室、计算机，尤其是机械化所需的能源）……当缺乏食物和卫生服务导致死亡率上升时，人口最终会减少。④

这一观点与本章前面提到的托马斯·马尔萨斯在近 200 年前提出的观点相似。

20 世纪 70 年代初，许多人认为罗马俱乐部的预言已经成真。世界似乎开始面临世界能源供应的极限。自那以后的几年里，人们发现了新的资源储藏，并开发了新的能源品种，包括水力压裂开采的大量天然气和石油储量。目前，全球变暖和生物多样性问题正引起许多人对增长过程的质疑。人们应该如何权衡经济增长对贫穷国家人民生活的明显好处与环境目标？认识到这些权衡取舍的存在并尝试设计应对它们的政策是政策制定者的关键任务之一。

总结

1. 几乎所有国家的人均劳动生产率，随着时间的推移都在增长。

16.1 增长过程：从农业到工业　页 369

2. 所有社会都面临着可获得的资源和技术造成的发展限制。经济增长扩大了这些限制范围，并使社会的生产可能性边界向右向上移动。

3. 在全球范围内，经济增长率存在着相当大的差异。一些国家——尤其是东南亚国家——似乎正在迎头赶上。

4. 一些较不发达、较贫穷的国家经历高速增长并开始赶上较发达地区的过程，这被称为收敛。

---

③ Donella H. Meadows et al., *The Limits to Growth*（Washington, D.C.: Potomac Associates, 1972）.

④ Meadows et al., pp. 131–132.

313

16.2 经济增长的源泉 页 371

5. 总生产函数反映了 GDP（总产出）取决于投入的劳动总量和资本总量的数学关系。

6. 促进经济增长的因素有很多：（1）劳动供给增加；（2）增加物质资本——厂房和设备；（3）劳动供给质量的提高——人力资本；（4）物质资本质量的提高——体现型技术变革；（5）非体现型技术变革——例如，管理技能的提高。

7. 美国的劳动生产率的增长率从 20 世纪 50 年代和 60 年代的 3.3% 左右下降

到 20 世纪 90 年代和 21 世纪前十年的 2.0% 左右。而在 20 世纪 70 年代，这一比例仅为 1.6% 左右。

16.3 增长、环境和可持续性问题 页 380

8. 随着国家的发展和工业化，环境问题是普遍存在的。然而，随着进一步的发展，大多数国家的环境质量得到改善。

9. 几百年来，人们一直在讨论自然资源对一个国家增长的限制。基于资源开采的增长战略可能对一个国家的增长构成特殊的挑战。

314

─────── 术语和概念回顾 ───────

─────── 习题 ───────

16.1 增长过程：从农业到工业

学习目标： 总结经济增长的历史和过程。

1.1 阅读最新一期的《经济学人》杂志。每一期的后面都有一节叫作"经济指标"。该部分列出了大量国家的最新增长数据。根据最近的数据，世界上哪些国家增长最快？世界上哪些国家的增长速度较慢？浏览一下《经济学人》上的文章，看看你所观察到的模式是否有解释。写一篇关于当前世界经济状况的短文。

1.2 下表数据为五个国家 2011—2014 年实际 GDP。

a. 核算 2011—2012 年这五个国家的实际 GDP 增长率。2011—2012 年哪个国家的经济增长率最高？

b. 核算 2012—2013 年这五个国家的实际

GDP 增长率。2012—2013 年哪个国家的经济增长率最高？

c. 核算 2013—2014 年这五个国家的实际 GDP 增长率。2013—2014 年哪个国家的经济增长率最高？

d. 核算这五个国家 2011—2014 年实际 GDP 的年平均增长率。在此期间，哪个国家的年平均经济增长率最高？

国家	2011	2012	2013	2014
美国	15 204.00	15 556.86	15 902.12	16 271.05
萨尔瓦多	21.89	22.30	22.68	23.18
南非共和国	378.11	387.44	394.76	408.58
柬埔寨	11.98	12.86	13.82	14.83
俄罗斯	1 589.91	1 644.53	1 666.22	1 670.38

所有值的单位都以 2010 年的十亿美元计。

资料来源：美国农业部。

1.3 下表数据为五个国家 1974 年和 2014 年实际人均 GDP。通过计算 1974 年至 2014 年实际人均 GDP 增长率，填写表格。表中数据是否符合收敛理论？请解释一下。

国家	1974 年的人均 GDP	2014 年的人均 GDP	1974—2014 年实际人均 GDP 年增长率
美国	25 602	51 056	
萨尔瓦多	2 884	3 785	
南非共和国	6 214	8 446	
柬埔寨	157	959	
俄罗斯	7 192	11 724	

所有值的单位都以 2010 年的美元计。

资料来源：美国农业部。

1.4 使用下表的数据来解释这三个国家在经济增长和生活水平方面的情况。

国家	2015 年实际 GDP	2014 年实际 GDP	2015 年的人口数量	2014 年的人口数量
道夫	12 400	10 850	1 800	1 575
厄斯	4 275	3 820	575	450
左巴	60 500	64 100	13 800	15 250

16.2 经济增长的源泉

学习目标： 描述经济增长的源泉。

2.1 欠发达国家赶上较发达国家增长的一种方法是采用发达国家的技术。然而，一般情况下，与发展中国家相比，发达国家的资本丰富，而劳动短缺。试想一下，如果一个典型的发展中国家资本供给不足，大量劳动力没有被雇佣，那么当它在一个更发达的国家"购买"技术时，会想要什么样的技术？提示一下，日本在机器人领域已有所发展，比如装配线机器。这种机器的设计目的是用资本（机器人）取代昂贵的工人，以降低总体生产成本。它以何种方式帮助发展中国家在其国内推广和使用这项新技术？成本是多少？

2.2 表 1、表 2 和表 3 给出了关于三个假想经济体的一些数据。通过计算劳动生产率和产出

增长率来完成表格。这些数据有没有为你提供一些关于经济增长原因的信息？（提示：L 和 K 的增长有多快？）

表 1

时期	L	K	Y	Y/L	产出增长率
1	1 120	3 205	4 650		
2	1 135	3 500	4 795		
3	1 152	3 798	4 945		
4	1 170	4 045	5 100		

表 2

时期	L	K	Y	Y/L	产出增长率
1	1 120	3 205	4 650		
2	1 175	3 246	4 775		
3	1 255	3 288	4 904		
4	1 344	3 315	5 036		

表 3

时期	L	K	Y	Y/L	产出增长率
1	1 120	3 205	4 650		
2	1 135	3 246	4 840		
3	1 152	3 288	5 038		
4	1 170	3 315	5 244		

2.3 2005 年秋季，美国总统税制改革委员会发布了最终报告。委员会呼吁全面削减边际税率；降低股利、资本收益和利息收入的税率；更重要的是，资本设备投资的费用化。这些条款被认为是"促进增长的"。你认为这些建议会在哪些方面有利于经济增长？

2.4 **[与页 372 "实践中的经济学"相关]** 在 2013 年 3 月的一份新闻稿中，世界银行宣布支持通过科学技术研究与创新项目（RISET）帮助印度尼西亚加快经济增长。该项目旨在促进印度尼西亚的研究和创新，并帮助该国发展成为知识型经济。世界银行印度尼西亚业务局局长斯特凡·G. 科贝尔（Stefan G. Koeberle）说："提高人力资源和国家在科学和技术方面的能力是印度尼西

亚加速和扩大其经济总体规划的一个关键支柱。从资源型经济向知识型经济的转变，将使印尼在自主创新和丰富的人力资源的帮助下，在众多领域提升价值链。"新闻稿指出，RISET 项目的很大一部分将涉及帮助印尼科学和工程学研究人员提高学术资格，希望这个项目最终将导致研发投资增加，而印尼的研发投资占 GDP 的比例显著低于许多亚洲邻国。利用本章提供的信息，解释增加研究和创新以及提高研究人员的学术资格如何有助于促进印度尼西亚的长期经济增长。

资料来源："World Bank Supports Move to Accelerate Indonesia's Economic Growth through Science，Technology，and Innovation，"www.worldbank.org，March 29，2019。使用已得到许可。

2.5 教育是一个很难通过降低成本来提高生产率的领域。收集你所在大学最近 20 年的学费数据，然后用消费价格指数（CPI）将上涨的学费与总体通货膨胀率进行比较。你观察到了什么？你能提出一些提高生产率的措施吗？

2.6 经济学家普遍认为，今天的高预算赤字将降低未来的经济增长率。为什么？高预算赤字的原因重要吗？换句话说，赤字是否由减税、增加国防开支、增加就业培训项目等因素引起？

2.7 为什么增长会导致收入分配更加不平均？假设真是这样的话，那么穷人又怎么可能从经济增长中受益呢？

2.8 美国劳工统计局（Bureau of Labor Statistics）数据显示，2015 年第一季度，美国非农业企业生产率同比下降 3.1%，制造业生产率同比下降 1.0%。与此同时，美国的实际 GDP 增长了 2.9%。解释一下实际 GDP 增长时，生产率如何下降。

2.9 下列各项与一个经济体的生产率和增长率有何关系？

　　a. 研发支出

　　b. 政府监管

　　c. 人力资本的变化

　　d. 每工人小时的产出

　　e. 体现型技术变革

　　f. 非体现型技术变革

2.10 **[与页 377"实践中的经济学"相关]** 长期经济增长的一个源泉是劳动力质量或人力资本的提高，其中教育发挥着重要作用。请登录 www.bls.gov 查询当前的失业率。比较一下高中以下学历、高中学历，以及学士学位或更高的教育水平的人群目前的失业率。这些数据说明了美国就业岗位的教育要求是什么？然后访问 www.census.gov，查看当前人口调查历史表 A-2。找出 25 岁及以上人口中完成四年高中学业及以上学历的百分比，以及完成四年大学学业及以上学历的百分比。将这一数据与失业数据进行比较。这些信息对美国经济未来的生产率和增长意味着什么？

16.3 增长、环境和可持续性问题

学习目标：讨论与经济增长相关的环境问题。

3.1 从 2005 年到 2014 年，墨西哥的人均实际 GDP 从 8 966 美元增长到 2010 年的 9 938 美元，尽管生活水平提高了，但空气和水污染等环境问题仍然是该国的主要担忧。2012 年，美国环境保护局（U.S. Environmental Protection Agency）在墨西哥政府的支持下实施了"边境 2020 计划"（Border 2020 program），继续努力解决美国和墨西哥边境地区的环境和公共健康问题。你可以在 http://www2.epa.gov/border2020 上找到关于这个项目的信息。该计划的目标是减少空气污染，使美国和墨西哥边境地区的人们能更容易地获得清洁、安全的水。请解释实现 2020 年边界计划的目标如何与吉恩·格罗斯曼和艾伦·克鲁格所描述的倒 U 形关系相一致。

第17章
宏观经济学中的争论

317

在本书中，我们已经指出宏观经济学中有许多分歧和难题。例如，经济学家在短期或长期总供给曲线是否垂直的问题上存在意见分歧。有些经济学家甚至怀疑总供给曲线是不是一个有用的宏观经济学概念。在周期性失业是否存在及其产生原因方面都存在不同的观点。经济学家们对货币政策和财政政策在稳定经济方面是否有效意见不一，他们对消费和投资支出的主要决定因素也持有不同的观点。

我们在前面的章节中讨论了其中一些分歧，但仅仅是简要地分析。在本章中，我们将更详细地讨论有关宏观经济运行方式的其他许多观点。

17.1 学习目标

总结凯恩斯主义经济学。

17.1 凯恩斯主义经济学

约翰·梅纳德·凯恩斯（John Maynard Keynes）于1936年出版的《就业、利息和货币通论》一直是经济学中最重要的著作之一。尽管本书此前九章的大量材料来自凯恩斯之后的现代研究，但大部分内容都是围绕凯恩斯建立的框架结构来构建的。

凯恩斯主义经济学到底是什么呢？从某种意义上说，它是所有宏观经济学的基础。凯恩斯首次强调了总需求以及货币市场与商品市场之间的联系。凯恩斯还强调了可能的黏性工资问题。近年来，凯恩斯主义者一词的使用范围变得狭窄。凯恩斯提倡积极的联邦政府。他认为联邦政府应该在对抗通货膨胀和失业方面发挥作用，并且他认为应该使用货币政策和财政政策来管理宏观经济。这就是为什么凯恩斯主义者有时被用来特指那些倡导政府积极干预宏观经济的经济学家。

在20世纪七八十年代，对宏观经济进行实际的管理明显要比纸上谈兵困难得多。20世纪70年代和80年代初期的通货膨胀问题以及1974—1975年和1980—1982年经济衰退的严重性使许多经济学家对政府积极干预经济的观点提出质疑。其中一些质疑只是简单地攻击当局及时采取行动的能力。另一些则是对理论的攻击，声称货币政策和财政政策对经济没有影响或影响很小。

我们从凯恩斯主义者和货币主义者之间的古老争论开始。

17.2 学习目标

解释货币数量论。

17.2 货币主义

17.2.1 货币流通速度

货币流通速度： 一张钞票一年之中平均易手的次数；名义GDP与货币存量的比值。

货币主义的一个关键变量是**货币流通速度**（velocity of money）。它将货币流通速度看成一张钞票一年之中平均易手的次数。假设你在1月1日用一张面额为5美元的钞票购买了一支新圆珠笔。文具店的老板没有立即花掉这5美元。她可能会一直持有到比方说5月1日，这时她用这5美元购买12个甜甜圈。甜甜圈店的老板直到7月1日才用他收到的这5美元（和其他美元钞票一起）购买100加仑的食用油。食用油的销售员在9月1日用这笔钱为未婚妻买了一个订婚戒指，但是在这一年剩下的3个月中，这5美元的钞票没有被再次使用。因为这张5美元的钞票在一年中已经易手4次，所以其流通速度为4。流通速度为4意味着这5美元的钞票在每个所有者手中的平均停留时间为3个月或一年的四分之一时间。

在实践中,我们使用国内生产总值(GDP)来衡量流通速度[①],而不是用经济中所有交易的总值来衡量,这是由于 GDP 数据更容易获得。货币的收入流通速度(V)是名义 GDP 与货币存量(M)之比:

$$V \equiv \frac{GDP}{M}$$

假如一年中生产的最终产品和服务价值为 12 万亿美元,而货币存量是 1 万亿美元,那么货币流通速度就是 12 万亿美元 ÷ 1 万亿美元,即 12.0。

由于名义收入(GDP)等于实际产出(收入)(Y)乘以总价格水平(P),我们可以通过将此定义稍加扩展:

$$GDP \equiv P \times Y$$

代入后得到:

$$V \equiv \frac{P \times Y}{M}$$

或者

$$M \times V \equiv P \times Y$$

在这里,值得暂停一下来考虑一个问题,即我们的定义是否为我们提供了一些对经济运行规律的启示。答案是否定的。因为我们定义了 V 是 GDP 与货币供给的比率,所以表达式 $M \times V \equiv P \times Y$ 是一个恒等式——也就是说,根据定义它是正确的。它所包含的有用信息只不过相当于说"一个单身汉是一个未婚男子"。例如,该定义没有说明当 M 更改时 $P \times Y$ 会发生什么变化。$P \times Y$ 最终的值取决于 V 如何变动。如果 M 增加时 V 下降,则乘积 $M \times V$ 可以保持不变,在这种情况下,M 的变化不会对名义收入产生影响。为了赋予货币主义某些经济内涵,我们使用一种简单的货币主义,即**货币数量论**(quantity theory of money)。

17.2.2 货币数量论

货币数量论的关键假设是货币的流通速度不是随时间而变化的(或者说几乎是不变的)。如果用 $\overline{V}$ 表示 V 的固定值[②],则货币数量论的方程式可写为:

$$M \times \overline{V} = P \times Y$$

319

货币数量论: 根据恒等式 $M \times V \equiv P \times Y$ 以及货币流通速度(V)是不变的(或者说几乎是恒定的)假设的理论。

[①] 回想一下,GDP 不包括中间产品的交易(例如,出售给面包师用来做面包的面粉)或现有资产的交易(例如,一辆二手车的出售)。但是,如果在这些交易中使用货币,它们确实会影响一年中货币易手的次数。因此,GDP 在货币流通速度的计算中并不是交易的准确衡量方式。

[②] 原版中此处为"如果用 V 表示 V 的固定值",译者根据文意修改为"如果用 $\overline{V}$ 表示 V 的固定值"。

注意等号（＝）取代了恒等号（≡），因为此等式已经不再是恒等式了。如果货币流通速度为常数（且等于 $\overline{V}$）③，则等式成立，否则就不成立。如果该等式成立，它就为名义 GDP 提供了一种简单的解释。给定 M，可以将它看作是由美联储确定的政策变量，那么名义 GDP 就是 $M \times \overline{V}$。在这种情况下，货币政策的影响显而易见。M 的变化导致名义 GDP 相同比例的变化。例如，如果货币供给增加一倍，名义 GDP 也将增加一倍。如果货币供给保持不变，则名义 GDP 保持不变。

问题的关键在于货币流通速度是否真的是不变的。早期的经济学家们认为，货币流通速度在很大程度上取决于制度因素，例如人们获得收入的频率以及银行系统如何结算银行之间的交易。由于这些因素的变化比较缓慢，早期的经济学家们认为流通速度基本上是恒定的。

当货币市场达到均衡时，货币供给量等于货币需求量。这就意味着货币数量论方程式中的 M 既等于货币供给量也等于货币需求量。如果将货币数量论方程式视为货币需求方程，则表示货币需求取决于名义收入（GDP，或 $P \times Y$），而不是取决于利率。如果利率变化而名义收入不变，则等式表示货币需求不会变化。这与第 10 章中的货币需求理论相反，该理论认为货币需求取决于收入和利率。

对货币数量论的检验　检验货币数量论有效性的一种方法，是使用有关美国经济的最新数据来考察货币需求。关键的问题是，货币需求取决于利率吗？大多数实证研究认为答案是肯定的。当对货币需求方程进行估计（或"与数据拟合"）时，通常会发现利率是一个重要的因素。货币需求似乎并不仅仅取决于名义收入。

检验货币数量论的另一种方法，就是画出流通速度随时间变化的图像，然后观察其图像是如何变化的。图 17.1 是根据 1960 年第一季度至

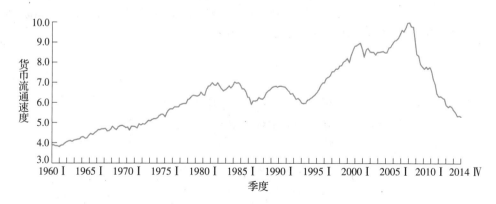

▲ **图 17.1　1960 I—2014 IV货币流通速度**

货币流通速度在 1960—2014 年间不是一直恒定的。存在着一个长期的趋势——流通速度在不断的上升，在近期有下降趋势。

---

③　原版中此处为"且等于 V"，译者根据文意修改为 $\overline{V}$。

2014 年第四季度的货币流通速度绘制的。数据显示流通速度并非恒定不变。在 2007 年之前都保持上升趋势，而且该趋势波动幅度很大。比如，1980 年第三季度流通速度为 6.4，到 1981 年第三季度上升到 7.0，1983 年第三季度降到 6.6，1984 年第三季度上升到 7.0，1986 年第四季度又降到 5.9。某一时点上小数点后一位的变化看似微不足道，但它们的影响实际上是相当大的。比如，1986 年第四季度的货币供给量是 8 000 亿美元。如果在这个货币供给量上流通速度变化 0.3，并且实际货币供给量不变，则名义 GDP（$P \times Y$）的变化为 2 400 亿美元（$0.3 \times 8\,000$ 亿美元），这个金额大约是 1986 年 GDP 水平的 5%。自 2008 年起流通速度变化都非常大。从 2008 年第一季度的 9.8 降到 2014 年第四季度的 5.3！

　　比起我们目前的讨论，不同货币主义理论之间的争议显得更为微妙。首先，货币供给量的定义就有很多种。图 17.1 中使用的货币供给变量是 M1，但是还可能存在其他一些货币供给量的指标，它们会使所描绘的图形更加平滑。比如，货币市场账户在 20 世纪 70 年代晚期出现，很多人便把资金从他们原来的活期存款账户转移到货币市场账户上来。这个操作并不会导致 GDP 增加，但 M1 下降了，货币流通速度——即 GDP 跟 M1 的比值，必定会增大。假设我们通过 M2（活期存款账户和货币市场账户金额之和）来计算货币供给量，活期存款账户减少产生的效果会跟货币市场账户增加产生的效果相互抵消，最终 M2 保持不变。如果 GDP 和 M2 都不变，货币流通速度也将保持不变。货币流通速度是否保持不变，一定程度上取决于我们如何计算货币供给量。

　　其次，货币供给量的变化与其对名义 GDP 的影响之间可能会有时间滞后。假设今天的货币供给量上涨了 10%，但需要 1 年时间才能让名义 GDP 提高 10%。如果我们以今日货币供给量和今日 GDP 的比值来衡量其流通速度，则结果看起来似乎是流通速度下降了 10%。然而，如果我们以今日货币供给和 1 年后 GDP 的比值来衡量，即当货币供给量增加对收入产生完全的影响时，流通速度将会保持不变。

　　货币数量论的争论主要是一种实证研究上的争论。通过观察实际生活中事实是否与理论预测一致，我们可以来解决这个争论。是否存在一个货币供给的衡量标准，和一种表示货币供给变化与其对名义 GDP 影响之间时滞的标准，能让 V 实际上保持不变？如果有的话，货币主义理论则可以帮助理解宏观经济运行机制，还有货币供给量变化如何导致名义 GDP 成比例提高。如果没有，那么其他理论可能会更为合适。（我们将会在本章末讨论其他理论的验证。）

321

17.2.3 凯恩斯主义 / 货币主义争论

　　凯恩斯主义和货币主义之间的争论也许是 20 世纪 60 年代宏观经济学的中心矛盾。货币主义主要代表是芝加哥大学的米尔顿·弗里德曼。绝大部分的货币主义论者，包括弗里德曼，将经济不稳定性主要归咎于美联储。他们认为，如果美联储没有如此快速地增加货币供给量，美国时不时经历的高通胀是可以避免的。货币主义论者对美联储调控经济的能力——即经济形势不好时增加货币供给量，经济发展良好时减少货币供给量，产生怀疑。关于这种调控能力的一个常见论点就是我们在第 14 章讨论的：时滞可能对经济的刺激和紧缩产生反作用。

弗里德曼则主张稳定且缓慢的货币供给增加政策，具体来说，就是货币供给量应当以等于实际产出（收入）（Y）的平均增长率的速度增长。这也就是说，美联储应该实行适应于实际增长而非通货膨胀的一贯政策。

另一方面，很多凯恩斯主义者，主张货币政策和财政政策工具应配合着使用，减少经济不稳定性，从而来应对通胀和失业。然而，并非所有凯恩斯主义者都认为联邦政府应该采取激进措施。一些凯恩斯主义者不认同货币主义的观点，即货币供给量变化仅会影响价格水平，他们支持货币政策和财政政策两者都能产生效果的观点。而且同时，他们认为对政府来说，应该实施的最好的政策就是无为而治。

经历过 20 世纪 70 年代的经济情况之后，现在大部分经济学家同意，货币政策和财政政策两者都无法达到精确校正。货币政策和财政政策扩张或收缩能够对经济进行"微调"的观念不复存在。不过，很多人仍然认为 20 世纪 70 年代的经历表明，稳定性政策有助于预防发生更严重的经济灾难。他们争辩道，如果政府在 1975 年和 1982 年没有实施减少税收和增加货币政策，那些年的经济衰退形势也许会更为严重。他们还认为，如果政府没有坚持实施货币紧缩政策来制止 1974—1975 和 1979—1981 年间的通货膨胀，那么通胀情况可能也会严重得多。

在我们如今称为"新古典宏观经济学"出现前夕，凯恩斯主义和货币主义之间的争论慢慢平息。然而，在我们继续深入讲这个之前，我们可以先来看宏观经济学史上一个微小但有趣的"脚注"——供给学派经济学，这对我们下面的学习将会很有帮助。

17.3 供给学派经济学

17.3 学习目标
解释供给学派经济学的基本观点。

从我们对商品市场均衡的讨论中，从第 8 章的简单乘数开始，一直到第 12 章，我们研究的问题主要集中在需求方面。供给会随着总支出的变化而上升下降，而总支出又是与总需求紧密相关的。财政政策通过税收政策和政府支出来影响总支出，从而发挥作用。而货币政策通过提高或降低利率来影响投资和消费，从而发挥作用。我们一直在讨论的理论都是"以需求为导向"的。供给学派经济学，顾名思义，中心在于供给。

在 20 世纪 70 年代末和 80 年代初的经济中，供给学派的论点非常简单。他们认为，真正的问题并不是需求，而是高税率和严法规所导致的工作、储蓄和投资等方面的动力下降。我们所需要的并不是刺激需求，而是提高动力从而刺激供给。

他们继续争论道，如果我们减税，这样人们拿到手的工资多了，他们就会更努力工作，有更多储蓄。如果企业自己能够保留的利润多了，能够避免政府管制，那它们便会提供更多商品和服务，这同时也能减少通胀和失业。

在最极端的情况下，供给学派认为供给政策产生的刺激效果可能非常大，税率的大幅调低实际上可能反而增加了税收收入。虽然税率降低了，但是工作和创收的人口增加了，厂商也能获得更多利润，因此税收基数（利润、销售和收入）增加产生的影响可能会大于税率降低产生的影响，从而提高政府税收收入。

17.3.1 拉弗曲线

图 17.2 是供给学派经济学中的一个主要图形。竖轴表示税率，横轴表示税收收入。这条曲线背后的假设是，当税率超过某个点后，税率继续增加，对供给产生的影响大到足够导致税收收入减少。显然在 0—100% 间存在某一税率水平，在该税率水平上，税收收入达到最大。当税率为 0 时，就业率很高，但是政府没有税收收入。在税率为 100% 时，可以推测劳动供给将为 0，因为人们无法保留其任何工作收入。在 0—100% 之间肯定存在某个税率水平，能让税收收入达到最大。

20 世纪 80 年代，人们围绕着税率变化让美国经济处于图 17.2 中曲线的上方还是下方的问题展开了争论。供给学派声称，美国处于 A 点附近，应该降低税率。其他学派则认为，美国位于 B 点附近，税率降低会导致税收收入减少。

图 17.2 中的图形，被称为**拉弗曲线**（Laffer curve），以经济学家亚瑟·拉弗（Arthur Laffer）命名。据说，拉弗第一次画下这条曲线，是在一个鸡尾酒派对上把这条曲线画在餐巾纸背面。拉弗曲线对 1981 年美国《经济复兴税法案》（Economic Recovery Tax Act）的通过有一定的影响。这一法案是由里根政府推行的一揽子税收方案，包括大幅降低个人所得税和营业税。个人所得税税率在 3 年中削减达 25%。公司税税率

拉弗曲线： 纵轴表示税率，横轴表示税收收入，拉弗曲线表明，存在某一税率值，当税率超过这个值时，供给的反应足够大，税率的提高导致税收收入的减少。

◀ **图 17.2 拉弗曲线**

拉弗曲线表明，政府的税收收入是税率的函数。当税率较高时，税率的提高能导致税收收入减少。类似地，在同样的情况下，税率的降低可以产生足够的额外经济活动使得税收收入增加。

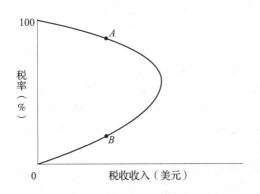

也急剧下降，以此来刺激资本投资。新法案允许厂商为了税收对其资本进行加速折旧，而且较大的扣除额导致税收远远低于以往水平。

17.3.2 评价供给学派经济学

供给学派经济学的支持者宣称，里根的税收政策在刺激经济方面还是很成功的。他们指出，几乎是1981年减税政策刚刚实施之后，经济就开始扩张，1980—1982年间的经济衰退接近尾声。另外，通货膨胀率也从1980和1981年间的高位迅速下降。尽管税率降低，但美国联邦政府收入在20世纪80年代持续上涨，只有一年例外。

供给学派经济学的批评者对这些事实并无争议，但他们对经济复苏却提出了另一种解释。里根减税政策实施的时候，正好是自大萧条后美国经济最不景气的时候。1982年第四季度美国失业率高达10.7%。批评者争辩道，通货膨胀率下降的原因是经济衰退的结果，而非供给政策的作用。供给学派经济学的批评者还认为，减税不可能大幅增加劳动供给。另外，从理论上说，减税甚至会引起劳动供给的减少。回顾我们在第15章中关于收入效应和替代效应的讨论。尽管税后工资的提高确实能提高人们每小时工作的报酬，从而提高人们工作的积极性，但减税也意味着家庭在一定工作时间内获得的收入也增加了。因为他们可以工作更少的时间来赚取相同数额的钱，所以家庭可能会选择减少工作时间。他们可能将增加的收入用在闲暇上。20世纪80年代的相关研究表明，减税看似在某种程度上促进了劳动供给，但这种促进作用非常有限。

那么经济从衰退中逐渐复苏又该如何解释呢？为什么从1982年年末美国的实际产出开始快速增长，恰恰就是在供给方面的减税发生作用之时呢？对此有人提出了两个理由。第一，供给方面的减税政策对需求有很大的影响作用，刺激了经济。第二，在减税政策开始发挥作用的同时，联邦政府增加货币供给量，并降低利率。1981—1983年间，货币供给增加了大概20%，利率降低。1981年第三季度，美国3个月期短期国库券平均利率为15%。到1983年第一季度，该利率降到8.1%。

当然，传统理论认为，大幅减税会导致可支配收入的增加，从而带来消费支出（总支出的组成部分）的增加。另外，尽管计划投资的增加（因为利率降低）会引起长期生产能力的提高和长期供给的增加，这也提高了短期内对资本品（新的厂房和设备投资）的支出。

无论1981—1982年经济衰退之后的复苏是因为供给增加，还是因为供给政策的实施刺激了需求，有一件事是清楚的：供给学派的极端愿景并没有成为现实。里根总统认为，因为拉弗曲线描述的效果，政府可能会保持支出（甚至大幅提高国防支出），降低税率，并平衡预算。但事实并非如此。政府收入大幅下降，远低于以往未实施减税政策时的税收水平。1982年后，美国联邦政府财政赤字非常大，1983—1992年间国家债务大概增加了2万亿美元。

17.4 新古典宏观经济学

17.4 学习目标
讨论实际经济周期理论和新凯恩斯主义经济学。

对凯恩斯主义和相关理论造成挑战的是另一学派，该学派有时被称为新古典宏观经济学。[④] 类似于货币主义和凯恩斯主义，这个术语定义也很模糊。没有两个新古典宏观经济学家想法完全一致，也找不到一个能完全代表该学派的模型。然而，接下来的讨论会告诉我们新古典宏观经济学的主流观点。

17.4.1 新古典宏观经济学的发展

在前面的章节我们强调了家庭和厂商对未来预期的重要性。厂商决定是否新建一个工厂，主要取决于其对未来销售量的预期。人们今日的储蓄额取决于他们对未来利率、工资和价格水平的预期。

凯恩斯本人曾经认识到，预期（以"动物精神"的形式体现）对其经济行为有很重要作用。但是，这些预期是如何形成的呢？如今，宏观经济学中的很多争论都是由这个问题引出的。

传统理论模型假设，预期的形成方式很简单。比如，一个常见的假设是：人们通过假设当下通胀会持续下去，从而得出他们对未来通胀的预期。若结果是错误的，他们便根据初始预测跟实际通货膨胀率间差异的一部分，来调整他们的预期。假设你预计明年通货膨胀率为4%，到明年实际通货膨胀率为2%，那么你的预期误差便为2个百分点。然后，你可能就会预测下一年的通货膨胀率为3%，即为你初始预期（4%）和去年实际通货膨胀率（2%）的中间值。

这种对预期的稍微机械处理的问题在于，它跟宏观经济学中个人行为利益最大化的假设并不相符。预期的这种"简单"属性也表明，人们总是习惯性忽视能够帮助他们做出更好预期的信息，即使预期错误会有成本。理论上认为，想要获得利益最大化的消费者和厂商，应该寻求更聪明的方式来得出他们的预期。他们应该积极地关注相关信息，从而预测未来趋势，而不是简单地以为未来会像过去或现在一样。如何运用这种更明智预期的观点，是新宏观经济学的核心所在。

324

17.4.2 理性预期

最早假定一个更复杂的预期形成模型的理论之一是**理性预期假设**（rational expectations hypothesis）。

理性预期假设： 假设人们了解经济运行的"真实模型"，并运用这个模型来形成他们对未来的预期。

如果我们考虑通货膨胀，其实宏观经济学家们关于预期的争论一直存在着。在很多背景下，比如说要订立贷款合同，决策制定者需要先预测通货膨胀率。当我们说决策制定者在预测时运用了理性预期理论，我

---

④　使用新古典这一术语，是因为这些经济学家的许多假设和结论都与古典经济学家们（即在凯恩斯之前的经济学家们）的假设和结论相似。

们的假设是什么？理性预期理论家们假设，人们知道产生通胀的"真实模型"，即他们知道经济中通胀是由什么因素决定，然后他们用这个模型去预测未来通胀率。那么，针对很多影响通胀率的因素都是随机、不可预测的这个现实，我们又该如何做？即使决策制定者对整个经济体系的模型都有所了解，他们有时也可能因为这些随机因素而犯错。人们能做到的最佳水平就是确保模型从平均水平看是正确的，即当随机事件发生时，通胀率被低估和高估的概率是相等的。这就是理性预期理论中用到的运行模型。

很多宏观经济学家认为，假设决策制定者在做预测前就知道经济的完整模型，这是不现实的。理性预期略微狭义的定义是，假设决策制定者在做出预期时已经使用了他们"所有可获得的信息"。当决策者掌握了正确的完整模型时，这个定义才成立，但是没有完整模型时，这一定义对于"所有可获得的信息"的含义不是十分清楚。

宏观经济学家们围绕预期的一个主要争论是决策制定的成本。如果建立正确的预期和收集相关数据成本高昂，那么假设人们依靠经验来预测未来通胀或经济增长就更为合理。如果人们无需任何成本便能获取相关信息，并假设预测失误都有代价，那么人们未运用他们能获取的所有信息这种行为就是不合理的。

理性预期和市场出清　　人们对于政府在宏观经济中所扮演的角色有何想法，理性预期假设对此有很重要的意义。如果厂商有理性预期，而且它们设定的价格和工资水平都是基于此，那么一般来说，最终设定的价格和工资水平是能够确保商品和劳动力市场的均衡状态。当厂商有理性预期时，它便知道自己产出的需求曲线及其面对的劳动供给曲线，除非随机事件干扰了那些曲线。因此，通常来说，厂商会设定市场出清价格和工资水平。厂商知道真实模型，便会将工资设定在能够吸引它们想要的雇员数量的水平上。如果所有的厂商都是这样操作，工资水平便会处于一个平衡点，在该水平上劳动的供给总量和需求总量相等。换句话说，就是一般能实现充分就业。

在第 13 章中，我们认为，如果厂商因为预期错误而导致它们工资设定出错，那么劳动力市场就有可能会出现失衡（表现为失业，或者对于工人的超额需求）。一般来说，如果厂商不犯错，那么就会出现一个均衡状态。当预期是理性的，非均衡状态仅会在有随机不可预测事件发生时暂时出现，很明显这个结论很重要。如果这是真的，便意味着任何市场的非均衡状态都是暂时的，因为厂商通常设定的是市场出清工资和价格水平。

理性预期假设从根本上改变了我们对经济的看法。我们生活的世界已经发生了转变。之前的世界，失业可以存在很长一段时间，乘数机制也能发挥作用。如今的世界，所有市场都出清，并且充分就业。在这个世界，政府不需要实施稳定性政策。失业已不再是政府需要担忧的问

实践中的经济学

预期是如何形成的?

目前,宏观经济学家和政策制定者之间的一个争论是,人们对于未来经济形势的预期是如何形成的。其中,让人特别感兴趣的是通胀预期如何形成。经济中通胀传播的可能途径是,如果个人预期会发生通货膨胀,基于这些预期他们会要求提高工资,反过来导致通货膨胀率的提高。2010 年,许多经济学家开始担忧,因为巨额的联邦政府赤字,美国民众的通胀预期在未来几年会不断增加。

实际上,预期是如何形成的呢?预期是否如一些宏观经济学家认为的那样是理性的,能够反映正确的经济运行机制?或者,它们是否以一种更为简单、机械的方式形成?[1] 来自英格兰银行的罗尼·德里弗(Ronnie Driver)和里查德·温德拉姆(Richard Windram)发表了一篇研究论文,对解决这个问题提供了一些方向。自 1999 年开始,英格兰银行便开展一项调查,每年 4 次,对象是 2 000 名英国消费者,调查他们对于未来通胀和利率的看法。调查表明,消费者对未来通胀的预期倾向于他们对过去通胀的感知。同时,消费者在过去通货膨胀率与过去政府造成的实际通胀等方面的感知会有所差异。换句话说,相比于政府公布的实际数据,消费者个人经

验对他们做决定时的影响会更大,他们对未来的预期是在他们过去的经验基础上得出。很多时候,消费者对未来的预期都是基于他们对过去的感知方式。在影响消费者对通胀的感知方面,有两个因素是比较重要的,即天然气价格和媒体对价格上涨的关注度。所有这些表明,至少对于所调查的英国消费者来说,通胀预期的形成过程并没有像一些经济理论学者所认为的那么复杂。这个研究还表明,天然气价格的上涨和媒体对通胀关注度的增加一定程度上会导致通胀预期的增加。

思考

1. 你认为,为什么消费者在形成预期时会对天然气价格如此敏感?

[1] "Public Attitude Towards Inflation and Interest Rates," Quarterly Bulletin, Bank of England, Q2, 2007.

题,如果存在失业,也是因为不可预测的冲击所造成的,这些冲击平均起来结果为零。这就像政府没有理由去改变香蕉市场的均衡结果一样,政府也没有理由去尝试改变劳动力市场的均衡结果。平均而言,价格和工资都是处于市场出清水平。

卢卡斯供给函数 对理性预期模型的一个批评在于,该模型似乎需

要家庭和厂商决策制定者之间达成一致才能成立。芝加哥大学的罗伯特·E. 卢卡斯（Robert E. Lucas）提出了关于预期设定的另一个新古典方法，一开始便承认信息收集存在的困难。

卢卡斯首先假定，家庭和厂商在生产方面都是专家，在消费方面都是普通人。如果你认识的某个人是个手工劳动者，那么很肯定她能够出售的东西只有一种，即劳动。如果她是个律师，那么她只能出售法律服务。反过来，人们定期都会买一大堆商品，范围从汽油到冰淇淋和脆饼干等。对厂商来说也是一样。大部分厂商倾向于集中生产小范围的产品，但它们通常会投入很多——原材料、劳动、能源和资本。根据卢卡斯，这种投入和产出之间的差异造成一种不平衡。相比于它们购买的各种东西的价格，它们对于自己出售产品的价格更为清楚。

厂商做决定时，它们既关心自己产品的出售价格，也关心一般价格水平。关于它们自己的产品，价格上涨时厂商很快就有所意识。但对于经济中一般价格水平的变动，它们的感知过程就要慢得多。每个周期的开始，一个厂商对于该周期内商品的一般平均价格都会有预期。如果实际价格水平跟预期不同，那么就会存在一个价格意外。假设平均价格水平高于预期。因为厂商对于实际价格水平的感知相对较慢，一段时间后厂商才会意识到各种价格都上升了。如果厂商感知不正确，结果就是它们自己产品的价格相对于其他价格上涨了，然后这个认知导致它们加大生产。

对于工人们而言，类似的情况也存在。当有正价格意外时，工人们首先会认为他们的"价格"，即其工资水平，相对于其他价格上涨了。工人们会认为他们的实际工资水平提升了。根据理论，我们知道实际工资的增加有可能鼓励工人工作更长的时间。[5] 而实际上，实际工资并未提高，但工人们需要一段时间才能意识到这个事实。同时，他们的工作时间比原来长了。这种增加意味着，当价格高于预期水平时，经济产出会有所提高。

卢卡斯供给函数： 该函数表明，实际产出（Y）取决于实际价格水平和预期价格水平之间的差额。

这个简单的预期形成模型，就是所谓的**卢卡斯供给函数**（Lucas supply function）。我们可以看出，这会得出一个出人意料的政策结论。该函数表面上很简单。它表明，实际产出（Y）取决于（是后者的函数）实际价格水平（P）与预期价格水平（P^e）之间的差额：

$$Y = f(P - P^e)$$

价格意外： 实际价格水平减去预期价格水平。

实际价格水平减去预期价格水平（$P - P^e$）就是**价格意外**（price surprise）。

简而言之，卢卡斯供给函数告诉我们，意料外的价格上涨对工人和厂商有欺骗性，让他们认为相对价格都已发生了变化，从而导致他们改变其提供的劳动量或是他们想要的商品供给量。

---

[5]　如果我们假设替代效应超过了收入效应，情况就是此（见第 15 章）。

卢卡斯供给函数的政策意义　卢卡斯供给函数加上理性预期假设表明，预期政策变化对实际产出并无影响。只有意料外的政策变化才会产生影响，而且这种影响是暂时的。

想想货币政策的变化。一般来说，这种变化会对平均价格水平产生影响。如果政策变化是向公众公布的，人们就会知道其对价格水平的影响，因为他们已经有理性预期了（也知道货币政策变化如何影响价格水平）。这意味着货币政策变化对实际价格水平和预期价格水平的影响方式相同。新的价格水平减去新的预期价格水平等于 0，即无价格意外。在这种情况下，实际产出不会有变化，因为卢卡斯供给函数表明，只有在有价格意外的时候，实际产出才会发生变化，脱离其固定水平。

一般结论是，任何政策变化——无论是财政政策还是其他政策——对实际产出都无影响，因为政策变化对实际价格水平和预期价格水平的影响方式相同。如果人们有理性预期，已知的政策变化不会产生价格意外，实际产出也不会有提高。政府政策变化对实际产出能产生影响的唯一方式就是该变化是背后操作的，大部分人并不知道。政府政策只有在出乎人们意料时才会影响实际产出，不然就不会产生影响。理性预期理论和卢卡斯供给函数认为，政府政策对经济产生的影响很小。

17.4.3 实际经济周期理论和新凯恩斯主义经济学

卢卡斯之后的研究主要是关于价格和工资完全弹性（市场出清）以及理性预期假设能否解释经济周期的存在。该研究就是所谓的**实际经济周期理论**（real business cycle theory）。正如我们在第 11 章所讨论的，如果价格和工资是完全弹性的，那么 AS 曲线即使在短期内也是竖直的。如果 AS 曲线是竖直的，那么让 AD 曲线发生移动的事件或现象（比如政府支出和税收变化）对实际产出无影响。实际产出并不随着时间波动，所以问题在于，如果这些波动的产生并不是因为政策变化或其他能让 AD 曲线移动的意外事件，那么又该如何解释。解决这个难题就是实际经济周期理论的主要任务之一。

显然，如果 AD 曲线的移动无法解释实际产出的波动（因为 AS 曲线是竖直的），那么 AS 曲线的移动必定是原因。然而，我们的任务是提出令人信服的解释来说明曲线移动背后的原因，以及为什么它们会持续几个时期。当涉及劳动力市场时，这个问题就特别困难。如果价格和工资是完全弹性的，那么除了摩擦性失业外，不会存在其他任何形式的失业。比如，根据数据统计，美国失业率在 2000 年是 4.0%，在 2009 年是 9.3%，那么问题就是要解释为什么 2009 年选择不工作的人数比 2000 年多那么多。

早期实际经济周期理论学者强调对生产技术的冲击。假设在特定的某个年份有个负面冲击，导致劳动的边际产出下降。这会导致实际

327

实际经济周期理论：
实际经济周期理论试图在价格和工资具有完全弹性以及理性预期的假设下解释经济周期波动。它强调对技术的冲击或其他冲击。

工资的下降，从而导致劳动供给量的减少。因为负面技术冲击造成工作报酬降低，因而人们选择减少工作。当有正面冲击时，情况正好相反。劳动边际产出增加，那么实际工资就会上升，从而人们也会选择延长工作。这个研究并没有像某些人希望的那样成功，因为它似乎需要冲击非常大，大到不切实际，才能来解释劳动供给随时间的可见变动。

新凯恩斯主义经济学：
在这个学派中，各种模型是基于理性预期以及价格和工资黏性的假设发展而来的。

所谓的**新凯恩斯主义经济学**（new Keynesian economics）保留理性预期假设，但摒弃了价格和工资完全弹性的假设。价格和工资被假设为是黏性的。菜单成本的存在通常被作为黏性价格假设的合理解释。厂商改变价格的成本可能是高昂的，这导致厂商无法有完全弹性的价格。黏性价格已在第 13 章讨论，其中提到一些关于为什么工资可能是黏性的论点，它们可能跟新凯恩斯主义模型相关。关于这些模型的一个主要问题就是任何合理解释都需要跟"模型中所有涉及方均有合理预期"保持一致。

目前，广义的新凯恩斯主义宏观经济学的研究范围非常广泛。有很多模型，经常称为动态随机一般均衡（DSGE）模型。这些模型的性质各异，但因为价格和工资黏性假设，它们大部分都具备一个特点，即货币政策能够影响实际产出。在这些模型中，政府通常都有一定的影响。

17.4.4 评价理性预期假设

几乎新古典宏观经济学中的所有模型——卢卡斯模型、实际经济周期模型和新凯恩斯主义模型，都是假设理性预期。因此，关于这些模型的现实性如何的一个主要问题是，理性预期假设的现实性如何。如果这个假设接近于预期实际形成的方式，那么它反驳了任何认为预期失误一定程度会造成非均衡状态的理论。从微观经济理论的角度看，支持理性预期假设的观点听起来都非常有说服力。当预期是非理性的，有可能存在未被利用的盈利机会，大部分经济学家认为这种机会是非常罕见的，存在时间也很短。

反对的理性预期观点认为，它需要家庭和厂商都知道相当多的信息。这种观点认为，这些基本决策者要做出理性预期，需要知道非常多信息，而他们能够获得如此多信息，显然并不现实。人们必须知道正确模型（或者至少是对正确模型的良好近似）才能做出理性预期，而这显然太难了。即使厂商和家庭都能够学习正确模型，但是付出的时间和收集相关信息的成本也很高。学习正确模型（或者正确模型的良好近似）所带来的收益也许并不值得付出这么多成本。从这个意义上讲，可能还是会有未利用的盈利机会存在。从预期改善产生的收益来看，信息收集和经济模型学习可能还是成本太高了。

尽管理性预期假设看似和微观经济学中提出的效用最大化和利润

最大化原理是一致的，理性预期假设相对而言更加极端和苛求，因为它要求家庭和厂商知道更多的信息。考虑一个追求利润最大化的厂商。不管以什么方式，它都会对未来相关变量产生预期，然后基于这些预期得出可以让厂商利润最大化的最佳行为。在这一系列预期的基础上，实现利润最大化可能并不会太困难。困难的是如何在最开始就得出准确的预期。这需要厂商对整体经济的了解更深，因此理性预期假设并不是很现实。理论认为，厂商跟我们其他人一样，在一个难以理解的世界中摸索着，努力做到最好，但它们并不总是足够理解以避免错误。

在最后的分析中，谈到的问题是实证的。理性预期假设是否经得住实证检验？这个问题并不好回答。目前大量的研究工作正在试图解答这个问题。尽管本书第 397 页"实践中的经济学"中讨论的结果并不支持理性预期假设，最终结论尚未得出。

17.5 检验其他宏观经济模型

17.5 学习目标
讨论为什么很难去检验其他宏观经济理论。

你可能想知道为什么宏观经济学中有那么多的分歧。为什么宏观经济学家们不能互相验证他们的模型，然后看看哪个模型最好？

其中一个问题是，各宏观经济学模型方法各异，而这些方法又很难标准化。如果某一模型把价格水平固定，或是并没有在模型内对此做出解释，而另一模型不这样做，那么假设固定价格水平的模型可能在预测产出方面表现更好，这不是因为该模型更好，而仅仅因为价格预测时的失误并不能影响产出预测。或者可以说，假定价格水平固定的模型有领先优势。

在验证理性预期假设过程中，又出现了另一问题。记住，如果人们有理性预期，他们其实要运用真实模型来得出他们的预期。因此，想验证这个假设，我们需要一个真实模型。我们没有办法确定任何被认为是真实的模型，实际上就是真实模型。因此，关于理性预期假设的任何验证都是一个联合验证：（1）人们做出的预期都是理性的；（2）使用的模型是真实的。如果验证结果反驳了这个假设，那可能是因为这个模型是错误的，而非预期是不合理的。

宏观经济学中的另一个问题是人们能获取到的数据非常有限。很多实证研究用到的数据大概是从 1950 年开始的，到 2014 年大概是有 65 年（260 个季度）的数据。尽管这看起来数据似乎量很大，然而并不是这样的。宏观经济学数据相当"平缓"，这意味着从季度到季度或从年到年，一个典型的变量并不会有太多改变。比如，在这 65 年间经济周期的数量非常少，大概是 8 个。在 8 个经济周期内验证不同的宏观经济学假设其实并不容易，而且任何结论都必须谨慎解读。

为了给出少量观察问题的一个例子，尝试去验证"进口价格会影响国内价格"的假设。20 世纪 50 年代到 60 年代期间，进口价格变动非常小。因此，要想在 20 世纪 60 年代末估计进口价格对国内价格的影响是非常困难的。如果进口价格没有变化，那么我们也就无法阐明进口价格如何导致国内价格的变动。到 20 世纪 70 年代末，情况发生了变化，因为到那时，进口已经发生了很大的变化。到 20 世纪 70 年代末，人们对进口价格产生的影响已经有了非常好的估计，但在此之前并没有。在实证宏观经济学中，此类问题总是一次又一次出现。在很多情况下，并没有观察到足够多的现象来解释这些，因此还是有很大的可能性会存在着分歧。

我们在第 1 章已经说过，经济学中开展控制变量实验是非常困难的。大部分情况下，经济学家都只是依赖于历史数据。如果我们能够开展实验，我们就很有可能在更短的时间内对经济了解更深。也就是说，我们必须等。宏观经济学中当前分歧的范围应该及时地大幅缩小。

总结

17.1 凯恩斯主义经济学　页 388

1. 广义上，凯恩斯主义经济学是现代宏观经济学的基础。狭义上，凯恩斯主义者指的是主张政府应积极干预经济的经济学家们。

17.2 货币主义　页 388

2. 经济学中货币主义非常强调货币流通速度，货币流通速度是指在一年内，一张钞票平均易手的次数。货币流通速度等于名义 GDP 和货币存量的比值。或者 $V \equiv GDP/M \equiv (P \times Y)/M$。转换一下，即 $M \times V = P \times Y$。

3. 货币数量论假设流通速度是恒定的（或者接近恒定）。这意味着货币供给量变化将会导致名义 GDP 发生相同百分比的变化。货币数量论方程式是 $M \times \bar{V} = P \times Y$。这个方程说明货币需求量并不取决于利率。

4. 绝大多数货币主义论者将经济的不稳定性归咎于中央政府，而且怀疑政府对宏观经济的调控能力。他们认为，货币供给量的增长率应该等于实际产出（收入）（Y）的平均增长率，即中央政府应该扩大货币供给量来适应实际产出，而不是扩大通胀。

17.3 供给学派经济学　页 392

5. 供给学派经济学侧重于提供各种动力以刺激经济。供给学派经济学家认为，如果我们降低税收，工人会更努力地工作，储存更多的钱，厂商也会提高投资和生产。在最极端的情况下，供给学派认为激励效应是非常大的，税率大幅降低实际上反而会增加税收收入。

6. 拉弗曲线表示税率和税收之间的关系。供给学派经济学家们使用该曲线来支撑他们的观点，认为降低税率有可能增加税收。然而在里根政府时期，情况似乎并非如此。20 世纪 80 年代，当税率降低时，税收也大幅减少，联邦政府债务大幅增加。

17.4 新古典宏观经济学　页 395

7. 新古典宏观经济学使用理性预期假设。理性预期假设认为，人们对能够产生各经济变量的真实模型有所了解。比如，理性预期认为，人们知道经济中通胀是如何决定的，然后运用这一模型去预测未来的通货膨胀率。

8. 卢卡斯供给函数认为，实际产出（Y）取决于实际价格水平减去预期价格水平，或者说是价格意外。该函数与理性预期假设结合，表明预期政策变化对实际产出没有影响。

9. 实际经济周期理论试图在价格和工资具有完全弹性以及理性预期假设下解释经济周期的波动性。它强调对技术的冲击或其他冲击。

10. 新凯恩斯主义经济学放松了价格和工资完全弹性的假设。在这些模型中，政府政策通常具有一定的作用。

17.5 检验其他宏观经济模型　页 401

11. 哪个宏观经济模型是最好的？对于这个问题，经济学家们观点不一，主要有几个原因：（1）宏观经济学模型方法各异，而这些方法很难标准化；（2）验证理性预期假设时，唯一正确的观点是：我们从来无法确定哪个模型才是真实的；（3）可获得的数据量其实是相当小的。

术语和概念回顾

拉弗曲线，页 393
卢卡斯供给函数，页 398
新凯恩斯主义经济学，页 400
价格意外，页 398

货币数量论，页 389
理性预期假设，页 395
实际经济周期理论，页 399
货币流通速度，页 388

方程式：

$$V \equiv \frac{GDP}{M}，页 389$$

$$M \times V \equiv P \times Y，页 389$$

$$M \times \overline{V} = P \times Y，页 389$$

习题

17.1 凯恩斯主义经济学

学习目标： 总结凯恩斯主义经济学。

1.1 使用总供给和总需求曲线来说明，当经济未能满负荷运转，美联储以增加货币供给来调节时，凯恩斯主义经济理论对大幅减税的可能影响的预测。解释实际 GDP 水平和价格水平将会受到什么影响。

17.2 货币主义

学习目标： 解释货币数量论。

2.1 下表给出的是 2014 年五个国家货币供给量 M2 的预估增长率和实际 GDP 的增长率。

	货币供给量（M2）增长率	实际 GDP 增长率
澳大利亚	+7.4%	+2.5%
英国	−2.5%	+2.6%
阿根廷	+29.8%	+0.5%
日本	+3.0%	−0.1%
美国	+5.2%	+2.4%

a. 如果你是货币主义论者，对于这五个国家的通货膨胀率你会如何预测？

b. 如果你是凯恩斯主义论者，主张中央银行应积极干预，同样这些数据你又会怎样解读？

2.2 在下面这些情况中，你是个货币主义论者：货币供给量是 1 百万美元，货币流通速度是 4。名义收入是多少？实际收入又是多少？如果货币供给量翻倍，名义收入会如何变化？实际收入又会如何变化？

2.3 下面是小岛国可可洛可 2015 年的相关数据：货币供给量 =8 亿美元；价格水平 =3.2；货币流通速度 =3。运用货币数量论来回答下列问题：

　　a. 2015 年实际产出（收入）值是多少？

　　b. 2015 年名义 GDP 值是多少？

　　c. 如果实际产出翻倍，货币供给需要做出怎样的变动？

　　d. 如果流通速度恒定，可可洛可在 2015 年经历了一场经济衰退，那么宽松的货币政策会对名义 GDP 产生什么影响？

　　e. 如果可可洛可的 GDP 年增长率为 12%，2016 年货币供给需要改变多少？

331

2.4 在"下维库纳国"，货币流通速度是相当固定的，而在"上维库纳国"货币流通速度波动很大。在哪个国家，货币数量论能更好地解释名义 GDP 的变动？解释你的答案。

17.3 供给学派经济学

学习目标： 解释供给学派经济学的基本观点。

3.1 2000 年，据说一个著名的经济学家说过，"供给学派经济学的问题在于，当你减税时，供给和需求两者都会有影响，而且你无法将这两种影响分开"。解释一下这个观点。请使用 1997 年的减税政策或 1981 年里根的减税政策作为例子，进行具体分析。

3.2 1993 年 1 月比尔·克林顿上台时，他面临着两大经济问题：巨大的美国联邦政府财政赤字，还有 1990—1991 年衰退后经济复苏

缓慢导致的高失业率。在其第一次国情咨文中，总统号召通过削减支出，大幅提高税收来减少赤字。提出的支出削减大多是在国防预算。第二天，美联储主席艾伦·格林斯潘（Alan Greenspan）表明支持总统的计划。克林顿初始计划中的很多条款，后面被整合进减少赤字法案，该法案于 1993 年通过。

　　a. 有些人当时说，如果没有美联储的支持，克林顿计划可能会是个大灾难。解释一下这个观点。

　　b. 供给学派经济学家和货币主义论者当时对这个计划及其获得的美联储的支持都非常担忧，哪些具体问题可能是供给学派经济学家和货币主义论者会担忧的？

　　c. 假如圣路易斯联邦储备银行雇请你对 1995—1996 年间发生的事件做报告。你会寻求哪些具体证据来阐明克林顿计划是否有效，或者说反对者对此表示怀疑是否是正确的。

3.3 在 1980 年总统竞选活动中，罗纳德·里根承诺减少税收，增加国防支出，平衡预算。1980 年新罕布什尔州初选时，乔治·H. W. 布什称这个政策为"巫术经济学"。当时两人在关于供给学派经济学的相对优势上争执不下。请解释一下他们之间的分歧。

3.4 在一个假想的经济中，个人所得税简单按一固定比例 t 征收。市场上工作机会很多，因此如果人们进入劳动力队伍，他们便能找到工作。我们将政府获得的税收总收入定义为：

$$T = t \times W \times L$$

在这里，t = 税率，W = 总工资率，L = 劳动供给总量。

新的净工资率为：$W_n = (1-t) W$

劳动供给弹性定义为：

$$\frac{L \text{ 变化的百分比}}{W_n \text{ 变化的百分比}} = \frac{\Delta L/L}{\Delta W_n/W_n}$$

假设 t 从 0.25 降到 0.20。如果想通过这种降低税率的方式来提高政府总税收，劳动供给的弹性必须是多少？（假定总工资不变。）你的答案如何体现供给学派的观点，即减税能提高税收？

17.4 新古典宏观经济学

学习目标： 讨论实际经济周期理论和新凯恩斯主义经济学。

4.1 [**与页 397"实践中的经济学"相关**] 假设你正在考虑毕业后住哪里。你发现在你新工作地点附近的公寓楼里有两间相似的房子，一间是出租，另一间是出售。假设这两间房子你的工资水平都能够承担，而且两间你都很喜欢。那么你是会买还是会租？你会如何做决定？你的预期会不会影响你做决定？你觉得这些预期是如何形成的？在住房市场，预期是以何种方式来影响人们的决定？

4.2 新古典经济学的基本原理就是预期是"理性的"。你认为，你们小区内独户住宅的价格在未来几年会有怎样的变化？你的预期是根据什么得出的？你的想法是否与理性预期概念一致？请解释一下。

4.3 在一个价格和工资具有合理弹性的经济中，就业也几乎总是充分的。解释为什么这个观点是正确的。

4.4 "博锐艾莱斯国"的经济可以用以下卢卡斯供给函数来表示：$Y = 750+50 (P-P^e)$。其当前价格水平是 1.45，预期价格水平是 1.70。

　　a. 如果通胀预期是正确的，实际产出的新水平会是多少？

　　b. 如果通胀预期是错误的，实际价格水平上涨到 1.80，实际产出的新水平会是多少？

　　c. 如果实际价格水平保持不变，实际产出的新水平会是多少？

　　d. 问题 a、b 和 c 中"价格意外"的值是多少？

4.5 如果家庭和厂商有理性预期，失业率是否有可能会超过自然失业率？请解释一下。

4.6 假定家庭和厂商有理性预期。解释一下以下各个事件将如何影响总产出和价格水平。

　　a. 美联储宣布将会上调法定准备金率。

　　b. 美国国会出人意料地通过一法案，立即降低税收。

　　c. 美联储宣布将增加货币供给量。

　　d. OPEC 在没有任何通知的情况下将石油产量提高 40%。

　　e. 政府通过之前未公布的赈灾支出法案，同意立即增加 4 000 亿美元赈灾资金。

17.5 检验其他宏观经济模型

学习目标： 讨论为什么很难去检验其他宏观经济理论。

5.1 以下数据是关于最近刚获得独立的小岛国"木槿国"的。

税率：自 2010 年获得独立后，对所有公民统一征收 10% 的税。

劳动供给：2010 年工人数量为 200，之后每年增长 3%。

通货膨胀率：自 2010 年后每年在 2%—3% 间波动。

失业率：自 2010 年后每年保持在 4.5%。

汇率：自 2010 年后，相对于主要货币的汇率，上下波动幅度均已超过 20%。

利率：自 2010 年后，已经从 2.5% 上升到 3.5%。

解释一下为什么在木槿国经济中，宏观经济学家会觉得很难检验以下假设：

a. 税率会影响劳动供给。

b. 通货膨胀率会影响失业率。

c. 汇率会影响利率。

第五部分

世界经济

第 18 章
国际贸易、比较优势和保护主义

在过去 44 年中，国际贸易对美国经济变得越来越重要。1970 年，进口仅占美国国内生产总值（GDP）的 5.2% 左右。而 2014 年的份额为 16.5%。我们在美国观察到的贸易增加同样反映在全世界范围内。从 1980 年到 2014 年，世界实际贸易增长了六倍多。这种趋势在新兴工业化的亚洲经济体中尤为迅速，许多发展中国家如马来西亚和越南等也在提高贸易开放度。

在私人和公共部门、投入和产出市场、厂商和家庭等方面，美国经济都出现了"国际化"或"全球化"的趋势。曾经不常见的外国产品，从餐具到汽车，现在随处可见。产品的产地也并不容易辨别。大多数人认为 iPhone（苹果手机）是美国的标志性产品，但它是在中国用来自韩国、德国、日本和美国这四个国家生产的部件组装而成的。大多数人认为本田是一家日本公司，但它从 1977 年开始就在俄亥俄州生产日本摩托车，当时在马里斯维尔有 64 名员工。该公司目前拥有数千名员工，他们在俄亥俄州、佐治亚州和北卡罗来纳州的 11 家制造厂组装本田汽车。

除了商品和服务（产出）很容易跨境流动，资本和劳动等投入品也很容易跨境流动。当然，从国外购买金融资产很容易。数百万美国人持有外国股票或投资于外国发行的债券。与此同时，数以百万计的外国人将资金投入美国股票和债券市场。

外包也正在改变全球劳动力市场的性质。现在，一个由俄勒冈州本德市的软件产品用户打给软件公司的客户服务电话被转接到印度的班加罗尔，在那里会有一个年轻的、有抱负的印度人通过互联网为客户提供服务。现在这是很简单又很普遍的事情。互联网从根本上为某些劳动力

332

畅通地跨越国界提供了可能。

为了让你更了解国际经济，本章讨论国际贸易方面的经济学。首先，我们描述了美国的进出口趋势。接下来，我们将探讨贸易的基本逻辑。为什么美国或其他任何国家和地区都在参与国际贸易？最后，我们将讨论有争议的保护主义问题。一个国家是否应该以进口配额或关税（对进口货物征收的税）的形式为某些行业提供保护？一个国家是否应该通过提供补贴的形式来帮助本国产业在国际市场上立足？

18.1 学习目标

贸易盈余和贸易赤字是如何定义的？

贸易盈余： 一个国家的出口大于进口。

贸易赤字： 一个国家的进口大于出口。

18.1 贸易盈余与赤字

直到 20 世纪 70 年代，美国的出口一般都大于进口。当一个国家的出口大于进口时，它就有**贸易盈余**（trade surplus）。当一个国家的进口大于出口时，它就陷入了**贸易赤字**（trade deficit）。20 世纪 70 年代中期，美国开始出现贸易赤字。2009 年，贸易赤字占 GDP 的 5.6%。自那以后，该比例有所下降，2014 年降至 3.1%。

美国巨额的贸易赤字激起了政治热议。价格较低的外国商品——包括钢铁、纺织品和汽车——为本地生产的替代商品制造了竞争，许多人认为，这导致了国内就业岗位的流失。近年来，软件开发外包给印度引发了白领工人的抱怨，再次反映出他们对就业岗位流失的担忧。

对与贸易有关的工作岗位流失的自然反应，是呼吁保护美国的工业。许多人希望总统和国会实施税收和进口限制，以减少外国商品的供给，提高进口商品的价格，保护美国的就业机会。这种争论并不新鲜。几百年来，工场主们一直请求政府提供保护，社会也一直在争论自由开放贸易的利弊。在过去的一个半世纪里，反对保护主义的主要论据一直是比较优势理论，我们在第 2 章中对此进行过讨论。

18.2 学习目标

解释国际贸易是如何从比较优势理论中产生的，以及是什么决定了贸易条件。

《谷物法》： 19 世纪初，英国议会为抑制谷物进口和鼓励谷物出口而制定的关税、补贴和限制。

18.2 贸易的经济基础：比较优势

也许最著名的关于自由贸易问题的争论发生在 19 世纪初期的英国议会。当时，土地贵族——即土地所有者们——控制着议会。多年来，谷物的进出口一直受制于关税、补贴和限制等，被统称为《谷物法》。通过限制进口和鼓励出口，《谷物法》的目的是维持食品的昂贵价格。当然，地主的收入取决于他们的土地生产产品的价格。《谷物法》显然是为当权者的利益服务的。

随着工业革命的来临，富有的工业资本家阶级产生了。工业部门必须向工人支付至少足以维持其基本生活的工资，而维持基本生活的工资在很大程度上取决于食品价格。谷物的进口关税和出口补贴令谷物和食品的价格居高不下，使得资本家必须支付更高的工资，导致利润减少。这场政治斗争激烈地持续了多年。但是随着时间的推移，土地所有者在上议院中的权力显著减弱，1848 年，这场冲突终于以《谷物法》的废止而宣告结束。

　　支持废除该法案的是大卫·李嘉图（David Ricardo），他是一位商人、经济学家、议会议员，现代经济学创始人之一。李嘉图的主要著作《政治经济学及赋税原理》（*Principles of Political Economy and Taxation*）发表于 1817 年，比他进入议会早两年。李嘉图的**比较优势理论**（theory of comparative advantage），曾经被用来反对《谷物法》，他声称贸易使国家能够从事其最擅长的产品的专业生产。根据这一理论，专业化和自由贸易将使所有贸易方受益（实际工资将上涨），即使是那些从绝对意义上来说生产效率较低的生产者。即使在今天，这一基本论点仍是自由贸易争论的核心，政策制定者们还在争论关税对撒哈拉以南非洲农业发展的影响，以及将软件开发外包给印度的得失。

比较优势理论： 李嘉图的理论认为，专业化和自由贸易将使所有贸易方受益（实际工资将上涨），即使是那些效率可能绝对较低的生产者。

18.2.1　绝对优势与比较优势

　　如果一个国家生产某一商品所耗用的资源比另一个国家少，我们就说该国在生产这种商品方面比别国享有**绝对优势**（absolute advantage）。例如，假设 A 国和 B 国都生产小麦，但是 A 国的气候更适宜小麦的生长，并且劳动生产率更高。因而 A 国每英亩产出的小麦将比 B 国更多，而且在种植小麦并且运到市场上的过程中使用的劳动较少。这样 A 国就在小麦生产方面比 B 国享有绝对优势。

绝对优势： 当一个国家生产一种商品所耗用的资源比另一个国家少时，它在生产这种商品方面享有绝对优势。

　　如果一个国家能够以更低的机会成本（以必须放弃生产的其他商品来表示）生产某种商品，那么该国在生产该商品方面享有**比较优势**。假设 C 国和 D 国都生产小麦和玉米，而且 C 国在这两种作物的生产上都享有绝对优势，即 C 国的气候比 D 国好，生产一定数量的小麦和玉米 C 国所需的资源更少。现在 C 国和 D 国必须在将土地用来种小麦还是种玉米之间选择。要生产更多的小麦，任何一个国家都必须将用于生产玉米的土地转为生产小麦。要生产更多的玉米，任何一个国家都必须将用于生产小麦的土地转为生产玉米。每个国家生产小麦的成本都可以用损失玉米的蒲式耳数来衡量，而生产玉米的成本可以用损失小麦的蒲式耳数来衡量。

比较优势： 当一国生产某种商品的机会成本（必须放弃生产其他商品的机会而产生的成本）低于另一国家时，该国在生产这种商品方面享有比较优势。

　　假设在 C 国，1 蒲式耳小麦的机会成本是 2 蒲式耳玉米。也就是说，要多生产 1 蒲式耳小麦，C 国必须放弃 2 蒲式耳玉米。与此同时，在 D 国生产 1 蒲式耳小麦只需要牺牲 1 蒲式耳玉米。尽管 C 国在两种产品的生产上有绝对优势，D 国却在小麦生产上享有比较优势，因为 D 国生产小麦的机会成本较低。李嘉图指出，在这种情况下，两个国家从事各自有比较优势的商品的专业化生产并进行相互贸易，两个国家都可以从中获益。现在我们来讨论一下这一说法。

来自相互绝对优势的收益　为了更详细地阐明李嘉图的逻辑，假设澳大利亚和新西兰各自都有一定数量的土地并且不与世界其他地区进行贸易。这里只有两种商品——用于生产面包的小麦和用于生产服装的棉花。我们从这两个国家／两种商品的运行方式得出的结论能够很容易地推广到许多国家及许多种商品的世界中去。

接下来，我们必须对生活在新西兰和生活在澳大利亚的人们的偏好做出一些假设。我们假设这两个国家的人们同时使用棉花和小麦，并且对食品和衣服的偏好使得在贸易前两国都消费等量的小麦和棉花。

最后，我们假设每个国家只有 100 英亩土地用于种植，土地产量如表 18.1 所示。新西兰 1 英亩土地上的小麦产量是澳大利亚的 3 倍，而澳大利亚在同样面积上的棉花产量是新西兰的 3 倍。新西兰在小麦生产上有绝对优势，澳大利亚在棉花生产上有绝对优势。在这种情况下，我们说这两个国家有相互的绝对优势。

如果没有贸易，每个国家都需要对其土地进行划分，以便能获取相同数量的棉花和小麦，每个国家都生产 150 蒲式耳小麦和 150 捆棉花。新西兰将用 75 英亩土地种植棉花，用 25 英亩土地种植小麦；而澳大利亚对土地的使用情况正好相反（表 18.2）。

我们可以将相同的信息组织成每个国家生产可能性边界的图形形式。图 18.1 表示这两个国家在进行贸易前的状况，每个国家都受到自己资源和生产率的限制。如果澳大利亚将全部土地都用来生产棉花，将产出 600 捆棉花（100 英亩 ×6 捆／英亩），但没有小麦；如果将全部土地都用来生产小麦，将产出 200 蒲式耳小麦（100 英亩 ×2 蒲式耳／英亩），但没有棉花。新西兰的情况刚好相反。回顾第 2 章，鉴于国家的资源和技术状况，一个国家的生产可能性边界代表了可以生产的所有商品组合。每个国家都必须沿着自己的生产可能性曲线选择一个点。我们可以看到，这两个国家都可以选择生产和消费 150 个单位的每种商品。

335

表 18.1　每英亩小麦和棉花的产出

	新西兰	澳大利亚
小麦	6 蒲式耳	2 蒲式耳
棉花	2 捆	6 捆

表 18.2　假设贸易不存在，有相互绝对优势并有 100 英亩可耕地时，小麦和棉花总产量

	新西兰	澳大利亚
小麦	25 英亩 ×6 蒲式耳／英亩 = 150 蒲式耳	75 英亩 ×2 蒲式耳／英亩 = 150 蒲式耳
棉花	75 英亩 ×2 捆／英亩 =150 捆	25 英亩 ×6 捆／英亩 =150 捆

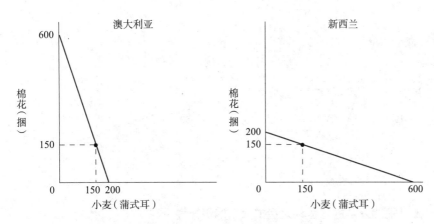

▲ 图 18.1　澳大利亚和新西兰贸易前的生产可能性边界
没有贸易，国家就会受到自身资源和生产率的限制。

　　当两国都在一种产品的生产上具有绝对优势时，就很容易看出专业化和贸易对双方都有利。澳大利亚应该生产棉花，新西兰应该生产小麦。在新西兰，将所有土地用于小麦生产的产量为 600 蒲式耳，而在澳大利亚，将所有土地用于棉花生产的产量为 600 捆。因为这两个国家都想消费这两种商品，所以它们需要贸易。假设这两个国家同意用 300 蒲式耳小麦换 300 捆棉花。在专业化之前，两个国家都消耗 150 个单位的每种商品。现在每个国家每种商品都有 300 个单位。专业化使两种商品的消费量都翻了一番！最终的生产和贸易数字见表 18.3 和图 18.2。贸易使两国能够超越以往的资源和生产率的限制。

　　当一个国家在某种商品的生产方面具有技术优势，而另一个国家在另一种商品的生产方面具有技术优势时，专业化和贸易的好处是显而易见的。接下来，让我们谈谈当一个国家在两种商品的生产上都具有绝对优势的情况。

表 18.3　专业化之后，小麦和棉花的生产与消费

	生产			消费	
	新西兰	澳大利亚		新西兰	澳大利亚
小麦	100 英亩 ×6 蒲式耳 / 英亩 600 蒲式耳	0 英亩 0	小麦	300 蒲式耳	300 蒲式耳
棉花	0 英亩 0	100 英亩 ×6 捆 / 英亩 600 捆	棉花	300 捆	300 捆

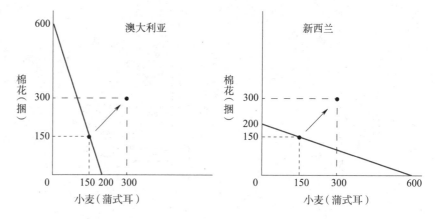

▲ 图 18.2　进行贸易之后扩大了的可能性
贸易使两个国家都能超出各自国内资源的限制——超出各自的生产可能性边界。

来自比较优势的收益　表 18.4 改变了新西兰和澳大利亚的土地产量数据。现在，新西兰在棉花和小麦的生产上都有相当大的绝对优势，1 英亩的土地产出的小麦是澳大利亚的 6 倍，棉花是澳大利亚的 2 倍。李嘉图认为专业化和贸易仍然是互利的。

我们假设偏好显示两国棉花和小麦的消费单位相同。在没有贸易的情况下，新西兰将在这两种作物之间平均分配其 100 英亩的可用土地，也就是 50/50。结果是 300 捆棉花和 300 蒲式耳小麦。澳大利亚将把土地分成 75/25。表 18.5 显示，澳大利亚的最终产量将为 75 捆棉花和 75 蒲式耳小麦。（记住，我们假设在每个国家，人们消费等量的棉花和小麦。）同样，在贸易发生之前，每个国家都受到其国内生产可能性曲线的约束。

表 18.4　每英亩小麦和棉花的产量

	新西兰	澳大利亚
小麦	6 蒲式耳	1 蒲式耳
棉花	6 捆	3 捆

表 18.5　假设贸易不存在，并有 100 英亩可耕地时，棉花和小麦的总产量

	新西兰	澳大利亚
小麦	50 英亩 ×6 蒲式耳 / 英亩 300 蒲式耳	75 英亩 ×1 蒲式耳 / 英亩 75 蒲式耳
棉花	50 英亩 ×6 捆 / 英亩 300 捆	25 英亩 ×3 捆 / 英亩 75 捆

　　设想我们正在参加一个由两国贸易代表参加的会议。作为特别顾问，李嘉图需要论证贸易可以使两国受益。他将论证分为三个阶段，如表 18.6 所示。为了证明李嘉图的观点，即专业化带来好处是正确的，那么两个国家资源流动时产生的小麦和棉花必须要比专业化之前的 375 蒲式耳还多才可以。为了了解这是如何实现的，我们分阶段进行。

　　在第一阶段，让澳大利亚把所有的土地都用于棉花生产，这是它最不弱势的领域。澳大利亚将生产 300 捆棉花，如表 18.6 第一阶段所示。现在的问题是，李嘉图能否帮助我们利用新西兰的土地，在生产超过原来 375 蒲式耳小麦的同时，再生产至少 75 捆棉花。在第二阶段，李嘉图让新西兰用 25 英亩的土地生产棉花，用 75 英亩的土地生产小麦。在这种土地分配下，新西兰生产了 450 蒲式耳小麦（远远超过两国在非专业化情况下的总产量）和 150 捆棉花，使得棉花总产量也是 450 捆。专业化使世界小麦和棉花的产量都增加了 75 个单位！我们在第三阶段展示了，当两国对两种商品有同等的消费倾向时，通过贸易，两个国家的情况都比之前有所改善。

337

表 18.6　当一个国家拥有双重绝对优势时，从贸易中实现的收益

	第一阶段		第二阶段	
	新西兰	澳大利亚	新西兰	澳大利亚
小麦	50 英亩 ×6 蒲式耳 / 英亩 300 蒲式耳	0 英亩 0	75 英亩 ×6 蒲式耳 / 英亩 450 蒲式耳	0 英亩 0
棉花	50 英亩 ×6 捆 / 英亩 300 捆	100 英亩 ×3 捆 / 英亩 300 捆	25 英亩 ×6 捆 / 英亩 150 捆	100 英亩 ×3 捆 / 英亩 300 捆

	第三阶段	
	新西兰	澳大利亚
	100 蒲式耳（贸易）	
	→	
小麦	350 蒲式耳	100 蒲式耳
	（贸易后）	
	200 捆（贸易）	
	←	
棉花	350 捆	100 捆
	（贸易后）	

为什么李嘉图的计划行得通?　为了理解李嘉图的方案为何有效，让我们回到比较优势的定义上来。

生产棉花的实际成本是为了生产棉花而不得不放弃的小麦。当我们以这种方式考虑成本时，尽管新西兰每英亩的土地能生产更多的棉花，但是在澳大利亚生产棉花的成本低于在新西兰生产棉花的成本。考虑一下在两个国家中 3 捆棉花的"成本"。运用机会成本的概念，在新西兰，3 捆棉花的成本是 3 蒲式耳小麦；而在澳大利亚，3 捆棉花的成本仅是 1 蒲式耳小麦。因为 3 捆棉花是用 1 英亩的澳大利亚的土地生产的，所以为了获得 3 捆棉花，澳大利亚必须将 1 英亩生产小麦的土地改为生产棉花。由于 1 英亩土地生产 1 蒲式耳小麦，损失 1 英亩种植小麦的土地也就可以说是损失 1 蒲式耳的小麦。澳大利亚在棉花生产方面具有比较优势，因为就生产棉花而言，澳大利亚的机会成本低于新西兰，如图 18.3 所示。

相反，新西兰在生产小麦方面具有比较优势。在新西兰，生产 1 单位小麦需要占用 1 单位的棉花。而在澳大利亚，每生产 1 单位的小麦则需要占用 3 单位的棉花。当各国在各自具有比较优势的商品方面进行专业化生产，就能使各国的综合产出达到最大化，并且更为高效地配置资源。

18.2.2 贸易条件

我们看到专业化和贸易增加了两国之间共享的馅饼的规模。我们的下一个问题是如何在两国之间划分那个更大的馅饼。在上面的第三阶段，我

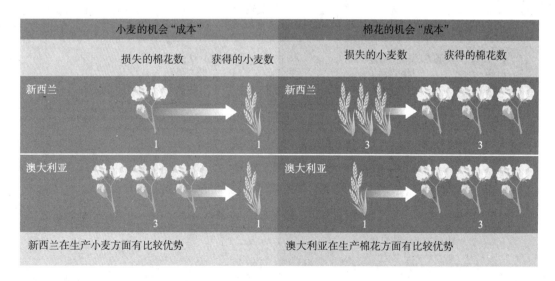

▲ **图 18.3　比较优势意味着较低的机会成本**

生产棉花的实际成本是为了生产它而放弃的小麦，在新西兰 3 捆棉花的成本是 3 蒲式耳小麦（半英亩生产小麦的土地要改为生产棉花，见表 18.4），然而，在澳大利亚 3 捆棉花的成本仅是 1 蒲式耳小麦，澳大利亚在生产棉花方面比新西兰更具有比较优势，而新西兰在生产小麦方面比澳大利亚更具有比较优势。

们提供了一种划分的可能，这使双方都受益。但这仅是划分馅饼的众多可能的方式之一。我们预期在实践中会看到什么情况？

一个国家用国内产品所能交换到进口产品的比率就是**贸易条件**（terms of trade）。贸易条件决定了贸易收益如何在贸易伙伴之间分配。在刚刚讨论的情况下，双方同意的贸易条件是 1 蒲式耳小麦换 2 捆棉花。这样的贸易条件对新西兰有利，因为新西兰 1 蒲式耳小麦可以获得 2 捆棉花，而如果把自己的土地从生产小麦转为生产棉花，则只能得到 1 捆棉花。该贸易条件同样使澳大利亚受益，因为澳大利亚可以用 2 捆棉花换 1 蒲式耳小麦，而直接用自己的土地生产小麦的话，则将迫使它放弃 3 捆棉花来获得 1 蒲式耳小麦。

> **贸易条件：** 一个国家用国内产品所能交换到进口产品的比率。

如果贸易条件改为 1 蒲式耳小麦换 3 捆棉花，则只有新西兰会受益。按照该贸易条件，所有的贸易收益将流入新西兰。这样的贸易条件对澳大利亚毫无益处，因为在国内生产小麦的机会成本与贸易成本完全相同，即 1 蒲式耳小麦的成本是 3 捆棉花。如果贸易条件改变成 1 捆棉花换 1 蒲式耳小麦，则只有澳大利亚会受益。新西兰什么也没得到，因为它已经可以以这个比例用棉花替代小麦。然而，为了获得 1 蒲式耳小麦，澳大利亚必须放弃 3 捆棉花，而一比一的贸易条件则将大大降低澳大利亚的小麦价格。

要想进行贸易，双方都必须有所收获。在这个例子中，您可以看到，当贸易条件定在棉花对小麦的交换比率为 1：1 至 3：1 之间时，澳大利亚和新西兰都将受益。

18.2.3 汇率

迄今所讲述的例子表明，贸易可以使双方获利。在自由贸易的情况下——即不受政府制定的壁垒的限制——贸易格局和贸易流动是数以千计的进出口商以及数百万私人家庭和厂商独立决策的结果。

私人家庭决定购买丰田汽车还是雪佛莱汽车，私人厂商决定购买美国生产的机床还是中国台湾生产的机床，以及购买德国生产的原钢还是匹兹堡生产的原钢。

但这种交易究竟是如何产生的呢？国际市场和国内市场一样，很少使用以物易物交易。相反，贸易是用货币进行的。但是在国际市场上，有许多不同类型的货币。一个国家的公民在购买另一个国家制造的产品或由另一个国家的人销售的产品之前，必须进行货币互换。从波士顿的经销商那里购买日本制造的丰田汽车的人支付的是美元，而制造汽车的日本工人得到的工资却是日元。在购车者和生产者之间的某个环节，必须进行货币兑换。该地区分销商可能接受美元付款，在把钱汇回日本之前又换成了日元。

要购买国外生产的商品，消费者或中介机构必须兑换外币。丰田汽车的美元价格取决于汽车的日元价格和日元的美元价格。如果你曾到过

339

其他国家旅行，你可能对货币兑换的细节比较熟悉。

2015 年 4 月，1 英镑值 1.52 美元。假设你当时在伦敦吃晚饭，菜单上有一瓶很好的葡萄酒，标价为 15 英镑。你如何决定是否要点呢？你在美国时知道多少美元可以买到什么，所以你必须将其换算成美元价格。因为每英镑值 1.52 美元，所以 15 英镑需要花费你 1.52 美元 ×15=22.80 美元。

外国商品对美国购买者的吸引力，以及美国商品对外国购买者的吸引力，都要在一定程度上取决于**汇率**（exchange rate），也就是两种货币交易时的比率。2008 年 5 月，1 英镑值 1.97 美元，同样的一瓶葡萄酒的价格为 29.55 美元。在过去的十年里，由于美元相对于其他货币走强，英国（以及欧洲其他国家）对美国游客的吸引力越来越大。

那么，这些汇率是如何决定的？为什么美元现在比十年前更强势？汇率的决定是复杂的，但我们说明两点。首先，对于任何两个国家来说，都存在能够自动使两国都从专业化和比较优势中获益的某一汇率范围。其次，在这个范围内，汇率将决定哪个国家从贸易中获益更多。简而言之，汇率决定贸易条件。

> **汇率：** 两种货币交易的比率，即一种货币以另一种货币表示的价格。

两个国家 / 两种商品世界的贸易和汇率　首先考虑一个简单的两个国家 / 两种商品的模型。假设美国和巴西都生产两种商品——原木和钢材。表 18.7 给出了美国国内购买者看到的两种商品当前的价格。原木在巴西的价格为每英尺 3 雷亚尔（R），钢材的价格为每米 4 雷亚尔。而在美国，每英尺木材的价格则为 1 美元，每米钢材则为 2 美元。

假设美国和巴西的买家可以选择在国内购买或者进口来满足他们的需求。他们的选择将取决于汇率。现在，我们暂且忽略两国之间的运输成本，并且假设巴西和美国的产品质量完全相同。

让我们先假设汇率是 1 美元 =1 雷亚尔。从美国购买者的角度来看，巴西的钢铁和木材在这个汇率下都没有竞争力。在美国，1 美元可以买到 1 英尺的木材，但如果换成雷亚尔，则只能买到三分之一英尺的木材。对美国人来说，巴西木材的价格是 3 美元，因为必须用 3 美元来买3 雷亚尔。同样，在美国 2 美元就可以买到 1 米的钢材，但 2 美元却只能买到半米的巴西钢材。所以，巴西钢材的价格对于美国人来说是 4 美元，是美国国产钢材的 2 倍。

但是，在这种汇率水平上，巴西人发现美国钢材和木材的价格都比巴西生产的便宜。木材在巴西本国要花费 3 雷亚尔，但是用 3 雷亚尔购买 3 美元，就可以在美国买到 3 倍的木材。同样，钢材在巴西要花费

表 18.7　美国和巴西的木材价格（每英尺）和钢材价格（每米）

	美国	巴西
原木	1 美元	3 雷亚尔
钢材	2 美元	4 雷亚尔

4 雷亚尔。但是如果用 4 雷亚尔购买 4 美元，就可以购买 2 倍的美国产钢材。在 1 美元 =1 雷亚尔的汇率上，巴西将进口钢材和木材，而美国则什么都不进口。

但是，假设现在的汇率是 1 雷亚尔 =0.25 美元。这意味着 1 美元能兑 4 雷亚尔。在这种汇率水平上，巴西人将在国内购买钢材和木材，而美国人则两种都要进口。现在美国人为购买 1 英尺木材必须花费 1 美元，但同样的木材在巴西的价格只相当于 0.75 美元（因为 1 雷亚尔值 0.25 美元，3 雷亚尔值 0.75 美元），同样，在美国需要 2 美元的木材在巴西只需花一半的价钱，因为 2 美元能买 8 雷亚尔，而 8 雷亚尔可以买到 2 英尺的巴西木材。同时，巴西人不会选择进口，因为从巴西国内生产者那里购买这两种商品会更加便宜。在这种汇率水平下，美国将进口这两种商品，而巴西则都不进口。

到目前为止，我们可以看到，在 1 美元 =1 雷亚尔和 1 美元 =4 雷亚尔的汇率水平上，只会产生单方向的贸易流动。现在让我们来试试 1 美元 =2 雷亚尔，或 1 雷亚尔 =0.50 美元的汇率。首先，巴西将从美国进口木材。因为巴西木材的价格为每英尺 3 雷亚尔，但是 3 雷亚尔能兑 1.50 美元，这 1.50 美元可以买到 1.5 英尺的美国木材。美国的购买者会发现巴西的木材价格太高。在这一汇率水平上，巴西将会从美国进口木材。但是，在同样的汇率下，对于巴西和美国的购买者而言，巴西和美国的钢材是没有区别的。因为对美国的购买者来说，国产钢材的价格为 2 美元。而 2 美元可以买到 4 雷亚尔，进口的巴西钢材每米的价格也为 2 美元。巴西购买者也发现无论是国产的钢材还是进口的钢材，价格都是 4 雷亚尔。因此，很可能不会有钢材贸易。

假如汇率变化到 1 美元兑 2.1 雷亚尔时会发生什么情况呢？尽管美国的木材对于巴西人和美国人来说仍然更便宜，但巴西的钢材对于美国购买者来说却突然有了吸引力。美国国产的钢材每米 2 美元，而 2 美元可以兑 4.2 雷亚尔，那么在巴西就可以买到多于 1 米的钢材。当 1 美元能买到超过 2 雷亚尔时，贸易开始双向流动：巴西将进口木材，而美国将进口钢材。

如果你仔细查阅表 18.8，就会发现只要汇率定在 1 美元 =2 雷亚尔和 1 美元 =3 雷亚尔之间，贸易就会双向流动。也可以说，当雷亚尔的价格是在 0.33 至 0.50 美元之间，贸易将双向流动。

汇率和比较优势　如果外汇市场使汇率处在每美元兑 2 至 3 雷亚尔之间，国家之间会自动调整，比较优势也能得以实现。在此范围的汇率水平下，美国的购买者将从巴西进口所有需要的钢材，而美国的钢铁行业将会面临困境。工厂关门，美国工人开始游说，要求关税保护以免受巴西钢材的竞争。同时，在巴西强劲的进口需求的推动下，美国木材行业表现良好。因此木材生产部门扩张。包括资本和劳动在内的资源将被吸引到木材生产之中。

表 18.8 汇率决定贸易流动

汇率	雷亚尔的价格	结果
1 美元 =1 雷亚尔	1.00 美元	巴西进口木材和钢材
1 美元 =2 雷亚尔	0.50 美元	巴西进口木材
1 美元 =2.1 雷亚尔	0.48 美元	巴西进口木材，美国进口钢材
1 美元 =2.9 雷亚尔	0.34 美元	巴西进口木材，美国进口钢材
1 美元 =3 雷亚尔	0.33 美元	美国进口钢材
1 美元 =4 雷亚尔	0.25 美元	美国进口木材和钢材

巴西的情况却正好相反。由于出口需求枯竭，同时巴西人转向进口更便宜的美国木材，因而巴西木材行业遭受了损失。巴西的木材公司要求政府阻止进口便宜的美国木材。但是巴西的钢铁生产商却很高兴，因为它们不仅供给了国内全部的钢材的需求，而且还出口到美国。因此，巴西的钢铁行业扩张，而木材行业陷入困境。包括劳动在内的资源就会流向钢铁行业。

考虑这种扩张和收缩的情景后，再来看看原来对比较优势下的定义。如果我们假设价格反映资源的用途而且资源可以在各个部门之间转移，我们就能计算出两个国家钢铁／木材的机会成本。在美国，生产 1 米钢材需耗费的资源是生产 1 英尺木材所耗费资源的 2 倍。假设资源可以转移，1 米钢材的机会成本就是 2 英尺木材（见表 18.7）。在巴西，1 米钢材消耗了价值 4 雷亚尔的资源，而 1 单位木材只耗费了 3 雷亚尔。

生产 1 米钢材意味着只放弃 4/3（或 $1\frac{1}{3}$）英尺的木材。因为巴西生产 1 米钢材的机会成本（用木材表示）更低，所以我们说巴西在钢材生产方面具有比较优势。

相反，让我们考虑一下这两个国家生产木材的机会成本。在美国，每多生产 1 英尺的木材需要放弃 0.5 米钢材的生产——因为生产 1 米钢材需要价值 2 美元的资源，而生产 1 英尺木材仅需价值 1 美元的资源。但是，在巴西生产每英尺木材则要放弃 3/4 米的钢材。因为美国木材的机会成本较低，所以美国在木材生产方面具有比较优势。如果汇率最终位于适当的范围内，自由市场将驱使每个国家将资源转向其享有比较优势的部门。一国只有具有比较优势的产品才能在世界市场上有竞争力。

18.3 学习目标

描述比较优势的来源。

18.3 比较优势的来源

专业化和贸易对交易各方都有利，即使对于那些在绝对意义上无效率的生产者而言也是如此。如果市场是竞争性的，并且外汇市场是同商

品和劳务交换联结在一起的，那么各国将会对各自具有比较优势的产品
进行专业化的生产。

　　直到现在，我们还没有谈及比较优势的来源。到底是什么决定了一
个国家究竟是在重型制造业方面具有比较优势还是在农业方面具有比较
优势呢？怎样解释在世界范围内观察到的实际贸易流动呢？关于国际贸
易的各种理论和经验研究已经提供了部分答案。大多数经济学家将**要
素禀赋**（factor endowments）——劳动力、土地和自然资源的数量和质
量——作为比较优势的主要源泉。要素禀赋似乎在很大程度上对现实的
世界贸易格局作出了解释。

要素禀赋：一个国家
的劳动力、土地和自
然资源的数量和质量。

18.3.1 赫克歇尔–俄林定理

　　20 世纪上半叶的两位瑞典经济学家伊·赫克歇尔（Eli Heckscher）
和贝蒂·俄林（Bertil Ohlin）发展并详细阐明了李嘉图的比较优势理
论。**赫克歇尔–俄林定理**（Heckscher-Ohlin theorem）将比较优势理论
同要素禀赋联系起来。该理论假设产品可以通过不同比例的投入组合生
产出来，而这些投入可以在各自的经济部门之间流动，但不能在经济
体之间流动。根据这个定理：如果一个国家在主要用于生产某种产品
的投入方面要素禀赋比较好，那么该国就在生产这种产品方面具有比较
优势。

　　这一观点是非常简单的。一个国家拥有大量肥沃土地，那么它很可
能在农业方面具有比较优势。而一个有大量资本积累的国家就可能在重
型制造业方面具有比较优势。一个拥有极为丰富的人力资本的国家则很
可能在高技术产品方面具有比较优势。

赫克歇尔–俄林定理：
通过一国的要素禀赋
解释该国的比较优势
的理论。如果一个国
家在主要用于生产某
种产品的投入方面要
素禀赋比较好，那
么，该国就在生产这
种产品方面具有比较
优势。

18.3.2 对观察到的贸易流动的其他解释

　　比较优势并不是各国之间进行贸易的唯一原因。它并没有说明为什
么许多国家既进口又出口同一种类的产品。比如说，美国就既要出口
Velveeta 奶酪，又要进口蓝纹奶酪。

　　就像一个国家内部各行业为占领国内市场而实行产品差异化一样，
它们也会为满足全世界各种不同的购买者的爱好来实行产品差异化。例
如，日本汽车工业开始生产小型节油轿车要比美国汽车制造商早得多。
而在这一过程中，日本汽车工业在创造产品中发展出的专业技能，吸引
了一批忠实的追随者，培养了相当大的品牌忠诚度。德国制造的宝马汽
车和日本制造的雷克萨斯汽车也都在许多国家拥有冠军车型。正如产品
差异化是对经济内部各种偏好的自然反应一样，它也是对各个经济体间
各种偏好的自然反应。保罗·克鲁格曼最早在这个领域做了一些研究，
有时我们称之为新贸易理论。

　　新贸易理论也依赖于比较优势理论。如果日本人在节油轿车的生产
方面已经发展了具有优势的技能，那么这种技能就可以看成是一种尚未

342

被其他生产者获得的特殊资本。丰田在生产雷克萨斯时，投入了一种名为商誉的无形资本。这种商誉可能来自多年的性能和质量声誉，这是雷克萨斯保持国际市场上长盛不衰的比较优势的一个原因。一些经济学家将来自后天比较优势的收益，与来自自然比较优势的收益进行了区分。

18.4 贸易壁垒：关税、出口补贴和配额

18.4 学习目标
分析贸易壁垒的经济效应。

我们已经看到专业化和贸易增加了各国经济蛋糕的大小。然而，大多数国家主要以保护国内就业为由，对贸易设置了一些壁垒。

贸易壁垒——也叫作贸易障碍——有许多种形式；最常见的是关税、出口补贴和配额。它们都是使某些经济部门免受外国竞争的**保护**（protection）形式。

保护：保护经济部门免受外国竞争的政策。

关税：对进口商品征收的税。

关税（tariff）是对进口商品征收的一种税。现在美国平均的进口关税小于 5%。某些实行保护的项目的关税则高得多。例如，美国对从中国进口的太阳能电池板征收 30% 以上的关税。

出口补贴：政府为鼓励出口而向国内厂商支付的款项。

出口补贴（export subsidies）——政府为鼓励出口而向国内厂商支付的款项——也可能成为贸易壁垒。曾经激起李嘉图思考的《谷物法》，其规定之一就是当谷物价格低于某一特定水平时，英国政府将自动向农场主支付出口补贴。这种补贴的目的在于维持国内的高价格，但它会使世界市场上充斥着便宜的有补贴的谷物。国外那些没有补贴的农场主就会被人为造成的低价驱逐出国际市场。

农业补贴仍然是当今国际贸易格局的一道风景。许多国家仍然对农产品出口大力补贴来安抚本国农民。许多国家农业游说团体的政治力量对最近旨在减少贸易壁垒的国际贸易谈判产生了重要的影响。发达国家普遍存在的农业补贴，已成为欠发达国家争取在全球市场上竞争所关注的一个焦点。特别是许多非洲国家，在农业土地方面具有比较优势。然而，在向世界市场出口农产品时，它们必须与那些受到大量补贴的欧洲和美国农场所生产的产品竞争。例如，像法国这样的国家有着特别高的农业补贴，其认为这有助于保护法国的传统农业。然而，这些补贴的一个副作用就是使一些较贫穷的国家更难在世界市场上竞争。一些人认为，如果发达国家取消农业补贴，这将对一些非洲国家的经济产生比当前的慈善援助项目更大的影响。

倾销：某厂商或行业以低于其生产成本的价格在世界市场上销售产品的行为。

与补贴密切相关的是**倾销**（dumping）。倾销是指一个厂商或行业以低于其生产成本的价格在世界市场上销售其产品。倾销的指控通常是由认为自己受到不公平竞争所影响的生产商提出的。在美国，有关倾销的指控需要提交给国际贸易委员会。确定是否真的发生了倾销可能很困难。美国国内生产商认为，外国公司将在美国倾销产品，排挤美国的竞争对手，然后提高价格，从而损害消费者的利益。另一方面，外

实践中的经济学

全球化提高了厂商的生产率

在正文中，我们描述了自由贸易如何使各国充分利用其擅长领域。最近在贸易领域的研究也描述了自由贸易如何提高一个国家内厂商的生产率。[1]

在一个国家，我们通常会看到不同生产率的厂商。实际上，如果厂商都生产完全相同的产品，那么我们预计成本较高的厂商将被淘汰出局。而事实上，厂商通常生产的产品是近似替代品，并不完全相同。火柴盒（Matchbox）汽车玩具像风火轮（Hot Wheels）汽车玩具，但不完全相同。在这种情况下，行业里将拥有一系列生产率水平的厂商，因为有些人会为厂商提供的特定产品支付更多的费用。

当贸易开放后会发生什么？现在竞争加剧。产品好、成本低的厂商可以扩展到其他地方的市场。它们在增长的同时，往往通过规模经济来降低成本。生产效率较低的厂商发现，它们面临着来自国外生产商和国内同行的激烈竞争，而国内同行现在的生产率甚至比以前更高。梅利兹和其他经济学家发现，当我们观

察大的贸易变化（如 1989 年美国和加拿大之间的自由贸易协定）后厂商生产率的分布时，我们看到生产率较低的厂商出现了大幅下降。

贸易不仅利用了各国的比较优势，而且更普遍地提高了厂商的效率。

思考

1. 你预计在贸易开放后平均价格会发生什么变化？

[1] 哈佛大学的马克·梅利兹（Marc Melitz）在这方面做了很多早期的工作。Marc Melitz and Daniel Trefler, "Gains from Trade when Firms Matter," *Journal of Economic Perspectives*, Spring 2012: 90-117. Andrew B. Bernard, Jonathan Eaton, J. Bradford Jensen and Samuel Kortum, "Plants and Productivity in International Trade," *American Economic Review*, Winter 2003: 1268-90.

国出口商声称，它们的价格之所以低，仅仅是因为成本低，而不是进行倾销。

配额（quota）是对进口数量的限制。配额可以是强制性的，也可以是"自愿的"，可以通过立法或与外国政府谈判设立。最著名的自愿配额，或"自愿限额"，是 1981 年美国与日本政府谈判达成的。日本同意将其对美国的汽车出口减少 7.7%，即从 1980 年的 182 万辆减少到 168 万辆。如今，许多配额限制了全球贸易。在后面的"实践中的经济学"，我们来看一下提高配额的影响。

配额： 进口数量的限制。

实践中的经济学

344

当我们提高配额时会发生什么？

在 2005 年之前，许多新兴国家的纺织品和服装，出口到美国、加拿大和欧盟都要受到配额限制。在一篇有趣的新发表的论文中，耶鲁大学的彼得·肖特（Peter Schott）、哥伦比亚大学的阿米特·坎德尔瓦尔（Amit Khandelwal）和魏尚进调查了配额取消后的情况。[1]

当配额取消后，出口到上述三个地区的纺织品和服装增加，这应该不足为奇。一个更有趣的问题是，当配额取消后，从事出口业务的厂商的组成发生了什么变化？例如，同样的厂商是否只是发送了更多的货物？

当一个出口国的产品面临配额时，必须由某人来决定哪些厂商享有向国外出口产品的特权。通常情况下，政府会做出这个决定。在某些情况下，政府拍卖出口权，以谋求公共收入的最大化；在这里，我们可以期望效率更高的厂商是

最有可能的出口商，因为它们在销售商品时具有成本优势，因此它们可以出最高的价格。在其他情况下，政府可能会给予朋友和家人出口的权利。

在这个案例中，肖特等人发现的结果很有启发意义。2005 年配额取消后，出口确实大幅增长。而且，大部分的出口产品不是由那些在充满配额的时代占据主导地位的老厂商生产的，而是由新进入者生产的！没有配额之后，厂商需要提高出口效率，而大多数遭受新厂商竞争的老厂商迅速失去了市场份额。

思考

1. 如果将出口权分配给生产率最高的厂商，那么一旦配额被取消，你预计会发生什么？

[1] Amit Khandelwal, Peter Schott, Shang-Jin Wei, "Trade Liberalization and Embedded Institutional Reform," *American Economic Review*, forthcoming, 2013.

18.4.1 美国贸易政策、关税及贸易总协定和世界贸易组织

《斯穆特–霍利关税法》： 20 世纪 30 年代的美国关税法，制定了美国历史上最高的关税（60%）。它引发了一场国际贸易战，并导致了贸易的下降，其通常被认为是 20 世纪 30 年代全球经济大萧条的原因之一。

关税及贸易总协定： 1947 年由 23 个国家签署的促进对外贸易自由化的国际协定。

美国一直是一个高关税国家，在历史上的大部分时间里平均关税都超过 50%。最高关税是在 1930 年《斯穆特–霍利关税法》（Smoot-Hawley tariff）实施后的大萧条时期生效的。当美国的贸易伙伴用它们自己的关税报复时，《斯穆特–霍利关税法》挑起了一场国际贸易战。许多经济学家指出，随之而来的贸易下降是 20 世纪 30 年代全球经济大萧条的原因之一。①

1947 年，美国与其他 22 个国家同意减少贸易壁垒。它还成立了一个促进对外贸易自由化的组织。事实证明，**关税及贸易总协定**（General

---

① 尤其参见 Charles Kindleberger, *The World in Depression 1929–1939*（London:Allen Lane，1973）。

Agreement on Tariffs and Trade，GATT）在帮助降低关税水平和鼓励贸易方面是成功的。1986 年，关贸总协定发起了一轮名为"乌拉圭回合"的世界贸易谈判，重点是进一步减少贸易壁垒。经过多次辩论，美国国会于 1993 年签署了《乌拉圭回合协议》，这一协议也成为多边贸易协定的典范。

1995 年，**世界贸易组织**（World Trade Organization，WTO）成立，作为处理关贸总协定和其他协定所规定的贸易规则的谈判论坛。它仍是致力于促进各国间自由贸易和协调贸易争端的关键机构。世贸组织由 153 个成员组成，作为各成员在乌拉圭回合和其他协议下处理复杂贸易的谈判论坛。目前，世贸组织是推动和促进自由贸易的中心机构。2015 年，世贸组织审理了一系列国际关税和补贴纠纷，其中包括印尼与美国之间关于纸的争端。

尽管世贸组织的成立是为了促进自由贸易，但其成员在面对贸易案件时显然有着不同的动机。近年来，发达国家和发展中国家之间的分歧日益突出。2001 年，在卡塔尔多哈举行的世贸组织会议上，世贸组织发起了一项名为**多哈发展议程**（Doha Development Agenda）的新倡议，以处理一些涉及贸易和发展领域的问题。2007 年，多哈发展议程继续就本章所述的农业和农业补贴问题进行斗争。以撒哈拉以南非洲为代表的欠发达国家寻求取消目前由美国和欧盟支付的所有农业补贴。就欧盟而言，作为更广泛的自由贸易一揽子计划的一部分，欧盟试图推动欠发达国家采取更好的环境政策。2015 年，多哈回合谈判仍在继续，但在发达国家和发展中国家的核心农业分歧上几乎没有取得进展。

美国 1934 年的《互惠贸易协定法》（the Reciprocal Trade Agreements Act）授权总统代表美国进行贸易协定的谈判。作为贸易协议的一部分，总统可以向单个贸易伙伴授予最惠国待遇。从具有最惠国待遇的国家进口只需征收最低的协议关税税率。此外，近年来，几轮成功的关税削减谈判将贸易壁垒降至历史最低水平。2015 年末，美国国会就《跨太平洋伙伴关系协定》（Trans Pacific Partnership，简称 TPP）的通过进行了激烈辩论。TPP 是一项旨在降低美国和 11 个环太平洋国家关税的新贸易协定。

尽管贸易自由化是大势所趋，但在过去 50 年里，大多数美国总统都利用权力来保护这个或那个经济部门。艾森豪威尔和肯尼迪限制日本纺织品的进口；约翰逊限制肉类进口，以保护得克萨斯州牛肉生产商；尼克松限制钢铁进口；里根限制从日本进口汽车。2002 年初，乔治·W.布什总统对从欧盟进口的钢材征收了 30% 的关税。2003 年，世贸组织裁定这些关税不公平，允许欧盟对美国产品征收报复性关税。此后不久，钢铁关税被取消，至少对欧盟钢铁是这样。目前，美国对糖基乙醇（一种与玉米基乙醇竞争的能源）、太阳能电池板和从中国进口的轮胎征收高额关税。

世界贸易组织： 处理国家之间贸易规则的谈判论坛。

345

多哈发展议程： 世界贸易组织的一项倡议，侧重于贸易和发展问题。

经济一体化：当两个或两个以上的国家联合组成一个自由贸易区时，就会产生。

欧盟：欧洲贸易集团由27个国家组成（欧盟27个国家中，19个国家拥有同样的货币——欧元）。

《美加自由贸易协定》：美国和加拿大同意在1998年之前消除两国之间的所有贸易壁垒的一项协议。

《北美自由贸易协定》：由美国、墨西哥和加拿大签署的一项协议，三国同意将整个北美建成一个自由贸易区。

经济一体化 经济一体化是指两个或两个以上的国家联合组成一个自由贸易区。1991年，欧洲共同体（EC，或共同市场）开始形成世界上最大的自由贸易区。经济一体化进程始于那年12月，当时12个创始成员国（英国、比利时、法国、德国、意大利、荷兰、卢森堡、丹麦、希腊、爱尔兰、西班牙和葡萄牙）签署了《马斯特里赫特条约》。该条约要求结束边境控制，统一货币，取消所有关税，协调货币和政治事务。**欧盟**（European Union，EU），即欧共体的新名称，有27个成员。1993年1月1日，成员国之间取消了所有关税和贸易壁垒。1995年初关闭了边界检查站。公民现在可以在没有护照的情况下在成员国之间旅行。

美国不是欧盟的成员。但是，1988年美国（在里根总统的领导下）与加拿大（在马尔罗尼总理的领导下）签署了《**美加自由贸易协定**》（U.S.-Canadian Free Trade Agreement），这一协定在1998年取消了两国间的所有贸易壁垒，包括关税和配额。

1992年，在乔治·H.W.布什总统执政的最后一段时间，美国、墨西哥和加拿大三国签署了《**北美自由贸易协定**》（North American Free Trade Agreement，NAFTA），三国同意把整个北美建成自由贸易区。该协议将在10至15年的时间里取消所有关税和大多数的投资限制。在1992年的总统竞选期间，关于NAFTA产生了激烈的争论。比尔·克林顿和乔治·H.W.布什都支持此协议。有可能受到墨西哥进口影响的行业工会（比如汽车工业）反对此协议，而可能因此协定带来向墨西哥出口增加的产业——机床工业——却对此表示支持。另一个问题是由于墨西哥的企业不必遵守同美国企业同样的环境法规，美国企业可能会因此转移到墨西哥。

北美自由贸易协定在1993年得到了美国国会的批准，并在1994年的1月1日开始生效。美国商务部曾估计，由于NAFTA，美国和墨西哥之间的贸易在1994年会上升将近160亿美元。此外，1994年美国向墨西哥的出口超过了从墨西哥的进口。但是，1995年，该协议由于墨西哥比索的大幅贬值而蒙上了一层阴影。美国向墨西哥的出口锐减，美国对墨西哥的贸易盈余变成了大额的贸易赤字。除了一些关税之外，到2003年NAFTA中的所有协议都得到了贯彻执行，由3个国家签署的一个8年报告宣称协议是成功的。报告中说，8年间扩张的贸易、增加的就业和投资以及为三国公民带来的更多的机会已经证明了NAFTA是有效的，而且将继续发挥效用。从1993年到2011年，北美自由贸易协定成员国之间的贸易额增加了两倍多，从2 880亿美元增加到1万亿美元。

18.5 学习目标

评价关于自由贸易和保护主义的争论。

18.5 自由贸易还是保护？

围绕自由贸易还是保护这个话题的争论，一直是最激烈的经济学矛盾之一。我们对双方的论点作一个简要的总结。

18.5.1 自由贸易的主张

在某种意义上，比较优势理论就是自由贸易的主张。贸易可能对所有国家都是有利的。一种商品只有在它售给购买者的价格低于国内生产的可替代商品的价格时才会被进口。在我们前文的例子中，当巴西人发现美国的木材比他们自己的便宜时，他们就会购买它，但他们仍然花同样较低的价钱购买本国生产的钢材。美国人购买比较便宜的巴西钢材，但仍以同样较低的价格购买本国的木材。在这种情况下，美国人和巴西人都会减少支出而增加消费。

与此同时，美国的资源（包括劳动力）就会从钢铁生产转向木材生产。巴西的资源（包括劳动力）则会从木材生产转向钢铁生产。资源在这两个国家中得到更有效的利用。关税、出口补贴和配额阻碍了商品和服务在世界范围内自由流动，减少或消除了来自比较优势的收益。

我们可以用供给与需求曲线来说明这一点。假设图 18.4 显示的是国内纺织品的供求关系。在没有贸易的情况下，市场以 4.2 美元的价格出清。在均衡状态下，生产和消费了 4.5 亿码纺织品。

现在假设纺织品的世界价格是 2 美元。这是以美元表示的价格，美国人要以这个价格从国外购买纺织品。如果我们假设在 2 美元的价格上可以买到不限数量的纺织品，而且国产纺织品和进口纺织品的质量没有区别，那么国内生产商的价格都不能高于 2 美元。在没有贸易壁垒的情况下，世界价格决定了美国国内的价格。随着美国的价格从 4.2 美元下降到 2 美元，消费者的需求量从 4.5 亿码增加到 7 亿码，而国内生产商的供给量从 4.5 亿码下降到 2 亿码。其中的 5 亿码差额就是纺织品的进口量。

自由贸易的观点是，每个国家都应该专业化生产其享有比较优势的商品和服务。如果国外生产者能够以比国内生产者低得多的成本生产纺织品，它们就具有比较优势。随着世界纺织品价格跌至 2 美元，美国国内的供给下降，资源会转移到其他行业。这些其他部门，可能是没有在图 18.4（a）中表示出来的出口行业或国内行业。显然，以 2 美元的价格分配资源是更有效率的。美国为什么要使用国内资源来生产国外生产者可以以更低的成本就能生产的东西呢？美国的资源应该转到那些它最擅长的东西的生产中去。

现在来考虑在有贸易壁垒时，国内纺织品价格会发生什么变化。图 18.4（b）显示了对进口纺织品征收每码 1 美元关税的影响。关税将纺织品的国内价格提高到 2 美元 +1 美元 =3 美元。结果就是损失了一部分来自贸易的收益。首先，消费者必须为购买同样的商品支付更高的价格。由于一些消费者不愿意支付更高的价格，纺织品需求量从自由贸易时的 7 亿码下降到 6 亿码。图 18.4（b）中标记为 ABC 的三角形，是关税造成的无谓损失或超额负担。如果没有关税，这 1 亿码纺织品的价格超过每件的成本 2 美元，将会产生收益。

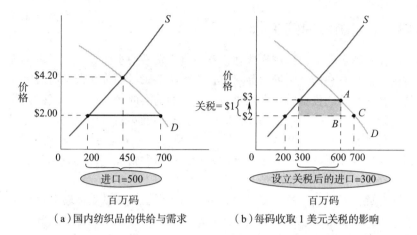

（a）国内纺织品的供给与需求　　　（b）每码收取 1 美元关税的影响

▲ **图 18.4　贸易收益和征收关税的损失**

1 美元的关税将使消费者面对的市场价格从每码 2 美元提高到每码 3 美元。政府所获得的收益等于（b）中的阴影区域。效率损失有两个部分。首先，消费者必须为本能够以更低成本生产的商品支付更高的价格。其次，边际生产者被吸引到纺织业，不再生产其他商品，导致国内生产的效率低下。（b）中标记为 ABC 的三角形是关税造成的无谓损失或额外负担。

　　同时，较高的纺织品价格把一些边缘的国内生产者拉回到纺织品生产之中，它们原来在 2 美元的价格下是无法获得利润的。（回想一下，国内生产者不需要支付关税。）而当价格上升到 3 美元的时候，生产者的供给量则从 2 亿码上升到了 3 亿码。结果就是进口从 5 亿码下降到了 3 亿码。

　　最后，关税的征收意味着政府征收了等于图 18.4（b）中的阴影区域的关税。阴影区域等于每单位关税税率（1 美元）乘以关税生效后进口的单位数量（3 亿码）。因此，政府的关税收入为 3 亿美元。

　　征收关税的最终结果是什么？在开征关税前，国内生产商每件产品的收入仅为 2 美元，现在它们的价格更高，利润也更高。但是，高利润的背后却是以效率的损失为代价的。贸易壁垒使一个国家无法从专业化中获益，推动其采用相对低效的生产技术，并迫使消费者为那些受保护的产品支付比原来更高的价格。

18.5.2 保护主义的主张

　　也有人提出拥护关税和配额的主张。在美国历史上，众多行业在国会的许多委员会面前都曾多次提出这一主张，所有要求保护的请愿似乎都拥有相同的主题。我们对最常听到的请愿内容进行以下描述。

保护可以保全工作岗位　保护主义的主要论点是，外国竞争会使美国人失去他们的工作。当美国人购买进口的丰田汽车时，美国的汽车就没有销路。这将导致国内汽车行业裁员。当美国人购买外国纺织品或鞋类时，美国缅因州、马萨诸塞州、南卡罗来纳州和佐治亚州的工人可能会失业。

的确，当我们从国外生产商那里购买商品时，国内生产商就会遭受损失。但是没有理由相信，那些从收缩的部门中被解雇的工人最终无法被其他正在扩张的部门重新雇用。例如，纺织业的外国竞争意味着美国在该行业丧失了工作机会。近 40 年来，由于纺织厂的关闭，新英格兰成千上万的纺织工人失去了工作。然而，随着高科技产业的扩张，马萨诸塞州的失业率在 20 世纪 80 年代中期降至全国最低水平，新罕布什尔州、佛蒙特州和缅因州也繁荣起来了。

当我们认识到保护中间产品会令使用这些中间产品的国内行业的成本增加，从而使这些企业的竞争力下降时，就业情况就更加复杂了。保护美国国内轮胎行业会增加国内汽车行业的成本，可能会减少该行业的就业机会。

自由贸易带来的就业问题可以通过多种方式加以解决。我们可以禁止进口和放弃从自由贸易中得到的利益，并承认我们愿意支付高价来保护那些在国外可以更有效率生产的国内行业的就业机会；或者我们积极地想办法援助自由贸易的受害者，帮助他们为未来的就业进行再培训。在某些情况下，将人们重新安置在正在扩张地区的计划可能是必要的。有些计划直接解决了劳动力转移问题而且没有放弃从贸易中得到的好处。

有些国家采取不公平的贸易手段　根据《谢尔曼法案》和《克莱顿法案》，美国企业企图垄断某一行业的做法是违法的。如果某一实力强大的企业企图通过制定低于成本的价格来逐出市场上的竞争对手，它将受到司法部反垄断部门严厉的起诉。但是，问题并没有就此解决。有人认为，如果我们不允许任何一家美国企业进行掠夺性定价或垄断一个行业或市场，面对一家德国企业或日本企业，我们就能以自由贸易的名义袖手旁观吗？这是一个合理的论点，近年来得到了广泛的支持。当一个跨国企业或一个国家有策略地对付国内某一厂商或某一行业时，人们应该作何反应呢？当每个人都遵守规则时，自由贸易也许是最好的解决途径，但有时人们却不得不进行反击。目前，世界贸易组织是进行此类争端谈判的平台。

廉价外国劳动力造成不公平竞争　让我们假定一个特定国家通过付给工人低工资而在纺织品方面获得"比较优势"。美国纺织企业如何与工资不到美国企业四分之一的公司竞争？

首先，要知道，竞争性经济中的工资反映了生产率：产出与单位劳动的高比率。美国工人工资高是因为其生产率更高。美国的人均资本更多；也就是说，普通工人使用更好的机器和设备工作，而且受到更好的培训。其次，贸易流动不是根据绝对优势而是根据比较优势：即使有一个国家能够更有效率地生产每一种商品，所有的国家也都能从中受益。

实践中的经济学

一份请愿书

尽管大多数经济学家都主张自由贸易，但重要的是要认识到一些群体可能会因自由贸易而蒙受损失。利益受损的团体反对贸易的争论已经存在了数百年。在下面这篇文章中，你将看到一篇 19 世纪法国讽刺作家弗雷德里克·巴师夏（Frederic Bastiat）的文章，他抱怨太阳给蜡烛制造商带来了不公平竞争。你可以看到，作者建议对太阳发放配额，而不是征收关税。

遮挡阳光会增加对蜡烛的需求。蜡烛制造商是否应该受到保护，免受不公平的竞争？

这份请愿书来自蜡烛、点火木条、灯笼、胶水、路灯、熄烛器和灭火器的制造商以及动物油脂、石油、树脂、酒精等与照明有关的所有东西的生产商。

尊敬的各位议员，
先生们：

你们走上了正确的道路。你们拒绝那些抽象晦涩的理论，而且很少考虑产品的丰富性和价格低廉。你们主要关心的是生产商的命运。你们希望把它们从外国竞争中解救出来，也就是说，为**国内行业保留国内市场**。

我们来为您提供一个绝佳的机会，我们该怎么称呼它呢？你们的理论吗？不，没有什么比理论更具有欺骗性。你们的教条？你们的制度？还是你们的原则？但是你们并不喜欢教条，你们讨厌制度，至于原则，你们否认在政治经济学中有任何原则；因此，我们称它为你们的实践——没有理论和原则的实践。

我们正在遭受一个对手毁灭性的竞争，他生产光的工作条件显然比我们的条件优越得多，因此，他正在以令人难以置信的低价涌入国内市场；他一出现，我们的销售就停止了，所有的消费者都转向了他，一个具有无数分支的法国行业因此立刻陷入完全停滞的状态。这个敌人，不是别人，正是太阳，他正在无情地向我们发起竞争，我们怀疑他是被背信弃义的阿尔比恩（Albion，古时用以指不列颠或英格兰）所煽动起来反对我们的（现在的外交手腕真高明！），尤其是因为他向那个岛国表示了我们从未见过的尊敬。（参考英国作为雾岛的名声。）

我们请求你们仁慈一点儿，能制定一项法律来命令人们关闭所有的窗户，老虎窗、天窗、内外百叶窗、窗帘、门式窗、圆天窗、舷窗、卷帘——简而言之，所有的通道、孔洞、缝隙和裂缝等阳光通常通过而进入房屋的地方，即他（太阳）通过这些地方破坏了行业的公平竞争。我们可以自豪地说，我们已经把这个行业奉献给了国家，这个没有背叛和忘恩负义的国家不能在今天把我们抛弃给一场如此不公平的竞争。

保护可以捍卫国家安全　除了保全就业岗位之外，某些行业还可能出于其他原因而寻求保护。多年来，钢铁行业的厂商一直强调自己对国防的重要性，而且它们的努力已经产生了效果。它们声称，一旦发生战争，美国将不能指望依赖从外国进口到像钢铁这样至关重要的产品。这样，尽管我们承认其他国家有比较优势，但我们也可能想保护自己的资源。

实际上，所有的行业在要求保护时都会援引国防论据。剪刀行业的代表提出，"如果国家出现紧急情况而进口中断，美国将没有剪刀的来源，而剪刀是许多行业的基本生产工具，并且对我们的国防具有重要的作用"。所以，问题并不在于这一观点的正确性如何，而在于如果每个行业都同样利用它，那么它的严肃性到底如何。

保护减少依附　同国防论据紧密相关的另一种主张是，一些国家，特别是小国或发展中国家，可能在许多项目上过于依赖一个或多个贸易伙伴。如果一个小国在粮食、能源或一些大国具有比较优势的重要原材料方面依附于大国，那么这个小国可能很难保持政治中立。一些自由贸易的批评者宣称，超级大国一直有意识地开展对小国的贸易正是为了形成这种依附关系。

因此，较小的独立国家就应该有意识地避免可能导致政治依附的贸易关系吗？这也许意味着要发展某些具有比较劣势的本国行业。而要这么做就意味着要保护该行业免受国际竞争。

环境问题　近年来，对环境的关注已经导致一些人质疑自由贸易的优势。例如，一些环保组织认为，世贸组织的自由贸易政策可能会损害环境。其核心论点是，贫穷国家将成为污染行业的避风港，这些企业将在几乎不受环境控制的情况下经营钢铁和汽车工厂。有人认为，缺乏环境控制给这些国家的企业带来了一种虚幻的优势。

这些问题相当复杂，经济学家对自由贸易与环境之间的相互影响存在许多争议。例如，最近一项关于二氧化硫的研究发现，从长远来看，自由贸易主要通过增加各国的收入来减少污染；富裕国家通常选择改善环境的政策。[2] 因此，尽管自由贸易和发展加速最初可能导致污染水平

350

② Werner Antweiler, Brian Copeland, and M. Scott Taylor, "Is Free Trade Good for the Environment？" *American Economic Review*, September 2001.

上升，但从长远来看，繁荣对环境是有利的。许多人还认为，要在污染控制跟贫困国家的营养不良和健康等问题之间做出复杂的权衡。美国和欧洲在发展的早期都以更快的经济增长和收入来换取更清洁的空气和水。一些人认为，发达国家把自己的偏好强加给其他面临更艰难权衡的国家是不公平的。

然而，对全球气候变化的关注激发了这一领域的新思考。由于碳排放的影响是全球性的，而所有的国家都不愿意签署有约束力的全球排放控制协议，因此与发展中大国的贸易可能是发达国家逃避减排承诺的一种方式。一些人认为，可以对那些没有签署国际气候控制条约的国家生产的高污染产品实施惩罚，以确保以这种方式进口的商品价格反映出这些产品对环境造成的危害。[3] 然而，实施这些政策可能是复杂的，一些人认为将贸易和环境问题捆绑在一起是错误的。正如本书涉及的其他领域一样，经济学家对正确答案仍存在分歧。

保护能够维护新兴产业　一个国家的新兴产业可能在一段时间内很难与其他国家的成熟产业竞争。在一个动态的世界中，一个受保护的**新兴产业**（infant industry）可以由于后来获得的但确实存在的比较优势而成长为一个强大的全球性产业。如果这样的产业在其成立之初就由于竞争者削价而被抢走生意，然后被驱逐出世界市场，那么比较优势可能永远也不会形成。

然而，保护新兴产业的努力可能适得其反。1991 年 7 月，美国政府对从日本进口的主动式矩阵液晶显示器（也叫"平板显示器"，主要用于笔记本电脑）征收 62.67% 的关税。美国商务部和国际贸易委员会一致认为日本的生产商在美国市场上以低于其成本的价格销售显示器，而且，这种"倾销"威胁到了美国国内笔记本电脑屏幕生产商的生存。这项关税旨在保护美国的新兴产业，直到它能与日本正面竞争为止。

新兴产业： 一种可能需要暂时得到保护以免受其他国家现有产业竞争，以发展比较优势的年轻产业。

351

▶ **图 18.5　世界贸易开放程度（指数为 100 减去该地区平均有效关税）**

随着越来越多的国家加入世界市场，世界各地都提出了自由贸易的理由。该数据显示了 1980 至 2005 年全球范围内的关税走势。这些线显示了这些国家的贸易开放指数，计算方式为 100 减去关税。（所以更高的数字意味着更低的关税。）我们看到，在过去 25 年里，全球范围内，特别是新兴市场和发展中国家的关税迅速下降。

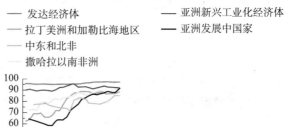

随着时间的推移，世界各地贸易开放程度的变化

— 发达经济体　　　　　　— 亚洲新兴工业化经济体
— 拉丁美洲和加勒比海地区　— 亚洲发展中国家
— 中东和北非
— 撒哈拉以南非洲

资料来源：国际货币基金组织《2007 年世界经济展望》。
贸易开放的衡量标准是 100 减去该地区的平均有效关税。

③　Judith Chevalier, "A Carbon Cap That Starts in Washington," *New York Times*, December 16, 2007.

不幸的是，对于美国笔记本电脑的生产者与消费者来说，这项关税对该行业产生了一种无意（尽管可以预见）的影响。由于人们通常认为美国的笔记本电脑屏幕质量比对手日本的要差，美国对其征收关税使美国电脑制造商有三种选择：（1）它们可以使用从国内生产者那里购买的屏幕，然后眼看着它们最终产品的销售额由于国外的较高质量竞争而下降；（2）它们可以为高质量的屏幕支付关税，然后眼看着它们最终产品的销售额由于国外的较低价格竞争而下降；（3）它们可以做对它们来说利润最大化的事情——把它们的生产设备转移到国外来彻底避免关税。苹果公司和国际商业机器公司（IBM）所做的就是最后一个选择。最后，不仅笔记本电脑产业及其消费者受到了征收关税的损害（由于更高的生产成本和更高的笔记本电脑价格），而且美国的屏幕行业同样也受到了损害（因为它损失了一部分产品的购买者），而损害却来自旨在帮助它而特别设计的政策。

18.6 经济学共识

18.6 学习目标
概述国际贸易如何适应经济结构。

自由贸易主义者和保护主义者之间的争论对我们学习国际经济学是至关重要的。争论的一方是比较优势理论，该理论是由大卫·李嘉图在19世纪早期正式提出的。根据这一观点，所有的国家都能从专业化和贸易中获益。来自贸易的收益是实在的，并且可能是非常巨大的；自由的国际贸易增加了实际收入，提高了生活水平。

争论的另一方则是贸易保护主义者，他们指出就业岗位的减少，并主张保护工人免受外国竞争的伤害。尽管外国竞争可能导致特定行业的就业岗位减少，但不太可能导致一个经济体的净就业岗位减少，而且随着时间的推移，工人将被吸收到不断扩张的行业中。自由贸易和充分就业可以同时存在。虽然经济学家在很多问题上意见不一，但他们中的绝大多数人都赞成自由贸易。

总结

1. 任何经济体，无论其规模大小，都在一定程度上依赖于其他经济体，并受到国外事件的影响。

18.1 贸易盈余与赤字　页 410

2. 直到20世纪70年代，美国一直是出口大于进口——它拥有贸易盈余。在70年代中期，美国的进口开始大于出口，即产生了贸易赤字。

18.2 贸易的经济基础：比较优势　页 410

3. 可以追溯到19世纪大卫·李嘉图的比较优势理论，该理论认为，专业化和自由贸易将有利于所有的贸易伙伴，即使对于那些从绝对意义上来说生产效率较低的生产者也是如此。

4. 当一个国家生产一种商品所使用的资源比另一个国家少时，它在生产这种商品时享有绝对优势。当一种商品生产的机会成本（就必须放弃生产其他商品的机会而产生的成本）低于另一国家时，一国享有生产该商品的比较优势。

5. 贸易使各国能够超出原有的资源和生产率的限制。当各个国家集中生产那些它们具有比较优势的产品时，它们就能最大限度地提高综合产出，并更有效地分配资源。

6. 在自由贸易的情况下，贸易格局和贸易流动是数千家进出口商以及数百万个私人家庭和厂商独立决策的结果。

7. 外国商品对本国购买者的吸引力，以及本国商品对外国购买者的吸引力都要在一定程度上取决于汇率，即两种货币交易时的比率。

8. 对于任何两个国家来说，存在能够自动使两国都能从专业化和比较优势中获益的某一汇率范围。在这一范围之内，汇率将决定哪个国家从贸易中获利更多。我们因此得到了汇率决定贸易条件的结论。

9. 如果汇率最终位于恰当的范围内（即有利于国家间商品流通的区间），自由市场将推动各国将资源转移到其享有比较优势的部门。一个国家里只有那些具备比较优势的产品才能在世界市场上有竞争力。

18.3 比较优势的来源　页 420

10. 赫克歇尔-俄林定理用相对要素禀赋来解释比较优势理论与贸易流动。根据这个定理，如果一个国家主要用于生产某种产品的投入禀赋相对较好，那么，该国家就具有生产这种产品的比较优势。

11. 一份相对简短的投入清单——自然资源、知识资本、物质资本、土地以及熟练和非熟练的劳动——解释了世界贸易格局中大得惊人的一部分。然而，比较优势理论的简化版不能解释为什么许多国家对同一种商品既进口又出口。

12. 有些理论提出，比较优势是可以后来获得的。正如一个国家内部各行业为占领国内市场而进行产品差异化一样，它们也会为满足世界范围内各种不同的爱好而进行产品差异化。这一理论与比较优势理论是一致的。

18.4 贸易壁垒：关税、出口补贴和配额　页 422

13. 贸易壁垒有许多种形式。最常见的三种是关税、出口补贴和配额。它们都是使某些经济部门免受外国竞争的保护形式。

14. 尽管美国一直都是一个高关税的国家，但美国仍在向远离关税和配额的自由贸易方向迈进。23 个国家于 1947 年签署的《关税及贸易总协定》实际上一直延续至今；其目标在于减少世界贸易的壁垒，并防止壁垒的再次出现。同样重要的是 1988 年签署的《美加自由贸易协定》以及在乔治·H.W. 布什当政的最后一段日子里由美国、墨西哥和加拿大三国签署的《北美自由贸易协定》，该协定于 1994 年起生效。

15. 世界贸易组织是由关税及贸易总协定决定设立的，目的是作为各国贸易争端的谈判论坛。

16. 欧洲联盟是由 27 个国家组成的自由贸易区：奥地利、比利时、保加利亚、克罗地亚、塞浦路斯、捷克共和国、丹麦、爱沙尼亚、芬兰、法国、德国、希腊、匈牙利、爱尔兰、意大利、拉脱维亚、立陶宛、卢森堡、马耳他、荷兰、波兰、葡萄牙、罗马尼亚、斯洛伐克、斯洛文尼亚、西班牙和瑞典。许多经济学家认为，欧盟内部的自由贸易优势、统一后的德国以及作为一个整体良好运作的能力，将使欧盟在未来几十年成为国际市场上最强大的竞争者。

18.5 自由贸易还是保护？　页 426

17. 从某种意义上来说，比较优势理论就是自由贸易的主张。贸易壁垒阻碍一个国家从专业化中获益，迫使其采用

相对缺乏效率的生产技术，并迫使消费者为那些受保护的产品支付比原来更高的价格。

18. 赞成保护的主张依赖于许多命题。其中之一就是外国竞争导致国内就业机会减少，但是我们没有理由相信，那些从萎缩的部门中被解雇的工人最终无法被其他正在扩张的部门重新雇用。然而，这种调整过程并非是没有成本的。

19. 其他要求保护的论点认为：廉价的外国劳动力导致了不公平的竞争；有些国家采用不正当的手段；保护能够捍卫国家安全，抑制依附，维护新兴产业。尽管存在这些论点，但绝大多数经济学家仍然都赞成自由贸易。

353

术语和概念回顾

绝对优势，页 411
比较优势，页 411
《谷物法》，页 410
多哈发展议程，页 425
倾销，页 422
经济一体化，页 426
欧盟（EU），页 426
汇率，页 418
出口补贴，页 422

要素禀赋，页 421
关税及贸易总协定（GATT），页 424
赫克歇尔-俄林定理，页 421
新兴产业，页 432
《北美自由贸易协定》（NAFTA），页 426
保护，页 422
配额，页 423

《斯穆特-霍利关税法》，页 424
关税，页 422
贸易条件，页 417
比较优势理论，页 411
贸易赤字，页 410
贸易盈余，页 410
《美加自由贸易协定》，页 426
世界贸易组织（WTO），页 425

习题

18.1 贸易盈余与赤字

学习目标： 贸易盈余和贸易赤字是如何定义的？

1.1 就进出口总价值而言，美国的前五大贸易伙伴是中国、加拿大、墨西哥、日本和德国。登录 www.bea.gov，搜索"美国的货物和服务贸易，按选定国家和地区"。找出这些

国家最近一年的进出口总额和贸易余额。美国对这些国家中的哪一个有贸易盈余？贸易赤字呢？在网上搜索一下，找出美国从这五个国家进口和出口的一些主要商品和服务。你对你发现的这些商品或服务感到惊讶吗？为什么？

18.2 贸易的经济基础：比较优势

学习目标：解释国际贸易是如何从比较优势理论中产生的，以及是什么决定了贸易条件。

2.1 假设拉脱维亚和爱沙尼亚两国各自只生产两种商品，即拖拉机和雪橇。两者都是独立使用劳动生产的。假设这两个国家都充分就业，你得到下列资料：

拉脱维亚：生产一台拖拉机需要 12 个单位的劳动

生产一辆雪橇需要 4 个单位的劳动

劳动总量：90 万单位

爱沙尼亚：生产一台拖拉机需要 16 个单位的劳动

生产一辆雪橇需要 8 个单位的劳动

劳动总量：60 万单位

a. 在没有贸易的情况下，画出每个国家的生产可能性边界。

b. 如果允许进行贸易，而且运输费用可以忽略，那么拉脱维亚和爱沙尼亚之间会进行贸易吗？请做出解释。

c. 如果谈判达成了贸易协定，它们会同意在什么比率（每辆雪橇所换的拖拉机数量）下进行贸易呢？

2.2 美国和巴西各自只生产奶酪和葡萄酒。两国国内价格列于下表：

		巴西	美国
奶酪	每磅	4 巴西雷亚尔	6 美元
葡萄酒	每瓶	7 巴西雷亚尔	9 美元

4 月 1 日，伦敦交易所公布的汇率为 1 美元 = 1 巴西雷亚尔。

a. 哪个国家在生产奶酪上有绝对优势？在生产葡萄酒上呢？

b. 哪个国家在生产奶酪上有比较优势？在生产葡萄酒上呢？

c. 如果美国和巴西是仅有的两个从事贸易的国家，假设汇率是由供求规律自由决定的，你预测汇率会发生怎样的调整？

2.3 下表给出了伊利诺伊州和堪萨斯州每英亩产量的最新数据：

	小麦	大豆
伊利诺伊州	48	39
堪萨斯州	40	24

资料来源：美国农业部，*Crops Production*。

a. 如果我们假设伊利诺伊州和堪萨斯州的农场主使用相同数量的劳动、资本和化肥，哪个州在生产小麦上有绝对优势？哪个州在生产大豆方面有绝对优势？

b. 如果我们将用于生产小麦的土地转而生产大豆，在伊利诺伊州每增加 1 蒲式耳大豆要放弃生产多少蒲式耳的小麦？在堪萨斯州呢？

c. 哪个州在小麦生产上有比较优势？哪个州在大豆生产上有比较优势？

d. 下表以百万英亩为单位，给出了每个州耕地的分配情况：

	耕作总面积	小麦	大豆
伊利诺伊州	22.9	1.9 （8.3%）	9.1 （39.7%）
堪萨斯州	20.7	11.8 （57.0%）	1.9 （9.2%）

这些数据与你对 c 部分的回答一致吗？解释一下。

2.4 英国和美国生产切德干酪和蓝纹奶酪。现将每一种乳酪的每磅在两国国内目前的价格列于下表：

	英国	美国
切德干酪	3 英镑	6 美元
蓝纹奶酪	6 英镑	9 美元

假设汇率是 1 英镑 =1 美元。

a．如果每个国家的价格比率反映了资源的使用情况，哪个国家在生产切德干酪方面具有比较优势？哪个国家在生产蓝纹奶酪方面具有比较优势？

b．假设没有其他贸易伙伴，并且持有外币的唯一动机是购买外国商品。目前的汇率是否能使两国之间产生双向贸易流动？请解释。

c．你预期汇率会如何调整？请具体说明。

d．在汇率调整后，你对英国和美国之间的贸易流动作何预期？

2.5 与胡特维尔国相比，皮斯利国在任何产品的生产上都具有绝对优势。这两个国家还能从彼此的贸易中获益吗？请解释一下。

2.6 评价以下陈述：如果汇率降低增加了一个国家的出口，政府应尽其所能确保其货币的汇率尽可能地低。

18.3 比较优势的来源

学习目标： 描述比较优势的来源。

3.1 下表为 2013 年美国进出口商品的情况：

	出口	进口
总计	1 592.0	2 294.6
民用飞机	53.7	14.1
服装	6.9	93.7
原油	4.9	272.8
车辆、零部件和发动机	152.6	308.8
食物、饲料和饮料	136.2	115.1

所有的数字都四舍五入到十亿美元。

资料来源：www.census.gov。

从上表中可以看出美国相对于其贸易伙伴在生产商品方面有什么比较优势？怎样解释服装跟飞机与其他商品之间的巨大差异？

3.2 你可以将自己所在的国家看成是多个省级行政单位互相之间没有贸易壁垒的独立经济体的组合。在这样一个开放的经济环境中，每个省级行政单位都专业化生产它所擅长的产品。

a. 你所在的省级行政单位专注于哪些产品的生产？

b. 你能确定隐藏在这些产品背后的比较优势是从何而来吗？（例如自然资源、大量廉价劳动力或熟练劳动力等）

c. 你认为比较优势理论与赫克歇尔–俄林定理有助于解释你所在的省级行政单位为什么用现在的方式进行专业化生产吗？请做出解释。

3.3 有些实证贸易经济学家指出，对于许多产品来说，一些国家既是进口国又是出口国。例如，美国既进口又出口衬衫。这怎么解释呢？

18.4 贸易壁垒：关税、出口补贴和配额

学习目标： 分析贸易壁垒的经济效应。

4.1 **[与页 423 "实践中的经济学" 相关]** 如前文所述，《北美自由贸易协定》于 1993 年得到美国国会批准，并于 1994 年 1 月 1 日生效，除少数关税外，所有的承诺都在 2003 年得到充分履行。访问 http://www.usa.gov，搜索 "NAFTA: A Decade of Success"（北美自由贸易协定：十年的成功），可以找到来自美国贸易代表办公室的一份文件，其中详细说明了美国、加拿大和墨西哥之间的自由贸易协定的好处。请描述一下在 2003 年充分履行《北美自由贸易协定》之后，这些国家在经济增长、出口、总贸易量和生产率方面发生的变化，现在利用网络进行搜索，找出《北美自由贸易协定》的缺点，看看它们与上文中保护主义的论点有何关联。解释一下你是否认为这些不利因素超过你所描述的经济增长、出口、总贸易量和生产率方面的好处。

4.2 下图为美国国内煤炭供需情况。

a. 在没有贸易的情况下，均衡价格和均衡产量是多少？

b. 政府开放市场进行自由贸易，印度尼西亚进入市场，煤炭定价为每吨 40 美元。

355

国内煤炭价格会发生怎样的变化？新的国内供给量和国内需求量是多少？将从印度尼西亚进口多少煤炭？

c. 在国内煤炭生产商多次投诉后，政府对所有进口煤炭征收每吨 10 美元的关税。国内煤炭价格会发生怎样的变化？新的国内供给量和国内需求量是多少？现在将从印度尼西亚进口多少煤炭？

d. 政府将从每吨 10 美元的关税中获得多少收入？

e. 谁最终为每吨 10 美元的关税买单？为什么？

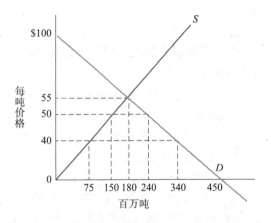

4.3 参照 4.2 中的问题。假设市场是开放贸易的，印度尼西亚仍以每吨煤 40 美元的价格进入市场。但为了回应国内煤炭生产商的抱怨，政府没有对其每吨煤炭征收 10 美元

的关税，而是对印尼煤炭实行 9 000 万吨的进口配额。配额的结果与征收关税的结果有何不同？

4.4 **[与页 424 "实践中的经济学" 相关]** 2015 年，美国和古巴恢复外交关系，这是自 1961 年以来首次在对方的首都重开大使馆。自 20 世纪 60 年代初以来，美国对古巴实施了禁运，几乎禁止了两国之间的所有贸易。随着外交关系的恢复，古巴政府正在寻求结束这一禁运，并敦促美国政府恢复两国之间的贸易。假设美国决定取消对古巴的出口禁令，同时维持对古巴的进口禁令。请解释一下，这种单边的改变会使没有国家受益，其中一个受益，还是两个国家都受益呢？

18.5 自由贸易还是保护？

学习目标： 评价关于自由贸易和保护主义的争论。

5.1 **[与页 430 "实践中的经济学" 相关]** 当美国总统向国会提交一份贸易协定以供其批准时，许多国内行业都对此表示反对。2005 年，美国正在进行《中美洲–多米尼加共和国自由贸易协定》（CAFTA-DR）的谈判。写一篇关于美国政治上的反对 2004 年和 2005 年的 CAFTA-DR 的短文。美国有哪些行业反对这项贸易协定？将这些行业的论点与蜡烛制造商提出的论点进行比较是否公平？

第19章
开放经济的宏观经济学：国际收支与汇率

356

　　国际贸易的增长使得世界各经济体日益相互依存。目前，美国的进口额占美国国内生产总值（GDP）的17%左右，每天有数十亿美元流入国际资本市场。在上一章中我们探讨了各国从贸易中获得的收益，因为它们利用了比较优势并且获得了新的产品。但贸易无处不在，这也意味着世界某个地方的经济问题往往可以被其他地方的贸易伙伴感受到。在本章中，我们将探讨经济的开放影响宏观经济政策制定的方式。

　　从宏观经济的角度来看，国际交易与国内交易之间的主要区别在于货币兑换。当来自不同国家，持有不同货币的人们相互之间进行买卖时，他们也必须进行货币兑换。巴西的咖啡出口商不能在巴西花美元；他们需要巴西雷亚尔。同样地，美国小麦出口商从美国公司买拖拉机或者支付仓库设施租金的时候，不能直接使用巴西雷亚尔。国际交易必须要以一种能够使交易双方最终都得到他们本国货币的方式来进行。

　　两国之间的贸易额取决于**汇率**（exchange rate）——以一国货币表示另一国货币的价格。如果日元价格昂贵（即美元便宜），则日本人和美国人都想从美国生产者处购买。如果日元便宜（即美元昂贵），日本人和美国人就都想从日本生产者处购买。在一定的汇率范围内，两个方向的交易都在进行，每个国家生产其具有比较优势的商品，此时贸易是互惠互利的。

　　由于汇率是决定国际贸易流动的一个因素，因此汇率的决定机制十分重要。本章附录补充了对1900年以来采用的各种汇率制度的介绍。

汇率：一国货币按另一国货币计算的价格；即两种货币相互交易的比率。

357

1900 年以来，世界货币体系通过几次国际协定和事件已经发生了多次变化。在 20 世纪初期，几乎所有货币都是以黄金作为后备的，它们的价值被固定为一定数量盎司的黄金，这决定了它们在国际贸易中的价值——汇率。

1944 年，随着第二次世界大战临近结束，国际货币体系一片混乱，44 个国家的非官方专家代表在新罕布什尔州的布雷顿森林公园召开会议，会议制定了一系列协定。其中一项协定建立了基本固定的汇率制度。根据该制度，各个国家同意在必要时通过买卖货币对外汇市场进行干预，以维持其货币的既定价值。

1971 年，包括美国在内的大多数国家开始采用弹性汇率制，即汇率主要由供求关系决定。尽管弹性汇率在实际操作上相当复杂，但其逻辑非常简单。如果英国的商品受到美国消费者的欢迎，那么美国客户为了买英国商品，对英镑的需求量就变大。如果英国客户不喜欢美国商品，那么很少人会想换美元来购买美国商品。如果此时政府没有对市场进行干预，那么在这种情况下，英镑兑美元的价格就会上升，因为想用美元换英镑的人（"需求"英镑的人）比想用英镑换美元的人（"供给"英镑的人）多。因此汇率市场反映了各经济体中实际商品的市场情况。我们将在本章的后面详细了解它们之间的联系。

我们通过研究国际收支——一个国家与世界其他国家和地区的交易记录——来开始对开放经济宏观经济学的学习。然后我们继续考虑当我们允许国家间商品、服务和资本交易时，宏观经济的模型会如何变化。

19.1 学习目标

解释国际收支的计算。

外汇：除本国货币外的所有货币。

国际收支：一国与世界其他地区在商品、服务和资产方面交易的记录；也是一个国家外汇的来源（供给）和使用（需求）的记录。

19.1 国际收支

所有的外币——欧元、瑞士法郎、日元、巴西雷亚尔等——可以组合在一起统称为"外汇"。**外汇**（foreign exchange）就是指该国除本国货币（对美国而言，就是美元）以外的所有货币。美国产生外汇需求是因为美国人想购买以其他货币报价的商品，比如买澳大利亚的珠宝，去墨西哥度假，或买日本索尼公司发行的债券或股票。当美国人想要购买这些商品时他们必须先购买他国货币。但通常购买外币是间接的，大多数顾客在购买国外商品时根本不会想到购买外币。

外汇的供给从哪里来呢？答案很简单：当美国（实际上是美国公民或者是厂商）向其他国家或地区卖出其产品、服务或者资产的时候，美国挣得外汇。当墨西哥旅客到美国迪士尼世界游玩时，他们会先将他们的比索换成美元再去游玩购物。美国也挣得外汇。其他交易形式较为复杂，沙特阿拉伯人购买通用汽车的股票和哥伦比亚人购买迈阿密的房产时，也增加了美国的外汇供给，尽管这些情况下货币的兑换通常由中间商完成。

一个国家与其他地区的商品、服务和资产方面交易的记录就是该国的**国际收支**（balance of payments）。国际收支也是一国外汇来源（供给）和使用外汇（需求）的记录。[①]

19.1.1 经常项目

国际收支分为两大账户，即经常项目和资本项目。表 19.1 是美国 2014 年的国际收支的数据。我们先来看看经常项目。

经常账户的前两项是商品的出口和进口。美国最大的出口是商用飞机、化学品和农产品。美国出口为美国挣得外汇，记在经常账户的贷方（credit，+）。美国进口使用了外汇，记在经常账户的借方（debit，-）。在 2014 年，美国出口了 16 351 亿美元的商品，进口了 23 709 亿美元的商品，所以在商品贸易这一项中，美国使用的外汇比挣得的外汇要多。

经常账户的下一个项目就是服务贸易。与大多数国家一样，美国从其他国家或地区购买或者向其他国家或地区出售服务。比如，一家向英国运送小麦的美国公司可能会从英国的保险公司购买保险。一个荷兰的花农可能需要用美国客机运送鲜花到美国。在第一个例子中，美国进口服务，因此使用了外汇；在第二个例子中，美国向外国人出售服务，赚取外汇。在 2014 年，美国出口了 7 094 亿美元的服务，进口了 4 783 亿美元的服务，因此在服务上，美国挣得的外汇比它所花费的更多。

一个国家的商品及服务出口量与其商品及服务进口量之间的差额，就是该国的**贸易余额**（balance of trade）。当一国的商品和服务出口量少于进口量时，该国存在**贸易赤字**（trade deficit）。从表 19.1 可看出，2014 年美国的贸易赤字非常大，达到了 5 047 亿美元。

表 19.1 的下一项是投资收入。美国公民持有外国的资产（股票、债券和不动产，如建筑和工厂等），向持有资产的美国人支付的股利、利息、租金和利润将带来外汇。反之，当外国人从其持有的美国资产中挣得股利、利息、租金和利润时，外汇就被用掉了。2014 年，美国在投资上挣得 8 197 亿美元的收入，支出为 6 018 亿美元。

经常账户的最后一项是转移支付。美国给外国人的转移支付是另一种使用外汇的方式。其中有些转移支付是来自美国公民的，有些是来自美国政府的。你可以将支票寄给非洲的救济机构；许多美国移民会向其原籍国汇款，资助自己的亲戚。相反，外国如汇款到美国，会为美国赚取外汇。在 2014 年，美国在净转移支付上收到 1 271 亿美元境外汇款，汇出 2 509 亿美元到境外。

表 19.1 中的第（10）项显示经常项目的余额。这是贸易余额加上投资收入和转移收入减去投资支出和转移支出。换言之，**经常项目余额**（balance on currency account）也可以看作是出口商品和服务的收入以

贸易余额： 一个国家的商品及服务的出口量减去其商品及服务的进口量。

贸易赤字： 当一个国家的商品及服务出口少于其商品及服务进口时，该国存在贸易赤字。

经常项目余额： 出口商品和服务的收入以及投资收入和转移收入之和，减去进口商品和服务的支出以及投资支出和转移支出。

[①]　请注意国际收支和资产负债表之间的区别。一个厂商或一个国家的资产负债表衡量的是该实体在某个时刻的资产和负债存量。而国际收支测量的是流量，通常以一个月、一个季度或一年为期。除了英文名称较为相似外，两者的概念并不相同，国际收支表并非资产负债表。

及投资收入和转移收入之和，再减去进口商品和服务的支出以及投资支出和转移支出。经常项目余额显示一国在外国商品、服务、投资收入支付和转移方面的支出相对于其从其他国家挣到的收入而言有多少。当余额为负时，正如表中美国 2014 年的情况那样，说明一国在外国商品和服务上的支出（加上支付的投资收入和转移支付）超过了向其他地区销售商品和服务的收入（加上收到的投资收入和转移支付）。

表 19.1　2014 年美国国际收支

经常项目	美元（单位：十亿）
（1）商品出口	1 635.1
（2）商品进口	-2 370.9
（3）服务出口	709.4
（4）服务进口	−478.3
（5）贸易余额：（1）–（2）+（3）–（4）	−504.7
（6）投资收入	819.7
（7）投资支出	−601.8
（8）转移收入	127.1
（9）转移支出	250.9
（10）经常项目余额：（5）+（6）–（7）+（8）–（9）	−410.6
资本项目	
（11）美国净负债变化	88.1
（12）金融衍生品净收益	53.5
（13）统计误差	269.0
（14）国际收支：（10）+（11）+（12）+（13）	0.0

第（11）项是外国在美国的资产的变化减去美国在外国资产的变化。在 2014 年，此项为正值，意味着美国净负债增加。

来源：美国商务部经济分析局，2015 年 3 月 19 日。

19.1.2 资本项目

在经常项目记录的每一笔交易，都在资本项目中有一笔与之相抵消的交易。例如，2014 年，美国的经常项目存在贸易赤字，为 4 106 亿美元。美国必须支付这笔赤字，而如何支付则记录在资本项目中。表 19.1 中资本项目下的第一行显示美国净负债（对世界其他地区）增加了 881 亿美元。所以美国从世界其他地区借了 881 亿美元（净额），填补了部分赤字。下一栏显示美国从金融衍生品中获得净收益 535 亿美元，也用来填补部分赤字。如果没有测算误差，赤字将由这两项补齐。但实际上，测算误差是存在的，总的测算误差被称为统计误差。在 2014 年，统计误差为 2 690 亿美元。当然这是一个很大的误差。但是我们从中学习的重点是，除去测算误差外，经常项目的赤字必须由该国对世界其他地区的净负债变化和其净金融衍生品收益来补齐。国际收支——表 19.1 中的第（14）项，始终为零。

下面的例子可以帮助了解经常项目和资本项目之间的联系。假设一位美国公民在伯利兹的卡尔克岛上花 1.75 美元买了一瓶啤酒，美元和当地货币都可以在伯利兹流通。这就是美国的进口，因此美国的经常项目赤字增加了 1.75 美元。那资本项目呢？伯利兹店主现在收到 1.75 美元，这是他的资产（即伯利兹的资产）和美国的负债，因此美国对世界其他地区的净负债——表 19.1 第（11）项——增加了 1.75 美元。

许多国际金融交易不会导致资本项目中美国净负债的变化。如果中国的中央银行用人民币购买美国政府债券，其美国资产增加（债券），但是其外债（人民币）也增加了。在美国方面，其外债增加（债券），同时其外国资产（人民币）也增加了。但两个国家的净头寸没有变化。只有经常项目的正向或负向变化会引起一国净头寸的变化。如果在伯利兹的例子中，美国公民先将 1.75 美元兑换成 3.5 伯利兹币（伯利兹元比美元的汇率是 2∶1），这不会使美国净负债发生变化。这仅仅是资产的交换，经常项目无变化。

国际收支与流量有关。在表 19.1 中可以看到 2014 年的流量。关于存量，我们也知道存量与流量是相关的。比如，一个国家在某一特定年份结束时，相对于世界其他地区的净财富，将等于上一年末该国的净财富加上该国当年经常项目余额。在 2014 年，美国相对于世界其他地区的净财富减少了 4 106 亿美元——这也是其 2014 年经常项目赤字的数目。我们必须认识到，改变一个国家的净财富地位的唯一方式是其经常项目的余额不为零。单纯地将一种形式的资产转换为另一种形式并不会改变一个国家的净财富。一个国家的净财富是其过去所有经常项目余额的总和。

在 20 世纪 70 年代中期之前，美国的经常项目一直有盈余，因此其净财富地位是正的。此时美国是债权国。这种情况从 20 世纪 70 年代中期开始转变，到 20 世纪 80 年中期，美国存在很大的经常项目赤字。在这期间，美国对世界其他地区的净财富地位从正变为负。也就是说，美国从债权国转变为债务国。美国的经常项目赤字一直持续，现在美国是世界上最大的债务国。截至 2014 年年底，外国在美国的资产总额达到 31.6 万亿美元，美国在国外的资产总额为 24.7 万亿美元。[②] 所以美国的净财富是 -6.9 万亿美元。巨大的负头寸表明这样一个事实：自 20 世纪 70 年代中期以来，美国在外国商品和服务上的支出（加上支付的投资收入和转移支付）远远超过它向世界其他地区销售商品和服务所获得的收入（加上收到的投资收入和转移支付）。

---

② 美国商业部经济分析局，2015 年 3 月 13 日。

360

实践中的经济学

谁是债权国?

国际货币基金组织（IMF）成立于 1944 年，是本章附录中介绍的布雷顿森林会议确立的体系的一部分。其主要目的是要稳定国际货币体系。作为其权力的一部分，IMF 可以收集世界各地的贸易和金融数据。2011 年以来克里斯蒂娜·拉加德（Christine Lagarde）一直担任该组织的总裁。

净国际投资头寸（Net International Investment Position，NIIP）是 IMF 用于评估各国财务状况的指标之一。NIIP 是一个国家的外部金融资产与其外部金融负债之间的差额。基于这些数据，我们可以将国家分为净债权国或净债务国。如果这样来看的话，有哪些国家属于大型的债权国，哪些是大型债务国呢?[1]

2013 年排名前六的债务国或地区是（单位为十亿美元）：

美国 5 383

西班牙 1 385

巴西 755

澳大利亚 743

意大利 680

墨西哥 494

排名前六的债权国或地区是：

日本 3 086

中国 1 972

德国 1 145

瑞士 839

沙特阿拉伯 763

中国香港 758

美国是迄今为止最大的债务国。自 20 世纪 70 年代以来，美国一直存在经常项目赤字。欧洲有债权国也有债务国。西班牙和意大利是大型债务国，德国和瑞士是大型债权国。目前，两个最大的债权国是日本和中国。沙特阿拉伯也是一个大型的债权国，因为它多年来一直从石油出口中获得巨额的经常项目盈余。

思考

1. 大型债务国潜在的长期成本是什么?

[1] 数据来自 "IMF Multi Country Report" July 29，2014。

19.2 学习目标

讨论在开放经济中均衡产出是如何确定的，描述贸易反馈效应和价格反馈效应。

19.2 开放经济的均衡产出（收入）

到目前为止，我们所说的都是描述性的。现在我们转到分析上来。所有这些贸易和资本流动是如何决定的？它们对参与国的经济有何影响？为了简化讨论，我们假设汇率是固定的。我们将在后文中放宽这一假设。

19.2.1 国际部门和计划总支出

考虑到经济的开放性，我们必须做出的第一个变化是计算乘数，这是经济政策分析的支柱之一。我们之前对乘数的计算将总支出（AE）定义为由家庭消费（C）、企业的计划投资（I）和政府支出（G）组成。

在开放经济中，我们现在必须将一个国家向世界其他地区出口的商品和服务（EX）包括在总支出中，我们也要对其进口的商品和服务（IM）进行调整。显然，EX 应该作为总产出和收入的一部分。销往墨西哥的美国剃刀和销往匹兹堡的类似剃刀一样，都是美国产出的一部分。出口仅仅代表世界其他国家或地区对国内产品的需求，而非国内的家庭、厂商和政府的需求。

那么进口呢？进口不是国内产出（Y）的一部分，因为进口的商品和服务不是在本国生产的。但是，家庭的总消费支出、企业的总投资支出和政府的总支出都包括进口。因此，要正确计算国内产出，我们必须减去消费、投资和政府支出中进口的部分。因此计划总支出的定义变为：

开放经济中的计划总支出：

$$AE \equiv C+I+G+EX-IM$$

最后两项（$EX-IM$）合起来则得到该国**商品和服务的净出口**（net exports of goods and services，$EX-IM$）。

商品和服务的净出口：一国总出口和总进口的差额。

进口水平的决定　什么决定了一个国家的进出口水平？显然，进口水平是关于收入（Y）的函数。当美国收入增加时，美国公民就会购买更多东西，包括日本汽车和韩国智能手机。当收入增加时，进口往往会增加。代数式可表示为

$$IM=mY$$

其中 Y 表示收入，m 为正数。（m 应为小于 1 的正数；如果 m 大于 1，则收入每增加 1 美元将导致进口增加超过 1 美元，这是不现实的。）回顾第 8 章，边际消费倾向（MPC）衡量的是由收入变动 1 单位货币所引起的消费变动。同样，**边际进口倾向**（marginal propensity to import，MPM 或 m）是收入变动 1 单位货币所引起的进口变动。如果 m=0.2 或 20%，收入是 1 000 美元，则进口量 IM 等于 0.2 × 1 000 美元 =200 美元。如果收入增加 100 美元至 1 100 美元，进口变动将等于 m ×（收入变动）= 0.2 × 100 美元 =20 美元。

边际进口倾向（MPM）：收入变动 1 单位货币所引起的进口变动。

现在我们先假设出口（EX）是一定的（也就是说，它们不会受到国内经济状况的影响，即使间接的影响也没有）。本章稍后将放宽此假设。

求解均衡 给定进口决定方式的假设，我们可以求解得到均衡收入。其过程如图 19.1 所示。根据图 19.1（a）中的消费函数（深色线），我们可以逐步画出表示计划总支出的函数（浅色线）。为方便分析，假设计划投资、政府采购和出口都是固定不变的，不会随着收入变化而变化，则我们可以通过在对深色线上每一个收入水平的点加上固定的 I、G 和 EX，得到浅色线。在这个例子中，我们设定 $I+G+EX$ 等于 80。

然而，$C+I+G+EX$ 中包括进口支出，但进口不是国内生产的一部分。为了得到国内生产商品的支出，我们必须在每个收入水平减去进口的数量。在图 19.1（b）中，我们假设 $m=0.25$，即总收入有 25% 用于在国外生产的商品和服务。例如，在 $Y=200$ 时，$IM=0.25Y$，等于 50。类似地，在 $Y=400$ 时，$IM=0.25Y$，等于 100。图 19.1（b）显示了计划国内总支出曲线，该曲线从支出中除去了进口部分。

当计划国内总支出等于国内总产出（收入）时，达到均衡。在图 19.1（b）中我们看到，只在 $Y^*=200$ 这一点时，达到均衡。如果 Y 低于 Y^*，计划支出将超过产出，库存将低于计划，产出将增加。在 Y 大于 Y^*，产出将超过计划支出，库存将大于计划，产出将下降。

开放经济乘数 所有这些都对乘数的大小有影响。回想一下第 8 章介绍的乘数，和政府采购（G）的持续增长。最初，G 的增加将导致计划总支出大于总产出。国内厂商会发现它们的存货低于计划水平，因此会增加产出，但增加产出意味着产生更多的收入。要雇用更多的工人，利润更高。增加的收入一部分变为储蓄，一部分被用于消费。增加的消费支出导致第二轮存货低于计划水平，以及产出的增加。最终均衡产出按政府采购初始增量的倍数增加。这就是乘数效应。

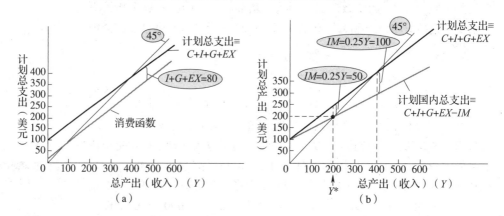

▲ **图 19.1 开放经济的均衡产出的决定**

在图 a 中，消费（C）的每一点都加上计划投资支出（I）、政府支出（G）和总出口（EX）得到计划总支出。但是，$C+I+G+EX$ 包括进口的支出。在图 b 中，从计划总支出中减去对应每个收入水平的进口数量。在 $Y^*=200$ 时，取得均衡产出，即计划国内总支出曲线与 45 度线相交的点。

在第 8 章和第 9 章中，我们发现简单乘数等于 1/（1-MPC）或（1/MPS）。也就是说，政府采购量如果增加 ΔG，将导致总产出（收入）增加 ΔG［1/（1-MPC）］倍。如果 MPC 为 0.75，政府采购额增加 100 亿美元，重新达到均衡点时收入将增加 4×100 亿美元，即 400 亿美元。乘数为 ［1/（1-0.75）］=［1/0.25］=4.0。

在开放经济中，G 增加带来的收入增量中的一部分会用于进口，而非购买国内生产的商品和服务上。用于进口的这部分收入不会增加国内收入（Y），因为进口品服务是由外国人生产的。为了计算乘数，我们需要知道增加的收入中，有多少用于增加国内消费。（我们假设进口的都是消费品。但在实际生活中，有些进口品是投资品，有些是政府购买的商品。）换句话说，我们需要知道对国内商品的边际消费倾向。国内消费是 C-IM。因此，对国内商品的边际消费倾向是对所有商品的边际消费倾向（MPC）减去边际进口倾向（MPM）。所以对国内商品的边际消费倾向是 MPC-MPM。所以，

$$\text{开放经济的乘数} = \frac{1}{1-(MPC-MPM)}$$

如果 MPC 为 0.75，MPM 为 0.25，则乘数为 1/0.5，即 2.0。此乘数小于不考虑进口时得到的乘数，即 1/0.25，等于 4.0。政府支出（或投资）持续增加对收入的影响——即乘数——在开放经济中比在封闭经济中小。其原因是：当政府支出（或投资）增加，收入和消费也上升时，由此带来的一部分额外消费支出不是用于购买国内生产的商品和服务，而是购买国外商品。在开放经济中，政府支出对国内经济的影响要小于封闭经济。与此同时，一个国家的政府支出增加也会影响到其他国家。一个国家的财政政策会影响其贸易伙伴的宏观经济。

19.2.2 进口、出口和贸易反馈效应

363

为了简单起见，到目前为止我们一直假设进口水平仅取决于收入，而且出口水平是固定的。在现实中，进口的数量还取决于收入以外的其他因素，出口也不是固定的。我们现在将考虑现实中可能的情况。

进口的决定因素　影响家庭消费行为和厂商投资行为的因素往往同样会影响进口需求，因为有些进口商品是消费品，有些是投资品。例如，任何增加消费支出的因素都可能会增加进口需求。我们在第 8 章和第 11 章看到，税后实际工资、税后非劳动收入和利率等因素都会影响消费支出；因此，它们也会影响对进口品的支出。同样，任何能增加投资支出的因素都可能会增加进口需求。例如，降低利率会促进对国内生产的商品和国外生产的商品的消费。

在确定进口支出时还有一个考虑的因素：即国内生产和国外生产的

商品的相对价格。如果相较于国内商品，国外商品的价格下降，则相较于国内商品，人们会倾向买更多的外国商品。当日本汽车相对于美国汽车便宜时，日本汽车的消费量非常高，反之亦然。

出口的决定因素 现在我们放开出口是固定的这一假设。外国对美国出口品的需求就是外国从美国的进口。例如，德国进口商品，其中进口的部分商品是美国生产的。法国、西班牙等国家也是如此。德国的进口总支出曲线是我们刚才所讨论的影响进口支出的因素的函数，只是变量从美国改为德国。对所有其他国家也是如此。对美国出口品的需求取决于世界其他地区的经济活动——世界其他地区的实际工资、财富、非劳动收入、利率等等——以及美国商品相对于世界其他地区商品的价格。当其他地区产出增加，美国的出口就倾向于增加。通过这种方式，世界其他地区的经济增长刺激了美国的经济增长。当美国的商品价格相对于外国商品价格下跌时，美国出口也会增加。在开放经济中，各国是相互依存的。当美国价格相对于外国价格下跌时，美国的出口也会增加。

贸易反馈效应： 一国国内经济活动的增加会导致全球经济活动增加，进而反馈回本国，促进本国经济活动增加的趋势。

贸易反馈效应 我们现在可以结合我们对进口需求和出口需求的了解来讨论**贸易反馈效应**（trade feedback effect）。假设美国发现其出口增加，可能是因为世界突然决定，相较于其他计算机，它更倾向于买美国计算机。出口增加将导致美国产出（收入）增加，并进而使得美国进口增加。这就是贸易反馈效应开始的时候。由于美国的进口是其他地区的出口，随着美国的进口需求增加，世界其他地区的出口也上涨。当其他国家对美国的出口增加时，它们的产出和收入也会增加，从而使得该国来自世界其他地区的进口需求增加。这部分增量里面就包括对美国商品的进口需求，因此美国的出口增加。美国出口的增加更加刺激美国的经济活动，进一步导致美国进口需求的增加，以此类推。美国进口的增加提高了其他国家的出口，这又促进这些国家的国内经济并增加进口，而这又刺激了美国的出口增长，以此类推。这就是贸易反馈效应。也就是说，美国经济活动的增长能带动全球经济活动的增加，然后再"反馈"于美国。

19.2.3 进出口价格与价格反馈效应

我们已经讨论了进口价格，但我们还没有讨论影响进口价格的因素。因为进口价格涉及多种货币，分析影响进口价格的因素比较复杂。当我们谈到"进口价格"时，我们是指用美元、日元还是欧元来表示的价格？由于一个国家的出口是另一个国家的进口，因此出口价格也存在同样的问题。当墨西哥向美国出口汽车零部件时，墨西哥制造商更关注汽车零部件以比索显示的价格，因为比索才是墨西哥流通的货币。美国消费者对汽车零部件的美元价格更感兴趣，因为美元是美国的流通货币。这两种价格之间的联系就是美元对比索的汇率。

假设墨西哥正在经历通货膨胀，散热器价格从每台 1 000 比索上升到每台 1 200 比索。如果美元对比索的汇率保持不变，假设是每 1 比索等于 0.1 美元，则墨西哥的散热器以美元表示的出口价格也会上涨，从每台 100 美元上涨到 120 美元。根据定义，墨西哥对美国的出口就是美国从墨西哥的进口，墨西哥对美国出口商品的美元价格上涨意味着美国从墨西哥进口的价格上涨。因此，当墨西哥出口价格上涨而美元对比索汇率没有变化时，美国进口价格上涨。其他国家的出口价格会影响美国的进口价格。

一个国家的出口价格往往与该国的一般价格水平保持相当紧密的同步变化。如果墨西哥总体价格普遍上涨，那么这种变化可能会反映在所有国内生产的商品的价格上涨上，包括出口和不出口的商品。国外的一般通货膨胀率可能会影响美国的进口价格。如果国外的通货膨胀率很高，美国的进口价格可能会上涨。

价格反馈效应 我们刚刚看到，当一个国家的国内价格上涨时，其出口价格将会上涨。同样，当一个国家的进口价格上涨时，国内商品的价格可能会随之增加。这种效应的发生至少有两种方式。

第一，进口的投入品价格的上涨将增加用这些进口商品作为投入品的厂商的成本，导致一个国家的总供给曲线向左移动。回顾第 12 章，由成本增加导致的总供给曲线向左移动将导致总产出下降和价格上涨（滞胀）。

第二，如果进口价格相对于国内价格上涨，家庭将倾向于用国内生产的商品和服务替代进口商品和服务。这相当于总需求曲线向右移动。如果国内经济在总供给曲线向上倾斜的部分，总体国内价格水平将随着总需求的增加而上升。完全竞争的厂商将会看到由市场决定的价格上涨，而不完全竞争的厂商将会经历对其商品的需求增加。例如，已有研究表明，美国生产的汽车价格紧随着进口汽车的价格而变动。

不过，这并不是故事的全部。假设一个国家，比如墨西哥，现在它的国内价格水平有所上升。这将使其出口到加拿大（以及所有其他国家）的商品价格上涨。而加拿大从墨西哥进口的价格上涨，将引起加拿大国内价格上涨。加拿大也出口商品到墨西哥。加拿大商品价格的上涨也导致加拿大对墨西哥的出口价格上涨，从而进一步提高墨西哥的价格水平。

这被称为**价格反馈效应**（price feedback effect），从某种意义上说，通货膨胀是"可出口的"。一个国家价格水平的上涨可能推高其他国家的价格，从而进一步提高这个国家的价格水平。通过出口价格和进口价格，国内价格上涨最终可以"反馈"回自己身上，再次引起价格上涨。

要注意，我们要认识到迄今为止的讨论都是基于汇率是固定的这一假设。在弹性汇率下，情况变得更加复杂，现在我们来分析一下弹性汇率下的情况。

价格反馈效应：一国国内价格上涨能够通过出口价格和进口价格"反馈"回自身的过程。一个国家的价格水平上涨会推高其他国家的价格。这反过来进一步提高该国的价格水平。

19.3 弹性汇率下的开放经济

　　直到 1971 年，国际货币体系很大程度上都是采用布雷顿森林协定规定的固定汇率制。然后在 1971 年，包括美国在内的大多数国家决定放弃固定汇率制度，转而采用**浮动汇率或由市场决定的汇率**（floating, or market-determined, exchange rates）。尽管各国政府仍会对汇率进行干预，以确保汇率变动"有序"，但现在的汇率主要由两股不受监管的力量，即供给和需求来决定。

　　要理解一国经济在汇率不固定的情况下如何同世界其他地方之间产生相互影响，不像我们在固定汇率假设下那么简单。汇率决定了进口商品相对于国内商品的价格，并对进出口水平有很大影响。试想一下，假设美元兑英镑的汇率下跌了 20%。也就是用美元可购买的英镑减少，用英镑可以购买更多美元。英国公民现在可以用相同的英镑买更多的美元，而美国公民用相同美元能买的英镑数量减少，因此他们双方都会觉得美国的商品和服务更具吸引力。汇率变动对进口、出口和各国之间的资本流动都会产生重要影响。

19.3.1 外汇市场

　　是什么决定了浮动汇率制度下的汇率？为了探讨这个问题，我们假设世界上只有两个国家，美国和英国。这种假设会方便我们分析，并且基于此假设分析得出的大部分观点可以类推到多国世界。

　　英镑的供给和需求　政府、公民个人、银行和公司每天要进行英镑和美元的互换。在只有两个国家的世界中，那些对英镑有需求的人就是持有美元，并想用美元换英镑的人，他们需要英镑来购买英国商品、前往英国旅行或投资英国股票和债券。那些供给英镑的人就是持有英镑的人，并且他们希望以英镑兑换美元，来购买美国货物、访问美国或在美国投资。外汇市场上的美元供给就是持有人在给定时间内想要用以交换英镑的美元的数量。外汇市场中对美元的需求和美元的供给决定了汇率。

　　除了兑换外币进行交易的买家和卖家之外，一些人和机构出于投机动机会持有货币余额。如果你认为美元相对于英镑的价值会下降，你可能希望以英镑形式持有一些财富。表 19.2 总结了在我们的两国假设中，外汇市场上私人需求方和供给方兑换外汇的几类主要原因。

　　我们可以使用供求变量分析来帮助我们理解货币市场的汇率变化。如图 19.2，这是外汇市场中的英镑需求曲线。纵轴是英镑的价格，以每英镑的美元价值表示，横轴是英镑的数量。因此，当我们沿纵轴向下移动时，英镑相对于美元贬值——购买英镑需要更少的美元。假设我们从某一点开始，在这个点上购买 1 英镑需要 2 美元，并且英国商品的价格是 1 英镑。一个美国人以现有汇率购买该商品将花费 2 美元。同时假设在现有汇率水平上，对该商品的需求是 100 单位，所以在货币市场上产生了 100 英镑的需求。现在让英镑贬值，这样每英镑只需 1 美元。看起来英国商品对美国人来说更具吸引力。问题中的商品的英镑价格是固定的，因此现在美国人可以只花 1 美元而不是原来的 2 美元就可以买到 1 英镑的商品。人们原本对商品的需求是 100 单位，随着商品的美元价格大大降低，他们的需求可能超过 100 单位。因此，交易可能将需要超过 100 英镑。因此，外汇市场上的英镑需求曲线的斜率为负。

表 19.2 国际外汇市场上的一些购买者和出售者：美国和英国
英镑的需求（美元的供给）
1. 将英国商品进口到美国，或想要购买英国制造的商品和服务的厂商、家庭或政府
2. 在英国旅行的美国公民
3. 想要购买英国股票、债券或其他金融工具的美元持有者
4. 想要在英国投资的美国公司
5. 预测美元相对英镑贬值的投机者
英镑的供给（美元的需求）
1. 将美国商品进口到英国，或想购买美国制造的商品和服务的厂商、家庭或政府
2. 在美国旅行的英国公民
3. 想要在美国购买股票、债券或其他金融工具的英镑持有者
4. 想要在美国投资的英国公司
5. 预测美元相对于英镑升值的投机者

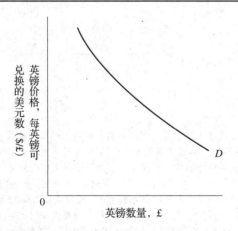

▲ 图 19.2 外汇市场上的英镑需求

当英镑的价格下跌时，英国制造的商品和服务对美国买家而言更便宜。如果英国商品和服务的价格保持不变，美国买家将购买更多的英国商品和服务，他们对英镑的需求量将上升。

那么英镑的供给呢？英镑是由希望购买美国商品的英国人提供的。图19.3显示了外汇市场中英镑的供给曲线。随着纵轴向上移动，美元变得更便宜；每英镑能换更多的美元，这使美国生产的商品和服务的价格在英国更便宜。当英镑的价格很高（美元的价值很低）时，英国人会购买更多美国制造的商品。如果英国对美国进口的需求是具有弹性的，那么此时英国对美国商品和服务的需求增加，从而增加了英镑的供给数量。外汇市场上英镑供给的曲线的斜率为正。

理解供求曲线的关键是，要明白纵轴上的价格是一种货币相对于另一种货币的价格。沿纵轴向下时，英镑相对于美元变得更便宜，或者说，美元相对于英镑变贵。沿纵轴向下移动到原点，英镑的相对价格越低，英镑的需求越高，因为美国人越想买更多英国商品。然而，与此同时，英国买家对现在越来越昂贵的美国商品不太感兴趣，所以供给的英镑也减少了。

货币升值： 一种货币相对于另一种货币的价值上升。

货币贬值： 一种货币相对于另一种货币的价值下降。

均衡汇率　当允许汇率浮动时，它们的确定方式与其他价格的确定方式相同：均衡汇率发生在外币需求量等于外币供给量的点。如图19.4所示，对英镑的超额需求（需求量超过供给量）将导致英镑价格上涨——即英镑将对美元**升值**（appreciation）。英镑超额供给将导致英镑价格下跌——即英镑将对美元**贬值**（depreciation）。[3]

▶ **图19.3　外汇市场上的英镑供给**

当英镑的价格上涨时，英国人可以每英镑获得更多美元。这意味着对英国买家而言，美国制造的商品和服务看起来更便宜。因此，英镑的供给量可能会随着汇率而增加。

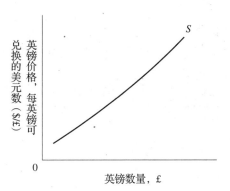

[3]　尽管在图19.3中显示外汇市场中的英镑供给曲线斜率为正，但在某些情况下曲线可能会向后弯曲。假设1英镑的价格从1.50美元上涨到2.00美元。考虑一家英国进口商，每月购买10辆雪佛兰轿车，包括运输费用在内为每辆15 000美元。当1英镑兑换1.50美元时，他将每月向外汇市场供给10万英镑——10万英镑换来15万美元，足以购买10辆汽车。但现在美元更便宜，使他能够购买12辆汽车，12辆汽车就是180 000美元；但是2美元 = 1英镑，他每月只花费90 000英镑。当英镑的价格上涨时，市场上的英镑供给量下降。这种看似矛盾的原因很简单。英国进口商购买美国商品所需的英镑数量取决于他购买的商品数量和以英镑为单位的商品价格。如果对进口的需求缺乏弹性，货币贬值导致的价格下降会大于贬值带来的进口需求的增加，那么进口商将只需花费更少的英镑，外汇市场供给的英镑数量下降。只要对美国进口的需求是有弹性的，英镑的供给曲线就会向上倾斜。

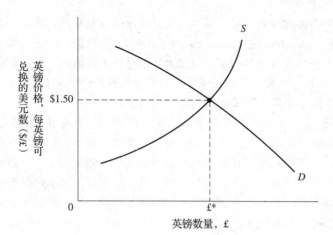

▲　图 19.4　均衡汇率

当汇率可以浮动时，汇率由供求力量决定。对英镑的超额需求将导致英镑对美元升值。对英镑的超额供给将导致英镑对美元贬值。

19.3.2 影响汇率的因素

我们现在已经获得了足够的知识来讨论影响汇率的因素。任何改变表 19.2 中所列行为的因素都会导致需求和供给曲线移动，汇率也会相应调整。

购买力平价：一价定律　如果两国之间货物运输的成本很小，则同一商品在两国的价格应该大致相同。例如，在加拿大和美国，篮球的价格应该大致相同。

其原因不难理解。如果加拿大的篮球价格更便宜，那么有些人就会以低价在加拿大购买篮球并在美国以更高的价格出售，并从中获利。这将减少加拿大的篮球供给，提高加拿大的篮球价格并增加美国的篮球供给量，降低美国的篮球价格。只要价格差异持续存在并能因此产生获利机会，这个过程就会继续下去。对于运输成本可忽略不计的商品，我们认为**一价定律**（law of one price）是适用的。无论我们在哪里购买，这种商品的价格都应该相同。

如果所有商品都遵从一价定律，并且如果每个国家消费相同的商品组合，则两种货币之间的汇率将仅由两国的相对价格水平决定。如果篮球在美国的价格为 10 美元，在加拿大的价格为 12 加拿大元，美元对加拿大元的汇率必须是每 1 美元兑换 1.2 加拿大元。如果汇率是 1∶1，那么人们在美国买蓝球并在加拿大出售是能够获利的。这将提高加拿大对美元的需求，从而使以加元表示的美元价格提高，直到 1 美元兑换 1.2 加元为止，在这一汇率水平下，没有人可以通过跨越国界倒卖篮球来获得利润，上述过程也就停止了[④]。

368

一价定律： 如果运输成本很小，不同国家同一商品的价格应大致相同。

---

④　当然，如果汇率是 1 美元兑换 2 加拿大元，那么在加拿大购买篮球（12 加拿大元，即 6 美元）并在美国销售将使人们获利。这将削弱对美元的需求，其价格将从 2 加元下跌，直到跌至 1.20 加元。

购买力平价理论： 一种外汇理论，认为汇率的确定将使同样商品在不同国家的价格相等。

　　汇率会通过调整使得不同国家的类似商品价格相同，这就是**购买力平价理论**（purchasing-power-parity theory）。根据这一理论，如果在墨西哥购买一磅盐所需要的墨西哥比索数量是在美国购买一磅盐所需美元数量的 10 倍，则均衡汇率应该是每 1 美元兑换 10 比索。

　　在实际生活中，许多商品的运输成本非常大，一价定律对这些商品并不适用。（理发是一个经常被引用的好例子。一个美国公民要想得到英国理发师的服务，其交通成本非常大，除非他是航空公司的飞行员。）此外，许多可能相互替代的产品也并不是完全一致。例如，劳斯莱斯和本田都是汽车，但我们不会认为英镑和日元之间的汇率会调整至使得两者的价格相等。此外，各国消费不同的商品组合，因此我们不认为各国总价格水平会遵循一价定律。然而，一个国家相对于另一个国家的通货膨胀率很高，这会对两国之间的汇率构成压力，而且高通胀国家的货币存在着贬值的一般趋势。

　　图 19.5 显示了美国价格水平相对于英国价格水平上涨后可能出现的变化。相对价格的这种变化将影响两国公民。美国较高的价格水平使进口相对便宜。美国公民可能会增加对英国进口品的支出，这使得英镑的需求曲线向右移动，从 D_0 到 D_1。与此同时，在英国人看来，美国商品价格更高，就会减少对美国出口品的需求。因此，英镑的供给曲线向左移动，从 S_0 移动到 S_1。结果是英镑的价格上涨了。在相对价格变化之前，1 英镑售价为 1.50 美元；变化之后，1 英镑值 2.00 美元。英镑升值，而美元贬值。

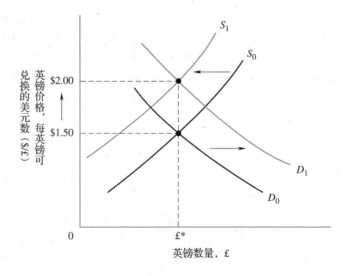

▲ 图 19.5　相对价格变化引起的汇率变化

美国较高的价格水平使进口相对便宜。美国公民可能会增加对英国进口品的支出，使对英镑的需求从 D_0 移动到 D_1。与此同时，英国人认为美国商品价格更高，所以减少了对美国出口品的需求。英镑的供给曲线向左移动，从 S_0 移动到 S_1。结果是英镑价格上涨了。英镑升值，而美元贬值。

相对利率　影响一个国家汇率的另一个因素是该国相对于其他国家的利率水平。如果美国的利率为 2%，而英国的利率为 3%，那么有钱可以出借的人倾向于购买英国证券而不是美国证券。虽然一个国家个人要购买其他国家的证券有时比较困难，但国际银行和投资公司却很容易做到。如果美国的利率低于英国，那么随着银行和企业将资金投到收益率更高的证券上，资金将从美国证券转移向英国证券。

美国银行如何购买英国证券？它需要用美元购买英镑，再用英镑购买英国证券。银行购买英镑会提高外汇市场上的英镑价格。对英镑需求的增加会提高英镑的价格（并降低美元的价格）。英国相对于美国的高利率会使美元贬值。

图 19.6 显示了美国利率上升对美元兑英镑汇率的影响。美国较高的利率吸引了英国投资者。要购买美国证券，英国投资者需要美元。英镑的供给（对美元的需求）曲线向右移动，从 S_0 移动到 S_1。同样地，相对利率也会影响美国银行、企业和家庭的投资组合选择。由于美国利率较高，美国公民购买英国证券的激励较少。在英镑供给增加的同时，英镑的需求下降，需求曲线向左移动，从 D_0 移动到 D_1。最终结果是英镑贬值和美元升值。英镑的价格从 1.50 美元下跌到 1.00 美元。

19.3.3 汇率对经济的影响

我们现在可以开始讨论浮动汇率的某些特点。回想一下，在汇率固定时，家庭将部分收入用于进口，则乘数变小。进口是循环流量中的"泄漏"的部分，就像税收和储蓄。相比之下，出口是对循环流量的"注入"；它们是来自国外的对美国生产的商品和服务的支出，可以刺激产出。

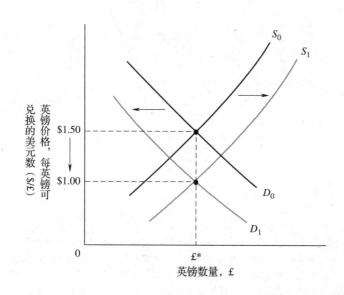

◀ **图 19.6　相对利率变化引起的汇率变化**

如果美国利率相对于英国利率上升，持有英镑的英国公民可能会被吸引到美国证券市场。要在美国购买债券，英国买家必须以英镑兑换美元。英镑的供给曲线向右移动，从 S_0 移动到 S_1。与此同时，由于美国国内利率较高，美国公民不太可能对英国证券感兴趣。对英镑的需求向左移动，从 D_0 移动到 D_1。结果是英镑贬值和美元走势变强。

汇率对进口、出口和实际 GDP 的影响　正如我们所知道的，当一个国家的货币贬值（币值下降）时，其进口价格会上升，其出口价格（以外币表示）将会下降。当美元变得便宜时，美国产品相对于世界其他地区生产的产品更具竞争力，而外国制造的产品对美国公民来说比较昂贵。

因此，一个国家货币的贬值可以作为经济的刺激因素。假设美元价值下跌，它在 1985 年至 1988 年间确实有过大幅下跌，从 2002 年到 2008 年以及 2012 年至 2013 年美元都出现过贬值，不过较为温和。如果外国买家增加对美国商品的支出，美国国内买家选择美国产品，减少购买进口商品，对美国国内产品的总支出将增加，存货将下降，实际 GDP（Y）将上升。一国货币贬值可能会增加其 GDP。[5]

汇率和贸易余额：J 曲线　因为货币贬值往往会增加出口并减少进口，你可能会认为它也会减少一个国家的贸易赤字。事实上，货币贬值对贸易余额的影响是不明确的。

许多经济学家认为，当货币开始贬值时，最初几个季度（可能是 3 到 6 个季度）的贸易余额可能会恶化。之后，贸易余额可能会有所改善。这种效应如图 19.7 所示。该图中的曲线类似于字母 J，它描述的贸易余额的变化有时被称为 J 曲线效应（J-curve effect）。J 字形的含义是，在货币贬值之后，贸易余额先是变得更糟，然后才逐步改善。

J 曲线效应： 在货币贬值之后，一个国家的贸易余额可能会先恶化，然后再逐步好转。这一效应的曲线像字母 J，因此称为 J 曲线效应。

▶ **图 19.7　货币贬值对贸易余额的影响（J 曲线效应）**

最初，一个国家货币的贬值可能会使其贸易余额恶化。在贬值初期，对进口价格的负效应可能超过出口增加和进口减少所带来的正效应。

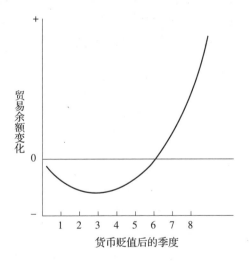

货币贬值后的季度

---

⑤　因此，一些国家有时会干预外汇市场，使得货币贬值，以刺激经济。如果所有国家都试图同时降低其货币价值，那么任何国家的收入都不会增加。这种情况实际上在大萧条的早期曾经出现，尽管那时候的汇率制度和今天的不同。为了维持出口销售额和就业水平，绝大多数国家都采取了所谓的以邻为壑的政策，竞相贬值货币。

J 曲线是如何产生的？回顾表 19.1，贸易余额等于出口收入减去进口成本，包括服务的进出口：

> 美国贸易余额 = 出口的美元价格 × 出口数量 − 进口的美元价格 × 进口数量

货币贬值影响该方程式右侧：首先，出口数量增加，进口数量减少；两者都对贸易余额具有正效应（降低贸易赤字或提高贸易顺差）。其次，出口的美元价格不太可能发生很大的变化，至少在贬值的初期是如此。当美国国内价格水平发生变化时，出口的美元价格才会发生变化，但货币贬值对国内价格水平的初始效应不会很大。再次，进口的美元价格上涨了。美国的进口品更昂贵了，因为 1 美元买到的日元和欧元等货币比以前减少了。进口品的美元价格的提高对贸易余额具有负效应。

要弄清楚最后一点可以思考如下例子：当汇率从 1 美元等于 120 日元变为 1 美元等于 100 日元时，一辆价值为 1 200 000 日元的日本汽车的美元价格从 10 000 美元上升到 12 000 美元。在货币贬值之后，美国用来购买日本汽车的费用（以美元计）比以前多了。当然，美国最终将减少购买日本汽车的数量。这种数量的减少足够使数量效应大于价格效应，还是反之？进口总值是增加还是减少？

货币贬值对贸易余额的净影响可能是使之增加，也可能是使之减少。贬值刺激出口并削减进口，但也提高了进口商品的美元价格。最初似乎是负效应占主导地位。货币贬值对进口价格的影响一般来得更快，而出口和进口数量对价格变化的反应则需要一定的时间。从短期来看，进口额的增长超过出口额，因此贸易余额恶化。最初的对贸易余额的影响很可能是负的，但在出口和进口有时间做出反应之后，净影响变为正的。出口和进口需求越有弹性，贸易余额最终得到的改善越大。

汇率和价格　一国货币的贬值往往会提高其国内价格水平。这种效应有两个原因。首先，当一个国家的货币较为便宜时，其产品在世界市场上更具竞争力，因此出口增加。此外，国内买家也倾向于用国内产品替代现在相对更昂贵的进口产品。这意味着国内生产的商品和服务的计划总支出增加，总需求曲线向右移动。结果是更高的价格水平，更高的产出，或两者兼而有之。（你可以通过画出总需求和总供给曲线图来分析验证。）如果经济接近满负荷产出，结果可能是价格上涨。其次，货币贬值使进口投入品更加昂贵。如果成本增加，总供给曲线向左移动。如果总需求保持不变，结果就是价格水平上升。

弹性汇率下的货币政策　现在让我们结合本章中的所有所学内容，思考在弹性汇率的开放经济中，当运用货币政策先刺激经济，然后再紧缩经济时，会发生什么情况。

假设经济低于充分就业水平，美联储降低利率。较低的利率刺激了计划投资支出和消费支出。因此产出增加。但还有其他影响：（1）较低的利率会对外汇市场产生影响。较低的利率意味着外国人对美国证券的需求较少，因此对美元的需求也下降了。（2）美国投资经理更可能购买外国证券（外国证券现在支付相对较高的利率），因此美元供给增加。这两件事都压低了美元的价值。如果美联储的目标是刺激国内经济，那么更便宜的美元对他们来说是一个好消息，因为更便宜的美元意味着更多的美国出口和更少的进口。如果消费者用美国制造的商品替代进口品，那么增加的出口和进口的减少都意味着对国内产品更多的支出，因此乘数实际上会变大。因此，弹性汇率有助于美联储实现其刺激经济的目标。

现在假设要解决通货膨胀问题，美联储提高了利率。在这个例子中，浮动汇率也将帮助美联储实现其目标。较高的利率降低了计划投资和消费支出，降低了产出并降低了价格水平。较高的利率也吸引外国买家进入美国金融市场，推高了美元的价值，从而降低了进口品的价格。进口价格的下降导致总供给曲线向右移动，这有助于抵制通货膨胀，这正是美联储的目的。因此，弹性汇率有助于美联储实现抵制通胀的目标。

弹性汇率下的财政政策　尽管我们刚刚看到弹性汇率有助于美联储实现其目标，但对财政部门则恰恰相反，当没有零利率限制且美联储依据规则行事时，弹性汇率并不利于财政部门实现其目标。假设政府和国会希望刺激经济，它们通过增加政府支出来实现这一目标。通常，这会增加产出（AD 曲线向右移动）。通常情况下，这也意味着利率也更高（这是根据美联储规则所得，因为产出和价格水平更高，所以利率更高）。较高的利率吸引外国投资并导致美元升值。在其他条件相同的情况下，升值会增加进口并减少出口，这会对产出产生负效应。因此，产出的增加低于没有货币升值时政府刺激的效果。在其他条件相同的情况下，升值还会导致进口价格下降，使 AS 曲线向右移动，从而降低价格水平。在其他条件相同的情况下，虽然价格水平降低了，但在这个例子中，作为政府政策主要目标的产出也降低了。因此，弹性汇率使财政当局刺激经济的任务变得更加艰难。

如果财政部门想要收缩经济以应对通货膨胀，弹性汇率也会阻碍政府部门。假设我们通过减少政府支出来减少通货膨胀。这会使 AD 曲线向左移动，从而降低产出和价格水平，利率也较低（根据美联储规则，因为产出和价格水平较低，所以利率较低），这导致美元贬值。在其他条件相同的情况下，货币贬值减少了进口并增加了出口，这对产出产生了正效应。然而，货币贬值也会导致进口价格上涨，使 AS 曲线向左移动，从而在其他条件相同的情况下提高价格水平。虽然产出变高了，但在其他条件都相同的情况下，作为我们目标的通货膨胀率仍高于在封闭经济体下的实施干预的效果。所以弹性汇率也阻碍了财政当局实现抵制通胀的目标。

请注意，货币升值或贬值是依据美联储规则的推断。如果美联储考虑不根据财政政策来改变利率，可能是因为有零利率限制，也可能仅仅因为它不想改变，美元就没有任何升值或贬值，因此在这种情况下弹性汇率制度对财政当局的做法没有抵消效应。

固定汇率下的货币政策　尽管当今世界上大多数主要国家实行弹性汇率制（为此，将欧元区国家视为一个国家），但是，如果一个国家实行固定汇率制，其货币政策可以起什么作用，这是一个很有趣的问题。答案是，没有任何作用。

假设一个国家将其汇率固定或"钩"住美元的价值，情况如何呢？事实上，许多国家或地区都这样做，包括新加坡和中国香港等严重依赖其金融业的国家或地区。当一个国家决定将汇率与另一种货币（例如美元）挂钩时，它就放弃了改变利率的权力。为什么？假设现在有一个国家希望通过降低利率以刺激经济，但其货币已挂钩其他货币。由于利率低于国外利率，国内人们会倾向于将资金转移到国外以获得更高的利率。换句话说，资本将会外流。通常情况下，这种流出会导致该国的货币贬值，但如果货币挂钩其他货币，这种情况就不会发生。为了使汇率免于贬值，该国的货币当局将被迫出售其外汇储备来购买流出的本币。最终货币当局将耗尽外汇储备，无法再维持挂钩的汇率。因此，该国不可能既改变其利率又保持其汇率不变。因此，一旦汇率固定就是放弃拥有独立货币政策的权力。

当很多欧洲国家在 1999 年决定使用同一种货币——欧元时，各国都放弃了其独立的货币政策。欧洲中央银行（ECB）决定对所有欧元区国家的货币政策。例如，意大利银行不会对意大利利率产生任何影响。利率受欧洲中央很行的影响。这是意大利放弃使用其货币里拉所付出的代价。一个国家既能改变其利率，又能保持其汇率固定的一种情况是，这个国家实行资本管制。实行资本管制意味着该国限制或阻止人们在外汇市场上买卖其货币。例如，可以阻止该国公民使用本国的货币购买美元。资本管制的问题在于它难以执行，特别是对于大国，长时间的资本管制是很难实现的。

19.4 相互依存的世界经济

373

各国在世界经济中日益相互依存，这使决策者面临的问题更加棘手。美国曾经自认是一个相对自给自足的国家。40 年前，美国境外的经济事件对其经济的影响相对较小。现在已经不再是如此。过去 40 年的经历告诉人们，美国经济的表现在很大程度上取决于美国境外的其他国家的活动。

本章和前一章仅提供了开放经济宏观经济学的基本内容。如果你继续学习经济学，就能学习到更多基于此的延伸知识。下一章将讨论发展中国家的问题。

总结

1. 国际交易与国内交易之间的主要区别在于货币兑换：当不同国家的人们之间进行购买和出售时，也必须进行货币兑换。

2. 汇率是一国货币按另一国货币计算的价格。

19.1 国际收支　页 440

3. 外汇是指特定国家的本国货币以外的所有货币。一个国家与世界其他地区的商品、服务和资产交易的记录是其国际收支。国际收支也是一个国家的外汇来源（供给）和外汇使用（需求）的记录。

19.2 开放经济的均衡产出（收入）　页 444

4. 在开放经济中，一些收入用于购买国外生产的商品而不是国内生产的商品。为了衡量开放经济中计划国内总支出，我们加上总出口，减去总进口：$C+I+G+EX-IM$。当国内总产出（收入）（Y）等于计划国内总支出时，开放经济处于均衡状态。

5. 在开放经济中，乘数等于
$$1/[1-(MPC-MPM)],$$
其中 MPC 是边际消费倾向，MPM 是边际进口倾向。边际进口倾向是收入变动1单位货币导致的进口变动。

6. 除收入外，影响进口水平的其他因素还包括税后实际工资率、税后非劳动收入、利率以及国内生产和国外生产商

品的相对价格。出口需求取决于世界其他地区的经济活动以及相对价格。

7. 一国经济活动的增加导致全球经济活动增加，进而"反馈"于本国。本国进口的增加也增加了其他国家的出口，刺激了他国经济并增加了他国进口，即增加了本国的出口，这又刺激了本国经济并增加了本国进口，以此类推。这就是贸易反馈效应。

8. 其他国家的出口价格会影响到本国的进口价格。外国的一般通货膨胀率可能会影响本国的进口价格。如果外国的通货膨胀率很高，本国的进口价格可能会上升。

9. 由于一个国家的出口是另一个国家的进口，出口价格的上涨会导致其他国家的进口价格的上涨。其他国家进口价格的上涨导致其国内价格和出口价格上涨。简而言之，出口价格影响进口价格，反之亦然。这种价格反馈效应表明通货膨胀是"可出口的"；一个国家的价格水平上涨可能推高其他国家的价格，使得第一个国家的通货膨胀变得更糟。

19.3 弹性汇率下的开放经济　页 450

10. 均衡汇率发生在外汇市场上一种外国货币的需求量与这种货币的供给量相等时。

11. 当一个国家的货币相对于另一个国家的货币价值下降时，就会发生货币贬

值。当一个国家的货币相对于另一个国家的货币价值上升时，就会出现货币升值。

12. 根据一价定律，如果运输成本很小，不同国家同一商品的价格应大致相同。汇率的确定应该使类似商品在不同国家的价格应当是大致相同的理论被称为购买力平价理论。在实践中，许多商品的运输成本很高，所以一价定律并不适用于这些商品。

13. 一个国家相对于另一个国家的高通货膨胀率对两国之间的汇率产生压力。通货膨胀率较高的国家的货币存在着贬值的一般趋势。

14. 美元贬值倾向于使美国出口变得更便宜（因此在国外更具竞争力）和使美国进口更加昂贵（鼓励消费者转向国内生产的商品和服务），从而提高美国的 GDP。

15. 一国货币贬值对其贸易余额的影响是不确定的。从短期来看，货币贬值可能会增加贸易赤字，因为它提高了进口价格。虽然这种价格上涨导致需求的进口量减少，贬值对进口价格的影响很快能被感受到，但出口和进口量需要时间来对价格变化作出应对。最初的影响可能是负面的，但在出口和进口有时间作出反应之后，净效应变为正面。由于货币贬值，贸易赤字扩大然后减少的趋势被称为 J 曲线效应。

16. 一国货币贬值往往会提高其价格水平。原因有两个。首先，货币贬值会增加计划总支出，这会使总需求曲线向右移动。如果经济接近满负荷产出，结果可能是价格上涨。其次，货币贬值使进口投入品更加昂贵。如果成本增加，总供给曲线向左移动。如果总需求保持不变，结果是价格水平上升。

17. 在弹性汇率的情况下，美国的扩张性货币政策会降低利率并刺激计划投资和消费支出。较低的利率导致外国人对美国证券的需求减少，以及美国投资基金经理对外国证券的需求增加。结果，美元贬值。而美国的紧缩货币政策使美元升值。

18. 弹性汇率并不总是有利于决策者。扩张性财政政策可以使美元升值并减小乘数。

374

术语和概念回顾

--------- 习题 ---------

19.1 国际收支

学习目标： 解释国际收支的计算。

1.1 找到最近一期的《经济学人》。找到"财务指标"的部分。找到"贸易、汇率和预算"的表格。看看是哪个国家在过去一年贸易赤字最大？上一个月呢？去年和上个月分别是哪个国家的贸易盈余最大？经常项目赤字 / 盈余相较于总贸易余额来说如何？你如何解释其不同？

1.2 如果汇率固定，以下每个事件对经常项目余额和汇率有何影响？在浮动汇率下呢？

   a. 美国政府削减税收，收入增长。

   b. 美国的通货膨胀率上升，美国的价格上涨速度快于其他与美国有贸易往来的国家。

   c. 美国采取扩张性货币政策。利率下降（现在低于其他国家），而且收入增加。

   d. 纺织公司的"购买美国货"宣传活动取得了成功，美国消费者从购买进口产品转向购买美国制造的产品。

1.3 **[与页 444 的"实践中的经济学"相关]** 美国是世界第二大石油进口国（2015 年 4 月被中国超过），2014 年平均每天进口 500 万桶原油。请访问 www.inflationdata.com 查询过去五年原油的价格；然后去 www.bea.gov，查找过去五年的美国净国际投资头寸（NIIP）。原油价格与美国净国际投资头寸之间是否存在关联？简要说明你的发现。

19.2 开放经济的均衡产出（收入）

学习目标： 讨论在开放经济中均衡产出是如何确定的，描述贸易反馈效应和价格反馈效应。

2.1 美元和日元之间的汇率自由浮动——两国政府都不会干预各自货币的市场。假设与日本的巨额贸易赤字促使美国对进口到美国的某些日本产品规定配额，结果导致这些进口数量下降。

   a. 在日本产品上的支出减少使花费在美国制造商品上的支出增加。为什么？这会对美国的产出和就业，以及日本的产出和就业产生什么影响？

   b. 当美国的产出（或收入）提高时，美国从日本的进口发生什么变化？如果配额最初是要减少 250 亿美元来自日本的进口，为什么最后减少的进口额很可能低于 250 亿美元？

   c. 假设配额确实成功减少了 150 亿美元来自日本的进口。日元的需求会如何变化？为什么？

   d. 考虑到配额对日本进口的宏观经济影响，配额是否会减少美国的就业和产出？还是完全没有影响？请解释。

2.2 现有如下假设条件：

   (1) 消费函数：$C=80+0.75Y_d$

   (2) 计划投资：$I=49$

   (3) 政府支出：$G=60$

   (4) 出口：$EX=20$

   (5) 进口：$IM=0.05Y_d$

   (6) 可支配收入：$Y_d=Y-T$

   (7) 税收：$T=20$

   (8) 计划总支出：
   $$AE=C+I+G+EX-IM$$

   (9) 均衡收入的定义：$Y=AE$

   a. 在此假设中均衡收入是多少？政府赤字是多少？经常项目余额是多少？

   b. 如果政府支出增加到 $G=75$，那么均衡收入会发生什么变化呢？用政府支出乘数来解释。进口会发生什么变化？

   c. 现在假设进口量限制在 $IM=25$ 的进口配额上。如果政府支出再次从 60 增加到 75，均衡收入会发生什么变化？解释为什么 G 的相同增长对第二种情况的收入产生了更大的影响。进口的存在会改变乘数值吗？

d. 如果出口固定在 *EX*=20，那么收入必须是多少才能确保经常项目余额为零？（提示：进口取决于收入，那么如果要使进口等于出口，收入必须是多少？）我们必须削减多少政府支出以保持经常项目的平衡？（提示：使用你对本问题第一小问的答案来确定需要减少多少收入。然后使用乘数来计算达到该收入减少量所需的 *G* 减少量。）

19.3 弹性汇率下的开放经济

学习目标： 讨论在汇率浮动的开放经济中影响汇率的因素。

3.1 2015 年 7 月，欧元的交易价格为 1.09 美元。请通过互联网或报纸，了解今天欧元的"价格"。你可以解释为什么价格变化了吗？一定要查一下利率和经济增长情况。

3.2 假设下图显示了 2015 年浮动汇率下外汇市场的情况。

　　a. 列举三种可能让需求曲线向右移动的情况。

　　b. 这三种现象中的哪一种（如果有的话）可能导致供给曲线同时向左移动？

　　c. 在浮动汇率下，三种现象分别会对贸易余额产生什么影响？

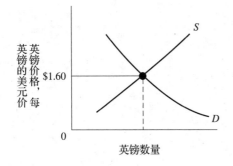

3.3 假设丹麦克朗（DKK）与美元之间的汇率为 7 克朗 =1 美元，智利比索（CLP）与美元之间的汇率为 650 比索 =1 美元。

　　a. 以每单位外币的美元价格来表示两种外币兑美元的汇率。

　　b. 丹麦克朗和智利比索之间的汇率应该是多少？分别以 1 克朗和 1 比索为单位来表示汇率。

　　c. 假设克朗和美元之间的汇率变为 5 克朗 =1 美元，比索和美元之间的汇率变为 700 比索 =1 美元。对于每种货币，说明该货币对其他两种货币是升值或贬值。

3.4 假设英镑与美元之间的汇率为 1 英镑 =1.50 美元。

　　a. 绘制一个图形，展示以美元为单位的英镑的供求。

　　b. 如果英格兰银行实施紧缩货币政策，请解释英镑与美元之间的汇率将会发生什么变化，并在图形上表示出来。美元相对英镑是升值还是贬值？请解释。

　　c. 如果美国政府实施扩张性财政政策，请解释英镑与美元之间的汇率将会发生什么变化，并在图形上表示出来。美元相对英镑是升值还是贬值？请解释。

3.5 加拿大是美国最大的贸易伙伴。2014 年，美国对加拿大的出口超过 3 120 亿美元，从加拿大的进口总额超过 3 470 亿美元。2014 年 1 月 1 日，加元与美元汇率为 1.06 加元 =1 美元。2015 年 1 月 1 日，汇率为 1.17 加元 =1 美元。请解释这种汇率变化如何影响美国消费者和企业？

3.6 美元与英镑之间的汇率是浮动汇率，没有政府干预。如果与英国的巨额贸易赤字促使美国对某些英国进口产品实施配额，这使得某些英国进口产品数量减少，则美元兑英镑的汇率会发生什么变化？为什么？（提示：英镑供过于求，或美元供不应求。）每种货币的价值变化会对美国的就业和产出产生什么影响？贸易余额如何变化？（忽略 J 曲线效应等复杂问题）

3.7 上网搜索，找到可以查到历史汇率的网站。查找 2014 年初和 2014 年底美元与欧元、加元、日元和人民币之间的汇率。2014 年美元对这些货币分别是升值还是贬值？请

376

访问 www.census.gov，了解 2014 年初和 2014 年底美国出口、进口和美国贸易余额的值。2014 年这些值是增加还是减少？解释汇率变化如何影响美国出口、进口和贸易余额。

3.8 下表中的数据代表三个国家一年间的价格水平变化和利率变化，这三个国家是阿斯托利亚、波吉亚和卡里斯托加。根据这些数据，简要说明一年内阿斯托利亚货币相对于其他两国货币的汇率变化。使用供给和需求图形来帮助回答这个问题，图中可使用三国的货币，即每博瑞的埃斯特价格和每卡里的埃斯特价格，以及博瑞与卡里的数量。

国家 / 货币	价格指数 2015 年 1 月 1 日	价格指数 2016 年 1 月 1 日	利率 2015 年 1 月 1 日	利率 2016 年 1 月 1 日
阿斯托利亚 / 埃斯特	100	110	4%	6%
波吉亚 / 博瑞	120	132	4%	8%
卡里斯托加 / 卡里	150	168	4%	6%

第 19 章附录

1900 年以来的世界货币体系

20 世纪初以来，世界经历了许多不同的货币体系。本附录简要介绍了货币体系的历史及其运行方式。

学习目标

解释布雷顿森林体系。

金本位制

金本位制是 1914 年以前决定汇率的主要制度。所有货币都以黄金价格定价，也就是说，每盎司黄金价值多少该货币。当所有货币按固定比率兑换为黄金时，可以很容易地确定汇率。例如，1 盎司黄金价值 20 美元；相同重量的黄金可兑换成 4 英镑。因为 20 美元和 4 英镑都价值 1 盎司黄金，所以美元和英镑之间的汇率是 20 美元 =4 英镑，即 5 美元 = 1 英镑。

为了让金本位制得以运转，各国必须同意以确定价格买卖黄金。只要各国维持该货币的黄金价格，以及每个国家愿意买卖黄金，汇率就是固定的。如果按照给定的汇率，想要购买在英国生产的东西的美国公民的数量，等于想要购买在美国生产的东西的英国公民的数量，那么两国的货币可以简单地进行交换。如果美国公民突然决定他们想要进口的是苏格兰威士忌，而不是美国国内的波本威士忌呢？如果英国人对美国商品的需求没有增加，他们仍会接受美元，因为美元可以换成黄金，黄金可以再兑换成英镑。

377

只要一个国家的国际收支总体保持平衡，就不会有黄金流入或流出该国，经济将处于均衡状态。然而，如果美国从英国购买的产品多于英国从美国购买的产品，美国的国际收支将出现逆差，美国的黄金库存就会开始下降。相反，英国出口量超过进口量，黄金存量增加。

在金本位制下，黄金是货币供给的重要决定因素。①黄金流入一个国家导致该国货币供给量增加，黄金流出导致该国的货币供给量收缩。如果黄金从美国流向英国，英国的货币供给将会扩大，美国的货币供给将会收缩。

现在回顾一下前几章中货币供给变化的影响。英国货币供给扩大导致英国利率下降并刺激总需求。因此，英国的总产出（收入）和价格水平将会上升。英国商品价格较高将阻碍美国民众的购买。与此同时，英国公民收入增加，且进口价格较低，从而向美国进口更多商品。

大西洋的另一侧，美国国内货币供给收缩，利率升高，总需求下降，商品价格下降和产出（收入）下降。后果是美国对英国商品的需求下降。因此，黄金的流入和流出带来的相对价格和收入的变化能够让贸

---

① 在货币与黄金挂钩的时代，黄金数量的变化通过两种方式影响货币供给量。流通中的金币数量的变化会对货币供给量有一个直接的影响；间接的影响是，黄金作为纸币的后备支持，央行黄金储备的减少意味着可以支持的纸币数量下降。

易自动恢复平衡。

金本位制的问题

金本位制有两个主要的问题。首先，金本位意味着国家几乎无法控制本国的货币供给。正如上文所示，原因是当总的国际收支是顺差（黄金流入）时，货币存量增加，而当总的国际收支是逆差（黄金流出）时，货币存量减少。经历国际收支逆差的国家只能通过允许货币供给进行收缩这一痛苦的过程来解决这个问题。收缩会导致经济活动衰退，这种衰退最终将恢复国际收支平衡，但是必然带来收入和就业减少。各国可以（而且通常就是如此）采取行动保护其黄金储备，这一预防措施妨碍了调整机制纠正逆差问题。

货币供给取决于可用的黄金数量还会带来另一个不利因素。当发现新的大型金矿时（如1849年的加利福尼亚和1886年的南非），世界的黄金供给量（以及货币供给量）增加，价格水平上涨，收入增加。当没有发现新的黄金时，货币供给保持不变，价格和收入趋于下降。

美国总统里根于1981年就职时成立了一个委员会，考虑恢复金本位制。最终委员会报告建议否决了这一动议。背后一个重要的原因是金本位将会把极大的经济权力交给黄金生产国。

固定汇率制和布雷顿森林体系

378

随着第二次世界大战接近尾声，美国和欧洲国家的一群经济学家会面，制定了一套新的汇率决定制度，他们希望这套制度可以避免金本位制的困难。代表团设计的这套制度称为布雷顿森林体系，它是以会议所在地——新罕布什尔州的那个小城命名的。布雷顿森林体系是建立在两个（但不一定是相容的）前提的基础之上。一方面，各国应保持固定汇率。然而，各国货币并不是直接与黄金挂钩，而是用固定的美元价格来表示，美元的价格固定为每盎司黄金等于35美元。例如，英镑的价格固定在2.40美元，因此一盎司黄金价值约为14.6英镑。我们可以看到，这种固定汇率制度的运行方式与1914年以前的金本位制运行方式非常相似。

另一方面，布雷顿森林体系为国际经济的运行增添了新的方式。在国际收支平衡中出现"根本性失衡"的国家可以改变其汇率。（根本性失衡是个很模糊的概念，可以解释为庞大而持久的经常项目赤字。）在布雷顿森林体系下，汇率并不是真正固定的；正如有人所说的那样，它只是"固定到引起进一步的注意时为止"。

布雷顿森林体系允许各国在出现严重经常项目问题时变动其货币价值，目的是避免金本位制在遇到同样问题时所引起的痛苦衰退。然而，两次世界大战之间的欧洲经济实践表明，给予各国随心所欲改变汇率的完全自由，可能不是一个好主意。

在大萧条时期，许多国家采用了所谓的竞争性贬值手段，以保护国内的生产和就业。也就是说，各国会试图通过尽可能降低汇率的方式来鼓励出口——产出增长和就业的源泉——从而增强其出口品同外国产品的竞争力。不幸的是，这些政策存在内在的缺陷。英镑对法国法郎贬值可能有助于鼓励英国对法国的出口，但如果英国增加的出口导致法国的产出和就业下降，法国可能会通过法郎对英镑贬值来反击，毫无疑问这将抵消英镑一开始贬值的影响。

为了解决这种汇率竞争问题，布雷顿森林协议创立了国际货币基金组织（IMF）。它的任务在于帮助那些出现暂时经常项目问题的国家。[②]同时，它要在一国被批准变动其汇率之前确认该国存在"根本性失衡"。国际货币基金组织就像一名国际经济的交通警察，其职责是确保所有国家按照商定的规则参与游戏，并在必要时提供紧急援助。

"纯粹的"固定汇率制

在纯粹的固定汇率制下，政府设置特定的固定的汇率，货币将相互交换，然后承诺维持该汇率。真正的固定汇率制度就像金本位制，因为汇率应该永远保持不变。由于货币失去黄金的支撑，它们相对于彼此没有固定或标准的价值。因此，与黄金标准一样，没有自动机制来保持汇率彼此一致。

结果是，在纯粹的固定汇率制下，政府有时必须干预外汇市场，以使货币保持其既定价值。经济学家将政府对外汇市场的干预定义为以操纵汇率为目的的外汇买卖。在固定汇率制下政府会如何干预，它是如何发挥作用的？

根据图 19A.1，我们可以看到干预是如何发挥作用的。最初，澳元市场处于均衡状态。当固定汇率为 0.96 时，澳元供给量与澳元需求完

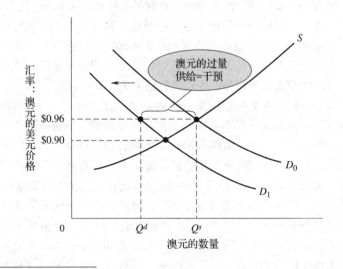

◀ 图 19A.1　政府对外汇市场的干预

379

如果澳元的价格是在一个完全自由的市场中设定的，那么当需求为 D_0 时，购买 1 澳元将花费 0.96 美元，当需求为 D_1 时，则为 0.90 美元。如果政府致力于将价格保持在 0.96 美元，它必须购买所有过剩的澳元（$Q^s - Q^d$）。

[②]　这个想法是，国际货币基金组织将给给经常项目赤字的国家提供短期贷款。这笔贷款使得该国能够逐步纠正经常项目问题，而不会造成严重的经济衰退、外汇储备不足或货币贬值。

全相等，不需要政府干预来维持这一汇率水平。现假设发现澳大利亚葡萄酒受到防冻剂污染，美国民众转而购买加州的葡萄酒。澳大利亚产品被替代的情况使得美国对澳元的需求曲线向左移动：在任何汇率水平下，美国对澳元的需求量都变小了，因为美国从澳大利亚的进口额减少了。

如果澳元的价格是在完全自由的市场中设定的，那么需求曲线的移动将导致澳元价格下跌，就像小麦供给过剩时小麦价格下跌的方式一样。请记住，澳大利亚政府和美国政府已承诺将该比率维持在 0.96。要做到这一点，美国政府或澳大利亚政府（或两者一起）必须购买过剩的澳元供给以防止价格下跌。实质上，固定汇率政策承诺管理货币供给与需求之间的任何差异，以便将货币价格（汇率）保持在所需水平。政府承诺扮演最后的供给商（或需求者），确保私营部门所需的外汇金额等于固定价格下的供给量。

布雷顿森林体系的问题

第二次世界大战结束后，随着布雷顿森林体系的发展，固定汇率制度或多或少存在一些缺陷，导致其在 1971 年被废止。

布雷顿森林体系的第一个缺陷是，国际金融规则中存在着一种基本的不对称性。经历持续的经常项目巨额赤字，也就是布雷顿森林协议所说的"根本性失衡"的国家，必须让其货币贬值和 / 或采取措施通过紧缩经济来削减赤字。这两种选择都令人不愉快，因为货币贬值意味着价格上涨，紧缩意味着失业率上升。然而，一个有经常项目赤字的国家别无选择，因为它正在失去外汇储备。当其外汇储备耗尽时，则必须改变汇率，因为进一步干预（抛售部分外汇储备）已经不可能。

经常项目盈余的国家则处于不同的情形，因为它们正在获得外汇储备。虽然这些国家应该刺激经济和 / 或重估其货币以恢复其经常项目的平衡，但它们没有这样做的义务。这些国家可以很容易地通过使用他们供给充足的本币买进任何外汇的超额供给来维持其固定汇率。

实际上，这意味着一些国家，特别是德国和日本，倾向于维持大量长期的经常项目盈余，且不采取强制措施纠正问题。受越南战争支出刺激的美国经济在 20 世纪 60 年代出现了大量长期的经常项目赤字（资本外流），这正是盈余的反面。然而，美国在布雷顿森林体系下具有独特的地位。黄金的价值以每盎司黄金 35 美元定价。其他国家以美元计算其汇率（因而只是间接地以黄金计算）。因此，美国永远无法通过货币贬值来达成任何目的。如果美元从每盎司黄金 35 美元贬值到 40 美元，日元与美元挂钩，将与美元同步贬值（从每盎司黄金 7 000 日元下跌到每盎司 8 000 日元），美元对日元汇率不受影响。为纠正其对日本和德国的经常项目赤字，这两个国家必须调整其货币与美元的汇率。出于各种原因，这些国家并不愿意这样做。结果，美国的经常项目在整个 20

世纪 60 年代后期都处于赤字状态。

　　布雷顿森林体系的第二个缺陷是，国家只有在"长期"经常项目赤字并且面临外汇储备不足的危险时才可以进行货币贬值。这意味着提前很长时间就能预测到货币贬值，而且如果贬值的目的在于纠正任何严重的经常项目问题，贬值幅度通常必须相当大。这种情况使投机者很容易"攻击"经常项目赤字国家的货币。

　　这些问题最终导致美国在 1971 年放弃了布雷顿森林体系。美国政府拒绝将美元的币值与黄金挂钩。这表明，所有货币的价格都可以自由浮动了。

　　固定汇率制的替代方案是允许汇率自由或灵活地响应市场的体系。弹性的汇率制度通常分为两种类型。在自由浮动汇率制度下，政府完全不干预外汇市场，不以买入或卖出货币来操纵利率。[③] 在有管理的浮动汇率制度下，当市场变得"秩序混乱"——即汇率波动超过政府认为的适当范围的情况，政府就会对外汇市场进行干预。即使有的货币每天的浮动幅度很小，如果政府认为货币升值或贬值过度的话，也会进行干预。

　　1971 年布雷顿森林体系瓦解以来，世界汇率体系可以看成是"有管理的浮动制"。该体系的一个重要特征是汇率发生过几次大幅度波动。例如，日元—美元的汇率从 1971 年的 347 上升到 1978 年的 210，再变到 1988 年的 125，而到 1995 年为 80。这些都是非常大的变动，这些变动对国际经济有着重要的影响，在本书中我们已经描述了其中的部分影响。

附录总结

1. 金本位制是 1914 年以前决定汇率的主要制度。所有货币都以黄金来表示价格。在第二次世界大战之后，金本位制遇到的困难促使了布雷顿森林协议的产生。在这个体系下，各国保持固定的汇率，并以美元计算其货币的价值。在经常项目中经历"根本性失衡"的国家被允许改变其汇率。

2. 布雷顿森林体系于 1971 年被废止。从那时起，世界汇率制度一直是有管理的浮动汇率制度。在这个体系下，如果外汇市场的波动超过政府认为的适当范围，政府就会进行干预。

---

③　但是，政府可能会根据自己的需要经常买入或卖出外汇储备（而不是出于影响汇率的目的）。例如，美国政府可能为了在伦敦修建美国大使馆而需要英镑。本书忽略这种行为，因为它从严格意义上来讲不算"干预"。

─────────── 附录习题 ───────────

第 19 章附录：1900 年以来的世界货币体系

学习目标： 解释布雷顿森林体系。

1A.1 亚特兰蒂斯国的货币是卫普。2012 年，亚特兰蒂斯因出口意外减少产生了对美贸易赤字；美国民众减少购买亚特兰蒂斯商品。假设亚特兰蒂斯实行固定汇率制度。

    a. 出口下降如何影响卫普的市场？以图形方式描绘赤字。

    b. 亚特兰蒂斯政府如何在（短期内）保持卫普的价值？

    c. 如果亚特兰蒂斯原本处于充分就业的状态（潜在 GDP），这些事件对其经济会产生什么影响？解释你的答案。

    d. 亚特兰蒂斯的首席经济学家提出了一项扩张性货币政策，以恢复充分就业；商务部部长建议减税（扩张性财政政策）。在固定汇率制度下，描述这两种政策选择对亚特兰蒂斯经常项目的影响。

    e. 如果这两个国家实行浮动汇率制度，你对 a，b 和 c 的答案会有什么改变？

第 20 章
发展中经济体的经济增长

382

2000 年，联合国 189 个成员国一致同意，到 2015 年为发展中国家实现 8 项千年发展目标（Millennium Development Goals）。目标从消除饥饿和实现普及初等教育到降低儿童和产妇死亡率，再到促进性别平等和环境可持续性。2015 年秋季，联合国再次召开会议，衡量这些目标和制定接下来的步骤。尽管人们对一些目标的可实现程度和哪些战略最有帮助存在分歧，但这些目标的广度使我们清楚地了解到，发展中国家与我们在书中研究的发达经济体在多少维度上存在差异，以及这个发展过程将是多么的复杂。

本章我们将从比较发展中国家和发达国家的一些数据开始讨论。在此背景下，我们将先研究经济发展的总体战略，然后研究发展中国家一些主要针对最贫困家庭的具体干预措施。作为本次讨论的一部分，我们将探讨当前经济学中的一些方法论问题，即如何最好地确定特定的政策干预是否有效。

20.1 学习目标

讨论发展中国家的特点。

南方国家： 在亚洲、非洲和拉丁美洲的发展中国家。

20.1 发展中国家的生活：人口与贫困

2015 年，世界人口超过 70 亿。世界上有 200 多个国家，其中大多数属于发展中国家，也被称为"**南方国家**"，世界上大约四分之三的人口生活在那里。

在过去的十年里，经济的快速发展使一些发展中国家与发达国家的关系更加密切。阿根廷和智利等仍被认为是南方国家的一部分，但拥有活跃的中产阶级。俄罗斯和许多独联体国家也已攀升至中等收入水平。中国和印度虽然仍面临着一些挑战，但正在成为经济超级大国。目前，中国的国内生产总值（GDP）仅次于美国，居世界第二位。世界其他地区，尤其是亚洲和非洲的部分地区，在联合国和其他机构确定的福祉的许多核心方面都落后。发展经济学面临的一个核心挑战是解释一些国家为何落后，以及过去成功的战略对那些仍然落后的国家是否有借鉴意义。

表 20.1 描述了从 1990 年到 2013 年十几个国家在千年发展目标中所针对的两项人力资本指标，即 5 岁以下儿童死亡率和识字率方面的进展情况。我们将在下一节看到，卫生和教育是经济发展的两大支柱。如果你回顾一下我们在第 16 章对经济增长的讨论，你就会想起人力资本在促进经济增长方面的重要性。

表 20.1 1990 年和 2013 年部分国家儿童死亡率和识字率的比较

国家	1990 年：5 岁以下儿童死亡率（‰）	2013 年：5 岁以下儿童死亡率（‰）	1990 年：15 至 24 岁人群识字率（%）	2013 年：15 至 24 岁人群识字率（%）
阿富汗	179.1	97.3	无	47.0
安哥拉	225.9	167.4	无	73.0
澳大利亚	9.2	4.0	100.0	100.0
乍得	214.7	147.5	17.3	48.9
中非共和国	176.9	139.2	Na	36.4
中国	53.9	12.7	94.3	99.6
丹麦	8.9	3.5	100.0	100.0
几内亚比绍	224.8	123.9	无	74.3
印度	125.9	52.7	61.9	81.1
尼日尔	327.3	104.2	无	23.5
塞拉利昂	267.7	160.6	无	62.7
美国	11.2	6.9	100.0	100.0

资料来源：联合国千年发展目标 2015 年统计数据。

实践中的经济学

我们能从孩子的身高中了解什么？

千年发展目标的首个目标是大幅减少遭受极端饥饿的家庭数量。世界上每四名 5 岁以下的儿童中就有一名儿童由于营养不足而发育不良，非常矮小。这些儿童一半生活在亚洲，三分之一生活在非洲。对这些孩子来说，早年营养不良留下了永久的印记，反映在他们的寿命和收入上。

最近的经济学研究集中在印度的发育迟缓问题上。印度的发育不良率是世界上最高的，甚至超过了比印度贫穷得多的非洲国家。此外，印度尽管在过去的十年中经济增长迅速，但在减少发育不良率方面几乎没有取得任何进展。美国西北大学的西玛·贾亚钱德兰（Seema Jayanchandran）和哈佛大学肯尼迪学院的罗西尼·潘德（Rohini Pande）研究了几个大型数据集，试图理解其中的原因。[1]

第一个线索来自印度的发育不良。通过研究数据，贾亚钱德兰和潘德发现，印度第一个出生的儿子实际上比他们的非洲同龄人要高。发育不良只出现在晚出生的孩子身上，而且发育不良的数量随着孩子数量的增加而增加。发育迟缓最严重的是没有哥哥的女孩，她们的父母会继续试图生儿子。

这项研究展现的模式使千年发展目标

的两项要务成为焦点：消除饥饿和实现性别平等。研究人员认为，印度的高发育迟缓率可以解释为，印度家庭强烈的重男轻女观念以及随之而来的决定，即尽管家庭贫困，但仍将过多的家庭资源投给长子，以确保他的生存。

思考

1. 为什么整体经济的增长没有降低发育不良率呢？

[1] Seema Jayachandran and Rohini Pande, "Why are Indian Children so Short？" Working Paper, March 2015.

数据告诉我们什么？好消息是，在过去 25 年里，这两项指标的表现都向好。在所有国家，无论发达国家还是发展中国家，儿童死亡率都有所下降，识字率都有所提高。中国儿童死亡率的改善尤其显著。但全球南北之间的差距仍然很大。2014 年，撒哈拉以南国家有十分之一的儿童在 5 岁前死亡。在非洲的一些国家，包括尼日尔、乍得和中非共和国，文盲率仍然很高，接近成年人口的一半。此外，即使南方国家提高了其初等教育水平，北方国家仍在为其更大比例的人口提供大学教育。

虽然发展中国家在其生活水平和具体增长的方面表现出相当大的多样性，但它们与发达国家之间仍然存在着明显的差异。

南方国家的绝大多数人口居住在农村地区，那里的农业工作既辛苦又极其耗时。生产率（每个工人的产出）较低，部分原因在于农民工作时没有多少资本。低生产率意味着人均农业产出仅够勉强养活农民自己的家庭。联合国数据显示，2014 年有 8.7 亿人（主要是发展中国家）经历了极度饥饿。此外，许多发展中国家正在进行内战和对外战争。

近年来，随着一些国家的发展，不平等现象日益加剧，这引起了人们越来越多的关注。印度在世界银行的低收入国家名单上，但是孟买，一邦首府，却是世界上十大商业中心之一，是世界上最大的电影产业宝莱坞的所在地。随着中国经济的快速增长和城市地区富裕程度的提高，中国也仍有大量的农业人口。我们将在本章中讨论的许多具体干预措施都侧重于设计战略，从而使处于收入分配最底层的家庭，进入一个国家的主流经济。

20.2 学习目标

描述经济发展的源泉。

20.2 经济发展：源泉和战略

自 18 世纪和 19 世纪的亚当·斯密和大卫·李嘉图时代以来，经济学家一直试图理解经济增长和发展，但发展经济学在发展中国家的研究历史要相对短得多。第二次世界大战之后的地缘政治斗争使人们更加关注发展中国家及其经济问题。在此期间，发展经济学的新领域提出了一个简单的问题：为什么有些国家贫穷，有些国家富有？如果经济学家能够了解阻碍国家发展的经济增长的障碍和帮助国家发展的先决条件，他们就能够为其实现经济进步制定战略。

385

我们在这次讨论中将看到，关于一些国家为什么贫穷以及我们如何帮助这些国家摆脱贫困这一问题存在着激烈的争论。另一方面，约翰·贝茨·克拉克奖（John Bates Clark award）的获得者，麻省理工学院教授阿比吉特·班纳吉（Abhijit Banerjee）和埃丝特·迪弗洛（Esther Duflo）在他们颇具影响力的著作《贫穷的本质》（*Poor Economics*）[①] 中辩称，目前还不可能很好地回答为什么有些国家贫穷而另一些国家富有的问题。最重要的问题是，什么样的政策干预有助于家庭摆脱贫困。我们将在本章最后一节继续讨论。

20.2.1 经济发展的源泉

虽然尚未出现一种适用于所有国家经济发展的通用理论，但有人提出了限制贫穷国家经济增长的一些基本因素。这些问题包括资本形成不

---

① Abhijit Banerjee and Esther Duflo, *Poor Economics*, Perseus Books, 2011.

足、人力资源和企业家能力不足以及基础设施缺乏。

资本形成　相较于其他资源而言，几乎所有发展中国家都缺乏资本，尤其是劳动力。物质资本（工厂、机械、农业设备和其他生产性资本）的存量很低，这限制了劳动力的生产率，抑制了国民产出。

　　哥伦比亚大学地球研究所教授、帮助发展千年发展目标的重要经济学家杰弗里·萨克斯（Jeffrey Sachs）强调了资本在帮助国家摆脱贫困方面的作用。[2] 面对恶劣的气候、稀缺的资源和疾病，贫穷国家很难筹集到发展所需的资金。他们陷入了"贫困陷阱"，有时也被称为**贫困的恶性循环**（vicious circle of poverty）。没有投资，资本存量就不会增长，收入就维持在低水平，这就陷入了恶性循环，贫穷则变成自我永续的。

　　萨克斯认为，人们可以利用外国援助作为一个杠杆，帮助国家摆脱贫困，为公共和私人投资提供所需的关键资本。事实上，萨克斯估计，每年 1 950 亿美元的外国援助可以在 20 年内消除全球贫困。其他经济学家则对外国援助能否发挥这样的作用缺乏信心。纽约大学发展研究所所长威廉·伊斯特利（William Easterly）在其著作《经济增长的迷雾》（*The Elusive Quest for Growth*）[3] 中指出，外国援助实际上会扭曲对当地企业家的市场激励，从而阻碍了其发展。赞比亚经济学家丹比萨·莫约（Dambisa Moyo）在其著作《援助的死亡》（*Dead Aid*）[4] 中也提出了同样的观点。

　　贫穷国家自身无法产生资本的假设，也存在一些问题。20 世纪初日本的人均国内生产总值远低于今天许多发展中国家的人均国内生产总值，但今天已跻身发达国家之列。在许多人均资本水平较低的国家中，有些国家——比如中国——在过去 20 年里成功实现了增长和发展，而另一些国家则落在了后面。即使在最贫穷的国家，如果条件合适，仍有一些资本盈余可以利用。目前许多人认为，一些发展中国家的资本匮乏可能更多是因为缺乏鼓励公民储蓄和有效投资的激励，而不是因为资本积累获得的绝对收入匮乏。许多发展中国家的富人将他们的储蓄投资于欧洲或美国，而不是他们自己的国家，因为他们的国家可能有更危险的政治氛围。而转移到美国的储蓄不会导致发展中国家的物质资本的增长。**资本外逃**（capital flight）一词指的是，人力资本和金融资本（国内储蓄）离开发展中国家，到其他地方寻求预期更高或风险较小的收益率。发展中国家的政府政策——包括最高限价、进口控制，甚至直接占有私人财产——往往会抑制投资。人们越来越重视包括

贫困的恶性循环： 表示由于贫困国家无法拥有足够的储蓄和投资来积累资本，从而促进它们经济的增长，贫困变成自我永续的。

资本外逃： 人力资本和金融资本都倾向于离开发展中国家，到其他风险较小的地方寻求更高的预期收益率。

　　[2]　Jeffrey Sachs, *The End of Poverty: Economic Possibilities for Our Time*, Penguin press, NY, 2005.

　　[3]　William Easterly, *The Elusive Quest for Growth*, MIT Press, 2001.

　　[4]　Dambisa Moyo, *Dead Aid: Why Aid is Not Working and How There Is a Better Way for Africa*, Allen Lane 2009.

会计制度和产权规则在内的金融机构在鼓励国内资本形成方面所发挥的作用。

无论资本短缺的原因是什么，有一点是十分清楚的，那就是任何经济体的生产性资本的短缺都会阻碍其收入增长。资本的可得性是经济增长的必要条件，但不是充分条件。发展中国家到处是闲置的工厂和废弃的机器。实现经济进步还需要其他因素。

人力资源和企业家能力　资本并不是生产产出所需要的唯一生产要素，劳动是一个同样重要的投入。首先，要想提高生产率，那么劳动者必须是健康的。如今，疾病是世界许多地区发展的首要威胁。2011 年，近 100 万人死于疟疾，几乎都在非洲。盖茨基金会将消灭疟疾作为未来十年的主要目标之一。2011 年，艾滋病毒 / 艾滋病仍然造成近 200 万人死亡，其中大多数都在非洲，并使非洲 1 400 多万儿童成为艾滋孤儿。缺铁和寄生虫削弱了发展中国家许多工人的体力。控制疟疾和艾滋病毒 / 艾滋病是千年发展目标在 2015 年的目标之一。

如表 20.1 所示，低收入国家的识字率也落后于高收入国家。为了提高生产率，劳动力必须接受教育和培训。例如，基本的读写能力以及专门的培训可以给工人个人和整个经济带来高回报。在许多发展中国家，教育已成为政府开支的最大类别，部分原因是人们认为人力资源是经济发展的最终决定因素。然而，在许多发展中国家，许多儿童，特别是女孩，只接受了几年的正规教育。随着科技推高熟练工人的工资溢价，低识字率对一国 GDP 的影响也在上升。

正如金融资本寻求最高和最安全的回报一样，人力资本也是如此。每年都有成千上万来自发展中国家的学生从美国的学院和大学毕业，其中许多人得到了发展中国家政府的资助。毕业后，这些人面临着一个艰难的选择：是留在美国赚取高薪，还是回国接受一份薪水低得多的工作。许多人都选择了留在美国。这种**智力流失**（brain drain）从发展中国家吸走了许多才华横溢的人才。

随着国家的发展，受教育工人的流动发生了什么变化？越来越多的来自新兴经济体的学生毕业后回国，因为他们渴望在新兴经济体中运用自己的技能。这种人力资本的回流刺激增长，是增长正在发生的信号。的确，发展经济学家发现，有证据表明，印度父母为子女选择的学校对就业机会变化的反应相当明显。[5] 增长和人力资本之间的联系实际上是双向的。

智力流失： 发展中国家的人才倾向于在发达国家接受教育，并在毕业后留在那里。

---

　　⑤　这方面的经典著作是 Kaivan Munshi and Mark Rosenzweig，"Traditional Institutions Meet the Modern World: Caste, Gender, and Schooling Choice in a Globalizing Economy," *American Economic Review*, September 2006: 1225–1252。近年的研究包括 Emily Oster and Bryce Millett, "Do Call Centers Promote School Enrollment? Evidence from India," Chicago Booth Working Paper, June 2010。

实践中的经济学

腐败

许多人认为，许多国家经济发展的一个障碍是政府的腐败和低效的程度。衡量腐败和效率低下的程度可能很困难。一些研究人员尝试了调查和实验。雷·菲斯曼（Ray Fisman）[1] 用了一种不寻常的方法来衡量政治关系对印尼市场运作的影响。

从 1967 年到 1998 年，印度尼西亚由苏哈托总统统治。在苏哈托执政期间，他的子女和长期盟友都隶属于一些印尼公司。当苏哈托意外病倒时，菲斯曼想出了一个聪明的主意，那就是观察那些与苏哈托家族有关联的公司的股票市场价格相对于那些没有关联的公司的价格发生了什么变化。菲斯曼发现，因疾病传言，那些关联公司的价值大幅下降。这告诉我们什么？公司的股价反映了投资者对公司预期盈利的看法。以与苏哈托有关联的公司为例，它们股价的下跌告诉我们，投资者认为这些公司表现良好，在很大程度上是因为家族关系，而非公司固有的效率。腐败对经济有害的一个原因是，它经常导致不好的、效率较低下的公司，在社会上生产商品和提供服务。

思考

1. 随着一个国家腐败程度的下降，生产成本往往会下降。为什么？

[1] Raymond Fisman, "Estimating the Value of Political Connections," *The American Economic Review*, September 2001: 1095-1102.

387

即使受过教育的工人去了发达国家工作，他们也可能为祖国的发展做出贡献。最近，经济学家开始研究汇款，即近期移民寄回欠发达国家的家庭汇款。虽然很难准确计算，但估计这些汇款每年约为 1 000 亿美元。汇款为留守家庭提供住房和教育资金，而且也可以为小企业提供投资资金。2007 年，美国的非法移民汇款以每年 20% 的速度增长，但随着移民法规执行力度的加强，这一数字似乎开始下降。2008 年至 2009 年，随着经济衰退，汇款额进一步下降，但在最近经济的回暖中又有所回升。

近年来，我们越来越认识到企业家精神在经济发展中的作用。在 19 世纪，许多对美国早期工业发展做出了巨大贡献的标志性公司——标准石油公司、美国钢铁公司、卡内基钢铁公司——都是由一些原始资本很少的企业家创立的。在中国，最大的搜索引擎之一是百度，这是一家 2000 年创建的公司，现在在纳斯达克上市，在线零售商阿里巴巴也是如此。为有创造力的冒险者提供机会和奖励似乎越来越成为促进发展所需要做的工作的一部分。伊斯特利和梅奥（Easterly and Mayo）的研究都关注重点不明确的外国援助可能会扭曲当地的创业动机，从而阻碍其经济增长。

388

基础设施资本 在发展中国家生活过的人通常知道，过好日常生活是多么困难。供水问题，糟糕的道路，频繁的断电——这还是在少数有供电系统的地区，此外通常不起作用的蚊虫控制使生活和商业活动十分艰难。

在任何经济体中，无论是发展中国家还是发达国家，政府都扮演着投资角色。在一个发展中国家，政府必须建立基本的基础设施——道路、发电和灌溉系统。这些项目有时被称为**社会间接资本**（social overhead capital），通常不能由私营部门独立运营。许多这种项目的运营具有规模经济，这意味着它们只有在规模非常大的情况下才可能是有效率的，甚至可能大到任何私营公司或集团都无法运营。另一方面，一些发展项目收益虽然非常有价值，但却很难交易。清洁空气和饮用水的利用就是例子。在这方面，政府必须发挥自己的作用，才能让私营部门发挥作用。例如，最近一些经济学家提出，印度的增长前景受到其糟糕的铁路运输系统的限制。从新加坡到印度的货物很容易通过水路在不到一天的时间内运输，但从港口城市运到内陆工厂可能需要数周时间。相比之下，中国在 2008 年至 2009 年间花费了大量刺激资金，努力建设新的交通网络，部分原因是政府明白这种社会间接资本对经济增长有多重要。第 480 页的"实践中的经济学"栏目描述了孟加拉国政府提供基础设施后产生的意想不到的结果。

建设基础设施需要公共资金。许多欠发达国家难以提高税收来支持这些项目。过去几年，希腊一直难以偿还债务，部分原因是该国最富有的公民普遍逃税。在许多欠发达国家，腐败限制了政府用于生产性投资的公共资金，正如第 477 页"实践中的经济学"栏目所说的那样。

20.2.2 经济发展的战略

尽管对成百个国家进行了许多研究，但在使一个国家摆脱贫困的正确战略上仍无共识。不过，有些有效的战略在某些情况下可能对国家发展有用。

政府的角色 在现代资本主义世界，大多数投资资本是由第三方提供给企业家的，要么通过我们在前几章中描述的银行系统，要么通过股市。要让这些市场发挥作用，让资本流动起来，就需要信任。在一个大多数投资都是非个人的环境中发展这种信任，这就反过来需要政府的一些监督。需要政府制定和执行规则，包括管理财务报表中报告的数据类型，保护存款的方式和执行贷款条款。政府在现代非个人经济所需的财产保护方面也发挥着类似的作用。这些机构是经济发展的必要补充。第 480 页"实践中的经济学"栏目描述了在金融机构不太发达的孟加拉国，家庭贷款部分替代非个人贷款的方式。

社会间接资本： 道路、电力和灌溉系统等社会基础设施。

从 1991 年到 1997 年，美国公司进入东欧寻找市场和投资机会，并立即意识到一个主要的障碍：使美国市场运作相对平稳的一些机构在东欧却并不存在。美国的银行系统、风险资本基金、股票市场、债券市场、证券交易所、经纪公司、投资银行等等，都是数百年来发展起来的，不可能在东欧国家一蹴而就。

许多支持市场的制度是如此必需，以至于美国人认为它们是理所当然的。例如，私有财产制度是一种必须受到由政府制定的法律来保护的权利。假设法国连锁酒店诺富特（Novotel）决定在其他地区新建一家酒店。诺富特必须首先获得土地。然后，它将建造一栋基于向客户出租房间来获得回报的大楼。这项投资是基于一个期望，即所有者有权使用它们，并有权获得它们所产生的利润。而要进行这样的投资，这些权利必须由一套财产法来保障。这同样适用于大型企业和想要开办自己企业的当地企业家。

同样，法律必须规定合同的执行。在美国，一个庞大的法律体系决定了如果你违背了真诚做出的正式承诺会发生什么。企业存在的基础是生产的承诺和支付的承诺。如果违反合同时不依法追究法律责任，那么就不会签订合同，不会生产商品，也不会提供服务。

保护知识产权也是发达市场经济的一个重要特征。当艺术家发行唱片时，艺术家和他的工作室有权从中获得收入。当苹果开发 iPod 时，它也获得了为其专利所有权获取收入的权利。许多欠发达国家缺乏保护外国投资及其现有和未来投资者知识产权的法律和执行机制。保护的缺失阻碍了贸易和本土发明。

另一件看似简单却十分复杂的事情是会计准则的建立。在美国，会计游戏规则体现在一套具有法律效力的公认会计原则（GAAP）中。公司被要求记录它们的收入、支出、资产和负债，以便股东、税务机关和其他与公司有利害关系的人能够观察和评估它们的业绩。如果你学过会计，你就会知道这些规则有多详细。想象一下，在一个遵循数百套不同规则的国家如何做生意。

显然，经济发展需要这些金融和法律制度。关于这些制度的缺乏在多大程度上导致了一些国家的贫困，存在更多的争论。阿西莫格鲁、约翰逊和罗宾逊在研究非洲国家历史时指出，一些国家缺乏制度是造成贫困的一个重要原因。[6] 其他研究表明，这些制度自动地与市场和经济并行发展，因此制度的缺失标志着市场失灵，但并不是市场失灵的原因。[7]

---

[6]　Daron Acemoglu, Simon Johnson and James Robinson, "The Colonial Origins of Comparative Development: An Empirical investigation," *American Economic Review*, 2001: 1369–1401.

[7]　Edward Glaeser, Rafael La Porta, Florencio Lopez-de-Silanes and Andrei Shleifer, "Do Institutions Cause Growth?" *Journal of Economic Growth*, September 2004.

实践中的经济学

你的结婚对象，可能雨说了算

孟加拉国与许多其他低洼国家一样，在一年中的大部分时间里，河水泛滥通常会淹没土地。通过在河边建造堤防，政府可以延长种植季节，使农作物可以种植几个季节。其结果是生活在受堤坝保护农村地区的人们财富获得增长。在近年的一篇论文中，一些经济学家追踪创建堤防以增加农村人口财富所带来的不寻常后果。[1]

在孟加拉国，新娘的娘家通常需要给新郎家提供嫁妆。对于贫穷的家庭来说，筹集嫁妆可能会很困难。先结婚之后再分期付款也不容易。让孟加拉国的人兑现承诺并偿还债务并不比世界上其他地方容易！结果怎样呢？在困难时期和较贫穷的家庭，孟加拉国人经常与表亲结婚；大家庭中的承诺更容易兑现，而家庭内部的财富共享也更为常见。

现在让我们思考一下政府建造防洪堤会带来什么后果，堤防一侧的农民一年中的大部分时间里都能耕地，而另一侧的农民则面临六个月的洪水。受洪水影

响的一侧农民依然在大家庭中结亲，作为收到嫁妆的策略。而河流较稳定的一侧农民，表亲婚姻的现象大量减少。

由于表亲婚姻可能会带来健康风险，因此对农村基础设施的投资可能会对该地区产生无法预料的积极影响。

思考

1. 您认为修建堤防对整体结婚率会造成什么影响？

[1] Ahmed Mushfiq Mobarak, Randall Kuhn, Christina Peters, "Consanguinity and Other Marriage Market Effects of a Wealth Shock in Bangladesh," *Demography*, forthcoming, 2013.

从农业到工业的运动 思考表20.2中的数据。列出的最富裕的国家——美国、日本和韩国的服务业创造了大部分GDP，而农业生产贡献的价值很小。另一方面，最贫穷的国家拥有大量的农业部门，尽管如你所见，在这些经济体中，服务业贡献也很大。发展中经济体的过渡通常涉及从农业的转型。

近年的研究记录了发展中国家非农业部门工人与农业部门相比具有更高生产率。即使仔细调整这两个部门的劳动力人力资本差异，非农业部门的人均增加值也要高得多。[8] 这告诉我们，如果这些国家能够更快地将工人从农业部门迁出，迁入城市工作，那么这些国家的生产率会更

---

⑧ Douglas Gollin, David Lagakos and Michael Waugh, "The Agricultural Productivity Gap," *Quarterly Journal of Economics*, 2014: 939–993.

表 20.2　2008 年部分发达经济体和发展中经济体的生产结构

国家	人均国民总收入	国内生产总值占比		
		农业	工业	服务业
坦桑尼亚	$460	30	23	47
孟加拉国	570	19	29	52
中国	3 040	11	47	40
泰国	3 640	12	44	44
哥伦比亚	4 640	8	35	57
巴西	7 490	6	28	66
韩国	21 430	3	36	61
日本	37 840	1	27	71
美国	47 890	1	21	78

资料来源：世界银行。

高。事实上，来自伦敦经济学院的加拉德·布赖恩（Gharad Bryan）和斯坦福大学的梅拉尼·莫顿（Melanie Morton）估计，1976 年至 2012 年间，印度尼西亚近 20% 的增长可以归因于此期间移民成本的减少。[9] 在一个实验中也发现了类似的结果，该实验为孟加拉国工人提供随机补贴，以便他们在农业年度的非收成期从农业地区迁移到城市。[10]这项工作表明，改善发展中国家经济增长的一种方法是投资运输网络或其他机制，以降低农村和城市地区之间的迁移成本。

出口或进口替代？　随着发展中国家扩大其工业活动，它们必须决定采用何种贸易战略。发展经济学家讨论了两种选择：进口替代（import substitution）或出口推动（export promotion）。

　　进口替代指的是发展本地工业，用国内生产的产品代替进口的战略。如果国家需要进口化肥，进口替代战略意味着需要发展国内化肥工业，生产进口化肥的替代品。20 世纪 50 年代这种战略在整个南美洲取得了巨大的成就。当时，大多数发展中国家出口农产品和矿产品，这些产品面对的国际市场是不确定且往往不稳定的。在这种情况下，需要进口替代政策是可以理解的。为了鼓励新兴的国内产业，政府采取了一些特殊的举措，包括关税和配额保护以及对机器的进口补贴。跨国公司还受到多国邀请去开展国内业务。

　　大多数经济学家认为，进口替代战略甚少奏效。国内产业因高关税

进口替代： 一种工业贸易战略，有利于发展本地工业，用国内生产的产品代替进口。

391

⑨　Gharad Bryan and Melanie Morton, "Economic Development and the Spatial Allocation of Labor: Evidence From Indonesia," Stanford Working Paper, February 2015.

⑩　Gharad Bryan, Shymal Chowdhury and Ahmed Mushfiq Mobarak, "Underinvestment in a Profitable Technology: The Case of Seasonal Migration in Bangladesh," *Econometrica*, 2014.

（经常高达 200%）而免受国际竞争的影响，这导致了严重的经济效率低下。例如，秘鲁的人口约为 2 900 万，其中只有一小部分人买得起汽车。然而，有一段时间，该国有多达五六家的汽车制造商，每家每年只生产几千辆汽车。由于汽车生产有巨大的规模经济，每辆汽车的生产成本远高于要求，而这些本来可以投入到其他生产率更高的活动的资源，都浪费在生产汽车上。

出口推动： 旨在鼓励出口的贸易政策。

作为进口替代战略的替代方案，一些国家采取了**出口推动**的战略。出口推动是鼓励出口的政策。作为一个工业市场经济体，日本为发展中国家提供了依靠出口带来巨大经济效益的典范。从 1960 年到 1990 年，日本的人均实际 GDP 年均增长率约为 6%。这一成就部分得益于面向外国消费者的工业生产。

一些发展中经济体试图效仿日本的早期成功。从 1970 年左右开始，中国香港、中国台湾、新加坡和韩国开始寻求制成品的出口推动战略，取得了良好的效果。其他经济体，包括巴西、哥伦比亚和土耳其，在推行外向型贸易政策方面也取得了一些成功。中国大陆的增长也曾通常是出口驱动。

政府对出口推动的支持采取的形式往往是保持有利的汇率，使出口品能够与发达经济体生产的产品相竞争。

对于通过在世界市场上销售出口品来获得经济增长的国家来说，最大的问题是自由贸易。尤其是非洲国家，一直在推进欧洲和美国减少对其农产品征收的关税，因为这些关税大大降低了非洲在世界市场上的竞争力。

小额信贷　20 世纪 70 年代中期，孟加拉国一位年轻的经济学家穆罕默德·尤努斯（Muhammad Yunus）创建了孟加拉国的格莱珉银行（Grameen Bank）。尤努斯曾在美国范德堡大学接受过培训，曾是中田纳西州立大学的教授，他通过格莱珉银行向发展中国家提供小额信贷。2006 年，尤努斯因其贡献获得诺贝尔和平奖。小额信贷贷款金额小、无须抵押，也接受小额储蓄存款。[①]它旨在让发展中国家最贫穷地区的企业家进入资本市场。截至 2002 年，已向超过 2 500 家机构提供小额贷款，为超过 6 000 万人提供服务。三分之二的贷款人生活在自己国家的贫困线以下，他们是真正的赤贫。

尤努斯在孟加拉国教授经济学时，开始将自己的钱借给有创业野心的贫困家庭。他发现即使是用少量的钱，村民也可以开始简单的生意：编织竹制品或美发。传统银行认为从这些借款人身上无利可图：金额太小，而且要弄清楚哪些潜在借款人的信用风险大，成本也很高。由于借款人没有抵押品，所以个性信息是关键，而大银行很难获取这些信息。

---

①　对小额信贷的精彩讨论参见 Beatriz Armendariz de Aghion and Jonathan Morduch，*The Economics of Microfinance*（MIT Press，2005）。

然而，当地村民通常对彼此了解很深。这种见解构成了尤努斯小额信贷企业的基础。在一个村庄里，有兴趣借钱开办企业的人被要求加入五人贷款小组。首先向前两个潜在的借款人提供贷款，然后再贷款给接下来的两个人，最后贷款给剩下的那个人。只要每个人都偿还贷款，下一批人就会收到他们的贷款。但只要有借款人不能按时地偿还，那么所有组员也就不能再次得到贷款。这样操作的目的是什么？这样一来，社区压力相当于抵押品。此外，一旦理解了同行借贷机制，村民就有动力仅仅加入其他可靠的借款人。同行借贷机制是前一章所述信息不完善问题的一种解决方法。

格莱珉模型迅速发展。到 2002 年为止，格莱珉已向 200 万会员提供贷款。30 个国家和美国的 30 个州都复制了格莱珉模式的小额信贷。相对于传统的银行贷款，小额信贷贷款规模小得多，偿还周期更早开始，而且大部分贷款都面向女性（在很多情况下，主流银行对女性服务不周）。越来越多的证据表明，为贫困妇女提供机会比起为男性提供同等机会，在改善儿童福利方面具有更强的溢出效应。最近，小额储蓄账户也被引入发展中国家，面向无法得到银行服务的人群。自从尤努斯引入小额贷款以来，小额信贷领域发生了巨大的变化，虽然有些人仍质疑它在促进重大发展和经济增长方面所能发挥的作用，但它改变了许多人对创业的可能性以及世界上贫困人口更广泛地获取金融机构支持的看法。

20.2.3 两大发展案例：中国和印度

中国和印度是两大快速发展的经济体。在 1978 至 2003 年的 25 年间，中国平均每年经济增长 9%，这一速度比世界上其他任何国家都快。即使在 2008 至 2009 年美国经济衰退期间，中国仍在保持增长，现在也还在继续增长。虽然印度的崛起是近期的事情，但在近几年里，它的年增长率也在 6% 到 8% 之间。许多评论家预计，印度和中国将在 21 世纪主导世界经济。

这两个相当不同的国家如何设计自身的发展？中国和印度都采取了自由市场经济，中国比起印度在努力取消一些历史监管机制方面处于领先地位。

社会资本怎么样？印度和中国人口都很密集。虽然中国是世界上人口最多的国家，但土地面积较小的印度人口更稠密。然而，正如大多数发展中国家一样，两国的出生率有所下降。中国的识字率和预期寿命相当高，部分来自早期政策的成果。另一方面，印度的识字率和预期寿命低于中国。

那么这两个国家的发展战略呢？中国的方法被称为"摸着石头过河"。就行业而言，中国的大部分增长都是由制造业推动的。在印度，服务业带动了经济增长，特别是软件行业。总而言之，从印度和中国的比较可以清楚地看出，没有单一的发展战略。

实践中的经济学

手机提高了印度渔民的利润

喀拉拉邦是印度一个贫穷的邦。渔业是当地经济的重要组成部分，雇用了100多万人口，并且成为当地人的主要蛋白质来源。渔船每天出海；当返回时，船长需要决定把鱼卖到哪里。这个决定有很多不确定性因素：将捕获多少鱼；某个地点会有哪些其他船只来售卖；一个地方有多少买家？此外，燃料成本高且时间很难把握，因此一旦船上岸，渔民就无法寻找更好的市场。在最近对该地区进行的一项研究中，罗伯特·詹森（Robert Jensen）[1] 在1997年11月的一个星期二早上发现，伯德格拉的11名渔民正在倾倒货物，因为他们在码头没有遇到任何买主。然而，他们不知道，距离他们15千米，有27名买家空手离开市场，对鱼类的需求没有得到满足。

从1997年开始到随后几年，移动电话服务被引入印度这个地区。到2001年，大部分捕鱼船队都有移动电话，他们通过移动电话呼叫供应商上岸，以确认购买者的位置。结果怎么样呢？一旦引入电话，浪费（平均占总捕获量的5%至8%）几乎不再存在。此外，正如我们

根据简单的供给和需求定律所预测的那样，渔业市场沿线各个村庄的鱼类价格比以前更接近。詹森发现，随着浪费的减少，渔民的利润平均上升了8%，而鱼的平均价格下降了4%。

事实上，通过提供价格和数量信息，手机正在改善欠发达国家市场的运作方式，让生产者和消费者都能做出更好的经济决策。

思考

1. 用供需图形表示印度手机对渔业市场价格的影响。

[1] Robert Jensen, "The Digital Provide: Information Technology, Market Performance, and Welfare in the South Indian Fisheries Sector," *The Quarterly Journal of Economics*, August 2007.

20.3 学习目标

讨论发展经济学家所使用的干预措施。

20.3 发展的干预措施

在过去的20年里，发展经济学家越来越多地转向更为精细和微观经济的方案，看看哪些干预措施确实有助于改善发展中国家收入分配底层的状况，以及如何复制那些成功的方案。在大多数情况下，这项工作已经成为主要内容，因为寻求增长和发展的通用方法不再是重点。

20.3.1 随机实验和自然实验：经济发展的一些新技术

假设我们正在判断是否应该多聘请教师来降低师生比例以提高学生成绩。为了找到答案，传统方式是在其他条件相似的学校系统中找到两个入学人数不同的班级，并研究学生的教育表现。我们每天在报纸上的政策讨论中看到这种比较，而许多研究项目都采用了这种方法的变体。但这种方法受到严厉的批评。除了入学人数之外，两个班级之间的学习表现差异还可能是由于我们在对比时无法控制的其他变量导致的。贫困地区的教室通常比较拥挤（实际上，贫困可能是拥挤的原因），教师可能效率较低，可能还缺乏其他资源。在社会科学研究中，很难确保对比研究中只有一个变量。我们的干预措施涉及人员这一事实使得单一变量更加难以实现。对于招生人数较少的班级，很可能是最细心的父母推动促成他们的孩子进入这些班级，并相信他们会因此变得更优秀。也许是最好的老师申请管理这些班级，这些教师教学质量优秀，使得他们更可能挑到自己中意的班级。只要任何一种可能出现，两个班级就可能从系统上产生差异，导致研究结论可能偏向于人数较少的班级成绩更好。更加细心的父母可以提供家庭支持，即使教室很拥挤，孩子们也会取得更好的考试成绩。无论教室多么拥挤，更好的教师都能提高学生的学习表现。这类问题有时被称为"选择性偏差"，困扰着社会科学研究。

近年来，一群发展经济学家开始使用从自然科学借鉴的技术，即**随机实验**（random experiment），试图避开评估干预措施的选择问题。例如，实验人员不是关注对班级规模或教材做出不同选择的教室的结果，而是随机分配除入学人数外都相同的班级来遵循或不遵循干预。学生和教师不可以变动。通过比较大量随机选择的受试者与对照组的结果，社会科学家希望以自然科学家评估各种药物疗效的方式确定干预措施的效果。

在教育和卫生领域率先进行随机实验的发展小组是麻省理工学院的贫困研究实验室，由埃丝特·迪弗洛和阿比吉特·班纳吉管理。通过与非洲、拉丁美洲和亚洲的一系列非政府组织和政府机构合作，这些经济学家研究了各种可能的投资，以帮助改善最贫困人口的产出。

当然，并非所有政策都可以通过这种方式进行评估。实验者并不总是能够进行随机分配。另一种方法是依靠**自然实验**（natural experiment）来模拟对照实验。假设我对财富增加对贫困家庭的女孩入学率的影响感兴趣。对比富裕家庭和贫困家庭的入学行为显然是有问题的，因为两边可能在很多方面有所不同，无法充分控制。大幅增加大量随机选择的父母的财富，似乎也不可行。但是在农业社区，我们可能会观察到有时一些随机的天气事件会自然而然地导致偶然的丰收年，并且通过观察这些年份与其他年份的对比，我们可能会了解到很多东西。在这种情况下，天气创造了一个自然实验。

394

随机实验： 对随机选择的样本进行干预，然后比较实验组和对照组的结果来确定特定干预措施的结果的一种技术。

自然实验： 基于和干预无关的外源性事件，选择对照组和实验组来测试一项干预的结果。

因此，实证发展经济学开始采用实验方法，以回答哪些干预能够改变发展中国家穷人的命运。现在我们来看一下近年在教育和卫生领域的一些研究，关注这些实验工作，以了解这一领域发生的激动人心的事情。

20.3.2 教育理念

正如我们所说，人力资本是一个国家经济增长的重要组成部分。随着经济的增长，教育的产出通常也会增长。随着我们从传统的农业经济转向更加多样化和复杂的经济，个人从教育获得的优势也随之增加。因此，如果我们希望一个国家的穷人从经济增长中受益，那么教育水平是关键。这就引出了过去十年发展经济学家关注的主题：人们投资教育的哪个方面能获得最大的收益？投资更多的书籍和投资更多的老师相比，哪个更有利？教师素质有多重要？最初几年的投资重要还是后期的投资重要？在资源有限的世界中，教育收益非常重要，所以得出这些问题的正确答案至关重要。

大多数美国的中产阶级学生可能会惊讶地发现，在发展中国家，教师缺勤是一个严重的问题。例如，世界银行研究人员最近的一项研究发现，乌干达和印度平均每天有 27% 和 25% 的教师没有上班。在 6 个贫穷国家当中，教师缺勤率平均为 19%。贫困研究实验室已经在一系列发展中国家进行实验，以了解如何减少缺勤率。最成功的干预措施是由一家名为塞瓦·曼迪（Seva Mandir）的非政府组织在印度拉贾斯坦邦引入的。塞瓦·曼迪要求 160 多家单师学校（single teacher school）中一半的老师每天与孩子合影。相机带有日期戳。这种出勤证据与教师的报酬挂钩。相对于没有相机的同样的教室，教师缺勤率降低了一半。

学生缺勤也是发展中国家的一大问题，即使学校配备了资质良好的教师，也不利于教育产出。包括墨西哥在内的一些国家已经向家长支付现金，以激励他们按时送孩子上学。墨西哥政府引进这一制度一段时间以来，研究人员以看似与教育产出无关的方式，将该地区的学生缺勤率与大致相同的区域（无论是否有现金激励）进行比较，作为自然实验的一种形式。有一些证据表明，现金激励确实会增加学校的出勤率。自然实验也被用来研究工业化的效果，这种效应可以提高教育产出，从而提高学生出勤率；结果是积极的。

利用自然和随机实验进行的研究，仍处于发展经济学的早期阶段。虽然这些改革方法已被证明有助于改善发展中国家的教育成果，但是很难找到一个适用于全球的方案。尽管如此，这些新方法似乎前景良好，可以作为解决改善发展中国家穷人教育问题的一种方式。

20.3.3 健康改善

健康状况不佳是导致个人贫困的第二大因素。在发展中国家，估计有四分之一的人口感染肠道蠕虫，肠道蠕虫会削弱儿童和成年人的体质。疟疾和艾滋病毒/艾滋病一样，在非洲仍然是一个重大挑战。

改善健康的干预措施中，人的行为起着重要作用，这是发展经济学所关注的问题。我们有针对许多疾病的有效疫苗。但我们需要弄清楚如何鼓励人们前往卫生所或学校接种疫苗。我们想知道疫苗的收费是否会影响接种疫苗的数量。对于许多通过水传播的疾病，用漂白剂处理饮用水是有效的，但味道不好，而且漂白剂不是免费的。我们如何引导人们使用漂白剂呢？经过处理的蚊帐可以减少疟疾，但前提是它们使用得当。在每一种情况下，个人能够从寻求治疗或预防性护理中获益，但也有一定的成本。在过去几年中，一些发展经济学家研究了发展中经济体的个人对尝试改变成本和福利的政策是如何做出反应的。

肠道蠕虫在非洲卫生条件不足的地区很常见，可以用成本相对较低的定期药物治疗。迈克尔·克雷默（Michael Kremer）和特德·米格尔（Ted Miguel）与世界银行合作，在肯尼亚使用随机实验来检验健康教育和药物费用对家庭接受子女治疗的影响。克雷默和米格尔发现了许多有趣的结果，且非常符合经济原则。首先，收取药费的项目，即使是相对较低的费用，也大大降低了治疗率。世界银行试图使项目能够依靠自身收益运转，但如果应用于健康领域，可能会对公共卫生产生巨大的不利影响。需求弹性远高于1。克雷默和米格尔还发现，随着一个村庄接种疫苗的人口比例增加，传染风险下降，想要接受治疗的人数更少，这表明村民们对成本和福利计算有一定的敏感性。令人失望的是，健康教育似乎没有带来太大的改变。

与教育领域一样，发展经济学家在健康和人类行为方面还有许多需要了解。发展经济学仍然是经济学中最令人兴奋的领域之一。

396

总结

1. 南方国家即发展中国家所面临的经济问题，往往与那些工业化国家面临的经济问题截然不同。

20.1 发展中国家的生活：人口与贫困
页 472

2. 联合国在其千年发展目标中确定了发展中国家关注的一些领域：饥饿、识字率、儿童死亡率、孕产妇死亡率以及艾滋病和疟疾等疾病、性别平等和环境质量。

20.2 经济发展：源泉和战略　页 474

3. 与其他资源，特别是劳动力相比，几乎所有发展中国家都缺乏物质资本。贫困陷阱或贫困的恶性循环假说认为，贫穷国家无法摆脱贫困，因为无法负担延迟消费，即存钱，以用作投资。关于贫困陷阱的普遍程度以及解决问题的正确方法仍存在争议。

4. 人力资本——劳动力的受教育程度和技能——在经济发展中起着至关重要的作用。

5. 发展中国家往往受限于不充足的基础设施或社会间接资本，从糟糕的公共卫生和卫生设施，到不完善的道路、电话和法院系统。这种社会管理资本通常很昂贵，许多政府因为费用问题无法承建许多有用的工程。

6. 低效和腐败的官僚机构也妨碍了许多地方的经济发展。

7. 转向复杂的市场经济需要政府支持和对私有财产、法律和财务申报机构的监管，以便在不相关的个体之间分配资本。

8. 证据表明，在发展中国家，工业城市的劳动生产率要高得多。一些经济学家建议降低迁移成本作为增长的战略。

9. 进口替代政策是一种有利于发展能够制造商品来取代进口的当地工业的贸易战略，在发展中国家曾经普遍存在。总体来说，这些政策与促进开放的、出口导向型经济的政策一样没有成功。

10. 小额信贷，即通过同行借贷小组向贫困借款人提供少量小额贷款，已成为鼓励发展中国家企业家精神的重要新工具。

11. 中国和印度在近年的发展中采取了截然不同的道路。

20.3 发展的干预措施　页 484

12. 发展经济学家已经开始使用随机实验来检验各种干预措施的有效性。在以自然科学为模型的这些实验中，个体甚至村庄被随机分配接受各种干预，并将其结果与对照组的结果进行比较。在教育和健康领域，随机实验最为普遍。

13. 发展经济学家还依靠自然实验来了解各种干预措施的有效性。在自然实验中，我们对比不同条件的地区在不相关外力下产生的结果。

14. 许多新的经济研究都侧重于理解如何激励个人采取支持政府干预的行动：正确使用卫生设备、上学、接种疫苗。

--- 术语和概念回顾 ---

智力流失，页 476　　　南方国家，页 472　　　随机实验，页 485

资本外逃，页 475　　　进口替代，页 481　　　社会间接资本，页 478

出口推动，页 482　　　自然实验，页 485　　　贫困的恶性循环，页 475

--- 习题 ---

20.1 发展中国家的生活：人口与贫困

学习目标： 讨论发展中国家的特点。

1.1 **[与页 473 "实践中的经济学" 相关]** 世界银行 2014 年发布的一份文件指出，虽然经济增长对于降低贫困率至关重要，但增长本身是不够的，减少贫困的努力必须辅之以为极端贫困人口投入更多资源的计划。根据该报告，随着极端贫困的减少，增长本身往往不能成功地使更多的人摆脱贫困，因为在这个时候，许多仍遭受极端贫困的人发现很难改善生活。你同意这个评估吗？为什么？这里体现了什么基本经济概念？

1.2 西非小国赤道几内亚被世界银行评定为高收入国家，当用美元计算时，人均国民总收入超过 22 000 美元。赤道几内亚的贫困率也超过 76%，位居世界前列。出生时预期寿命仅为 53 岁，婴儿死亡率几乎为 10%。对赤道几内亚做一些研究，并尝试解释赤道几内亚这个高收入国家以上所述的明显反差。

20.2 经济发展：源泉和战略

学习目标： 描述经济发展的源泉。

2.1 发展中国家经济发展需要资本。大多数国家的主要资金来源是国内储蓄，但刺激国内储蓄的目标通常与减少收入分配不平等的政府政策相冲突。评论公平与增长之间的权衡。如果你是一个贫穷小国的总统，你会如何解决这个问题？

2.2 任何国家的 GDP 都可分为两种商品：资本品和消费品。国民产出中资本品的比例在一定程度上决定了国家的增长率。

　a. 解释资本积累如何带来经济增长。

　b. 简要描述市场经济如何决定每个时期将进行多少投资。

　c. 消费与投资是发展中国家要解决的更痛苦的冲突。请评论该观点。

　d. 如果你是一个发展中国家的一位仁慈的大权在握者，你会采取什么计划来增加人均 GDP？

2.3 贫穷国家陷入贫困的恶性循环。为了增加产出，他们必须积累资本。为了积累资本，他们必须储蓄（消费少于生产）。因为他们很穷，他们很少或没有额外的产出可用于积累，必须全部用于当代的衣食住行。因此他们注定要永远保持贫困。请评论该论证中的每一步。

2.4 过去几年中显著增长的小额信贷分支被称为众筹基金。通过众筹，个人、企业和社区寻求对主要通过互联网产生的其他个人的想法或项目提供货币支持。在美国，三个最大和最成功的众筹互联网站点是 GoFundMe、Kickstarter 和 Indiegogo，虽然"众筹"一词的使用相对较新，并且与这些在线网站相关联，但这个概念已存在多年，例如利用这种资金建造的自由女神像基座等项目。做一些关于众筹的研究，并解释你是否认为众筹是孟加拉国等贫穷国家小额信贷的一种可行的替代方式。你认为哪种同行借贷、小额信贷或众筹的来源在减少逆向选择问题方面最成功？为什么？

2.5 **[与页 484 "实践中的经济学" 相关]** 找到另一个使用手机作为改善发展中经济体市场运作的方法的例子。

2.6 **[与页 477 "实践中的经济学" 相关]** 政府腐败往往伴随着经济效率低下。为什么这个命题为真？

2.7 资本主义经济中的收入分配可能比社会主义经济更不平等，为什么如此？限制不平等的目标跟激励冒险和努力工作的目标之间是否存在冲突？请详细解释你的答案。

2.8 尽管智力流失通常发生在发展中国家，但最近希腊的债务危机导致了这个国家高学历人力资本的流失。希腊的大学教育是由政府支付的，估计大约有 10% 的受过大学教育的劳动力已经离开该国，其中大部分都不到 40 岁。这种人力资源的流失对希腊经济的增长前景有何影响？政府支付大学教育是如何加剧这一问题的呢？做一些调查，了解近年来希腊 GDP 发生了什么，以及不久的将来的 GDP 预测是什么，看看结果是否支持你的答案。

2.9 **[与页 480 "实践中的经济学" 相关]** 除了大家庭中结亲数量的减少之外，政府在河堤建设等基础设施项目上支出的增加，以及随之受影响农村人口财富的增长，可能会为孟加拉国的农村、洪水易发地区带来其他哪些积极影响？

2.10 明确以下各项如何限制发展中国家的经济增长。

　a. 资本形成不足

　b. 人力资源短缺

　c. 缺乏社会管理资本

2.11 你被聘为了虚拟的伊什塔尔国的经济顾问。伊什塔尔是一个发展中国家，最近摆脱了长达十年的内战；结果，它经历了严重的政治不稳定。伊什塔尔严重缺乏资本形成，资本外逃一直是内战开始以来的一个问题。作为一名经济顾问，你会对伊什塔尔的经济发展提出哪些政策建议？

20.3 发展的干预措施

学习目标：讨论发展经济学家所使用的干预措施。

3.1 如正文中所述，人力资本的投资是一个国家经济增长的重要因素。下表中的数据显示了 1999 年和 2013 年 10 个发展中国家小学净入学率占相关群体的百分比。在 http://data.worldbank.org 查询这 10 个国家 1999 年和 2013 年的人均 GDP。（搜索人均 GDP [以现值美元表示] 的数据。）计算这 10 个国家 1999 年到 2013 年人均 GDP 的百分比变化。人均 GDP 的变化与入学率的变化看上去相关吗？除了入学人数的增加外，人均 GDP 的变化可能出于什么原因？

398

国家	小学净入学率，相关组的百分比		
	1999	2013	百分比变动
安哥拉	54	86	59
布基纳法索	35	67	91
布隆迪	41	95	132
乍得	50	86	72
冈比亚	74	69	−7
肯尼亚	62	84	35
利比里亚	47	38	−19
马里	47	64	36
尼日尔	27	63	133
坦桑尼亚	49	83	69

资料来源：世界银行。

3.2 正文中提到，在发展中国家，教师缺勤是一个严重的问题，6 个贫困国家的平均缺勤率为 19%。《经济展望杂志》上的一篇文章指出，在可获得数据的 5 个国家中，护工的缺勤率平均为 35%，几乎是教师缺勤率的两倍。为这些国家提供减少护工缺勤率的方法，并评估落实过程中可能遇到的问题。

资料来源：Nazmul Chaudhury, Jeffrey Hammer, Michael Kremer, Karthik Muralidharan, and F. Halsey Rogers, "Missing in Action: Teacher and Health Worker Absence in Developing Countries," *Journal of Economic Perspectives*, 20, no.1, Winter 2006: 91−116。

第六部分
方　法　论

第21章
对研究的批评性思考

整本教科书中，我们强调了许多领域，经济学家正是在这些领域使用数据和统计方法回答对家庭、企业和政府决策者都很重要的问题。其中一些问题比较微观：当生产者提高番茄酱的售价时，番茄酱的销售情况会发生什么变化？在发展中国家为疫苗收取少量费用会对疫苗接种率带来多大的影响？其他的则更为宏观：房价出现意外下跌会对家庭消费产生重大影响吗？如果我们提高最低工资，就业会发生什么变化？正如您在本书中所看到的，这些都是我们可以用经济理论来初步回答的问题。但要获得这些问题的定量解答，我们需要使用统计方法来研究现实世界的数据。在本章中，我们将介绍经济学家和其他社会科学家用来研究数据的工具。我们将重点关注所使用的标准技术，以及一些使用数据回答复杂问题时最常见的陷阱。

经济学家用来分析问题的统计工具是经济学的重要组成部分。如果你继续深入学习经济学，你将会学到更多关于这些工具的知识。对于不再继续学习经济学的人，我们希望本书的介绍将使您成为更具有辨别力的读者，来阅读媒体和其他地方所描述的经济研究。

您将在本章中学到的方法同样适用于经济学以外的许多领域。心理学、政治学以及一些历史研究、体育研究和医学研究也使用这些技术。

399

21.1 学习目标

举出一些可能受到选择性偏差影响的研究实例。

21.1 选择性偏差

众所周知，随着年龄的增长，人的生理机能运转会逐渐减缓。45 岁的田径运动员不会创造世界纪录。很少有职业棒球运动员在 45 岁之后还能继续参加比赛。然而考虑下面的例子：在 2013 年的芝加哥马拉松比赛中，30 至 39 岁男性组的平均完赛时间为 4 小时 17 分钟，这与 40 至 49 岁男性组的平均完赛时间 4 小时 18 分钟基本相同。我们对此有何看法？比如说，我们是否应该得出结论，马拉松比赛参赛者在 35 岁至 45 岁的 10 岁年龄段基本上没有速度的减缓？

或者有一项研究，随机抽取了 1 000 名 70 岁男性和 1 000 名 90 岁男性，并测量他们的骨密度。我们能否将 70 岁的平均骨密度与 90 岁的平均骨密度进行比较，以估计平均骨密度随年龄下降的程度？

选择性偏差： 当使用的样本不是随机样本时，就会发生选择性偏差。

这两个问题的答案都是否定的。这两种情况下都极有可能存在**选择性偏差**。有许多年龄在 30—39 岁的普通人参加芝加哥马拉松比赛，但 40—49 岁的普通选手却少得多。许多年龄在 30—39 岁之间的人为了好玩、给朋友留下深刻印象或者付出了赌注而参加比赛。这些普通选手中的许多人可能在 40 岁时就不再参加比赛。此外，人们选择退出比赛或停止跑步的一个原因就是他们发现自己并不擅长跑步。因此，年龄在 40—49 岁区间的参赛者可能比 30—39 岁区间的参赛者更擅长跑步。所以这两个年龄段跑步者所用的平均时间差别不大也并不奇怪，但这并没有说明某一个特定跑步者随着年龄增长而速度减缓的变化有多快。从某种意义上说，我们比较这两组人群就像比较苹果和橘子一样。

骨密度研究中也存在选择性偏差。90 岁的男性要比 70 岁的男性人数少。那些 70 岁时骨密度较低的人更容易摔倒，髋部骨折过世。因此，活到 90 岁的男性更大比例上是由那些年轻时骨密度较高的人组成。所以，比较这两个样本的平均骨密度是不明智的。这种比较不能告诉我们对于某个人来说骨密度如何随着年龄的变化而变化。

幸存者偏差： 当一个样本中只包含随时间推移而保留下来的观察结果时，该样本便不能代表更广泛的人群，而是存在幸存者偏差。

这两个例子中的选择性偏差类型也被称为**幸存者偏差**，原因显而易见。人口中身体更健康的人群存活了下来，所以在比较年轻和年长的人群时就存在着偏差。在金融市场中，当我们从在市场存活了很长时间的公司群体推断一般市场的公司回报时，也会出现类似的问题。幸存下来的公司通常与一般公司不同，往往更加成功。苹果公司已经存在了多年，在提供人们想要的创新产品方面，它的能力肯定不同于一般公司。

选择性偏差问题在经济学（和其他学科）的许多研究中普遍存在。近年来，人们对理解和改善美国的教育成果表现出极大的兴趣。在许多地区，特许学校的发展在一定程度上是为了尝试不同的教育方法。特许学校是公立学校，为学生提供免费教育，但独立于传统的学区运作，因此在教师选择、上课时间和教学方法方面有更多自主权。自然地，人们对这些有别于传统学校的特许学校的表现如何产生了相当大的兴趣。你可能会想到，回答这个问题的一种方法是比较一个地区的特许学校和传统学校的学生，在现在全美所有学校通用的课程掌握情况测试中的分数。而且事实上，我们经常在当地报纸上看到类似的比较。但是在做这个比较的时候，你也会遇到选择性偏差的问题。

这里的偏差是从哪里来的？在美国大多数特许学校系统中，学生是被随机挑选而入学的。你可能认为这会消除选择性偏差问题。不幸的是，这种随机选择并没有完全消除选择性偏差问题。在大多数特许学校系统中，要想在抽签中被选中，你首先必须申请。但是，申请特许学校抽签的这些家庭可能与没有申请的家庭有很大的不同。而这些差异——更关注教育，更有组织能力，等等——都可能对教育表现有影响，而且我们很难观察到。换句话说，申请特许学校的孩子即使没有被选中进入特许学校，他们在课程掌握情况测试中仍然可能比一般孩子做得更好。我们在后面的部分将会看到，有一些方法可以解决这个选择性偏差问题，但是它们需要一些独创性。

另一个例子可能有助于理解涉及的选择性偏差问题的范围。医学领域的许多研究旨在帮助我们弄清楚如何更长寿和健康。假如你对运动对寿命的影响感兴趣。假如你幸运地发现了一项追踪人们多年来锻炼频率的长期研究，该研究发现那些锻炼得多的人也活得更久。你是否应该得出这样的结论：运动实际上会延长寿命？答案同样是否定的。在这个例子中，我们将一组选择锻炼的人与一组选择不锻炼的人进行比较。一组人选择锻炼或不锻炼的事实告诉我们，他们可能在许多其他可能独立影响寿命的因素上存在差异。选择锻炼的人也可能做出其他健康的选择，其中大部分选择都是研究人员难以观察到的。因此，长寿的优势可能来自一组运动，而另一组没有运动。但同样可能是因为第一组由做出健康选择的人组成，而第二组则不是。

许多这类案例的一个共同问题是，我们比较的群体不仅从事不同的活动，还做出不同的选择，而我们试图衡量这些活动的影响。当那些选择反映出的群体差异足够影响到我们正在测量的结果时，我们得出的结果会有偏差（或曲解）。在过去几年中，经济学家对选择性偏差的问题越来越敏感，并采用了许多创造性的方法试图消除这种偏差问题。我们稍后将在本章描述解决偏差问题的一些方法。现在，我们希望你会带着更加怀疑的眼光去看一些报纸的头条新闻！

401

21.2 因果关系

21.2 学习目标
理解相关性和因果关系的差别。

正如我们所见，选择性偏差让我们难以确认某个治疗方案对人们的影响。换句话说，选择使得因果效应很难确认。识别因果关系是数据分析中的一个普遍问题，并且超出了选择性偏差引起的问题范畴。在本节，我们将考虑一些因果关系问题。

21.2.1 相关性与因果关系的对比

大多数蓝眼睛的人也有浅色头发。大多数有面包车的人也有孩子。

有证据表明，肥胖的人有多得不成比例的肥胖朋友。我们可以从这些事实中得出什么结论？蓝眼睛会造成金色头发吗？面包车会使得人们生孩子吗？肥胖会传染吗？是从朋友那里传染的吗？

相关： 如果两个变量的值倾向于一起移动，那么这两个变量是相关的。

当两个变量趋于一起移动时，我们说它们是**相关**的。如果两个变量倾向于向同一方向移动，我们说它们是正相关的；如果它们倾向于向相反的方向移动，我们说它们是负相关的。在上面的例子中，三组中每一组的变量都是正相关的。但是相关性并不意味着因果关系。我们不需要攻读生物学学位就知道蓝眼睛不会导致金色头发。很可能是进化同时选择了这两个特征，使它们一起出现。如果把一瓶过氧化物倒在我的头上，虽然它肯定会让我变成金发，但根本不会改变我眼睛的颜色！在经济学以及其他领域，理论通常非常有助于我们区分相关性和因果关系。

我们需要理清相关性和因果关系，面包车和孩子的关系是另外一个例子。在数据中，我们看到大多数面包车主都有孩子。很明显，面包车不会经常导致孩子的出生（"可能还会有第四个孩子。我们已经拥有一辆面包车！"）。在这里，因果关系可能是相反的。面包车对有孩子的家庭最有吸引力。因此，孩子出生可能确实会让人们买一辆面包车。现在想想为什么得到正确的因果关系很重要。例如，如果日本想要提高其极低的出生率，那么给每个人一辆免费的面包车不会起到作用。面包车基本上不会让人们想要孩子。但了解面包车和孩子之间的关系显然与汽车制造商相关，他们利用这种关系，重点对家庭进行营销活动。平均家庭规模的增加导致对大型面包车的需求增加，但反过来却并非如此。

402

这些例子中最复杂的是肥胖症。这里有一些理论论据支持双向的因果关系假设。对于许多人来说，吃饭和运动是社交性的，因此，肥胖的（或偏瘦的）朋友可能会对你自己的体重产生影响。但至少在某些圈子里，肥胖是一种社会耻辱，而肥胖可能会限制一个人的朋友选择。因此，有肥胖的朋友似乎确实会增加你自己肥胖的机会，但肥胖也可能会增加你有肥胖朋友的机会。

确定因果关系对于许多政策工作至关重要。了解早期接触阅读与成年后高收入相关是很有趣的。知道早期阅读会导致高收入，这表明需要政策干预。考虑到因果关系对政策问题的重要性，经济学中的许多实证研究都致力于尝试确定这种关系。让我们考虑一下研究人员用来识别因果关系的几种方法。

21.2.2 随机实验

实证研究的黄金标准是随机实验，人们大多对医学研究中的随机实验比较熟悉。例如，如果一个研究小组试图确定一种特定药物是否有助于治疗某种形式的癌症，那么标准方案是将患有该疾病的患者随机分成两组，向一组提供药物，而给予另一组安慰剂。如果患者足够多，而且时间足够长，人们应该能够判断出药物是否有效。（当然，出于安全原因，还有很多非人类预测试。）注意在本方案中，我们没有通过让人们选择是否想要服药来选择我们的样本（所有人都同意服用药物）。实际上，标准医疗方案的一部分就是患者在实验期间不知道他们在哪个组。在这种类型的实验中，我们没有选择问题，因为没有用户选择。

　　这类实验同样也在经济学中进行，并且在经济发展领域相对普遍。举个例子，假设我们对课堂规模对教育成就——比如考试成绩——的影响感兴趣。比较人数不同的班级显然不会提供有用的信息。众所周知，除其他因素外，富裕地区的班级比贫困地区的班级规模更小，而且富裕地区会有许多可能提升分数的优势。但是，我们可以进行一个实验，随机将学生们分配到入学人数不同的班级，然后比较不同组的考试成绩。如果分配是真正随机的，那么就没有选择性偏差的问题。

　　虽然随机实验很常见，尤其是在医学领域，但并不是所有情况都能进行随机实验。假设我们对吸烟与癌症之间的联系感兴趣。当然，我们可以利用老鼠做实验，将一大群老鼠随机分成两组，一组接触烟，另一组不接触烟，看两组的癌症发病率是否不同。只要我们的样本量相当大，如果吸烟与癌症之间存在因果关系，我们应该能够看到癌症发病率的差异。正如我们描述的那样，我们做了一个随机实验。请注意这个实验与仅仅比较吸烟者与非吸烟者的癌症率有何不同。吸烟的人选择吸烟，很可能做出了许多其他不利于健康的选择。尽管我们试图控制那些吸烟者／非吸烟者的差异，我们这样做的能力是有限的。

　　对于老鼠来说，没有选择问题需要担心。但是，即使我们发现吸烟会导致老鼠患上癌症，我们仍然需要确定这一结论是否适用于人类。显然，我们不能随机选择一组人强迫他们吸烟，然后看他们的癌症发病率是否与参照组不同。对于经济学家感兴趣的许多问题，很难使用随机实验。随机地选择一组人群并让他们接触可能有害的事物是不道德的，并且不能通过人类受试者协议审查。即使我们考虑只有潜在利益而且没有成本的干预措施，我们仍然面临着这样一个问题：我们一开始随机选择的受试者可能决定不加入研究或提前离开实验。如果发生这种情况，剩下的组将不再是随机的。如果受试者可以自行决定要么接受一个治疗方案，要么继续原来的治疗，选择性偏差将再次潜入我们的实验。在这种情况下我们该怎么做？

　　考虑某所大学已经录取了 200 名低收入家庭的学习落后的学生。在大学开始之前，有一个暑期项目，可以更好地帮助这些学生为大学生活做好准备。该大学想知道这项计划是否能提高学生在 4 年大学中的表现，比如说以学生的 4 年 GPA（美国教育体制中学生在某一时期内的平均绩点）来衡量的成绩。这项研究要怎么进行？

　　假设该大学在 200 名学习落后的学生中随机抽样出 100 名，并邀请他们免费参加暑期项目。有 60 名学生接受提议并参加暑期项目。4 年后，我们收集了这 200 名学生的 GPA 成绩，我们了解到参加该项目的

60 名学生的平均 GPA 高于未参加该项目的 140 名学生的平均 GPA。你能否从中得出结论，该项目产生了积极影响？答案是否定的。我们再次遇到了选择问题。虽然这 100 名被提供该项目的学生确实是一个随机样本，但是接受这项项目的 60 名学生却不是随机的。也许这 60 人的平均天赋低于拒绝了这项课程的 40 人，这 60 人认为有必要接受这项项目，而那 40 位更有天赋的学生则认为没有必要。或者可能是这 60 名学生更认真，更有条理。不管偏差如何，我们不能假设接受项目的这 60 名学生是最初的 200 名学生的随机样本。我们甚至不确定接受项目的人是否比不接受的人更好或更差。

但最初抽签选择并邀请加入该项目的 100 名学生是随机设计的。因此，4 年后我们可以将被提供该项目的这 100 名学生的平均 GPA，与 100 名没有被提供该项目的学生进行比较。如果该项目具有正面效果，则第一组的平均 GPA 应高于第二组。您可能认为这是一种测试暑期项目效果的奇特方式。毕竟，第一组中有 40 名学生没有参加该项目！如果他们没有参加该项目，为什么他们与参加项目的学生一起被计算平均 GPA？我们在测试样本中包括了所有被提供该项目的学生，是为了避免选择性偏差。这一过程也用于有病人退出的医学实验，称为**意向性分析**。但这样处理确实有代价。

意向性分析： 一种比较根据实验方案最初确定的两组随机样本的方法。

假设这 100 名学生中只有 10 名接受了我们的提议。在这种情况下，我们比较了两组随机选择的学生，一组没有人参加项目，另一组 10 人参加，90 人不参加。由于有如此多的未参加项目者，我们将很难发现项目的收益。如果所有被邀请参加该项目的 100 名学生都入学了，那么很明显，我们将更有信心发现该项目的效果（如果有的话）。但不管是什么情况，我们都需要比较 100 名被提供该项目的学生和 100 名未被提供该项目的学生的成绩，从而避免选择性偏差。注意，意向性分析使得找到结果变得更加困难，从这个意义上说，这是一种保守的统计技术。第 499 页的"实践中的经济学"栏目描述了美国住房和城市发展部（HUD）使用随机分配的住房券进行的一项实验，以检验社区对家庭福利的影响。这里采用意向性分析。

21.2.3 断点回归

在许多情况下，经济学家不会用随机实验来解答他们的实证问题，而是试图从市场数据、日常交易数据和个人做出的选择中进行推论。使用市场数据有许多优点：这些数据反映了家庭在日常生活中做出的真实选择。当然，大部分数据都是由政府或企业收集的，因此研究人员很容易获得。另一方面，精心设计的实验却是非常昂贵的。但事实上，数据反映了个体的选择，这些选择是在相对不受控制的环境下进行的，这使得因果关系的识别特别困难。研究人员已经使用了许多方法，试图在这一领域取得进展。

实践中的经济学

搬向机遇

众所周知，在极贫困地区长大的儿童成年后平均受教育程度较低，健康状况较差，收入水平较低，而且在其生命的某个阶段被监禁的可能性更高。这些结果在多大程度上归因于这些孩子成长的社区？与之相关的是，如果生活地点改变，他们可以改变多少？

这些是美国住房和城市发展部（HUD）在 20 世纪 90 年代中期进行的一项实验所提出的非常核心的政策问题，最近由一组经济学家重新评估。[1]

"搬向机遇"计划随机选择生活在极贫困住房项目中的家庭，提供给这些家庭住房优惠券，他们可以用优惠券搬到经济状况更好的社区。随机授予优惠券是避免早期住房研究和之后的结果中发现的选择性偏差问题的一个直接尝试。很容易看出，如果我们仅仅简单地比较家庭搬离高贫困地区和仍然留在那些地区的孩子的生活结果，那么我们就会有严重的选择性偏差问题。搬出的家庭可能拥有更多的资源——也许是我们无法观察到的资源——也许还有更多的主动性或组织能力。这些差异可能会对他们孩子的生活结果产生影响，这些影响和搬家的收益无关。通过随机化优惠券选择，HUD 尝试剔除选择元素。由于并非所有得到优惠券的家庭都搬家了，研究人员使用本章描述的意向性分析方法来控制潜在的选择性偏差。

以前的实验结果发现搬出的家庭在经济福利方面改善甚微，尽管心理和身体健康都有所改善。这些研究者近年刚刚完成了一项长期的研究，他们通过查看税收数据，发现搬家对于搬家时年龄小于 13 岁的儿童的收入水平有显著影响，他们的平均收入提高了 31%。

思考

1. 从事上述研究的人员中有些人也做了另一项研究，他们研究的对象是在总人口中搬家的家庭和没有搬家的家庭。为了控制选择性偏差，研究人员比较了家庭中不同年龄段的儿童，以了解在更好的社区生活更长的时间，对年龄较小的儿童和年龄较大的儿童有多大的影响。这样做是如何减弱选择性偏差问题的？

[1] Raj Chetcy, Nathaniel Hendren, Lawrence Katz, "The Effects of Exposure to Better Neighborhoods on Children: New Evidence for the Moving to Opportunity Experiment," NBER working paper, May 2015.

美国人均罪犯人数超过任何其他经合组织国家，大约有 200 万人被监禁。许多从监狱释放的人在很短的时间内再次被捕。一个人在监狱经历的一切如何影响他们将来被重新逮捕的可能性？监狱的条件会影响再犯率吗？①

① 本讨论基于 M. Keith Chen and Jesse Shapiro, "Do Harsher Prison Conditions reduce Recidivism? A Discontinuity-based Approach," *American Law and Economics Review*, June 2007。

实践中的经济学

出生体重和婴儿死亡率

即使是与其他发达国家对比，美国的人均医疗费用也相当高。这些支出大部分集中在人口中两个完全不同的人群：年迈的老人和年幼的小孩。公共政策的一个核心问题是提高这些高额支出的有效性。

医学实践经常以 1 500 克来区分婴儿，分为 1 500 克以下的婴儿和 1 500 克以上的婴儿。前者被称为 VLBW（Very Low Birth Weight）婴儿，即出生体重非常低的婴儿，并且在大多数医院中，这些婴儿在出生时及之后需要立刻进行特别照顾。这种特殊护理费用昂贵，而且有充分证据表明 VLBW 婴儿的医院账单远远高于体重较高的婴儿。但这些昂贵的花销有用吗？

当然，仅通过比较不同出生体重婴儿的死亡率（如一年死亡率），是很难回答这个问题的。我们知道，出生体重低的婴儿面临高风险。因此，即使我们发现治疗后他们的死亡率还是很高，也不足以说明什么，因为我们不知道在没有特殊治疗的情况下死亡率是多少。阿尔蒙德（Almond）等人的一项研究运用我们在正文中讨论的断点回归分析法解决了这个问题。[1]

如前文所说，VLBW 婴儿是指出生体重小于 1 500 克的婴儿。在医学上，这种分类是一项惯例，并不反映在此重量

之上或之下一定会或一定不会出现什么疾病。但一旦低于 1 500 克，大多数医院确实开始为婴儿提供护理。因此，我们对断点回归分析可设定：出生体重和根据出生体重提供的治疗是不断变化的，但触发治疗的值是恒定的一条线。阿尔蒙德等学者研究了触发线两侧的婴儿的情况。他们发现了什么？如果我们将触发线下方的婴儿与上方的婴儿进行对比，那么线下方婴儿的一年死亡率比相对较重的婴儿低 1%。一年死亡率约为 5% 多一点，则 1% 是很大的改善。为什么有这么大的不同？答案是给予 VLBW 婴儿的额外医疗护理！

思考

1. 你能够再想一个可以用断点回归分析的医学研究吗？

[1] Douglas Almond, J. Doyle, A. Kowalski and H. Williams, "Estimating Marginal Returns to Medical Care: Evidence from At-Risk Newborns," *Quarterly Journal of Economics*, 2010.

关于这个问题的争论有两种不同的观点。一些人认为恶劣的条件会减少再犯，因为条件越差，被释放的囚犯就会有更多的动力避免再次入狱。另一方面，严酷的监狱条件可能会增加对暴力的体验或降低囚犯未来劳动力市场的价值。这表明恶劣的条件会增加再犯。

在研究这类问题时，我们需要提供数据和证据。如果我们仅仅比较来自条件更恶劣的监狱和不太恶劣的监狱的罪犯的再犯率，会怎样？这

样确定因果关系也是有问题的。总体来说，条件更恶劣的监狱关押着罪行更严重的罪犯。因此，如果我们发现更多的累犯来自那些条件更恶劣监狱的罪犯，那很可能是累犯的特征导致了监狱的选择，而不是监狱的类型导致了累犯的特征。

陈和夏皮罗（M. Keith Chen and Jesse Shapiro）使用了一种有趣的策略，称为**断点回归**（regression discontinuity），以找到因果关系。设计如下，一旦囚犯被定罪并进入联邦监狱系统，他就会获得一个安保分数。该分数预测了囚犯可能的不当行为和所需的安保。分数不是由人来决定，是根据囚犯犯罪记录简单地相加。然后根据分数和空床位来确定去往哪里。超过 6 分意味着需要更安全（通常更苛刻）的设施。但罪犯安置也取决于有无床位，这意味着分数相似的囚犯最终可能会进入不同类型的监狱。断点回归有效地比较了接近分界线两侧的个体的结果。在这个例子中，我们有效地比较了被发送到苛刻的与不那么苛刻的监狱、分数几乎相同的囚犯的再犯率。事实上，这项研究发现，严厉的监狱不会减少累犯，还可能会增加再犯率。

在其他情况下也使用了类似的方法，这些情况下也是有个人的累计分数，基于累计分数有一条明确的分界线，决定个体是否需要"治疗"。大多数政府失业或残疾人保险福利计划都具有这种特性，其中有接受救济的一个阈值，允许研究人员基本上使用非常接近阈值线两侧的个体做对照。在上面的"实践中的经济学"栏目中，我们根据这种方法描述了一项关于出生体重和婴儿死亡率的研究。

断点回归： 通过查看位于阈值或截止值两侧的两个样本，来确定策略或因子的因果效应。

21.2.4 双重差分

406

在社会科学研究中试图更好地确认因果关系的另一个有趣的程序是**双重差分**（difference-in-differences）。

假设有一个社区，一个小型非营利组织在社区开展了社区园艺项目。该组织确信该项目可以提高住房价值。小组中的某些人建议，他们只是看一下自项目开始以来，四年中社区房价的变化，作为项目是否成功的衡量标准。我们很容易看出这行不通。住房价格相当不稳定，随着一个地区的整体经济活动水平而变化。换句话说，住房价格的大部分波动与社区花园如何无关。另一个建议可能是将该社区的住房价格与没有该项目的类似邻近社区的住房价格进行比较。但是这个方法也存在问题，因为不存在两个完全相同的社区。

双重差分法采用的就是第三种方法，它融合这两种方法。我们试图将社区住房价值随时间变化的差与同时间段邻近社区的变化的差再做差（因此叫双重差分）。如果影响住房价值的其他因素在两个社区之间是相同的（这就是我们选择邻近社区的原因），那么这种双重差分会让我们了解园艺项目对房价的影响。

为了进一步了解这种方法是如何进行对比的，用 *pbega* 和 *pbegb* 表

双重差分： 是一种通过将结果变量随时间的平均变化与对照组的平均变化进行比较，来识别因果关系的方法。

示在社区 a 开始园艺项目之前，社区 a 和 b 的平均房价。用 $penda$ 和 $pendb$ 表示两个社区四年后的平均房价。然后，园艺项目对社区 a 住房价值的影响估计如下：

$$effect=penda-pbega-（pendb-pbegb）$$

我们对社区 a 的两个值做差，然后减去社区 b 的变化值。

双重差分的方法在社会科学中相当普遍。下面的"实践中的经济学"栏目中提供了一个典型的例子，了解最低工资的影响。但是这种方法也存在缺陷，一部分是因为很难找到一个适当的对照组。

试想一下以下例子：因为一些专业运动员，特别是橄榄球运动员，老年的时候出现认知功能方面问题，大学领导越来越关注大学体育运动中受伤的长期影响。为了减少受伤，除了有人支持禁止橄榄球外，还有人提建议，可以佩戴更好的头盔和 / 或取消开球（开球总是在 20 码线处）。

假设几年前常春藤联盟（Ivy League）的学校开始实施这样的规定，研究人员想了解这些规定是否真的减少了伤害。为了测试规则的效果，我们可以比较新规则制定之前一年中所测量的每场比赛的平均受伤数（记为 $ybeg$），与新规则制定后的一年里的平均受伤数（记为 $yend$）。但和房价的例子一样，我们不能确定除了新的规则外，常春藤联盟的橄榄球界有没有发生其他任何变化。也许美国全国大学体育协会（NCAA）为了减少受伤为该国所有大学，包括常春藤盟校，制定了其他规则，例如让裁判更严格等。因此我们需要一个比较组，即第二组差值。

一个可能的比较组是太平洋十二校联盟（PAC-12 conference）。假设十二校联盟没有引入关于头盔和启动的新规则。同样，我们收集了与常春藤联盟案例中所研究的相同的两年里，十二校联盟平均受伤数据，表示为 $zbeg$ 和 $zend$。然后我们可以将这两个值做差以及常春藤联盟的两个值之间也做差（双重差分）：

$$effect=yend-ybeg-（zend-zbeg）$$

通过从常春藤差值中减去太平洋十二校联盟的差值，我们除去了两年内发生在全国范围的其他规则变化的影响。然后，最后得出的影响只能归功于常春藤联盟新规则。

研究看起来非常合理，但这项研究计划存在一些潜在的缺陷。最基本的是，我们假设两年内除了常春藤联盟新的规则变化，两个联盟的其他变化是相同的。但十二校联盟与常春藤联盟橄榄球并不是一模一样的（如果你问任何严肃的大学体育迷，都能得到相同的答案！）。这差异可能不仅在一开始就不同（这可以接受），而且是会随着时间变化（这不可以接受）。因为十二校联盟水平高于常春藤联盟的水平，所以两年内每场比赛伤病的变化可能与常春藤联盟在没有规定的情况下不甚相同。也许十二校联盟教练的训练更加严苛，这会导致伤病增加。如果十二校联盟不适合做比较组，那么就无法使用双重分差。

407

实践中的经济学

利用双重差分研究最低工资

　　经济学家和决策者之间就最低工资对失业的影响进行了激烈的辩论。提高最低工资是否会大幅增加失业率，特别是低技术工人的失业率？或者能否通过立法增加低工资工人的工资，而不引起雇主的强烈反应？

　　如下描述的双重差分方法的应用例子，是第一个也是最经典的例子之一，是戴维·卡德（David Card）和艾伦·克鲁格（Alan Krueger）在他们对州最低工资变化的研究中列举的。[1]

　　20 世纪 90 年代初，新泽西州决定提高最低工资标准。尽管联邦有其最低工资标准，但许多州对在州内雇用工人的公司采用了更高的最低工资标准。卡德和克鲁格决定将新泽西州的快餐店作为调查对象，了解最低工资增长对就业的影响。快餐店一般会雇用大量非技术工人，所以选择快餐店也就很容易理解。但仅仅看新泽西是不够的。假设最低工资提高后就业率下降，人们无法知道没有提高最低工资的就业率的变化。毕竟，就业取决于经济中的许多其他因素。

　　这就是需要用到双重差分的地方。新

泽西州与宾夕法尼亚州接壤，宾州没有在我们研究期间提高最低工资，并且也有快餐店。所以卡德和克鲁格将宾夕法尼亚州东部的快餐店数据作为对照组。要看最低工资改变的效果，最重要的是在研究期间两个州的就业率变化值上再做差值。他们发现提高最低工资标准对就业率并无影响。虽然并非所有研究这个主题的人都同意这个结论，但大多数人都同意使用双重差分方法是有效的。

思考

　　1. 请你设计另外一个实验，使用双重差分来研究你的学校政策改变带来的影响。

[1] David Card and Alan Krueger, "Minimum Wage and Unemployment: A Case study of the Fast Food Industry in New Jersey and Pennsylvania," *American Economic Review*, September 1994.

　　在这个橄榄球例子中还有一点要反思。使用更安全的头盔可能会让运动员比赛时更加粗暴，因为运动员知道他们得到了更好的保护，而如果其他所有条件相同，更加粗暴地比赛会增加受伤概率。法规有可能以监管机构未预料到的方式影响行为。芝加哥经济学家萨姆·佩尔兹曼（Sam Peltzman）研究了这种效应。他发现系安全带的人可能会比在没有安全带的情况下开得更快，因为他们觉得更安全。[2] 在头盔的例子下，

---

　　② Sam Peltzman, "The effects of automobile safety regulation," *Journal of Political Economy*, August 1975.

头盔的物理保护带来的一些好处可能会被它引起的行为变化，如比赛的激烈程度所抵消。经济研究不是一件容易的事，但我们希望您能看到它鼓励更多人关注和创新！

21.3 学习目标

理解研究人员如何判断他们的研究结果是否有意义。

21.3 统计显著性

我们都知道，投掷硬币有 50% 的可能性我们会得到正面。然而，硬币投掷并非以一正一反交替出现。有时我们会在得到反面之前连续抛出两到三个正面。那么连续出现多少次正面会让我们开始怀疑这枚硬币有问题呢？

在硬币的例子中，回答这个问题我们可以思考，如果是一个公平（或正常）硬币，它可能连续出现多少次正面朝上。连续两次是相对常见的，发生概率在 25%（0.5 乘以 0.5）。有时连续四次（大约 6% 的概率）。但是连续六次的概率大概是一百次才有一次。如果连续六次都是正面，你可能会对抛硬币的人或者硬币本身产生怀疑，开始认为这不是一枚公平的硬币！

当考虑我们在经济学中的实证研究结果时，我们使用相同的基本逻辑。我们试图从收集的数据和采用的统计检验中找出可以得出的结论。研究人员的关键问题是弄清楚他发现的结果是"偶然"得到的还是真的有意义。为此，研究人员提出统计显著性的概念。

回到之前暑期项目实验的例子，假设在参加暑期项目后，满分 4.0 的绩点提高了 0.3，则我们是否能得出结论，认为该课程确实对绩点产生了积极的影响？还是因为 0.3 的变化太小，可能这样的变化是偶然的？常见的解决方法就是首先假设我们测试的对象（在这个例子中是暑期项目），其影响为零，然后考虑如果其真实影响为零，得到我们实验结果的概率是多少。这种无影响的假设称为零假设。在我们之前的例子中，我们的零假设是硬币是一枚常规硬币。这里的零假设就是参与暑期项目对绩点没有任何影响。然后思考：如果零假设是真的，那么出现 0.3 的绩点差异的概率是多少？

p 值： 如果无关系的零假设为真，则获得样本数据中的结果的概率。

在给定的统计假设下，可以计算得出如果零假设为真得到此结果的概率。它被称为 p 值。当 p 值较小，说明当零假设为真时，出现所得实验结果的概率很小。如果出现 0.3 的绩点差异的 p 值为 0.02，则说明如果暑期课程对绩点没有影响，那么有 2% 的可能得到这样的绩点差异。**统计显著性**这一术语，一般用于 p 值小于或等于 0.05 的情况。如果 p 值小于或等于 0.05，我们说该结果具有统计显著性。

统计显著性： 如果计算的 p 值小于某些预定数值（通常为 0.05），则结果具有统计显著性。

要清楚我们在做什么。无论我们试图估计什么影响，我们都先假定这种影响不存在（为零）。我们收集我们的数据并进行计算，以获得我们感兴趣的影响的特定估值。我们计算该估值的 p 值，这又是在给定我们获得的特定估值的情况下真实影响为零的概率。如果 p 值很小，通常是指小于或等于 0.05，我们就得出结论，我们估计的影响在统计上是显著的。我们就拒绝了无影响的零假设。

如果继续进行统计，我们将了解如何计算 p 值。它们取决于所分析人群的可变性。假设暑假项目实验中有 200 名学习落后的学生，假设他们全然相同，这意味着如果他们不参加暑期项目，他们将在 4 年学习结束时获得相同的 GPA。如果有人参加暑期项目，那么所有参加暑期项目的人都将获得相同的 GPA，而如果项目对 GPA 有影响的话，该 GPA 才会有所不同。

我们想测试项目效果是否为零。我们进行了所讨论的实验，最后结果是 0.3 的 GPA 变化。那么这种差异是否具有统计显著性？答案显然是肯定的。如果项目真实效果为零，那么无论是否参加该项目，每个人都会得到相同的 GPA，因此差异应该恰好为零。而事实上，我们得到了非零结果，因此我们确信真正的效果不是零。p 值为 0.00。事实上，这个例子里我们只需要两名学生，一名学生参加课程，一名学生不参加课程。如果两个 GPA 的差异不是零，则暑期项目是有效果的。在这种情况下，没有必要使用意向分析法——这里并没有选择，因为每个人都是相同的。

现在假设 200 个学生将要达到的 GPA 有巨大的差异。经过 4 年的学习，有些人可能成绩优秀，有些人可能勉强合格。无论学生是否参加暑期项目，由于学生的巨大差异，4 年学习后的 GPA 差异会很大。我们进行实验并得到 0.3 的差异。这种差异是否具有统计显著性呢？如果学生差异很大，也许就不具有统计学意义。0.3 的差异相当小，很容易偶然获得。碰巧的是，这次抽签抽到的 100 名学生得出了这一结果，但可能再抽一次差异会是 0.2。因此 0.3 的结果计算的 p 值可能非常大，可能接近 1.00。

从这个讨论中得出的结论是，人们对从差异度低人群获得的结果比从差异度高的人群中获得的结果更有信心。为了从高差异群体中得出潜在的重要规律，需要大量样本。如果我们有 2 000 名学生，给 1 000 学生提供暑期项目，并且得到 0.3 的差异，这结果可能有意义。最后我们采用 1 000 个 GPA 的平均值，个体学生特征会在大样本量中抵消，我们可以更加确信 0.3 的差异正是参加暑期项目带来的影响。在计算 p 值时，样本的大小以及总体差异都很重要。

21.4 回归分析

21.4 学习目标
理解回归分析如何用于评估和测试。

实证经济学中最重要的统计工具是回归分析。如果继续学习经济学，你会发现回归分析在微观经济学和宏观经济学中都有应用。它可用于预测价格上涨对社区销售的猫粮数量的影响或股市下跌对家庭消费的影响。接下来，我们学习回归分析的初步知识。

有证据表明经济表现对美国总统的选票有影响。[③] 如果选举时经济表现良好，这可能对执政党候选人的选票产生积极影响，如果经济状况不佳，则有负面影响。这一理论表明，许多选民在总统执政期间会将经济表现的好坏归功于总统。如果这是真的，那么这个理论就表明，在其他所有条件相同的情况下，一个在职期间经济良好的总统会发现他的政党在下次选举中会有很好的表现。

我们如何使用回归分析来检验这一理论？我们首先需要一些衡量经济表现的指标。经济增长率是衡量经济实力的常用指标。因此，我们可以将这一理论表述得更易于检验：我们假设选举年的经济增长率（表示为 g）对执政党的总统在选举中得到的选票比例（表示为 V）产生了积极影响。注意我们这里选择了具体的绩效衡量标准，即增长率，以及时期，即选举年度。一般来说，当我们将经济学从理论转向实际检验时，我们需要做出一些选择。在本案例中，我们选择以一年的经济增长率来衡量经济表现。

我们将研究增长率对投票份额的影响方式。我们先假设两者有如下关系

$$V=a+bg \qquad (1)$$

如果 b 是正数，则该方程式表明增长率对投票份额有正面影响，我们希望验证的理论是对的。此外，假设 V 和 g 之间的关系是线性的。如果我们用 V 做纵轴，g 做横轴，则得到图形如图 21.1 所示，该线是直线，截距为 a，斜率为 b。回归分析的工作是估计系数 a 和 b，特别是验证 b 是否为正，并且它是否在统计学意义上"显著"。

思考一下我们如何确定或估计 a 和 b 的值。美国总统选举每四年举行一次，有关 V 的数据可以追溯到美国建国初期。g 也有很多年的数据。如果我们的数据从 1916 年开始，在 1916 年到 2012 年之间就有 25 次总统选举。所以我们对 V 和 g 有 25 个数据点或观察点。将点标在如 21.1 的图中。图中我们标出了 10 个假设点。如图所示，投票份额与增长率之间存在正相关关系。然而，我们也看到数据点不是全部都在线上。如果方程式（1）是精确的，则所有点都在一条直线上。事实上，在现实世界中，方程式（1）并不精确。还有其他影响总统选票的变量。其中包括其他经济措施，例如选举时的通货膨胀。投票份额也可能受到外交政策和个人特征以及选举办公室管理人员的观点的影响。因此，在投票份额和增长率图中的点，并不完全在同一条直线上。回归分析的工作是找到 a 和 b 的值，这些值可以很好地拟合线周围的数据。或者，换句话说，找到最能代表图中数据的线。

---

③ 参见 Ray C. Fair，*Predicting Presidential Elections and Other Things*，2nd ed. Stanford University Press, 2012，其中对此进行了讨论。

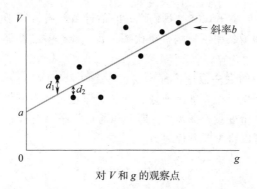

对 V 和 g 的观察点

　　如何确定拟合呢？最能代表数据的线是什么意思？这可以在图 21.1 中看到。画出具有截距 a 和斜率 b 的特定直线。对于每个数据点，计算点和线之间的垂直距离。我们已经为图中的前两个点计算了距离，分别标记为 d_1 和 d_2。算出 1916 年到 2012 年的所有 25 个点到线的距离。d 的有些值是正值，有些值是负值。上方或下方的点离直线的距离越大，这一点对直线的拟合越差。因此，这样的距离通常被称为"残差"。确定拟合的方式是首先算出每个距离的平方。每个距离的平方都是正数，因为负数的平方是正数。然后我们将所有距离的平方加起来，在我们的例子中就是 25 个值。此总和为 SUM。总和显然是拟合的一个衡量标准。较小的 SUM 值意味着这些点非常接近此线，而较大的值则说明点离线较远。用距离的平方和，意味着在计算 SUM 时较大异常值（距离）的权重大于较小的异常值。

　　虽然在实践中，会用更有效率的方法找到最适合的曲线，您可以将回归分析简单理解为如下步骤：[④] 尝试一百万组不同的 a 和 b 的值，并为每组计算 SUM。我们就有了一百万个 SUM 值。选择最小值。该最小值对应的 a 和 b 的值就是最佳拟合系数——最佳拟合截距和斜率。这些估算称为**最小二乘估计**，因为它们是对应于距离或误差的平方和的最小值的估计。

　　在我们的理论中，我们关注增长率系数：增长是否会提高投票份额？估计的大小范围通常也很重要。例如，如果 b 的估计值为 1.0，则表明增长率增加 1 个百分点会导致投票比率增加 1 个百分点。这种经济增长对选票的影响就很不平常了。如果 b 的估计值为 0.01，那么政客们可能不需担心糟糕的经济会影响他们的选票！（现实中估计约为 0.67。）

　　回归分析有助于检验我们的理论。在我们的选票的例子中，我们对 b 是否为零特别感兴趣。如果 b 为零，这说明经济增长率对选票没有影响，否定了最初的理论。为了确定我们是否应该继续相信我们的理论，我们需要测试 b 是否为零。

　　我们如何测试 b 是否为零？在这里，我们回到我们从统计显著性和 p 值的讨论中已经学习的内容。我们首先做出零假设，即 b 是零。然后我们使用回归分析来估计 b，然后计算出 b 为零的可能性（p 值）。如果

最小二乘估计：最小二乘估计是对应于距离或误差的平方和的最小值的估计。

411

p 值较小，比如小于 0.05，我们说 b 的估计值具有统计学意义。我们反对零假设，即增长率不影响投票比率，我们相信并支持经济表现影响投票的理论。

经济学中的大多数理论都比仅仅一个变量影响另一个变量更复杂。在我们的选票例子中，如上所述，通货膨胀也可能影响投票行为。在这种情况下，两个变量都影响 V，即 g 和通货膨胀（表示为 p）。在这种情况下，我们可以将投票方程写为

$$V=a+bg+cp \tag{2}$$

方程式（2）有两个变量来影响投票比率，加上一个常数项。现在有三个而不是两个系数要估算：a、b 和 c。如果有多个变量，我们就无法像之前那样绘制图形。但是，添加变量后，我们介绍的拟合思想以同样的方式进行。鉴于对 V、g 和 p 的观察，您可以将分析视为尝试 a、b 和 c 的一百万组值并选择提供最佳拟合的那组值。对于每组的三个系数值，都能计算出每个观测值对应的 V 的估计值，而距离是 V 的估计值与 V 的实际值之间的差值。我们求出该距离的平方，算出所有观测值的距离平方，然后将距离的平方相加。这样我们得到一组特定的三个系数值对应的 SUM 值。我们对一百万组三个系数值进行了一百万次这样的操作，并选择最小的 SUM 值。最小的 SUM 值对应的三个系数值就是 a、b 和 c 的最小二乘估计。[5] 我们还可以用类似的方式讨论 b 和 / 或 c 是否为零。

总体来说，回归分析有很多应用。在商业中，它用于评估影响的大小：当价格上涨时，购买的商品的数量会下降多少？广告增加对汽车销售有何影响？在公共政策中，量级也很重要，可以通过回归分析来确定合适的量级：如果人们获得医疗服务是免费的，他们会增加使用多少医疗服务？这对他们的健康有多大帮助？通过降低高速公路的速度限制我们可以拯救多少人的生命？这些都是实证问题，其中回归分析有助于分析真正的影响的大小。随着可获得的数据每日增长，回归分析也变得日益重要。

总结

21.1 选择性偏差　页 494

1. 选择性偏差的一个例子是幸存者偏差，其中最健康的人才能幸存。这使得我们很难比较年纪轻和年纪大的群体。

2. 如果不同类型的人选择进入不同的群体，可能会出现选择性偏差，这会使群体的比较产生偏差。

21.2 因果关系　页 495

3. 相关性与因果关系不同。

4. 随机实验有时可用于检验因果效应。有时在随机实验中使用意向性分析法来

---

⑤　如果你继续学习经济学，你会发现有时必须修改这个最小二乘法来解决各种统计问题。但主要目标仍然是找到好的拟合。

处理实验中的有限占用。

5. 断点回归性和双重差分方法也被用于识别经济学中的因果关系。

21.3 统计显著性　页 504

6. 如果在实际影响为零时获得某特定估计的概率很小，则估计的影响在统计学上是显著的。通常使用小于或等于 5% 的概率作为标准。

21.4 回归分析　页 505

7. 回归分析用于估算方程中的系数。它既可用于估计各种经济因素的影响程度，也可用于测试不同的理论。

--- 术语和概念回顾 ---

412

--- 习题 ---

21.1 选择性偏差

学习目标： 举出一些可能受到选择性偏差影响的研究实例。

1.1 描述在以下情况下可能存在的选择性偏差：

a. 一项针对芝加哥 5 000 名上班族的研究发现，那些每周吃三次或更多次快餐作为午餐的人患心脏病的可能性比那些每周午餐带饭三次或更多次的人多 30%。因此，每周吃三次或更多次快餐会导致上班族患心脏病的比例增加。

b. 一项针对养老院的调查发现，养老院 80% 的住户是女性。因此，随着年龄的增长，男性在日常生活中需要的帮助往往比女性少。

c. 一项对 1 000 名大学毕业生的研究发现，从一所著名的私立大学毕业的学生，平均每年比从一所典型的公立大学毕业的学生多赚 40 000 美元。因此，著名私立大学的教育将提高学生的收入。

1.2 第二次世界大战期间出现了选择性偏差的典型例子。在战争期间，英国人在敌方领土上失去了许多飞机，因此决定在他们的轰炸机上增加装甲。装甲不仅重，而且价格昂贵，因此英国决定只在飞机的最关键区域增加装甲，他们根据回来的飞机的弹孔位置集中的地方判断应该在哪里增加装甲。弹孔常见的地方是机翼、飞机前端和尾巴。在该计划实施之前，奥地利经济学家亚伯拉罕·瓦尔德对这些数据进行了审查，声称英国计划正好与所需要的相反，并且应该将装甲添加到英国计划中未指定加装装甲的区域：机身和方向舵。英国人遵循了瓦尔德的建议，因此，被击落的飞机数量大大减少。解释原来英国计划中存在的选择性偏差。

21.2 因果关系

学习目标： 理解相关性和因果关系的差别。

2.1 判断以下的例子是否存在因果关系、正相关和 / 或负相关，并做出解释。

a. 与其他任何行业的人相比，更多的律师拥有昂贵的外国跑车。

b. 大多数年平均降雨量超过 40 英寸的城市在雨季发生洪水的概率较高。

c. 美国大学生的平均成绩越高，他就越不可能住在大学兄弟会的宿舍里。

d. 大多数秃头或掉发的男士也戴眼镜。

e. 大多数定期回收垃圾的人比不经常回收的人驾驶大型 SUV 的概率更低。

2.2 [与页 499 "实践中的经济学" 相关] 在对患有荷兰榆树病的 100 棵榆树进行的一项为期一年的随机实验中，50 棵只用杀菌剂（我们称之为 A 组），另外 50 棵用杀菌剂并在六个月后用杀虫剂（我们称之为 B 组）。假设杀虫剂对治疗荷兰榆树病无效，因此平均而言，每组中相同比例的树木将死于该疾病。在 B 组中，50 棵树中有 5 棵在用杀虫剂前的六个月内就已经死亡。在剩下的 45 棵树中，5 棵在杀虫剂处理后的 6 个月内死亡。由于我们知道杀虫剂处理无效，因此 A 组平均来看，其树木将遭受与 B 组相同的命运，前 6 个月有 5 棵树死亡，而后 6 个月有 5 棵树死亡。

a. 对于 A 组，荷兰榆树病死亡率是多少？

b. 如果我们仅看 B 组那些接受杀虫剂处理的树木，那么荷兰榆树病的死亡率是多少？

c. 结合 a 和 b 部分的答案，对于使用杀虫剂后荷兰榆树病死亡率减少，你有何建议？

d. 用杀虫剂有效性分析中，这个分析有什么缺陷或问题？如何用意向分析法验证你的答案？

2.3 [与页 500 "实践中的经济学" 相关] 1991 年，经济学家乔舒亚·安格里斯特（Joshua D. Angrist）和艾伦·克鲁格（Alan B. Krueger）发表了一项关于出生日期和受教育年限之间相互关系的研究。假设是，普通人在学校度过的实际时间与人们出生的年份相关。假设在纽约市实行义务教育，学生在 8 月 31 日之前年满 6 岁能入读一年级。根据法律规定，除了自己在途中选择退学的学生，其他学生必须在 16 岁之前一直在学校学习。您如何使用断点回归来评估一个人的出生日期是否与该人在纽约市学习的年数相关？

2.4 [与页 503 "实践中的经济学" 相关] 东马古和西马古两镇相邻，两镇间是昆西河。两镇的地理面积和人口结构很相似。这两个城镇的居民供电完全由巴克斯县电力和照明公司提供，其收费标准为每千瓦时（kWh）0.10 美元。东马古和西马古都需要交每千瓦时 0.02 美元的能源使用税。作为增加收入的一种方式，东马古镇镇长说服镇议会从 2015 年 1 月 1 日开始，将能源使用税翻倍。每个家庭的平均每月能源使用量列于下表。使用双重差分法估算能源使用税增加对东马古每户平均每月能源使用量的影响。

镇名	每户平均每月能源使用量	
	2014	2015
东马古	1 775kWh	1 917kWh
西马古	1 815kWh	2 033kWh

2.5 在上一道题中，2015 年底，东马古镇镇长发表以下声明："在我们将能源使用税翻倍后，我们镇的平均电力消耗增加了。这证明增加税收不会让我们的居民减少用电量，事实上，它似乎鼓励他们用更多的电！"市长的逻辑有什么问题？

21.3 统计显著性

学习目标：理解研究人员如何判断他们的研究结果是否有意义。

3.1 在以下四种情景中，哪些调查结果可能是统计学上最显著的，哪些可能是统计上最不显著的。请解释为什么。

情景 1：在一项研究中，为了研究洋基球迷或休斯敦太空人球迷是否在棒球比赛中会花更多钱购买球队周边商品，分别对进入纽约洋基体育场的 20 个人和对进入休斯敦美汁源公园球场的 20 个人进行调查。

情景 2：调查 700 名一年前完成法庭强制的防卫安全驾驶课程的人，研究完成课程后他们的驾驶是否有改善。

情景 3：调查俄亥俄州立大学的 75 名二年级工程专业的学生，以了解讲座"获取奖学金的最佳途径"是否有效。

情景 4：调查 500 名最近退休的宾夕法尼亚州煤矿工人，以确定在煤矿工作是否会导致煤工尘肺病（CWP），即通常所说的黑肺病。

21.4 回归分析

学习目标： 理解回归分析如何用于评估和测试。

4.1 下表中的数据是用于估算以下消费函数的系数：$C=10+0.5Y$。在图形上绘制消费函数并绘制表中的点。计算表中每个点的"误差"，然后根据"误差"计算 SUM。

点	总收入 (Y)	总消费 (C)
A	10	13
B	20	23
C	30	30
D	40	32
E	50	33
F	60	44

4.2 以下哪种消费函数最符合下表中的值？

1. $C=6+0.8Y$
2. $C=4+0.75Y$
3. $C=2+0.6Y$
4. $C=3+0.5Y$

总收入 (Y)	总消费 (C)
5	10
10	14
20	23
40	38

术语表

黑市（black market） 以市场决定的价格进行非法交易的市场。页 94

智力流失（brain drain） 发展中国家的人才倾向于在发达国家接受教育，并在毕业后留在那里。页 476

预算赤字（budget deficit） 特定时期内政府支出和税收收入之间的差额：*G-T*。页 203

经济周期（business cycle） 经济体中短期起伏的周期。页 112

资本（capital） 由经济系统产生，作为投入品出现，并用于今后商品和服务的生产的商品。页 30

资本外逃（capital flight） 人力资本和金融资本都倾向于离开发展中国家，到其他风险较小的地方寻求更高的预期收益率。页 475

资本收益（capital gain） 资产价值的增加。页 325

资本市场（capital market） 一种投入或要素市场，在这个市场中，家庭为了获取利息或未来利润的索取权，将存款提供给需要资金来购买资本品的厂商。页 56

追赶理论（catch-up） 该理论指出，发展中国家的增长率将超过发达国家的增长率，从而追赶上发达国家。页 370

其他所有条件都相同，或其他所有条件不变（*ceteris paribus*, or *all else equal*） 令其他变量的值保持不变时，分析两个变量之间的关系。页 11

商业存货变动（change in business inventories） 一定时期内厂商存货变动的数量。存货是指厂商现在生产并且计划未来出售的产品。页 133

循环流动图（circular flow） 显示经济中各部门流入和流出的图形。页 116

计划经济（command economy） 一种中央政府直接或间接设定产出目标、收入和价格的经济体制。页 46

商品货币（commodity monies） 用作货币的物品，在其他一些用途中也具有内在价值。页 233

比较优势（comparative advantage） 如果一个生产者能够以较低的机会成本生产该产品，那么就说其在生产商品或服务时具有比较优势。页 34

比较优势（comparative advantage） 当一国生产某种商品的机会成本（必须放弃生产其他商品的机会而产生的成本）低于另一国家时，该国在生产该商品方面享有比较优势。页 411

雇员报酬（compensation of employees） 厂商和政府支付给家庭的报酬，包括工资、薪水以及各种对工资和薪水的补充费用，如雇主缴纳的社会保险金和养老金。页 135

互补品（complements, complementary goods） 需要一起使用的商品；一种商品的价格下降导致对另一种商品的需求增加，反之亦然。页 62

受约束的劳动供给（constrained supply of labor） 家庭在一段定时间内按当前工资率实际的工作的量。页 349

消费品（consumer goods） 为当前消费生产的产品。页 37

消费价格指数（consumer price index, CPI） 美国劳工部劳工统计局（BLS）每个月计算的一种价格指数。它代表的是被特定城镇消费者购买的"市场篮子"的价格。劳工统计局每个月都要用一揽子产品代表典型城市居民购买的"市场篮子"，以此为依据计算 CPI。在这一揽子产品中，各种产品的数量是作为权数使用的。页 160

消费者主权（consumer sovereignty） 消费者通过决策购买什么（以及不购买什么）来最终决定生产什么（或不生产什么）。页 46

消费者剩余（consumer surplus） 一个人愿意为某一商品支付的最高金额与其当前市场价格之间的差额。页 101

消费函数（consumption function） 消费与收入之间的关系。页 178

经济收缩、衰退或萧条（contraction, recession, or slump） 经济周期从高峰到低谷的时期，产出和就业下降。页 113

《谷物法》（Corn Laws） 19 世纪初，英国议会为抑制谷物进口和鼓励谷物出口而制定的关税、补贴和限制。页 410

公司债券（corporate bonds） 公司在借钱时发行的期票。页 118

公司利润（corporate profits） 公司的收入。页 135

相关（Correlated） 如果两个变量的值倾向于一起移动，那么这两个变量是相关的。页 496

成本冲击或供给冲击（cost shock, or supply shock） 成本的变化会改变短期总供给（AS）曲线。页 267

生活费调整（cost-of-living adjustments, COLAs） 将工资与生活费用变化联系起来的合同条款。通货膨胀率越高，工资就越高。页 306

成本推动型通货彭胀或供给方通货膨胀（cost-push, or supply-side inflation） 由成本增加引起的通货膨胀。页 291

货币贬值（currency debasement） 当货币供给迅速增加时，货币价值下降。页 235

现值美元（current dollars） 购买产品和服务所支付的现期美元价格。页 138

周期性赤字（cyclical deficit） 因为经济周期中发生的经济衰退而引起的赤字。页 220

周期性失业（cyclical unemployment） 超过了摩擦性失业和结构性失业之和的失业。页 160

周期性失业（cyclical unemployment） 在经济衰退和经济萧条期间出现的失业率上升。页 300

无谓损失（deadweight loss） 由于生产不足和生产过剩造成的生产者剩余和消费者剩余的总损失。页 103

通货紧缩（deflation） 整体物价水平下降。页 115

需求曲线（demand curve） 一种说明一个家庭愿意以不同的价格购买多少给定产品的图形。页 58

需求计划（demand schedule） 显示在给定的时间段内，一个家庭愿意以不同的价格购买多少给定的产品。页 57

需求拉动型通货膨胀（demand-pull inflation） 由总需求增加引发的通货膨胀。页 291

货币贬值（depreciation of a currency） 一种货币相对于另一种货币的价值下降。页 452

折旧（depreciation） 一定时期内资产价值的减少。页 134

经济萧条（depression） 持久的、深度的经济衰退。页 112

合意的存货水平或最优的存货水平（desired, or optimal, level of inventories） 在该存货水平上，少量减少库存的额外成本（销售量的损失）刚好等于额外收益（利息收入和减少的储存成本）。页 356

双重差分（difference-in-differences） 是一种通过将结果变量随时间的平均变化与对照组的平均变化进行比较，来识别因果关系的方法。页 501

沮丧工人效应（discouraged-worker effect） 有的人想要工作却找不到工作，因而丧失信心放弃寻找工作，于是不再算作失业者和劳动力，这种情况会使失业率有所降低。页 156, 362

相机抉择财政政策（discretionary fiscal policy） 政府政策有目的的变动导致的税收或支出变化。页 202

非体现型技术变革（disembodied technical change） 导致生产过程的变化的技术变革。页 377

个人可支配收入或税后收入（disposable personal income or after-tax income） 个人收入减去个人所得税，用于家庭的支出或储蓄。页 137

可支配收入或税后收入（Y_d）（disposable, or after-tax, income） 总收入 − 净税收：$Y-T$。页 202

股利（dividends） 公司定期向股东支付的公司利润的一部分。页 118

多哈发展议程（Doha Development Agenda） 世界贸易组织的一项倡议，侧重于贸易和发展问题。页 425

道琼斯工业平均指数（Dow Jones Industrial Average） 基于 30 家活跃交易大型公司的股票价格的指数。它是历史最悠久、最广泛使用

的股票市场表现指数。页 326

倾销（dumping） 某厂商或行业以低于其生产成本的价格在世界市场上销售产品的行为。页 422

耐用品（durable goods） 可以较长时间使用的产品，比如汽车、家用电器。页 131

经济增长（economic growth） 经济总产出增加。当一个社会获得新资源或学习使用现有资源生产更多产品时，就会出现增长。页 15，42

经济一体化（economic integration） 当两个或两个以上的国家联合组成一个自由贸易区时，就会产生。页 426

经济学（economics） 研究个人和社会如何决策使用由自然和前几代人提供的稀缺资源。页 4

效率（efficiency） 在经济学中，"效率"意味着"分配效率"。一个有效率的经济是以尽可能低的成本生产人们想要的东西的经济。页 14

有效工资理论（efficiency wage theory） 一种对失业的解释，认为工人的生产率随着工资率的增加而提高。那么，厂商会有动力支付高于市场出清的工资。页 303

有效市场（efficient market） 一种获利机会稍纵即逝的市场。页 5

体现型技术变革（embodied technical change）带来资本质量提高的技术变革。页 376

实证经济学（empirical economics） 收集和使用数据来检验经济理论。页 10，12

就业者（employed） 任何一个 16 岁及以上：(1) 每周有偿为别人或为自己的生意工作 1 小时及以上；(2) 每周无偿为家族企业工作 15 小时及以上；或 (3) 本有工作但暂时带薪 / 无薪缺席的人。页 153

企业家（entrepreneur） 组织、管理和承担厂商风险，实践新想法或制造新产品并将其转变为成功事业的人。页 54

均衡（equilibrium） 当没有变化趋势时出现均衡。在宏观商品市场中，当计划总支出与总产出相等时达到均衡。页 75，185

平等（equity） 此处指公平。页 15

欧盟（European Union, EU） 欧洲贸易集团，由 27 个国家组成（在欧盟的 27 个国家中，19 个国家拥有相同的货币——欧元）。页 426

需求过剩或短缺（excess demand or shortage） 当前价格水平下，需求量超过供给量时存在的状态。页 75

超额劳动、超额资本（excess labor, excess capital）生产厂商当前产出水平所不需要的劳动和资本。页 355

超额准备金（excess reserves） 银行的实际储备与其法定准备金之间的差额。页 241

供给过剩或盈余（excess supply or surplus）在当前价格水平下，供过于求时存在的状态。页 77

汇率（exchange rate） 两种货币交易的比率，即一种货币按另一种货币表示的价格。页 418，440

外生变量（exogenous variable） 假定不依赖于经济状况的变量——也就是说，当经济变化时它不会发生变化。页 189

经济扩张或繁荣（expansion or boom） 经济周期从低谷到高峰的时期，产出和就业增长。页 113

支出法（expenditure approach） 通过度量一定时期内用于购买全部最终产品和服务的总支出来计算 GDP 的方法。页 130

显性合同（explicit contracts） 规定工人工资的雇佣合同，通常为 1 至 3 年。页 306

出口推动（export promotion） 旨在鼓励出口的贸易政策。页 482

出口补贴（export subsidies） 政府为鼓励出口而向国内厂商支付的款项。页 422

要素禀赋（factor endowments） 一个国家的劳动力、土地和自然资源的数量和质量。页 421

生产要素（或要素）[factors of production (or factors)] 生产过程的投入。资源的另一种说法。土地、劳动和资本是生产的三大要素。页 30，56

优待客户（favored customers） 在需求过剩的情况下，接受经销商特殊待遇的人员。页 94

美联储规则（Fed rule） 显示美联储的利率决策如何取决于经济状况的方程式。页 271

美国联邦预算（federal budget） 美国联邦政府的预算。页 213

美国联邦负债（federal debt） 美国联邦政府欠下的全部金额。页 218

联邦公开市场委员会（Federal Open Market Committee, FOMC） 由美联储董事会 7 名成员、纽约联邦储备银行主席以及其他 11 个地区银行主席中的 4 位（轮流担任）组成的团体；它制定有关货币供给和利率的目标，并指导纽约公开市场服务台的运作。页 246

美国联邦储备银行（美联储）（Federal Reserve Bank, the Fed） 美国的中央银行。页 240

美国联邦盈余（+）或赤字（-）[federal surplus (+) or (-) deficit] 美国联邦政府的收入和支出之间的差额。页 214

法定货币（fiat money）**或代币**（token money） 被指定为货币的物品，但本身没有内在价值。页 234

最终产品和服务（final goods and services） 用于最终使用的产品和服务。页 128

微调（fine-tuning） 经济学家沃尔特·海勒提出的概念，用来指政府在监管调控通货膨胀和失业中的作用。页 120

厂商（firm） 将资源（投入）转化为产品（产出）的组织。厂商是市场经济中的主要生产单位。页 54

财政阻碍（fiscal drag） 在经济扩张期，因为纳税人进入了较高的收入阶层，当平均税率上升时对经济产生的负面影响。页 220

财政政策（fiscal policy） 政府支出和税收政策。页 119，202

固定权数法（fixed-weight procedure） 选取给定基年中的相关权数来计算的方法。页 141

浮动汇率或由市场决定的汇率（floating, or market-determined, exchange rates） 汇率主要由不受管制的供给和需求力量决定。页 450

外国直接投资（foreign direct investment, FDI） 一国以外的居民对一国企业的投资。页 375

外汇（foreign exchange） 除本国货币外的所有货币。页 440

摩擦性失业（frictional unemployment） 正常的劳动力市场的更替导致的那一部分失业；通常与短期的职业/技能匹配问题有关。页 159，300

充分就业预算（full-employment budget） 当经济在充分就业产出水平状态下进行生产时，联邦预算的情况。页 220

关税及贸易总协定（General Agreement on Tariffs and Trade, GATT） 1947 年由美国等 23 个国家签署的促进对外贸易自由化的国际协定。页 424

南方国家（Global South） 在亚洲、非洲和拉丁美洲的发展中国家。页 472

政府消费和总投资[government consumption and gross investment (G)] 联邦政府、州政府和地方政府用于购买最终产品和服务的支出。页 134

政府支出乘数（government spending multiplier） 产出的均衡水平变化与政府支出变化的比值。页 208

《格拉姆-鲁德曼-霍林斯法案》（Gramm-Rudman-Hollings Act） 这项法律于 1986 年由美国国会通过并由里根总统签署，旨在将联邦赤字每年减少 360 亿美元，1991 年的赤字目标为零。页 337

大萧条（Great Depression） 严重的经济萎缩和高失业率的时期，始于 1929 年，持续到 20 世纪 30 年代。页 119

国内生产总值（gross domestic product, GDP） 一定时期内一个国家境内的生产要素所生产的全部最终产品和服务的市场价值总和。页 128

总投资（gross investment） 一定时期内生产的新的资本（厂房、设备、房屋、存货）的总价值。页 134

国民总收入（gross national income, GNI）

使用经过通货膨胀率调整的几年平均汇率转换而成的 GNP。页 146

国民生产总值（gross national product, GNP） 一定时期内一个国家的公民拥有的生产要素所生产的全部最终产品和服务的市场价值总和。页 130

国内私人总投资（gross private domestic investment, I） 私人（或非政府）部门对资本的总投资，比如购买新的住房、厂房、设备、存货等。页 132

赫克歇尔－俄林定理（Heckscher-Ohlin theorem） 通过一国的要素禀赋解释该国的比较优势的理论。如果一个国家在主要用于生产某种产品的投入方面要素禀赋比较好，那么，该国就在生产这种产品方面具有比较优势。页 421

家庭（households） 经济中的消费单位。页 54

恶性通货膨胀（hyperinflation） 一个整体物价水平增长非常快速的时期。页 115

恒等式（identity） 根据定义总是成立的式子。页 180

实施滞后（implementation lag） 一旦经济学家和政策制定者认识到经济处于繁荣或衰退之中，就需要时间来实施预期的政策。页 334

进口替代（import substitution） 一种工业贸易战略，有利于发展本地工业，用国内生产的产品代替进口。页 481

收入（income） 给定时间内家庭的全部薪水、工资、利润、利息、租金和其他形式的收入的总和。这是一种流量式度量的方式。页 61

收入法（income approach） 通过度量一定时期内用于生产最终产品和服务的生产要素所获得的总收入（工资、租金、利息、利润）来计算 GDP 的方法。页 130

间接税减补贴（indirect taxes minus subsidies） 销售税、关税、执照费等税收减去政府无偿支付的补贴，是政府的净收入。页 136

工业革命（Industrial Revolution） 英国在 18 世纪末和 19 世纪初期间，新的制造技术和改善的交通运输引起了现代工厂系统的建立和人口从农村到城市的大规模迁移。页 6

新兴产业（infant industry） 一种可能需要暂时得到保护以免受其他国家现有产业竞争，以发展比较优势的年轻产业。页 432

劣等品（inferior goods） 收入增加时需求趋于下降的商品。页 62

通货膨胀（inflation） 整体物价水平上涨。页 115

通货膨胀率（inflation rate） 价格水平的百分比变化。页 309

通胀目标制（inflation targeting） 当货币当局选择其利率值时，目的是在某些特定时期内将通货膨胀率保持在某个特定范围内。页 295

地下经济（informal economy） 经济体当中本应计入 GDP，实际上却没有计入的那部分交易。页 144

创新（innovation） 利用新知识生产新产品或更有效地生产现有产品。页 378

投入或要素市场（input or factor markets） 用于生产商品和服务的资源交换的市场。页 55

投入或资源（inputs or resources） 自然或前几代提供的任何可以直接或间接用于满足人类需求的任何东西。页 30

意向性分析（intention to treat） 一种比较根据实验方案最初确定的两组随机样本的方法。页 498

中间产品（intermediate goods） 厂商生产的用于继续加工或转卖给另一个厂商的产品。页 128

发明（invention） 知识的进步。页 378

存货投资（inventory investment） 存货库存的变化。页 356

投资（investment） 利用资源产生新资本的过程。增加公司资本存量的新资本。资本是在给定的时点上衡量的（存量），但投资是在一段时间内衡量的（流量）。投资使得资本存量增加。页 37

IS 曲线（*IS* curve） 总产出与商品市场利率之间的关系。页 269

J 曲线效应（J-curve effect） 在货币贬值之后，一个国家的贸易余额可能会先恶化，然后

再逐步好转。这一效应的曲线像字母 J，因此称为 J 曲线效应。页 456

劳动力需求曲线（labor demand curve） 该图说明厂商希望在每个给定工资率下使用的劳动数量。页 301

劳动力（labor force） 就业者和失业者人数之和。页 153

劳动力市场（labor market） 一种投入或要素市场，在这个市场中，家庭为用人单位提供劳动以获取报酬。页 56

劳动生产率增长（labor productivity growth）工人人均产出的增长率。页 369

劳动力供给曲线（labor supply curve） 表明在不同的工资率下劳动供给数量的曲线。该曲线的形状取决于家庭对工资率变化的反应。表示家庭在每个给定的工资率下想要供给的劳动数量的图形。页 301

拉弗曲线（Laffer curve） 纵轴表示税率，横轴表示税收收入，拉弗曲线表明，存在某一税率值，当税率超过这个值时，供给的反应足够大，税率的提高导致税收收入的减少。页 393

自由放任经济（laissez-faire economy） 字面意思来自法语：“允许［他们］这样做。”指一种个人和厂商在没有任何政府指导或监管的情况下追求自身利益的经济体制。页 46

土地市场（land market） 一种投入或要素市场，在这个市场中，家庭提供土地或其他不动产以换取租金。页 56

需求定律（law of demand） 价格与需求量之间是负相关关系：其他所有条件相同时，随着价格的上涨，需求量在一定时间内减少；随着价格的下跌，需求量在一定时间内增加，其他一切都保持不变。页 59

一价定律（law of one price） 如果运输成本很小，不同国家同一商品的价格应大致相同。页 453

供给定律（law of supply） 商品的价格和供给量之间正向变动的关系：在其他所有条件相同的情况下，市场价格的上涨会导致供给量的增加，市场价格的下降会导致供给量的减少。页 70

最小二乘估计（least squares estimates） 最小二乘估计是对应于距离或误差的平方和的最小值的估计。页 507

合法货币（legal tender） 在偿还债务时可以被接受的货币。页 235

最后贷款人（lender of last resort） 美联储的职能之一，它向陷入困境的银行提供资金，这些银行找不到任何其他资金来源。页 247

消费的生命周期理论（life-cycle theory of consumption） 家庭根据他们对终生收入的预期来做出终生消费决策。页 343

货币的流动性（liquidity property of money）货币的流动性属性使其成为良好的交换媒介和价值储藏的方式：它便于携带，易于被接受，因此可以方便地兑换货物。页 233

卢卡斯供给函数（Lucas supply function）该函数表明，实际产出（Y）取决于实际价格水平和预期价格水平之间的差额。页 398

M1，或交易货币（M1, or transactions money） 可以直接用于交易的钱。页 235

M2，或广义货币（M2, or broad money） M1加储蓄账户、货币市场账户和其他准货币。页 236

宏观经济学（macroeconomics） 研究总体经济，侧重于国民总收入的决定因素，分析总消费和总投资等总量，并考虑价格的整体水平而不是个别价格。页 112

边际消费倾向（marginal propensity to consume, *MPC*） 收入变化中用于消费或支出的部分。页 180

边际进口倾向（marginal propensity to import, *MPM*） 收入变动 1 单位货币所引起的进口变动。页 445

边际储蓄倾向（marginal propensity to save, *MPS*） 收入变化中用于储蓄的部分。页 180

边际转换率（marginal rate of transformation, MRT） 生产可能性边界（ppf）的斜率。页 39

边际主义（marginalism） 分析决策或决定产生的额外或增量成本或收益的过程。页 4

市场（market） 买卖双方相互作用并进行交易的机构。页 46

市场需求（market demand） 指在一段时期内，市场上购买某一商品或服务的所有家庭对该商品或服务的需求量的总和。页 68

市场供给（market supply） 由单个产品的所有生产商在每个期间提供的所有产品的总和。页 74

交换媒介（medium of exchange）**或支付手段**（or means of payment） 卖方通常接受和买方通常用来支付商品和服务的方式。页 232

微观经济学（microeconomics） 研究各个行业的运作以及个体决策单位（家庭和厂商）的行为。页 7, 112

最低工资法（minimum wage laws） 为工资率设定底线的法律，即任何类型劳动的最低小时工资。页 304

模型（model） 理论的一种正式表述，它通常是对两个或多个变量之间关系假说的数学表述。页 10

货币政策（monetary policy） 中央银行使用的控制短期利率的工具。页 119

货币乘数（money multiplier） 每增加 1 单位货币准备金，存款可以增加的倍数；等于 1 除以法定准备金率。页 244

沿需求曲线的移动（movement along a demand curve） 由价格变化引起的需求量变化。页 66

沿供给曲线的移动（movement along a supply curve） 供给量的变化是由价格变化引起的。页 72

乘数（multiplier） 均衡产出水平的变化与某个外生变量的变化之比。页 189

NAIRU 非加速通货膨胀的失业率。页 315

纳斯达克综合指数（NASDAQ Composite） 基于纳斯达克股票市场交易的 5 000 多家公司的股票价格的指数。纳斯达克市场的名称来自美国全国证券交易商协会自动报价系统。页 326

国民收入与生产账户（national income and product accounts） 由政府收集和发布的，用于描述一个经济体国民收入和产出组成部分的数据。页 128

国民收入（national income） 由一国公民拥有的生产要素所创造的总收入。页 135

自然实验（natural experiment） 基于和干预无关的外源性事件，选择对照组和实验组来测试一项干预的结果。页 485

自然失业率（natural rate of unemployment）作为经济正常运转的一部分的失业率。有时被视为摩擦性失业率和结构性失业率之和。页 159, 314

准货币（near monies） 交易货币的近似替代品，例如储蓄账户和货币市场账户。页 236

净商业转移支付（net business transfer payments） 商业支付给其他方的净转移支付。页 136

净出口（出口 - 进口）（net exports, *EX–IM*）出口（本国向外国人出售的产品和服务）与进口（本国从国外购买的产品和服务）的差值。该数值可正可负。页 135

商品和服务的净出口（net exports of goods and services, *EX–IM*） 一国总出口和总进口的差额。页 445

净利息（net interest） 商业支付的利息。页 135

净投资（net investment） 总投资减去折旧。页 134

国民生产净值（net national product, NNP）GNP 减去折旧。页 136

净税收（net taxes, *T*） 厂商和家庭向政府支付的税收支出减去政府向家庭支付的转移支付。页 202

新凯恩斯主义经济学（new Keynesian economics） 在这个学派中，各种模型是基于理性预期以及价格和工资黏性的假设发展而来的。页 400

名义 GDP（nominal GDP） 用现值计算的GDP，通常换算成美元。页 138

名义工资率（nominal wage rate） 用现值表示的工资率。页 346

非耐用品（nondurable goods） 较短时间内就会被消耗的产品，比如食物、衣服。页 131

非劳动收入或非工资收入（nonlabor, or

nonwage, income) 从工作以外的其他来源如继承、利息、股利、转移支付等收到的任何收入。页 347

非住房投资（nonresidential investment） 厂商用于购买机器、工具和厂房的支出。页 132

正常品（normal goods） 当收入较高时需求上升，而当收入较低时需求下降的商品。页 61

规范经济学（normative economics） 经济学的一种方法，分析经济行为的结果，评估其结果好坏的经济学方法，并可能规定行动方针，也被称为政策经济学。页 10

《北美自由贸易协定》（North American Free Trade Agreement, NAFTA） 由美国、墨西哥和加拿大签署的一项协议，三国同意将整个北美建成一个自由贸易区。页 426

不属于劳动力（not in the labor force） 因为不想工作或者放弃寻找工作，而没有正在寻找工作的人。页 153

奥卡姆剃刀原则（Ockham's razor） 一种主张无关细节应该被删减的原则。页 11

奥肯定律（Okun's Law） 亚瑟·奥肯提出的理论认为，在短期内，实际 GDP 每增长 3%，失业率就会下降约 1 个百分点。后来的研究和数据表明，产出与失业率之间的关系并不是如奥肯"定律"预测的这么稳定。页 361

公开市场服务台（Open Market Desk） 纽约联邦储备银行的办公室，为美联储购买和出售政府证券。页 246

公开市场操作（open market operations） 美联储在公开市场上购买和出售政府证券。页 251

机会成本（opportunity cost） 当我们做决策或决定时，我们放弃的最佳替代决策。页 4

产出增长率（output growth） 整个经济产出的增长率。页 166，369

产出（outputs） 对家庭有价值的商品和服务。页 30

人均产出增长率（per-capita output growth） 整个经济人均产出的增长率。页 369

完全替代品（perfect substitutes） 完全相同的产品。页 62

永久收入（permanent income） 一个人预期的未来收入流的平均水平。页 344

个人消费支出（personal consumption expenditures, C） 消费者用于购买产品和服务的支出。页 131

个人收入（personal income） 家庭的总收入。页 136

个人储蓄（personal saving） 一定时期内可支配收入的结余。页 137

个人储蓄率（personal saving rate） 个人储蓄占可支配收入的百分比。如果储蓄率低，说明家庭支出了收入的大部分；如果储蓄率高，说明家庭支出比较谨慎。页 138

菲利普斯曲线（Phillips Curve） 显示通货膨胀率与失业率之间关系的曲线。页 309

计划总支出（planned aggregate expenditure, AE） 一定时期内经济体计划支出的总额。等于消费加上计划投资：$AE \equiv C + I$。页 185

计划投资（planned investment, I） 厂商计划的资本存量和存货增加。页 183

实证经济学（positive economics） 经济学的一种方法，旨在理解行为和系统的运作而不做出决断。页 10

后此谬误（post hoc, ergo propter hoc） 字面意思是，"在此之后，因而由此造成"。在思考因果关系时容易犯这类错误：如果事件 A 发生在事件 B 之前，不一定是 A 事件导致了 B 事件的发生。页 12

潜在产出或潜在 GDP（potential output, or potential GDP） 在没有通货膨胀的情况下长期可以维持的总产出水平。页 278

最高限价（price ceiling） 卖方为某一商品可能收取的最高价格，通常由政府规定。页 93

价格反馈效应（price feedback effect） 一国国内价格上涨能够通过出口价格和进口价格"反馈"回自身的过程。一个国家的价格水平上涨会推高其他国家的价格。这反过来进一步提高该国的价格水平。页 449

最低限价（price floor） 最低价格，低于这一价格不得交易。页 98

价格配给（price rationing） 当需求量超过供给量时，市场体系向消费者分配商品和服务的过程。页 90

价格意外（price surprise） 实际价格水平减去预期价格水平。页 398

私人持有美国联邦负债（privately held federal debt） 私人持有的（不是政府持有的）美国政府债券。页 218

生产价格指数（producer price indexes, PPIs） 制造商在生产过程中的所有阶段出售产品的价格。页 163

生产者剩余（producer surplus） 当前市场价格与厂商生产成本之间的差额。页 102

产品或产出市场（product or output markets） 商品和服务交换的市场。页 55

生产可能性边界（production possibility frontier, ppf） 一个显示在有效使用所有社会资源的情况下可以生产的所有商品和服务组合的图形。页 37

生产（production） 将投入要素进行组合、转化并转变为产出的过程。页 30

生产率，或劳动生产率（productivity, or labor productivity） 每工人小时的产出。页 360

生产率增长（productivity growth） 工人人均产出的增长率。页 166

利润（profit） 总收入和总成本之间的差额。页 69

经营者收入（proprietors' income） 非法人企业的收入。页 135

保护（protection） 保护经济部门免受外国竞争的政策。页 422

购买力平价理论（purchasing-power-parity theory） 一种外汇理论，认为汇率的确定将使同样商品在不同国家的价格相等。页 454

p 值（p-value） 如果无关系的零假设为真，则获得样本数据中的结果的概率。页 504

需求量（quantity demanded） 一个家庭在一定时期内，愿意并且能够在当前市场价格下购买的某种产品的数量（单位数）。页 57

供给量（quantity supplied） 在一定时期内，厂商愿意并且能够以一定价格出售的某种产品的数量。页 70

货币数量论（quantity theory of money） 根据恒等式 $M \times V \equiv P \times Y$ 以及货币流通速度（V）是不变的（或者说几乎是恒定的）假设的理论。页 389

排队（queuing） 排队作为分配商品和服务的一种手段，是一种非价格分配机制。页 93

配额（quota） 进口数量的限制。页 423

随机实验（random experiment, or randomized experiment） 对随机选择的样本进行干预，然后比较实验组和对照组的结果来确定特定干预措施的结果的一种技术。页 485

配给券（ration coupons） 凭票或优惠券使个人有权每月购买一定数量的特定产品。页 94

理性预期假设（rational-expectations hypothesis） 假设人们了解经济运行的"真实模型"，并运用这个模型来形成他们对未来的预期。页 395

实际经济周期理论（real business cycle theory） 实际经济周期理论试图在价格和工资具有完全弹性以及理性预期的假设下解释经济周期波动。它强调对技术的冲击或其他冲击。页 399

实际利率（real interest rate） 贷款利率与通货膨胀率之差。页 164

实际工资率（real wage rate） 名义工资率可以购买的商品和服务的数量。页 346

实际财富效应（real wealth effect） 消费的变化是由价格水平变化导致的实际财富变化带来的。页 277

实现的资本收益（realized capital gain） 股权所有者的实际销售价格高于他或她支付的价格。页 325

经济衰退（recession） 总产出下降的时期。通常，是总产出连续两个季度下降的时期。页 112

断点回归（regression discontinuity） 通过查看位于阈值或截止值两侧的两个样本，来确

定策略或因子的因果效应。页 501

识别滞后（recognition lag） 决策者认识到经济繁荣或经济萧条存在的时间。页 334

失业的相对工资论（relative-wage explanation of unemployment） 黏性工资（以及因此失业）的解释：如果工人关心他们相对于其他厂商和行业的工人的工资，他们可能不愿意接受减薪，除非他们知道所有其他工人都在接受类似的削减。页 306

租金收入（rental income） 产权所有者以租金形式获得的收入。页 135

法定准备金率（required reserve ratio） 银行的存款总额中必须作为现金或准备金存放在中央银行的比率。页 240

准备金（reserves） 商业银行在中央银行的存款，加上其库存现金。页 240

住房投资（residential investment） 家庭、厂商用于购买新的房屋、公寓楼的支出。页 133

反应滞后（response lag） 新政策实施后经济适应新环境所需的时间；由于经济本身的运作而发生的滞后。页 335

银行挤兑（run on a bank） 当许多人同时对银行进行提款，就会发生这种情况。页 238

稀缺性（scarce） 有限的。页 4

选择性偏差（selection bias） 当使用的样本不是随机样本时，就会发生选择性偏差。页 494

服务（services） 我们购买的不涉及实物生产的东西，比如法律服务、医疗服务、教育。页 131

股票（shares of stock） 一种金融工具，赋予持有人公司所有权的份额，因此持有人有权分享公司的利润。页 118

需求曲线的移动（shift of a demand curve）需求曲线发生的变化，反映一种商品的需求量和价格之间的新关系。这种变化是由原有条件的变化而引起的。页 66

供给曲线的移动（shift of a supply curve）供给曲线的变化对应于商品供给量与商品价格之间的新关系。这种变化是由原始条件的变化引起的。页 72

《斯穆特－霍利关税法》（Smoot-Hawley tariff）20 世纪 30 年代的美国关税法，制定了美国历史上最高的关税（60%）。它引发了一场国际贸易战，并导致了贸易的下降，其通常被认为是20 世纪 30 年代全球经济大萧条的原因之一。页 424

社会间接资本（social overhead capital） 道路、电力和灌溉系统等社会基础设施。页 478

社会合同或隐性合同（social, or implicit contracts） 工人与厂商之间的隐形协议，即企业不会削减工资。页 305

稳定（stability） 一种国家产出稳步增长、低通货膨胀和资源充分利用的状况。页 15

稳定性政策（stabilization policy） 描述货币和财政政策，其目标是消除在产出和就业方面的波动，并尽可能保持价格稳定。页 332

滞胀（stagflation） 高通胀和高失业同时存在的状况。失业和通胀同时增长。页 122，290

标准普尔 500 指数（标普 500）（Standard and Poor's 500, S&P 500） 基于市值的 500 家最大公司的股票价格的指数。页 326

统计误差（statistical discrepancy） 数据测算误差。页 136

统计显著性（statistical significance） 如果计算的 p 值小于某些预定数值（通常为0.05），则结果具有统计显著性。页 504

黏性价格（sticky prices） 价格并不总是迅速调整以维持供给量和需求量之间的平衡。页 112

黏性工资（sticky wages） 工资的向下刚性，是对失业存在的一种解释。页 305

股票（stock） 证明某人对企业的一部分拥有所有权的证书。页 118，324

价值储藏（store of value） 可用于将购买力从一个时期转移到另一个时期的资产。页 233

结构性赤字（structural deficit） 充分就业状态下仍然存在的赤字。页 220

结构性失业（structural unemployment） 经济结构变化导致某些特定行业的大量失业。页 300

替代品（substitutes） 可以作为彼此替代品的商品；当一方的价格上涨时，对另一方的需求就会增加。页 62

供给曲线（supply curve） 用图形说明一家厂商将以不同价格出售多少某种产品。页 70

供给计划（supply schedule） 显示产品厂商将在不同价格下销售多少某种产品。页 70

政府企业盈余（surplus of government enterprise） 政府企业的收入。页 136

幸存者偏差（survivor bias） 当一个样本中只包含随时间推移而保留下来的观察结果时，该样本便不能代表更广泛的人群，而是存在幸存者偏差。页 494

关税（tariff） 对进口商品征收的税收。页 422

税收乘数（tax multiplier） 产出的均衡水平变化与税收变化之比。页 170，210

贸易条件（terms of trade） 一个国家用国内产品所能交换到进口产品的比率。页 417

比较优势理论（theory of comparative advantage） 李嘉图的理论认为，专业化和自由贸易将使所有贸易方受益（实际工资将上涨），即便是那些可能"绝对"更有效率的生产者。页 32，411

时滞（time lags） 经济对稳定性性政策的延迟反应。页 333

贸易赤字（trade deficit） 当一个国家的商品及服务出口少于其商品及服务进口时，该国存在贸易赤字。页 410，441

贸易反馈效应（trade feedback effect） 一国国内经济活动的增加会导致全球经济活动增加，进而反馈回本国，促进本国经济活动增加的趋势。页 448

贸易盈余（trade surplus） 一个国家的出口大于进口。页 410

转移支付（transfer payments） 来自政府的现金支付，其接受人并不提供商品、服务或劳务。转移支付包括社会保障金、退伍军人补贴和福利津贴。页 116

国债或票据（Treasury bonds, notes, or bills） 美国联邦政府在借钱时发行的"承诺偿还"的期票。页 118

《美加自由贸易协定》（U.S.-Canadian Free Trade） 美国和加拿大签署的协定，同意在 1998 年消除两国间的所有贸易壁垒。页 426

无约束的劳动供给（unconstrained supply of labor） 一个家庭如果能在当前的工资率下找到工作时，其所愿意从事的工作量。页 349

失业者（unemployed） 16 岁及以上且有工作能力，并在最近四周之内为寻找工作付出了相当努力的没有作的人。页 153

失业率（unemployment rate） 失业人数占劳动力的百分比。页 114，153，300

记账单位（unit of account） 一种标准单位，提供一致的报价方式。页 233

附加值（value added） 产品在某个生产环节完成后的价值与产品在进入该生产环节之前的成本差。页 128

变量（variable） 一种随着观测点或时间的变化而变化的量度。页 10

货币流通速度（velocity of money） 一张钞票一年之中平均易手的次数；名义 GDP 与货币存量的比值。页 388

贫困的恶性循环（vicious-circle-of-poverty） 表示由于贫困国家无法拥有足够的储蓄和投资来积累资本，从而促进它们经济的增长，贫困变成自我永续的。页 475

财富或净资产（wealth or net worth）家庭总资产减去总负债。这是一种存量式度量的方式。页 61

权数（weight） 某个要素在一组要素中的重要性。页 140

世界贸易组织（World Trade Organization, WTO） 处理国家之间贸易规则的谈判论坛。页 425

零利率限制（zero interest rate bound） 利率不能低于零。页 289

索 引

注意：索引页码为英文原版页码，即本书边码。关键术语及其释义的所在页码**加粗**显示。加 n 的页码，指脚注中的信息。

照片致谢

注意：涉及页码为英文原版页码，即本书边码。

第1章： 边码 1, heeby/Fotolia; 边码 5, nenadmilosevic/Fotolia; 边码 9, James Woodson/Digital Vision/Getty Images

第2章： 边码 22, Richard Drew/AP Images; 边码 25, allesalltag/Alamy; 边码 35, Sharon Oster

第3章： 边码 42, Daniil Peshkov/123RF; 边码 50, Nicosan/Alamy; 边码 51, Phovoir/Alamy; 边码 65, Hughes Herve/Hemis/Alamy

第4章： 边码 72, RSBPhoto/Alamy; 边码 77, Liz Roll/FEMA; 边码 81, Arvind Garg/Alamy

第5章： 边码 90, WavebreakMediaMicro/Fotolia; 边码 98 左栏, Edward Steichen/Condé Nast Archive/Corbis; 边码 98 右栏, Russell Lee/Library of Congress Prints and Photographs Division [LC-USF34- 033703-D

第6章： 边码 103, Kadmy/Fotolia; 边码 107, David J. Green - lifestyle 2/Alamy; 边码 112,Kheng Guan Toh/Shutterstock; 边码 117,Photobank/Fotolia

第7章： 边码 123, kstudija/Shutterstock; 边码 125, kzenon/123RF; 边码 127, Photos.com; 边码 128, luxorphoto/Shutterstock; 边码 133, Patrizia Tilly/Shutterstock

第8章： 边码 141, industrieblick/Fotolia; 边码 146, Nagy-Bagoly Arpad/123RF; 边码 153, Roberta Sherman

第9章： 边码 162, Vlad G/Shutterstock; 边码 176, United States Government

第10章： 边码 187, Dave Newman/Fotolia; 边码 189, Silva Vaughan-Jones/Shutterstock; 边码 193, National Archives and Records Administration; 边码 202, Geraint Lewis, Alamy

第11章： 边码 214, alexskopje/123RF; 边码 221, United States Government; 边码 223, Jason Stitt/123RF

第12章： 边码 231, wh1600/E+/Getty Images; 边码 238, Eleonora Dell'Aquila/123RF

第13章： 边码 245, Shutterstock; 边码 251, Vadim Guzhva/123RF

第14章： 边码 264, Sharon Oster; 边码 270, Trinette Reed/Blend Images/Getty Images

第15章： 边码 280, Digital Vision./Photodisc/Getty Images; 边码 287,Andy Dean/Fotolia

第16章： 边码 301, Keng Po Leung/123RF; 边码 304, SeanPavonePhoto/Fotolia; 边码 308, National Archives and Records Administration, College Park, Md.

第17章： 边码 317, bikeriderlondon/Shutterstock; 边码 325, Chad McDermott/Fotolia

第18章： 边码 332, mickyso/Fotolia; 边码 343, John Foxx Collection/Imagestate; 边码 344, 123RF; 边码 349, Timmary/Fotolia

第19章： 边码 356, Samuel René Halifax/Fotolia; 边码 360, ruskpp/Shutterstock

第20章： 边码 382, Niu Xiaolei/Xinhua/Alamy; 边码 384, TheFinalMiracle/Fotolia; 边码 390, Zakir Hossain Chowdhury/ZUMA Press, Inc./Alamy; 边码 393, Aleksandar Todorovic/Fotolia

第21章： 边码 399, JackF/Fotolia; 边码 404, BlueSkyImages/Fotolia; 边码 405, Sean Pavone/Shutterstock; 边码 407, Tom Wang/Fotolia